本书是

2011 年国家社科基金一般项目"《马克思恩格斯全集》历史考证版第 2 版资料卷中的马克思文献学清理研究"（批准号 11BZX001）的最终成果

2015 年国家社科基金重大项目"基于《马克思恩格斯全集》历史考证版第二版（MEGA2）的马克思早期文本研究"（批准号 15ZDB001）的阶段性研究成果

并得到中央高校基本科研业务费专项资金资助（项目号 2012WZD07）

《哲学与文化》丛书 ｜ 江怡 主编

走向文本研究的深处：
基于MEGA2的马克思文献学清理研究

鲁克俭 著

中国社会科学出版社

图书在版编目(CIP)数据

走向文本研究的深处:基于 MEGA2 的马克思文献学清理研究 / 鲁克俭著. —北京:中国社会科学出版社,2016.2
ISBN 978−7−5161−8161−4

Ⅰ.①走… Ⅱ.①鲁… Ⅲ.①马克思著作—文献学—研究 Ⅳ.①A811

中国版本图书馆 CIP 数据核字(2016)第 102007 号

出 版 人	赵剑英	
责任编辑	冯春凤	
责任校对	张爱华	
责任印制	张雪娇	
出　　版	中国社会科学出版社	
社　　址	北京鼓楼西大街甲 158 号	
邮　　编	100720	
网　　址	http://www.csspw.cn	
发 行 部	010−84083685	
门 市 部	010−84029450	
经　　销	新华书店及其他书店	
印　　刷	北京君升印刷有限公司	
装　　订	廊坊市广阳区广增装订厂	
版　　次	2016 年 2 月第 1 版	
印　　次	2016 年 2 月第 1 次印刷	
开　　本	710×1000　1/16	
印　　张	29.5	
插　　页	2	
字　　数	482 千字	
定　　价	106.00 元	

凡购买中国社会科学出版社图书,如有质量问题请与本社营销中心联系调换
电话:010−84083683
版权所有　侵权必究

总序：从文化自觉到哲学自觉

江 怡

中华民族正处于一个重要的历史转折时期，中华文化的复兴被看做时代赋予我们的历史使命。在这个重要历史时刻，我们能否抓住机遇，在历史文化的厚重积淀中寻找自己的定位，在传承文化的历史使命中创新自己的观念，在时代文化的多样变化中构建自己的特色，这些都是我们面临的重大历史挑战。把握好这个历史机遇，回应重要的时代挑战，不仅需要我们充分的知识准备，更需要我们的思想智慧。

当今中国的文化发展已经向我们表明，文化自觉的树立正在极大推进着我们的社会发展，文化自觉的结果将改变当今中国的文化形象。我们知道，这里的文化自觉首先是指对自身文化的强烈认同，是自身文化意识的提升，也是社会大众对文化发展的迫切要求。思想上的认同并不等同于行动上的一致。只有当我们充分认识到文化认同的重要性，并努力从行动上体现我们的文化认同，我们才能达到真正的文化自觉。文化自觉更是指思想上的自觉，是我们在思想上真正形成对自身文化性质的理解，特别是对当今世界文化发展转型过程中的不同文化形态的认识，最后构建我们自身文化的特殊性和普遍性。这里的特殊性是指，中国传统文化的深刻影响已经体现为当今中国人的生活方式和思维方式，因此，如何在当今世界文化格局中体现中国文化的特殊性，决定了中国文化的时代效应。这里的普遍性是指，中国文化的特殊性必须得到世界各国不同文化的理解，因此，这样的特殊性就必须以具有普遍意义的表达形式加以体现。只有在能够为世界各国文化理解和交流的基础上，我们的文化才能真正进入"自在自为"的阶段。然而，要做到文化的这种自觉，我们必须抓住文化的核心和精髓，这就是时代的哲学思想。确立文化自觉的关键，应当是做到整个民族在哲学上的自觉。

中华民族富有哲学思维的传统，中华文化蕴涵深邃的哲学思想。无论是《论语》、《道德经》，还是《中庸》、《大学》，这些代表着中华民族智慧的论著都充分展现了中华文化的哲学思维特征，这种特征表现为思想行动以个人认识为前提，观念形成以经验活动为前提。虽然中国哲学学科的自觉意识产生于西方哲学传入之后，但中国人的思维方式始终是哲学式的。中国人的智慧具有这样两个特点：第一，中国人善于从身边的具体事项中发现具有普遍意义的道理，并总是试图用这些道理去理解其他相关或相近的事项，由此完成对事项的理解。在这种意义上，中国人的思维方式更关注的是事情的过程，而不是在这个过程中呈现出的事物本身。第二，中国人对事物的理解更多的是从关系出发，更多地关注自己周遭生活环境中的人和事，更多地考虑如何从各种关系中确立自己的位置。在这种意义上，中国人的思维方式就更重视整体和全局，而不是个体和局部。由此可见，中国人的思维特征和智慧特点之间存在着一种相互对应：个人认识活动是以在身边所发生的事情为根据和出发点的，因此，中国人的思维具有经验归纳的特征；而经验活动本身又是为了更好地认识整体和全局，所以，中国人的思维又具有抽象普遍的意义。

　　然而，令人遗憾的是，中国人的这种思维方式并非出自我们的自觉意识，而是对前人长期生活实践的经验总结，是对中国传统思想表达的提炼升华。虽然我们一再强调中国人思维方式的特殊性和普遍性，但是这种强调却是建立在我们理解了不同于我们思维方式的西方哲学的基础之上，是我们通过不同哲学之间比较的结果。哲学思维方式的差异给我们带来了对我们自身哲学的重新认识，甚至是对自身哲学思维方式的重新定位，激发了我们全面理解自身哲学的浓厚兴趣。正是在这种思想背景中，我们开始形成对自身思维方式的自觉。

　　首先，哲学的自觉意味着我们对思想的主动认识。黑格尔说："人之所以比禽兽高尚的地方，在于他有思想。由此看来，人的一切文化之所以是人的文化，乃是由于思想在里面活动并曾经活动。……唯有当思想不去追寻别的东西而只是以它自己——也就是最高尚的东西——为思考的对象时，即当它寻求并发现它自身时，那才是它的最优秀的活动。"① 思想正

---

① 黑格尔：《哲学史讲演录》第1卷，贺麟、王太庆译，商务印书馆1983年版，第10页。

是在成为自己的对象的时候，哲学由此产生。因此，哲学的自觉本身就意味着思想。这里的思想并非完全是对具体事物的认识活动，或者是对事物发展演变的规律性理解，而是以概念的方式对我们认识活动内容的抽象概括，是对事物发展规律的概念化表达。这种思维方式就要求思想以概念的方式形成对我们所认识的思想内容的表达和构造，也是对我们思想本身的概念规定。纵观我们目前的哲学思维，我们似乎缺少的正是这种对思想的主动认识。我们比较容易满足于对事物表象的理解，比较容易接受从经验中得到的知性认识，而不太愿意从概念的层面把握事物的根本性质。真正的思想应当在于能够在事物之上确立把握事物的基本原则，能够在经验之先具备理解经验的基本能力。正如黑格尔所说："真正的思想和科学的洞见，只有通过概念所作的劳动才能获得。只有概念才能产生知识的普遍性，而所产生出来的这种知识的普遍性，一方面，既不带有普通常识所有的那种常见的不确定性和贫乏性，而是形成了的和完满的知识，另一方面，又不是因天才的懒惰和自负而趋于败坏的理性天赋所具有的那种不常见的普遍性，而是已经发展到本来形式的真理，这种真理能够成为一切自觉的理性的财产。"①

其次，哲学的自觉在于我们能够形成对事物的整体理解，能够从较高层面把握事物发展的基本态势。马克思说："理论只要说服人，就能掌握群众。而理论只要彻底，就能说服人。所谓彻底，就是抓住事物的根本。"② 这种彻底不仅表现在理论本身能够自圆其说，更重要的是理论能够把握整体，能够从宏观上对事物有完整的理解。而且，这样的理论还要在实践中得到检验，由此表明理论在实践中的彻底性。显然，这种哲学的自觉就要求我们必须认清历史的发展脉络，使理论具有前瞻性和预见性，而这种前瞻和预见正是彻底的理论自身具备的本质特征。经验主义的方法只会使我们裹足不前，完全从经验出发就会使我们"只见树木不见森林"。只有当我们真正形成了对事物的整体理解，只有当我们可以从宏观上把握事物的发展规律，我们才能从哲学的高度解释我们在经验中面对的

---

① 黑格尔：《精神现象学》上卷，贺麟、王玖兴译，商务印书馆1983年版，第48页。
② 马克思：《黑格尔法哲学批判导言》，载《马克思恩格斯选集》第1卷，人民出版社1995年版，第9页。

各种现象，才能在事物的各种变化中把握事物的发展脉络。

　　再次，哲学的自觉还表现在对理论思维的自觉培养，表现为对以往哲学史的学习和理解。恩格斯说："理论思维无非是才能方面的一种生来就有的素质。这种才能需要发展和培养，而为了进行这种培养，除了学习以往的哲学，直到现在还没有别的办法。"[①] 他指出，每个时代的理论思维都是那个时代的历史产物，它在不同的时代具有不同的内容和不同的形式。因此，只有通过对不同时代的理论思维的学习理解，我们才能提升自己的理论思维能力。这里的理论思维能力主要包括两个部分，一个是科学思维能力，一个是哲学思维能力。科学思维能力帮助我们对以往历史中出现的各种科学假说和科学思想形成恰当的判断，有助于我们认清我们这个时代的科学理论和思想的创新程度。但科学思维能力仅仅停留在或者说只能在对经验现象的表层理解，即使是对经验现象的科学解释也不过是采用了逻辑的方法，对这些现象重新分类而已。而哲学思维能力则对我们的思维提出了更高的要求。它要求我们必须能够超越经验现象，通过对各种现象表面的理解达到对现象背后本质的把握。这就需要我们首先了解以往哲学史上所出现的各种理论观念，在历史的脉络中寻找我们这个时代出现的各种所谓新观念的历史踪迹。同时，这还需要我们具备超越历史和经验本身的抽象能力，能够从历史和经验中剥茧抽丝，形成我们自己的理论观念，用于解释我们当代的现实问题，并提出对这些问题的解决方案。

　　最后，哲学的自觉更表现为对辩证法的自觉运用，表现为对"绝对真理"的放弃和对现实实践活动的最终关注。按照黑格尔的概念辩证法，思想的运动不过是绝对精神在人类思维中的变化过程。虽然这样的辩证法是以概念和现实存在的颠倒关系为前提的，但其中有一个重要思想是我们必须牢记的，这就是说，只有当我们能够按照思维自身运动的方式理解事物的发展，也就是当我们能够自觉地运用思维的辩证法的时候，我们才能真正理解思维活动如何与现实存在之间产生矛盾和冲突，也才能真正理解为什么我们必须把思维活动的最后结果放到现实的实践活动中加以检验。这就意味着，辩证法不仅运用于思维活动本身，更是运用于我们在现实的

---

　　① 恩格斯：《自然辩证法》，载《马克思恩格斯选集》第4卷，人民出版社1995年版，第284页。

实践活动。用辩证的方式观察事物，解释现象，提出观念，形成理论，这些就是哲学的自觉表现。

从文化的自觉到哲学的自觉，这体现了我们对自身文化的更深层理解，是我们对自身文化的负责态度。仅仅停留在文化自觉的层面，我们还只能从自身文化的特殊性上把握思想的力量，只能依靠我们对自身文化的理解体会不同文化之间的差别。而哲学的自觉则帮助我们从概念的层次上理解思想的构成和变化，从思想自身的发展中把握观念的历史作用。从更广泛的当今世界文化的视野看，能够做到哲学自觉，才会使我们的文化自觉变成具有普遍意义的行动，才会使我们自身的文化特征得到广泛的认同和理解。

本套丛书冠名《哲学与文化》，正是基于以上的考虑，因为文化是哲学的外在体现，而哲学则是文化的内在精神。我们将在本丛书中陆续出版国内具有影响的哲学学者以及其他学科学者的最新著作，充分反映国内学者们在哲学与文化领域中的独特思考。

本丛书得到国家"985工程"人文社会科学创新基地"价值观与民族精神"的大力资助，特此感谢！

目　录

导论 …………………………………………………………………（1）

第一部分　马克思重要文本的手稿描述

第1章　《博士论文》写作前后的文本 ………………………………（17）
第2章　克罗茨纳赫时期的文本 ………………………………………（42）
第3章　《巴黎手稿》写作时期的文本 ………………………………（51）
第4章　《关于费尔巴哈的提纲》写作前后的文本 …………………（66）
第5章　布鲁塞尔经济史研究时期的文本 ……………………………（91）

第二部分　马克思重要文本的修改情况

第6章　《博士论文》手稿的修改情况 ………………………………（99）
第7章　《莱茵报》时期政论文章手稿的修改情况 …………………（117）
第8章　《黑格尔法哲学批判》手稿的修改情况 ……………………（125）
第9章　《1844年经济学—哲学手稿》的修改情况 …………………（145）

第三部分　马克思重要文本的注释问题

第10章　《博士论文》和《莱茵报》时期政论文章的注释 ………（247）

第 11 章 《资本论》第 1 卷的注释 …………………… (260)
第 12 章 《资本论》第 2 卷的注释 …………………… (287)
第 13 章 《资本论》第 3 卷的注释 …………………… (307)

第四部分 马克思文献学的原创性研究

第 14 章 马克思早期文本中的几个文献学问题 …………… (367)
第 15 章 关于《巴黎手稿》的文献学讨论 ………………… (381)
第 16 章 《关于费尔巴哈的提纲》写作时间的文献学考证 …… (411)
第 17 章 关于马克思《评李斯特》写作时间的文献学考证 …… (430)
第 18 章 从"注释"看《资本论》中文版的编辑工作 ………… (439)

主要参考文献 ……………………………………………… (460)
后记 ………………………………………………………… (463)

导　论

一　本书的内容和结构

MEGA2 划分为四个部分。第二部分即"《资本论》及其手稿"共计15卷，已于2012年全部出齐。第一部分"著作、文章和草稿"计划出版32卷，现已出版18卷（第1—3、10—14、18、20、22、24—27、29、31、32卷），尚有14卷（包括收录《神圣家族》、《德意志意识形态》、《哲学的贫困》、《共产党宣言》等重要文本的卷次）尚未出版。第三部分"书信"计划出版35卷，现已出版13卷（第1—13卷），其余22卷尚未出版。第四部分"摘录笔记"计划出版32卷，现已出版12卷（第1—9、12、31、32卷，其中第32卷是预编版），尚有20卷没有出版。总体来看，第一部分的出版已经过半，而第三、第四部分进展缓慢，都是刚过1/3。

本书的文献学清理研究，重点放在第一和第四部分。第三部分是"书信"，涉及的文献学问题不多。第二部分是"《资本论》及其手稿"，涉及的文献学问题很多。但一方面，我本人的专业是马克思主义哲学，本书的读者对象也设定为马克思主义哲学专业的学者和学生；另一方面，第二部分涉及的文献学问题太过复杂、琐碎，只有专门从事马克思《资本论》创作史的学者才对此该兴趣。基于这两点原因，本书只对第二部分的《资本论》的文献学问题进行清理。

对于第一部分，本书重点对马克思早期文本的文献学问题进行清理。MEGA2/I/1、MEGA2/I/2包括了马克思从《博士论文》到《1844年经济学—哲学手稿》的"著作、文章和草稿"，是第一部分的研究重点。限于篇幅，本书暂不对恩格斯文本的文献学问题进行清理。

MEGA2资料卷主要包含四个方面的内容：第一个方面的内容是对正文卷文本"形成和流传"情况的文献学考证；第二个方面的内容是正文文本的"异文表"；第三个方面的内容是对正文文本的"注释"；第四个方面的内容是"文献索引"。"勘误表"也是MEGA2资料卷的标配，但对中文读者来时，其价值和意义不是很大。对于文本的"形成和流传"，《马克思恩格斯全集》中文第二版将其编译成"题注"。对于文本的"注释"，《马克思恩格斯全集》中文第二版基本上是以"尾注"的形式予以照译，当然内容上也会有所取舍和改动（或调整）。因此，相对于一般的"注释"，"题注"篇幅较大。对于"文献索引"，《马克思恩格斯全集》中文第二版是在继承《马克思恩格斯全集》中文第一版"文献索引"的基础上，尽量吸收MEGA2的"文献索引"新成果。对于MEGA2文本的"异文表"，《马克思恩格斯全集》中文第二版予以部分吸收，主要以"脚注"的形式体现。

本书所谓的"文献学清理"的含义，首先在于为国内马克思文本研究者提供基于MEGA2的最新、最可靠的文献学信息。对于《马克思恩格斯全集》中文第二版已经依据MEGA2提供给读者的文献学信息，包括"题注"、"尾注"、"脚注"和"文献索引"，读者和研究者可以放心地加以利用。对于被《马克思恩格斯全集》中文第二版"题注"、"尾注"、"脚注"和"文献索引"有意忽略而在笔者看来有价值的文献学信息，本书会予以呈现。对于《马克思恩格斯全集》中文第二版"题注"、"尾注"、"脚注"和"文献索引"没有依据MEGA2，照搬《马克思恩格斯全集》中文第一版的相关信息而出现文献学信息（如关于相关文本写作时间的文献学信息）过时的情况，本书将依据MEGA2而给予明确说明。

特别需要指出的是，MEGA2资料卷的"形成和流传"都附有"见证人描述"。"见证人描述"是MEGA2编辑者对马克思原始手稿情况（原始手稿的保存地点及保存状况、原始手稿的书写用纸和书写材料的情况、书写者身份、手稿页码编号等）或样书（样刊）情况（包括收藏地点）的描述。对于没有机会目击马克思原始手稿的研究者来说，根据这些信息再加上"异文表"，就可以在头脑中大致再现马克思原始手稿的情况。因此，并非只有见到马克思原始手稿的人才有资格进行马克思文本研究或文献学研究。实际上，由于马克思的笔迹非常难以辨认，到荷兰阿姆斯特丹国际社会史研究所查阅马克思原始手稿的西方学者（如吕贝尔、诺曼·莱文），也要借助阿姆斯特丹国际社会史研究所的辨识誊抄稿。当然，不排除吕贝尔在独立编辑《资本论》时在有疑问的地方对照原始手稿作新的辨读，但这已经属于编辑范畴而非研究内容了。MEGA2 的最大价值就在于，研究者几乎不再需要亲自到阿姆斯特丹国际社会史研究所，就可以获得马克思原始手稿足够丰富的信息。那种"不利用马克思原始手稿就等于伪文献学考证"的指责，恰恰是不了解 MEGA2 的体现。

"见证人描述"是 MEGA 的重要特色。尽管 MEGA1 没有像 MEGA2 这样单列资料卷，但却包含了"见证人描述"的内容（MEGA1 称之为"手稿描述"）。《马克思恩格斯全集》中文第一版和第二版都没有提供与"见证人描述"相关的文献学信息。国内学者曾将 MEGA1 关于《巴黎笔记》的"手稿描述"译成中文，见《〈资本论〉研究资料和动态》第 2 集（江苏人民出版社 1982 年版），现重收在《马克思主义研究资料》第 3 卷（中央编译出版社 2013 年 12 月版）第 22—31 页。阿姆斯特丹国际社会史研究所收藏的"马克思手稿和读书笔记目录"也被译成中文，发表在《马克思主义研究参考资料》1981 年第 28 期（总第 82 期）。有国内学者在论文或著作中引用了这些文献学信息。但相对于 MEGA2 的"见证人描述"，MEGA1 的"手稿描述"有不少过时或不准确之处。因此，本书第一部分内容，就是基于 MEGA2 资料卷对马克思重要文本（特别是摘录笔记）的"见证人描述"作尽可能详尽的客观介绍。基于"形成和流传"（其中包括"见证人描述"）所作的原创性文献学研究，是本书第四部分的重要内容。

"异文表"是 MEGA2 资料卷的重要内容之一。《马克思恩格斯全集》中文第二版已经依据 MEGA2 的"异文表"，将主要的文本修改情况以"脚注"的形式作了说明。但一些较小的文本修改，或者《马克思恩格斯全集》中文第二版编辑者认为不太重要的文本修改，在《马克思恩格斯全集》中文第二版中并没有得到反映。本书第二部分将呈现被《马克思恩格斯全集》中文第二版遗漏的马克思重要文本的修改情况。当然，为了避免内容过分琐碎和冗长，本书也舍弃了不少意义不大的文本修改说明。另外，对于马克思文本修改的含义的分析，已经超出本书的研究范围，笔者将在以后的马克思文本解读研究中将其作为考察马克思思想发展的实证基础来进行深入研究。

在 MEGA2 资料卷中,"注释"是占篇幅最大的部分。对于 MEGA2 的注释成果,《马克思恩格斯全集》中文第二版大都作了很好的吸收。但也有例外。《马克思恩格斯全集》中文第二版第 44、45、46 卷分别收录的是《资本论》第 1、2、3 卷的文本。第 45、46 卷出版于 2003 年,对应的 MEGA2/Ⅱ/13(1885 年由恩格斯编辑的《资本论》第 2 卷第 1 版)和 MEGA2/Ⅱ/15(1894 年由恩格斯编辑的《资本论》第 3 卷)分别出版于 2008 年和 2004 年。这意味着第 45、46 卷并没有依据 MEGA2。如果说不依据 MEGA2 对译文并没有太大影响,但对"注释"来说影响就很大。另一方面,即使依据 MEGA2/Ⅱ/10 进行编辑的第 44 卷,在"注释"方面也有很强的《马克思恩格斯全集》中文第一版第 23 卷的痕迹,并没有充分吸收 MEGA2/Ⅱ/10 的注释成果,这就极大地影响了《马克思恩格斯全集》中文第二版《资本论》的编辑质量。不仅如此,作为中央"马工程"成果的《马克思恩格斯文集》10 卷本(2009 年版),其第 5、6、7 卷相对《马克思恩格斯全集》中文第二版第 44、45、46 卷没有任何改进。为此,本书第三部分将《马克思恩格斯全集》中文第二版第 44、45、46 卷的注释与 MEGA2/Ⅱ/10、MEGA2/Ⅱ/13、MEGA2/Ⅱ/15 作对比,对中文版编辑者原创性的编辑成果加以充分肯定,对没有吸收或落后于 MEGA2 的注释,则予以明确说明,并对《马克思恩格斯全集》中文第二版《资本论》的编辑质量作出评价。

MEGA2 自 1975 年开始正式出版(1972 年出版了《德意志意识形态》第一卷第 1 章的试编版),迄今已将近 40 年。在这漫长的过程中,MEGA2 编辑者内部对一些文本的文献学研究也在不断深化,于是出现了后出版 MEGA2 卷次的文献学考证结论修正已出版卷次相关说法的情况。另一方面,《马克思恩格斯全集》中文第二版的出版尚未过半,国内学者对于马克思一些重要文本文献学信息的了解,主要来自《马克思恩格斯全集》中文第一版。而《马克思恩格斯全集》中文第一版提供的一些文献学信息,已经被 MEGA2 纠正,但这些纠正散见于 MEGA2 庞大的资料卷中,甚至《马克思恩格斯全集》中文第二版已出版的相关卷次,也没有注意到这些纠正,仍然沿用《马克思恩格斯全集》中文第一版的相关说明。不仅如此,即使《马克思恩格斯全集》中文第二版依据MEGA2提供了最新的文献学信息（如《马克思恩格斯全集》中文第二版第3卷《1844年经济学—哲学手稿》题注中关于《穆勒摘要》的写作晚于《1844年经济学—哲学手稿》的说明），并没有引起许多国内学者的注意，这些学者在其研究论文或论著中仍然以过时的文献学信息为基础。正是因为这种情况，本书第四部分重点对MEGA2内部在文献学考证方面的不一致、《马克思恩格斯全集》中文第二版与第一版之间文献学信息的不一致进行文献学清理，以使国内学者了解国际马克思文献学研究的最新考证结论，避免文本解读研究建立在过时的文献学基础之上。

笔者本人在做上述文献学清理工作的过程中，也有一些小的文献学发现，本书第四部分也将这些文献学发现及其考证过程呈现给读者。根据本人的体会，在MEGA2资料卷的基础上，中国学者也是可以做些力所能及的原创性文献学考证工作的。

二 MEGA2相关卷次"前言"或相关文本"形成和流传"的中译文情况

一些MEGA2卷次的"前言"以及一些文本的"形成和流传"已经被译成中文，发表在《马列著作编译资料》《马列主义研究资料》《马克思恩格斯研究》《马克思恩格斯列宁斯大林研究》《马克思主义研究参考资料》等刊物①（大都为内部刊物），有些译文又被重新收在最近出版的"马克思主义研究资料"丛书（中央编译出版社2013年12月开始出版）中。为了方便读者利用这些资料，这里将中译文发表情况罗列如下。需要指出的一点是，这些"形成和流传"的中译文都没有翻译"见证人描述"的内容。因此，结合本书第一部分内容来阅读这些"形成和流传"的中译文，读者可以对MEGA2关于相关文本的文献学考证和描述有一个大体印象。

---

① 其中前四种刊物是中央编译局编辑出版的，《马克思主义研究参考资料》是中国社会科学院马列所编辑出版的。

MEAG2/Ⅰ

MEAG2/Ⅰ/1 前言（涉及《博士论文》和《莱茵报》时期的政论文章），见《马克思恩格斯研究》1989 年第 2 期，译自 MEAG2/Ⅰ/1 第 53*—80*页；MEAG2/Ⅰ/1 关于马克思和恩格斯的政论活动（1842 年年初至 1843 年 3 月），见《马克思恩格斯研究》1990 年第 3 期，译自 MEAG2/Ⅰ/1 第 963—978 页。

MEGA2/I/2 前言（涉及克罗茨纳赫时期和巴黎时期），见《马克思主义研究参考资料》1986 年第 12 期（总第 254 期）第 4—30 页，译自 MEGA2/I/2 第 11*—56*页。关于《德法年鉴》的出版以及马克思同《前进报》编辑部合作的概况，见《马克思主义研究参考资料》1984 年第 15 期（总第 213 期）第 3—37 页，译自 MEGA2/I/2 第 529—568 页。《黑格尔法哲学批判》的"形成和流传"，见《马克思主义研究参考资料》1984 年第 15 期（总第 213 期）第 38—48 页，译自 MEGA2/I/2 第 571—582 页。《论犹太人问题》的"形成和流传"，见《马克思主义研究参考资料》1984 年第 15 期（总第 213 期）第 49—54 页，译自 MEGA2/I/2 第 648—654 页。《〈黑格尔法哲学批判〉导言》的"形成和流传"，见《马克思主义研究参考资料》1984 年第 15 期（总第 213 期）第 55—57 页，译自 MEGA2/I/2 第 668—670 页。《评"普鲁士人"的〈普鲁士国王和社会改革〉一文》的"形成和流传"，见《马克思主义研究参考资料》1984 年第 15 期（总第 213 期）第 57—59 页，译自 MEGA2/I/2 第 923—925 页。《1844 年经济学—哲学手稿》的"形成和流传"，见《马克思主义研究参考资料》1984 年第 15 期（总第 213 期）第 60—74 页，译自 MEGA2/I/2 第 685—702 页。

MEAG2/Ⅰ/5 预编版《德意志意识形态（第一卷第 1、2 章）》（载《马克思恩格斯年鉴 2003》）的"形成和流传"（包括"见证人描述"），见《MEGA：陶伯特版〈德意志意识形态·费尔巴哈〉》（南京大学出版社 2014 年版）。

MEAG2/Ⅰ/10 前言（涉及马克思和恩格斯 1849 年 7 月至 1851 年 6 月的著作、文章和草稿），见《马克思恩格斯研究》1990 年第 3 期。

MEAG2/Ⅰ/11 第 679—701 页关于《路易·波拿巴的雾月十八日》的

"形成和流传",见《马克思恩格斯研究》1992年第8期;MEAG2/Ⅰ/11第794—806页关于《流亡中的大人物》的"产生和流传",见《马克思恩格斯研究》1992年第9期。

MEAG2/Ⅰ/12第667—716页关于"马克思和恩格斯1853年的政论活动",见《马克思恩格斯研究》1991年第5期。

MEAG2/Ⅰ/13前言(涉及马克思和恩格斯1854年1—12月的著作、文章和草稿),见《马克思恩格斯研究》1991年第7期;MEAG2/Ⅰ/13第629—654页关于"马克思和恩格斯1854年的政论活动",见《马克思恩格斯研究》1991年第6期。

MEAG2/Ⅰ/18前言(涉及马克思和恩格斯1859年10月至1860年12月的著作、文章和草稿),见《马克思恩格斯研究》1992年第8期;MEAG2/Ⅰ/18第665—692页关于"马克思与卡尔·福格特的争论背景",见《马克思恩格斯研究》1991年第7期;第693—704页关于"马克思和恩格斯1859年10月—1860年12月的政论活动",见《马克思恩格斯研究》1991年第7期。

MEAG2/Ⅰ/20前言(涉及马克思和恩格斯1864年9月至1867年9月的著作、文章和草稿),见《马克思恩格斯研究》1994年第19期。

MEAG2/Ⅰ/22前言(涉及马克思和恩格斯1871年3—11月的著作、文章和草稿),见《马克思恩格斯研究》1995年第21期。

MEAG2/Ⅰ/24前言(涉及马克思和恩格斯1872年12月至1875年5月的著作、文章和草稿),见《马克思恩格斯研究》1992年第10期。

MEAG2/Ⅰ/25前言(涉及马克思和恩格斯1875年5月至1883年5月的著作、文章和草稿),见《马克思恩格斯研究》1990年第4期;MEAG2/Ⅰ/25第622—624页"1877年2月—1879年3月为《人民报》撰稿",见《马克思恩格斯研究》1989年第4期"关于马克思和恩格斯的政论活动"。

MEAG2/Ⅱ

MEAG2/Ⅱ/1(涉及马克思1857—1858年经济学手稿)前言,见《马列著作编译资料》1979年第3辑,现重收在《马克思主义研究资料》第5卷(中央编译出版社2013年12月版)第3—18页,译自

MEAG2/Ⅱ/1 第 7*—23* 页。MEAG2/Ⅱ/1 资料卷第 757—758 页关于《巴师夏和凯里》"形成和流传"（含"见证人的描述"）的中译文，发表在《〈资本论〉研究资料和动态》第 2 集（江苏人民出版社 1982 年版），现重收在《马克思主义研究资料》第 5 卷（中央编译出版社 2013 年 12 月版）第 38—40 页。MEAG2/Ⅱ/1 资料卷第 764—766 页关于《〈政治经济学批判〉导言》"形成和流传"（含"见证人的描述"）的中译文，发表在《〈资本论〉研究资料和动态》第 2 集（江苏人民出版社 1982 年版），现重收在《马克思主义研究资料》第 5 卷（中央编译出版社 2013 年 12 月版）第 40—44 页。MEAG2/Ⅱ/1 资料卷第 775—790 页关于《政治经济学批判大纲》"形成和流传"（含"见证人的描述"）的中译文，发表在《〈资本论〉研究资料和动态》第 2、4 集（江苏人民出版社 1982 年、1984 年版），现重收在《马克思主义研究资料》第 5 卷（中央编译出版社 2013 年 12 月版）第 44—60 页。

MEAG2/Ⅱ/2（涉及 1859 年《政治经济学批判。第一分册》及其初稿等）前言，见《马克思恩格斯列宁斯大林研究》1997 年第 4 辑，现重收在《马克思主义研究资料》第 5 卷（中央编译出版社 2013 年 12 月版）第 19—37 页，译自 MEAG2/Ⅱ/2 第 9*—26* 页。

MEAG2/Ⅱ/3.1 前言，见《马列著作编译资料》1979—1980 年第 6 辑第 22—38 页，也见《马克思恩格斯研究》1995 年第 23 期，现重收在《马克思主义研究资料》第 6 卷（中央编译出版社 2013 年 12 月版）第 3—19 页。MEAG2/Ⅱ/3.2 前言，见《马克思恩格斯列宁斯大林研究》2000 年第 4 期，现重收在《马克思主义研究资料》第 6 卷（中央编译出版社 2013 年 12 月版）第 20—47 页。MEAG2/Ⅱ/3.1 和 MEAG2/Ⅱ/3.2 资料卷关于《1861—1863 年经济学手稿》的"产生和流传"和"见证人的描述（笔记本 I—XXIII）"，见《〈资本论〉研究资料和动态》第 3、5 集（江苏人民出版社 1982 年、1984 年版），现重收在《马克思主义研究资料》第 6 卷（中央编译出版社 2013 年 12 月版）第 80—116 页。MEAG2/Ⅱ/3.5、MEAG2/Ⅱ/3.6 前言，见《马列主义研究资料》1983 年第 5 期第 34—59 页；MEAG2/Ⅱ/3.5 前言，也可见《马克思恩格斯列宁斯大林研究》1996 年第 1 期，现重收在《马克思主义研究资料》第 6 卷

（中央编译出版社2013年12月版）第48—79页。

MEAG2/Ⅱ/4.2前言，见《马克思恩格斯研究》1995年第20期，现重收在《马克思主义研究资料》第7卷（中央编译出版社2013年12月版）第3—16页。MEAG2/Ⅱ/4.2第913—925页关于《资本论》第3卷初稿的"形成和流传"，发表在《马克思恩格斯研究》1995年第20期，现重收在《马克思主义研究资料》第7卷（中央编译出版社2013年12月版）第173—192页。

MEAG2/Ⅱ/5（《资本论》第1卷德文第1版）前言，见《马克思恩格斯列宁斯大林研究》2001年第4期，现重收在《马克思主义研究资料》第8卷（中央编译出版社2013年12月版）第107—156页。MEAG2/Ⅱ/5资料卷关于《资本论》第1卷德文版"形成和流传"，见《马列主义研究资料》1987年第4辑，现重收在《马克思主义研究资料》第8卷（中央编译出版社2013年12月版）第93—106页。

MEAG2/Ⅱ/6（《资本论》第1卷德文第2版）前言，见《马克思恩格斯研究》1991年第5期，现重收在《马克思主义研究资料》第8卷（中央编译出版社2013年12月版）第177—211页。

MEAG2/Ⅱ/7（《资本论》法文版）前言，见《马克思恩格斯研究》1991年第6期，现重收在《马克思主义研究资料》第8卷（中央编译出版社2013年12月版）第365—390页，译自MEAG2/Ⅱ/7第11*—37*页。

MEAG2/Ⅱ/8（《资本论》德文第3版）前言，见《马克思恩格斯研究》1991年第7期，现重收在《马克思主义研究资料》第8卷（中央编译出版社2013年12月版）第255—278页，译自MEAG2/Ⅱ/8第17*—35*页。

MEAG2/Ⅱ/10（《资本论》德文第4版）前言，见《马克思恩格斯研究》1992年第11期，现重收在《马克思主义研究资料》第8卷（中央编译出版社2013年12月版）第279—306页，译自MEAG2/Ⅱ/10第11*—36*页。

MEGA2/Ⅲ

MEGA2/Ⅲ/1（截至1846年4月底的书信）前言，见《马克思主义研究参考资料》1985年第1期（总第223期）第52—62页，也可见《马克思恩格斯研究》1991年第5期，译自MEGA2/III/1第13*—30*页。

MEGA2/III/2（1846年5月至1848年12月的书信）前言，见《马克思主义研究参考资料》1986年第12期（总第254期）第51—68页，也可见《马克思恩格斯研究》1993年第13期，译自MEGA2/III/2第19*—47*页。

MEGA2/III/4（1851年的书信）前言，见《马克思恩格斯研究》1992年第11期。

MEGA2/III/5（1852年1—8月书信）前言，见《马克思恩格斯列宁斯大林研究》2001年第4期。

MEGA2/IV

MEGA2/IV/1（涉及《柏林笔记本》和《波恩笔记本》）前言，见《马克思主义研究参考资料》1985年第1期（总第223期）第4—13页，也可见《马克思恩格斯列宁斯大林研究》2001年第4期，译自MEGA2/IV/1第11*—26*页。

MEGA2/IV/2（涉及《克罗茨纳赫笔记本》和《巴黎笔记本》）前言，见《马克思主义研究参考资料》1986年第12期（总第254期）第31—51页，译自MEGA2/IV/2第11*—45*页。MEGA2/IV/2前言中涉及《巴黎笔记本》的中译文也见《马列主义研究资料》1983年第4辑，现重收在《马克思主义研究资料》第3卷（中央编译出版社2013年12月版）第3—21页。关于《克罗茨纳赫笔记本》的概况，见《马克思主义研究参考资料》1985年第1期（总第223期）第14—17页，译自MEGA2/IV/2第605—610页。《克罗茨纳赫笔记本》笔记本一的"形成和流传"，见《马克思主义研究参考资料》1985年第1期（总第223期）第17—18页，译自MEGA2/IV/2第611页。《克罗茨纳赫笔记本》笔记本二的"形成和流传"，见《马克思主义研究参考资料》1985年第1期（总第223期）第18—21页，译自MEGA2/IV/2第623—627页。《克罗茨纳赫笔记本》笔记本三的"形成和流传"，见《马克思主义研究参考资料》1985年第1期（总第223期）第21—22页，译自MEGA2/IV/2第643—644页。《克罗茨纳赫笔记本》笔记本四的"形成和流传"，见《马克思主义研究参考资料》1985年第1期（总第223期）第22—27页，译自MEGA2/IV/2第652—659页。《克罗茨纳赫笔记本》笔记本五的"形成和流传"，见《马克思主义研究参考资料》1985年第1期（总第223期）第27—30页，译自MEGA2/IV/2第688—691页。关于《巴黎笔记本》的概况，见《马克思主义研究参考资料》1985年第1期（总第223期）第30—41页，译自MEGA2/IV/2第710—724页。《巴黎笔记本》笔记本一的"形成和流传"，见《马克思主义研究参考资料》1985年第1期（总第223期）第41—43页，译自MEGA2/IV/2第725—727页。《巴黎笔记本》笔记本二的"形成和流传"，见《马克思主义研究参考资料》1985年第1期（总第223期）第43—45页，译自MEGA2/IV/2第739—741页。《巴黎笔记本》笔记本三的"形成和流传"，见《马克思主义研究参考资料》1985年第1期（总第223期）第45页，译自MEGA2/IV/2第746页。《巴黎笔记本》笔记本四的"形成和流传"，见《马克思主义研究参考资料》1985年第1期（总第223期）第45—47页，译自MEGA2/IV/2第758—760页。《巴黎笔记本》笔记本五的"形成和流传"，见《马克思主义研究参考资料》1985年第1期（总第223期）第47—48页，译自MEGA2/IV/2第779—781页。《巴黎笔记本》笔记本六的"形成和流传"，见《马克思主义研究参考资料》1985年第1期（总第223期）第49—51页，译自MEGA2/IV/2第793—796页。《巴黎笔记本》笔记本七的"形成和流传"，见《马克思主义研究参考资料》1985年第1期（总第223期）第51页，译自MEGA2/IV/2第801页。

MEGA2/IV/4（涉及马克思《曼彻斯特笔记本》前5个笔记本和恩格斯《曼彻斯特笔记本》）前言，见《马克思恩格斯研究》1993年总第12期，现重收在《马克思主义研究资料》第3卷（中央编译出版社2013年12月版）第207—251页，译自MEGA2/IV/4第11*—48*页。

MEGA2/IV/7（关于《伦敦笔记本》第I—VI笔记本）前言，见《马列主义研究资料》1984年第5辑，现重收在《马克思主义研究资料》第3卷（中央编译出版社2013年12月版）第255—283页。

MEGA2/IV/8（关于《伦敦笔记本》第VII—X笔记本）前言，发表在《马克思恩格斯研究》1994年总第18期，现重收在《马克思主义研究资料》第3卷（中央编译出版社2013年12月版）第284—319页。

MEGA2/IV/8 资料卷第 767—772 页关于《金银条块——完成的货币体系》的"形成和流传",见《马克思恩格斯研究》1989 年第 1 期,现重收在《马克思主义研究资料》第 3 卷(中央编译出版社 2013 年 12 月版)第 346—352 页。

MEGA2/IV/9(关于《伦敦笔记本》第 XI— XIV 笔记本)前言,见《马克思恩格斯研究》1994 年总第 18 期,现重收在《马克思主义研究资料》第 3 卷(中央编译出版社 2013 年 12 月版)第 320—360 页。

需要指出的是,对于 MEGA2 尚未出版卷次的马克思文本的文献学信息,阿姆斯特丹国际社会史研究所收藏的《马克思手稿和读书笔记目录》可作参考。而对于 MEGA2 已出版卷次的马克思文本的文献学信息,MEGA2 提供的信息更为可靠。

三 关于常用文献学术语的几点说明

1. 笔记本(Heft)是马克思用数量不等的"对开张"制作的,通常是用线中缝装订而成。摘录是"Exzerpt",笔记是"Notiz",前者是马克思在笔记本上对别人著述的摘录,后者是马克思在笔记本上写下的自己的话。因此"Exzerpt"不同于"Notiz",比如《1844—1847 年记事本》就是"Notizbuch"。当然,在马克思的 Exzerpt 中,也会包含 Notiz,因此更狭义的"摘录"专门用"Auszug"。另外,中国学者习惯于把"Heft"(笔记本)也说成是"笔记",如《关于伊壁鸠鲁哲学的笔记》实际上是《关于伊壁鸠鲁哲学的笔记本》。当我们习惯于说《伊壁鸠鲁研究笔记》时,实际上包括了马克思在做伊壁鸠鲁哲学研究时所作的摘录和笔记这两个方面的内容。

2. 对开张(Bogen):一张书写纸,通常对折为两个单页,故而笔者称之为对开张以区别于汉语中仅仅作为量词的"张"。

3. 单页(Blatt):一个对开张对折后形成两个单页,每个单页有正反两个页面。

4. 页面(Seite):一个对开张有四个页面,一个单页有两个页面。

5. 栏(Spalte):马克思有时将一个页面划分为两栏或三栏进行书写。有时,两栏的分栏并不是通过画线,而是通过对折单页造成的折痕来分栏。

6. 页边（Rand）：一个页面通常有四个页边。如果是两栏书写，那么左栏和右栏都各有下页边和上页边，左栏还有左页边，右栏有右页边。

7. 分派符（Zuordnungszeichen）：表示补入文本。在拟补入的正文文本位置，以及新写就的文本开头处，分别以叉来标示；如果补入文本不止一处，就以双叉来表示，以作区别。

8. 连贯文本（laufenden Text）：不包括插入或补充的正文文本。

需要指出的是，以上文献学术语，国内有不同的译法，本书统一采取上述译法。

四　两点补充说明

1. 阿姆斯特丹国际社会史研究所曾经对收藏的马克思原始手稿的存档编号作过调整，本书行文中以 MEGA2 发表的马克思原始手稿的存档编号为准，但也在首次出现时标注之前的存档编号，以方便读者参照"马克思手稿和读书笔记目录"中译文。

2. 由于苏联解体，原苏共中央马列主义研究院中央党务档案馆（即 IML/EPA）归入俄罗斯现代文献收藏研究中心档案馆（即 RC），后又归入俄罗斯国家社会政治史档案馆（即 RGASPI）。在本书行文中，就以"俄罗斯国家社会政治史档案馆"作为马克思手稿的俄罗斯存放地，不再一一注明这三个机构的演变过程。

第一部分　马克思重要文本的手稿描述

本部分是关于马克思重要文本的手稿描述（基于 MEGA2 的"见证人的描述"），共 5 章。按照文本群来分章，第 1 章涉及《博士论文》写作前后的文本，包括《关于伊壁鸠鲁哲学的笔记本》、《柏林笔记本》、《博士论文》、《波恩笔记本》；第 2 章涉及克罗茨纳赫时期的文本，包括《黑格尔法哲学批判》、《克罗茨纳赫笔记本》；第 3 章涉及《巴黎手稿》写作时期的文本，包括《巴黎笔记本》、《1844 年经济学—哲学手稿》；第 4 章涉及《关于费尔巴哈的提纲》写作前后的文本，包括《1844—1847 年记事本》、《布鲁塞尔笔记本（1845 年）》、《曼彻斯特笔记本》；第 5 章涉及马克思布鲁塞尔时期的经济史研究，包括《居里希摘录》、《经济史研究笔记本》、《布鲁塞尔笔记本（1847 年）》。

需要指出的是，本部分是对马克思"原始手稿"的文献学描述。马克思有些文本，如发表在《莱茵报》、《德法年鉴》上的文章，其原始手稿没有流传下来，因此就不存在"手稿描述"的问题。

第1章 《博士论文》写作前后的文本

马克思在写作《博士论文》之前或期间,作了《柏林笔记本》。广义的《柏林笔记本》包括《关于伊壁鸠鲁哲学的笔记本》,狭义的《柏林笔记本》不包括《关于伊壁鸠鲁哲学的笔记本》,是马克思在柏林的最后时期对亚里士多德、莱布尼茨、休谟、斯宾诺莎、罗生克兰茨著作所作的摘录。《波恩笔记本》是马克思获得博士论文后,在波恩期间所作的摘录笔记,更多涉及宗教和艺术史。《博士论文》收在 MEGA2/I/1,《柏林笔记本》和《波恩笔记本》收在 MEGA1/IV/1。

第一节 《关于伊壁鸠鲁哲学的笔记本》的相关文献学信息

1. 现保存在阿姆斯特丹国际社会史研究所(《马克思恩格斯遗稿》编号 A1,原编号也是 A1。

2. 共 7 册自制的笔记本。每个笔记本都是用白线(大部分都还保留着)装订起来的,然后再用同样的白线将这 7 个笔记本连结起来。将这 7 个笔记本联系起来的总线已基本脱落。

3. 笔记本 1 的用纸:规格为 288×372mm 的对开张被对折为 288×186mm,结实、坚硬、表面略显粗糙的白纸,无横格。水印:间隔 28mm 的明线,在对开张的其中半部的远端有字母 HEB,在另半部有一个蛇杖。

4. 笔记本 2—7 的用纸:规格为 284×384mm 的对开张被对折为 284×192mm,结实、坚硬、表面略显粗糙、有精细凸起的白纸,无横格。水印:间隔 25mm 的明线,远端有字母 IMR。

5. 整体保存情况差。纸已严重发黄,非常脆,而且常被墨渍、霉斑、焦痕所遮盖。页边的外缘处于脱落中,折痕处也有裂缝和很大的洞,从而出现轻微的文本佚失。

6. 笔迹出自马克思，用的是黑色墨水（现已褪成褐色）。

7. 各册笔记本的大致情况如下：

笔记本 1

6个对开张＝12个单页（现有11个单页，因第9单页在书写之前就被撕掉了）＝24个页面（现有22个页面）。第8单页被剪掉一个角（103×93mm），第9单页被撕掉了。这都发生在文字书写之前。单栏书写（即以页面宽幅书写）的页面，显得很宽松，而双栏书写的页面写得很密集。在第1页面，除了题录账单（可能是家务账单），还有涂鸦，以及一段文字："自然思，故而它本身是上帝。人的精神，因其思维而本身是上帝。"在第19页面，有与文本内容不符的数字。在第21页面的下页边，多次重复"页面"和"伊壁鸠鲁"这两个词。在第12页面，在马克思书写内容的前面，有出自外人之手的文字："xxxxxstr. 54 Lüderitz。"第22页面上的文本，属于后来的工作阶段（即后来补写上的）。

笔记本 2

6个对开张＝12个单页＝24个页面。装订线仍在。第1页面是标题页。第2页面被账单，以及数据题录和一个无法辨读的人名所覆盖。第3—22页面是连续进行的双面书写，而且写得很密集。第4页面右栏的书写结束于页面的2/3处。第23页面，顶部和底部的1/4都是双栏书写，页面的中半部空着没有写东西。第24页面是空白（除了一个页码数字编号）。在第12页面顶端的四行文字（以页面宽幅书写），是越过已写下的该页面标题，接续第11页面的文本。此外，在第12和第13页面，还充满着涂鸦的虚线，以及多次重复的词"差的"及另一个无法辨读的词。第16页面的文本，由第17页面顶部页边占据页面宽幅的一行文字接续。第23页面右栏顶部的卢克莱修引文，可能是晚后补充的（不过这一推测尚不确定）。第23页面左栏底部和右栏底部的文字，可以肯定是属于后来的工作阶段（即晚后补写上的）。

笔记本 3

6 个对开张 = 12 个单页 = 24 个页面。装订线仍在。在第 12 单页保存下来的一角,可以辨认出前一页面(第 23 页面)的一个音节,由此可以推测,该页面的左栏写了大约 3/4,而余下的部分保持空白。可能类似于笔记本 1、2、4 笔记本中的补充内容,这些无法重构的文本是后来补写的。保存下来的角背面(第 24 页面)没有书写,估计整个页面都是空白。第 3—22 页面是连续进行的双面书写,而且写得很密集。第 16 页面右栏的书写结束于页面的 2/3 处。在标题页,由外人增添了一个难以弄清其含义的目录 "PVI Sententi〔ae〕enim xxxxx",然后又删除了。马克思所做的目录 "De eo, quod sec. Epicurum non beate vivi possit." 和 "Colotes." 由一个外人打了下划线。垂直于目录文本处,两次写下 "人" 这个希腊词,然后又删除了。这可能同样出自外人之手。

笔记本 4

6 个对开张 = 12 个(现为 11 个)单页 = 24 个(现为 22 个,其中只有 20 个是完整的)页面。装订线仍在。第 10 个单页的上半部可能在书写之前就剪掉了,因为在对开张折痕处保留下来的长条是空白的。下半部是书写后撕掉的。保存下来的角其中一个页面(第 17 页面)上有一首诗的开头,这使得对文本进行部分重构得以可能。通过与《博士论文》进行对比(见《马克思恩格斯全集》中文第二版第 1 卷第 93 页卢克莱修《物性论》第 2 卷第 1139 行的诗),可以重构出该页面文本所包含的卢克莱修的另两首诗(《物性论》第 2 卷第 1131—1135 行)。第 17 页面的背面(即第 18 页面),有残留的字母(可能是诗的结尾),但无法据此重构这首诗。可能就是在该页面,从卢克莱修《物性论》的第 2 卷转到了第 3 卷。第 3—16 和 19 页面是连续进行的双面书写。第 21 页面上面以单栏书写的文本(占据页面的 1/3),属于后面的工作阶段(即后来补写的)。在标题页,目录旁写有 "分开"、"书面的"、"燕妮"(重复两次)等词,以及一个无法辨读的词。"书面的" 这个词在第 4 页面又再次出现(完整的词或只是词的开头)。在第 3 页面上,有用线条及单个字母作的涂鸦。

笔记本 5

6个（现为5个）对开张＝12个（现为10个）单页＝24个（现为20个）页面。装订线有一处得以保存。封皮对开张佚失了，但依据其他笔记本的类似情况，可以对封面页（即第1页面）作推测性重构。封皮对开张的其他页面（第2、23、24页面）可能是空白（即没有书写文字）。尽管在原始档案中该笔记本置于笔记本6后面，但依据几个标准（其中包括该笔记本是对笔记本4关于卢克莱修摘录的直接继续），可以非常肯定该笔记本才是最初排在第5的笔记本。第3—17页面是双栏书写。其中第4页面的右栏只写了上面1/4；第8页面的左栏只写了上面1/4，右栏只写了下面1/4；第13页面下半部的右栏，有大约三行的空白；第14页面的右栏只写了上面1/3，第15页面的右栏只写了上面3/4。第18页面只书写了左栏。第19页面是双栏书写。第20页面书写了左栏，右栏只写了一行。第21、第22页面是以页面宽幅连续书写的。从第17页面右栏的第一个1/4处开始，是连续书写到笔记本结束的文本片段。这一用变暗的墨水书写的文本片段，是作为在先的文本书写的，因为这一文本片段涉及笔记本的总体关联。

笔记本 6

4个（现为3个）对开张＝8个（现为6个）单页＝16个（现为12个）页面。连结第2和第3对开张的装订线还在，但已松动。现存第4对开张的两个单页已脱落（即折痕处已彻底断裂），其顺序可以通过文本进程及折痕处底部的关口得到确定。封皮对开张佚失了，但依据其他笔记本的类似情况，可以对封面页（即第1页面）作推测性重构。封皮对开张的其他页面（即第2、15、16页面）可能是空白。尽管笔记本6与前5个笔记本相比少了2个对开张，但从文本进程来看，在第2对开张前面（即介于封皮对开张和第2对开张之间）或第3、4对开张之间另外佚失一个对开张的可能性不大；依据同样的标准，也可以排除笔记本中间佚失1个对开张的可能性（即笔记本6不可能有第5对开张）。而且马克思在《博士论文》中对塞涅卡和亚历山大里亚的克雷门斯的所有引文，都可以在现有的笔记本中找到（对斯托贝的引文并不构成反证，因为马克思在准备《博士论文》时又重新研究了斯托贝）。在第 2 对开张的前单页（即第 2 单页）上部，从页边往里撕掉了一个 140×43mm 的窄条，不过这发生在 1920 年代对笔记本进行照相复制后不久。佚失的文本可以依据照相复制件而得到确认。第 4 对开张两个脱落的单页（即第 4、5 单页），因其页边外缘的剥落而导致此处的文本佚失。部分依据照相复制件，部分依据摘录来源，佚失的文本可以得到重构。第 3—14 页面是双栏书写。在第 5 页面的右上页边，有两行与主要文本不相干的文本。文本已无法确切辨读，能辨读的文字是"烟草—刚货到付款"。在第 3、4、6、7 页文本的上面、下面或文本中，写了一些没有什么意义的符号、句子起头、数字、没有联系的单词等。在第 14 页面，有"世界的元素"这句话，句子下面用红色铅笔划线，显然出自外人之手。

笔记本 7

3 个对开张 = 6 个单页 = 12 个页面。缺装订线，折痕处的刺孔还在。封皮对开张在折痕处断裂，两个脱落的单页（即第 1、6 单页）已腐烂。所有单页的页边外缘都已剥落。在笔记本的中间，出现 1 个、2 个或 3 个对开张脱落和佚失的可能性很小。但从文本进程来看，这种情况也不可能完全排除（因装订线现已缺失）：应考虑西塞罗《论神性》摘录文本有继续这一情况（马克思在《博士论文》引用了笔记本中没有包含的《论神性》内容，不过马克思也有可能重新查阅了该书），此外还要考虑封面页上计划对土斯库兰的摘录，可能还要考虑马克思在《博士论文》中多次提及西塞罗的著作《论命运》这一情况。第 3—12 页面是双栏书写，而且大多写得很空疏。文本结束于第 12 页面的右栏 2/3 处，接着是一个账单。在第 3 页面的右上页边，有一个不相干的句子开头。

第二节 伊壁鸠鲁研究片断的相关文献学信息

1.《关于伊壁鸠鲁哲学的笔记本》的笔记本 1、2、4 最后一个单页（参见"《关于伊壁鸠鲁哲学的笔记本》的相关文献学信息"）上所写的文本，在内容上与所在笔记本的主要文本没有关系，而且可以从其变暗的墨水颜色辨别出这些文本是后来补写的。这些文本包含了关于伊壁鸠鲁哲学特征的重要概念认识，而且与笔记本有明确的关系，首先与笔记本 4 结束时马克思在对卢克莱修引文时的思想发展相关（但这些文本已超越了此时的思想发展）。笔记本 1 的片断（片断 1）首次确定了原子运动的三种形式，而这一认识在《博士论文》中起着重要作用。由片断 1 的最后

笔记本 1 示意图：

第 1 对开张（封面张）	第 1 单页	第 1 页面	作为封面的页面，没有页码编号	第 12 单页	第 22 页面	没有页码编号，左栏及右栏的 3 行文字是后来补写上的
		第 2 页面	空白		第 21 页面	27 28 双栏书写
		第 3 页面	1.2 单栏书写		第 20 页面	25 26 双栏书写
第 2 对开张	第 2 单页	第 4 页面	1 4 单栏书写	第 11 单页	第 19 页面	23 24 双栏书写
第 3 对开张	第 3 单页	第 5 页面	5 6 单栏书写	第 10 单页	第 18 页面	21 22 双栏写书
		第 6 页面	7 单栏书法		第 17 页	19 20 双栏书写
第 4 张	第 4 单页	第 7 页面	8 单栏书写	第 9 单页在编页码和书写之前就被撕掉了		
		第 8 页面	9 单栏书写			
第 5 对开张	第 5 单页	第 9 页面	10 单栏书写	第 8 单页被剪掉一个角	第 16 页	17 18 双栏书写
		第 10 页面	11 单栏书写		第 15 页面	16 单栏书写
第 6 对开张	第 6 单页	第 11 页面	12 单栏书写	第 7 单页	第 14 页面	15 单栏书写
		第 12 页面	12 单栏书写		第 13 页面	14 单栏书写

第1章 《博士论文》写作前后的文本

一句话①可以得出结论，关于伊壁鸠鲁哲学的论文计划已获得明确的形式。关于伊壁鸠鲁哲学的论文计划，可能是作为马克思所构想的一部更大著作的一部分，在这部更大的著作中马克思想要"联系整个希腊思辨详细地阐述伊壁鸠鲁主义、斯多亚主义和怀疑主义的循环"②。该片断有可能就是要引入这一阐述。但在《博士论文》所进行的伊壁鸠鲁与德谟克利特的比较中，对于此点没有任何提示。

2. 不太可能确切断定这三个片断的写作日期。最早可能写于第一组笔记（即第1—5笔记本）完成之时，即1839年盛夏（最迟8月）。可能是写于两组笔记之间（即1839年8—10月）。然而，基于马克思的写作计划已经成熟这一点，片断的写作日期有可能更晚一些。最晚的写作时间是1840年年中，当时马克思决定选择"德谟克利特的自然哲学和伊壁鸠鲁的自然哲学的差别"作为博士论文的题目。

3. 《关于伊壁鸠鲁哲学的笔记本》笔记本3最后一个佚失单页上的文本，可能与这三个文本片断同属一个工作阶段。笔记本2末尾对卢克莱修的引文（参见《马克思恩格斯全集》中文第一版第40卷第71页），以及笔记本5末尾的黑格尔批判和《自然哲学提纲》，可能与片断一样产生于同一个更晚时期。但这并不证明，应将笔记本2末尾和笔记本5末尾的文本置于《关于伊壁鸠鲁哲学的笔记本》的后面③。

4. 伊壁鸠鲁研究片断的文本。片断1：《马克思恩格斯全集》中文第一版第40卷第43页，从"伊壁鸠鲁十分清楚地意识到"至该页结束。片断2：《马克思恩格斯全集》中文第一版第40卷第71页，从"对于伊壁鸠鲁自然哲学的规定来说"至该页结束。片断3：《马克思恩格斯全集》中文第一版第40卷第130页，从"众说周知"至该页结束。

---

① "同时这也证实：我认为确立一种完全不同于伊壁鸠鲁所采用的分类是适当的。"

② 中译本将 Cyklus 译为"这一组哲学"（参见《马克思恩格斯全集》中文第一版第40卷第11页）。

③ 《马克思恩格斯全集》俄文第二版第40卷就是将《自然哲学提纲》放在《关于伊壁鸠鲁哲学的笔记本》后面发表的，参见《马克思恩格斯全集》中文第一版第176—182页。

第三节 《关于伊壁鸠鲁哲学的笔记本》笔记本 3 后面的草稿片断的相关文献学信息

1. 在流传下来的标有页码"3)"的一个对开张上,有一个笔迹出自无名氏、经马克思部分修改的片断(一个对开张)。这一片断以略作修改的形式①包含了马克思"评普鲁塔克对伊壁鸠鲁神学的论战"的一部分。马克思对普鲁塔克的批评是在《关于伊壁鸠鲁哲学的笔记本》笔记本 3 中进行的②。流传下来的这一片断,与《关于伊壁鸠鲁哲学的笔记本》笔记本 3 中马克思对普鲁塔克的批评的一部分内容③相似。因此,有可能流传下来的文本前面有两个对开张,后面也有两个对开张,只不过这四个对开张没有流传下来。如果这一推测成立,那么这总共五个对开张的文本就应该是《关于伊壁鸠鲁哲学的笔记本》笔记本 3 中马克思对普鲁塔克的批评的修改稿。这一流传下来的片断,在《马克思恩格斯全集》俄文第二版第 40 卷中是作为马克思《博士论文》没有流传下来的附录的片断发表的④。基于如下理由,这种编排是站不住脚的:

①该片断的抄写者与 1841 年年初抄写计划要刊印的那篇博士论文⑤的无名氏,以及同一时期与马克思合作,抄写马克思的古典哲学著作摘录笔记⑥一部分的无名氏,不是同一个人。

②该片断所用的纸张类型,有别于《博士论文》以及写于 1841 年的那部分《柏林笔记本》所用的纸张类型,而同于《关于伊壁鸠鲁哲学的笔记本》笔记本 2—7 以及《柏林笔记本》中对亚里士多德《论灵魂》的摘录笔记⑦所用的纸张类型。

---

① 大多是删节和调整,少数是扩展和变形。
② 参见《马克思恩格斯全集》中文第一版第 40 卷第 79 页最后一个自然段至第 91 页最后一个自然段。
③ 参见《马克思恩格斯全集》中文第一版第 40 卷第 85 页最后一个自然段至第 87 页第二个自然段。
④ 参见《马克思恩格斯全集》中文第一版第 40 卷 244—246 页。
⑤ 即流传下来的《博士论文》。
⑥ 即《柏林笔记本》。
⑦ 可能写于 1840 年上半年。

③该片断的文本并不适合刊印，因为其中包含有大量的希腊文错误，而马克思只对其中的很小部分做了改正。

④该片断包含了一长段连续的希腊文本，而流传下来的《博士论文》附录第一部分的注释①表明，马克思在附录中也是将这类段落排除于正文②，而置于注释之中。

⑤从《博士论文》的目录可以看出，附录分两部分，每部分包含三节，第二部分第二节的标题是"众人的渴望"。从流传下来的片断来看，其第三自然段的第一句是"现在我们再说众人的观点"，似乎与"众人的渴望"相吻合。但在流传下来的片断文本的第二自然段和第三自然段之间，并未出现"众人的渴望"这一理应出现的标题。

2. 关于这一流传下来的片断的写作日期及其产生情况，只能基于推测。最早的可能时间点是写作《关于伊壁鸠鲁哲学的笔记本》笔记本3期间，即1839年夏。然而，它的写作也有可能介于笔记本3完成之后与《博士论文》实质性工作开始之前这段时间，也就是1840年上半年。它也有可能是马克思关于普鲁塔克对伊壁鸠鲁神学的论战所做的独立工作的一部分，也有可能属于马克思关于伊壁鸠鲁的更大著作的一部分。从有特征的字母混淆（γ/ν，δ/τ，ε/η，o/ω）可以做出推测，这是口述抄录稿。

3. 现保存在阿姆斯特丹国际社会史研究所（《马克思恩格斯遗稿》编号 A3）。

4. 一个散开的对开张，结实、坚硬、表面略显粗糙、有精细凸起的白纸，无横格。水印：间隔 25mm 的明线和字母 IMR。规格为 284×384mm 的对开张被对折为 284×192mm，因此有2个单页=4个页面。

5. 纸张对折时因为没有对齐而在折痕处形成长褶皱，故而纸严重发黄，而且很脏（特别是内页）。页面边缘处于剥落中，不过没有导致文本损失。对开张的左下角被撕掉了，于是第1、3页面的左下方（即第2、4页面的右下方）出现了轻微的文本损失。

6. 文本是用黑色（现已褪色成棕黑色）墨水书写的，马克思对文本的改正用的是彩色墨水。

---

① 参见《马克思恩格斯全集》中文第一版第40卷第98—102页。
② 从《博士论文》的文本来看，马克思通常将这类段落排除于正文。

7. 所有的页面都被无名氏以德文和希腊文写满了。在第4页面结尾处，文本中断于一个半截句子。希腊文字体极不熟练，看上去就像画出来的一样。希腊文有严重错误，重音几乎全错了，其他变音符也错误连连。无名氏书写者显然对希腊语不熟悉。马克思在11处做了希腊文本正字法的改正，大量正字法错误及变音符没有改正。

8. 在第1页面作了"3)"这一对开张编号，其余页面没有编页码。

第四节 《柏林笔记本》的相关文献学信息

《柏林笔记本》（对亚里士多德、莱布尼茨、休谟、斯宾诺莎、罗生克兰茨著作所作的摘录）共8个笔记本，产生于马克思在柏林的最后时期。这一时期，马克思在准备他的博士论文，接着深入研究哲学及哲学史问题，并计划在波恩大学争取到教职。

马克思对亚里士多德《论灵魂》所作的摘录和翻译，只有两个笔记本流传下来。其中第一个笔记本（该笔记本之前的笔记本佚失了）上有马克思标注的日期"柏林，1840年"，第二个笔记本（其内容紧接着第一个笔记本）没有标准日期。所用纸张明显有别于《柏林笔记本》其余的笔记本，而与完成于1839年年末/1840年的《关于伊壁鸠鲁哲学的笔记本》的用纸相同。对亚里士多德著作的摘录与《博士论文》（马克思是1840年年中开始动笔的）没有直接关系。因此，对亚里士多德《论灵魂》的摘录可能产生于1840年上半年。

在《柏林笔记本》其余的笔记本中，对莱布尼茨、休谟、罗生克兰茨著作所作的摘录各占1个，对斯宾诺莎的《神学政治论》及其通信的摘录占了3个。从内容、形式和产生时间来看，相对于对亚里士多德著作的摘录，对莱布尼茨、休谟、斯宾诺莎、罗生克兰茨著作所作的摘录明显是独特而相对完整的一组笔记，标注的日期是"柏林，1841年"。这组笔记的笔迹，部分出自马克思，部分出自无名氏。该无名氏与马克思协作做了这组摘录笔记，还抄写了现流传下来的、原计划刊印用的马克思《博士论文》样本。因此，这组笔记一定是写于1841年1月至4月中旬（这时马克思离开柏林）之间。这组笔记在阿姆斯特丹国际社会史研究所的档案顺序是：休谟（编号B3）、莱布尼茨（编号B4）、斯宾诺莎（编号

B5、B6、B7)、罗生克兰茨（编号 B8）。B3 和 B4 显然是被调换了：B3 在规格和类型方面都与 B5 一致，而在这方面 B4 则不同。然而 B4 也不能排在 B8 的后面，因为其封皮对开张的用纸与 B3 和 B5 一致。B5 之后的笔记本无法排序。

这组笔记概览

编号	内容	格式	纸张（封皮）	纸张（笔记本）	书写者
B4	莱布尼茨	A	A	A	马克思
B3	休谟	B	A	B	马克思
B5	斯宾诺莎《神学政治论》	B	A	B	马克思
B6	斯宾诺莎书信 1	B	B	C	马克思、无名氏
B7	斯宾诺莎书信 2	B	B	C	无名氏
B8	罗生克兰茨	B	B	C	马克思、无名氏

由以上概览可知，档案排序依据的是外在标准（出现了一个特例），因此应该按照 B4、B3 的顺序来排序。B6/7 和 B8 可能存在时间上的重叠：马克思可能将斯宾诺莎书信转给无名氏来完成，而自己则同时开始作罗生克兰茨笔记。B4 和 B3 的摘录虽然只是在很小范围内被利用，但还是在《博士论文》（莱布尼茨）和标注日期为 1841 年 3 月的"序言"（休谟）中得到利用。此外，以上结论还可由如下情况得到证实：与 B6—8 相反，B3—5 所用的纸张类型与旨在作为刊印稿的马克思《博士论文》样本的用纸是一样的。B3、B4、B5 的产生时间显然与《博士论文》样本写作临近结束的时间基本一致；相反，B6—8 的摘录工作是在《博士论文》样本完成（大约 1841 年 3 月底）之后马上进行的。

1. 对亚里士多德《论灵魂》的摘录

对亚里士多德内容广泛的三卷本著作《论灵魂》的摘录，有两个笔记本（以德文和希腊文作的摘录）流传下来了。先是对卷三的摘录，然后回过来对卷一开头部分的摘录。对卷二进行摘录的笔记本佚失了。无法确定马克思使用的是《论灵魂》的哪个版本。

在流传下来的两个笔记本中，第一个笔记本记有标题"亚里士多德

《论灵魂》二、三卷,笔记本1,卷三",而且马克思插入小标题"c)智力灵魂"(见 MEGA2/Ⅳ/1,S.159.1),必定以类似的小标题"a)营养灵魂"(对应于《论灵魂》卷二,第4章415a)和"b)感觉灵魂"(对应于《论灵魂》卷二,第5章416b)为前提。因此,一定有一个笔记本佚失了,该笔记本包含了对卷二(至少是从第4章起)的摘录。

在流传下来的第一个笔记本(实际上是第二个笔记本)对《论灵魂》卷三从头到尾作了摘录之后,马克思就在第二个笔记本(实际上是第三个笔记本)接着在"《论灵魂》卷一"标题下对该卷的第1章和第2章开头部分作了摘录。这第二个笔记本的最后一个页面写满了文字,因此也有可能马克思还佚失了一个笔记本,该笔记本对《论灵魂》卷一其余部分作了全部或部分摘录。不过从内容上看,这一假设不能成立。

概览

亚里士多德《论灵魂》二、三卷

1) 笔记本1,卷二　　　　　　　佚失,包含对第1(4?)—12章的摘录
2) 笔记本2,卷三　　　　　　　包含对卷三第1—9章开头部分的摘录
3) 无标题页　　　　　　　　　包含卷三第9章结尾部分及卷一第1—2章(开头部分)的摘录

这两个笔记本现保存在阿姆斯特丹国际社会史研究所,《马克思恩格斯遗稿》编号 B1 和 B2(旧编号也是 B1 和 B2)。具体信息如下:

B1

①以结实、坚硬、表面略显粗糙、无横格的白纸自制的笔记本。水印:间隔 25mm 的明线和字母 IMR。规格为 284×384mm 的对开张被对折为 284×192mm。纸张类型同《关于伊壁鸠鲁哲学的笔记本》笔记本 2—7 所用纸张。4 个对开张=8 个单页=16 个页面。外面的对开张用作封皮。折痕处的刺孔还在,但装订线已经没了。

②纸严重发黄,对开张的外页面尤其脏,而且褪色严重。页面边缘坏了,作了修补。其余的对开张也易碎,而且其页面的外边缘轻微损坏,但

③文本是马克思书写的。用的是黑色（现已褪为棕色）墨水。

④封皮对开张的第 1 页面用作封面页，第 2、4 页面是空白。笔记本的所有 12 个页面及封皮张的第 3 页面（即笔记本的第 13 页面）全都以德语、拉丁语、希腊语双栏连贯书写。

⑤马克思没有对页面进行编号，只有 X1—X14 的页面档案编号，封面张的页面上没有数字。

B2

①自制的笔记本，纸张类型和规格同 B1。3 个对开张 = 6 个单页 = 12 个页面。没有专门用作封面的对开张。折痕处的刺孔还在，但装订线已经没了。

②纸张发黄、易碎，外棱处撕裂，但没有文本损失。外页面比其余页面发黄和脏的程度更严重。

③书写者及书写材料同 B1。

④所有 12 个页面（即全两册笔记本的第 14—25 页面）以与 B1 相同的方式写满了文字。

⑤马克思没有对页面进行编号，只有 B X1a/1b—B X12a/12b 的页面档案编号。

⑥在第 7、10、11 页面上，有出自外人之手，用铅笔乱写的补充，其含义不明。

2. 对莱布尼茨著作的摘录笔记

①马克思对莱布尼茨一系列哲学文本所作的摘录笔记产生于 1841 年 1—3 月，所依据的版本是：Gothofredi Guillelmi Leibnitti ... Opera omnia, nunc primum collecta, in classes distributa ... studio Ludovici Dutens. Genevae 1768. t2. Pars1：Logica et Metaphysica。马克思在《博士论文》中有一处引用了莱布尼茨（参见《马克思恩格斯全集》中文第二版第 1 卷第 20 页）。该处引文马克思在莱布尼茨摘录笔记中被省略掉了，而《博士论文》中有一处没有说明资料来源的对莱布尼茨的评论（即"像莱布尼茨的单子一样。因此，莱布尼茨关于天地间没有两个相同东西的说法"，参见《马克思恩格斯全集》中文第二版第 1 卷第 43 页），相关内容的摘录

("每个单子均有别于别的单子")在笔记中以划着重线的方式被强调。

摘录通常是逐字逐句进行的,偶尔在句序、句法、词序或式(直陈、虚拟、命令)等方面有所改变。很少出现导致句子变形的重大缩略。对于原著中使用的旧的法语形式,马克思大多以现代的形式代替(特别是以—ai—代替—oi—),有时则以混合形式出现。

②笔记本现保存在阿姆斯特丹国际社会史研究所,《马克思恩格斯遗稿》编号 B4(旧编号也是 B4)。

③自制的笔记本,有特别的封皮,封皮用的是坚硬、无横格、无水印的白纸(同 B3 和 B5 的封皮)。规格为 436×340mm 的对开张被对折为 218×340mm。折痕处的刺孔还在,但装订线已经没了。在封皮里,松散地交错叠放着 3 个对开张,用的是中等硬度、光滑、无横格、无水印的白纸。规格为 424×336mm 的对开张被对折为 212×336mm,因此有 6 个单页 = 12 个页面。封皮严重发黄,页面外缘损坏,已作修复。单页发黄,页角轻微损坏,有一处轻微的文本损失。文本笔迹出自马克思,用的是黑色(现已褪成棕色)墨水。

④封皮的第 1、2 页面包含出自无名氏之手的标题(马克思在标题下面补写了他自己的名字及地点、年份)和目录。笔记本的 12 个页面都以双栏的形式写满了摘录文字。文字是拉丁文,间插有少量的希腊文和德文单词。很少有缩略,缩略的情况几乎都出现在对标题的摘录上。没有出自马克思或无名氏的页面编号。

⑤笔记本共有 12 个页面,每个页面都是双栏书写,因此共有 24 栏文字。后来别人用红笔对这 24 栏文字标上了 1—24 的数字,并在目录中填上对应的数字。在文本的页面边缘,在目录中所列各节开始的地方,通常都以同样的红笔标注一个十字符。这个人还改正了一个书写错误。页面还包含了用铅笔标注的页面编号 AC1—AC14。

3. 对休谟著作的摘录笔记

①马克思对休谟著作的摘录基于由海因里希·雅各布翻译的休谟《人性论》第一卷的德译本(1790 年哈雷版)。德译本依据的是初版于 1739/40 年(书名为《人性论:在精神科学中采用实验推理方法的一个尝试》,后多次改写的英文版本(即《人类理智研究》)。马克思之所以用德译本,是因为他当时还没有掌握英文。

马克思只对《人性论》第一卷四章中的第 3、4 章作了摘录。对第 3 章的摘录顺序与原书一致。相反，对四章（共 7 节）是先摘录第 5 节，然后摘录第 1、2 节，余下各节没有摘录。

摘录笔记中有一段话，马克思划了着重线，并以明显大号的字体书写，以示强调。这段话马克思在《博士论文》的序言中被引用（参见《马克思恩格斯全集》中文第二版第 1 卷第 11 页）。这类强调通常表明，马克思在作此处摘录时马上认识到这些内容以后有被利用的可能性。

②笔记本现保存在阿姆斯特丹国际社会史研究所，《马克思恩格斯遗稿》编号 B3（旧编号也是 B3）。

自制的笔记本，有特别的封皮，封皮用的是坚硬、无横格、无水印的白纸（同 B4 和 B5 的封皮）。规格为 340×203mm 的对开张被对折为 170×203mm。折痕处的刺孔还在，但装订线已经没了。在封皮里，松散地交错叠放着 4 个对开张，用的是坚硬、表面略微粗糙、无横格的白纸。水印：间隔 30mm 的明线，在第 2、4 对开张上，还有一个天鹅正游过明线（同 B5）。规格为 340×208mm 的对开张（显然是由 416×340mm 的对开张对半裁成的）被对折为 170×208mm，因此有 8 个单页＝16 个页面。封皮的外页面发黄，页面外缘损坏，已作修复。笔记本的单页保存得很好，只有页面外缘严重发黄。文本笔迹出自马克思，用的是黑色（现已褪成棕色）墨水。封皮的第 1 个页面包含出自无名氏之手的标题和日期，封皮的其余页面是空白。笔记本所有 16 个页面都双栏写满了摘录文字（用的是德文，拉丁文本部分及外来词除外）。没有页面编号。写作时间是 1841 年 1—3 月。

4. 对斯宾诺莎著作的摘录笔记

对斯宾诺莎著作的摘录是由马克思以及受马克思委托的无名氏书写的，是对斯宾诺莎著作《神学政治论》及其书信的摘录，依据的版本是：Benedictus de Spinoza: Opera quae supersunt omnia. Iterum edenda curavit … Henr［icus］Eberh［ard］Gottlob Paulus. Vol. 1. Ienae 1802。

《神学政治论》是 1670 年首次匿名出版的（伪造汉堡作为出版地）。书信是斯宾诺莎死后由他的朋友出版的。由保罗斯编辑的斯宾诺莎著作全集，虽多有纰漏，但却是当时最权威的版本。

马克思首先摘录的是《神学政治论》。马克思没有按照书的章顺序来作摘录，不过没有遗漏任何一章。除第 14 章外，他将书的页头标题用作摘录笔记的标题。然后马克思开始摘录斯宾诺莎的书信，不过他只摘录了第 32、第 1 和第 2 封书信，剩下的工作是由马克思委托的无名氏进行的。无名氏的摘录再次从第 1、2 封信开始，与马克思的摘录大部分（而非全部）重合。然后无名氏对由保罗斯编辑的 74 封斯宾诺莎书信（写自或写给斯宾诺莎）中的 1/3 作了摘录，最后一封信被完整摘录。无名氏进而为《神学政治论》制作了一个目录。正如目录中有特点的书写错误所表明的，无名氏是完全依据马克思的摘录笔记来制作目录的，并没有重新对照原书。

笔记是逐字逐句连贯摘录的，不过马克思也偶尔作较大缩略。文字上的一些小偏差可以看作是疏忽所致。在加标点及正字法方面，马克思和无名氏都遵循他们各自的书写习惯，没有顾及原书的处理方式。没有出现擅加补充的情况。

摘录笔记显然后来没有被利用。当马克思在研究斯宾诺莎时，他重点考察其代表作《伦理学》。马克思在 1864 年 6 月 25 日给莱昂·菲力浦斯的信中，顺便提到了斯宾诺莎在《神学政治论》所获得的认识对于《摩西五经》形成史的意义。

共 3 个笔记本，写作时间是 1841 年 3—4 月。现保存在阿姆斯特丹国际社会史研究所，《马克思恩格斯遗稿》编号 B5、B6、B7（旧编号也是 B5、B6、B7）。

B5（斯宾诺莎的《神学政治论》）

①自制的笔记本，有特别的封皮，封皮用的是坚硬、光滑、无横格、无水印的白纸（同 B3 和 B4 的封皮）。规格为 348×218mm 的对开张被对折为 174×218mm。折痕处的刺孔还在，但装订线已经没了。在封皮里，松散地交错叠放着 4 个对开张，用的是坚硬、无横格的白纸。水印：间隔 30mm 的明线，在第 1、4 对开张上，还有一个天鹅正游过明线（同 B3）。规格为 348×208mm 的对开张被对折为 174×208mm，因此有 8 个单页 = 16 个页面。

②封皮的外页面发黄，棱角轻微损坏。页面边缘撕裂，作了修复。笔记本的单页轻微发黄，其页面外缘严重发黄。页面边缘有些撕裂，但保存

得很好。

③文本笔迹出自马克思，用的是黑色（现已褪成棕色）墨水。

④封皮的第1、2页面包含出自无名氏之手的标题（马克思补写了自己的名字及写作日期）和目录，两者用的都是墨水。封皮张的第3、4页面是空白。笔记本的所有16个页面，都是单栏书写，而且都写得很满，用的是拉丁文。一开始写得稀松，后来越来越紧密，最后一个页面就变得非常紧密。

⑤马克思没有作页面编号，现有的页面编号1—16是归档时用红笔作的，与目录的编号相一致。

B6（斯宾诺莎的书信1）

①自制的笔记本，有特别的封皮，封皮用的是中等硬度、柔软、表面略显粗糙、无横格、无水印的粉红色纸（同B7和B8的封皮）。规格为348×208mm的对开张被对折为174×208mm。折痕处的刺孔还在，但装订线已经没了。在封皮里，松散地交错叠放着4个对开张，用的是中等硬度、无横格、无水印的白纸。其中一个页面光滑，另一个页面表面略显粗糙（同B7和B8）。规格为340×204mm的对开张被对折为170×204mm，因此有8个单页＝16个页面。

②封皮的外页面发黄，棱角处没有文本损失。笔记本的单页轻微发黄，但保存得很好。

③文本笔迹出自马克思及无名氏，用的是黑色（现已褪成棕色，部分已非常模糊）墨水。

④封皮的第1页面包含出自无名氏之手的标题和日期，封皮张的其余页面是空白。笔记本的所有16个页面，都是双栏书写，而且都写得很满，用的是拉丁文。第1、2页面和第3页面的前2行是马克思书写的，其余页面是无名氏书写的。B7的内容直接接续该笔记本的文本。在笔记本的转换处，一个单词被划分开（nu—mero）。没有页面编号。

⑤马克思没有作页面编号，现有的页面编号是按1、2、3、5、6、4、7、8……16的顺序在归档时用红笔作的。文本进程是与这一编号相符的，因为文本的书写者（即无名氏）显然忽略了第3页面后面的那个单页，在书写了一个页面（即4）之后，又在被忽略的那个单页的两个空白页面

上书写（即5、6），然后接着在4后面的页面继续写7、8……16。

⑥如上说述，页面编号是由外人编制的；此外，在第1页面，外人还用铅笔划了着重线，在页面左边缘划了表示删除的垂直线，并打了个问号，还登记了一个表示页面编号的数字"S.541."。

B7（斯宾诺莎的书信2）

①自制的笔记本，纸张同B6和B8。装订保存得很好。在封皮里，6个对开张被对折为170×204mm的单页，因此有12个单页=24个页面。

②封皮的外页面发黄，而且有些脏。笔记本的单页轻微发黄，但保存得很好。

③对斯宾诺莎书信2的摘录只占该笔记本的1/4，笔迹出自无名氏，用的是黑色（现已褪成棕色）墨水。

④在封皮的第1页面上，写有出自无名氏之手的"斯宾诺莎的书信（2）．柏林，1841年"，封皮的其余页面是空白。笔记本的第1—6页面是双栏书写，出自无名氏之手。在第6页面，只写了左栏上部。第1—6页面的摘录是B6的直接继续。第7—22页面是马克思对一本拉丁文语法书的摘录，不是柏林时期写作的。第23、24页面是空白。

⑤该笔记本在归档时，接续B6的页面编号1—16（如前所述，这也是归档时作的页面编号）继续编号17、18、19。对斯宾诺莎书信2的摘录还有3个页面（即20、21、22），但归档时并没有继续往下编号。

5. 对罗生克兰茨著作《康德哲学史》的摘录

①由马克思及受马克思委托的无名氏所作的对罗生克兰茨著作《康德哲学的历史》的摘录笔记，所依据的版本是：《康德全集》，卡尔·罗森克朗茨和弗里德里希·威廉·舒伯特编，第12卷，卡尔·罗森克朗茨《康德哲学史》，莱比锡1840年版。笔记只是对该卷最后一册（即第三册）所作的摘录。在该册（书名为"康德哲学的影响"）中，罗森克朗茨描述了康德哲学所产生的持续影响及黑格尔对它的克服。摘录笔记写于1841年3—4月。无法证明马克思后来利用过该摘录笔记。现保存在阿姆斯特丹国际社会史研究所，《马克思恩格斯遗稿》编号B8（旧编号也是B8）。

②自制的笔记本，是用白线装订的，装订保存得很好。封皮对开张的用纸同B6和B7，即规格为348×208mm的对开张被对折为174×218mm。

在封皮里有 6 个对开张，用纸同 B6 和 B7，即规格为 340×204mm 的对开张被对折为 170×204mm，因此有 12 个单页 =24 个页面。

③封皮的外页面发黄，并有轻微撕裂。笔记本的单页轻微发黄，但保存得很好。

④文本笔迹出自马克思和无名氏。他们用的墨水，部分是黑色（现已褪成略呈红色的棕色），部分是紫色。后一种墨水，马克思在《博士论文》的更正、修改和补充时用过。封皮的第 1 页面上写有出自无名氏之手的标题和日期，封皮张的其余页面是空白。笔记本第 1—16 页面的摘录出自马克思之手（第 3 和第 6 页面只是部分书写），第 11—15 页面出自无名氏之手（第 15 页面只是部分书写），第 16—24 页面是空白。页面先纵向对折出折痕，以方便双栏书写。

⑤马克思书写部分的基础文字是德文，外语文本部分间或以拉丁文出现，人名及外来词则常以拉丁文出现。无名氏书写部分用的都是德文。

⑥笔记本没有页面编号。

第五节 《博士论文》的相关文献学信息

1. 马克思的《博士论文》一共由 10 个笔记本构成，这些笔记本是马克思用裁剪出的"对开张"交织叠放在一起自制而成的。笔记本 2、3、4、5、6、7 和 9 都有 12 个"单页"，即 24 个"页面"；笔记本 1 有 6 个单页，即 12 个页面；笔记本 8 有 8 个单页，即 16 个页面。共有四种纸张类型。第一种纸张类型规格是 220×173mm，不带横格，没有水印，以前可能是白色，现已发黄，纸好，较硬，外观有精美花纹。笔记本 3、4、5、6、7、9、10，以及笔记本 1 中 4 个单页用的是这种类型的纸。第二种纸张类型规格是 211×180mm，不带横格，没有水印，以前可能是浅灰色，现已发黄，纸好，较硬，外观有精美花纹。笔记本 2 中 8 个单页用的是这种类型的纸。第三种纸张类型规格是 211×174mm，不带横格，有水印（8 条连续的线），以前可能是浅灰色，现已发黄，纸好，坚硬、结实，外观粗糙。笔记本 2 中 4 个单页用的是这种类型的纸。第四种纸张类型规格是 211×174mm，不带横格，没有水印，以前可能是浅灰色，现已发黄，纸非常好，较硬，外观光滑。笔记本 8，以及笔记本 1 中 2 个单页用的是这种类型的纸。个别单页的高度不同于这四类纸张，相差达 3mm。

2. 笔记本保存完好，但有若干污斑（水渍、霉斑、墨渍）。有几个笔记本的页面底部有轻微损坏。笔记本的封面和封底大都很脏。笔记本 6 靠外的那些对开张有撕裂，最后一个单页有损坏，但这没有造成文本佚失。

3. 文本的笔迹出自无名氏和马克思。无名氏显然是马克思的熟人，而且已经为马克思工作了很长时间。

4. 文本是用褪色的棕色墨水书写的。色调显示出从浅棕色到深棕色的细微差别。笔记本 7 和 8 的更正和修改，以及笔记本 1 中序言的日期是无名氏和马克思用紫色墨水书写的。

5. 每个单页双面书写。每一个页面的外侧留有大约 45—50mm 的边宽，大多作修改（页码标记及文本补充）之用。在 10 个笔记本中，187 个页面写有文字，33 个页面空白。底层文本，以及若干文本更正和修改是由无名氏誊抄的。

6. 出自马克思笔迹的是文本更正和修改，其中包括一些重大文本补充、大量下划线以及一篇新序言的草稿（有重大修改）。在第 I 页面，有出自马克思笔迹、很难辨读的两个词，可能是"Frtg Orthogr"。德文文本以德文书写，外来词以拉丁文书写，引文（德语引文除外）以希腊文和拉丁文书写。

7. 文本的页码是由无名氏标注的。封面、献词、序言、目录以及笔记本 1 中的一个空白页面（即第 II 页）以 I—XI 标注，第一部分以 1—30 标注，第二部分没有编页码，注释（除了马克思后来为附录增加的注释 9）以 1—73 标注。

第六节 《波恩笔记本》的相关文献学信息

马克思 1842 年 4 月初到达波恩，待在那里直到 5 月底。《波恩笔记本》就写于这一时期。《波恩笔记本》与马克思从 1841 年底起计划撰写一本关于宗教和艺术的著作有关。共 7 个笔记本，分别是：

笔记本 1：鲁穆尔《意大利研究》

格隆德《希腊的绘画》结尾部分

笔记本 2：格隆德《希腊的绘画》

笔记本 3：布罗斯《论拜物神仪式》

伯提格《艺术神话学的观念》

笔记本 4：迈纳斯《宗教的一般考证史》

笔记本 5 和笔记本 6：贡斯当《论宗教》

笔记本 7：巴贝拉克 *Traité de la morale des pères de l'eglise*（论教皇的道德）

1. 对卡尔·鲁穆尔《意大利研究》的摘录

①对卡尔·鲁穆尔《意大利研究》的摘录笔记，最有可能是《波恩笔记本》中最早的。该笔记本包含了对不同作者的两本著作的摘录笔记（其篇幅几乎一样）。首先是对德国艺术史家卡尔·鲁穆尔《意大利研究》（三卷本，1827—1831 年出版）前两卷的摘录，然后是后来写上的对约翰·雅克布·格隆德的《希腊的绘画》所作笔记的结尾部分（对该书所作笔记的开头部分构成了《波恩笔记本》后续笔记本的内容）。

②马克思对鲁穆尔《意大利研究》的前两卷作了摘录，包含了对该书第一卷大约 160 页内容的摘录（是从该书第 123 页开始摘录的）。对于该书第二卷，马克思只是针对意大利绘画作了两条简短的评论性笔记。

③笔记本现保存在阿姆斯特丹国际社会史研究所，《马克思恩格斯遗稿》编号 B10（旧编号也是 B10）。

④自制的笔记本，现在折痕处只见针孔，装订线已佚失。对开张是松散地交错叠放在一起。笔记本的篇幅、用纸以及规格，同于 B10。笔记本保存完好，纸稍微发黄。第 1 个对开张严重发黄，边缘轻微损坏，并用。没有纸张损坏，也没有文本损失。文本笔迹出自马克思，用的是黑色墨水。第 1 个页面上，写有所摘录著作的作者姓名和标题（"格隆德，《希腊的绘画》，结尾部分"是马克思后来补写上的）以及笔记本产生的地点（"波恩"）和年份（"1842"）。第 2 个页面是空白。第 3—10 页面是对鲁穆尔著作的连续摘录（第 10 页面只写了上面一行）。第 11—17 页面是对格隆德著作的摘录。第 18—32 页面是空白。在书写之前印着的围框，构成了马克思书写范围的界限。摘录所用的文字是德文和拉丁文，马克思没有为页面编号。

2. 对格隆德《希腊的绘画》的摘录

①该笔记本是马克思对格隆德著作《希腊的绘画》所作摘录的第一

部分，所依据的版本是：格隆德《希腊的绘画，或试论绘画的产生、进步、完善和衰落》，二卷本，1810—1811年版。摘录的后续部分，包含在对鲁穆尔《意大利研究》所作摘录的那个笔记本中（参见上文）。

②马克思对格隆德《希腊的绘画》二卷本的摘录内容，大致均分为几部分。马克思的摘录包含了格隆德关于宗教艺术的最早形式、关于基督教艺术（包括绘画、建筑、玻璃）、关于埃及文字和艺术的阐述，并特别追踪了古代玻璃和艺术的发展。这些内容包含了关于艺术技术得以完善的诸多细节的描述。

③笔记本现保存在阿姆斯特丹国际社会史研究所，《马克思恩格斯遗稿》编号B9（旧编号也是B9）。自制的笔记本，现在折痕处只见针孔，装订线已佚失。对开张被松散地交错叠放在一起。外面那个对开张被用作封皮。笔记本的篇幅、用纸及规格同于B10。笔记本保存完好，纸张轻微发黄。第1个对开张严重发黄，边缘轻微损坏，并以薄纸修复。没有文本损失。文本笔迹出自马克思，用的是黑色墨水。第1页面是标题页，第2页面是空白。第3—31页面是对格隆德著作的连续摘录，第32页面是空白。一再出现的摘录书写从更大、更宽到更小、更密，然后出现相反情况的变化，说明书写过程时断时续。在书写之前印着的围框，构成了马克思书写范围的界限。摘录所用的文字是德文、拉丁文和希腊文，马克思没有为页面编号。

3. 对布罗斯《论拜物神仪式》和伯提格《艺术神话学的观念》的摘录

①该笔记本是对以宗教史为主题的两部著作的摘录。这两部著作的作者在原则问题上代表了不同的观点。摘录所依据的著作版本是：德布罗斯《论拜物神仪式或埃及古代宗教同今天尼格里蒂亚的宗教之比较》，译自法文，1785年柏林版；伯提格《艺术神话学的观念》，第一卷，1826年莱比锡版。

②马克思对布罗斯著作《论释物神仪式》的摘录内容，大致均分为三节：崇拜仪式和实践的实例清单、崇拜对象的古代实物、关于拜物教原因的评论。马克思在其文章"关于林木盗窃法的辩论"中利用了对布罗斯著作的几处摘录（参见《马克思恩格斯全集》中文第二版第1卷，第256、290页）。

③伯提格的著作《艺术神话学的观念》代表了一种保守的观点，接近于谢林和孔斯坦的神秘主义观点。马克思只对伯提格两卷本著作的第一卷作了摘录。摘录大致均分为几个部分，包括对各种对立的宗教体系、降神问卜的方式、仪式的动作、一神崇拜等的详细描述。有两个方面的摘录更为详尽，一是关于拜物教的评论；另一个是关于神在希腊艺术中得到表现的思想。

④笔记本现保存在阿姆斯特丹国际社会史研究所，《马克思恩格斯遗稿》编号 B11（旧编号也是 B11）。笔记本的类型、篇幅、用纸及规格同于 B10。笔记本保存完好，纸张轻微发黄。第 1 个对开张严重发黄，有使用的痕迹。没有纸张损坏，也没有文本损失。文本笔迹出自马克思，用的是黑色墨水。第 1 页面是标题页，第 2 页面是空白。第 3—17 页面是对布罗斯著作的连续摘录（第 8 和第 17 页面都只写了上半部），第 18—26 页面是对伯提格著作的连续摘录（第 26 页面只写了上半部）。第 27—32 页面是空白。在书写之前印着的围框，构成了马克思书写范围的界限。摘录所用的文字是德文、拉丁文和希腊文，马克思没有为页面编号。

4. 对迈纳斯《宗教的一般考证史》的摘录

①该笔记本是关于宗教史的摘录笔记，摘录的著作是迈纳斯的《宗教的一般考证史》第一、二卷，汉诺威 1806—1807 年版。马克思对这两卷都作了摘录，第一卷是从第 233 页开始摘录的，对第二卷后一多半的内容几乎完全没有摘录。除了对迈纳斯著作的摘录，本笔记本还包含一个罗马著作索引（这些著作是单独出版的）。

②马克思所作的罗马著作索引与他对迈纳斯《宗教的一般考证史》的摘录在内容上没有什么关系。

③笔记本现保存在阿姆斯特丹国际社会史研究所，《马克思恩格斯遗稿》编号 B12（旧编号也是 B12）。自制的笔记本，现在折痕处只见针孔，装订线已佚失。外面的对开张被用作封皮。7 个对开张 = 14 个单页 = 28 个页面。笔记本的用纸及规格同于 B10。笔记本保存完好，纸张轻微发黄，有些脏和旧，并用薄纸作了修复。没有纸张损坏，也没有文本损失。文本笔迹出自马克思，用的是黑色墨水。第 1 页面是标题页，第 2 页面是空白。第 3—4 页面是对迈纳斯著作的摘录，在第 5 页面是罗马著作的索引。接着是摘录的继续，直到第 9 页面。第 10—28 页面是空白。在书写

之前印着的围框，构成了马克思书写范围的界线。摘录所用的文字是德文、拉丁文。马克思没有为页面编号，不过后来外人以铅笔作了 Y1—8 的页面编号（只对书写的页面作了编号）。

5. 对贡斯当《论宗教》的摘录

①马克思对贡斯当内容广泛的宗教史著作《论宗教》的摘录用了两个笔记本，所依据的著作版本是：本·贡斯当《论宗教的起源、形式与发展》1826 年巴黎第 2 版第 1 卷，1825—1831 年第 2—5 卷。

②马克思对贡斯当的五卷本著作进行了大致均分的摘录。在全部五卷中，偶尔有个别章或章序列未被摘录。第五卷的第 14 册（论斯堪的纳维亚宗教）没有被摘录。马克思为这两个笔记本编了"笔记本 1"和"笔记本 2"的序号。

③马克思在写于 1842 年 7—8 月的"历史法学派的哲学宣言"一文中，引用了贡斯当《论宗教》第 2 版第 1 卷第 172—173 页的一段话（参见《马克思恩格斯全集》中文第二版第 1 卷，第 235 页），但这段引文并没有出现在这两个摘录笔记本中。

④笔记本现保存在俄罗斯国家社会政治史档案馆，编号是全宗第 1 号，目录第 1 号，卷宗第 6736 号。自制的笔记本，现在折痕处只见针孔，装订线已佚失，对开张被松散地交错叠放在一起。两个笔记本外面的对开张都被用作封皮。笔记本的篇幅、用纸及规格都同于 B10。笔记本保存完好，纸张轻微发黄，外面用作封皮的对开张严重发黄。笔记本 1 外面的对开张的边缘轻微损坏，作了修复。没有纸张损坏，也没有文本损失。文本笔迹出自马克思，用的是黑色墨水。笔记本 1 的第 1 页面是标题页，在第 2 页面的中央，马克思抄录了一个座右铭。第 3—30 页面是对贡斯当著作第 1—3 卷的连续摘录（在第 13 和第 20 页面，只写了上半部分；在第 22 页面，字体从大而疏变为小而密）。第 31 页面的上 1/3 部分，是马克思为其手稿《黑格尔法哲学批判》作的索引。第 32 页面是空白。笔记本 2 的第 1 页面是标题页，第 2 页面是空白。第 3—18 页面是对贡斯当著作第四、五卷的连续摘录（在第 9 页面，字体从大而疏变为小而密）。第 19—32 页面是空白。这两个笔记本在书写之前印着的围框，构成了马克思书写范围的界限。摘录所用的文字是拉丁文和德文。马克思没有为页面编号。

6. 对巴贝拉克著作的摘录

①该笔记本可能是马克思《波恩笔记本》中的最后一个。它大多是逐字逐句的摘录，依据的是巴贝拉克 *Traité de la morale des pères de l'eglise*（论教皇的道德），阿姆斯特丹 1728 年版。马克思只对巴贝拉克著作的前半部分作了摘录。

②笔记本现保存在阿姆斯特丹国际社会史研究所，《马克思恩格斯遗稿》编号 B13（旧编号也是 B13）。自制的笔记本，现在折痕处只见针孔，装订线已佚失。对开张被松散地交错叠放在一起。外面的对开张被用作封皮。笔记本的篇幅、用纸及规格同于 B10。笔记本总体保存完好，纸张轻微发黄，外面的对开张（即封皮）显得非常脏。对开张的下边缘很不平整。没有纸张损坏，也没有文本损失。文本笔迹出自马克思，用的是黑色墨水。第 1 页面是标题页，第 2 页面是空白。第 3—20 页面是对巴贝拉克著作的连续摘录（第 8 页面是空白，第 15 页面只写了上半部分，第 19 页面只写了上面 4 行，第 20 页面只写了上面 2 行）。接着是摘录的继续，直到第 9 页面。第 21—32 页面是空白。在书写之前印着的围框，构成了马克思书写范围的界线。摘录所用的文字是拉丁文、希腊文和德文。马克思没有为页面编号，不过后来外人以铅笔作了 Z1—18 的页面编号（只对书写的页面作了编号）。

第 2 章　克罗茨纳赫时期的文本

马克思在退出《莱茵报》，去巴黎编辑《德法年鉴》之前这段时间，住在小城克罗茨纳赫。这一时期，马克思先是写了《黑格尔法哲学批判》（收在 MEGA2/I/2），后又作了《历史—政治笔记》（即通常所说的《克罗茨纳赫笔记》，收在 MEGA2/IV/2）。

第一节　《黑格尔法哲学批判》的相关文献学信息

1. 笔记本现保存在阿姆斯特丹国际社会史研究所，《马克思恩格斯遗稿》编号 A5（旧编号是 A4）。

2. 共 37 个对开张（每个对开张 4 个页面，共 148 个页面）和 2 个单页（每个单页 2 个页面，共 4 个页面），马克思对其作了罗马数字编号 II 至 XL（其中 2 个单页标的是 XVIII 和 XXIX）。这 37 个对开张书写之后，被装订成一个笔记本。笔记本已损坏，笔记本的前硬皮、封面页以及第 I 对开张（有 4 个页面）已经佚失。笔记本的对开张及单页大小有异，裁切得不整齐。可归结为两类纸张规格：规格 A：200×318mm（从第 II 对开张到第 XXXIV 对开张）；规格 B：201×330mm（从第 XXXV 对开张到第 XL 对开张）。封底的规格是 196×330mm。用了两种不同的纸，都比较厚，无横格，有不同的水印。可以肯定地说，这两种纸是由不同的荷兰公司生产的。对开张 II 至 V（规格 A）和对开张 XXXV 至 XL（规格 B）的水印是坐姿形象，一个是狮子，一个是篱笆和铭文"为了祖国"。对开张 VI 至 XXXIV（其中 XVIII 和 XXIX 是单页）的用纸（规格 A），水印是狮子和铭文"和气生财"，产自荷兰的公司"Firma van Gelder"（该公司自 1774 年至 1940 年一直用这一水印）。笔记本的封底页无横格，薄、脆、无水印。笔记本的后硬皮是由结实的纸板做成的，纸板的外层贴上了似大理石的彩纸（蓝—橘黄—黑）。

3. 笔记本的纸张保存得相当完好，只在页边缘有些损坏和发黄。对开张 XXXV 至 XL 的页下边缘发黄、脏。手稿可见各种污斑（墨渍、水渍等）。

4. 手稿笔迹出自马克思，墨水（已褪成深褐色和浅褐色）显示出色差，这是由墨水的下水、羽毛的硬度及移动等情况引起的。

5. 如前所述，37 个对开张连同 2 个单页，共计 152 个页面。再加上佚失的第 1 对开张，共有 156 个页面。由于手稿的最后一页是写在封底的内页面，因此手稿共写了 157 个页面（其中第 1—4 页面佚失）。作为对开张编号的罗马数字出现在每一对开张第一页的中上部，数字后面跟着一个句点。数字和句点有下划线。在罗马数字 XXIII 后面右下方，写有"（1）"。在对开张编号旁边，对开张的所有页面都用阿拉伯数字编了号，其中马克思为第 II 至 XXII 对开张编了 5—87 的页面号，外人给第 XXIII 对开张之后的页面作了 88—157 的编号（包括封底内页）。这些阿拉伯数字，右页面的写在右上角，左页面的写在左上角。马克思显然是在写了第 I 至 XXII 对开张之后才作的页面编号。大多数页面都是满页面连续书写的。第 6、11、12、25、41、42、46、52、63、69、73、81、85、[133]、[150] 页只是部分（即没有满页面）书写。第 7、47、48、64、70、74、86、[134]、[135]、[136] 页是空白。可以假定，第 II 至 XVII 对开张，以及 XXIV 至 XL 对开张，马克思都是在每一对开张书写之前先编号，或该对开张一写完就马上编号。而第 XVIII 至 XXIII 的对开张编号以及至 87 页的页面编号，则是连续编制的。第 XVIII 至 XXIII 的对开张编号可能是书写前编好的，而 1—87 的页面编号是在前面 86 页书写之后再编的。其统一的墨水颜色（常有别于文本书写的墨水颜色）及其在对面页面上印出的墨水颜色（在页面 6/7、10/11、16/17、18/19、38/39、42/43 可以明显看出来）都说明了这一点。这一特点证实了如下假定：第 XXIII 对开张之后的写作出现了中断。

6. 手稿包含相对少量的修改，大多数修改是写作时即时作的。除此之外，手稿还有若干较大的文本补充、替换和调整。还有若干修改（在第 20、46、69、75、82、84 页上）是马克思后来审阅手稿时作的。其中，有两处修改（在第 9 和第 17 页）还作了下划线。手稿的这些少量修改可能是在笔记本装订之后进行的。无法确定写作与修改之间到底有多长的时间间隔。通过对手稿情况的考察（即对开张和单页是在书写之后才装订起来的，而非像马克思通常的笔记本那样是先装订后写作）可以得出结论，流传下来的手稿并非马克思最初的草稿，它是为进一步誊清而准备的底稿，但誊清稿并没有流传下来。

7. 第 I 对开张（4 个页面）、前硬皮、封面佚失。参照马克思后来写在《波恩笔记本》关于贡斯当摘录笔记本第 31 页上的"《黑格尔法哲学批判》手稿索引"（参见《马克思恩格斯全集》中文第二版第 3 卷第 159 页），可以看出第 I 大张确实存在（见索引的第一条"体系的发展的二重化。I，3，4。"）。

8. 文本文字是德文，常用的外来词或外语措辞用的是拉丁文。

第二节　《克罗茨纳赫笔记》

被后人称为《克罗茨纳赫笔记》的五本笔记，马克思自己称之为"历史—政治笔记"，写作时间是 1843 年 7—8 月。马克思摘录用的图书，并非自己的藏书，可能借自克罗茨纳赫的图书馆或个人。尽管马克思为五本笔记本作了编号①，但这五本笔记的实际写作顺序是：

1843 年 7 月　笔记本 1（全部）
　　　　　　　笔记本 2（第一部分：关于亨利希著作摘录的继续和结束）
　　　　　　　笔记本 4（第一部分：从施米特到兰克）
　　　　　　　笔记本 3（全部）
7—8 月　　　　笔记本 5（全部）
8 月　　　　　笔记本 2（第二部分：路德维希至孟德斯鸠及内容索引）
8 月　　　　　笔记本 4（第二部分：林加尔德、盖耶尔及内容索引）

笔记本 1

①写于 1843 年 7 月，是对亨利希《法国史》（三卷本，莱比锡

---

① 笔记本 1 没有编号，但可以判断它是第一个笔记本，因为从内容来看，接着该笔记本进行摘录的那个笔记本被马克思编号为"II"。

第 2 章 克罗茨纳赫时期的文本

1802—1804 年版）第 1 卷第一部分的摘录。

②笔记本的原始手稿现保存在阿姆斯特丹国际社会史研究所，《马克思恩格斯遗稿》编号 B14（旧编号也是 B14）。

③自制的笔记本，装订线已不在，只留下折痕处的针孔，对开张松散地交错叠放在一起。没有特制的封皮。共 15 个对开张 = 30 个单页 = 60 个页面，用的是中等硬度的白纸，无横格，无水印。对开张的规格是 340 × 207mm，对折为 170 × 207mm 的单页。

④笔记本保存完好，纸张轻微发黄。第 1 个单页严重发黄，页边缘和折痕处有轻微损坏，用薄纸作了修复，没有文本损失。

⑤笔迹出自马克思，用的是黑色墨水。

⑥第 1 页面包含笔记本的主题（"历史—政治笔记"）以及笔记本形成的地点（"克罗茨纳赫"）和日期（"7月.1843年"）。随后是所摘录著作的标题，然后就开始摘录。摘录写满了笔记本的全部页面，不过第 4、21、35 页只写了上面的部分。

⑦摘录书写文字主要是德文，少量的单词是以拉丁文书写的。

⑧从第 2 页开始，马克思作了 2—60 的页码编号，第 1 页没有作编号。

笔记本 2

①写于 1843 年 7—8 月，由马克思标记为"Ⅱ"。包括对 8 本著作的摘录：第 1—20 页续写对亨利希《法国史》第 1 卷后半部分和第 2 卷的摘录、第 21—24 页对路德维希《最近五十年的历史》（五卷本，阿尔托纳 1832—1837 年版）第 2 卷《从社会名流的号召到恐怖政府被推翻（或罗伯斯庇尔逝世）期间的法国革命史》（阿尔托纳 1833 年版）的摘录、第 25—26 页对达鲁《威尼斯共和国史》的摘录、第 26 页对拉克莱泰尔《复辟时期以来的法国史》（三卷本，斯图加特 1831 年版）第 3 卷的摘录、第 27—44 页对卢梭《社会契约论或政治权利原理》（伦敦 1782 年版）的摘录、第 44—46 页对巴伊尔《斯塔尔夫人遗著的考证》（两卷本，巴黎 1818 年版）的摘录、第 47—48 页对布鲁姆《波兰》（布鲁塞尔 1831 年版）的摘录、第 49—64 页对孟德斯鸠《论法的精神》（马克思所用的版本无法确定）的摘录。

②笔记本的原始手稿现保存在阿姆斯特丹国际社会史研究所,《马克思恩格斯遗稿》编号 B16(旧编号也是 B16)。

③自制的笔记本,装订线已不在,只留下折痕处的针孔,对开张松散地交错叠放在一起。外面那个对开张被用作封皮。共 22 个对开张 = 43 个单页(一个单页在书写之前被移除了)= 86 个页面,用纸及纸张规格同笔记本 1。

④笔记本保存完好,纸张轻微发黄。第 1 个单页严重发黄,该单页及另有其他单页在页边缘和折痕处用薄纸作了修复,没有文本损失。

⑤笔迹出自马克思,用的是黑色墨水。

⑥第 1 页面是封面,包含笔记本的编号("Ⅱ")和主题("法国史笔记")、笔记本形成的地点("克罗茨纳赫")和日期("7月.8月.1843年",其中"8月"一词是写在"1843"上面,是后来加上的)以及所摘录著作的书名索引。在 8 本书名索引中,除了卢梭和孟德斯鸠的著作,其他 6 部著作的书名前面都划了十字形记号,意味着马克思想要购置这些书。在笔记本的第 2 页面(即封二),写着关于法国凡卢瓦王朝的编年表。在随后的 67 页,是对不同著作的摘录和内容索引。其中,第 20、24、26、48、64 页(马克思编的页码)只写了上面的部分。最后 17 页是空白。

⑦摘录是以德文和拉丁文书写的。

⑧从笔记本的第 3 页面开始,马克思作了 1—64 的页码编号,第 1 页面没有作编号。页码编号不是一次完成的。第 1—20 页对亨利希《法国史》的摘录,是在书写过程中作的页码编号。所有的页码数字,奇数页面都写左上角,偶数页面都写在右上角,而且页面数字写得很认真。然而,第 21—64 页是马克思在一个摘录工作阶段结束之后马上作的页面编号。数字摆放位置没有规律就说明了这一点。有的奇数页面(如第 21、25 页)的左上角并没有数字,而且由于页码编号是书写完成后连续进行的,出现了墨水未干的数字印在对面页面的情况。笔记本的第 1、2 页面,写着内容索引的页面(即第 64 页后面的那 3 个页面),以及空白页都没有编页码。笔记本前两个页面缺少页面编号这一事实意味着,外面的封皮张可能是马克思在写完亨利希著作的摘录后加上去的。

笔记本 3

①写于 1843 年 7 月，由马克思标记为"Ⅲ"。包括对两部有关英国史著作的摘录：在第 1—21 页对罗素《从亨利希七世执政到近代英国的政府与宪法的历史》（德译本，莱比锡 1825 年版）、在第 22—27 页上对拉彭贝尔格《英国史》（两卷本，汉堡 1834—1837 年版）的摘录。

②笔记本的原始手稿现保存在阿姆斯特丹国际社会史研究所，《马克思恩格斯遗稿》编号 B15（旧编号也是 B15）。

③用大张纸两次对折后裁出的对开张纸自制的笔记本，装订线已不在，只留有折痕处的针孔，对开张松散地交错叠放在一起。没有特制的封皮。共 10 个对开张 = 20 个单页 = 40 个页面，用的是结实的白纸，无横格，无水印（不同于笔记本 1、2 的用纸）。规格为 350×230mm 的对开张被对折为 175×230mm 的单页。

④笔记本保存完好，纸张轻微发黄。外面那个对开张严重发黄，有些脏，没有因为纸张损坏而致文本损失。

⑤笔迹出自马克思，用的是黑色墨水。

⑥第 1 页包含笔记本的编号（"Ⅲ"）和主题（"历史—政治笔记"）、笔记本形成的地点（"克罗茨纳赫"）和日期（"7 月.1843 年"）以及所摘录著作的书名索引。然后在第 1 页继续书写（单栏），开始了对罗素著作的连续摘录，直至第 21 页。第 22—27 页是对拉彭贝尔格著作的摘录（双栏书写）。第 21、27 页没有写满，最后 13 页是空白。

⑦摘录主要以德文书写，对拉彭贝尔格著作的摘录经常出现拉丁文单词。

⑧马克思对笔记本作了 1—27 的页码编号，没有书写的页面未编页码。

笔记本 4

①写于 1843 年 7、8 月，由马克思标记为"Ⅳ"。笔记本包括对 8 本书和《历史—政治杂志》上发表的一些文章的摘录。对 5 本书和杂志文章的摘录论及法国史，此外是对关于德国、英国、瑞典的历史著作（各 1 本）的摘录。这 8 本书是：第 1—5 页对施米特著作《法国

史》（四卷本，汉堡1835—1848年版）第"一"卷的摘录、第6—7页对沙多勃利昂的两部著作（《论复辟时期与选举君主制度，或对某些报刊关于我拒绝为新政府服务质询的答复》德译本，莱比锡1831年版和《关于放逐查理十世及其家族的新建议，或我最近的〈论复辟时期与选举君主制度〉的续编》德译本，莱比锡1831年版）的摘录、第8—13页对兰齐措勒著作《政治与国家法论文集》（第1集，柏林1831年版）中的两篇文章"论7月事件的原因、性质及其后果"和"论首先在政治事态中与德国有特别关系的公众舆论"的摘录、第14—23页对瓦克斯穆特著作《革命时代的法国史》（4卷本，汉堡1840—1844年版）第1、2卷的摘录、第23页下半部分对兰克著作《宗教改革时期的宗教史》（6卷本，柏林1839—1847年版）第2卷第6章的摘录、第24—30页对兰克主编的《历史—政治杂志》第1卷（汉堡1832年版）发表的兰克5篇文章①、萨维尼2篇文章②和布隆茨利1篇文章③的摘录、第31—47页对林加尔德著作《罗马人第一次入侵以来的英国史》（14卷德译本，法兰克福1827—1833年版）前7卷的摘录、第49—60页对盖耶尔著作《瑞典史》（3卷德译本，汉堡1832—1836年版）第1、3卷的摘录。其中，第1—23页上半部分、第24—30页对有关法国史的著作和杂志文章的摘录写于1843年7月，第23页下半部分以及第31—60页对德国、英国、瑞典史著作的摘录写于1843年8月。

②笔记本的原始手稿现保存在阿姆斯特丹国际社会史研究所，《马克思恩格斯遗稿》编号B17（旧编号也是B17）。

③自制的笔记本，装订线已不在，只留有折痕处的针孔，对开张松散地交错叠放在一起。外面那个对开张用作封皮。共16个对开张＝42个单页＝64个页面，用纸同笔记本1、2。规格为410×340mm的对开张被对折为205×340mm的单页。

④除封皮外，笔记本保存完好，纸张轻微发黄。封皮对开张严重发

---

① "论法国的复辟时期"、"德国与法国"、"评1830年宪章"、"论1831年最后几月里的一些法国传单"、"1815年的议会"。
② "普鲁士的城市制度"、"德国的大学制度与评价"。
③ "1830年普鲁士邦在发展中的革命"。

黄、有损坏，若干其他对开张的页边缘和折痕处用薄纸作了修复。有文本损失。

⑤笔迹出自马克思，用的是黑色墨水，若干页边着重线和行下着重线用的是红棕色铅笔。

⑥第1个页面包含笔记本的编号（"Ⅳ"）、笔记本形成的地点（"克罗茨纳赫"）和日期（"1843.7月.8月."）以及所摘录著作的书名索引。第1—47、49—60页（马克思所编页码）是马克思所作的摘录。封三（马克思没有编页码）有一个笔记本内容索引。第2个页面、第48页（马克思所编页码）以及封底是空白。第5、13、30页（马克思所编页码）只写了上半部分，第47、60页只写了几行。在第45、47、54—56页的上页边缘，写有若干与文本明显没有关联的东西。

⑦摘录是用德文和拉丁文书写的。

⑧马克思从笔记本的第3页码开始，以1—60的数字来作页码编号。封皮对开张的4个页码没有编页码。页码编号显然是在一个工作过程告一段落之后连续编制的。页码数字11、12、18、21、51的位置，以及由于未干的墨水导致这些数字印在了对面页面上，就说明了这一点。马克思是在结束写作和给笔记本的页码编号之后再加上封皮的。

笔记本5

①写于1843年7、8月。包括5本书的摘录：第1—21页对普菲斯特尔著作《德国史》（5卷本，汉堡1829—1835年版）的摘录、第22—25页对默泽尔著作《爱国主义的幻想》（4卷本，1820年版）的摘录、第26—29页对一篇匿名发表在《历史论丛》（1832年）的论文"继承权的原则和法国与英国的贵族"的摘录、第30—37页对汉密尔顿著作《美国人和美国风俗习惯》（2卷本德译本，曼海姆1834年版）的摘录、第38—40页对马基雅维利著作《论国家或对梯特·李维头十本著作的研究》（马基雅维利全集第1卷，德译本，卡尔斯鲁厄1832年版）的摘录。

②笔记本的原始手稿现保存在阿姆斯特丹国际社会史研究所，《马克思恩格斯遗稿》编号B18（旧编号也是B18）。

③笔记本的类型、用纸及规格同笔记本4。共12个对开张=24个单页=48个页面。

④笔记本保存完好，纸张轻微发黄。外面那个对开张严重发黄、有损坏，页边缘和折痕处用薄纸作了修复。有文本损失。

⑤笔迹出自马克思，用的是黑色墨水。

⑥第1个页面包含笔记本的编号（"V"）以及所摘录著作的书名索引。由于第1个页面严重损坏（上部缺了一大块），无法确定上面是否标有笔记本的写作地点和日期。第2个页面是空白。第1—40页（马克思所编页码）是摘录。最后6个页面没有书写。第19、20、21、25、29、37、40页都只写了上半部分。

⑦摘录是用德文和拉丁文书写的。

⑧马克思从笔记本的第3页码开始，对书写页面作了1—40的页码编号。在划掉数字"61）"、"62）"、"63）"的地方，马克思写上了"1）"、"2）"、"3）"的数字。这意味着，笔记本5原先是被作为笔记本4的继续（因为马克思为笔记本4标的最后一个页码是"60）"。但显然马克思后来决定为笔记本单独编页码。笔记本的前两个页面及后面那6个空白页面没有编页码。与笔记本4一样，马克思显然是在全部书写完成之后作的页码编号。页码数字7、9、27、21、51的位置，以及由于未干的墨水导致这些数字印在了对面页面上，就说明了这一点。笔记本5的封皮也是马克思后加的，忽略了上面作的笔记（即所摘录著作的书名索引），故而没有为封皮对开张的页面编页码（也可能是马克思在编完页码后另加了封皮对开张）。

第3章 《巴黎手稿》写作时期的文本

马克思在巴黎期间作了《历史—经济学研究》（即通常所说的《巴黎笔记本》），并写作了《1844年经济学—哲学手稿》。《巴黎笔记本》与《1844年经济学—哲学手稿》的写作是交叉进行的，总体来说《1844年经济学—哲学手稿》以《巴黎笔记本》为基础。《巴黎笔记本》收在MEGA2/IV/2，《1844年经济学—哲学手稿》收在MEGA2/I/2。

第一节 《巴黎笔记本》

1932年出版的MEGA1/I/3在首次全文发表《1844年经济学—哲学手稿》的同时，还对《巴黎笔记本》作了介绍（MEGA1/I/3, S.411—416）。MEGA1/I/3的编者判定《巴黎笔记本》共有9册。1981年出版的MEGA2/IV/2的编者判定《巴黎笔记本》共有7册。1998年出版的MEGA2/IV/3的编者，重新把被MEGA2/IV/2编者排除出去的3册笔记认定为属于《巴黎笔记本》。本书笔者采信MEGA2/IV/3的结论，因为它代表了MEGA编委会的最新共识。关于MEGA2/IV/3的考证细节，笔者将在本书第二部分加以介绍。这里只依据MEGA2/IV/2和MEGA2/IV/3的"见证人表述"，介绍《巴黎笔记本》9册笔记的相关文献学信息。关于这9册笔记的顺序，笔者将在本书第四部分予以详细考察。

笔记本1

①笔记本的原始手稿现保存在俄罗斯国家社会政治史档案馆，编号是全宗第1号，目录第1号，卷宗第124号。

②笔记本前6个页面是对勒瓦瑟尔著作《回忆录》的摘录，此后是

笔记本 5 对斯密著作摘录的继续。也就是说，马克思先在该笔记本作了 6 页关于勒瓦瑟尔著作的摘录，这一工作更多与《克罗茨纳赫笔记本》密切相关，与《巴黎笔记本》的主题即经济学研究关系不大。马克思在笔记本 5 开始对斯密著作《国民财富的性质和原因的研究》进行摘录，因为笔记本 5 不够用，马克思就利用了该笔记本的空白页继续对斯密著作第 2、3 卷作摘录。

③自制的笔记本，装订线已不在，只留下折痕处的针孔，对开张松散地交错叠放在一起。没有封皮。共 7 个对开张 = 14 个单页 = 28 个页面，用的是白纸，无横格，无水印。对开张的规格是 400×310mm，对折为 200×310mm 的单页。

④笔记本保存完好，纸张轻微发黄。外面那个对开张严重发黄，并有轻微损坏。所有对开张的页边缘和折痕处都用薄纸作了修复，没有文本损失。

⑤笔迹出自马克思，用的是黑色墨水。

⑥第 1—6 页面是对勒瓦瑟尔著作的摘录和提要，接着的 12 个页面是对斯密著作摘录的继续。这两部分摘录都是双栏书写。在第 5 页面，右栏只写了 2/3；在第 6 页面，左栏只写了 6 行，右栏完全空白；在第 18 页面，只在中间写了 2 行文字。最后 10 页是空白。在第 34 页面，左页边缘有两处马克思用墨水写的数字（4、5、2、9、1、3、3、1，以及 10、20、3），数字旁划有垂直线。

⑦书写文字是德文和拉丁文。

⑧马克思没有为前面 6 个页面（对勒瓦瑟尔著作的摘录）编页码，为接着的 10 个页面（对斯密著作摘录的继续）编了 24—34 的页码。24—34 的页码编号是对笔记本 4 关于斯密著作的摘录所编页码的继续，而且两者所用的铅笔也是一样的。马克思没有为接下去的 11 个页面编页码。

笔记本 2

①笔记本的原始手稿现保存在阿姆斯特丹国际社会史研究所，《马克思恩格斯遗稿》编号 B23（旧编号是 B22）。

②该笔记本包含对三位作者的著作摘录：对《色诺芬著作集》（16 卷德译本，斯图加特 1827—1891 年版）中第 9—11 卷（1828—1830 年

版）的摘录①、对李嘉图著作《政治经济学和赋税原理》（2 卷法译本，巴黎 1835 年版）的摘录、对穆勒著作《政治经济学原理》（法译本，巴黎 1823 年版）的摘录。

③自制的笔记本，装订线已不在，只留下折痕处的针孔，对开张松散地交错叠放在一起。没有特制的封皮。共 9 个对开张 = 18 个单页 = 36 个页面。用的是中等硬度的白纸，无横格，无水印。对开张的规格是 400×310mm，对折为 200×310mm 的单页。用纸及纸张同笔记本 3。

④笔记本保存完好，纸张严重发黄。对开张的折痕处及页边缘用薄纸作了修复，没有文本损失。

⑤笔迹出自马克思，用的是黑色墨水。

⑥前两个页面（马克思没有编页码）是对色诺芬著作的摘录，第 I—XVII 页面（这是马克思所作的页码编号）是对李嘉图著作的摘录，第 XVIII—XXXIII 页面是对穆勒著作的摘录。第 I—II 页面被分成三栏，后面的页面都被分成两栏。第 2 个页面只写了一半，第 XVII 页面（两栏）只写了 1/3。在马克思的评注中，以及在第 XXV、XXVII、XXX 页面的开头和结尾，马克思作了特殊的符号。很可能马克思一方面是想以此区分自己的评注与对穆勒著作的摘录；另一方面是强调评注中的特定部分，这些部分他想在其他著作中加以利用。

⑦书写文字是德文和拉丁文。

⑧马克思没有为笔记本的前两个页面编号。马克思用罗马数字为笔记本的第 3 页面到最后一个页面作了 I—XXXIII 的页面编号（在编制页码过程中，由于疏忽，马克思编了两次 XXV 的页码）。

笔记本 3

①笔记本的原始手稿现保存在阿姆斯特丹国际社会史研究所，《马克思恩格斯遗稿》编号 B19（旧编号也是 B19）。

②该笔记本是对萨伊著作《论政治经济学，或简单的经营组织方式、财富的分配和消费》（第三版，第一，二卷，巴黎 1817 年版）、斯卡尔贝

---

① 具体来说，马克思对以下 5 本小册子作了摘录：《论拉西提蒙人的国家制度》、《论雅典人的国家制度》、《论雅典人的国家收入》、《论理财之道》、《僧侣或统治者的生活》。

克著作《社会财富的理论》（第1、2卷，巴黎1829年版）、萨伊著作《实用政治经济教程，文集通讯和政治经济学入门续篇》（第三版，布鲁塞尔1836年版）的摘录。

③自制的笔记本，装订线已不在，只留下折痕处的针孔，对开张松散地交错叠放在一起。没有特制的封皮。共8个对开张＝16个单页＝32个页面，用的是中等硬度的白纸，无横格，无水印。对开张的规格是400×310mm，对折为200×310mm的单页。用纸及纸张同笔记本2。

④笔记本保存完好，纸张轻微发黄。外面那个对开张严重发黄，并有些损坏。其页边缘和折痕处，以及若干其他对开张用薄纸作了修复。没有文本损失。

⑤笔迹出自马克思，用的是黑色墨水。

⑥摘录是两栏书写：左栏的第1—25页面写满，第25页面只写了1/3；右栏只写了第1—4页面，其中第4页面的右栏只写了2/3。在第12、13、14页面，有马克思所作的计算（一部分用的是铅笔；一部分用的是墨水）。在第15页面的右栏，马克思写下了"概要的注释"①的评论。从第26页面到笔记本结束，页码都是空白。

⑦书写文字是德文和拉丁文。

⑧马克思用铅笔为笔记本作了1—25的页码编号，空白页面没有编号。页码编号显然是在左栏的文本书写完成之后编制的。作为惯例，页码数字都写在页面中轴线的顶部。马克思所写的这些页码数字，后来又被外人附加了用以区别该笔记本与相邻笔记本的字母"AU"。这出现于20世纪20年代为原始手稿拍照之时。

笔记本4

①笔记本的原始手稿现保存在阿姆斯特丹国际社会史研究所，《马克思恩格斯遗稿》编号B24（旧编号是B25）。

②该笔记本包括对三位德国经济学家著作的摘录：对许茨著作《政治经济学原理》（图宾根1843年版）的摘录、对李斯特著作《政治经济学的国民体系》第1卷（《国际贸易、贸易政策和德意志关税同盟》）

---

① "概要"是萨伊在《论政治经济学》第2卷为读者所写的概要。

(1841 年版）的摘录、对奥锡安德著作《论各民族的商业交往》（2 卷本，斯图加特 1840 年版）的摘录。此外，还包括对李嘉图著作《政治经济学和赋税原理》摘录的继续（接笔记本 2 对李嘉图《政治经济学和赋税原理》的摘录）。

③自制的笔记本，装订线已不在，只留下折痕处的针孔，对开张松散地交错叠放在一起。没有特制的封皮。共 11 个对开张＝22 个单页＝44 个页面，用纸及纸张规格同 B23（笔记本 2）和 B19（笔记本 3）。

④笔记本保存完好。纸张轻微发黄，没有纸张损坏，没有文本损失。

⑤笔迹出自马克思，用的是黑色墨水。

⑥第 1—21 页面是摘录，都是双栏书写，但栏的书写情况并不均衡。第 1—18 页面的左栏都写满了，但右栏只是部分书写。第 19 页面左栏上部只写了 2 行，第 20、21 页面的左栏都写满了，第 20 页面的右栏是空白，第 21 页面的右栏只是部分书写。第 22 页面是空白，第 23—26 页面是马克思作的代数习题练习。

⑦书写文字是拉丁文和德文。

⑧马克思没有为笔记本作页码编号。

笔记本 5

①笔记本的原始手稿现保存在阿姆斯特丹国际社会史研究所，《马克思恩格斯遗稿》编号 B20（旧编号也是 B20）。

②该笔记本是对斯密著作《国民财富的性质和原因的研究》（5 卷本法译本，巴黎 1802 年版）第 1、2 卷的摘录。

③自制的笔记本，装订线已不在，只留下折痕处的针孔，对开张松散地交错叠放在一起。没有特制的封皮。共 6 个对开张＝12 个单页＝24 个页面，用的是中等硬度的白纸，无横格，无水印。对开张的规格是 272×206 mm，对折为 136×206 mm 的单页。

④笔记本保存完好，纸张轻微发黄。折痕处用薄纸作了修复，没有文本损失。

⑤笔迹出自马克思，用的是黑色墨水。

⑥第 1—23 页面是摘录，最后一个页面（第 24 页面）的上部写有若干数学计算。

⑦书写文字是德文和拉丁文。

⑧马克思用铅笔为笔记本作了 1—23 的页码编号,最后 1 个页面没有编号。马克思用同样的铅笔继续为笔记本 1 中对斯密著作的后续摘录作了 24—34 的页码编号。

笔记本 6

①笔记本的原始手稿现保存在阿姆斯特丹国际社会史研究所,《马克思恩格斯遗稿》编号 B21(旧编号是 B23)。

②该笔记本包含对五位作者的著作摘录:对麦克库洛赫著作《论政治经济学的起源、发展、特殊对象和重要性》(法译本,1825 年版)的摘录、普雷沃《李嘉图体系的概述和评论》① 的摘录、对恩格斯《国民经济学批判大纲》的摘要、对特拉西著作《意识形态原理》(5 册本,巴黎 1824—1826 年版)第 4、5 册②的摘录、对穆勒著作《政治经济学原理》的继续摘录(结尾部分)。

③自制的笔记本,装订线已不在,只留下折痕处的针孔,对开张松散地交错叠放在一起。外面那个对开张被用作封皮。共 7 个对开张 = 14 个单页 = 28 个页面,用的是中等硬度的白纸,无横格,无水印。对开张的规格是 298×225mm,对折为 149×225mm 的单页(恰如《波恩笔记本》)。

④笔记本保存完好,纸张严重发黄。若干对开张轻微损坏,其折痕处及页边缘用薄纸作了修复。没有文本损失。

⑤笔迹出自马克思,用的是黑色墨水。

⑥在第 1 个页面上面,有一个未被划掉的人名"吉本";在它下面,先有"波恩 1842 年",然后"波恩"这个词被划掉,而"1842"这个年份数字可能先是被改成"1843",后又被改成"1844",结果最后一个数字看不清了。这一标题说明,该笔记本本来是马克思 1842 年初在逗留波恩期间准备为英国历史学家吉本的著作《罗马帝国兴亡史》(德译本,莱比锡 1805—1807 年版)作摘录笔记用的。在第 1 页面,接着写的是该笔

---

① 这是麦克库洛赫著作《论政治经济学的起源、发展、特殊对象和重要性》法文本译者普雷沃所写的评论,被普雷沃作为法译本的附录出版。

② 这两册的书名是《论意识及其影响》。

第3章 《巴黎手稿》写作时期的文本

记本所摘录著作的索引。这个索引中,最初在数字"5)"后面记的是西斯蒙第的著作《解说》①;然后被划掉了,在它下面,记着"5)边沁《惩罚和奖赏的理论》,杜蒙出版,第三版,第2卷,巴黎1826年版"。在它下面,写有出自恩格斯字迹(垂直书写)的下萨克森谚语:

Den einen zyn´blood

Is den anderen brood

恩格斯的字迹很可能是1844年8月底至9月初他在巴黎与马克思会面时写上去的。

第2个页面是空白,第3—11、13—21页面是对麦克库洛赫、特拉西、穆勒著作的摘录,页面横幅两栏书写。第12页面是对恩格斯《国民经济学批判大纲》的摘要,全页面横幅书写。第22页面只在上部写着"5)边沁著作同上②",但并没有对边沁著作作摘录。第23—28页面是空白。正如《波恩笔记本》那样,笔记本的纸张在书写之前印着的围框,构成了马克思书写范围的界线。

⑦书写文字是德文和拉丁文。

⑧马克思没有为笔记本的第1、2页面编页码,为第3—11页面编了1—9的页码,没有为第12页面(即对恩格斯《国民经济学批判大纲》的摘要)编页码,为第13—21页面编了10—18的页码。剩下的7个页面没有编页码。

笔记本 7

①笔记本的原始手稿现保存在阿姆斯特丹国际社会史研究所,《马克思恩格斯遗稿》编号 B25(旧编号是 B26)。

②该笔记本是对比雷著作《论英法工人阶级的贫困》(2卷本,巴黎1840年版)第1、2卷的摘录。

③自制的笔记本,装订线已不在,只留下折痕处的针孔。5个对开张松散地交错叠放在一起,第6个对开张虽一同对折放在一起,但却属于后

---

① 即《关于消费与生产的平衡的解说》,这是西斯蒙第著作《政治经济学新原理或从人口的比例来考察财富》第2卷的附录。

② 指的应该是第1个页面上记载的边沁著作《惩罚和奖赏的理论》。

来添加的。共 6 个对开张 = 12 个单页 = 24 个页面。笔记本的用纸和规格同 B20（笔记本 5）。

④笔记本保存完好。纸张严重发黄。外面那个对开张严重发黄，而且其折痕处及页边缘用薄纸作了修复。有纸张损坏和文本损失。

⑤笔迹出自马克思，用的是黑色墨水。

⑥第 1—24 页面是对比雷著作的摘录。

⑦书写文字是德文和拉丁文。

⑧马克思用黑色铅笔从头到尾对页面作了 1—24 的页码编号。

笔记本 8

①笔记本的原始手稿现保存在阿姆斯特丹国际社会史研究所，《马克思恩格斯遗稿》编号 B26（旧编号是 B21）。

②该笔记本第 1—5 页面是对布阿吉尔贝尔著作《法国详情，它的财富减少的原因以及救济的难易程度》的摘录，第 5—15 页面是对布阿吉尔贝尔著作《论财富、货币和赋税的性质》的摘录，第 16—20 页面是对布阿吉尔贝尔著作《论谷物的性质、耕作、贸易和利益》的摘录，第 21 页面是对罗的著作《论货币和贸易》的摘录。布阿吉尔贝尔和罗的著作都属于德尔编《18 世纪财政经济学家丛书》（1843 年巴黎版）。该丛书的书名出现于马克思《1844—1847 年记事本》记载的藏书目录中（编号是"34"）。在马克思没有作页码编号的第 24—28 页面，是对尼布尔著作《罗马史》的摘录（3 卷本）。这一摘录与对布阿吉尔贝尔和罗的著作的摘录没有关系，可能是马克思后来①利用该笔记本的空白处作的摘录。

③由对折并交错叠放的对开张自制而成的笔记本。在折痕处装订，现只留下笔记本的针孔。没有特制的封皮，但封皮对开张的用纸是单独的，

---

① MEGA2/IV/3 的编者认为，摘录用的是后来的版本，可能是 1847—1851 年英译本；而关于该摘录形成的时间，编者认为可能是在 1855 年，因为马克思 1855 年 3 月 8 日给恩格斯的信提到了研究罗马史："不久前我又仔细研究（durchgelessen 通读）了奥古斯都时代以前的（古）罗马史。国内史可以明显地归结为小土地所有制与大土地所有制的斗争，当然这种斗争具有为奴隶制所决定的特殊形式。从罗马历史最初几页起就有着重要作用的债务关系，只不过是小土地所有制的自然的结果。"（《马克思恩格斯全集》中文第一版第 28 卷第 438 页）。笔者认为，不能排除马克思巴黎时期作尼布尔《罗马史》编年史摘录的可能性。

第 3 章 《巴黎手稿》写作时期的文本

与《伦敦笔记本》中的 3 个笔记本的封皮用纸一样。共 8 个完整的对开张和 2 个独立的单页 = 18 个单页 = 36 个页面，用的是中等硬度的白纸，无横格，无水印。规格大约为 400×308mm 的对开张对折为大约 200×308mm 的单页（308mm 是平均值，纸张裁切时切斜了，造成对开张的宽幅介于 302mm 和 314mm 之间）。一个独立的单页粘在最外面那个对开张（即第 1 个对开张）的前面，构成了笔记本的第 1 个单页即第 1、2 页（马克思所编的页码）。另一个独立的单页粘在最里面那个对开张（即第 8 个对开张）的后面，构成了笔记本的第 11 个单页。其第一个页面是对罗的著作摘录，马克思作的页码编号是"（21）"；背面那个页面是空白。该独立单页是书写之后马上粘上去的。

④笔记本纸张严重发黄。折痕处及页边缘有损坏，其中第 1 个单页有很大的文本损失，第 2 单页（即第 3、4 页面）、第 10 单页（即第 19、20 页面）、第 11 单页（写有文字的第 21 页面）没有文本损失。用薄纸作了修复。

⑤笔迹出自马克思，用的是黑色（现已褪成棕色）墨水。勾销标记用的是棕色和黑色铅笔以及墨水。边线用的是墨水。

⑥第 1—17 页面是整页书写，第 18—21 页面是两栏书写，第 24—28 页面是横幅整页书写。第 22、23、29—36 页面是空白。第 20、24、28 页面只是部分书写。

⑦书写文字是德文和拉丁文。

⑧第 1—21 页面由马克思作了页码编号，最初用的是黑色铅笔，部分数字又用墨水作了描画。其中，第 1、2 页面的纸张有损坏，看不到页码编号；第 3、4、6、7、10、11、13 页面是用铅笔和墨水做的页码编号；第 21 页面只用墨水作编号，其他各页面都只用铅笔作编号。

⑨在书写页面，有出自外人之手的标记：拍照编号 AG40—AG65。

笔记本 9

①笔记本的原始手稿现保存在阿姆斯特丹国际社会史研究所，《马克思恩格斯遗稿》编号 B22（旧编号是 B24）。

②该笔记本是对罗德戴尔著作《论公共财富的性质和起源》（巴黎 1808 年版）的摘录。在未编页码的第 22 页面，写有马克思作的数学运

算,这些数学运算与对罗德戴尔著作的摘录没有关系,涉及剩余价值与利润率的关系,可能产生于 1860 年代。

③由对折并交错叠放的对开张自制而成的笔记本。在折痕处装订,现只留下笔记本的针孔。没有特制的封皮,但封皮对开张的用纸是单独的,与《伦敦笔记本》中的 6 个笔记本的封皮用纸一样。共 6 对开张 = 12 个单页 = 24 个页面,用的是中等硬度的白纸,无横格,无水印。规格为 396×308mm 的对开张对折为大约 198×308mm 的单页。

④笔记本纸张严重发黄。外面那个对开张的页边缘有损坏,但没有文本损失,用薄纸作了修复。

⑤笔迹出自马克思,用的是黑色(现已褪成棕色)墨水。勾销标记和页边的边线用的是铅笔。

⑥第 1—16 页面是连续的双栏书写(第 16 页面只写了左栏上面的 1/3),第 17—21 页面是空白,第 22 页面是数学运算,第 23、24 页面是空白。

⑦书写文字是德文和拉丁文。

⑧第 1—16 页面由马克思用铅笔作了页码编号(部分页码数字由外人用铅笔做了描画),后面的 8 个页面没有编号。

⑨在书写页面,有出自外人之手的标记:拍照编号 AV40—AV65。

第二节 《1844 年经济学—哲学手稿》

笔记本的原始手稿现保存在阿姆斯特丹国际社会史研究所,《马克思恩格斯遗稿》编号 A7(旧编号是 B95,误为 1863 年笔记),A8—9(旧编号为 A6)。笔记本的照相复制件(胶片)现保存在俄罗斯国家社会政治史档案馆,编号是全宗第 1 号,目录第 1 号,卷宗第 130 号。在流传下来的笔记本中,一个被马克思标为"笔记本 I"(其档案编号是 A7),此外还有两个散开的单页以及一个没有标题的笔记本(其档案编号是 A8—9)。书写所用的文字全都是德语。

笔记本 I

①笔记本 I 由 9 个对开张交错叠放并装订而成。对开张有两种纸张规

格。外面5个对开张（第1—5对开张，即1—10页面和第27—36页面）规格如下：第1对开张的左页面高为310mm，右页面高为308mm；第2—5对开张的左页面高为308mm，右页面高为310mm。对开张的宽幅总体是399mm。对开张的页边缘不齐表明，对开张是由两倍大的纸裁成的。用的是薄薄的劣等纸，无横格，无水印。里面4个对开张（第6—9对开张，即第11—26页面）规格如下：对开张的左页面高为310mm，右页面高为308mm；对开张的宽幅不等，从397mm（第6对开张）变到393mm（第9对开张）。第6—9对开张的页边缘裁得很整齐，棱也相互重叠得很精确。用的是较硬、结实的好纸，无横格，无水印。

②第1—5对开张显得易碎，严重发黄，部分页边缘损坏。第6—9对开张保存得很好，页面没有损坏，稍微发黄。

③笔迹出自马克思，用的是墨水（现已褪成褐色）。墨水的下水、羽毛的硬度及移动等情况，造成字迹色调的差别。

④第6—9对开张的8个单页即16个页面是最先书写的，是最初层的手稿。每一个单页，在开始书写之前都先以横幅格式被分栏，并在左上角标页码。栏划分及分栏符的独特变化，以及各栏宽度的变化都表明了这一点。它们也常与有特点的变化（即文本的规模）相吻合。此外，分栏符笔迹所显现的色调、羽毛的移动等情况，与可证明是最先书写的那一栏文本笔迹的情况（色调、羽毛的移动等）具有若干明显的相似性，也证实了这一点。马克思先给最初层手稿的第1页面标上页码I，再给最后一个页面标上页码II，然后按照从后往前的顺序进一步给页面标上III至XVI的页码，于是最初层手稿第1个单页的背页面（即标着页码I的第1页面的背面），显示的页码编号是XVI。第I至XII页被划分为三栏，并分别标记"工资"、"资本的利润"、"地租"。第XIII至XVI页被划分为两栏，并分别标记"工资"（或"地租"，在左栏）和"资本的利润"（或"地租"，在右栏）。此后，马克思给第5对开张的第2、3、4页面标记了XVII、XVIII、XIX的页码，划分为三栏，并分别标记"工资"、"地租"、"资本的利润"。第5对开张的第1页面完全是空白。第4、3、2、1对开张，每个对开张都只对第3、4页面依次标记页码（XX至XXVII）。这些被编页码的页面都被划分为三栏，其中第XX页和第XXI页的三栏分别标记的是"工资"、"地租"、"资本的利润"，第XXII至XXV页的三栏分别

标记的是"工资"、"资本的利润"、"地租",第 XXVI 页的三栏分别标记的是"工资"、"地租"、"资本的利润",第 XXVII 页的三栏分别标记的是"工资"、"资本的利润"、"地租"。这四个对开张的第1、2页面起初都是完全空白,后来马克思在笔记本的第1个页面写上"笔记本 I",在笔记本的第3个页面写着他已摘录图书的书单。第 XVII 至 XXI 页的左栏和右栏,尽管有分栏符,但并没有继续"工资"(左栏)和"资本的利润"(右栏)的文本写作,而且第 XXVII 页的中栏和右栏也是如此(即没有继续第 XXII 页中栏"地租"和右栏"资本的利润"的文本写作)。显然,最初层手稿(即第6—9对开张)及在写作过程中撰写并环绕添加(即由里到外交错叠加)到最初层手稿上的那些对开张(添加的先后顺序是第5、4、3、2、1对开张),在写作完成之后马上被装订成册(即笔记本 I)。个别页面上的文本被针孔穿过,也说明了这一点(即不是先装订成册后写作,而是写完之后再装订成册)。

⑤书写文字的页面(标题页除外)由外人用铅笔标记了 BX 13a 和 BX 13b 至 BX 40a 和 BX 40b。这些页面标记,是按照笔记本本身的顺序,而非马克思所作的页码编号来排先后顺序的。

笔记本 I 示意图:

	第 1 页面	第 2 页面	第 3 页面	第 4 页面
1	[1] 笔记本 I	[2] 空白	XXVI [35]	XXVII [36]
2	[3] 书籍清单	[4] 空白	XXIV [33]	XXV [34]
3	[5] 空白	[6] 空白	XXII [31]	XXIII [32]
4	[7] 空白	[8] 空白	XX [29]	XXI [30]
5	[9] 空白	[10] XVII	XVIII [27]	XIX [28]
6	[11] I	[12] XVI	III [25]	II [26]
7	[13] XV	[14] XIV	V [23]	IV [24]
8	[15] XIII	[16] XII	VII [21]	VI [22]
9	[17] XI	[18] X	IX [19]	VIII [20]

笔记本 II

①流传下来的笔记本 II 只是两个散开的单页。从纸张的切口及纸张

的特点可以得出结论：这两个散开的单页最初并非来自同一对开张，而是来自不同的对开张（即这两个散开的单页并不是一个对开张在折痕处断裂后形成的）。第一个单页的高度为 310mm，第二个单页的高度为 308mm。单页的宽度无法严格确定，因为单页的内边缘（即对开张最初的断裂处）掉了很大一部分。可测的最大宽度，第一个单页是 196mm，第二个单页是 200mm。用的是薄薄的劣等纸，无横格，无水印。从纸的质量和特点来看，与笔记本 I 第 1—5 对开张以及笔记本 III 的用纸相同。然而，由于无法查明最初的对开张（即产生单页的对开张）的规格（主要是宽度无法确定），上述结论并非定论。

②单页纸显得易碎，严重发黄，部分页边缘损坏，故而有很大的文本损失。不过通过保存在俄罗斯国家社会政治史档案馆的胶片（拍摄于 1920 年代），可以明确辨别出包括若干字母在内的全部文本，尽管胶片已显示出页边缘有可见的损坏。

③笔迹出自马克思，用的是墨水（现已褪成褐色）。墨水的下水、羽毛的硬度及移动等情况，造成字迹色调的差别。

④这两个单页都是以横幅格式被分成两栏，左栏都比右栏宽些。先写左栏，后写右栏。写着页码数字的页角已经掉了，但从胶片可以明确辨识出页码数字分别是 XL、XLI、XLII、XLIII。

⑤页面由外人用铅笔标记了 By 1a 和 By 1b 至 By 4a 和 By 4b，单页的实际顺序被调换了。外人在文本中还用铅笔作了一些记号（主要是方括号）和数字"3)"。

笔记本 III

①笔记本 III 由 17 个对开张交错叠放并装订而成。就规格、种类及写作的方式（不分栏）和对象（黑格尔）而言，内层的 1 个对开张与剩下的 16 个对开张有差别。这个内层对开张是在装订成册之前添加到最初层对开张里面的。最初层对开张的规格：左页面介于 306mm 和 310mm 之间，右页面介于 311mm 和 313mm 之间。若干对开张因为页边缘损坏而无法确定其准确高度。所有对开张的宽度都是 402mm。内层那个对开张的规格：左页面高 314mm、宽 398mm，右页面高 309mm、宽 400mm。除了 314mm 那个页面，所有其他页面的高度因为边缘损坏的缘故，都与最初

查明的高度不再相符。从对开张的规格（内层那个对开张除外）以及所查明的页边缘情况可以推测，这些对开张是规格为402×约620mm的八张大纸叠放对折后手工裁切而成的。

②纸张显得易碎，严重发黄，部分页边缘严重损坏。个别对开张在装订之前放置得不整齐，凸了出来，凸出的部分最后都掉了。其中一个单页（即第XIX、XX页面）有很大一个角被撕掉了。

③笔迹出自马克思，用的是墨水（现已褪成褐色）。墨水的下水、羽毛的硬度及移动等情况，造成字迹色调的差别。结尾标示线下的评论用的是红棕色彩色铅笔。

④最初层是交织叠放但没有装订的16个对开张（64个页面）。页面在写作之前先被划分为两栏（左栏比右栏宽些），而且惯例是在左上角标上页码数字。个别页面是在已开始文本写作之后才标的页码。马克思从第1个页面开始写作，并在写作之前先标上页码数字I。很明显，马克思书写的一个模棱两可的罗马数字（XXII），自己后来看走眼了（即看成了XXIII），结果他将XXIII改成了XXIV，改正后的数字很难辨读，马克思以为是XXV，结果马克思在接着的页码错误地标了页码XXVI（也就是说笔记本缺XXIII和XXIV的页码编号）。因此，在最初层第41页文本结束的页面上，马克思标的页码编号是XLIII。在笔记本的64个页面中，有23个页面是完全空白，它们既没有分栏，也没有编页码。这一文献学事实表明，马克思在每一页面开始写作之前，先在相应的页面分栏并标记页码。在第VI、VII、VIII、IX、X、XV、XXV、XVI、XVII、XX、XXI、XXVI、XXVII页上，有结尾评论。除了一个例外的情况，结尾评论用垂直线标示（部分是左斜或右斜，或有斜度的直线），大多数情况下是明确表示其为独立的文本片段。中间那个后来添加的对开张，是写好后添加的。它没有分栏，但却以横幅书写，书写顺序是：第1页面、第4页面、第2页面、第3页面。最后那个页面上有马克思手写的"4)"，其他页面没有编页码。这个对开张是晚些时候（但却是在笔记本装订成册之前）添加上去的。在个别页面，装订针穿过了文本，这说明笔记本是写作完成之后才装订的。这个对开张处于笔记本的第XXXIV页与第XXXV页之间（如果不是马克思标错页面的话，应该处于第XXXII页与第XXXIII页之间，也就是16个对开张即64个页面的正中间）。这个对开张写的是"乔治·威廉

·弗里德里希·黑格尔《精神现象学》摘要《绝对知识》章"（参见《马克思恩格斯全集》中文第二版第3卷第366—374页）。

⑤页面由外人用铅笔连续标记了 By 5a 和 By 5b 至 By 49a 和 By 49b，不属于连贯文本的那些页面以及笔记本那个内层对开张，在从头到尾进行编号时没有被计算在内。外人在文本中还用铅笔做了一些记号（主要是方括号和垂直线）。在第 VII 页，马克思手写的"Arbeit"一词，外人又用铅笔重写了一次。

第4章 《关于费尔巴哈的提纲》写作前后的文本

《关于费尔巴哈的提纲》写于马克思到达布鲁塞尔之后，但写在《1844—1847年记事本》（收在 MEGA2/IV/3）上。因此本章首先介绍《1844—1847年记事本》的文献学信息，然后转到马克思布鲁塞尔时期的两个重要摘录笔记本，即《布鲁塞尔笔记本（1845年）》（收在 MEGA2/IV/3）和《曼彻斯特笔记本》前5个笔记本 MEGA2/IV/4，后4个笔记本收在 MEGA2/IV/5。

第一节 《1844—1847年记事本》的文献学信息

1. 笔记本的原始手稿现保存在俄罗斯国家社会政治史档案馆，编号是全宗第1号，目录第1号，卷宗第132号。

2. 该记事本（有别于摘录笔记本）是马克思流传下来的20个记事本（1844—1881年）中的第1个。这些记事本有些是年历本，有些是日记本，有些是自制的笔记本。其中1个记事本记的全是地址，有4个记事本外观上是记事本，但被马克思用作摘录笔记本。缺少1844年夏之前，以及1848/1849、1855/1856、1876—1879这些年份的记事本。从产生的时间来看，该记事本由三部分组成：第9—31页面、第108页面以及附加单页的第2个页面的记载产生于巴黎；第32—43页面、第46、47页面、第53—73页面产生于布鲁塞尔；第44、52页面、第74—93页面产生于曼彻斯特。

3. 笔记本是由8个单页束在折痕处用白线装订而成，有一个棕色的硬封皮。在封皮上贴有一个标签（规格为126×86mm的有横格的白纸），是笔记本的内容目录。每个单页束可能都是由 4 个对开张（=8 个单页 = 16 个页面）组成，用的是结实、无横格、无水印的白纸。封皮的规格是 $162 \times 100mm$，规格为 $194 \times 158mm$ 的对开张被对折为规格为 $97 \times 158mm$ 的单页。第 1 个和最后 1 个（即第 8 个）单页束的第 1 个和最后 1 个页面，都与两个附加的松石绿蓝色单页纸的其中一个页面粘在一起，这两个附加单页纸的另一页面分别与前封皮和后封皮粘在一起。

4. 纸张轻微（页边缘严重）发黄。第 1 个单页束的 2 个对开张被撕掉了，没有流传下来，因而有文本损失；第 5 个单页束的第 6 个单页有一半被剪掉了；最后 1 个单页束只有 1 个对开张留下来了，2 个单页和 2 个对开张被彻底撕掉了；被剪掉和撕掉的页面看起来都没有书写文字。

5. 笔记本上有出自马克思、燕妮（第 2 页面）、恩格斯（3 个标记）、劳拉（标签）的笔迹。此外，还有 3 个标记出自无名氏之手。

6. 用的是黑色（现已褪成棕色）墨水、铅笔和棕色铅笔。文本是用德文和拉丁文书写的。马克思没有为记事本编页码。

7. 书写情况：

①前面那个附加单页的第 2 个页面写满了，用的是墨水和铅笔。

②第 1—8 页面佚失。

③第 9—14 页面写满了，第 15 页面写了 2/3，用的是墨水。第 9—15 页面记的是马克思个人藏书目录，书名从前到后编到 134 号。藏书目录的开头部分佚失了，流传下来的记录是从 28 号开始的。1—27 号书目应该是记在被撕掉的第 7、8 页面上。马克思最早是 1844 年 8 月初作的这个藏书目录。

④第 16—22 页面写满了，用的是墨水。记的是被马克思标着"购买或用其他办法获得"的图书目录。这个书目产生于 1844 年 8 月底至 11 月初之间（MEGA2/IV/3 的编者巴加图利亚在以前的论文中认为是写于 1844 年 8—9 月）。

⑤第 23 页面写了 2/3，用的是墨水。写的是以"黑格尔现象学的建构"为题的提纲。其写作时间待考。MEGA2/IV/3 的编者认为它写于 1844 年 11 月底《神圣家族》完成之前。但最可能是 1845 年 1 月，甚至更晚。

⑥第 24 页面写了 1/3，第 25 页面写满了，用的都是墨水。其中 24—

25 页面写的是关于现代国家的写作计划的草稿（参见《马克思恩格斯全集》中文第一版第 42 卷第 237 页）。巴加图利亚认为该草稿写于《神圣家族》写完至马克思离开巴黎之间，但 1998 年在 MEGA2/IV/3 资料卷认为写于 1844 年 11 月，即《神圣家族》完成之前。马克思是先在第 25 页面写了 7 条，然后在前面一页（即 24 页面）写下剩下的 3 条。这说明第 24 页面先是空着的；同理，第 23 页面也可能先是空着的。甚至第 23—25 页面都是空着的，马克思后来在这 3 个页面补写了"黑格尔现象学的建构"和关于现代国家的写作计划的草稿。

⑦第 26—28 页面写满了，用的是墨水；第 29 页面写了 2/3，用的是墨水（最后一行用的是铅笔）。第 26—29 页面是续前（第 16—22 页面）的"购买或用其他办法获得"的书目。写于 1845 年 2 月 3 日马克思被驱逐离开巴黎到布鲁塞尔之前。

⑧第 30—31 页面写满了，用的是墨水。是燕妮写的"社会问题"，这是燕妮在马克思临行前为他制定的有关在布鲁塞尔生活的独特条例（马克思的家人是三个星期后出发到布鲁塞尔的）。

⑨第 32 页面几乎写满了，用的是铅笔。记的是两个布鲁塞尔的通讯地址。

⑩第 33 页面写满了，用的是墨水和铅笔。写的是"外国杰出的社会主义者文丛"出版计划的草稿（参见《马克思恩格斯全集》中文第一版第 42 卷第 272 页），产生时间是 1845 年 3 月 9—16 日（巴加图利亚在以前的论文中认为是 10—15 日）。

⑪第 34 页面是空白。

⑫第 35 页面写了 2/3，用的是铅笔。写的是两个伦敦的通讯地址。

⑬第 36—37 页面写满了，用的是棕色铅笔，勾销标记用的是铅笔和棕色铅笔。第 38—42 页面写满了，用的是铅笔，标记用的是棕色铅笔和墨水。第 43 页面写了 3/4，用的是铅笔，边线用的是棕色铅笔。第 36—43 页面记的也是书籍目录。产生时间可能是 1845 年 3 月中至 5 月初（巴加图利亚在以前的论文中认为是 3 月下半月，MEGA2/VI/3 新考证与第 43 页面上的杜尔 theophile burger—thore 有关，认为杜尔等三人是 5 月初后加上的）。

⑭第 44 页面写了 3/4，用的是墨水。记的三本书都是英国的书籍，

马克思与恩格斯的字迹交替出现，产生于 1845 年 7—8 月马克思和恩格斯在曼彻斯特时（巴加图利亚在以前的论文中认为是恩格斯 1845 年 4 月 5 日到达布鲁塞尔之后写下的）。考虑到第 45 页面是空白页，可以设想，第 44、45 页面都是马克思故意留下的空白页，以备后来继续添加"购买或用其他办法获得"的书籍目录时利用。

⑮第 45 页面是空白。

⑯第 46 页面写了上面三行，用的是墨水。记载了三个作者的名字，这三个名字在第 36—37 页面的书籍目录中出现过。第 47 页面也写了一半，用的是墨水。在这一页面上，在赫斯的名字对面列出了一些书籍。第 46、47 页面记载的作者名字和书籍可能与"外国杰出的社会主义者文丛"出版计划有关，产生于布鲁塞尔（即 1845 年 7—8 月马克思恩格斯去曼彻斯特之前）。

⑰第 48—51 页面是空白。

⑱第 52 页面几乎写满了，用的是墨水。是摘自汤普逊著作的关于李嘉图的摘录。摘录可能产生于布鲁塞尔，也可能产生于曼彻斯特。

⑲第 53—57 页面写满了，用的是墨水。在第 53 页面的开头，是四行札记（参见《马克思恩格斯全集》中文第一版第 42 卷第 273 页，标注的写作时期是 1845 年 4 月）。巴加图利亚在之前的论文中认为它是在《神圣家族》完成之前，具体来说是在 1844 年秋季写作《神圣家族》期间记下的。但在 MEGA2/IV/3 巴加图利亚否定了自己的考证，认为这四行文字是与后面的《提纲》同一时间写到该页面上的，不会早于恩格斯 1845 年 4 月中旬到达布鲁塞尔之时，与批判施蒂纳有关。接着就是著名的《关于费尔巴哈的提纲》（直到第 57 页面的结尾）。关于《提纲》的写作日期，巴加图利亚之前在论文中肯定了恩格斯的说法（即 1845 年春），又进一步明确是 1845 年 4 月 5 日至 7 月 12 日之间。在 MEGA2/IV/3 他将其改为 4 月中旬以后，也可能更晚，但不会晚于 7 月初，认为《提纲》的写作与马克思和克利盖的争论有关。

⑳第 58—65 页面写满了，第 66 页面写了 3/4，第 67—68 页面写满了，第 69 页面写了 3/4，用的是铅笔和墨水（最后两行），部分内容用墨水作了描画，勾销标记和边线用的是墨水和棕色铅笔。第 70 页面写满了；第 71 页面是空白；第 72 页面写了 1/3，是对邻页内容（即第 73 页面）

的续写；第 73 页面写满了。第 70、72—73 页面用的都是墨水。在第 58—73 页面，除了第 71 页面是空白，记的都是有书号（布鲁塞尔皇家图书馆的书号）的书籍目录（大都是法文书），产生的时间是在布鲁塞尔（写作《提纲》之后），但第 58—69 页面与第 70、72—73 页面不是同一时间（至少不是同一天）写的。可能第 70—74 页面都是马克思预先留的空白，后来（写完曼彻斯特阶段的书籍目录①之后，即重新回到布鲁塞尔之后）马克思先写了第 70 页面，然后写第 73 页面，不够用，再在前一页面（即第 72 页面）继续写。

㉑第 74 页面用墨水写了下面两行（对邻页即第 75 页面内容的续写）。第 75—81、83—84、92—93 页面写满了，第 82、85—86 页面几乎写满了，用的都是墨水。第 87—91 页面是空白。第 75—82、92—93 页面的勾销标记用的是铅笔和墨水；第 76、77 页面的 2 个边线用的是蓝色铅笔。其中，第 75—83 页面写着"公共图书馆②目录"（写在第 75 页面），是第一个英国书籍书目；第 84—85 页面写着"人口"（写在第 84 页面），是第二个英国书籍书目；第 86 页面又写着"公共图书馆"，是第三个英国书籍书目；第 92 页面写着"雅典神殿③"，是第四个英国书籍书目；第 93 页面记的是马克思不知从某处摘引的三条与书目有关的笔记。马克思把第 87—91 页面留作空白，说明他还想继续写第三个英国书籍书目。

㉒第 94 页面是空白。第 95—106 页面佚失。第 107 页面是空白。

㉓第 108 页面写了 1/3，用的是墨水，记的是马克思为《哲学的贫困》第 1 章第 1、2 节准备的笔记。在前附加单页的第 2 个页面的上部和下部④，记有马克思为《哲学的贫困》第 2 章第 2 节准备的笔记⑤。显然，

---

① 马克思写完第 75 页面（也可能是全部曼彻斯特书籍目录即第 75—93 页面）之后，在第 75 页面前一空白页面即第 74 页面续写了 3 本书名。
② 切特姆图书馆。
③ 曼彻斯特的一个图书馆。
④ 中间部分记的是人名和地址。
⑤ 在 MEGA2/IV/3 巴加图利亚推测，前附加单页的第 1 个页面也记有为《哲学的贫困》第 2 章准备的笔记，是第 2 个页面的继续。笔者认为，第 1 个页面记有笔记的可能性不大，否则不会与硬封皮粘在一起。如果真记有笔记的话，也应该是第 2 个页面是接续第 1 个页面的笔记（关于《哲学的贫困》第 1 章第 3 节和第 2 章第 1 节的笔记）。

其写作时间晚于第 108 页面的笔记。关于《哲学的贫困》的笔记是马克思 1847 年年初在布鲁塞尔写下的。

㉔第 109—112 页面被撕掉了，只留有线头。第 113—120 页面佚失。

㉕附加在后面的那个单页的第 1 个页面是空白。

第二节 《布鲁塞尔笔记本（1845 年）》的相关文献学信息

《布鲁塞尔笔记本（1845 年）》共 6 个笔记本，收在 MEGA2/IV/3。马克思在布鲁塞尔作的其他笔记收在 MEGA2/IV/5（《布鲁塞尔笔记本 1847 年）》，2015 年出版和 MEGA2/IV/6（《国民经济学史笔记》，1983 年出版）。

笔记本 1

①笔记本的原始手稿现保存在阿姆斯特丹国际社会史研究所，《马克思恩格斯遗稿》编号 B30（旧编号是 B27）。

②该笔记本是对路易斯·萨伊①著作《民族与个人的富裕和贫困的主要根源》（巴黎 1818 年版）的摘录、对西斯蒙第著作《政治经济学研究》第 1 卷（布鲁塞尔 1837 年版）的摘录、对尚博朗著作《论贫困，古代与今天的状况》（巴黎 1842 年版）的摘录、对巴格蒙特著作《基督教的政治经济学，对法国和欧洲贫困性质和原因的考察及缓和与防预的对策》（巴黎 1842 年版）的摘录。与笔记本 2 是一个整体，都产生于马克思抵达布鲁塞尔之初（1843 年 2 月初至 4 月中）。

③由对折并交错叠放的对开张自制而成的笔记本。在折痕处装订，现只留下笔记本的针孔。外面那个对开张被用作封皮。最初有 12 个对开张 = 24 个单页 = 48 个页面，用的是中等硬度、无横格、无水印的白纸。最外面两个对开张的两个后单页（可能是空白）掉没了，从而只有 22 个单页 = 44 个页面。规格为 312 × 202mm 的对开张对折为大约 156 × 202mm 的单页。

---

① 让·巴蒂斯特·萨伊的弟弟。

④封皮对开张严重发黄，其余的对开张轻微发黄。前面两个单页的页角损坏，但没有文本损失。用薄纸作了修复。

⑤笔迹出自马克思，用的是黑色（现已褪成棕色）墨水。勾销标记和页边的边线用的是墨水及黑色和棕色铅笔。

⑥封皮对开张的第一个页面写着"布鲁塞尔1845年"和所摘录著作书名目录，第二个页面是空白，第三个和第四个页面撕掉了。第Ⅰ—Ⅴ页面是双栏书写，第Ⅴa页面①是空白，第Ⅵ—ⅩⅦ页面是双栏书写，第ⅩⅧ页面只写了左栏的2/3，第ⅩⅨ页面只写了左栏的上半部分，第ⅩⅨa页面只写了左栏的2/3，此后的20个页面是空白，最后1个页面有马克思横幅书写的非常短小的笔记。

⑦书写文字是德文和拉丁文。

⑧该笔记本和下一个笔记本（即笔记本2）与其他4个布鲁塞尔笔记本不同，其页码编号用的是罗马数字（与《巴黎笔记本》和《1844年经济学—哲学手稿》一样）。该笔记本除了封皮的两个页面、第ⅩⅨa②页面（对巴格蒙特著作的摘录③）以及21个空白页面（包括第Ⅴa页面），马克思用蓝色铅笔作了Ⅰ—ⅩⅨ的页码编号。

⑨有出自外人之手的拍照编号标记：W1（封一）、W2—W20（第Ⅰ—ⅩⅨ页面）、W21（第ⅩⅨa页面）。

笔记本2

①笔记本的原始手稿现保存在阿姆斯特丹国际社会史研究所，《马克思恩格斯遗稿》编号B31（旧编号是B28）。

②该笔记本是笔记本1的直接继续，封面页也写着"布鲁塞尔1845年"，而且页码编号接续笔记本1。

③该笔记本包括对比雷著作《论英法工人阶级的贫困》的摘录（是

---

① 这是第Ⅴ和第Ⅵ页面之间的空白页面。Ⅴa是编辑者作的页码编号，并非马克思的编号。

② 这是紧接着第ⅩⅨ页面的那个页面。ⅩⅨa是编辑者作的页码编号，并非马克思的编号。

③ 封面页的内容索引并没有巴格蒙特，因此对巴格蒙特著作的摘录应该是后来添加的。

第 4 章 《关于费尔巴哈的提纲》写作前后的文本　　　　73

《巴黎笔记本》中对比雷著作摘录的后续内容①）、对西尼尔著作《政治经济学基本原理（讲义）》的摘录（巴黎 1836 年版）、对西斯蒙第著作《政治经济学研究》第 2 卷（布鲁塞尔 1838 年版）的摘录（接笔记本 1 对其第 1 卷的摘录）。

④由对折并交错叠放的对开张自制而成的笔记本。在折痕处装订，现只留下笔记本的针孔。共 16 个对开张 = 32 个单页 = 64 个页面，用的是中等硬度、无横格、无水印的白纸。规格为 310×198mm 的对开张对折为大约 155×198mm 的单页。外面那个对开张被用作封皮（后加的）。从折痕处的折叠情况可以明显看出，除了后加的封皮对开张，其他 15 个对开张（= 30 个单页 = 60 个页面）最初是反向对折的，于是笔记本最初是如下样子：

第 1—28 页面②（现第 XLVII—LXXIV 页面）对西斯蒙第著作的摘录

第 29—30 页面空白

第 31—43 页面（现第 XX—XXVI、XXVIa—XXXI 页面）对比雷著作的摘录

第 44—58 页面（现第 XXXII—XLVI 页面）对西尼尔著作的摘录

第 59—60 页面空白

马克思在新笔记本（笔记本 2）接着笔记本 1 作完西斯蒙第《政治经济学研究》第 2 卷的摘录之后，反向折叠该笔记本，然后作比雷著作和西尼尔著作的摘录。在后加的封皮张封面上，马克思按比雷、西尼尔、西斯蒙第的顺序来编制所摘录著作的书名索引。

⑤封皮对开张严重发黄，其余的对开张轻微发黄，页角有损坏，但没有文本损失。用薄纸作了修复。

⑥笔迹出自马克思，用的是黑色（现已褪成棕色）墨水。勾销标记用的是棕色铅笔、黑色铅笔和墨水，页边的边线用的是棕色铅笔、普通铅笔和墨水。

---

① 马克思在本笔记本中对《论英法工人阶级的贫困》的摘录使用的是 4 册本布鲁塞尔 1843 年版，而非《巴黎笔记本》笔记本 7 所使用的 2 卷本巴黎 1840 年版。《巴黎笔记本》的摘录结束于巴黎版第 1 卷的结尾处（相当于布鲁塞尔版的第 2 卷第 4 章），本笔记本从布鲁塞尔版第 2 册第 5 章继续进行摘录，直到第 4 册第 9 章。

② 阿拉伯数字的页码编号是编辑者所编，非马克思的编号。

⑦封皮对开张的第一个页面写着"布鲁塞尔1845年"和所摘录著作的书名目录,其他页面是空白。所有马克思编页码的页面(第XX—LXXIV页面)都是双栏书写,其中第XXXI、XLVI页面的右栏只写了几行,第LXXIV页面只写了左栏。第XLVI页面与第XLVII页面之间,以及第LXXIV页面之后,都各有两个空白页。

⑧书写文字是德文和拉丁文。

⑨除封皮的四个页面及空白页面外,马克思用普通铅笔为笔记本作了XX—LXXIV的页码编号(其中XXVI编了两次,编辑者以XXVIa指第二个XXVI)。

⑩有出自外人之手的拍照编号标记:U1(封一)、U2—U57(第XX—LXXIV页面)。

笔记本3

①该笔记本原始手稿的存放处现已无从知晓,其1920年代的照相复制件现保存在俄罗斯国家社会政治史档案馆,编号是全宗第1号,目录第1号,卷宗第132号。

②该笔记本包括对费里埃著作《论商业报告中令人关注的管理》(巴黎1805年版)的摘录、对拉博德著作《论共同体利益中的协作精神》(巴黎1818年版)的摘录、对刊登在《经济学者日报》1842年第2、3卷上的三篇文章(撒格拉的《论卡达罗涅的棉纺工业及工人》、费克斯的《论在政治经济学中的进步与保守精神》、若耐的《从四世纪到本世纪罗马的城邦生活和国内经济的统计》)的摘录、对施托尔希著作《政治经济学教程,或论决定人民幸福的原理》(4卷本,巴黎1823年版)第3卷第1、2、3部分的摘录、对特里奥恩著作《论滥用公债的投机之风》(布鲁塞尔1834年版)非常简短(1/4页面)的摘录。该笔记本的产生时间是在《关于费尔巴哈的提纲》之后,但在7月马克思恩格斯一起去英国之前。

③自制的笔记本,没有封面。最初可能有14个对开张=28个单页=56个页面。从残留的线头可以看出,针线是在第28和第29页面之间穿过的。在56个页面中,有52个页面用于摘录,1个页面(即第53页面)

记了一个书名（罗德戴尔著作《论公共财富的性质和起源》的英文书名①），1个页面（即第54页面）是数学演算，2个空白页面（可能是介于第53页面和第54页面之间的2个页面）没有照相复制。

④从当年照相复制件来看，第1、2两个单页的页边缘和页角有损坏和脏污。

⑤笔迹出自马克思。

⑥第1—51页面及第51a页面（实际是第52页面）是横幅两栏书写。其中，第8页面右栏下方的空处写有数学演算，第17、51页面的右栏没有写满，第51a页面只在左栏上方写了4行。第53页面只记了一个书名，第54页面是数学演算。

⑦除第53、54页面及2个空白页面外，马克思为笔记本作了1—51（用的是普通铅笔）和51②（用的是墨水）的页码编号。

⑧书写文字是德文和拉丁文。

⑨有出自外人之手的拍照编号标记：AF1—AF54（书写页面）。

笔记本4

①该笔记本原始手稿的大部分（第1—38页面、第39—54页面、第57、58页面），其存放处现已无从知晓。1990年6月28日，笔记本（第1—38页面、第39—54页面）被J. A. Stargardt拍卖行（马堡）卖到了美国。笔记本的第55/56、59/60页面的原始手稿现保存在俄罗斯国家社会政治史档案馆，编号是全宗第1号，目录第1号，卷宗第152号。6个空白页面可能已佚失。笔记本的原持有人未知。该笔记本的1920年代照相复制件现保存在俄罗斯国家社会政治史档案馆，编号是全宗第1号，目录第1号，卷宗第152号。

②该笔记本包括第1—7页面对施托尔希著作《政治经济学教程，或论决定人民幸福的原理》的继续摘录（即对该书第3卷第2部分、第5卷《论国民收入的性质》1824年巴黎版及第4卷的摘录）、第8、9页面对杜普

---

① 马克思在《巴黎笔记本》的笔记9中已经对该书作了摘录。
② 马克思在两个页面上标了"51"。编辑者将第二个页面的"51"记为"51a"，以示区别。

列·德·圣马尔著作 Essai sur les monnoies：ou Réflexions sur le rapport entre l' argent et les denrées（巴黎1746年版）的摘录、第9—23页面对平托著作《关于流通和信用的论文集》（阿姆斯特丹1771年版）的摘录、第23—38页面对柴尔德著作《论商业和论货币利息降低所产生的利益》（1754年阿姆斯特丹和柏林版，译自1669年英文版）的摘录、第55—58页面对贝尔著作 De la disette（日内瓦1804年版，译自贝尔《关于农业的论文集》爱丁堡1802年版的第四部分）的摘录。该笔记本的产生时间是在《关于费尔巴哈的提纲》之后，但在7月马克思恩格斯一起去英国之前。

③自制的笔记本，用的是中等硬度、无横格、无水印的白纸。没有封面。最初可能有15个对开张＝30个单页＝60个页面，因为针线是在第28和第29页面之间穿过。最前面和最后面的3个单页散开了（倒数第2个单页即第57/58页面已佚失）。规格为400×156mm的对开张被对折为200×156mm的单页。

④笔记本保存完好。有3个单页散开了，页边缘有轻微损坏，但没有文本损失。其余单页的装订线很牢固，几乎没有发黄，有非常轻微的页边缘损坏，没有文本损失。

⑤笔迹出自马克思，用的是黑色墨水和普通（或彩色）铅笔。行下线和页面边线用的是墨水，勾销标记用的是墨水、普通铅笔和棕色铅笔。

⑥第1—38页面是横幅两栏（是靠折痕来分栏的）书写，而且都写满了。第38页面之后有3个空白页面（即第39—41页面），然后在第42—51页面是数学演算，再后面是3个空白页面（即第52—54页面）。第55—58页面又进行摘录，第59页面是数学演算，最后一个页面（即第60页面）是空白。

⑦马克思用普通铅笔作了1—38的页码编号[①]。

⑧书写文字是德文和拉丁文。

⑨有出自外人之手的拍照编号标记：Q1—53（书写页面）。

笔记本5

①笔记本的原始手稿现保存在阿姆斯特丹国际社会史研究所，《马克

---

① 其他页码编号是由编辑者作的。

思恩格斯遗稿》编号 B33（旧编号是 B30）。

②笔记本包括第 2 页面对加斯帕林（Aug de Gasparin）著作《科学丛书》（巴黎 1835 年版）的摘录、第 3—10 页面对拜比吉著作《论机器和工厂的经济性质》（巴黎 1833 年版）的摘录、第 11—15 页面对尤尔著作《工场哲学》（2 卷本，1836 年版）的摘录、第 16 页面对贝列拉著作《关于工业和财政的讲义》（巴黎 1832 年版）的简短摘录、第 17—30 页面对罗西著作《政治经济学教程》（布鲁塞尔 1843 年版）的摘录。写于 1845 年 2 月初至 7 月初。

③由对折并交错叠放的对开张自制而成的笔记本。折痕处装订，但现在针线已不在，只留下针孔。没有特制的封皮。最初可能有 9 个（或 10 个）对开张＝18 个单页＝36 个页面，用的是中等硬度、无横格、无水印的白纸。外面那个对开张的后单页（即第 35/36 页面）佚失，可能最初也没有写东西。于是流传下来的笔记本有 17 个单页＝34 个页面。可能还佚失一个最外面的对开张，因为笔记本的开头缺马克思编号为"1）"的页面，摘录的编号是从"2）"开始的。规格为 396×308mm 的对开张被对折为 198×308mm 的单页。

④外面那个对开张剩下的那个单页，以及第 2 个对开张的后单页（其折痕处已裂开）已严重发黄，而且页边缘损坏，导致文本损失。其余对开张发黄，有轻微的损坏，有少许文本损失。已用薄纸作了修复。

⑤笔迹出自马克思，用的是黑色（现已褪成棕色）墨水。边线和勾销标记用的是棕色铅笔、普通铅笔和墨水。

⑥第 2 页面的左栏只写了上面 1/3。第 3—16 页面是双栏书写（第 10、16 页面只写了左栏），此后是 1 个空白页面。第 17—30 页面是双栏书写，此后是 4 个空白页面。

⑦除了空白页面，马克思用普通铅笔对所摘录的 5 本书做了 2）—6）的编号。

⑧书写文字是德文和拉丁文。

⑨有出自外人之手的对书写页面的拍照编号标记：AX1、AX 2、AX4—AX30。

⑩该笔记本与《伦敦笔记本》其中 6 个笔记本的封皮对开张是一样的。

笔记本6

①笔记本的原始手稿现保存在阿姆斯特丹国际社会史研究所,《马克思恩格斯遗稿》编号 B32（旧编号是 B29）。

②笔记本包括第1—7页面对佩基奥《意大利政治经济学史》（巴黎1830年版）的摘录、第8—10页面对麦克库洛赫著作《论政治经济学的起源、发展、特殊对象和重要性》（法译本，1825年版）的再次摘录①、第11—16页面对加尼耳著作《论政治经济学的各种体系》（2卷本，巴黎1809年版）的摘录、第17页面对布朗基著作《欧洲政治经济学从古代到今天的历史》的摘录（布鲁塞尔1843年版）的摘录、第18—20页面对收录在 Villegardelle《法国革命前的社会观念史》（巴黎1846年版②）中的三部著作的摘录③、第21页面对瓦茨著作《政治经济学家的事实与臆想》的摘录。在马克思没有编页码的第22—36页面，是与摘录内容不相关的计算和表格，可能产生于《1861—1863年手稿》写作期间。笔记本产生于1845年2月初至12月之间。

③由对折并交错叠放的对开张自制而成的笔记本。折痕处装订，但现在针线已不在，只留下针孔。没有特制的封皮。有9个完整的对开张和半个对开张（即1个单页）=19个单页=38个页面，用的是中等硬度、无横格、无水印的白纸。那半个对开张作为单独的单页放在第7、8对开张（即第14、17页面）之间。它是否与其他对开张装订在一起，这一点无从确定，但马克思为它编了页码。规格为 396×310mm 的对开张被对折为 198×310mm 的单页。

④纸张已严重发黄，有污渍，特别是外面那个对开张的情况更为严重。页边缘有损坏，导致了文本损失。第11单页（即介于第20、21页面之间的那两个空白页面）缺失下面的1/3，第14单页（即第25/26页面）几乎被彻底撕掉了（其第一个页面即第25页面并非空白页，至少包含有

---

① 马克思在《巴黎笔记本》中已对麦克库洛赫这部著作（而且也是法译本）作过摘录，不过马克思这次是从经济思想史的角度来摘录的。

② 实际出版于1845年12月初左右。

③ 分别是内科尔的《关于谷物立法和贸易》（巴黎1775年版）、布里索的《行政体制的差别》（1787年）、兰盖的《民法论》（伦敦1767年版）。

马克思所作的计算）。已用薄纸作了修复。

⑤笔迹出自马克思，用的是黑色（现已褪成棕色）墨水。勾销标记用的是棕色铅笔，边线用的是墨水。

⑥第1—21页面是双栏书写（其第10和第16—21页面只写了左栏），第20、21页面之间有两个空白页面。第21页面之后马克思未编页码的15个页面（即第22—36页面）是作的计算。

⑦除了空白页面和作计算的页面，马克思用墨水对笔记本作了页码编号。

⑧书写文字是德文和拉丁文。

⑨有出自外人之手的对书写页面的拍照编号标记：AY1—AY34。

⑩该笔记本与《伦敦笔记本》其中6个笔记本的封皮对开张是一样的。

第三节 《曼彻斯特笔记本》的相关文献学信息

马克思的《曼彻斯特笔记本》[①] 共9册，写于1845年7/8月。其中前5册收在MEGA2/IV/4，后4册收在MEGA2/IV/5。

笔记本1

①笔记本的原始手稿现保存在阿姆斯特丹国际社会史研究所，《马克思恩格斯遗稿》编号B27（旧编号是B32）。

②笔记本包括第1—7页面对配第著作《政治算术论文集》（伦敦1699年版）的摘录、第7页面对戴韦南特著作《关于国内和平与海外战争的论文集》（伦敦1704年版）的摘录、第7—12页面对戴韦南特著作《论使一国人民在贸易差额中成为得利者的可能的方法》（伦敦1699年版）的摘录、第13—19页面对戴韦南特著作《论公共收入和英国贸易》（伦敦1698年版）的摘录、第19页面对戴韦南特著作《论战争供给的方式和手段》（伦敦1695年版）的摘录、第19—21页面对安德森著作《关于导致不列颠目前粮荒的思考》（伦敦1801年版）的摘录、第21—23页

---

① 恩格斯也有《曼彻斯特笔记本》，共3册。

面对布朗宁著作《大不列颠国内状况和财政状况》（伦敦1834年版）的摘录、第24—26页面对米塞尔登著作《自由贸易或贸易繁荣之道》的摘录、第26页面对匿名出版①的小册子《女王陛下的礼节和对英国海上的统治》（伦敦1665年版）的简短摘录。

③由12个对折并交错叠放的对开张（=24个单页=48个页面）自制而成的笔记本，用的是中等硬度、无横格、无水印的白纸。最外面那个对开张被用作封皮。装订线已不在，只在折痕处留有针孔。规格为396×314mm的对开张被对折为198×314mm的单页。

④纸张已严重发黄，有污渍。页边缘和折痕处有损坏，有少许文本损失。已用薄纸作了修复。

⑤笔迹出自马克思，用的是黑色（现已褪成棕色）墨水。勾销标记和页边线用的是墨水及黑色和棕色铅笔。

⑥所有的页面都是双栏书写（德文和拉丁文）。第1页面（即封一）是目录，目录上面记有"曼彻斯特，7月，1845年"。第2页面（即封二）是空白。第3—12页面是双栏书写。第13/14页面是表格，横幅书写。第15—25页面是双栏书写（其中第21页面只写了左栏的3/4，第25页面只写了左栏的11行）。第26—29页面是计算，第30—38页面是空白。第39—41页面是双栏书写（其中第41页面右栏只写了1/3）。第42—47页面是空白，第48页面右下方是计算。

⑦笔记本可能最先是由两个独立的对开张层组合而成的（即第二层内置于第一层中）：

第一层（由5个对折的对开张组成）

第1/2、19/20页面分别对应于现有笔记本的第1/2、47/48页面（即封皮对开张）

第3—10页面包含马克思编号为1、2、3（直到SectioⅡ）的摘录

第11—13页面对应于现有笔记本的第39—41页面，包含马克思编号为4、5的摘录

第14—18②页面是空白，对应于现有笔记本的第42—46页面

---

① 该书作者是罗伯特·克拉威尔。
② MEGA2/IV/4将18笔误为28。

第二层（由 7 个对折的对开张组成）

第 1—15 页面对应于现有笔记本的第 11—25 页面，包含马克思编号为 3（接续 Sectio Ⅱ）、6、7、8、9 的摘录

第 16—19 页面对应于现有笔记本的第 26—29 页面，是马克思作的计算

第 20—28 页面是空白，对应于现有笔记本的第 30—38 页面

⑧除了空白页面、作计算的页面以及封一和封二，马克思用黑色铅笔对笔记本作了页码编号。

⑨第 48 页面上有出自外人之手的书法练习（用的是墨水）。

笔记本 2

①笔记本的原始手稿现保存在阿姆斯特丹国际社会史研究所，《马克思恩格斯遗稿》编号 B29（旧编号是 B37）。

②笔记本包含第 1—14 页面对库伯著作《政治经济学原理讲义》（伦敦 1831 年版）的摘录、第 15—23 页面对萨德勒著作《人口的规律》（伦敦 1830 年版）的摘录、第 23—31 页面及第 41/42 页面对托·图克著作《1793—1837 年的价格和流通状况的历史》（伦敦 1838 年版）的摘录、第 31—41 页面对吉尔巴特著作《银行业的历史和原理》（伦敦 1834 年版）的摘录、第 37 页面上方对麦克库洛赫著作《政治经济学文献》（伦敦 1845 年版）书名的记载、第 44 页面对埃德门兹著作《实践道德与政治经济学》（伦敦 1828 年版）的摘录。

③由最初 12 个（现为 11 个）对折并交错叠放的对开张（=22 个单页=44 个页面）自制而成的笔记本，用的是中等硬度、无横格、无水印的白纸。封皮对开张没有流传下来。装订线已不在，只在折痕处留有针孔。规格为 396×314 mm 的对开张被对折为 198×314 mm 的单页。

④纸张已严重发黄。由于存在大量草图、脏污、墨渍，导致页面有重大损坏和文本损失。已用薄纸作了修复。

⑤笔迹出自马克思，用的是黑色（现已褪成棕色）墨水。勾销标记和页边线用的是墨水及黑色和棕色铅笔。

⑥笔记本的所有页面都是双栏书写（德文和拉丁文）。第 1 页面

（对库伯著作的摘录）上写有马克思后来补充的标记"曼彻斯特，1845年"。在第14页面的右栏空白处，马克思后来在右栏上面作了关于级差地租的计算，在计算的下面写了笔记本所摘录书籍的书目。书目是从"2）"开始的，"1）"写在第1页面的标记"曼彻斯特，1845年"的后面①。第14页面下面1/3的部分是空白。第21、23、43、44页面只是部分书写。

⑦马克思显然是在全部文本书写完毕之后，用黑色铅笔对笔记本作了1—44的页码编号。

笔记本3

①笔记本的原始手稿现保存在阿姆斯特丹国际社会史研究所，《马克思恩格斯遗稿》编号B90（旧编号是B97），第一个单页的上半页现存放在俄罗斯国家社会政治史档案馆，编号是全宗第1号，目录第1号，卷宗第159号。

②笔记本是对麦克库洛赫著作《政治经济学文献》（伦敦1845年版）的摘录。

③最初由12个对折并交错叠放的对开张（=24个单页=48个页面）自制而成的笔记本，用的是中等硬度、无横格、无水印的白纸。笔记本没有特制的封皮。规格为198×156mm的对开张被对折为99×156mm的单页。

④纸张已严重发黄。页边缘及折痕处有损坏。第一个单页的下半部分被撕掉了（没有流传下来），上半部分散开了。在第3页面，可能是因纸张质量问题，文本已几乎完全变白。在第20个单页（即第41/42页面），现存只有两段被撕掉的文本。第43—48页面没有流传下来。因此有文本损失。已用薄纸作了修复。

⑤笔迹出自马克思，用的是黑色（现已褪成棕色）墨水。勾销标记和页边线用的是墨水及黑色铅笔。

---

① 显然，后面从"2）"开始的书目在第1页面写不下，马克思才写在第14页面空白处的。此外，书目中的第"4）"号是关于Thomas Jarrold的著作《论人——答马尔萨斯先生》（伦敦1806年版）。显然，笔记本还包含对该著作的摘录，记在没有流传下来的封皮对开张的后两个页面上。

第 4 章 《关于费尔巴哈的提纲》写作前后的文本

⑥笔记本的第 1—40 页面都是单栏书写（德文和拉丁文）。第 1 页面写着"曼彻斯特，7 月，1845 年"。第 41 页面流传下来的片段，明显只是部分书写，而且其中包含一些计算。

⑦笔记本流传下来的页面被马克思用黑色铅笔做了 1—40 的页码编号。

笔记本 4

①笔记本的原始手稿现保存在阿姆斯特丹国际社会史研究所，《马克思恩格斯遗稿》编号 B28（旧编号是 B33）。

②笔记本包括第 1—17 页对科贝特著作《纸币取代黄金》（伦敦 1828 年版）的摘录、在页面"a)"和"b)"对西尼尔文章《政治经济学大纲》（伦敦 1836 年版）①的摘录、第 1—9 页对汤普逊著作《最能促进人类幸福的财富分配原理的研究》（伦敦 1824 年版）的摘录。

③由 12 个对折并交错叠放的对开张（= 24 个单页 = 48 个页面）自制而成的笔记本，用的是中等硬度、无横格、无水印的白纸。装订线已不在，只在折痕处留有针孔。笔记本最外面那个对开张被用作封皮。第 2—7 对开张的后单页（即第 18—23 单页），只留下距折痕 28mm 的窄条。这些单页显然没有书写，因此就剩下 18 个单页 = 36 个页面。规格为 310 × 200mm 的对开张被对折为 155 × 200mm 的单页。笔记本外面还有一个封皮（没有与笔记本装订在一起）。该封皮对开张用的是没有水印的硬纸，外面是红色，里面是白色。对开张规格为 362 × 226mm，对折起来是 182 × 226mm。

④纸张（特别是最外面那个对开张的纸张）发黄。那个单独的封皮对开张严重损坏，页边缘有破损。已用薄纸作了修复。

⑤笔迹出自马克思，用的是黑色（现已褪成棕色）墨水。第 48 页面的评注用的是普通铅笔。勾销标记和页边线用的是普通铅笔和棕色铅笔。

⑥笔记本的页面都是单栏书写（德文和拉丁文）。第 1 页面是目录，并写着"曼彻斯特，1845 年"。第 2 页面是空白。第 21 页面只写了上面 6 行。第 22—24 页面及第 34 页面是空白。第 35—46 页面明显是空白（页

---

① 该书收在《都会百科全书》第 6 卷（伦敦 1845 年版）。

面只留下28mm的窄条)。第47页面是空白。第48页面是马克思和恩格斯用普通铅笔作的算术计算。那个单独的封皮上什么也没写。

⑦马克思对笔记本作的页面编号不是从头至尾，也不是在一个工作进程完成的。第3—19页面（对科贝特著作的摘录）是一个书写进程，用墨水作了1—17的页码编号。所有的页码数字，一律都是奇数页写在左上角，偶数页写在右上角。第20、21页面（对西尼尔文章的摘录）用字母"a)"、"b)"来作页码编号（用的是墨水）。第25—33页面（对汤普逊著作的摘录）是用普通铅笔作的1—9的页码编号，而且页码数字紧跟在摘录结束的后面。页码数字在页面空地儿摆放的无规律表明，惯例是将页码数字标在顶部页边缘中间的位置。第1、2页面及未书写的空白页没有编页码。

笔记本5

①笔记本的原始手稿现保存在阿姆斯特丹国际社会史研究所，《马克思恩格斯遗稿》编号B35（旧编号也是B35）。

②笔记本包括第1—6页面对阿特金森著作《政治经济学原理》（伦敦1840年版）的摘录、第7/8页面对阿莱尔著作《宪章运动》（伦敦1840年版）的摘录、第9—19页面对麦克库洛赫著作《政治经济学原理，产生与发展的概述》（爱丁堡、伦敦，1825年版）的摘录、第19—24页面和第24—28页面对威德著作《中等阶级和工人阶级的历史》（第三版，伦敦1835年版）的摘录、第24—30页面对艾登著作《穷人的状况》（3卷本，伦敦1797年版）的摘录、第31—33页面马克思依据恩格斯对匿名小册子①所作摘录笔记的评注、第33/34页面对穆勒②著作《略论政治经济学的某些有待解决的问题》（伦敦1844年版）的摘录。

③由12个对折并交错叠放的对开张（=24个单页=48个页面）自制而成的笔记本，用的是中等硬度、无横格、无水印的白纸。装订线已不在，只在折痕处留有针孔。规格为396×313mm的对开张被对折为198×313mm的单页。笔记本最外面那个对开张被用作封皮，是稍小一点的对

---

① 即《论工会》（伦敦1834年版）。
② 即约翰·斯图亚特·穆勒，詹姆斯·穆勒的长子。

开张规格（396×300mm，对折起来是198×300mm）。在笔记本外面，现在还另有一个独立的封皮对开张（是后加的），它与《伦敦①笔记本》第2、5笔记本的封皮对开张是一样的。

④纸张严重发黄，页边缘有损坏（特别是前两个对开张，有文本损失）。已用薄纸作了修复。

⑤笔迹出自马克思，用的是黑色（现已褪成棕色）墨水。勾销标记和页边线用的是墨水及黑色和棕色铅笔。

⑥笔记本的页面都是用德文和拉丁文书写的。第1页面是目录，后来外人又加写了一条笔记和一些计算，但没有像前4个笔记本那样写着笔记本产生的地点和日期。第2页面是空白。第3—46页面是双栏书写（第8、10、32、35、46页面只是部分书写）。第47、48页面是空白。

⑦马克思用黑色铅笔对笔记本作了1—44的页面编号。封皮对开张的4个页面没有编页码。在第36、37、38页面，马克思用墨水将左栏标为字母"a)"，右栏标为字母"b)"。马克思书写的36、37、38、41这几个页码数字，与划分栏符用的是同样的墨水。

⑧在第1页面目录的下面，记了一个地址"Fräulein Luose Lüning, Schildesche bei Bielefeld"。无法确定何时以及由谁作了这条笔记。魏德迈在其1846年4月30日的信中告知了马克思这个地址。

笔记本 6

①笔记本的原始手稿现保存在阿姆斯特丹国际社会史研究所，《马克思恩格斯遗稿》编号 B37（旧编号是 B38）。

②笔记本包括第1—25页对约·弗·布雷《劳动方面的不公正现象及其消除办法，或强权时代和公理时代》（利兹、伯明翰、曼彻斯特，1939年版）的摘录、第25—32页对欧文《论人类性格的形成》（伦敦1840年版）的摘录、第33—42页对欧文《在1845年新婚姻法通过前所作的关于旧的不道德世界中教士婚姻的演讲》（利兹1840年第4版）的摘录、第42—52页对欧文《曼彻斯特六篇演讲和一篇致辞》（曼彻斯特1837年版）的摘录、第53/54页对理查·帕金逊《论曼彻斯特劳动穷人

---

① MEGA2/IV/4 笔误为曼彻斯特。

的现状,附改进办法》(伦敦、曼彻斯特1841年版)的摘录、第54/55页对乔治·霍普《农业和谷物法(三篇获奖论文之第一篇)》(曼彻斯特、伦敦1842年版)的摘录、第56页对阿瑟·摩尔斯《农业和谷物法(三篇获奖论文之第二篇)》(曼彻斯特、伦敦1842年版)的摘录。

③由14个对折并交错叠放的对开张(＝28个单页＝56个页面)自制而成的笔记本,用的是中等硬度、光滑、无横格、无水印的白纸,比马克思《曼彻斯特笔记本》的笔记本1、2、5的用纸稍微精细和光滑一些。笔记本的封皮佚失。马克思显然在封三和封四写了东西,因为马克思对摩尔斯的摘录在笔记本的第56页中断了,而相邻笔记本(即笔记本7)的页码编号是从第59页开始的。规格为396×310mm的对开张被对折为198×310mm的单页。所有的单页都沿中线垂直对折,以便两栏书写。笔记本是订在一起的,现在装订线已不在,只在折痕处还留有针孔。

④纸张略微发黄,两个外面的页码显得更黄、更脏。页边缘有损坏,前面两个对开张有轻微的文本损失。用薄纸作了修复。

⑤笔迹出自马克思,用的是黑色(现已褪成棕色)墨水。笔记本第6、23、54—56页的勾销标记用的是墨水,第5、6、8—12、19、22、23、26、28、52—56页的勾销标记用的是黑色铅笔,第52、55页的勾销标记用的是棕色铅笔。第8、10、33、52页的页边线用的是墨水,第10页的页边线用的是红色铅笔。

⑥所有的页面都是双栏书写,第32页和第53页的右栏只书写了3/4,第31页的正中间写有计算。摘录用的是德文和拉丁文。

⑦马克思用黑色铅笔对笔记本作了页码编号。《曼彻斯特笔记本》的笔记本6和笔记本7有一个总体的、前后连贯的页码编号。

⑧有出自外人之手的拍照编号标记:AW1a—b至AW56a—b。

笔记本7

①笔记本的原始手稿现保存在阿姆斯特丹国际社会史研究所,《马克思恩格斯遗稿》编号B34(旧编号也是B34)。

②笔记本的封面页没有编号,写的是笔记本所作摘录的目录。笔记本7的页码编号续笔记本6,其第59—63页是对威廉·莱斯本·格莱格《农

业和谷物法（三篇获奖论文之第三篇）》（曼彻斯特、伦敦1842年版）的摘录，第63—68页是对理查·希尔迪奇《贵族税：其现状、起源及进展，及对其进行改革的建议》（伦敦、曼彻斯特1842年第2版）的摘录，第68—75页是对欧文《新道德世界书（第一部分）》（格拉斯哥、爱丁堡、曼彻斯特1840年版）的摘录，第75—80页是对欧文《新道德世界书（第二部分）》（伦敦1842年版）的摘录，第80—87页是对欧文《新道德世界书（第三部分）》（伦敦1842年版）的摘录，第87—90页是对欧文《新道德世界书（第四部分）》（伦敦1844年版）的摘录。在封面页的摘录目录第7项，记的是对斯密《国富论》的摘录。但笔记本7并没有对斯密《国富论》作摘录。对斯密《国富论》的摘录应该是在笔记本7的第91—99页，但没有流传下来。马克思此处对斯密《国富论》的摘录，是接着《巴黎笔记本》对《国富论》的摘录继续作的。封四也没有页码编号，左栏书写，是关于"保护关税派"问题的提纲，这一提纲显然是马克思1847年9月17或18日参加关于自由贸易的布鲁塞尔国际会议期间写的，它构成了马克思准备在9月18日发言的草稿。马克思在会议上没有得到发言的机会，会议闭幕以后，他就把演说整理了一下，发表在1847年9月29日的比利时报纸《民主工场报》上[①]。恩格斯在《关于自由贸易的布鲁塞尔会议》一文中也附了马克思的发言要点[②]。

③由对折并交错叠放的对开张自制而成的笔记本，用的是中等硬度、无横格、无水印的白纸（同笔记本6的用纸）。最外面的那个对开张被用作封面。笔记本原来有14个对开张（=28个单页=56个页面）。第2—11对开张的下半部分，在折缝处裁去了大约6—16mm宽的窄条。笔记本佚失了第18—26单页，只留下18个单页（=36个页面）。规格为396×310mm的对开张被对折为198×310mm的单页。所有的单页都沿中线垂直对折，以便两栏书写。笔记本是订在一起的，现在装订线已不在，只在折痕处还留有针孔。

④纸张略微发黄，两个外面的页码显得更黄、更脏。页边缘有损坏，但没有文本损失。用薄纸作了修复。

---

① 参见《马克思恩格斯全集》第4卷，第282—284页。
② 同上书，第292—296页。

⑤笔迹出自马克思，用的是黑色（现已褪成棕色）墨水。笔记本第 59、60、62—68 页的勾销标记用的是墨水，第 59—65、77—79、83 页的勾销标记用的是黑色铅笔，第 59、68 页的勾销标记用的是棕色铅笔。第 78、83、87 页的页边线用的是墨水，第 64、66 页的页边线用的是黑色铅笔。

⑥封一写的是笔记本的摘录目录，以及一些计算。封二是空白。第 59—90 页是双栏书写，第 90 页的右栏只写了一半。封三是空白，封四左栏写满了，右栏是空白。封四的下部，有恩格斯画的几个人物画。在封面的摘录目录中，在第 2 项关于理查·希尔迪奇著作信息的下面，有一个显然是后来用铅笔作的标记"g—w—g"。

⑦马克思用黑色铅笔对笔记本作了 59—90 的页码编号。封面页没有编页码。《曼彻斯特笔记本》的笔记本 6 和笔记本 7 有一个总体的、前后连贯的页码编号。

⑧在书写页，有出自外人之手的拍照编号标记：AW58a—b 至 AW90a—b，以及 AW100a—b。

笔记本 8

①笔记本的原始手稿现保存在阿姆斯特丹国际社会史研究所，《马克思恩格斯遗稿》编号 B39（旧编号也是 B39）。

②笔记本包含对 J. 萨瓦里的《十全十美的商人……》（里昂 1712 年版）和大卫·麦克菲尔逊的《商业年鉴……》4 卷本（伦敦、爱丁堡 1805 年版）的摘录。其中对萨瓦里著作的短摘录在笔记本中位于对麦克菲尔逊著作第 3 卷和第 2 卷的摘录中间。该摘录可能作于 1845 年年初的布鲁塞尔，因为在对萨瓦里著作的摘录上面，记有马里赛《指南针——》（巴黎 1803 年版）的书名，但马克思没有对该书作摘录。马里赛的这本书在马克思《1844—1847 年记事本》中有记载，马克思 1845 年 4 月中旬至 7 月中旬对那里所记载的一批书作了摘录。在笔记本的第 1 页，在标题"1) 麦克菲尔逊"的左边和下面的空白位置，马克思后来（可能是 1846 年年初）作了如下笔记（内容与《德意志意识形态》关于费尔巴哈的手稿有关）：

联盟阶级的集中
世界交往同业公会阶级

第4章 《关于费尔巴哈的提纲》写作前后的文本

参见以及——阶级
资本及世界交往的集中

③由对折并交错叠放的对开张自制而成的笔记本,用的是中等硬度、光滑、无横格、无水印的蓝纸。笔记本原来有12个对开张(=24个单页=48个页面)。最外面的那个对开张被用作封面。第2—7对开张的后单页(即第16—21单页),在折缝处裁去了大约5—10mm宽的窄条,于是还保留有16个单页(=32个页面)。规格为400×248mm的对开张被对折为248×200mm的单页。所有的单页都沿中线垂直对折,以便两栏书写。笔记本是订在一起的,现在装订线已不在,只在折痕处还留有针孔。

④纸张略微发黄,封皮的四个页面以及其余对开张的外页面(即第1页和第[30]页)都很脏。纸张只有轻微的损坏,但没有文本损失。用薄纸作了修复。

⑤笔迹出自马克思,用的是黑色(现已褪成棕色)墨水。笔记本第1、24—26页的勾销标记用的是墨水,第1、2、21、22、24—27页的勾销标记用的是黑色铅笔,第26页的勾销标记用的是棕色铅笔。所有的页边线用的都是墨水。

⑥封一写的是笔记本的摘录目录,封二、封三、封四是空白。笔记本的第1—3页是双栏书写(第3页只写了左栏的上部),第4—8页是空白,第9、10页是两栏书写(第9页写了左栏及右栏的上半部分,第10页只在左上部写了三个单词)。第11—16页是空白,第17—[28]页是两栏书写(第[28]页只写了左栏的上半部分),第[29]和第[30]页是空白。书写文字是德文和拉丁文。

⑦马克思用黑色铅笔在笔记本第1—27页的中线上部作了页码编号(包括空白页)。最后一个写有文本的页面(即第[28]页)没有编号,封面也没有编号。

⑧有出自外人之手的拍照编号标记:BH0(封一)、BH1a—b至BH27a—b(紧挨马克思的页码编号)、BH28。

笔记本9

①笔记本的原始手稿现保存在阿姆斯特丹国际社会史研究所,《马克思恩格斯遗稿》编号B41(旧编号是B31)。

②笔记本包含对阿·艾利生《人口原理及其与人类幸福的关系》两卷本之第 1 卷（爱丁堡、伦敦 1840 年版）的摘录（可能作于 1845 年 8 月），以及与马克思对居里希《关于现时代重要商业国家的商业、手工业和农业历史阐述》的摘录密切相关的三个草稿：统计笔记、德国的危机统治、论地产价格（这三个草稿是 1847 年马克思在布鲁塞尔期间作的，可能写于 1847 年夏季或秋季）。

③由对折并交错叠放的对开张自制而成的笔记本，用的是中等硬度、无横格、无水印的白纸（用纸同麦克库洛赫摘录和居里希摘录笔记）。笔记本有 10 个对开张（= 20 个单页 = 40 个页面）。没有专门的封面。第 2—7 对开张的后单页（即第 16—21 单页），在折缝处裁去了大约 5—10mm 宽的窄条，于是还保留有 16 个单页（= 32 个页面）。规格为 198 × 156mm 的对开张被对折为 156 × 99mm 的单页。笔记本是订在一起的，现在装订线已不在，只在折痕处还留有针孔。

④纸张严重发黄、易碎，外面两个对开张的页边有损坏，且部分破掉，因而有较大文本损失。用薄纸作了修复。

⑤笔迹出自马克思，用的是黑色（现已褪成棕色）墨水。笔记本第 7—30 页的"统计笔记"是用较黑的墨水书写的。第 4、5 页的勾销标记以及在第 1 页上面所写的"针线街"，用的是普通铅笔。

⑥笔记本的第 1—5 页（第 5 页只写了上面 3 行）以及第 7—40 页有书写，第 6 页是空白。第 1—5 页是通栏书写。第 12—14 页面及第 22—30 页面是横幅书写，第 31—39 页面是横幅双栏书写。第 15 页面上划有线条，文本之间写有"1837 年"。书写文字是德文和拉丁文。

⑦马克思没有为笔记本作页码编号。

⑧由外人用普通铅笔作了拍照编号标记：DI 1—DI 21（在第 1、3、5、7、8、10、12、14—40 页）。

第 5 章 布鲁塞尔经济史研究时期的文本

1846 年之后的布鲁塞尔时期，马克思集中研究经济史，作了对《重农主义者文选·魁奈》的摘录、《居里希摘录》、《经济史研究笔记》、《布鲁塞尔笔记本（1847 年）》，其中篇幅较大的是《居里希摘录》。除了对《重农主义者文选·魁奈》的摘录收在 MEGA2/IV/5，其他摘录或笔记都收在 MEGA2/IV/6。

第一节 对《重农主义者文选·魁奈》的摘录

①笔记本的原始手稿现保存在阿姆斯特丹国际社会史研究所，《马克思恩格斯遗稿》编号 B36①。

②摘录作于 1846 年年底至 1847 年年初，是对《重农主义者文选》②魁奈两部著作《自然权利》（笔记本第 3、4 页③）和《经济表分析》（笔记本第 5 页和第 6 页④的开头）的摘录。马克思在魁奈前面标了数字"1)"，有可能马克思还想作其他重农主义者的著作摘录，但最后并没有作。

③笔记本第 1⑤、6—8 页上主要是代数计算，第 7、8 页上有几何图

---

① 旧编号也是 B36。
② 《重农主义者文选》是《主要经济学家文集》中的第 2 卷。马克思多次利用《主要经济学家文集》，其第 1 卷是十八世纪的财政经济学家，第 2 卷是重农主义者，第 3、4 卷是杜尔哥著作，第 5、6 卷是斯密，第 7、8 卷是马尔萨斯，第 9—12 卷是萨伊，第 13 卷是李嘉图著作，第 14、15 卷是政治经济学合集。
③ 如果不算封面页，就是第 1、2 页。
④ 如果不算封面页，就是第 3、4 页。
⑤ 误为 2。

形,第 8 页上有与英国 1601 年和 1841 年移民有关的计算。这些笔记明显是后一时期作的,与对魁奈的著作摘录不属于同一时期。

④由对折并交错叠放的对开张自制而成的笔记本,用的是坚硬、光滑、无横格、无水印的白纸。笔记本有 3 个对开张(=6 个单页 =12 个页面)。最外面的对开张被用作封面。规格为 424×334mm 的对开张被对折为 334×212mm 的单页。所有的单页都沿中线垂直对折,以便两栏书写。该笔记本现与《伦敦笔记本》中的三个笔记本共用封面。笔记本是订在一起的,现在装订线已不在,只在折痕处还留有针孔。

⑤纸张严重发黄,页边有损坏,因而有些微的文本损失。用薄纸作了修复。

⑥笔迹出自马克思,用的是黑色(现已褪成棕色)墨水。计算用的是较黑的墨水。第 1—4 页的页边线,用的是墨水。

⑦笔记本的第 1 页(封一)上是计算,第 2 页(封二)是空白。第 3—6 页是两栏书写(第 4 页右栏只写了一半,第 6 页只在左栏写了 4 行)。第 6—8 页是计算。第 9—12 页是空白。书写文字是德文和拉丁文。

⑧马克思没有为笔记本作页码编号。

⑨由外人用普通铅笔作了拍照编号标记:AG2(在第 1 页)和 AG3a—b 至 AG8a—b(在第 3—8 页)。

第二节 《居里希摘录》的相关文献学信息

《居里希摘录》收在 MEGA2/IV/6,共三个笔记本,主要是对居里希著作《关于现时代重要商业国家的商业、手工业和农业历史阐述》(5 卷本,耶拿 1830—1845 年版)的摘录。但在第三个笔记本的最后两个页面①,马克思还作了奥日埃著作《论公共信用及其古今史》(巴黎 1812 年版)的摘录。笔记本的产生时间介于 1846 年秋至 1847 年 12 月之间。

笔记本的原始手稿现保存在阿姆斯特丹国际社会史研究所,《马克思恩格斯遗稿》编号 B40(Ⅱ)和 B40(Ⅰ)(旧编号是 B40)。

---

① 即写在第三个笔记本的第 119/120 页面。实际上,对奥日埃著作的摘录始于第 117/118 页面,只不过这两个页面没有流传下来。

1. 第一个和第二个笔记本：B40（Ⅱ）

①这两个笔记本都是由对折并交错叠放的对开张自制而成的。最初是在折痕处装订，但现在装订线已不在，只留有针孔，对开张已散开。第一个笔记本共 10 个对开张（= 20 个单页 = 40 个页面），用的是中等硬度、粗糙、无横格、无水印的白纸。规格大多数为 422 × 334mm 的对开张①，被对折为 211 × 334mm 的单页。第二个笔记本共 11 个对开张（= 22 个单页 = 44 个页面），用的是与第一个笔记本同样的纸张类型。规格大多数为 440 × 340mm 的对开张②，被对折为 220 × 340mm 的单页。笔记本没有特制的封皮。

②这两个笔记本的纸张都极其严重地发黄（特别是最外面的对开张）。页边缘（特别是页角）及折痕处有损坏和纸张破损。特别是外面对开张（第一个笔记本的第 1、2 对开张以及第二个笔记本的第 1—4 对开张）的情况更为严重，还出现了文本损失。已用薄纸作了修复，这又部分加重了辨识的困难。

③笔迹出自马克思，用的是黑色（现已褪成棕色）墨水。

④第一个笔记本的全部 40 个页面、第二个笔记本的全部 44 个页面都作了书写。每个页面都由垂直的墨水线划分为两栏。在页面顶部距页边 1cm 处有一横线，横线上面是页头标题和页码编号。在页面底部也有一条距页边同样距离的横线，横线下面通常什么也没写。文本的节与节之间也用横线隔开。通常都是双栏书写，个别情况下是通栏书写。书写文字主要是德文，个别单词（特别是人名和专业术语）也有用拉丁文书写的情况。

⑤马克思为所有的页面用墨水作了页码编号（在页面的左上角）：第一个笔记本是 1—40，第二个笔记本是 41—84。后来由外人用普通铅笔在页面左上角马克思所编页码数字的前面做了"AT"的标记，然后在多数情况下又在右下角补写上 AT1b、AT2b 等（与左上角的页码编号相对应）。

⑥在第 1 页面左上角由恩格斯用普通铅笔作了一个标记（用的是法

---

① 个别对开张的宽从 420mm 到 423mm 不等，高从 332mm 到 334mm 不等。

② 个别对开张的宽从 437mm 到 440mm 不等，高从 338mm 到 340mm 不等。

语和德语）。恩格斯在第22页面左上角和第25页面的下半部分用墨水分别画了7个和6个头像。

2. 第三个笔记本：B40（Ⅰ）

①笔记本是由对折并交错叠放的对开张自制而成的。最初是在折痕处装订，但现在装订线已不在，只留有针孔，对开张已散开。最初有30个对开张（=60个单页=120个页面），但第2个对开张书写之后分离出去了，于是现有29个对开张（=58个单页=116个页面）。所用纸张类型同第一个和第二个笔记本。规格大多数为410×318mm的对开张①，被对折为205×318mm的单页。笔记本外面有一个特别的封皮对开张，对开张用的是结实、光滑、无横格、有水印②的白纸，规格为418×335mm（对折为209×335mm）。封皮是后加的，显然是整个居里希摘录共用的封皮。

②笔记本的纸张严重发黄（特别是封皮及外面的对开张）。页边缘（特别是页角）及折痕处有损坏和少许文本损失（外面的对开张有更大的文本损失）。已用薄纸作了修复，这又部分加重了辨识的困难。

③笔迹出自马克思，用的是黑色（现已褪成棕色）墨水。

④笔记本所有流传下来的页面都作了书写。每个页面都由垂直的墨水线划分为两栏。在页面顶部距页边1cm处有一横线，横线上面是页头标题和页码编号。在页面底部也有一条距页边同样距离的横线，横线下面通常什么也没写。文本的节与节之间也用横线隔开。通常都是双栏书写，不过也有例外：第106页面是3—4栏书写；第107页面是3栏书写；第108页面是8栏书写；第109页面上面部分是通栏书写，中间部分是4栏书写，下面部分是7栏书写；第110页面是5—6栏书写；第111页面是5栏书写；第112/113页面分6栏，共同构成一个图表；第114/115页面分8栏，共同构成一个图表。封皮对开张的第一个页面上记有标题"居里希"，其他三个页面是空白。书写文字主要是德文，偶尔也用拉丁文。

⑤马克思为所有的页面从头到尾作了1—120的页码编号（在页面的

---

① 个别对开张的宽从408mm到410mm不等，高从305mm到318mm不等。
② 水印是：文字 E TOWGOODFINE 以及一个英国发行的面值100英镑1盎司纯金金币的图案和间距为26mm的平行线。

左上角，用的是墨水），包括缺少的第 2 对开张（即第 3/4、117/118 页面）。后来由外人用普通铅笔在页面左上角马克思所编页码数字的前面作了"AS"的标记，此后在多数情况下又在右下角补写上 AS1b、AS2b 等（与左上角的页码编号相对应）。马克思没有对封皮对开张作页码编号，在封一有外人用普通铅笔标记的"AS1"。

⑥在封一马克思书写的标题"居里希"下面，有穆尔用墨水作的标记"给艾威林女士①"。

第三节 《经济史研究笔记》的相关文献学信息

1. 笔记本的原始手稿现保存在阿姆斯特丹国际社会史研究所，《马克思恩格斯遗稿》编号 B31（旧编号是 B41）。

2. 笔记本收在 MEGA2/IV/6，是马克思研究经济史的笔记，包括第 1—5 页面对艾利生著作《人口原理》（伦敦 1844 年版）的摘录、第 7—30 页面关于统计学的笔记、第 31—39 页面关于"德国的危机统治。其消极性；德国政治关系的影响"的笔记、第 40 页关于地产价格的笔记。MEGA2/IV/6 的编者认为，马克思对艾利生著作的摘录显然属于布鲁塞尔笔记②。而笔记本中的后三个笔记与居里希著作《关于现时代重要商业国家的商业、手工业和农业历史阐述》有关。笔记本的产生时间是 1847 年。

3. 笔记本的文献学信息见《曼彻斯特笔记本》的笔记本 9。

第四节 《布鲁塞尔笔记本（1847 年）》的相关文献学信息

1. 笔记本的原始手稿现保存在阿姆斯特丹国际社会史研究所，《马克思恩格斯遗稿》编号 A12（旧编号是 A20）。

2. 该笔记本包括"需求"手稿、"工资"手稿③和《共产党宣言》第三章的计划草稿。其中"需求"手稿与经济史研究直接相关。笔记本产

---

① 即马克思的小女儿爱琳娜（其伴侣是爱德华·艾威林）。
② 在 2015 年出版的 MEGA2/IV/5 的编者认为该摘录写于 1845 年 7—8 月的曼彻斯特时期。
③ 马克思"工资"手稿的中译文，参见《马克思恩格斯全集》中文第一版第 6 卷第 635—660 页。

生时间是 1847 年 12 月。

3. 笔记本是由对折并交错叠放的对开张自制而成的。在折痕处装订，但现在装订线已松散。最外面的那个对开张被用作封皮。共 10 个对开张（=20 个单页 =40 个页面），用的是中等硬度、无横格、无水印的白纸（纸张类型同《居里希笔记》和《经济史研究笔记》）。规格为 396×314mm 的对开张，被对折为 198×314mm 的单页。

4. 笔记本的纸张严重发黄，页边缘有损坏，但没有文本损失。外面那两个对开张已在折痕处断开。

5. 笔迹出自马克思，用的是黑色（现已褪成棕色）墨水。

6. 第 1 页面（即封一）写着"布鲁塞尔，1847 年 12 月"以及《共产党宣言》第三章的计划草稿，第 2 页面（即封二）是空白。第 3 页面是"需求"手稿，第 4 页面是空白，第 5—20 页面（包括封三和封四）是"工资"手稿。主要以德文书写，个别单词用的是拉丁文。

7. 马克思只对笔记本的第 3 页面做了"1"的页码编号。由外人用普通铅笔对书写页做了 AQ 1—AQ 18 的编号。

第二部分 马克思重要文本的修改情况

通过MEGA2的"异文表",可以了解马克思手稿的修改情况。马克思的多数手稿修改,属于写作时的即时修改,本身没有太大意义。但有些修改属于手稿完成之后,甚至隔了一段时间(或时期)之后的修改,这些修改体现了马克思思想的微妙发展,对于我们考察马克思的思想发展具有重大价值。当然,哪些修改属于即时修改,哪些修改属于事后修改,并没有明确的判断标准。不过有些手稿的修改,可以排除间隔一段时间(或时期)所作修改的可能性。对于这些手稿,在本部分的相关内容中会予以说明。

马克思重要文本手稿的修改情况,大都没有在《马克思恩格斯全集》中文第二版得到呈现。比如,关于《德意志意识形态》手稿的修改情况,汉译广松涉版《德意志意识形态》2005年出版后,在国内学界掀起了《德意志意识形态》文本研究的热潮,极大地推动了近10年来中国的马克思文本研究。实际上,马克思另一重要文本《1844年经济学—哲学手稿》的手稿,也有大量修改。但这些修改迄今尚未引起国内学界的重视,一个重要原因是国内学者大都无法直接利用MEGA2资料卷的"异文表"。本部分是基于MEGA2资料卷的"异文表",对《博士论文》手稿、《莱茵报》时期政论文章手稿、《黑格尔法哲学批判》手稿修改情况的文献学清理。

第6章 《博士论文》手稿的修改情况

流传下来的《博士论文》稿本，并非马克思提交给耶拿大学的博士论文样本，而是提交之前的用以付印的誊抄稿。该稿本是由匿名人士帮马克思誊抄的，马克思在上面又作了修改。这些修改有些可能是匿名人士在誊抄另一份稿本（即提交给耶拿大学的博士论文样本）之前，由马克思再次作的修改，也有可能是马克思在获得博士学位之后，为了出版博士论文而再次作的修改。

1. 根据 MEGA2/I/1 第 887 页异文表 12.1—21，马克思在书写献词的页面的左栏，写了一个说明："这篇献词要与一部更大著作①一起出版"。对该异文可作如下解读：马克思 1841 年 4 月获得博士学位之后，准备将博士论文正式出版。第二版第 1 卷第 9 页是马克思为未来的岳父路德维希·冯·威斯特华伦所写的献词（威斯特华伦当时已经病重，不久就去世了），该献词是为提交给耶拿大学的博士论文而写的，但在计划正式出版博士论文时又作了修改（详见下文）。

2. 根据 MEGA2/I/1 第 887 页异文表 12.1，写献词那个页面以前被作了罗马数字"II"的页码编号，但后来被改为"IV"。对该异文可作如下解读：流传下来的《博士论文》，并非马克思提交给耶拿大学的博士论文样本（样本没有找到），其主体内容是提交给耶拿大学的博士论文的底稿（即由无名氏抄写的供印刷用的誊清稿），但马克思获得博士学位后，又作了一些修改。流传下来的《博士论文》一共由 10 个自制的笔记本构成。笔记本 1 由 3 个对开张自制而成，因此有 6 个单页，12 个页面。根

---

① 关于"一部更大著作"，参见《马克思恩格斯全集》中文第二版第 1 卷第 10 页最后一行。

据MEGA2/I/1第884—884页的"见证人描述",笔记本1中有1个对开张(即最外面的对开张,对应的页码编号分别是I、II、XI、XII。其中第II页是封二,空白;第XII页也是空白,因此没有编号)与其他2个对开张所用的纸张不同,加上其他证据,如封面页上的论文题目"德谟克利特的自然哲学和伊壁鸠鲁的自然哲学的差别"(见《马克思恩格斯全集》中文第二版第1卷第3页)与第X页目录中的论文题目"论德谟克利特的自然哲学和伊壁鸠鲁的自然哲学的差别"(见第二版第1卷第13页)不同,去掉了"论(über)"。另外,封面上有"哲学博士卡尔·亨利希·马克思"的署名,这说明该封面的内容是马克思获得博士学位以后准备正式出版论文时写下的(当然,与《博士论文》的主体内容一样,是由无名氏抄写的)。由此可以判定这个对开张是后加上的。由此也可以进一步得出一个结论:第XI页"目录"中的附录,也是附加这个对开张后接着正文目录而写的。考虑到新封面页的博士论文标题下有"含附录"的字样,加之附录内容没有流传下来,因此有可能提交给耶拿大学的博士论文并不包括附录。

3. 根据MEGA2/I/1第887页异文表12.18—19,第二版第1卷第9行第一句话原来是这样写的:"Ich hoffe, diesem Liebesboten, den ich Ihnen sende, auf dem Fuβe nachzufolgen, und an Ihrer Seite wunderbar pittoresken Berge und Wälder wiederzudurchirren. Körperliches Wohlsein brauche ich für Sie nicht zu erhlehen(我希望随着我寄给您的这个表示敬爱之忱的献词来到您身边,同您一起再度漫游我们风景如画的山野和森林。身体的健康,我无需为您祈祷"。对这两句话的修改是分两次完成的:先是删除", und an Ihrer Seite wunderbar pittoresken Berge und Wälder wiederzudurchirren(同您一起再度漫游我们风景如画的山野和森林)",然后再把"Ich hoffe, diesem Liebesboten, den ich Ihnen sende, auf dem Fuβe nachzufolgen, und an Ihrer Seite wunderbar pittoresken Berge und Wälder wiederzudurchirren.(我希望随着我寄给您的这个表示敬爱之忱的献词来到您身边)"删除,最后只剩下"Körperliches Wohlsein brauche ich für Sie nicht zu erhlehen(身体的健康,我无需为您祈祷"这句话。类似"表达敬爱之忱的献词(diesem Liebesboten)"的说法,在扉页(即笔记本1的第III页)已经出现过("ein kindlicher Liebe"),因此删除后就不会显得重复和啰

喽。由此也可以设想，扉页上的这几句话是马克思获得博士学位后准备正式出版论文时写上的。问题是为什么要删掉"同您一起再度漫游我们风景如画的山野和森林"？笔者认为需要结合下面一句话的修改一起来看。

4. 根据 MEGA2/I/1 第 887 页异文表 12.20，第二版第 1 卷 9 页最后一段的最后一句话原来是这样写的："Der Geist und die Natur sind die großen zauberkundigen Ärzte, denen Sie Sich anvertrant haben（自然和精神就是您所信赖的伟大神医），后来改为"Der Geist ist der große zauberkundige Arzt, dem Sie Sich anvertrant haben（精神就是您所信赖的伟大神医）"，把"Natue（自然）"一词去掉了。对上句话和这句话中两处修改可作如下解读：修改（删除）是否意味着马克思对"自然（风景如画的山野和森林）"的态度有所变化？比如，他越来越走向强调主体性的"自我意识哲学"？这涉及此一时期马克思与鲍威尔的关系，以及马克思《博士论文》中的唯物主义思想，当然进一步涉及后来马克思对费尔巴哈类哲学及唯物主义思想的再接受（以及马克思在自然唯物主义与自我意识唯心主义之间的摇摆）问题，也涉及献词中"Idealisus"到底是翻译为"唯心主义"（《马克思恩格斯全集》中文第二版第 1 卷第 9 页）或是"理想主义"（《马克思恩格斯全集》中文第一版第 40 卷第 187 页）的老问题。

5. 根据 MEGA2/I/1 第 887 页异文表 13.1、13.14、14.1、14.16、14.31，第二版第 1 卷第 10—12 页"序言"所在页面（共 5 页）的页码，分别从 III、IV、V、VI、VII 改为 V、VI、VII、VIII、IX。

6. 根据 MEGA2/I/1 第 887 页异文表 13.13，第二版第 1 卷第 10 页倒数第 7—8 行"伽桑狄虽然把伊壁鸠鲁从教父们和整个中世纪即实现了非理性的时代所加给他的禁锢中解救了出来，但是在自己的阐述里也只提供了一个有趣的方面（Gassendi, der den Epikur aus dem Interdict befreite, mit dem die Kirchenväter und das ganze Mittelalter, die Zeite der realisirten Unvernunft, ihn belegt hatten, bietet in seinen Darstellungen nur ein interessantes Moment dar"，其中的"mit dem"是从"womit"修改而来的。这一修改并非实质性的，两者没有本质区别，都是引导关系从句，作定语修饰"Interdict（禁令）"。但此处中译文很拗口，也很让人费解。《马克思恩格斯全集》中文第一版第 40 卷的译文"伽桑狄虽然把伊壁鸠鲁从教会神父们和整个中世纪——那体现了非理性的时代——所加给他的禁锢中解救了出来,但在他的阐述里也只提供了一个有趣的方面"稍好一些,不过也有问题。笔者认为更好的翻译是:"把伊壁鸠鲁从教父们和整个中世纪(即非理性的时代)对他的禁令中解放出来的伽桑狄,在对伊壁鸠鲁的阐述里也只展现了一个有趣的方面"。

7. 根据 MEGA2/I/1 第 887 页异文表 13.18,第二版第 1 卷第 10 页倒数第 4 行 "christlichen Nonnenkittel(基督教修女的黑衣)"中"christlichen"是后加上的。

8. 根据 MEGA2/I/1 第 888 页异文表 15.7,第二版第 1 卷第 12 页最后落款"1841 年 3 月于柏林"(是由无名氏书写的)先是被删除了,然后在其后面,马克思又用紫色墨水写了"1841 年 3 月于柏林"。马克思的修改应该是在获得博士论文以后。

9. 根据 MEGA2/I/1 第 888 页异文表 21.7,《马克思恩格斯全集》中文第二版第 1 卷第 15 页第一句话"希腊哲学看起来似乎遇到了一出好的悲剧所不应遇到的结局,即平淡的结局"的后面,删除了", ein incohärentes Finale(一个不合逻辑的结局)"。解读:首先需要考虑马克思对博士论文所作修改的时间。马克思对博士论文正文的各处修改,有可能是在提交给耶拿大学的博士论文最后由无名氏誊抄之前,马克思在无名氏抄写的博士论文底稿上作的进一步修改;也有可能是马克思在获得博士论文之后为了准备正式出版而对论文所作的修改,因此修改时间不能一概而论,但对这些修改加以考察,有助于我们以显微镜方式明辨马克思写作博士论文期间及之后思想上的细微变化。其次要对马克思所作修改的具体内容进行分析和评价(实质性修改抑或无关痛痒的修改)。具体看一下此处的修改。我们知道,在黑格尔那里,哲学史的发展只是绝对观念的自我运动和展开,因此是合乎逻辑的。马克思当然不否认哲学史的发展具有内在逻辑,但这种逻辑不是像戏剧创作那样具有"先验的逻辑"。马克思删除这一表述,可能与马克思强调"自我意识哲学",有意识地与黑格尔神秘主义的思辨逻辑保持距离有关。马克思在《博士论文》写作时,已经吸收了亚里士多德的因素,与黑格尔逻辑学的神秘主义方面保持了距离(参见鲁克俭"试论马克思对黑格尔逻辑学的创造性转化:以《博士论文》为例",载《哲学动态》2013 年第 6 期),但还不彻底。马克思在对

第 6 章 《博士论文》手稿的修改情况 103

论文作进一步修改时，尽可能清除这些残余。关于马克思受费尔巴哈《黑格尔哲学批判》（1839 年）影响，从而对黑格尔逻辑学的思辨神秘主义方面保持警惕的情况，将在第三部分"对《博士论文》文本的思想解读"中予以考察。

10. 根据 MEGA2/I/1 第 888 页异文表 21.7—10，第二版第 1 卷第 15 页第一段中，第 2 句话的前半句"在希腊，哲学的客观历史似乎在亚里士多德这个希腊哲学中的马其顿王亚历山大那里就停止了，甚至勇敢坚强的斯多亚派也没有取得——（Mit Aristoteles, dem macedonischen Alexander der griechischen Philosophie, scheint die objektive Geschichte der Philosophie in Griechenland aufzuhören und selbest den männlich—starken Stoikern scheint nicht zu gelingen, ——）"有 4 个异文文本，也就是说它是经 4 次修改而成的。最初的文本是这样的："Nach Aristoteles, dem macedonischen Alexander der griechischen Philosophie, scheinen der Eule der Minerva die Fittige zu sinken; und selbest den männlich—starken Stoikern scheint nicht gelungen zu sein""亚里士多德（希腊哲学中的马其顿王亚历山大）之后，密涅瓦的猫头鹰似乎垂下了它的翅膀；连雄壮的斯多亚派似乎也未能做到"。第 1 次修改为："Nach Aristoteles, dem macedonischen Alexander der griechischen Philosophie, scheinen der Eule der Minerva die Flügel zu sinken. Selbest den männlich—starken Stoikern scheint nicht gelungen zu sein""亚里士多德（希腊哲学中的马其顿王亚历山大）之后，密涅瓦的猫头鹰似乎垂下了它的翅膀。连雄壮的斯多亚派似乎也未能做到"，只是很小程度的修改。第 2 次修改为："Nach Aristoteles, dem macedonischen Alexander der griechischen Philosophie, sinken der Eule der Minerva die Flügel. Selbest den männlich—starken Stoikern scheint nicht zu gelingen""亚里士多德（希腊哲学中的马其顿王亚历山大）之后，密涅瓦的猫头鹰垂下了它的翅膀。连雄壮的斯多亚派似乎也未做到。"第 3 次修改为："Mit Aristoteles, dem macedonischen Alexander der griechischen Philosophie, soll die objektive Geschichte der griechisch Philosophie zu Ende/starken Stoikern nicht zu gelingen""希腊哲学的客观历史与亚里士多德（希腊哲学中的马其顿王亚历山大）一起结束了/坚强的斯多亚派未能做到"。第 4 次修改为："Mit Aristoteles, dem macedonischen Alexander der griechischen Philosophie, scheint die objek-

tive Geschichte der Philosophie in Griechenland aufzuhören und selbest den männlich—starken Stoikern nicht zu gelingen""在希腊,希腊哲学的客观历史似乎与亚里士多德(希腊哲学中的马其顿王亚历山大)一起停止了,连雄壮的斯多亚派也未能做到"①。

11. 根据 MEGA2/I/1 第 888 页异文表 21.11,《马克思恩格斯全集》中文第二版第 1 卷第 15 页第 1 段最后一行"雅典娜(Athene)"是由"Minerva(密涅瓦)"修改而成。解读:马克思在前半句中已经用了"密涅瓦的猫头鹰",暗指黑格尔关于哲学是傍晚起飞的"密涅瓦的猫头鹰"的说法。马克思删除"scheinen der Eule der Minerva die Flügel zu sinken(密涅瓦的猫头鹰似乎垂下了它的翅膀)"之后,也相应地用希腊神话的说法"Athene"置换了罗马神话的说法"Minerva"。我们认为,一方面,没有了"猫头鹰",再用"密涅瓦"的说法就有些不伦不类(毕竟马克思这里是在谈希腊时期);另一方面,这一置换也体现了此一时期马克思去黑格尔化的总体倾向。

12. 根据 MEGA2/I/1 第 888 页异文 21.14—15,《马克思恩格斯全集》中文第二版第 1 卷第 15 页倒数第 7—8 行"伊壁鸠鲁派、斯多亚派、怀疑派几乎被看作一种不合适的附加物,同他们的巨大的前提很不相称"这句话中,"Pr？misse(前提)"是由"Antecedentien(在前的事物)"修改而来的。解读:由此可以看出,将"Pr？misse"生硬地直译为"前提"并不合适,容易引起读者的误解。马克思用"Pr？misse"置换"Antecedentien",两者同义,指的就是亚里士多德哲学。这句话应该译为"伊壁鸠鲁派、斯多亚派、怀疑派几乎被看作一种不合适的增补,他们同强大的前辈哲学很不相称"。

13. 根据 MEGA2/I/1 第 889 页异文 21.21,《马克思恩格斯全集》中

---

① 这是笔者的新译文。现有译文很拗口,令人费解。整个句子应该译为"在希腊,哲学的客观历史似乎与亚里士多德(希腊哲学中的马其顿王亚历山大)一起停止了,连雄壮的斯多亚派也未能像斯巴达人在他们的庙宇中所做到的那样,把雅典娜紧绑在海格立斯旁边,以使她不能从那儿逃走(Mit Aristoteles, dem macedonischen Alexander der griechischen Philosophie, scheint die objektive Geschichte der Philosophie in Griechenland aufzuhören und selbest den männlich – starken Stoikern nicht zu gelingen, was den Spartanern in ihren Tempeln gelang, die Athene an den Herakles festzuketten, so daβ sie nicht davonfliehen konnte)"。

文第二版第1卷第15页倒数第2—3行"人们在把这些哲学说成是更加片面而更具有倾向性的折衷主义时",其中的"更(nur)"是马克思后加的。没有加"nur"之前,应译为"人们在把这些哲学说成是一种片面和有倾向性的折衷主义时",加"nur"之后应译为"人们在把这些哲学说成是一种更片面和更有倾向性的折衷主义时"。马克思加"nur"意味着,相对于后来(即介于三个学派与亚历山大里亚哲学之间)的折衷主义,这三个学派的折衷主义(如果他们可以被称作"折衷主义"的话)更为片面和更有倾向性。

14. 根据MEGA2/I/1第889页异文21.25,《马克思恩格斯全集》中文第二版第1卷第16页第3行"的确,有一种老生常谈的真理",其中"一种老生常谈的(eine sehr triviale)"是经过3次修改而成的。最先用的是"nicht abzulehnen(不可否认的)",然后改为"eine zu trivial(一种极其老套的)",再改为"eine zu gemeine(一种极其普通的)",最后改为"eine sehr triviale(一种老生常谈的)"。

15. 根据MEGA2/I/1第889页异文22.15,《马克思恩格斯全集》中文第二版第1卷第16页第12—14行"难道他们不具有性格十分刚毅的、强有力的、永恒的本质,以致连现代世界也不得不承认他们享有充分的精神上的公民权吗?",原先还有一个词"endlich(最后)"被删除了。解读:该段开头已经用过"endlich(最后)",因此将其删除可以避免重复。

16. 根据MEGA2/I/1第889页异文22.38,《马克思恩格斯全集》中文第二版第1卷第17页第7行"这些体系合在一起形成自我意识的完整结构,这也是偶然的吗?"原先有一个词"gleichsam(似乎)"被删除了。解读:说明马克思对于这三个学派与自我意识哲学的关系,越来越有把握。

17. 根据MEGA2/I/1第889页异文24.11—12,《马克思恩格斯全集》中文第二版第1卷第19页第5—6行"伊壁鸠鲁很尊敬德谟克利特,因为德谟克利特在他之前就宣示了正确的学说,因为他(Epikur habe den Demokrit geehrt, weil dieser vor ihm zur wahren Lehre sich bekannt, weil er",是经过修改而成。原先的文本是"er(Epikur) habe ihn(den Demokrit) geehrt, weil dieser vor ihm zur wahren Lehre sich bekannt, weil er(Demokrit)"。解读:"他"到底是指伊壁鸠鲁抑或德谟克利特?如何既使句

子简练又不产生歧义，是马克思在作修改时主要考虑的问题。即使这样，最后一个"他（er）"仍然会引起误解。因此，《马克思恩格斯全集》中文第一版第 40 卷直接译为"他"，而第二版第 1 卷将其改为"德谟克利特"。

18. 根据 MEGA2/I/1 第 889 页异文 24.19，《马克思恩格斯全集》中文第二版第 1 卷第 19 页第 12—13 行 "《论信从伊壁鸠鲁不可能有幸福的生活》这篇论文也充满了类似的敌意的暗讽"，其中的 "die（这篇）" 是由 "seine（他的）" 修改而来。原先的文本是 "他的论文《论信从伊壁鸠鲁不可能有幸福的生活》也充满了类似的敌意的暗讽"。"他"指普卢塔克，修改也是为了简练，因为前面的句子已经多次出现"他"、"他的"。

19. 根据 MEGA2/I/1 第 889 页异文 25.16，《马克思恩格斯全集》中文第二版第 1 卷第 20 页倒数第 2 行 "在一切方面，无论涉及这门科学的真理性、可靠性①及其应用，还是涉及思想和现实的一般关系"，其中 "一般（überhaupt）" 是马克思后加上的。这句话的中译文是经过处理的，按其字面意思直译，应该是："在一切方面（大体涉及这门科学的真理性、确实性及其应用的方面，以及大体涉及思想与现实关系的方面）。" 对修改的解读：这说明马克思不想把话说得太绝对。

20. 根据 MEGA2/I/1 第 889 页异文 25.28—30，《马克思恩格斯全集》中文第二版第 1 卷第 21 页第 9—11 行的文本 "如果现象是真实的东西，那么真实的东西怎么会是隐蔽的呢？只有现象和真理互相分离的地方，才开始有隐蔽的东西"，是马克思后加上的。《马克思恩格斯全集》中文第二版第 1 卷第 21 页的脚注 1 也对此作了说明。

21. 根据 MEGA2/I/1 第 889 页异文 27.32，《马克思恩格斯全集》中文第二版第 1 卷第 24 页第 5 行 "这就是那个照西塞罗的说法走遍了半个世界的人"，其中 "半个世界（halbe Welt）" 是由 "ganze Unendlichkeit（无止境）" 修改而来的。原先的文本是 "这就是那个照西塞罗的说法走遍了无止境路的人"。

22. 根据 MEGA2/I/1 第 889 页异文 27.34，《马克思恩格斯全集》中

---

① 原文是 "Gewiβheit"，应译为 "确实性"，意即真理的 "客观性"。

文第二版第 1 卷第 24 页第 7 行 "伊壁鸠鲁则以一个相反的形象出现在我们面前（Eine entgegengesetzte Gestalt erscheint uns in Epikur）", 是由 "Eine entgegengesetzte Gestalt tritt uns in Epikur entgegen（伊壁鸠鲁则以一个相反的形象朝我们走来）"。解读：修改主要是为了避免重复出现 "entgegen"。

23. 根据 MEGA2/I/1 第 889 页异文 28.19—20,《马克思恩格斯全集》中文第二版第 1 卷第 25 页第 3 行 "最后, 德谟克利特（endlich der vielgewanderte Demokrit）" 是由 "endlich der vielgewanderte Demokrit（最后, 四处漫游的德谟克利特）" 删节而来的。解读：为了简练, 因为前面已经用过 "durchwandert（走遍）" 的说法。

24. 根据 MEGA2/I/1 第 889 页异文 29.9,《马克思恩格斯全集》中文第二版第 1 卷第 25 页最后一行 "与此相反, 伊壁鸠鲁说（Dagegen Epikur）" 是由 "Hören wir dagegen den Epikur（我们听到伊壁鸠鲁的相反说辞）" 删节而成的。

25. 根据 MEGA2/I/1 第 889 页异文 29.10,《马克思恩格斯全集》中文第二版第 1 卷第 25 页最后一行 "被某些人当作万物主宰的必然性", 其中 "引入（eingeführt）" 是由 "angeführt（提出）" 修改而成的。解读：没有实质性区别。

26. 根据 MEGA2/I/1 第 890 页异文 30.6,《马克思恩格斯全集》中文第二版第 1 卷第 27 页第 4 行 "论战的激烈语调（polemischer Gereiztheit）"① 是由 "polemischer Gewiβheit（论战的明确性）" 修改而成的。

27. 根据 MEGA2/I/1 第 890 页异文 30.13,《马克思恩格斯全集》中文第二版第 1 卷第 27 页第 10 行 "实在的可能性是相对必然性的展现（Die reale Möglichkeit ist die Explication der relativen Nothwendigkeit"②, 是由 "Die reale Möglichkeit ist gleichsam die Explication der relativen Nothwendigkeit（实在可能性似乎是对相对必然性的说明）" 删除 "gleichsam（似乎）" 而成的。

---

① 字面意思是 "论战性的愤怒"。
② 此句应译为 "实在可能性是对相对必然性的说明", 意即德谟克利特以实在可能性的原因来解释相对必然性, 于是就不再有偶然性（实在可能性本来是一种偶然性）, 到处存在的都是必然性。

28. 根据 MEGA2/I/1 第 890 页异文 30.24,《马克思恩格斯全集》中文第二版第 1 卷第 27 页倒数第 7—8 行"都在他下面这句自白里坦率地表达了出来(spricht sich naiv in dem Bekenntnisse aus)",是由"spricht sich naiv auch in dem Bekenntnisse aus(也在他自己的表白中坦率地表达了出来)"删除了"auch(也)"而成的。

29. 根据 MEGA2/I/1 第 890 页异文 30.38,《马克思恩格斯全集》中文第二版第 1 卷第 28 页第 4 行"因为这里感兴趣的不是对象本身(denn das Interesse erstreckt sich hier nichtmauf den, Gegenstand als Gegenstand)",是由"denn das Interesse erstreckt sich auch hier nicht auf den Gegenstand als Gegenstand(因为这里感兴趣的也不是对象本身)删除了"auch(也)"而成的。解读:避免重复(这句话的主句已经用了"auch")。

30. 根据 MEGA2/I/1 第 890 页异文 31.39,《马克思恩格斯全集》中文第二版第 1 卷第 29 页第 7 行"并力求解释和理解事物的实在的存在(und sucht die reale Existenz der Dinge zu erklären und zu fassen)",其中"erklären und zu fassen(解释和理解)"是由"fassen und zu bezweifeln(理解和求问)"修改而成的。

31. 根据 MEGA2/I/1 第 890 页异文 33.14,《马克思恩格斯全集》中文第二版第 1 卷第 30 页第 2 段开头的"对于这种偏斜运动",其中"偏斜(deklinirende)"是由"最后的(letzte)"修改而来的。解读:"最后那种运动"会让人误会是"排斥引起的运动"。

32. 根据 MEGA2/I/1 第 890 页异文 35.6,《马克思恩格斯全集》中文第二版第 1 卷第 32 页第 12 行"较为深刻的(tiefere)",是由"besondere(特别的)"修改而成的。

33. 根据 MEGA2/I/1 第 890 页异文 35.23,《马克思恩格斯全集》中文第二版第 1 卷第 32 页倒数第 2 行的"首先(Zunächst)"是由"Denn zunächst(因为,首先)"删节而成的。

34. 根据 MEGA2/I/1 第 890 页异文 38.12,《马克思恩格斯全集》中文第二版第 1 卷第 36 页第 9—10 行"理论上的宁静正是希腊众神性格上的主要因素(Die theoretische Ruhe is ein Hauptmoment des griechischen Göttercharakters)",是由"Die theoretische Ruhe is aber ein Hauptmoment des griechischen Göttercharakters(但是,理论上的宁静正是希腊众神性格

上的主要因素)"删除"aber（但是）"而成的。

35. 根据 MEGA2/I/1 第 891 页异文 40.1—3，《马克思恩格斯全集》中文第二版第 1 卷第 38 页最后一段是马克思后来加上的。第 38 页脚注 1 也对此作了说明。根据 MEGA2/I/1 第 891 页异文 40.1，第 38 页倒数第 3 行"具体的（konkretere）"是由"die höhern konkretern（更加具体的）"删节而成的。根据 MEGA2/I/1 第 891 页异文 40.2—3，第 38 页倒数第 2—3 行"在政治领域里，那就是契约，在社会领域里，那就是友谊（in Politischen ist es der Vertrag, im Socialen die Freundschaft）"，原先马克思作的附注 32 是在"Freundschaft（友谊）"后面，后来附注 32 被改放在"Vertrag（契约）"后面。并没有附注 33。根据 MEGA2/I/1 第 891 页异文 40.2—3，第 38 行倒数第 1—2 行，"在社会领域，那就是友谊（im Socialen die Freundschaft）"，是由"im Socialen die Freundschaft, nicht/（在社会领域，那就是友谊，并非/）"删掉"，nicht"而成的。

36. 根据 MEGA2/I/1 第 891 页异文 41.30，《马克思恩格斯全集》中文第二版第 1 卷第 41 页第 5 行与第 6 行之间，有一句话"德谟克利特没有提出原子的质同它的概念之间的矛盾"被马克思删除了。第 41 页的脚注 1 也对此作了说明。不过根据 MEGA2/I/1 第 891 页异文 41.30，马克思先用的是"Unterschied（差别）"，后来换成了"Widerspruch（矛盾）"。而根据 MEGA2/I/1 第 892 页异文 53.32，第二版第 1 卷第 58 页第 6 行的"差别（unterscheidet）"是由"widerspricht（矛盾）"修改而来的。

37. 根据 MEGA2/I/1 第 891 页异文 43.13—14，《马克思恩格斯全集》中文第二版第 1 卷第 43 页第 1 段和第 2 段之间（其实是处于笔记本一个页面的最下端），有一段话"因此，伊壁鸠鲁在这里也把矛盾客观化，而德谟克利特只坚持物质的方面，再也不让人在其他规定中看到从原则得出的结论"被马克思删除了。第 43 页脚注 1 也对此作了说明。

38. 根据 MEGA2/I/1 第 891 页异文 43.14、16，《马克思恩格斯全集》中文第二版第 1 卷第 43 页第 2 段中，开头的"endlich（最后）"和最后一句的"also（所以）"，都是马克思后来加上的。

39. 根据 MEGA2/I/1 第 891 页异文 43.30，《马克思恩格斯全集》中文第二版第 1 卷第 44 页第 3 行"不言而喻"，原先是"verstehen es sich von selbst（不言而喻）"，马克思后来删除了"von selbst"，意思没有太大变化，不过将"verstehen es sich"译为"显然"更准确。

40. 根据 MEGA2/I/1 第 891 页异文 43.36，《马克思恩格斯全集》中文第二版第 1 卷第 44 页第 7 行"理由"和"断言"之间，"把重力看作排斥的原因并"被马克思删除了。第 44 页脚注 1 也对此作了说明。

41. 根据 MEGA2/I/1 第 891 页异文 43.38，《马克思恩格斯全集》中文第二版第 1 卷第 44 页倒数第 2 段开头"伽桑狄就称赞伊壁鸠鲁"，原先没有"就（schon）"，"schon"是马克思后加上的。

42. 根据 MEGA2/I/1 第 891 页异文 43.41—44.1，《马克思恩格斯全集》中文第二版第 1 卷第 44 页倒数第 2 段的最后，原先有一句话"对这一称赞，我们加上了根据伊壁鸠鲁的原则作出的说明①"，后来被马克思删除了。第 44 页脚注 2 也对此作了说明。

43. 根据 MEGA2/I/1 第 891 页异文 44.29—30，《马克思恩格斯全集》中文第二版第 1 卷第 45 页最后 2 行中，"例如，认为一切都是物体和空虚，认为存在着不可分的基质的学说（z. B., daβ Alles Körper und Leeres sei, daβ es untheilbar Grundstoffe gebe）"是修改而成的。最先的文本是"z. B., von der Lehre, nach der Alles Körper und Leeres ist, oder nach der es untheilbar Grundstoffe giebt（例如，一切都是物体和虚空的学说，或者存在着不可分的基质的学说）"，然后马克思将其修改为"z. B., daβ Alles Körper und Leeres sei, daβ es untheilbar Grundstoffe gebe"。解读：意思没有大的变化，不过显得更加精炼。

44. 根据 MEGA2/I/1 第 891 页异文 44.32、第 892 页异文 45.8—9，《马克思恩格斯全集》中文第二版第 1 卷第 45—46 页那一大段中，有两处文本后来被马克思删除，详情见第 46 页的脚注 1、2。

45. 根据 MEGA2/I/1 第 892 页异文 45.19，《马克思恩格斯全集》中文第二版第 1 卷第 47 页第 2 段开头的"但是（aber）"，是由"also（因此）"修改而来的。

46. 根据 MEGA2/I/1 第 892 页异文 46.22，《马克思恩格斯全集》中文第二版第 1 卷第 48 页第 13 行开头"其次，无限性是指原子的众多"，

---

① 原文是"Verständigung"，意为"理解"。这句话应译为"对这一称赞，我们加上了基于伊壁鸠鲁原则的理解"。

是从"其次，无限或无限性是指原子的众多"删除"无限或"而来的。

47. 根据 MEGA2/I/1 第 892 页异文 46.33—34,《马克思恩格斯全集》中文第二版第 1 卷第 48 页倒数第 2 段最后，删除了"这个例子是有说服力的"。第 48 页脚注 1 也对此作了说明。

48. 根据 MEGA2/I/1 第 892 页异文 47.36,《马克思恩格斯全集》中文第二版第 1 卷第 50 页第 6—7 行"原子作为原子只存在于虚空之中（Das Atom, als solches, existiet nur in der Leere）"，其中"Leere（虚空）"是由"Form（形式）"修改而来的。解读：马克思以"Form"来置换"Leere"，说明两者含义比较接近。根据这一修改，我们可以推测两者之间含义的关联。

49. 根据 MEGA2/I/1 第 892 页异文 48.29,《马克思恩格斯全集》中文第二版第 1 卷第 51 页倒数第 6—7 行"它没有看到，当它把实体当成时间性的东西时，它同时也就把时间变成实体性的东西了（Es entgeht ihm dabei, daβ, indem er die Substanz zu einem Zeitlichen, er zugleich die Zeit zu einem Eubstantiellen macht）"，是由"Es entgeht ihm dabei, daβ, indem er die Substanz zu einem Zeitlichen macht, er zugleich die Zeit zu einem Eubstantiellen macht"删除了重复的"macht"而来的。解读：由此修改可以看出，从句中两个并列句的谓语动词都应该译为"变成"。另外，这句话的翻译也有问题，其中的"它"都应该译为"他"，指德谟克利特。

50. 根据 MEGA2/I/1 第 892 页异文 52.8,《马克思恩格斯全集》中文第二版第 1 卷第 55 页倒数第 2 行"因为他们所指的东西，同我们所说的东西是一回事（indem sie Dasselbe annahmen, was auch wir sagen）"，是由"indem sie Dasselbe annahmen, was auch wir annahmen"修改而来的。解读：为了避免重复，第二次出现的"annahmen"被马克思置换成了"sagen（说）"，含义上没有什么变化。

51. 根据 MEGA2/I/1 第 892 页异文 52.17,《马克思恩格斯全集》中文第二版第 1 卷第 56 页第 6 行"至于说天只有一个，这是显然的（Daβ aber ein Himmel ist, ist offenbar）"，其中"ein"是由"einer der"修改而来的。解读：修改是为了简练，意思上没有什么变化。

52. 根据 MEGA2/I/1 第 892 页异文 52.27,《马克思恩格斯全集》中文第二版第 1 卷第 56 页第 10 行的"哲学（Philosophie）"是由"Wissen-

schaft（科学）"修改而来的。解读：黑格尔把"哲学"看作是"科学"，这一修改是否意味着马克思有意将两者区分开来呢？

53. 根据 MEGA2/I/1 第 892 页异文 52.35、54.30，《马克思恩格斯全集》中文第二版第 1 卷第 56 页倒数第 4—5 行和第 59 页第 9 行的"天象（Meteore）"，是由"Materie（质料）"修改而来的。解读：这应该是对笔误的改正。

54. 根据 MEGA2/I/1 第 892 页异文 53.4，《马克思恩格斯全集》中文第二版第 1 卷第 57 页第 3 行"责备古代人（den Alten vorgeworfen hat）"，是由"die Alten getadelt hat（责备古代人）"修改而来。解读：意思没有实质性区别，只是为了避免后面句子中的"tadelt"重复。

55. 根据 MEGA2/I/1 第 892 页异文 53.5—7，《马克思恩格斯全集》中文第二版第 1 卷第 57 页第 5—7 行的修改情况，参见第 57 页脚注 1。

56. 根据 MEGA2/I/1 第 892 页异文 53.9—10，《马克思恩格斯全集》中文第二版第 1 卷第 57 页第 2 段最后一句话"愚昧和迷信也就是狄坦神族"，是马克思后加上的。

57. 根据 MEGA2/I/1 第 892 页异文 53.13，《马克思恩格斯全集》中文第二版第 1 卷第 57 页第 13 行"适当的（passend）"是由"nicht zufällig（不是偶然的）"修改而成的。

58. 根据 MEGA2/I/1 第 892 页异文 54.14—15，《马克思恩格斯全集》中文第二版第 1 卷第 58 页倒数第 4 行的"天体本身（den Himmelskörpern selbst）"，是由"天体理论（der Theorie der Himmelskörper）"修改而来的。

59. 根据 MEGA2/I/1 第 893 页异文 55.20，《马克思恩格斯全集》中文第二版第 1 卷第 60 页第 9 行的"原子论者（Atomistiker）"，是由"Augenblick（瞬间）"修改而来的。解读：这应该是对笔误的改正。

60. 根据 MEGA2/I/1 第 893 页异文 55.22，《马克思恩格斯全集》中文第二版第 1 卷第 60 页第 11—12 行这一小段，原先还有一句话"die man bisher nicht geahnt hat（人们迄今尚未预料到的二律背反"，后来被马克思删除了。

61. 根据 MEGA2/I/1 第 893 页异文 56.8，《马克思恩格斯全集》中文第二版第 1 卷第 61 页第 6—7 行"他的理论的方法"，是由"他的方法的理论"修改而来的。第 61 页脚注 1 也对此作了说明。解读：这应该是对笔误的改正。

62. 根据 MEGA2/I/1 第 893 页异文 56.24，《马克思恩格斯全集》中文第二版第 1 卷第 61 页倒数第 7 行"和解并成为独立的东西（"versöhnt hat, und verselbstständigt ist）"，是经过 2 次修改而来的。原先的文本是"versöhnt und verselbstständigt ist"，然后修改为"versöhnt und verselbstständigt hat"，最后修改为"versähnt hat, und verselbstständigt ist)"。解读：虽经 2 次修改，但意思上并没有太大变化。

63. 根据 MEGA2/I/1 第 893 页异文 56.34—35，《马克思恩格斯全集》中文第二版第 1 卷第 62 页第 3—4 行"这是因为，恐惧以及抽象的个别的东西的消失正是普遍的东西"①，是马克思后来加上的。

64. 根据 MEGA2/I/1 第 893 页异文 58.4—5，《马克思恩格斯全集》中文第二版第 1 卷第 63 页下面卢克莱修诗的最后 2 行，是马克思后来加上的。

65. 根据 MEGA2/I/1 第 893 页异文 61.3—4，《马克思恩格斯全集》中文第二版第 1 卷第 67 页第一部分第三章附注 2 最后一句"不过，在《形而上学》的这个地方又说了与此相矛盾的话"，是马克思后来加上的。

66. 根据 MEGA2/I/1 第 893 页异文 68.1—6，《马克思恩格斯全集》中文第二版第 1 卷第 75 页（第一部分第四章附注 2）第 3 段中间括号中的内容"但是从哲学方面来说，重要的是着重说明这些方面的特点，因为从这种转变的一定方式可以反过来推论出一种哲学的内在规定性和世界历史性。这里我们仿佛看到这种哲学的生活道路的集中表现，它的主观要点。"是后来加上的，用的是紫色墨水，不是马克思的笔迹，应该是无名氏按照马克思的意思（比如马克思的口述），在马克思提交论文之前通读论文并作修改时添加的。

67. 根据 MEGA2/I/1 第 894 页异文 79.12—14，《马克思恩格斯全集》中文第二版第 1 卷第 88 页第二部分第三章附注 1 与第三章标题"不可分的本原和不可分的元素"之间，原先有一段文字，与本卷第 45 页第 1 段（不包括这一段倒数第 4 行从括号开始的文字）完全一样，不过被删除

---

① 此处笔者对译文作了改动。

了。解读：有可能无名氏誊抄附注的时间，早于誊抄正文的时间。这样就可以理解，为什么附注中包括对第一部分第四章以及附录第一部分的注释，而正文却没有第一部分第四、五章和附录的文本内容。如果马克思决定在提交的论文中不包括附录的话，那么就没有必要再让无名氏誊抄附录的内容。当然，第一部分第四、五章的文本内容一定会让无名氏誊抄的，至于为什么流传下来，无法查明原因。可以作如下推测：这两章只誊抄一次，而不像其他部分的内容那样誊抄两次；誊抄一次的这两章文本与第二次誊抄的其他部分的文本，构成了提交给耶拿大学的博士论文的文本内容。

68. 根据 MEGA2/I/1 第 894 页异文 89.28—91.18，《马克思恩格斯全集》中文第二版第 1 卷第 99—102 页附录的附注 9 是马克思后来加上的。第 99 页的脚注 1 也对此作了说明。解读：这个长注，显然是马克思在获得博士学位准备正式出版论文时增加的，马克思是在听闻谢林被普鲁士国王招到柏林大学去的消息，甚至在谢林已经开始在柏林大学开课（1841年 11 月）之后才在注释里提到谢林。

69. 根据 MEGA2/I/1 第 894 页异文 89.32，《马克思恩格斯全集》中文第二版第 1 卷第 99 页最后一行"回想一下他早期的著作（seiner ersten Schriften sich wieder zu besinnen）"，是经过两次修改而成的。最先写成"seiner ersten Schriften wieder vorzunehmen）"，然后改成"seiner ersten Schriften sich wieder zu erinnern）"，最后改为"seiner ersten Schriften sich wieder zu besinnen"，三个文本在意思上没有太大出入，是马克思写作时的即时修改。

70. 根据 MEGA2/I/1 第 894 页异文 90.12，《马克思恩格斯全集》中文第二版第 1 卷第 100 页倒数第 10—11 行"譬如，黑格尔就对由世界的存在到神的存在的推论作了这样的解释"，"黑格尔"后面原先有"hält（坚持）"一词，后被删除了。另外，"解释（interpretirt）"一词是由"deutet（说明）"修改而来的。因此，删除和修改之前这句话是"譬如，黑格尔坚持对由世界的存在到神的存在的推论作了这样的说明"。

71. 根据 MEGA2/I/1 第 894 页异文 90.21，《马克思恩格斯全集》中文第二版第 1 卷第 100 页倒数第 3 行"实在的存在（Existenz）"是由"实在的力量（Macht）"修改而来的。解读：是为了避免与后面的

第 6 章 《博士论文》手稿的修改情况

"Macht（力量）"重复。

72. 根据 MEGA2/I/1 第 894 页异文 90.22，《马克思恩格斯全集》中文第二版第 1 卷第 100 页倒数第 2—3 行"古代的摩洛赫不是曾经主宰一切吗？"后面，原先有一个从句"，dem die Menschenopfer fielen（人祭落入其中）"，后被马克思删除了。删除之前这句话是"古代食人的摩洛赫不是曾经主宰一切吗？"

73. 根据 MEGA2/I/1 第 894 页异文 90.30，《马克思恩格斯全集》中文第二版第 1 卷第 101 页第 5—6 行"现实的塔勒与想象中的众神具有同样的存在（Wirkliche Thaler haben dieselbe Existenz, wie eingebildete Götter）"，其中"wie"是由"als"修改而来的。修改之前的句子"Wirkliche Thaler haben dieselbe Existenz, als eingebildete Götter"可译为"不同于想象中的众神，现实的塔勒具有实在的存在"。"dieselbe Existenz"是指前文中提到的"实在的存在"。解读：这一修改是实质性的，属于马克思写作时的即时修改。

74. 根据 MEGA2/I/1 第 894 页异文 90.41，《马克思恩格斯全集》中文第二版第 1 卷第 101 页倒数第 8 行"是神停止其存在的地方（in der seine Existenz aufhört）"，是由"in der seine Nichtexistenz bewiesen wird（是证明神不存在的地方）"。解读：前一句刚用了"神不存在的证明"，为了避免重复，换了一个说法，意思上没有实质性变化。

75. 根据 MEGA2/I/1 第 894 页异文 92.3，《马克思恩格斯全集》中文第二版第 1 卷第 103 页第 1 段开头"我献给公众的这篇论文"，其中"公众（der Oeffentlichkeit）"是由"dem Publicum（公众）"修改来的。解读：修改前后意思是一样的。这是马克思在获得博士学位以后准备正式出版论文时重新起草的新序言。马克思边写边作修改，尚未由无名氏誊抄。

76. 根据 MEGA2/I/1 第 894 页异文 92.4—5，《马克思恩格斯全集》中文第二版第 1 卷第 103 页第 1 段中"它当初本应包括在一篇综述①伊壁鸠鲁主义、斯多亚主义和怀疑主义哲学的著作里（und sollte erst in einer Gesammtdarstellung der epikuräischen, stoischen und skeptischen Philosophie ihren Platz finden）"这句话，是由"die erst in der Gesammtdarstellung der

---

① Gesammtdarstellung，应译为"概述"。

epikuräischen, stoischen und skeptischen Philosophie ihren Platz finden sollte"修改而成的。解读：只是语法结构的变化（从主从句变成并列句），意思是一样的。

77. 根据 MEGA2/I/1 第 897 页异文 92.5，《马克思恩格斯全集》中文第二版第 1 卷第 103 页第 1 段"它当初本应包括在一篇综述伊壁鸠鲁主义、斯多亚主义和怀疑主义哲学的著作里"这句话后面，有一个长句被马克思删除了。第 103 页脚注 1 对此作了说明，不过脚注 1 的说明太笼统。

78. 根据 MEGA2/I/1 第 897 页异文 92.7，《马克思恩格斯全集》中文第二版第 1 卷第 103 页第 1 段最后，原先还有一个长句，后被马克思删除了。第 103 页脚注 2 对此作了说明。

第7章 《莱茵报》时期政论文章手稿的修改情况

《莱茵报》时期的政论文章,其手稿大都没有流传下来。但个别文章没有发表,因此是以手稿的形式保存下来。

第一节 《集权问题》手稿的修改

《集权问题》没有写完,也没有发表,是以手稿的形式流传下来的。根据MEGA1/I/1"异文表",《集权问题》手稿的修改情况如下:

1. 根据MEGA1/I/1第1007页异文170.1—3,《马克思恩格斯全集》中文第二版第1卷第203页的标题,原先只写了"1842年5月17日《莱茵报》附刊",后面马克思又加上了"集权问题。从问题本身和——谈起"。

2. 根据MEGA1/I/1第1007页异文170.13—15,《马克思恩格斯全集》中文第二版第1卷第203页第2段开头一句"一个时代的迫切问题,有着和任何在内容上有根据的因而也是合理的问题共同的命运:主要的可能不是答案,而是问题(Eine Zeitfrage theilt mit jeder durch ihren Inhalt berechtigten, also vernünftigen Frage, das Schicksal daβ nicht die Antwort, sondern die Frage die Hauptschwierigkeit bildet),是经过5次修改而成的。最先的文本是:"Um eine frage/(关于问题/)",第1次修改为"Die Hauptarbeit bei der Beantwortung einer Zeitfrage, wie jeder durch ihren Inhalt berechtigten, also vernünftigen Frage, /(回答一个时代的迫切问题的首要工作,正如任何在内容上有根据的因而也是合理的问题一样/)";第2次改为"Bei der Beantwortung einer Zeitfrage, wie jeder durch ihren Inhalt be-

rechtigten, also vernünftigen Frage, handelt es sich nicht sowohl um eine/（回答一个时代的迫切问题，正如任何在内容上有根据因而也是合理的问题一样，涉及的不仅是一个/"；第 3 次改为"Bei Debbate über/ Zeitfrage, wie jeder durch ihren Inhalt berechtigten, also vernünftigen Frage, handelt es sich nicht sowohl um eine/（对于时代的迫切问题（正如任何在内容上有根据因而也是合理的问题一样）的辩论，涉及的不仅是一个/"；第 4 次改为"Jeder Zeitfrage theilt mit jeder durch ihren Inhalt berechtigten, also vernünftigen Frage, das Schicksal daβ nicht die Antwort, sondern die Frage die Hauptschwierigkeit bildet（任何时代的迫切问题，有着和任何在内容上有根据因而也是合理的问题共同的命运：主要的可能不是答案，而是问题）"；第 5 次改为现有的文本。

3. 根据 MEGA1/I/1 第 1007 页异文 170.16—17,《马克思恩格斯全集》中文第二版第 1 卷第 203 页倒数第 8—9 行的"一道代数方程式——被解出来（die Lösung einer algebraischen Gleichung gegeben ist）",是经过修改而成的。原先的文本是"ein Gleichung gelöst（一个方程式被解出来）",然后被修改为"die Lösung einer algebraischen Gleichung gegeben ist"。

4. 根据 MEGA1/I/1 第 1007 页异文 170.17,《马克思恩格斯全集》中文第二版第 1 卷第 203 页倒数第 9 行最后出现的"题目（Aufgabe）",是由"Frage（问题）"修改而来的。

5. 根据 MEGA1/I/1 第 1007 页异文 170.18,《马克思恩格斯全集》中文第二版第 1 卷第 203 页倒数第 8 行开头出现的"出得（gestellt）",是由"ausgedrückt（表述）"修改而来的。

6. 根据 MEGA1/I/1 第 1007 页异文 170.18,《马克思恩格斯全集》中文第二版第 1 卷第 203 页倒数第 7 行的"得到答案（beantwortet）",是由"gelöst（解出来）"修改而来的，是为了避免重复。

7. 根据 MEGA1/I/1 第 1007 页异文 170.18—19,《马克思恩格斯全集》中文第二版第 1 卷第 203 页倒数第 7—8 行的"变成现实的问题（zur wirklichen Frage geworden ist）",是由"eine wirklichen Frage geworden ist（成为一个现实的问题）"修改而来的。

8. 根据 MEGA1/I/1 第 1007 页异文 170.19,《马克思恩格斯全集》中文第二版第 1 卷第 203 页倒数第 7 行的 "世界历史（Weltgeschichte）"，是由 "ganze Geschichte（全部历史）" 修改而来的。

9. 根据 MEGA1/I/1 第 1007 页异文 170.25，《马克思恩格斯全集》中文第二版第 1 卷第 203 页倒数第 3 行的 "无所顾忌（Rücksichtslosen）"，是由 "Rücksichtslosesten Selbstbekenntnisse（无所顾忌的自白）" 修改而成的。由此可见，中译文将名词 "Rücksichtslosen（无所顾忌）" 译为形容词 "无所顾忌的"，并不合适，因为这样译，意思就变成了 "问题" 是 "时代之声"。这句话应该翻译为：因此，"问题" 是对支配一切个人的时代之声的公开、赤裸的表达，是时代的座右铭，是对时代自身心灵状况的最高实践的呼声。

10. 根据 MEGA1/I/1 第 1007 页异文 171.2，《马克思恩格斯全集》中文第二版第 1 卷第 203—204 页的 "准确晴雨表（Barometer 晴雨计）"，是由 "gute Thermometer, als die Hunde（准确温度计，正如狗）" 修改而来的。

11. 根据 MEGA1/I/1 第 1008 页异文 171.3，《马克思恩格斯全集》中文第二版第 1 卷第 204 页第 1 行 "正如狗是测度天候的准确晴雨表" 这句话的后面，原先有 "Sie polemisieren（他们进行论战）"，后被删掉了。

12. 根据 MEGA1/I/1 第 1008 页异文 171.5，《马克思恩格斯全集》中文第二版第 1 卷第 204 页第 2 行 "某个蒙昧主义者（dieser oder jener Obskurant）"，是由 "Tetzel（台彻尔）" 修改而成的。约翰·台彻尔（Johann Tetzel，1465？－1519 年），德国修士，正是他的行为激起了马丁·路德的愤慨，并导致路德与罗马天主教的冲突。

13. 根据 MEGA1/I/1 第 1008 页异文 171.29，《马克思恩格斯全集》中文第二版第 1 卷第 204 页最后一段开头一句话 "文章作者一开始就对自己的问题作了自我评价" 的后面，原先有 "，aber nur um hinterher/. Auf einem höheren（，但只是在文章后面部分。从更高的）"，后来被删除了。由此可见，"文章作者一开始就对自己的问题作了自我评价" 的译文是错误的，马克思的意思是 "文章的作者现在开始对自己提出的问题作自我批评"，而非在文章的开头部分就这样做了，而且是 "自我批评（批判）" 而非 "自我评价"。

14. 根据 MEGA1/I/1 第 1008 页异文 171.32，《马克思恩格斯全集》

中文第二版第 1 卷第 204 页倒数第 6 行 "成文法规（positiven Institutionen）" 后面，原先有 "，ja der Staat selbst（甚至国家本身）"，后来被删除了。

15. 根据 MEGA1/I/1 第 1008 页异文 171.40，《马克思恩格斯全集》中文第二版第 1 卷第 205 页第一行 "祈祷的鬣狗（betenden Hyänen）"，是由 "gebratenen Tauben（烤熟的鸽子）"① 修改而来的。由此可见，"betenden Hyänen" 不应译为 "祈祷的鬣狗"，而应译为 "忠诚的鬣狗"，意即 "鬣狗" 不可能对人忠诚。

第二节 《评部颁指令的指控》手稿的修改情况

《评部颁指令的指控》是马克思为驳斥普鲁士三位负责书报检查的大臣 1843 年 1 月 20 日颁布的关于查封《莱茵报》的指令而写的，以手稿的形式流传下来。根据 MEGA1/I/1 的 "异文表"，《评部颁指令的指控》手稿的修改情况如下：

1. 根据 MEGA1/I/1 第 1110 页异文 349.4—5，《马克思恩格斯全集》中文第二版第 1 卷第 424 页正文第一段引文的第一行文字 "该报自问世以来就坚持一种应受谴责的方针"，是后加上的。

2. 根据 MEGA1/I/1 第 1110 页异文 349.17，《马克思恩格斯全集》中文第二版第 1 卷第一段引文后面，原先有一句话 "Die Verwerflichkeit einer Richtung（方针的无耻）"，后被删除了。

3. 根据 MEGA1/I/1 第 1110 页异文 349.21，《马克思恩格斯全集》中文第二版第 1 卷第 424 页倒数第 8 行 "其次" 的后面，"hat überall（到处）" 被删除，继续写了 "ist es überall（到处）"。

4. 根据 MEGA1/I/1 第 1110 页异文 349.23，《马克思恩格斯全集》中文第二版第 1 卷第 424 页倒数第 7 行的 "罪恶行动（Frevelthaten）" 一词，是由 "Vorbehalte（保留条件）" 修改而来的。

5. 根据 MEGA1/I/1 第 1110 页异文 349.25，《马克思恩格斯全集》中文第二版第 1 卷第 424 页第 2 段最后，原先有 "Hätte eine solche"，后被

---

① 意即烤熟的鸽子不会飞到口中。

删除了。

6. 根据 MEGA1/I/1 第 1110 页异文 349.26，《马克思恩格斯全集》中文第二版第 1 卷第 424 页倒数第 4 行的"然而，即使我们暂且承认（Geben wir aber selbst einen Augenblick zu）"，是由"Nehmen wir aber selbst an（然而，我们假定）"修改而来的。

7. 根据 MEGA1/I/1 第 1110 页异文 349.26—27，《马克思恩格斯全集》中文第二版第 1 卷第 424 页倒数第 3—4 行"不过，我们坚决否认这一点（was wir indessen förmlich in Abrede stellen）"的括号是后加的。

8. 根据 MEGA1/I/1 第 1110 页异文 350.2—3，《马克思恩格斯全集》中文第二版第 1 卷第 424 页倒数第 1—2 行的"对于查封任何一家报纸的行动来说，都既可以用来作为理由，又不能用来作为理由（das Verbot jeder beliebigen Zeitung ebenso viel und ebenso wenig motiviren würden）"，是由"zum Verbot jeder beliebigen Zeitung ebenso viel und ebenso wenig/（对于查封任何一家报纸，既同样多，也同样少）"修改而来的。

9. 根据 MEGA1/I/1 第 1110 页异文 350.13，《马克思恩格斯全集》中文第二版第 1 卷第 425 页第 8 行"政府和公众也都这样认为（die Regeirung und das deutsche Publicum glaubten es mit ihm）"，原先在"Regeirung"后面还写有"glaubte es mit"，后来被删除了。显然，马克思本来准备写"政府也这样认为"，但在写的过程中，又想加上"公众"，于是先把"也这样认为"划掉，写上"和公众"，再把"也这样认为"重写了一遍。

10. 根据 MEGA1/I/1 第 1110 页异文 350.18，《马克思恩格斯全集》中文第二版第 1 卷第 425 页第 12 行的"于 1831 年（im Jahre 1831）"，原先写的是"damals（那时）"，然后修改为"im Jahre 1830（于 1830 年）"，最后改为"im Jahre 1831"。

11. 根据 MEGA1/I/1 第 1110 页异文 350.23，《马克思恩格斯全集》中文第二版第 1 卷第 425 页倒数第 6 行的"看来是（scheint）"，是由"ist（是）"修改而成的。修改后显得更委婉一些。

12. 根据 MEGA1/I/1 第 1111 页异文 350.24，《马克思恩格斯全集》中文第二版第 1 卷第 425 页倒数第 6 行的"观点（Meinung）"，是由"Ansicht（观点）"修改而成的。修改后的"Meinung"更准确的翻译是

"看法"。

13. 根据 MEGA1/I/1 第 1111 页异文 350.26，《马克思恩格斯全集》中文第二版第 1 卷第 425 页倒数第 5 行"现时的（gegenwärtigen）"，是由"wirklichen（实际的）"修改而成的。

14. 根据 MEGA1/I/1 第 1111 页异文 350.31—32，《马克思恩格斯全集》中文第二版第 1 卷第 426 页第一行"官方（officieller）"，是由"halbofficieller（半官方）"修改而成的。

15. 根据 MEGA1/I/1 第 1111 页异文 350.36，《马克思恩格斯全集》中文第二版第 1 卷第 426 页第 4 行"'自由主权'可以有两种解释（Man kann unter 'liberaler Souverainetät' ein doppeltes verstehen）"，是由"Versteht man unter 'liberaler Souverainetät' ein doppeltes/（人们对'自由主权'作两种解释）"修改而成的。

16. 根据 MEGA1/I/1 第 1111 页异文 350.37，《马克思恩格斯全集》中文第二版第 1 卷第 426 页第 4 行"一种（原文是 entweder）"后面原先有"die Freiheit（自由）"，后删掉了，后面从句中又重写了"die Freiheit"。

17. 根据 MEGA1/I/1 第 1111 页异文 350.41，《马克思恩格斯全集》中文第二版第 1 卷第 426 页第 8 行的"国家整体（Staatsganzen）"后面原先有"gegenüber（相对立）"，后被删除了，不过又出现在后面的定语从句中。显然，从句是写完"gegenüber"之后才决定加上的。

18. 根据 MEGA1/I/1 第 1111 页异文 351.1—2，《马克思恩格斯全集》中文第二版第 1 卷第 426 页第 8—11 行的"在后一种情况下（这就是《莱茵报》的观点），则不是把君主限制在（Im lezten Fall beschränkt man, und die? war die Ansicht der Rheinischen Zeitung, den Fürsten nicht auf）"，最先的文本是"Im lezten Fall betrachtet man, wie die Rheinischen Zeitung es that, den Fürsten nicht/（在后一种情况下（正如《莱茵报》所做的那样），不把君主看作）"，再修改为"Im lezten Fall beschränkt man, wie die Rheinischen Zeitung es that, den Fürsten nicht auf（在后一种情况下（正如《莱茵报》所做的那样），不把君主限制在"，最后改为现在的文本。

19. 根据 MEGA1/I/1 第 1111 页异文 351.4，《马克思恩格斯全集》中文第二版第 1 卷第 426 页第 9—10 行"于是，各种机构是他赖以生存的器官（so daß die Institutionen die Organe sind, in den er lebt）",先写的是"so daß die Gesetze die Augen sind, mit denen er lebt und herrscht（于是，法律是眼睛，靠它君主生活和统治）",后改为"so daß die Gesetze die Organe, mit denen er lebt und herrscht（于是，法律是器官，靠它君主生活和统治",再改为"so daß die Gesetze und Institutionen die Organe sind, mit denen er lebt（于是，法律和各种机构是器官，靠它君主生活）",最后把"die Gesetze und Institutionen die Organe sind, mit denen er lebt"删除，重新写了"die Institutionen die Organe sind, in den er lebt",就成了现在的文本。

20. 根据 MEGA1/I/1 第 1111 页异文 351.4，《马克思恩格斯全集》中文第二版第 1 卷第 426 页第 10 行的"和活动（und wirkt）",是后加上的。等于把删掉的"统治（herrscht）"改成了"活动（wirkt）"。

21. 根据 MEGA1/I/1 第 1111 页异文 351.13，《马克思恩格斯全集》中文第二版第 1 卷第 426 页倒数第 6 行"但是（aber）"后面，原先有"handelte es sich（涉及）",后被删除了，不过在后面的主句中又出现了"behandelt（对待）"。

22. 根据 MEGA1/I/1 第 1111 页异文 351.14，《马克思恩格斯全集》中文第二版第 1 卷第 426 页倒数第 6 行"《莱茵报》"后面，原先有"auch（也）",后被删除了。

23. 根据 MEGA1/I/1 第 1111 页异文 351.16—18，《马克思恩格斯全集》中文第二版第 1 卷第 426 页倒数第 4 行的"认为（betrachtete）",是由"legte（放置）"修改而成的。

24. 根据 MEGA1/I/1 第 1111 页异文 352.7，《马克思恩格斯全集》中文第二版第 1 卷第 427 页倒数第 5 行的"不满（Mißvergnügen）",是由"Unzufriedenheit（不满）"修改而成的。

25. 根据 MEGA1/I/1 第 1111 页异文 352.24—25，《马克思恩格斯全集》中文第二版第 1 卷第 428 页第 9 行"在这方面，它只遵循民族政策"这句话，是后来加上的。

26. 根据 MEGA1/I/1 第 1111 页异文 353.4—5，《马克思恩格斯全集》中文第二版第 1 卷第 428 页倒数第 1—2 行的"它就会把具有特殊局限性的地方精神同统一的国家观念对立起来（Sie hätte der Staatsidee in ihrer

Einheit den Provinzialgeist in seinen besonderen Schranken entgegengesezt)",是由"Sie hätte statt der Staatsidee in ihrer Einheit den Provinzialgeist und seine besonderen Schranken/（它以地方精神和特殊局限性取代统一的国家观念）"修改而成的。

27. 根据 MEGA1/I/1 第 1111 页异文 353.9，《马克思恩格斯全集》中文第二版第 1 卷第 429 页第 2 行的"莱茵省（rheinischen）"，是由"preussischen（普鲁士）"修改而成的。

28. 根据 MEGA1/I/1 第 1112 页异文 353.20，《马克思恩格斯全集》中文第二版第 1 卷第 429 页倒数第 8 行的"经常（beständige）"，是后来加上的。

29. 根据 MEGA1/I/1 第 1112 页异文 353.21，《马克思恩格斯全集》中文第二版第 1 卷第 429 页倒数第 8 行"普鲁士的（preussischen）"后面，原先写有"Heereseinrichtungen（众多机构）"，后被删除了。不过"Einrichtungen"又出现在句子的后面。

30. 根据 MEGA1/I/1 第 1112 页异文 353.30，《马克思恩格斯全集》中文第二版第 1 卷第 430 页第一行开头的"例如（原文是 so）"后面，原先写有"war die Rheinische Zeitung allein die（《莱茵报》独自一家）"，后被删除了，不过"die Rheinische Zeitung allein"又出现在后面的句子中。

31. 根据 MEGA1/I/1 第 1112 页异文 353.30，《马克思恩格斯全集》中文第二版第 1 卷第 430 页第 2 行的"基本原则（Hauptgrundsatz）"，是由"Grundsatz（原则）"修改而成的。

32. 根据 MEGA1/I/1 第 1112 页异文 353.33—34.，《马克思恩格斯全集》中文第二版第 1 卷第 430 页第 3 行的"第一家而且几乎是唯一的一家（zuerst und fast allein）"，最先写的是"allein zuerst（唯一的第一家）"，后改为"zuerst und allein（第一家而且是唯一的一家）"，最后改为现在的文本。

第8章 《黑格尔法哲学批判》手稿的修改情况

马克思本来计划在《德法年鉴》连载《黑格尔法哲学批判》，因此马克思在《黑格尔法哲学批判》手稿上所作的修改，有些可能是1844年初所作的修改。

1. 根据 MEGA1/I/2 第585页注释5.16，《马克思恩格斯全集》中文第二版第3卷第7页倒数第10行"是一种权力"后面，原先有"gegen die（相对于）"，后被删除了。

2. 根据 MEGA1/I/2 第585页注释5.18—19，《马克思恩格斯全集》中文第二版第3卷第7页倒数第9行"国家对家庭和市民社会来说是'外在的必然性'（der Staat gegen Familie und Bürgerliche Gesellschaft eineä 'usserliche Nothwendigkeit' ist）"，是由"der Staat gegen Familie und Bürgerliche Gesellschaft als eine 'äusserliche Nothwendigkeit'/（相对于家庭和市民社会来说，国家作为'外在的必然性'）"修改而成的。

3. 根据 MEGA1/I/2 第585页注释5.20，《马克思恩格斯全集》中文第二版第3卷第7页倒数第7—8行的"国家的被意识到的关系（ihrem bewuβten Verhältniβ）"，是由"dem bewuβten Verhältniβ dieser（其被意识到的关系）"修改而成的。

4. 根据 MEGA1/I/2 第585页注释5.28，《马克思恩格斯全集》中文第二版第3卷第8页第1行中的"本质（wesentlichen）"一词，是后来加上的。

5. 根据 MEGA1/I/2 第585页注释6.1—2，《马克思恩格斯全集》中文第二版第3卷第8页第1—2行的"但是，他同时又把这种依存性纳入'外在必然性'的关系，并把它（zugleich aber subsumirt er diese Abhängigkeit unter das Verhältniβ der 'äusserliche Nothwendigkeitβund stellt

sie)"，是由 "zugleich aber subsumirt er die? unter das Verh'ätniβ deräusserliche Nothwendigkeit' und stellt es（但是，他同时又把它纳入'外在必然性'的关系，并把它）"修改而成的。

6. 根据 MEGA1/I/2 第 585 页注释 6.8，《马克思恩格斯全集》中文第二版第 3 卷第 8 页第 8 行 "它们的存在依存于国家的存在（ihr Existenz von der seinigen abhängig ist）"，是由 "seine Existenz von/（其存在）"修改而成的。

7. 根据 MEGA1/I/2 第 585 页注释 6.15，《马克思恩格斯全集》中文第二版第 3 卷第 8 页第 12—13 行 "法律（Gesetze）"后面，原先写有 "sind dem（是——）"，后被删除了。

8. 根据 MEGA1/I/2 第 585 页注释 6.19，《马克思恩格斯全集》中文第二版第 3 卷第 8 页倒数第 10 行 "独立的（selbstständige）"一词，是后加上的。

9. 根据 MEGA1/I/2 第 585 页注释 6.29，《马克思恩格斯全集》中文第二版第 3 卷第 8 页倒数第 4 行 "表面的（scheinbar）"一词，是后加上的。

10. 根据 MEGA1/I/2 第 585 页注释 6.30，《马克思恩格斯全集》中文第二版第 3 卷第 8 页倒数第 4 行 "同一性"的后面，原先写有 "deren logischen Ausdruck Hegel richtig（其逻辑用语，黑格尔正确地）"，后被删除了，不过 "deren logischen Ausdruck Hegel richtig"紧接着在后面的句子中又重新出现。

11. 根据 MEGA1/I/2 第 585 页注释 7.3，《马克思恩格斯全集》中文第二版第 3 卷第 9 页倒数第 9 行 "如下的（also）"后面，原先写有 "folgendermassen/（如下/）"，后被删除了。"also"后面的 "说明"是删除 "folgendermassen"后写上的。

12. 根据 MEGA1/I/2 第 585 页注释 7.27，《马克思恩格斯全集》中文第二版第 3 卷第 9 页倒数第 1—2 行的 "从这一基础上（woraus）"一词，是由 "aus dem（由此出发）"修改而成的。

13. 根据 MEGA1/I/2 第 585 页注释 7.38—39，《马克思恩格斯全集》中文第二版第 3 卷第 10 页第 8 行括号中的 "无限的现实的精神"，原先没有括号，括号是后加上的。

14. 根据 MEGA1/I/2 第 585 页注释 8.18,《马克思恩格斯全集》中文第二版第 3 卷第 10 页倒数第 4 行的"为（als）"后面，原先写有"ihr inneres/（观念的内在/）"，后被删除了，不过又重写为"ihre innere"。

15. 根据 MEGA1/I/2 第 585 页注释 8.18,《马克思恩格斯全集》中文第二版第 3 卷第 11 页第 7 行"考察方式"后面，原先有一个逗号，后被删除了。删除是为了接着写"或语言表达方式"。

16. 根据 MEGA1/I/2 第 585 页注释 8.40,《马克思恩格斯全集》中文第二版第 3 卷第 11 页第 14 行"是"的后面，原先写有"Fund（被发现物）"，后被删除了。删除之后，写了"国家的构成部分"。

17. 根据 MEGA1/I/2 第 585 页注释 9.1,《马克思恩格斯全集》中文第二版第 3 卷第 11 页第 15 行"国家公民"后面，原先写有"finden（可获得）"，后被删除了。

18. 根据 MEGA1/I/2 第 585 页注释 9.5,《马克思恩格斯全集》中文第二版第 3 卷第 10 页倒数第 10 行"因此"的后面，原先在定冠词"die"后面写有"Familie（家庭）"，后被删除了。不过在接着的句子中又出现了"家庭"一词。

19. 根据 MEGA1/I/2 第 585 页注释 9.6,《马克思恩格斯全集》中文第二版第 3 卷第 11 页倒数第 9 行"就是说（d. h.）"后面，原先写有"entspricht（是相符的）"，后被删除了。

20. 根据 MEGA1/I/2 第 585 页注释 9.6,《马克思恩格斯全集》中文第二版第 3 卷第 11 页倒数第 9 行"必然的（nothwendig）"的后面，原先写有"ist eine Idee（是一种观念）"，后来"一种观念"被删除了，写了"der"，然后整个"ist der"都被删除了。

21. 根据 MEGA1/I/2 第 586 页注释 9.7,《马克思恩格斯全集》中文第二版第 3 卷第 11 页倒数第 8 行的"国家的现实的构成部分（wirkliche Staatstheile）"，是由"wirkliche Staatsideen（国家的现实观念）"修改而成的。

22. 根据 MEGA1/I/2 第 586 页注释 9.10,《马克思恩格斯全集》中文第二版第 3 卷第 11 页倒数第 6 行"相反（dagegen）"的后面，原先写有"Produkte der wirklichen（现实的产物）"，后被删除了。删除之前，马克思想表达的意思是"相反，在黑格尔看来它们是现实（观念）的产物"。

不过"der wirklichen"又在紧接着的句子中出现了。

23. 根据 MEGA1/I/2 第 586 页注释 9.12，《马克思恩格斯全集》中文第二版第 3 卷第 11 页倒数第 4—5 行"观念的生存过程"与"是观念使它们从自身中分离出来"之间，后加了"des unendlichen（无限的东西）"，但又被删除了。不过接着的句子出现了"Endlichkeit（有限性）"一词。

24. 根据 MEGA1/I/2 第 586 页注释 9.13，《马克思恩格斯全集》中文第二版第 3 卷第 11 页倒数第 3 行"它们（sie）"后面，原先写有"sind von einem（是从一个）"，后被删除了。

25. 根据 MEGA1/I/2 第 586 页注释 9.16，《马克思恩格斯全集》中文第二版第 3 卷第 11 页最后一行"被规定为'现实的观念'所固有的有限性"后面，原先写有"Ihr Zweck（它们的目的）"，后被删除了。不过"Zweck"又出现在紧接着的句子中。

26. 根据 MEGA1/I/2 第 586 页注释 9.17，《马克思恩格斯全集》中文第二版第 3 卷第 12 页第 1 行"观念分离（scheidet）"后面，原先写有"sich in diese Voraussetzungen"，意思是"观念在这些前提中分离自身"，后被删除了，改写成了"观念从自身中分离出这些前提（die Idee scheidet diese Voraussetzungen von sich ab）"。意思有了很大变化。

27. 根据 MEGA1/I/2 第 586 页注释 9.31，《马克思恩格斯全集》中文第二版第 3 卷第 12 页第 13 行"观念以——的分配（ene'Vertheilung'，die sie）"，是由"ihre'Vertheilung'，die sie／（其分配，观念所——）"修改而成的。

28. 根据 MEGA1/I/2 第 586 页注释 9.37，《马克思恩格斯全集》中文第二版第 3 卷第 12 页倒数第 9 行"领域（Sphären）"一词的后面，原先写有"des Staates（国家）"，后被删除了。看来，马克思起初想写"把个人分配于国家——的领域"。

29. 根据 MEGA1/I/2 第 586 页注释 9.39，《马克思恩格斯全集》中文第二版第 3 卷第 12 页倒数第 8 行"这样一来就认可经验的现实性的现状（Es wird also die empirische Wirkichkeit aufgenommen，wie sie ist）"，其中"wird"是由"bleibt"修改而成的。看来马克思本来想写"这样一来就保持了经验的现实性"。

30. 根据 MEGA1/I/2 第 586 页注释 10.4，《马克思恩格斯全集》中文第二版第 3 卷第 12 页倒数第 3—4 行"但观念除了是这种现象以外，没有如何其他的内容"中"观念（Idee）"的后面，原先写有"producirt（生产）"，后被删除了。

31. 根据 MEGA1/I/2 第 586 页注释 10.29—30，《马克思恩格斯全集》中文第二版第 3 卷第 13 页"第 265 节"的引文结束之后，开始笔记本的第 12 页，重又写了"第 264 节：构成群体的各个人，他们本身都具有精神的本性，从而都包含着双重因素，即"，后被删除了，该页没有再写文字，"第 266 节"是从第 13 页开始书写的。

32. 根据 MEGA1/I/2 第 586 页注释 10.37，《马克思恩格斯全集》中文第二版第 3 卷第 13 页倒数第 7 行"家庭和市民社会到政治国家的过渡"中，"政治（politischen）"是后加上的。

33. 根据 MEGA1/I/2 第 586 页注释 10.39，《马克思恩格斯全集》中文第二版第 3 卷第 13 页倒数第 4 行第一个"特殊本质"后面，原先写有"des Staats und（国家和）"，后被删除了。看来，马克思原先是想写"国家和——的特殊本质"，后改变想法，写为"家庭等等的特殊本质和国家的特殊本质"。

34. 根据 MEGA1/I/2 第 586 页注释 11.1，《马克思恩格斯全集》中文第二版第 3 卷第 13 页倒数第 3 行"从必然性和自由的普遍关系中引申出来"，原先马克思写的是"出自自由的普遍关系"，后删除"自由"，写上"必然性和自由"以及动词"引申（hergeleitet）"。

35. 根据 MEGA1/I/2 第 586 页注释 11.12—13，《马克思恩格斯全集》中文第二版第 3 卷第 14 页第 6 行"观念自身内部"是后加上的。

36. 根据 MEGA1/I/2 第 586 页注释 11.13，《马克思恩格斯全集》中文第二版第 3 卷第 14 页第 6 行"谓词（Prädicat）"一词，是由"Objekt（客体）"一词修改而成的。"谓词"是费尔巴哈的用法。

37. 根据 MEGA1/I/2 第 586 页注释 11.16，《马克思恩格斯全集》中文第二版第 3 卷第 14 页第 8 行"从家庭和市民社会到国家（von Familie und bürgerlicher Gesellschaft zum Staat）"，是由"von Familie und Staat zur bürgerlicher Gesellschaft/（从家庭和国家到市民社会/）"修改而成的。显然，一开始马克思是写错了，意识到之后，马上作了改正。

38. 根据 MEGA1/I/2 第 586 页注释 12.6—7，《马克思恩格斯全集》中文第二版第 3 卷第 15 页第 9 行 "机体的本性所产生的必然的联系（einem nothwendigen, aus der Natur des Organismus hervorgehenden Zusammenhang）"，是由 "einer nothwendigen, aus der Natur des Organismus hervorgehenden/（一种由机体的本性产生的必然的/）" 修改而成的。

39. 根据 MEGA1/I/2 第 586 页注释 12.13，《马克思恩格斯全集》中文第二版第 3 卷第 15 页倒数第 12 行的 "和合乎理性的（und vernünftige）"，是后加上的。

40. 根据 MEGA1/I/2 第 586 页注释 12.6—7，《马克思恩格斯全集》中文第二版第 3 卷第 15 页倒数第 5—6 行 "谓语是这些不同方面作为有机的东西而具有的规定" 中，"这些不同方面（用的是代词 ihre）" 是由 "die" 修改而成的。修改之前的意思是 "谓语是作为有机的东西而具有的规定"。

41. 根据 MEGA1/I/2 第 587 页注释 12.24，《马克思恩格斯全集》中文第二版第 3 卷第 15 页倒数第 4 行开头的 "设定（gesezt）" 一词，是后加上的。

42. 根据 MEGA1/I/2 第 587 页注释 12.25，《马克思恩格斯全集》中文第二版第 3 卷第 15 页倒数第 3 行的 "有机的东西（Das Organische）" 一词，是由 "Der Organismus（机体）" 修改而成的。

43. 根据 MEGA1/I/2 第 587 页注释 12.30，《马克思恩格斯全集》中文第二版第 3 卷第 16 页第 1—2 行 "这里的出发点是抽象的观念" 是由 "这里的出发点是一种抽象的观念" 修改而成的。

44. 根据 MEGA1/I/2 第 587 页注释 12.35，《马克思恩格斯全集》中文第二版第 3 卷第 16 页第 5 行 "关于政治制度的特殊观念，我还毫无了解" 后面，原先还写有 "so könnte man（从而人们可以）"，后被删除，然后写了 "man wird（人们要）"，但又被删除了。

45. 根据 MEGA1/I/2 第 587 页注释 15.6—7，在《黑格尔法哲学批判》的手稿中，《马克思恩格斯全集》中文第二版第 3 卷第 18 页倒数第 7 行的 "机体（dem Organismus）" 一词，是写在 "观念（der Idee）" 一词的上面，而且没有逗号，也没有分派符。

46. 根据 MEGA1/I/2 第 587 页注释 15.8，《马克思恩格斯全集》中文第二版第 3 卷第 18 页倒数第 6 行的"假设的（vorausgesezten）"是后加的。

47. 根据 MEGA1/I/2 第 587 页注释 15.8，《马克思恩格斯全集》中文第二版第 3 卷第 18 页倒数第 6 行的"权力（Gewalten）"一词，是由"Staatsgewalt（国家权力）"一词修改而来的。

48. 根据 MEGA1/I/2 第 588 页注释 15.20，《马克思恩格斯全集》中文第二版第 3 卷第 19 页第 4 行括号中的"观念（der Idee）"是后加的。

49. 根据 MEGA1/I/2 第 588 页注释 15.21—23，《马克思恩格斯全集》中文第二版第 3 卷第 19 页第 2 段第一句话"另一个规定是：'各种不同的权力'是'由概念的本性规定的'，因此，普遍东西'以必然的方式创造着'它们（Eine andre Bestimmung daβ dieverschiedenen Gewaltdurch die Natur des Begriffes bestimmt sind' und darum das Allgemeine sie, auf nothwendige Weise hervorbringt'）"，是由"Die Bestimmung ist daβ dieverschiedenen Gewaltdurch die Natur des Begriffes bestimmt sind und darum das Allgemeine sie, auf nothwendige Weise hervorbringt, wodurch（这个规定是：各种不同的权力是由概念的本性规定的，因此，普遍东西以必然的方式创造着它们，由此）"修改而来的。

50. 根据 MEGA1/I/2 第 588 页注释 16.4—5，《马克思恩格斯全集》中文第二版第 3 卷第 19 页倒数第 3 行的话（包括括号），是后加的。

51. 根据 MEGA1/I/2 第 588 页注释 16.15，《马克思恩格斯全集》中文第二版第 3 卷第 20 页第 5 行的"作为存在（als Sein）"，是后加的。

52. 根据 MEGA1/I/2 第 588 页注释 16.29，《马克思恩格斯全集》中文第二版第 3 卷第 20 页倒数第 9 行"简单的现实性（einfache Wirklichkeit）"，是由"einfaches Bestehn（简单的存在）"修改而成的。

53. 根据 MEGA1/I/2 第 588 页注释 17.13，《马克思恩格斯全集》中文第二版第 3 卷第 21 页第 14 行的"普遍（allgemeine）"和"现存（seiende）"，都是后加的。

54. 根据 MEGA1/I/2 第 588 页注释 17.14，《马克思恩格斯全集》中文第二版第 3 卷第 21 页第 15 行的"国家本性（Staatsnatur）"，是由"Natur（本性）"修改而成的。

55. 根据 MEGA1/I/2 第 588 页注释 17.17，《马克思恩格斯全集》中文第二版第 3 卷第 21 页倒数第 11 行的 "有差别的（unterschiedene）" 一词，是由 "mannigfache（各种各样的）" 一词修改而成的。

56. 根据 MEGA1/I/2 第 589 页注释 18.2，《马克思恩格斯全集》中文第二版第 3 卷第 22 页第 9 行 "以前已经（vorhermschon）"，是由 "ebenso（同样）" 修改而来的。

57. 根据 MEGA1/I/2 第 589 页注释 18.3，《马克思恩格斯全集》中文第二版第 3 卷第 22 页第 10 行 "现实的精神（wirklichen Geist）"，是由 "selbstbewuβten（自我意识）" 修改而成的（先划掉，然后写 "现实的精神"，属于即时修改）。

58. 根据 MEGA1/I/2 第 589 页注释 18.5，《马克思恩格斯全集》中文第二版第 3 卷第 22 页第 12 行 "实在的（reelles）"，是由 "wirkliches（现实的）" 修改而成的。

59. 根据 MEGA1/I/2 第 589 页注释 18.11—13，《马克思恩格斯全集》中文第二版第 3 卷第 22 页倒数第 9—10 行 "而且脱离了自己的现实的存在，脱离了'了解自身并希求自身的精神'，'脱离了受过教育的精神'（und getrennt von ihrem wirklichen Dasein, 'dem sich wissenden und wollenden Geist, dem gebildeten Geist' erscheinen）"，是经过两次修改而成的。最先的文本是 "und von ihrem wirklichen Dasein, 'dem sich wissenden und wollenden Geist, dem gebildeten Geist'（而且出自自己的现实的存在，'了解自身并希求自身的精神'，'受过教育的精神'）"，"und ihrem wirklichen Dasein, 'dem sich wissenden und wollenden Geist, dem gebildeten Geist' erscheinen（以及自己的现实的存在，'了解自身并希求自身的精神'，'受过教育的精神'）"。整个句子应译为 "'国家的目的' 和 '国家的各种权力' 被神秘化了，通过这种神秘化，'国家的目的' 和 '国家的各种权力' 被说成是 '实体' 的 '存在方式'，而且它们脱离了自己的现实的存在，是 '了解自身并希求自身的精神，受过教育的精神' 的自身显现"。

60. 根据 MEGA1/I/2 第 589 页注释 18.20，《马克思恩格斯全集》中文第二版第 3 卷第 22 页倒数第 4 行的 "政治规定" 中，"政治的（politischen）" 是由 "rechtlichen（法的）" 修改而成的。

61. 根据 MEGA1/I/2 第 589 页注释 18.22—23，《马克思恩格斯全集》中文第二版第 3 卷第 22 页倒数第 2—3 行 "不是事物本身的逻辑，而是逻辑本身的事物（Nicht die Logik der Sache, sondern die Sache der Logik ist）"，是由"Nicht daβ die Logik des Staat erfaβt, sondern daβ die Sache der Logik（并非以逻辑来领会国家，而是以事物来领会逻辑）"修改而成的。对于"国家（Staat）"的论述，换到下一句中了（"不是用逻辑来论证国家，而是用国家论证逻辑"）。

62. 根据 MEGA1/I/2 第 589 页注释 18.28，《马克思恩格斯全集》中文第二版第 3 卷第 23 页第 2 行 "意识到自身的、有希求并行动着的（selbstbewuβte, wollende und handelnde）"，是经过 2 次修改而成的。最先的文本是 "wissende und handelnde（知道并行动着的）"，然后修改为 "selbstbewuβte und wollende（意识到自身并行动着的）"，最后改为现在的文本。

63. 根据 MEGA1/I/2 第 589 页注释 18.31，《马克思恩格斯全集》中文第二版第 3 卷第 23 页第 5 行 "国家在这些规定中具有逻辑学的意义" 中，"在这些规定中" 的后面，原先写有 "erscheint（似乎）"，后被删除了。看来马克思原先想写 "国家在这些规定中似乎有逻辑学的意义"。

64. 根据 MEGA1/I/2 第 589 页注释 19.1，《马克思恩格斯全集》中文第二版第 3 卷第 23 页第 13 行开头的 "实体（Substanz）"，是由 "Nothwendigigkeit（必然性）" 修改而成的。

65. 根据 MEGA1/I/2 第 589 页注释 19.3、19.4、19.6，《马克思恩格斯全集》中文第二版第 3 卷第 23 页倒数第 10 行的 "本质（das Wesen）"、倒数第 8—9 行的 "国家（des Staats）"、倒数第 7 行的 "政治（politische）" 是后加的。

66. 根据 MEGA1/I/2 第 589 页注释 21.7，《马克思恩格斯全集》中文第二版第 3 卷第 27 页倒数最后一行至第 28 页第一行 "一旦王权被理解为君主（立宪君主）的权力" 中的 "王权（der fürstlichen Gewalt）"，是由 "die persönliche Gewalt（个人权力）" 修改而成的（前面还有 "ihr" 一并被删除了）。修改后整句译文应为 "一旦在王权下国家制度和法律被理解为立宪君主制"。

67. 根据 MEGA1/I/2 第 590 页注释 23.26，《马克思恩格斯全集》中文第二版第 3 卷第 30 页倒数第 6—7 行 "或者表现为追求私利行为所产生的盲目的、无意识的结果" 这句话的后面，原先写有 "wo es dann sehr

wohl geschieht daβ die Souverainetät des Staats durch die（因为在这种情况下，很有可能发生国家的主权通过——"这一不完整的句子，后被删除了。

68. 根据 MEGA1/I/2 第 590 页注释 24.34，《马克思恩格斯全集》中文第二版第 3 卷第 32 页第 3 行的"然后（hinterher）"一词，是后加的。

69. 根据 MEGA1/I/2 第 590 页注释 24.36，《马克思恩格斯全集》中文第二版第 3 卷第 32 页第 5 行"使各谓语、各客体变成独立的东西，但是（verselbstständigt die Prädicate, die Objekte, aber）"，是经过 2 次修改而成的。最先的文本是"faät die Objekte（把握各客体）"，然后改为"faβt die Prädicate, die Objekte（把握各谓语、各客体）"，最后改为现在的文本。

70. 根据 MEGA1/I/2 第 590 页注释 25.21，《马克思恩格斯全集》中文第二版第 3 卷第 32 页倒数第 2 行的"共同（gemeinsame）"一词，是后加的。

71. 根据 MEGA1/I/2 第 590 页注释 26.24、26.25，《马克思恩格斯全集》中文第二版第 3 卷第 34 页第 7 行的"国家的（des Staat）"和第 8 行的"主权（die Souverainetät）"，都是后加的。

72. 根据 MEGA1/I/2 第 590 页注释 27.32—33，《马克思恩格斯全集》中文第二版第 3 卷第 35 页倒数第 10 行的"重复表现为（wiederkehrt）"，是由"betrachtet（看作）"修改而成的。

73. 根据 MEGA1/I/2 第 591 页注释 28.17，《马克思恩格斯全集》中文第二版第 3 卷第 36 页第 13 行"唯一的（einziger）"一词，是后加的。

74. 根据 MEGA1/I/2 第 591 页注释 29.6，《马克思恩格斯全集》中文第二版第 3 卷第 37 页第 13 行"任何定在（jedes Dasein）"，是由"jedes nothwendige Dasein"删除了"nothwendige（必然的）"而成的。

75. 根据 MEGA1/I/2 第 591 页注释 29.11—12，《马克思恩格斯全集》中文第二版第 3 卷第 37 页倒数第 8—9 行的"'一个人—观念'是只能从想象中而不能从知性中推导出来的东西"，在马克思的手稿中是写在页面的左页边，并以分派符表示，可能是补写的。

76. 根据 MEGA1/I/2 第 591 页注释 30.32—39，《马克思恩格斯全集》中文第二版第 3 卷第 39 页倒数第 6—11 行的文本内容，是后加的（应该是《德法年鉴》时期添加的）。

77. 根据 MEGA1/I/2 第 591 页注释 31.3—4，《马克思恩格斯全集》中文第二版第 3 卷第 39 页倒数第 2 行"民主制是一切形式的国家制度的已经解开的谜"这句话中，"已经解开的（aufgelöste）"一词是后加的。

78. 根据 MEGA1/I/2 第 591 页注释 31.21，《马克思恩格斯全集》中文第二版第 3 卷第 40 页倒数第 15 行的"一切（aller）"一词，是由定冠词"die（那些）"修改而成的。

79. 根据 MEGA1/I/2 第 592 页注释 33.8—9，《马克思恩格斯全集》中文第二版第 3 卷第 42 页倒数第 13 行"它的内容也成了形式的和特殊的"这句话中，"和特殊的（und besondern）"是后加的。

80. 根据 MEGA1/I/2 第 592 页注释 33.23、33.23—24，《马克思恩格斯全集》中文第二版第 3 卷第 42 页倒数第 3 行"每个私人领域都具有政治性质"这句话中的"私人"，以及倒数第 2—3 行"或者都是政治领域"都是后加的。

81. 根据 MEGA1/I/2 第 592 页注释 33.40，《马克思恩格斯全集》中文第二版第 3 卷第 43 页第 10 行中"政治制度"的"政治"一词，是后加的。

82. 根据 MEGA1/I/2 第 592 页注释 34.2，《马克思恩格斯全集》中文第二版第 3 卷第 43 页第 12 行开头的"Privatangelegenheit（私人事务）"一词，是由"私事（Privatsache）"修改而成的。

83. 根据 MEGA1/I/2 第 592 页注释 34.3，《马克思恩格斯全集》中文第二版第 3 卷第 43 页第 11 行"市民（der Bürger）"是经过 2 次修改而成的。最先用的是"des Volks（人民）"，后改为"der Prinzipale（主人）"，最后改为"市民"。马克思把希腊城邦的"人民"与"市民"画等号，扩张了市民社会的内涵。

84. 根据 MEGA1/I/2 第 592 页注释 34.4、34.5，《马克思恩格斯全集》中文第二版第 3 卷第 43 页第 13 行的"惟一的（einzige）"、第 14 行的"亚洲的（asiatischen）"，都是后加的。

85. 根据 MEGA1/I/2 第 592 页注释 34.5，《马克思恩格斯全集》中文第二版第 3 卷第 43 页第 14 行的"任意（Privatwillkühr），即私人意志"一词，是由"意志（Willkühr）"修改而成的。

86. 根据MEGA1/I/2第592页注释34.9,《马克思恩格斯全集》中文第二版第3卷第43页倒数第8行的"国家制度(der Verfassung)"一词,是后加的。

87. 根据MEGA1/I/2第592页注释34.24,《马克思恩格斯全集》中文第二版第3卷第44页第4行"只有(nur)"一词,是后加的。

88. 根据MEGA1/I/2第592页注释34.27,《马克思恩格斯全集》中文第二版第3卷第44页第6行"君主(der Monarch)"一词,是后加的。

89. 根据MEGA1/I/2第592页注释34.32,《马克思恩格斯全集》中文第二版第3卷第44页第11行"单纯的肉体(die bloss Physis)",是由"die Nautr(自然)"修改而成的。

90. 根据MEGA1/I/2第592页注释34.32—33,《马克思恩格斯全集》中文第二版第3卷第44页第11行的两个"决定",都是由"是"修改而成的。

91. 根据MEGA1/I/2第593页注释34.38,《马克思恩格斯全集》中文第二版第3卷第44页第14行的"圣灵(unbefleckte,原义为贞洁的)"一词,是由"natürlich(自然的)"一词修改而成的。

92. 根据MEGA1/I/2第593页注释35.2,《马克思恩格斯全集》中文第二版第3卷第44页倒数第7—8行的"不合理性的东西(Unvernünftige)",是由"Unbegreifliche(不可理解的东西)"修改而成的。

93. 根据MEGA1/I/2第593页注释35.2,《马克思恩格斯全集》中文第二版第3卷第45页第10行的"自我规定(Selbstbestimmung)"一词,是由"规定(Bestimmung)"修改而成的。

94. 根据MEGA1/I/2第593页注释35.38—39,《马克思恩格斯全集》中文第二版第3卷第45页倒数第8行"转变为自然的定在(in ein natürliches Dasein umschlägt)",是由"sich in ein natürliches Dasein(本身是自然的定在)"修改而成的。

95. 根据MEGA1/I/2第593页注释36.27—28,《马克思恩格斯全集》中文第二版第3卷第46页倒数第13—14行"国家中的最后决断会与现实的肉体的个体连在一起"这句话,是由"国家中的最后决断是经由现实的肉体个体的"修改而成的,即增加了动词"geknüpft(联结)"。

96. 根据 MEGA1/I/2 第 593 页注释 37.18、37.18—19,《马克思恩格斯全集》中文第二版第 3 卷第 47 页第 7—8 行"黑格尔在补充中甚至认为'无根据的决断'是恩赦的起源"这句话,是由"黑格尔在补充中甚至界定了恩赦的起源"修改而成的。

97. 根据 MEGA1/I/2 第 593 页注释 38.20,《马克思恩格斯全集》中文第二版第 3 卷第 48 行"个体(Individuum)"一词,是由"主体(Subjekt)"修改而成的。

98. 根据 MEGA1/I/2 第 594 页注释 39.38,《马克思恩格斯全集》中文第二版第 3 卷第 50 页第 3 行开头"可见,这里(also hier)",是后加的。

99. 根据 MEGA1/I/2 第 594 页注释 40.7,《马克思恩格斯全集》中文第二版第 3 卷第 50 页第 9 行开头括号中的"和罗马人(und Römer)",是后加的。

100. 根据 MEGA1/I/2 第 594 页注释 40.22,《马克思恩格斯全集》中文第二版第 3 卷第 50 页倒数第 5 行"现实的经验的人(der wirklichen empirischen Person)",是由"der objektiven Person(客体的人)"修改而成的。

101. 根据 MEGA1/I/2 第 594 页注释 40.24,《马克思恩格斯全集》中文第二版第 3 卷第 50 页倒数第 3 行"现实的(wirkliche)"一词,是后加的。

102. 根据 MEGA1/I/2 第 594 页注释 40.33—34,《马克思恩格斯全集》中文第二版第 3 卷第 51 页第 4—5 行"作为某种想像中的(als eine imaginaire)",是由"in einer imaginaire(在某种想像中的)"修改而成的。

103. 根据 MEGA1/I/2 第 594 页注释 43.7—10,《马克思恩格斯全集》中文第二版第 3 卷第 51 页倒数第 6—8 行的"通过这种方法是得不到任何新的内容的,只不过改变了旧内容的形式而已。现在,这种内容获得了哲学的形式、哲学的证书",是后加的。

104. 根据 MEGA1/I/2 第 594 页注释 43.18,《马克思恩格斯全集》中文第二版第 3 卷第 52 页第 1 行开头的"存在方式(Existentialweisen)"一词,是由"Daseinsweisen(存在方式)"修改而成的。

105. 根据 MEGA1/I/2 第 594 页注释 43.34,《马克思恩格斯全集》中文第二版第 3 卷第 52 页第 12—13 行的"真正现实的规定",是由"经验的"修改而成的,后来又加了"社会的"一词,变成了"真正的社会现实的规定"。

106. 根据 MEGA1/I/2 第 594 页注释 43.35,《马克思恩格斯全集》中文第二版第 3 卷第 52 页第 13 行的"自然基础",是由"社会规定"修改而成的。

107. 根据 MEGA1/I/2 第 594 页注释 44.1,《马克思恩格斯全集》中文第二版第 3 卷第 52 页倒数第 6 行"抽象的"一词,是后加的。

108. 根据 MEGA1/I/2 第 594 页注释 44.3,《马克思恩格斯全集》中文第二版第 3 卷第 52 页倒数第 4 行"泄露(ausspricht)"一词,是由"gebiert(表现)"修改而成的。

109. 根据 MEGA1/I/2 第 595 页注释 45.41—46.3,《马克思恩格斯全集》中文第二版第 3 卷第 55 页第 1—2 行"国家现有的各种不同的、彼此分离的、经验的存在,都被看作这类规定中某一个规定的直接体现(Die bestehenden verschiedenen und getrennten Existenzen des Staats werden als unmittelbar Verkörperungen einer dieser Bestimmungen betrachtet)",是由"Von den bestehenden verschiedenen und getrennten, empirischen Existenzen des Staats wirdnurverlangt, daβ sie die Verkörperungen einer dieser Bestimmungen (这些现有的各种不同的、彼此分离的存在只不过是国家所希冀具有的,从而这些存在是这类规定中某一个规定的体现)"修改而成的。

110. 根据 MEGA1/I/2 第 595 页注释 48.29,《马克思恩格斯全集》中文第二版第 3 卷第 57 页倒数第 12 行的"真正的行政权力机关(eigentlichen Regierungsgewalt)",是由"Obrigkeit(政府)"修改而成的。

111. 根据 MEGA1/I/2 第 595 页注释 49.22,《马克思恩格斯全集》中文第二版第 3 卷第 58 页第 13 行的"唯物主义(Materialismus)"一词,是由"Realismus(实在论)"修改而成的。

112. 根据 MEGA1/I/2 第 595 页注释 50.11,《马克思恩格斯全集》中文第二版第 3 卷第 59 页第 10 行的"势必(muβ)"一词,是由"kann(会)"修改而成的。

113. 根据 MEGA1/I/2 第 596 页注释 50.13—14,《马克思恩格斯全

集》中文第二版第 3 卷第 59 页第 12—13 行的 "单独一个同业公会也为了——抱有同样的愿望（hat auch die einzelne Corporation diesen Willen für）"，是经过 2 次修改而成的。最先的文本是 "theilt auch die Corporation（同业公会也享有）"，然后修改为 "theilt auch die einzelne Corporation diesen Willen（单独一个同业公会也享有同样的愿望）"，最后改为现在的文本。

114. 根据 MEGA1/I/2 第 596 页注释 51.2—3，《马克思恩格斯全集》中文第二版第 3 卷第 60 页第 11—12 行 "上层（上级）指望下层了解详情细节，下层则指望上层了解普遍的东西（Die Spitze traut den untern Kreisen die Einsicht ins Einzelne zu, wogegen die Untern Kreise der Spitze die Einsicht in das Allgemeine zutrauen）"，是经过 3 次修改而成的。最先的文本是 "Die Spitze vertraut den untern Kreisen das Allgemeine（上层信任下层了解普遍的东西）"，然后修改为 "Die Spitze traut den untern Kreisen die AllgemeineEinsicht zu, wogegen die oberen（上级指望下层了解普遍的东西，上层则）"，最后修改为现在的文本。

115. 根据 MEGA1/I/2 第 596 页注释 51.9—11，《马克思恩格斯全集》中文第二版第 3 卷第 60 页倒数第 8—10 行的 "根据它那彼岸的唯灵论本质来看待的。官僚政治掌握了国家，掌握了社会的唯灵论本质：这是它的私有财产"，是后加的。

116. 根据 MEGA1/I/2 第 596 页注释 51.29、51.36，《马克思恩格斯全集》中文第二版第 3 卷第 61 页第 8 行的 "固定的（fixe）" 和第 13 行的 "ebenfalls（同样）"，都是后加的。

117. 根据 MEGA1/I/2 第 596 页注释 51.39—40，《马克思恩格斯全集》中文第二版第 3 卷第 61 页倒数第 11—12 行 "也就是说，它把意志推崇为始因" 是后加的，而且 "始因" 一开始写的是 "自然"。

118. 根据 MEGA1/I/2 第 596 页注释 52.17，《马克思恩格斯全集》中文第二版第 3 卷第 62 页第 3 行 "详细考察（Verfolgen）" 一词，是由 "Sehen（看一看）" 修改而成的。

119. 根据 MEGA1/I/2 第 596 页注释 52.24—25，《马克思恩格斯全集》中文第二版第 3 卷第 62 页第 9 行 "这种存在，顺便说一说，也实现了这个范畴（welche unter anderm auch diese Categorie verwirklicht）"，是经

过 2 次修改而成的。最先的文本是"auf welche unter anderm diese Categorie（顺便说一说，以这种存在，该范畴）"，然后改为"auf welche unter anderm auch diese Categorie（顺便说一说，以这种存在，该范畴也）"，最后改为现在的文本。

120. 根据 MEGA1/I/2 第 596 页注释 52.29，《马克思恩格斯全集》中文第二版第 3 卷第 62 页第 12—13 行"黑格尔给他自己的逻辑提供了政治形体，他（Hegel gibt seiner Logik einen politischen Körper：er）"，是由"Hegel giebt tseiner Logik einen politischen Körper（黑格尔让他自己的逻辑有一个政治的形体）"修改而成的。

121. 根据 MEGA1/I/2 第 597 页注释 54.33，《马克思恩格斯全集》中文第二版第 3 卷第 65 页第 4 行的"每个（jedes）"，是由"des（这个）"修改而成的。

122. 根据 MEGA1/I/2 第 597 页注释 56.1，《马克思恩格斯全集》中文第二版第 3 卷第 66 页倒数第 10 行的"人格化的（den persönlichen）"，是后加的。

123. 根据 MEGA1/I/2 第 597 页注释 56.18，《马克思恩格斯全集》中文第二版第 3 卷第 67 页第 3 行"只有官员的生存才得到保证"后面，原先还写有"denn sie ist eine heilige（因为官员是一种神圣的）"，后被删除了。

124. 根据 MEGA1/I/2 第 597 页注释 56.18，《马克思恩格斯全集》中文第二版第 3 卷第 67 页第 10—12 行"犯了违背等级制或犯了等级制认为不必要犯的罪行（gegen die Hierarchie sündigt order eine der Hierarchie überflüssige Sünde begeht）"，是由"gegen die Hierarchie order eine der Hierarchie überflüssige（违背等级制或一种等级制认为不必要的）"修改而成的。

125. 根据 MEGA1/I/2 第 597 页注释 56.18，《马克思恩格斯全集》中文第二版第 3 卷第 69 页第 3 段"稍后，在第 308 节附释中，黑格尔说出了官僚政治的真正精神，他把这种精神称为'事务成规'和'有限领域的界限'"，是后加的。

126. 根据 MEGA1/I/2 第 598 页注释 59.24，《马克思恩格斯全集》中文第二版第 3 卷第 71 页第 3 行"实际上（faktisch）"，是后加的。

127. 根据 MEGA1/I/2 第 598 页注释 60.4，《马克思恩格斯全集》中文第二版第 3 卷第 71 页倒数第 7 行括号中的"幻想（der Illusion）"，是后加的。

128. 根据 MEGA1/I/2 第 598 页注释 60.4—5，《马克思恩格斯全集》中文第二版第 3 卷第 71 页倒数第 6—7 行"根据现实性（真理性），它却变易着〔sie wird der Wirklichkeit（der Wahrheit）nach〕"，是由"sie wird in der Wirklichkeit, der Wahrheit（它在现实性、真理性中变易着）"修改而成的。

129. 根据 MEGA1/I/2 第 599 页注释 62.5、62.6—7，《马克思恩格斯全集》中文第二版第 3 卷第 74 页第 4 行"立法权并不创立法律，它只披露和表述法律"这句话后面，原先写有"Daβ also in der Demokratie die gesetzgebende Gewalt die Organisation des Ganzen daher nicht ausmacht（因此，在民主制中，立法权并不能形成全部机构）"，但后被删除了，而接着的一段话"有人曾企图用区分制宪议会和宪制议会的办法来解决这个冲突"是后加的。

130. 根据 MEGA1/I/2 第 599 页注释 62.38，《马克思恩格斯全集》中文第二版第 3 卷第 75 页第 2 行开头的"现实（wirkichen）"一词，是后加的。

131. 根据 MEGA1/I/2 第 599 页注释 63.29，《马克思恩格斯全集》中文第二版第 3 卷第 75 页最后一行括号中的"也就是说（sc.）"，是后加的。

132. 根据 MEGA1/I/2 第 599 页注释 63.34—35，《马克思恩格斯全集》中文第二版第 3 卷第 76 页第 3—4 行的"'如果一切都以具体的能力为标准，那么，有才能的人就会比没有才能的人缴纳更重的税'"，是后加的。

133. 根据 MEGA1/I/2 第 599 页注释 65.7，《马克思恩格斯全集》中文第二版第 3 卷第 77 页倒数第 13 行"虚幻的（phantastische）"一词，是后加的。

134. 根据 MEGA1/I/2 第 599 页注释 65.10，《马克思恩格斯全集》中文第二版第 3 卷第 77 页倒数第 11 行"现实的（wirkliche）"一词，是由"wahre（真正的）"修改而成的。中译文将"wirkliche"译成了

"真正的"。

135. 根据 MEGA1/I/2 第 599 页注释 65.13—15,《马克思恩格斯全集》中文第二版第 3 卷第 77 页倒数第 8—9 行的"这种抽象把同官僚政治相异的本质偷偷塞进官僚政治,同样,它把不适当的表现形式强加给真正的本质(Wie sie der Bureaucratie ein fremdes Wesen unterschiebt, so läβt sie dem wahren Wesen die unangemeβne Form der Erscheinung)",是由"Wie sie der Bureaucratie ein fremdes Wesen, so schiebt sie dem wahren Wasen die unangemeβne Form der Erscheinung(正像这种抽象把相异的本质推给官僚政治,它也把不适当的表现形式推给真正的本质)"修改而成的。

136. 根据 MEGA1/I/2 第 599 页注释 65.15—16,《马克思恩格斯全集》中文第二版第 3 卷第 77 页倒数第 7—8 行"黑格尔把官僚政治理想化,而把公众意识经验化"是插入的话,在马克思手稿中写在"它把不适当的表现形式强加给真正的本质"这一行的上面,但没有用分派符。

137. 根据 MEGA1/I/2 第 599 页注释 65.18,《马克思恩格斯全集》中文第二版第 3 卷第 77 页倒数第 5 行的"那么(um so)",是后加的。

138. 根据 MEGA1/I/2 第 599 页注释 66.5,《马克思恩格斯全集》中文第二版第 3 卷第 78 页倒数第 10 行的"经验的(empirische)"一词,是由"wirkliche(现实的)"修改而成的。

139. 根据 MEGA1/I/2 第 599 页注释 66.35—36,《马克思恩格斯全集》中文第二版第 3 卷第 79 页第 13 行"说明(sezt auseinander)",是由"sieht(探查)"修改而成的。

140. 根据 MEGA1/I/2 第 600 页注释 66.40,《马克思恩格斯全集》中文第二版第 3 卷第 79 页最后一行的"(1)",是后加的。

141. 根据 MEGA1/I/2 第 600 页注释 67.35,《马克思恩格斯全集》中文第二版第 3 卷第 80 页倒数第 13 行"严格说来(in wörtlichsten Sinn)",是由"im wahrsten Sinne(在最真实的意义上)"修改而成的。"in wörtlichsten Sinn"的意思是"在最字面的意义上"。

142. 根据 MEGA1/I/2 第 600 页注释 68.22,《马克思恩格斯全集》中文第二版第 3 卷第 81 页倒数第 14 行的"恰当(adaequaten)"一词,是由"entsprechenden(相应的)"修改而成的。

143. 根据 MEGA1/I/2 第 600 页注释 68.24,《马克思恩格斯全集》中文第二版第 3 卷第 81 页倒数第 13 行的 "经验（empirische）" 一词，是后加的。

144. 根据 MEGA1/I/2 第 601 页注释 71.35—36，《马克思恩格斯全集》中文第二版第 3 卷第 85 页第 5 行 "同时，它们也是解决这个矛盾所需要的"，是后加的。

145. 根据 MEGA1/I/2 第 602 页注释 73.3—7，《马克思恩格斯全集》中文第二版第 3 卷第 86 页倒数第 7—10 行 "王权或者因此真的不再成为王权的极端（可是王权只能作为极端、作为片面性而存在，因为它不是有机的原则），而成为一种徒有外观的权力，成为一种象征，或者它仅仅失去任意和单纯统治权的外观"，是后加的。

146. 根据 MEGA1/I/2 第 602 页注释 73.33—34，《马克思恩格斯全集》中文第二版第 3 卷第 87 页倒数第 9—10 行 "各等级所代表的是某种本身并非国家的社会中的国家。国家仅仅是一种观念"，是后加的。

147. 根据 MEGA1/I/2 第 603 页注释 79.1—3，《马克思恩格斯全集》中文第二版第 3 卷第 91 页第 5—7 行 "或者更确切地说：只有市民等级和政治等级的分离才表现出现代的市民社会和政治社会的真正的相互关系"，是后加的。

148. 根据 MEGA1/I/2 第 603 页注释 80.34—35，《马克思恩格斯全集》中文第二版第 3 卷第 93 页从倒数第 3 段开始到第 84 页第 3 段这两页（即第 91、92 页）的文本内容被删除了。这些引文又在后面各页分别重新出现（见第 102、104、107、117、121、130 页，第 306 节的引文只是部分得到再现）。《马克思恩格斯全集》中文第二版第 3 卷此处的编辑方案值得商榷。马克思写作中断的地方是重新开始从中文第二版第 3 卷第 88 页最后一行的评注开始的。

149. 根据 MEGA1/I/2 第 607 页注释 93.16、第 908 页注释 93.32、第 608 页注释 95.20，"市民社会（bürgerliche Gesellschaft）"，是由 "Volk（人民）" 修改而成的。

150. 根据 MEGA1/I/2 第 616 页注释 113.25，《马克思恩格斯全集》中文第二版第 3 卷第 129 页倒数第 8 行的 "私人（der Privatperson）"，是由 "des Einzelnen（单个（人））" 修改而成的。马克思《博士论文》中用了 "Einzelnheit" 一词。

151. 根据 MEGA1/I/2 第 623 页注释 129.22，《马克思恩格斯全集》中文第二版第 3 卷第 148 页倒数第 6 行的"作为类活动的任何特定的社会活动都只代表类"中，"社会的（sociale）"这个法文词是后加的。

152. 根据 MEGA1/I/2 第 623 页注释 132.10，《马克思恩格斯全集》中文第二版第 3 卷第 152 页第 3 行"构思（construit）"，是由"entwickelt（解释）"修改而成的。

第9章 《1844年经济学—哲学手稿》的修改情况

马克思对《1844年经济学—哲学手稿》作了比较大的修改,修改程度超过了《德意志意识形态(费尔巴哈)》。当然,大多数修改属于马克思在写作过程中的即时修改。

1. 根据MEGA1/I/2第743页异文327.28—29,第二版加脚注:本章所说的第二版指《马克思恩格斯全集》中文第二版第3卷第223—224页"工人的生活取决于需求,而需求取决于富人和资本家的兴致",是后加的。

2. 根据MEGA1/I/2第743页异文328.20—23,第二版第3卷第224页倒数第7—9行"例如,当资本家由于制造业秘密或商业秘密,由于垄断或自己拥有的地段的位置有利而使市场价格保持在自然价格以上的时候,工人也无利可得",是后加的。

3. 根据MEGA1/I/2第744页异文329.28,第二版第3卷第228页第6行的"积聚(concentriren)"一词,是由"aufhäufen(积累)"修改而成的。

4. 根据MEGA1/I/2第745页异文330.4—5,第二版第3卷第228页倒数第6—7行的"资本的积聚会加强",是后加的。

5. 根据MEGA1/I/2第746页异文331.20,第二版第3卷第230页第12行的"现在让我们完全站在国民经济学家的立场上,并且",是后来新写的句首。之前,这句话与前面的部分有空行,说明由此进入新内容的阐述。

6. 根据MEGA1/I/2第746页异文331.23,第二版第3卷第230页倒数第11—12行的"本来——并且按照理论"是后加的,以前句子的意思是"国民经济学家对我们说,劳动的全部产品属于工人"。

7. 根据 MEGA1/I/2 第 748 页异文 332.13,第二版第 3 卷第 231 页第 4 段开头的"按照国民经济学家的意见",是后加的。

8. 根据 MEGA1/I/2 第 748 页异文 332.19,第二版第 3 卷第 231 页第 5 段的"(1)",是马克思写完"因为工资的提高可以由劳动时间量的减少和上述其他后果而绰绰有余地得到补偿"之后马上补写上的。

9. 根据 MEGA1/I/2 第 748 页异文 338.23、339.18,第二版第 3 卷第 238 页第 2 行"资本"前面的"一"以及第 239 页第 10 行的"二、资本的利润",都是后加的。

10. 根据 MEGA1/I/2 第 748 页异文 339.9,第二版第 3 卷第 239 页第 2 行"对劳动",是后加的。

11. 根据 MEGA1/I/2 第 749 页异文 340.38,第二版第 3 卷第 240 页倒数第 2 行"甚至比他还低(甚至更低)",是后加的。

12. 根据 MEGA1/I/2 第 749 页异文 340.40,第二版第 3 卷第 240 页最后一行的"交易所的交易"一词,是后加的。

13. 根据 MEGA1/I/2 第 752 页异文 332.27,第二版第 3 卷第 231 页倒数第 4 行"按照理论,地租和利润"是后来新写的句首,以前只写了"工资遭到扣除"。

14. 根据 MEGA1/I/2 第 752 页异文 333.14、333.17—18,第二版第 3 卷第 232 页倒数第 7—8 行的"并以此来改善工人阶级的状况",以及倒数第 5 行"劳动在国民经济学中仅仅以谋生劳动的形式出现",是后加的。

15. 根据 MEGA1/I/2 第 760 页异文 359.19、359.20,第二版第 3 卷第 260 页倒数第 8、7 页的"私有权(Privateigenthums)"、"私有制(Privateigenthums)",都是由"Eigenthums"修改而成的,修改后都应译为"私有财产"。

16. 根据 MEGA1/I/2 第 761 页异文 359.36—39,第二版第 3 卷第 261 页第 6—8 行的"同样,地产的统治在这里并不直接表现为单纯的资本的统治。属于这块地产的人们对待这块地产毋宁说就像对待自己的祖国一样。这是一种狭隘的民族性",是后来加写的。

17. 根据 MEGA1/I/2 第 761 页异文 360.6—9,第二版第 3 卷第 261

页倒数第 9—11 行的"风尚、性格等等因地块而各不相同,并且仿佛同自己所属的小块土地是一体的,但是后来把人和地块连在一起的便不再是人的性格、人的个性,而仅仅是人的钱袋了",是后加的。

18. 根据 MEGA1/I/2 第 764 页异文 361.26—29,第二版第 3 卷第 263 页第 6—8 行的"地产分割的一大优点是,一大批人不再听命于农奴制,他们将以不同于工业的方式因财产而没落下去",是后来写上的。

19. 根据 MEGA1/I/2 第 764 页异文 361.38—40,第二版第 3 卷第 263 页第 13—15 行的"更不用说现代英国的地产形式了,在那里,地主的封建主义是同租地农产主的以产业形式牟利的行为结合在一起的",是后来加写的。

20. 根据 MEGA1/I/2 第 768 页异文 364.27,第二版第 3 卷第 267 页倒数第 10 行开头的"两个事物"中的"事物(Dingen)",是由"Factoren(因素)"修改而成的。

21. 根据 MEGA1/I/2 第 768 页异文 364.33,第二版第 3 卷第 267 页倒数第 6 行的"工人生产的财富越多"中,"财富(Reichthum)"是后加的,添加之前马克思想表达的意思是"工人生产得越多"。

22. 根据 MEGA1/I/2 第 769 页异文 364.37,第二版第 3 卷第 267 页倒数第 4 行"劳动生产的不仅是商品"中,"生产(produciert)"是由"schafft(创造)"修改而来的。

23. 根据 MEGA1/I/2 第 769 页异文 364.38,第二版第 3 卷第 267 页倒数第 3—4 行的"它生产作为商品的劳动本身和工人"中,"和工人"是后加的。

24. 根据 MEGA1/I/2 第 769 页异文 365.5,第二版第 3 卷第 268 页第 3 行"劳动的这种现实化表现为工人的非现实化"中,"工人(des Arbeiter)"是由"der Arbeit(劳动)"修改而成的。原来的意思是"劳动的这种现实化表现为劳动的非现实化"。其实,接下来(本页第 5 行)就用了"劳动的非现实化"的说法("劳动的现实化竟如此表现为非现实化")。

25. 根据 MEGA1/I/2 第 769 页异文 365.6—7,第二版第 3 卷第 268 页第 3—4 行"对象化表现为对象的丧失和被对象奴役"中,"和被对象奴役"是后加的。

26. 根据 MEGA1/I/2 第 769 页异文 365.7,第二版第 3 卷第 268 页第

4 行的"占有表现为异化、外化"中,"占有(die Aneignung)"是后加的。没有添加"占有"之前,马克思想表达的意思是"对象化表现为对象的丧失和被对象奴役,表现为异化、外化"。

27. 根据 MEGA1/I/2 第 771 页异文 366.33—34,第二版第 3 卷第 270 页第 2—3 行"劳动生产了智慧,但是给工人生产了愚钝和呆痴",是后加的。其中,"智慧"的原文是"Geist",也可译为"理智感受性"。

28. 根据 MEGA1/I/2 第 771 页异文 366.39、366.39—41,第二版第 3 卷第 270 页第 6—7 行"对问题的这另一个方面我们将在后面加以考察"这句话的后面,原先写有"Dieäusserste Entfremdung, die der Arbeiter in d. Product schafft, ist, daβ er selbst seine Arbeit/",这是没有写完的句子,意思是"工人在产品中创造的最极端的异化,是工人(从事)劳动本身",后来这句话被删除了,换成了"因此,当我们问劳动的本质的关系是什么的时候,我们问的是工人对生产的关系"。

29. 根据 MEGA1/I/2 第 771 页异文 367.29,第二版第 3 卷第 271 页第 5 行的"自主活动(Selbstthätigkeit)"一词,是由"Thätigkeit(活动)"一词修改而来的,对应于"自由的有意识的活动(die freie bewuβte Thätigkeit)"。马克思使用"活动"一词,很明显是受赫斯影响。

30. 根据 MEGA1/I/2 第 772 页异文 368.17,第二版第 3 卷第 272 页第 2 行开头原先写有"Wie bestimmt/(正如规定)",被删除;然后写有"Wonach beurtheilt man die species, zu der ein Thier gehört? Auβer sein Körperbau(人何以判断一个动物所属的类?除了其身体)",又被删除了。后来写的是"人是类存在物——"。

31. 根据 MEGA1/I/2 第 772 页异文 369.12—13,第二版第 3 卷第 273 页第 4 行"这种生产生活(das produktive Leben)",是后加的。

32. 根据 MEGA1/I/2 第 773 页异文 369.32,第二版第 3 卷第 273 页倒数第 7 行的"通过实践(praktische)"一词,是后加的。

33. 根据 MEGA1/I/2 第 773 页异文 370.3—4、370.5,第二版第 3 卷第 274 页第 2—3 行"动物只是按照它所属的那个种的尺度和需要来构造"中的"和需要(und Bedürfniβ)",以及第 4 行的"内在的(inhärente)"是后加的。其中,"种"与"类"都是"species"的翻译。

34. 根据 MEGA1/I/2 第 774 页异文 370.29、370.30,第二版第 3 卷

第 274 页倒数第 3 行开头的"（4）"是后加的。这段话的前面，原先书写的文本是"Wir sind ausgegangen von der sich selbst Entfremdeten Arbeit und haben diesen Begriff nur analysirt/（我们从自身异化的劳动出发，只是分析了异化劳动的概念）"，后被删除了。

35. 根据 MEGA1/I/2 第 774 页异文 370.34—35，第二版第 3 卷第 274 页最后一行"对自己的劳动产品（zum Product seiner Arbeit）"，是后加的。

36. 根据 MEGA1/I/2 第 774 页异文 371.10—11，第二版第 3 卷第 275 页第 5 段"我们的出发点是经济事实即工人及其产品的异化。我们表述了这一事实的概念：异化的、外化的劳动。我们分析了这一概念，因而我们只是分析了一个经济事实"的后面，接着写有文本"Wir haben nicht den Begriff des Privateigenthums vorausgesezt（我们尚未假定私有财产的概念）"，后被删除了。

37. 根据 MEGA1/I/2 第 775 页异文 371.41，第二版第 3 卷第 276 页第 10—11 行中"敌对的（feindlichen）、强有力的（mächtigen）"，是后加的。

38. 根据 MEGA1/I/2 第 775 页异文 372.7—8、372.17—18，第二版第 3 卷第 276 页倒数第 7 行"与他不同的"、最后一行"以及他对这些他人的关系"，是后加的。

39. 根据 MEGA1/I/2 第 776 页异文 373.24，第二版第 3 卷第 278 页第 8 行开头的"强制（gewaltsame）"一词，是后加的。

40. 根据 MEGA1/I/2 第 776 页异文 373.40，第二版第 3 卷第 278 页倒数第 5 行"工人的解放还包含普遍的人的解放"中，"普遍的（allgemein）"一词是后加的，添加之前的意思是"工人的解放还包含人的解放"。"Emancipation die allgemein menschliche"在第一版第 42 卷被译为"全人类的解放"。在《论犹太人问题》（本卷第 168 页第 2 行），马克思也用了"普遍的人的解放（der allgemein menschlichen Emancipation）"，第一版第 1 卷第 424 页将其译为"人类解放"。

41. 根据 MEGA1/I/2 第 777 页异文 374.20，第二版第 3 卷第 279 页第 8—10 行"我们把私有财产的起源问题变为外化劳动对人类发展进程的关系问题，就已经为解决这一任务得到了许多东西"，是由不完整的句子"in dem wir die Frage nach der geschichtlichen Nothwendligkeit, d. h. nach der Entwicklung/（我们通过（提出）历史必然性的问题，即发展问题），就已经为解决这一任务得到了许多东西"修改而成的。

42. 根据MEGA1/I/2第777页异文374.12，第二版第3卷第279页第5行"普遍本质"的"普遍（allgemeine）"一词，是后加的。第4—5行"从私有财产对真正人的和社会的财产的关系来规定作为异化劳动的结果的私有财产的普遍本质"这句话的原文是："Das Allgemeine Wesen des Privateigentheims, wie es sich als Resultat der entfremdeten Arbeit ergeben hat, in seinem Verhältniβ zum wahrhaft menschlichen und socialen Eigenthum zum bestimmen"，应该译为"要从私有财产对真正人的和社会的财产的关系来规定私有财产的普遍本质，正如私有财产作为异化劳动的结果而产生一样"。

43. 根据MEGA1/I/2第778页异文374.29，第二版第3卷第279页倒数第10—11行"两个组成部分，它们相互制约，或者说，它们只是同一种关系的不同表现"的后面，原先写有文本"haben wir das Privateigenthum/（我们有私有财产）"，后被删除了。删除之前的完整意思是"我们有私有财产，它有两个相互制约（或同一种关系的不同表现）的组成部分"。其中，"关系（Verhältnisses）"是由"Sache（事物）"修改而成。根据MEGA1/I/2第778页异文374.30，"aufgelöst"后面原先是句号，后改为逗号，这说明"占有表现为异化、外化，而外化表现为占有、异化表现为得到公民权"是马克思后写上的。根据MEGA1/I/2第778页异文374.29，这段话中"uns（我们）"是后加的，将"hat sich uns die entäusserte Arbeit aufgelöst"译为"外化劳动分解为"，"uns"的字意就没有体现出来。《关于费尔巴哈的提纲》第四条"他做的工作是把宗教世界归结于它的世俗基础（Seine Arbeit besteht darindie religiöse Welt in ihre weltliche Grundlage aufzulösen）"，中译文就把"auflösen"译为"归结"。综合来看，整段话"In zwei Bestandtheile, die sich wechselseitig bedingen, oder nur verschiedne Ausdrücke ein und desselben Verhältnisses sind, hat sich uns die entäusserte Arbeit aufgelöst, die Aneignung erscheint als Entfremdung, als Entäusserung und die Entäusserung als Aneignung, die Entfremdung als die wahre Einbürgerung"，应该译为"我们已把外化劳动归结为两个相互制约

（或同一种关系的不同表现）的方面，即占有显现为异化、外化，以及外化显现为占有、异化显现为得到公民权"。笔者将"Bestandtheile"意译为"方面"，而非字面的意思即"组成部分"。其实，接下来的一段，马克思用的就是"方面（Seite）"一词。根据 MEGA1/I/2 第 778 页异文 374.28，"组成部分（bestandtheile）"是由"Sätze（论点、命题）"修改而成的，这也支持笔者的翻译处理。"占有"即私有财产导致异化、外化，异化、外化只是私有财产的现象（异化劳动的四个方面）；另一方面，外化导致占有，这暗合洛克的劳动产权理论，为笔记本 III 从黑格尔式的否定之否定的劳动辩证法思路的引入埋下了伏笔。"占有"是公民权的前提。

44. 第二版第 3 卷第 279 页倒数第 6—8 行"我们已经考察了一个方面，考察了外化劳动对工人的关系，也就是说，考察了外化劳动对自身的关系"，应译为"我们已经考察了一个方面，考察了外化劳动对工人的关系（即外化劳动对自身的关系）这个方面"。

45. 根据 MEGA1/I/2 第 778 页异文 374.39，第二版第 3 卷第 279 页倒数第 4 行的"和对非工人的关系（und zum Nichtarbeiter）"，是后加的。

46. 根据 MEGA1/I/2 第 778 页异文 375.3，第二版第 3 卷第 279 页倒数第 1 行的"自主活动表现为替他人活动"写完之后，马克思本来是要继续写"生命的活跃表现为生命的牺牲"，不过只写了一个定冠词"die"（Lebendigkeit 的定冠词），马克思删掉了"die"，然后写上"和表现为他人的活动"，接着再写"生命的活跃表现为生命的牺牲"。需要指出的是，"Lebendigkeit"译为"生命的朝气蓬勃"比译为"生命的活跃"更易懂。

47. 根据 MEGA1/I/2 第 778 页异文 375.4，第二版第 3 卷第 280 页第 1 行"对象的生产表现为对象的丧失"中的"对象的生产（die Production des Gegenstandes）"，马克思原先想写的是"das Product（产品）"，删除之后写了"die Erzeugung（生产）"，最后改为"die Production（生产）"。

48. 根据 MEGA1/I/2 第 778 页异文 375.5，第二版第 3 卷第 280 页第 1—2 行"转归异己的力量、异己的人所有"，马克思本来想写的是"转归异己的人的力量所有（an eine fremde menschliche Macht）"。

49. 根据 MEGA1/I/2 第 779 页异文 375.6—7、375.7，第二版第 3 卷第 280 页第 2—3 行"现在我们就来考察一下这个同劳动和工人生疏的人对工人、劳动和劳动对象的关系（so betrachten wir nun das Verhältnis dieses der Arbeit und dem Arbeiter *fremden* Menschen zum Arbeiter, Zur Arbeit und ihrem Gegenstand）"中"这个同劳动和工人生疏的人（dieses der Arbeit und dem Arbeiter *fremden* Menschen）"，马克思原先想写的是"dieses der Arbeit fremden Mensch（这个同劳动疏离的人）"。这里把"fremden"译为"疏离"比"生疏"更妥①。在写完"so betracfhten wir nun das Verhältnis dieses der Arbeit und dem Arbeiter *fremden* Menschen"之后，马克思接着写的是"zum beiden"，即"so betrachten wir nun das Verhältnis dieses der Arbeit und dem Arbeiter *fremden* Menschen zum beiden（我们现在就来考察这个同劳动和工人疏离的人对这两者的关系）"，然后删除"zum beiden"，改为"zum Arbeiter, Zur Arbeit und ihrem Gegenstand"。整句话应译为"我们现在就来考察这个同劳动和工人疏离的人对工人，对劳动及其对象的关系"。

50. 根据 MEGA1/I/2 第 779 页异文 375.8，第二版第 3 卷第 280 页第 2 段的开头，原先写有这样一句话："Es ist ein tautologischer Satz, daβ der, welcher sich die Natur durch die Arbeit aneignet, ihr entfremdet（说自然通过劳动而占有自身，被异化，这是一句同义反复的话），后被删除了。

51. 根据 MEGA1/I/2 第 779 页异文 375.12，第二版第 3 卷第 280 页第 3 段"其次，工人生产中的现实的、实践的态度，以及他对产品的态度（作为一种内心状态），在同他对立的非工人那里表现为理论的态度（Zweitens, daβ das wirkliche, praktische Verhalten des Arbeiters in der Produktion und zum Produkt（als Gemützstand）bei dem ihm gegenüberstehenden Nichtarbeiter als theoretisches Verhalten erscheint）"中，"实践的（praktische）"一词是后加的，而 daβ 后面原先有"blos（仅仅）"一词，后被删除了，删除之前的意思是"其次，工人生产中的现实的、实践的态度，以及他对产品的态度（作为一种内心状态），在同他对立的非工人那里仅仅表现为理论的态度"。而根据 MEGA1/I/2 第 779 页异文 375.13—14，这段话的后半部分"以及他对产品的态度（作为一种内心状态），在同他对立的非工人那里表现为理论的态度"也是经过修改而

---

① 刘丕坤译本将其译为"不相干的"。

成的。原先的文本是"und zum Produktals theoretisches Verhalten,（als Gemütszustand）bei dem ihm gegenüberstehenden Nichtarbeiter erscheint"。不过两者意思是一样的。整句话应译为"其次，工人生产中的现实的、实践的态度，以及工人对产品的现实的、实践的态度（作为心境），在同他对立的非工人那里表现为理论的态度"。"Gemütszustand"译为"心境"，比译为"一种内心状态"更妥。刘丕坤译本将其译为"一种情意状态"。

52. 根据 MEGA1/I/2 第 779 页异文 376.12，第二版第 3 卷第 281 页倒数第 10 行的"作为商品（als Waare）"，是后加的。

53. 根据 MEGA1/I/2 第 779 页异文 376.16，第二版第 3 卷第 281 页倒数第 6 行的"这种异己性也必定现实地表现出来"中，"必定（muβ）"是由"kann（能够）"修改而成的。

54. 根据 MEGA1/I/2 第 780 页异文 376.24，第二版第 3 卷第 282 页第 1—2 行的"资本的存在以一种对他来说无所谓的方式规定他的生活的内容（wie es den Inhalt seines Lebens auf eine ihm gleichgültige Weise bestimmt）"，是由"wie es das Dasein seiner Arbeit bestimmt（正像资本的存在决定他的劳动的存在）"。需要指出的是，"资本的存在以一种对他来说无所谓的方式规定他的生活的内容"少译了"wie（正像）"，刘丕坤译本中有"正像"。

55. 根据 MEGA1/I/2 第 780 页异文 376.27—28，第二版第 3 卷第 282 页第 3—4 行的"小偷、骗子、乞丐，失业的、快饿死的、贫穷的和犯罪的劳动人（Der Spitzbube, Gauner, Bettler, der unbeschäftigte, der verhungernde, der elende und verbrecherische Arbeitsmensch）"，是经过 4 次修改而成的。最先的文本是"Als Spitzbube, Gauner, Bettler（作为小偷、骗子、乞丐）"，然后修改为"Der Spitzbube, Gauner, Bettler, unbeschäftigte und darum verhungerndeArbeitsmensch（小偷、骗子、乞丐，失业从而快饿死的劳动人）"，再修改为"Der Spitzbube, Gauner, Bettler, der unbeschäftigte und darumverhungernde und verbrecherische Arbeitsmensch（小偷、骗子、乞丐，失业从而快饿死、犯罪的劳动人）"，最后修改为现有的文本。

56. 根据 MEGA1/I/2 第 780 页异文 377.1，第二版第 3 卷第 282 页第 5 行"医生、法官、掘墓者、乞丐管理人等等"，原先写的是"医生、法官等等"，后来删除"等等"，再写上"掘墓者、乞丐管理人等等"。

57. 根据 MEGA1/I/2 第 780 页异文 377.2，第二版第 3 卷第 282 页第 6 行的"幽灵（Gespenster）"，是由"Hirngespinste（幻影）"修改而成的。

58. 根据 MEGA1/I/2 第 780 页异文 377.8—9，第二版第 3 卷第 282 页第 10 行的"与为了保持车轮运转而加的润滑油"，是后加的。

59. 根据 MEGA1/I/2 第 780 页异文 377.9，第二版第 3 卷第 282 页第 11 行的"必要（nöthigen）"一词是后加的。

60. 根据 MEGA1/I/2 第 780 页异文 377.11—25，第二版第 3 卷第 282 页倒数第 3—14 行这一长段内容，原先的文本是先写倒数第 3—10 行的文字，然后写倒数第 11—14 行的文字。后来在写倒数第 3 行"同样"开头的句子之前，马克思将其作了调换。

61. 根据 MEGA1/I/2 第 781 页异文 377.12，第二版第 3 卷第 282 页倒数第 13 行的"社会救济金"中的"社会（öffentlichen）"一词，是后加的。

62. 根据 MEGA1/I/2 第 781 页异文 377.15，第二版第 3 卷第 282 页倒数第 10 行的"不仅（nicht nur）"，是后加的。

63. 根据 MEGA1/I/2 第 781 页异文 377.17—18，第二版第 3 卷第 282 页倒数第 9 行的"在精神上又在肉体上非人化的（geistig wie körperlich entmenschtes）"，是由"geistloses wie körperlich（空虚的和肉体上的）"修改而成的。

64. 根据 MEGA1/I/2 第 781 页异文 377.19，第二版第 3 卷第 282 页倒数第 7 行的"和自主活动的（und selbstthätige）"，是后加的。

65. 根据 MEGA1/I/2 第 781 页异文 377.24，第二版第 3 卷第 282 页倒数第 3 行的"每年（der jährlichen）"，是由"seiner（它）"修改而成的。

66. 根据 MEGA1/I/2 第 781 页异文 377.30，第二版第 3 卷第 283 页第 1 行"资本家通常只有通过降低工资才能增加收益，反之则降低收益"这句话，原先马克思想写的是"资本家通常只有通过降低工资等方法来增加收益"，后改成现有的文本。

67. 根据 MEGA1/I/2 第 781 页异文 377.31—32，第二版第 3 卷第 283 页第 2 行出现的两个"榨取（Uebervortheilung）"，都是由"Plünderung

第 9 章　《1844 年经济学—哲学手稿》的修改情况　　155

（掠夺）"修改而成的。

68. 根据 MEGA1/I/2 第 781 页异文 377.38—39，第二版第 3 卷第 283 页第 6 行的"也对意识和生命表现来说（daher dem Bewuβtsein und der Lebensäuβerung auch）"，是后加的。

69. 根据 MEGA1/I/2 第 781 页异文 378.4—6，第二版第 3 卷第 283 页第 11—13 行括号中的内容，原先是连贯地写在倒数第 8 行"灭亡"与"因此"之间，马克思在括号前面作了分派符，分派到现有的位置。

70. 根据 MEGA1/I/2 第 781 页异文 378.5—6，第二版第 3 卷第 283 页第 12 页的"表面上的人的（scheinbar menschlichen）"，是由"fremden（疏离的）"修改而成的。

71. 根据 MEGA1/I/2 第 782 页异文 378.12—13，第二版第 3 卷第 283 页倒数第 7 行的"利息（der Zinsen）"，是后加的。

72. 根据 MEGA1/I/2 第 782 页异文 378.22，第二版第 3 卷第 283 页倒数第 1 行的"毫无意义的（nichtssagenden）"，是由"einfachen（简单的）"修改而成的。

73. 根据 MEGA1/I/2 第 782 页异文 378.25—26，第二版第 3 卷第 284 页第 3 行的"私有的不动产和私有的动产之间的（von dem *unbeweglichen* und *beweglichen* Privateigentum）"是后加的。

74. 根据 MEGA1/I/2 第 782 页异文 378.27—28，第二版第 3 卷第 284 页第 5 行的"形成和产生的环节（Bildungs und Entstehungsmoment）"是经过多次修改而成的。最先的文本是"Moment der Entwicklung（发展的环节）"，然后改为"Moment der Bewegung（运动的环节）"，再改为"Bildungsmoment（形成的环节）"，又改为"geschichtliches Bildungsmoment（历史形成的环节）"，最后改为现有的文本。

75. 根据 MEGA1/I/2 第 782 页异文 378.30—31，第二版第 3 卷第 284 页第 6—7 行的"工业在其中得到发展的那个同农业的对立（Gegensatz, in dem sich die Industrie zur Agrikultur ausgebildet）"，是由"Gegensatz, den sich die Industrie zur Agrikultur（工业同农业的对立）"修改而成的。

76. 根据 MEGA1/I/2 第 783 页异文 378.35，第二版第 3 卷第 284 页第 10 行的"封建性质（feudalen Charakter）"中的"feudalen（封建的）"一词，是后加的。"feudalen Charakter"也可译为"封建特征"。

77. 根据 MEGA1/I/2 第 783 页异文 378.36，第二版第 3 卷第 284 页第 10 行的"同业公会（Corporation）"一词，是后加的。

78. 根据 MEGA1/I/2 第 783 页异文 379.6，第二版第 3 卷第 284 页倒数第 6 行的"本身（an sich）"，是后加的。

79. 根据 MEGA1/I/2 第 783 页异文 379.9，第二版第 3 卷第 284 页倒数第 4 行的"公开的（offenbarte）"一词，是后加的。

80. 根据 MEGA1/I/2 第 783 页异文 379.13—14，第二版第 3 卷第 285 页第 1—2 行的"也必然在现实中发生：经营农业的资本家——租地农场主——必然（muβ sich auch in der Wirklichkeit vollziehn, der Agrikultur treibende Kapitalist - der Pächter - muβ）"，是经过两次修改而成的。最先的文本是"vollzieht auch in der Wirklichkeit（也在现实中发生）"，然后改为"muβsich auch in der Wirklichkeit vollziehn, weil der Agrikultur treibende Kapitalist - der Pächter -（也必然在现实中发生，因为经营农业的资本家——租地农场主）"，最后改为现有的文本。

81. 根据 MEGA1/I/2 第 783 页异文 379.22，第二版第 3 卷第 285 页第 8—9 行的"坐享其成的、残酷无情的（自私自利的）主人（nichtstuenden und grausamen egoistischen Herrn）"，是由"nichtstuenden Herrn（坐享其成的主人）"修改而成的。

82. 根据 MEGA1/I/2 第 784 页异文 379.29—30，第二版第 3 卷第 285 页第 14 行的"就有一个明确的概念（ein anschauliches Bild zu verschaffen）"，是经过两次修改而成的。最先的文本是"zu überzeugen（确信）"，然后改为"ein Anschauung zu verschaffen（就有一种直观）"，最后改为"ein anschauliches Bild zu verschaffen"。最好将其译为"获得一种直观的形象"。

83. 根据 MEGA1/I/2 第 784 页异文 379.30—31，第二版第 3 卷第 285 页倒数第 8 行的"他的财产的（seines Eigemthums）"，是后加的。

84. 根据 MEGA1/I/2 第 784 页异文 379.31—32，第二版第 3 卷第 285 页倒数 7—8 行"他的回忆的诗意"后面，原先写有"gegen den Industrieherrn geltend. Er schildert ihn（siehe z. B. seinen Idealismus"。整句话的意思是"他的针对工业主的回忆的诗意。他描绘自己（比如他的理想主义"，后来马克思将其删除，继续写了"他的耽于幻想的气质、他的政治

第9章 《1844年经济学—哲学手稿》的修改情况   157

上的重要性等等"。

85. 根据 MEGA1/I/2 第784页异文379.33—34，第二版第3卷第285页倒数第5—7行的"而如果他用国民经济学的语言来表达，那么他就会说：只有农业才是生产的"这句话，是后加的。这句话本来是写在后面一句话"破坏一切社会纽带的，没有廉耻、没有原则、没有诗意、没有实体、心灵空虚的贪财恶棍"的中间。马克思在前面那句话的句首标了分派符，分派到现有的位置。

86. 根据 MEGA1/I/2 第784页异文379.34—35，第二版第3卷第285页倒数第5行的"狡黠诡诈的，兜售叫卖的，吹毛求疵的（schlauen, feilbietenden, mäkelnden）"是后加的，而且是先加的"狡黠诡诈的，兜售叫卖的"，后加的"吹毛求疵的"。

87. 根据 MEGA1/I/2 第784页异文379.37，第二版第3卷第285页倒数第2—3行的"牵线撮合的（kuppelnden）"一词，是后加的。该词可直接译为"拉皮条的"。刘丕坤译本将其译为"皮条匠"。

88. 根据 MEGA1/I/2 第784页异文379.37—40，第二版第3卷第285—286页的"奴颜婢膝的，阿谀奉承的，圆滑世故的，招摇撞骗的，冷漠生硬的，制造、助长和纵容竞争、贫困、犯罪的，破坏一切社会纽带的，没有廉耻的——贪财恶棍（sklavischen, geschmeidigen, schöntuenden, prellenden, trockenen, die Konkurrenz und daher den Pauperismus und das Verbrechen, die Auflösung aller sozialen Bande erzeugenden, nährenden, hätschelnden Geldschurken ohne Ehre）"，是经过4次修改而成的。最先的文本是"sklavischen, trockenen, prellenden Geldschurken（奴颜婢膝的，冷漠生硬的，招摇撞骗的金钱恶棍）"，然后改为"sklavischen, trockenen, prellenden, den Pauperismus und das Verbrechen, die Auflæsung aller sozialen Bande erzeugenden, nährenden, hätschelnden Geldcapit（奴颜婢膝的，冷漠生硬的，招摇撞骗的，助长和纵容贫困、犯罪的，破坏一切社会纽带的，贪婪的——金钱资本）"，再改为"sklavischen, trockenen, prellenden, den Pauperismus und das Verbrechen, die Aufl？sung aller sozialen Bande erzeugenden, nährenden, hätschelnden Geldschurken ohne Ehre（奴颜婢膝的，冷漠生硬的，招摇撞骗的，助长和纵容贫困、犯罪的，破坏一切社会纽带的，没有廉耻的——贪财恶棍）"，最后改为现有的文本。

89. 根据 MEGA1/I/2 第 784 页异文 379.41，第二版第 3 卷第 286 页的"没有实体（ohne Substanz）"是后加的。需要指出的是，刘丕坤译本将其译为"没有人格"。笔者认为可将其译为"没有本质"，意即"丧失本质（即本质异化）"。

90. 根据 MEGA1/I/2 第 784 页异文 379.41，第二版第 3 卷第 286 页第 1—2 行的"此外，重农学派（unter andern den Physiokraten）"，是后加的。

91. 根据 MEGA1/I/2 第 785 页异文 380.3—11，第二版第 3 卷第 286 页第 4—10 行从"科泽加藤的著作"到"并见西斯蒙第的著作"，原先写的文本只有简单的"科泽加藤的著作，并见西斯蒙第的著作"，写在手稿的右栏。其余的内容，是后来插进来的，写在另一页上，并分散写在三个位置（都在页边缘）。具体来说，"见爱好夸张的老年黑格尔派神学家丰克的著作，他满含眼泪，按照莱奥先生的说法讲述了在废除奴隶制时一个奴隶如何拒绝不再充当贵族的财产"，写在手稿左栏（和"科泽加藤的著作，并见西斯蒙第的著作"所在的那一页的右栏正好相对）的页下边缘；"还可见尤斯图斯·默泽的《爱国主义的幻想》，这些幻想的特色是它们一刻也没有离开庸人的那种一本正经的、小市民的"，写在手稿右栏的页下边缘；"'自制的'平庸的狭隘眼界；虽然如此，它们仍然不失为纯粹的幻想。这个矛盾也使这些幻想如此投合德国人的口味"，写在左栏的页上边缘。而根据 MEGA1/I/2 第 785 页异文 380.7—9，上述添加的内容也经过了修改。具体来说，"（庸人的）那种一本正经的、小市民的、'自制的'平庸的狭隘眼界（den biedern, kleinbürgerlichen hausbackenen, gewöhnlichen, bornierten Horizont）"，是经过 3 次修改而成的。最先的文本是"über den Gesichtskreis des biedern, kleinbürgerlichen, bornierten（超越那种一本正经的、小市民的、狭隘的（庸人的）眼界）"，然后修改为"den biedern, kleinbürgerlichen, bornierten Horizont（（庸人的）那种一本正经的、小市民的、狭隘的眼界）"，最后改为现在的文本。

92. 根据 MEGA1/I/2 第 785 页异文 380.11，第二版第 3 卷第 286 页第 10 行的"见（sieh）"，是后加的。

93. 根据 MEGA1/I/2 第 785 页异文 380.13，第二版第 3 卷第 286 页第 11 行的"它是现代侄子"的后面本来是分号"；"，后来马克思删除了

第 9 章　《1844 年经济学—哲学手稿》的修改情况

分号，继续写了"而且是现代的合法的嫡子（und ihr berechtigter eingeborener Sohn）"，再用分号隔开。而且根据 MEGA1/I/2 第 785 页异文 380.14，"嫡传的（eingeborener）"一词是后加的。

94. 根据 MEGA1/I/2 第 785 页异文 380.16，第二版第 3 卷第 286 页第 13 行的"粗野的（rohe）"前面，原先还有"unmittelbar（直接的）"一词，后被删除了。

95. 根据 MEGA1/I/2 第 785 页异文 380.24—25，第二版第 3 卷第 286 页倒数第 8 行的"无法无天和大逆不道"是后加的。

96. 根据 MEGA1/I/2 第 785 页异文 380.25—26，第二版第 3 卷第 286 页倒数第 6—7 行的"动产已经使人获得了政治的自由（Es habe der Welt die politische Freiheit verschafft）中，"der Welt（世界、全人类）"是后加的。中译文将"der Welt"意译为"人"。刘丕坤译本将其译为"人民"。

97. 根据 MEGA1/I/2 第 786 页异文 380.37，第二版第 3 卷第 287 页第 2 行的"像高利贷一样（wucherisch）"一词，是后加的。

98. 根据 MEGA1/I/2 第 786 页异文 380.39—40，第二版第 3 卷第 287 页第 4—5 行的"对土地所有者来说，农业和土地本身仅仅作为送给他的财源而存在（er, für den der Landbau und der Boden selbst nur als eine ihm geschenkte Geldquelle existiert）"，是由"er, den der Landbau selbst nur als eine ihm geschenkte Geldquelle（农业，土地本身仅仅作为送给他的财源）"修改而成的。

99. 根据 MEGA1/I/2 第 786 页异文 380.41，第二版第 3 卷第 287 页第 6 行的"狡猾的（schlauer）"一词，是后加的。

100. 根据 MEGA1/I/2 第 786 页异文 380.41—381.1，第二版第 3 卷第 287 页第 8 行的"在心里并且在实际上属于自由的工业（der dem Herzen und der Wirklichkeit nach der freien Industrie）"是经过 2 次修改而成的。最先的文本是"im Herzen demfreien（心里想的是自由）"，然后改为"im Herzen demfreien Industrie（心里想的是自由工业）"，最后改为现有的文本。

101. 根据 MEGA1/I/2 第 786 页异文 381.2—3，第二版第 3 卷第 287 页第 7 行的"他怎样（讲述）历史的回忆（soviel er von historischen Erinnerungen）"是经过两次修改而成的。最先的文本是"von Erinnerungen

((讲述）回忆)"，然后改为"von historischen Erinnerungen（（讲述）历史的回忆)"，最后改为现有的文本。

102. 根据 MEGA1/I/2 第 786 页异文 381.4—7，第二版第 3 卷第 287 页第 9—12 行从"土地所有者"到"无价值的物质"的文本内容，是后来分两次附加的。先附加的是从"土地所有者"到"不利于自身的论证"的文本内容，后附加的是"据说，没有资本，地产是死的、无价值的物质"。在马克思手稿中，先附加的文本内容写在连贯文本中，居于该自然段结束与下一自然段结束的位置。下一自然段并没有紧跟附加的文本，而是另起一行。后来，马克思在先附加文本没有用完的那一行空着的地方，用更亮的墨水写了后附加的文本内容。

103. 根据 MEGA1/I/2 第 786 页异文 381.6，第二版第 3 卷第 287 页第 11 行的"论证（beweise)"，是由"spreche（陈述)"修改而成的。

104. 根据 MEGA1/I/2 第 787 页异文 381.7—9，第二版第 3 卷第 287 页第 12—13 行的"资本的文明的胜利恰恰在于，资本发现并促使人的劳动取代死的物而成为财富的源泉"，是后加的。在马克思手稿中，该附加文本写在左栏的页下边缘。需要指出的是，此处和上一处的文本附加，到底附加在连贯文本的哪个位置，马克思的标示并不明确。

105. 根据 MEGA1/I/2 第 787 页异文 381.8—9，第二版第 3 卷第 287 页第 13 行的"发现——成为财富的源泉（als Quelle des Reichtums entdeckt)"，是由"zur Quelle des Reichtums（成财富的源泉)"修改而成的。

106. 根据 MEGA1/I/2 第 787 页异文 381.10，第二版第 3 卷第 287 页第 14 行的"穆勒"，是后加的。

107. 根据 MEGA1/I/2 第 787 页异文 381.10，第二版第 3 卷第 287 页第 14—15 行的"麦克库洛赫、德斯杜特·德·特拉西和米歇尔·舍伐利埃"，是由"麦克库洛赫和德斯杜特·德·特拉西"修改而成的。可能在添加了米歇尔·舍伐利埃之后，马克思紧接着添加了从"土地所有者"到"不利于自身的论证"的文本内容。

108. 根据 MEGA1/I/2 第 787 页异文 381.11，第二版第 3 卷第 287 页第 15 行开始的那一自然段的开头，原先写有"Es weiβ（显然)"，后被删除了。

109. 根据 MEGA1/I/2 第 787 页异文 381.14—15，第二版第 3 卷第 287 页倒数第 7 行的"正如一般说来（wie überhaupt）"，是由"wie auch überhaupt（也正如一般说来）"修改而成的，即删除了"auch（也）"。

110. 根据 MEGA1/I/2 第 787 页异文 381.15，第二版第 3 卷第 287 页倒数第 7 行的"公开的（offene）"一词，是后加的。

111. 根据 MEGA1/I/2 第 787 页异文 381.16，第二版第 3 卷第 287 页倒数第 6 行的"和不自觉的（und bewuβtlose）"一词，是后加的。

112. 根据 MEGA1/I/2 第 787 页异文 381.17—18，第二版第 3 卷第 287 页倒数第 5—6 行的"直认不讳的、老于世故的、孜孜不息的、精明机敏的开明利己主义（der eingestanden, weltkluge, rastlose, vielgewandte Eigennutz der Aufklärung）"，是经过 3 次修改而成的。最先的文本是"die weltkluge, eigennützige, rastlose, vielgewandte Aufklärung（老于世故的、自私自利的、孜孜不息的、精明机敏的开明）"，然后修改为"der weltkluge, offen eingestanden, rastlose, vielgewandte Eigennutz der Aufklärung（老于世故的、直认不讳的、孜孜不息的、精明机敏的开明利己主义）"，再修改为"der weltkluge, eingestanden, rastlose, vielgewandte Eigennutz der Aufklärung（老于世故的、露骨的、孜孜不息的、精明机敏的开明利己主义）"，最后改为现有的文本。

113. 根据 MEGA1/I/2 第 788 页异文 381.18—19，第二版第 3 卷第 287 页倒数第 5—6 行的"眼界狭隘的、一本正经的、懒散的、幻想的迷信利己主义（lokalen, biederen, trägen und phantastischen Eigennutz）"，是经过 3 次修改而成的。最先的文本是"ungebildeten, rohen, phantastischen, biedern Eigennutz（没有教养的、粗野的、幻想的、一本正经的利己主义）"，然后修改为"ungebildeten, rohen, verlogen, trägen und phantastischen, biedern Eigennutz（没有教养的、粗野的、骗人的、懒散的和幻想的、一本正经的利己主义）"，再修改为"lokalen, rohen, verlogenund biedern（眼界狭隘的、粗野的、骗人的和一本正经的）"，最后改为现有的文本。

114. 根据 MEGA1/I/2 第 788 页异文 381.19—20，第二版第 3 卷第 287 页倒数第 3—4 行的"以及货币必然战胜其他形式的私有财产一样（wie das Geld über die andre Form des Privateigentums）"，是后加的。

115. 根据 MEGA1/I/2 第 788 页异文 381.22、381.22—23，第二版第 3 卷第 287 页倒数第 2—3 行的"完成的博爱商业（vollendeten menschenfreundlichenHandel）"中，"vollendeten（完成的）"一词是后加的；此外，在"Handel（商业）"前面，原先还写有"Verkehr und（交往和）"，后被删除了。

116. 根据 MEGA1/I/2 第 788 页异文 381.26，第二版第 3 卷第 288 页第 1 行的"地域的和政治的（von lokalen und politischen）"，是由"in einerlokalen, politischen（在一个地域的、政治的）"修改而成的。

117. 根据 MEGA1/I/2 第 788 页异文 381.33，第二版第 3 卷第 288 页第 7 行的"两者直接的或间接的统一（unmittelbare oder vermittelte Einheit beider）"，是由"unmittelbareEinheit und Erkennung als dessen（直接的统一并看作这种统一）"修改而成的，而"或间接的（oder vermittelte）"，是后加的。

118. 根据 MEGA1/I/2 第 789 页异文 382.3，第二版第 3 卷第 288 页倒数第 3 行的"工资（der Arbeitslohn）"，是后加的。

119. 根据 MEGA1/I/2 第 789 页异文 383.5，第二版第 3 卷第 289 页第一段第 1—2 行的"作为自为的存在着的活动"，是后加的。

120. 根据 MEGA1/I/2 第 789 页异文 383.5，第二版第 3 卷第 289 页第一段第 2 行的"作为个人"，是后加的。

121. 根据 MEGA1/I/2 第 789 页异文 383.9、383.9—10，第二版第 3 卷第 289 页第一段第 5 行的"能量（Energie）"、"und Bewegung（和运动）"，都是后加的。

122. 根据 MEGA1/I/2 第 789 页异文 383.10—12，第二版第 3 卷第 289 页第一段第 6—7 行括号中的文本内容是后加的。在马克思手稿中，这一添加的文本内容出现在连贯文本中，具体来说处于倒数第 3—4 行那句话的中间。

123. 根据 MEGA1/I/2 第 789 页异文 383.18，第二版第 3 卷第 289 页倒数第 4 行的"那些（认为）私有财产（对人来说）仅仅是对象性的（welche das Privateigentum als ein nur gegenständliches）"，原先"gegenständliches"后面，先附加了", auser ihn wohnendes（居于其之外的）"，后又被删除了。

124. 根据 MEGA1/I/2 第 789 页异文 383.20—21，第二版第 3 卷第 289 页倒数第 1—2 行"路德（认为）宗教、信仰是外部世界的本质（Luther als das Wesen der äusserlichen Welt die Religion, den Glauben）"，是经过两次修改而成的。最先的文本是"Luther die Welt der Religion als die（路德把宗教的世界看作）"，然后修改为"Luther die äusserlichen Welt der Religion als die（路德把宗教的外部世界看作）"，最后改成现有的文本。

125. 根据 MEGA1/I/2 第 789 页异文 383.23—24，第二版第 3 卷第 290 页第 2—3 行"在世俗人之外存在的僧侣"，马克思原先想写的只是"僧侣"。

126. 根据 MEGA1/I/2 第 789 页异文 383.24，第二版第 3 卷第 290 页第 2 行的"他把僧侣移入世俗人心中（er den Pfaffen in das Herz der Laien versetzte）"，是由"er den innern Pfaffen（他（肯定）内在的僧侣）"修改而成的。

127. 根据 MEGA1/I/2 第 7 页异文 383.25—27，第二版第 3 卷第 290 页第 6 行的"财富（Reichtum）"一词，是后加的。

128. 根据 MEGA1/I/2 第 790 页异文 384.5，第二版第 3 卷第 290 页第 9 行的"否定（Verläugnung）"，是由"Entfremdung（异化）"修改而成的。

129. 根据 MEGA1/I/2 第 790 页异文 384.8—10，第二版第 3 卷第 290 页第 10—12 行的"以前是自身之外的存在——人的真正外化——的东西，仅仅变成外化的行为，变成外在化"，是后加的，而且是分两次附加的，其中"人的真正外化"中"真正（reale）"是最后附加的。

130. 根据 MEGA1/I/2 第 790 页异文 384.15—16，第二版第 3 卷第 290 页倒数第 8—9 行的"发挥一种世界主义的、普遍的、摧毁一切界限和束缚的能量（eine kosmopolitische, allgemeine, jede Schranke, jedes Band umwerfende Energie entwickelt）"，是经过两次修改而成的。最先的文本是"ein kosmopolitisches, allgemeines, jede Schranke（一种世界主义的、普遍的、一切界限的）"，然后修改为"eine kosmopolitische, allgemeine, jede Schranke umwerfende Energie entwickelt（发挥一种世界主义的、普遍的、摧毁一切界限的能量）"，最后改为现在的文本。

131. 根据 MEGA1/I/2 第 790 页异文 384.17，第二版第 3 卷第 290 页

倒数第 7—8 行的"以便自己作为唯一的政策、普遍性、界限和束缚取代这些规定（um sich als die einzige Politik, Allgemeinheit, Schranke und Band an die Stelle zu setzen）"，是由"um sich als die einzige Politik, Allgemeinheit, Schranke und Band zu erkennen（以便视自己为唯一的政策、普遍性、界限和束缚）"修改而成的。

132. 根据 MEGA1/I/2 第 790 页异文 384.19—20，第二版第 3 卷第 290 页倒数第 4—5 行的"它不在乎这种学说使它陷入的那一切表面上的矛盾"这句话，原先是以"trotz（尽管）"开头的，后被删除了。

133. 根据 MEGA1/I/2 第 790 页异文 384.22，第二版第 3 卷第 290 页倒数第 3 行的"唯一本质（das einzige Wesen）"，是由"das Wesen（本质）"修改而成的。

134. 根据 MEGA1/I/2 第 790 页异文 384.24—26，第二版第 3 卷第 290 页倒数第 1 行的"私有财产和财富源泉（Dasein des Privateigentums und Quelle des Reichtums）"，是由"Quelle des（源泉）"修改而成的。

135. 根据 MEGA1/I/2 第 790 页异文 384.26—28，第二版第 3 卷第 291 页第 1—2 行的"这种已经完全成了经济的东西因而对国民经济学无法反抗的封建所有制的表现（diesen schon ganz nationalökonomisch gewordnen und daher gegen die Nationalökonomie widerstandsunfähigen Ausdruck des Feudaleigentums）"，是经过两次修改而成的。最先的文本是"diese schon ganz nationalökonomisch gewordne（这种已经完全成了经济的东西）"，然后修改为"diesen schon ganz nationalökonomisch gewordnen Ausdruck und daher gegen die Nationalökonomie widerstandsunfähigen（这种已经完全成了经济的表现从而无法反抗国民经济学的）"，最后改为现有的文本。

136. 根据 MEGA1/I/2 第 791 页异文 384.28—29，第二版第 3 卷第 290 页倒数第 2 行的"致命打击了（den Todesstoß giebt）"，是由"aufhebt（消灭了）"修改而成的。

137. 根据 MEGA1/I/2 第 791 页异文 384.30，第二版第 3 卷第 291 页第 2—3 行的"经过萨伊到李嘉图、穆勒等等（über Say bis zu Ricardo, Mill etc.）"，是经过 3 次修改而成的。最先的文本是"durch Say（经由萨伊）"，然后修改为"über Say durch（通过萨伊经由）"，再修改为"über Say bis zu Ricardo und（经过萨伊到李嘉图以及）"，最后修改为现有的文本。

138. 根据 MEGA1/I/2 第 791 页异文 384.31，第二版第 3 卷第 291 页第 4 行的"工业（der Industrie）"，是由"des Privateigenthums（私有财产）"修改而成的。

139. 根据 MEGA1/I/2 第 791 页异文 384.36—37，第二版第 3 卷第 291 页第 8 行的"使人成为（den Menschen zum ——machen）"，是由"den Menschen als（人作为）"修改而成的。

140. 根据 MEGA1/I/2 第 791 页异文 384.37，第二版第 3 卷第 291 页第 9—10 行的"所以现实中的矛盾就完全符合他们视为原则的那个充满矛盾的本质（so entspricht der Widerspruch der Wirklichkeit vollständig dem widerspruchsvollen Wesen, das sie als Prinzip erkannt haben）"，是由"so entspricht ihr Wissen（因此符合其本质）"修改而成的。

141. 根据 MEGA1/I/2 第 791 页异文 384.39，第二版第 3 卷第 291 页第 10—11 行的"证实（bestätigt）"一词，是由"entspricht d.（符合）"修改而成的。

142. 根据 MEGA1/I/2 第 791 页异文 385.1，第二版第 3 卷第 291 页第 13 行的"魁奈医生的重农主义学说"中，"重农主义（physiokratische）"一词是后加的。

143. 根据 MEGA1/I/2 第 791 页异文 385.1—2，第二版第 3 卷第 291 页第 13 行的"从重农主义体系（aus dem Merkantilsystem），是经过两次修改而成的。最先写的是"zur Lehre（到——的学说）"，然后修改为"aus der Lehre（从——的学说）"，最后修改为现有的文本。

144. 根据 MEGA1/I/2 第 791 页异文 385.2，第二版第 3 卷第 291 页第 14 行的"直接（unmittelbar）"一词，是后加的。

145. 根据 MEGA1/I/2 正文卷 385.7，第二版第 3 卷第 291 页倒数第 9 行的"土地和耕作（农业）。土地〔die Erde und den Landbau（Agrikultur）. Die Erde〕"，在马克思手稿中是"土地和耕作。（农业）土地（die *Erde* und den *Landbau*.（Agrikultur）Die Erde）"。根据 MEGA1/I/2 第 791 页异文 385.7，此处马克思本来想写的是"die *Erde* und die Agrikultur（土地和农业）"，后删除了"die Agrikultur"，写下"den *Landbau*（耕作）"。然后又写了"Agrikultur"，并将其放到括号中。

146. 根据 MEGA1/I/2 第 791 页异文 385.9，第二版第 3 卷第 291 页倒数第 7 行的"一种普遍的自然要素"中，"普遍的自然的（allgemeines natürliches）"是后加的。

147. 根据 MEGA1/I/2 第 791 页异文 385.10，第二版第 3 卷第 291 页倒数第 6 行的"贵金属（edle Metall）"，是由"Geld（货币）"修改而成的。

148. 根据 MEGA1/I/2 第 792 页异文 385.12，第二版第 3 卷第 291 页倒数第 5—6 行的"财富的对象、财富的材料立即获得了自然界范围内的最高普遍性，因为（Der Gegenstand des Reichtums, seine Materie, hat also sogleich die höchste Allgemeinheit innerhalb der Naturgrenze – insofern）"，是由"Der Gegenstand des Reichtums, seine Materie, hat also sogleich die höchste, innerhalb der Naturgrenze（财富的对象、财富的材料立即成了自然界范围内最高的）"修改而成的。

149. 根据 MEGA1/I/2 第 792 页异文 385.17—18，第二版第 3 卷第 291 页倒数第 1 行的"一种作为它的材料的特殊自然要素"中，"特殊（besondres）"前面原先还有"bestimmtes（特定的）"一词，后被删除了。

150. 根据 MEGA1/I/2 第 792 页异文 385.19，第二版第 3 卷第 292 页第 1 行的"在一种特殊的、自然规定的（in einer besonderen Naturbestimmten）"，是由"als einer besonderen Naturbestimmte（作为一种特殊的自然规定）"修改而成的。

151. 根据 MEGA1/I/2 第 792 页异文 385.20，第二版第 3 卷第 292 页第 2 行的"特殊的（besondre）"，是后加的。

152. 根据 MEGA1/I/2 第 792 页异文 385.22—23，第二版第 3 卷第 292 页第 4—5 行的"在这里，土地还被看作不依赖于人的自然存在，还没有被看作资本"，是经过多次修改而成的。马克思所作的修改非常乱，可辨别的一种修改可能，是从"Die Erde, als Capital, wird hier noch as rein Natur（在这里，作为资本的土地还只是纯粹的自然）"修改而成的。

153. 根据 MEGA1/I/2 第 792 页异文 385.27，第二版第 3 卷第 292 页第 8 行的"虽然只是部分地、以一种特殊的方式（wenn auch erst teilweise, auf eine besondre Weise）"，原先的文本只有"teilweise（部分地）"，其余文本内容都是后加的。

154. 根据 MEGA1/I/2 第 792 页异文 385.32，第二版第 3 卷第 292 页第 11 行的"即唯一合理的（also der einzig berechtigten）"，是后加的。

155. 根据 MEGA1/I/2 第 792 页异文 385.32，第二版第 3 卷第 292 页第 12 行的"工业部门（Industrie）"一词，是由"Arbeit（劳动）"修改而成的。

156. 根据 MEGA1/I/2 第 792 页异文 385.34，第二版第 3 卷第 292 页第 12—14 行的"因此，财富的本质不是某种特定的劳动，不是与某种特殊要素结合在一起的、某种特殊的劳动表现，而是一般劳动（also nicht eine bestimmte Arbeit, eine an ein besondres Element gebundne, eine besondre Arbeitsäusserung, sondern die Arbeit überhaupt das Wesen des Reichtums sei）"，是由"also nicht eine bestimmte Arbeit, eine an ein besondres Element gebundne, eine besondre Arbeitsäusserung das Wesen（因此，它不是与某种特殊要素结合在一起的、某种特殊本质的劳动表现）"修改而成的。

157. 根据 MEGA1/I/2 第 792 页异文 385.38，第二版第 3 卷第 292 页倒数第 10 行的"在重农学派看来（für sie）"，是后加的。

158. 根据 MEGA1/I/2 第 792 页异文 385.38，第二版第 3 卷第 292 页倒数第 9 行的"地产的主体本质（das subjektive Wesen des Grundeigentums）"，是经过 3 次修改而成的。最先的文本是"das subjektive Wesen des Feudaleigenthums（封建财产的主体本质）"，然后改为"das subjektive Wesen des Eigenthums（财产的主体本质）"，再改为"das subjektive Wesen der Art des Eigenthums order welche 这种财产（或其——）的主体本质"，最后改为现有的文本。

159. 根据 MEGA1/I/2 第 793 页异文 385.39，第二版第 3 卷第 292 页倒数第 8—9 行的"占统治地位并得到公认的财产（die herrschende und anerkannteerscheint）"中，"并得到公认（und anerkannte）"是删除"erscheint（呈现为）"后写的，然后又写上"erscheint"。

160. 根据 MEGA1/I/2 第 793 页异文 385.40—41，第二版第 3 卷第 292 页倒数第 8 行的"异化的人（entäusserten Menschen）"，是由"entäusserten Selbst des Menschen（异化的人本身）"修改而成的。需要指出的是，此处"entäusserten"最好译为"外化的"。

161. 根据 MEGA1/I/2 第 793 页异文 386.1，第二版第 3 卷第 292 页

倒数第 7 行括号中的"农业（Agrikultur）"是后加的（包括括号）。

162. 根据 MEGA1/I/2 第 793 页异文 386.4—6，第二版第 3 卷第 292 页倒数第 3—4 行的"那种与地产相对立的、即作为工业而确立下来的工业的主体本质一旦被理解（sobald nun das *subjektive Wesen* der im Gegensatz zum Grundeigentum, d. h. als Industrie, sich konstituierenden Industrie—, gefaβt wird）"，是由"das *subjektive Wesen* der im Gegensatz zum Grundeigentum, d. h. als Industrie, sich konstituirten Industrie（那种与地产相对立的、即作为工业而确立自身的工业的主体本质）"修改而成的。

163. 根据 MEGA1/I/2 第 793 页异文 386.7，第二版第 3 卷第 292 页倒数第 1 行的"包含（umfaβt）"，是由"ist（是）"修改而成的。

164. 根据 MEGA1/I/2 第 793 页异文 386.9，第二版第 3 卷第 293 页第 1 行的"（正如）地产是——第一个——（Wie das Grundeigentum die erste）"，是经过两次修改而成的。最先的文本是"Wie sich zunächst das Grundeigentum（正如地产本身最初）"，然后改为"Wie erst das Grundeigentum（正如地产首先）"，最后改为现有的文本。

165. 根据 MEGA1/I/2 第 793 页异文 386.10—11，第二版第 3 卷第 293 页第 1—2 行的"工业在历史上最初仅仅作为财产的一个特殊种类与地产相对立（die Industrie ihr blos als eine besondre Art des Eigentums zunächst historisch entgegentritt）"，是由"die Industrie ihr als eine besondre Art des Eigentums zunächst historisch（工业在历史上最初是作为财产的一个特殊种类）"修改而成的。

166. 根据 MEGA1/I/2 第 793 页异文 386.11，第二版第 3 卷第 293 页第 2—3 行的"获得自由的（freigelaβne）"一词，是由"befreite（被释放的）"修改而成的。

167. 根据 MEGA1/I/2 第 793 页异文 386.13，第二版第 3 卷第 293 页第 3—4 行的"劳动（der Arbeit）"一词，是后加的。

168. 根据 MEGA1/I/2 第 793 页异文 386.15，第二版第 3 卷第 293 页第 5—6 行的"一切财富都成了工业的财富，成了劳动的财富"这句话的前面，原先写有"und ist als Wesen des Industriellen Reichthums zugleich das（而且作为工业财富的本质，它同时是——）"修改而成的。

169. 根据 MEGA1/I/2 第 793 页异文 386.18—19，第二版第 3 卷第

第 9 章 《1844 年经济学—哲学手稿》的修改情况

293 页第 7 行的"工业资本是私有财产的完成了的客观形式（und das *industrielle Kapital* die vollendete objektive Gestalt des Privateigentums ist）"是后加的。此外，根据 MEGA1/I/2 第 793 页异文 386.18，"die vollendete objektive Gestalt des"又是经过两次修改而成的。先写成"der vollendete objektive（完成了的客观的）"，然后修改为"deren vollendete objektive Gestalt（完成了的客观形式）"，最后改为现有的文本。

170. 根据 MEGA1/I/2 第 794 页异文 386.26，第二版第 3 卷第 294 页第 1 自然段第 3 行的"还没有作为矛盾（noch nicht als Widerspruch）"，是后加的。

171. 根据 MEGA1/I/2 第 794 页异文 386.31，第二版第 3 卷第 294 页第 1 自然段第 7 行的"主体（subjektive）"一词，是后加的。

172. 根据 MEGA1/I/2 第 794 页异文 386.33，第二版第 3 卷第 294 页第 1 自然段第 8 行的"作为上述对立发展到矛盾关系的（als sein entwickeltes Verhältniβ des Widerspruchs）"，是由"in seinem entwickeltes Verhältniβ des Widerspruchs（在上述对立发展到矛盾关系中的）"修改而成的。

173. 根据 MEGA1/I/2 第 794 页异文 387.1，第二版第 3 卷第 294 页第 2 自然段开头的"补入（ad，原义是关于）"一词，是后加的。

174. 根据 MEGA1/I/2 第 794 页异文 387.4，第二版第 3 卷第 294 页倒数第 5—6 行的"'本身'应被消灭的资本（das als solches aufzuheben ist）"，是后加的，而且是先加写"das aufzuheben ist（应被消灭的资本）"，后加写"als solches（本身）"。

175. 根据 MEGA1/I/2 第 794 页异文 387.5，第二版第 3 卷第 294 页倒数第 5 行的"特殊方式（besondre Weise der）"，是后加的。

176. 根据 MEGA1/I/2 第 794 页异文 387.9，第二版第 3 卷第 294 页倒数第 2 行的"最好的（ausgezeichnete）"一词，是由"vorzügliche（优秀的）"修改而成的。

177. 根据 MEGA1/I/2 第 794 页异文 387.13，第二版第 3 卷第 295 页第 1 行的"起先（zunächst）"，是后加的。

178. 根据 MEGA1/I/2 第 794 页异文 387.13，第二版第 3 卷第 295 页第 2 行的"私有财产（Privateigenthum）"，是由"Eigenthum（财产）"修

改而成的。

179. 根据 MEGA1/I/2 第 794 页异文 387.15，第二版第 3 卷第 295 页第 4 行的"和完成（und *Vollendung*）"，是后加的。

180. 根据 MEGA1/I/2 第 794 页异文 387.18—19，第二版第 3 卷第 295 页第 7 行的"它想用强制的方法把才能等等抛弃（er will auf *gewaltsame* Weise von Talent etc. abstrahieren）"，是后加写（补入）的。由于补入的文本前面没有分派符，显然马克思补入的文本内容有佚失（因为纸张损坏）。

181. 根据 MEGA1/I/2 第 795 页异文 387.25，第二版第 3 卷第 295 页第 12 行的"确实（allerdings）"一词，是后加的。

182. 根据 MEGA1/I/2 第 795 页异文 387.30—33，第二版第 3 卷第 295 页倒数第 7 行的"转向（tritt）"一词，是由"wird（变成）"修改而成的。

183. 根据 MEGA1/I/2 第 795 页异文 387.31，第二版第 3 卷第 295 页倒数第 7 行的第一个"关系（Verhältniβ）"一词，是由"Wesen（本质）"修改而成的。

184. 根据 MEGA1/I/2 第 795 页异文 387.34，第二版第 3 卷第 295 页倒数第 6 行的"人（Menschen）"一词，是由"Eigenthums（财产）"修改而成的。

185. 根据 MEGA1/I/2 第 795 页异文 387.36，第二版第 3 卷第 295 页倒数第 5 行的"普遍的和作为权力而形成的嫉妒心（Der allgemeine und als Macht sich konstituierende Neid）"中，"und als Macht sich konstituierende（和作为权力而形成的）"是后加的。

186. 根据 MEGA1/I/2 第 795 页异文 387.39，第二版第 3 卷第 295 页倒数第 3 行的"较富裕的（*reichere*）"一词，是由"höhere（更高的）"修改而成的。

187. 根据 MEGA1/I/2 第 795 页异文 387.40，第二版第 3 卷第 295 页倒数第 2 行的"这种嫉妒心和平均主义欲望甚至构成竞争的本质（diese sogar das Wesen der Konkurrenz ausmachen）"，是由"so sogar das Wesen der Konkurrenz（甚至成了竞争的本质）"修改而成的。

188. 根据 MEGA1/I/2 第 795 页异文 388.3，第二版第 3 卷第 296 页

第 9 章 《1844 年经济学—哲学手稿》的修改情况

第 2 行的"抽象（abstrakte）"一词，是后加的。

189. 根据 MEGA1/I/2 第 795 页异文 388.5，第二版第 3 卷第 296 页第 2 行的"需求不高的（und bedürfnislos）"，是由"rohen（粗野的）"修改而成的。

190. 根据 MEGA1/I/2 第 795 页异文 388.5—6，第二版第 3 卷第 296 页第 2 行的"不仅没有超越私有财产的水平（nicht über das Privateigentum hinaus）"，是由"nicht das Privateigentum（没有私有财产）"修改而成的。

191. 根据 MEGA1/I/2 第 795 页异文 388.14，第二版第 3 卷第 296 页第 10 行的"把妇女当作共同淫欲的俘获物和婢女来对待（*Weib*，als dem *Raub* und der Magd der gemeinschaftlichen Wollust）"中，"dem *Raub* der Ehre und der Magd（荣誉俘获物和婢女）"是后加的，后来又删除了"der Ehre"。而"gemeinschaftlichen"是由"allgemeinen（普遍的）"修改而成的。

192. 根据 MEGA1/I/2 第 795 页异文 388.16—17，第二版第 3 卷第 296 页第 11 行的"这种关系的秘密（das Geheimniβ dieses Verhältnisses），是由"dieβ Verhältniβ（这一关系）"修改而成的。

193. 根据 MEGA1/I/2 第 796 页异文 388.21—29，第二版第 3 卷第 296 页倒数第 7—12 行的文本内容是后加的。在马克思手稿中，这一附加的文本，写在该页右栏下面 1/3 的地方，具体来说是在第二版第 3 卷 297 页倒数第 7 行"解答"之后。

194. 根据 MEGA1/I/2 第 796 页异文 388.22—24，第二版第 3 卷第 296 页倒数第 11—12 行的"人对自然的关系直接就是人对人的关系（ist das Verhältniβ des Menschen zur Natur unmittelbar sein Verhältniβ zum Menschen）"，是由"ist das Verhältniβ des Menschen zur Natur unmittelbar durch sein Verhältniβ zum Menschen（人对自然的关系就是直接通过人对人的关系）"修改而成的，即删除了"durch（通过）"。

195. 根据 MEGA1/I/2 第 796 页异文 388.24，第二版第 3 卷第 296 页倒数第 10—11 行的"人对自然的关系（sein Verhältniβ zur Natur）"是后加的。

196. 根据 MEGA1/I/2 第 796 页异文 388.25，第二版第 3 卷第 296 页倒数第 9 行的"显而易见的（anschaubares）"一词，是后加的。

197. 根据 MEGA1/I/2 第 796 页异文 388.29，第二版第 3 卷第 296 页倒数第 8 行的"性质（Charakter）"一词，是由"Natur（性质）"修改而成的。

198. 根据 MEGA1/I/2 第 796 页异文 388.32，第二版第 3 卷第 296 页倒数第 4 行的"自然的行为（das natürliche Verhalten）"，是由"die Natur（自然）"修改而成的。

199. 根据 MEGA1/I/2 第 796 页异文 388.33，第二版第 3 卷第 296 页倒数第 4 行"人的本质（menschliche Wesen）"，是由"menschliche Verhalten（人的行为）"修改而成的。

200. 根据 MEGA1/I/2 第 796 页异文 388.34—35，第二版第 3 卷第 296 页倒数第 2 行的"对他来说成为自然（ihm zur Natur）"，是后加的。

201. 根据 MEGA1/I/2 第 796 页异文 388.37—38，第二版第 3 卷第 297 页第 1 行的"他作为个人的存在在何种程度上同时又是社会存在物（inwieweit er in seinem individuellsten Dasein zugleich Gemeinwesen ist）"，是后加的。

202. 根据 MEGA1/I/2 第 796 页异文 389.1—2，第二版第 3 卷第 297 页第 5 行的"是民主的或专制的（demokratisch oder despotisch）"，是后加的。

203. 根据 MEGA1/I/2 第 796 页异文 389.4，第二版第 3 卷第 297 页第 7 行的"认识到（weiβ）"，是由"betrachtet（认为）"修改而成的。

204. 根据 MEGA1/I/2 第 796 页异文 389.9，第二版第 3 卷第 297 页第 10 行的"束缚和感染"后面，原先写有"3）"，后又删除了。这说明马克思临时起意，又继续写了"它虽然已经理解私有财产这一概念，但是还不理解它的本质"这句话，然后再写由"3）"开头的段落。

205. 根据 MEGA1/I/2 第 796 页异文 389.11，第二版第 3 卷第 297 页第 12 行的"共产主义是私有财产即人的自我异化的积极的扬弃（Der Kommunismus als positive Aufhebung des Privateigentums, als menschlicher Selbstentfremdung）"，是由"Der Kommunismus als positive Aufhebung des Privateigentums und d. menschlichen（共产主义是作为私有财产的积极扬弃以及人的）"修改而成的。由此可以看出，整句话"Der *Kommunismus* als *positive* Aufhebung des *Privateigentums*, als *menschlicher Selbstentfremdung*

und darum als wirkliche *Aneignung* des *menschlichen* Wesens durch und für den Menschen"的中译文有问题。马克思本来表达的意思是"共产主义是作为私有财产的积极扬弃以及人的自我异化的积极扬弃",但马克思想对"人的自我异化的积极扬弃"作进一步的展开说明,于是修改为现有的文本。因此,整句话应该译为"共产主义是作为私有财产的积极扬弃,作为人的自我异化从而作为通过人并为了人而对人的本质的真正占有"。

206. 根据 MEGA1/I/2 第 797 页异文 389.12,第二版第 3 卷第 297 页第 13 行的"真正(wirkliche)"一词,是由"allgemeine(普遍的)"修改而成的。

207. 根据 MEGA1/I/2 第 797 页异文 389.12—13,第二版第 3 卷第 297 页第 13 行的"人的本质(des menschlichen Wesens)",是由"der menschlichen Natur(人的本性)"修改而成的。

208. 根据 MEGA1/I/2 第 797 页异文 389.13—14,第二版第 3 卷第 297 页倒数第 11—12 行的"完全的,自觉的和在全部财富范围以内的(vollständige, bewuβt und innerhalb des ganzen Reichtums)",是由"vollständige und mit dem ganzen Reichtums(完全的和保有全部财富的)"修改而成的。整句话"darum als vollständige, bewuβt und innerhalb des ganzen Reichtums der bisherigen Entwicklung gewordne Rückkehr des Menschen für sich als eines *gesellschaftlichen*, d. h. menschlichen Menschen"应该译成"因此,共产主义是作为人向着作为社会的即人性的人的复归(完全的、自觉的人的复归和在以往发展的全部财富范围内生成的人的复归)"。

209. 根据 MEGA1/I/2 第 797 页异文 389.16—17,第二版第 3 卷第 297 页倒数第 10—11 行的"完成了的自然主义(vollendeter Naturalismus)",是由"vollendeter Materialismus(完成了的唯物主义)"修改而成的。

210. 根据 MEGA1/I/2 第 797 页异文 389.18—19,第二版第 3 卷第 297 页倒数第 9—10 行的"人和自然界、和——的矛盾(Widerstreites des Menschen mit der Natur und)",是经过两次修改而成的。最先的文本是"Widerstreites zwischen dem Menschen und der Natur, wie(人与自然界之间的冲突,以及)",然后修改为"Widerstreites des Menschen mit der Natur, wie(人和自然界的冲突,以及)",最后修改为现有的文本。需要指出的

是,"Widerstreites"译为"冲突",比译为"矛盾"更妥。

211. 根据 MEGA1/I/2 第 797 页异文 389.20,第二版第 3 卷第 297 页倒数第 8 行的"自我确证(Selbstbestätigung)"一词,是由"Beisichsein(自在)"修改而成的。

212. 根据 MEGA1/I/2 第 797 页异文 389.27,第二版第 3 卷第 297 页倒数第 3 行的"相对立的历史形式(entgegenstehenden Geschichtsgestalten)",是由"entgegenstehenden Aktionen(相对立的行动)"修改而成的。

213. 根据 MEGA1/I/2 第 797 页异文 389.35—37,第二版第 3 卷第 298 页第 5 行的"找到(findet)"是后加的。"为自己既找到经验的基础",原先马克思写的是"既有其自身的经验基础"。

214. 根据 MEGA1/I/2 第 797 页异文 389.35,第二版第 3 卷第 298 页第 4 行的"ökonomie(经济)"一词,是由"Nationalökonomie(国民经济学)"修改而成的。此处的"ökonomie"应译为"经济学",以对应于"理论的基础(theoretische Basis)"。

215. 根据 MEGA1/I/2 第 797 页异文 389.36,第二版第 3 卷第 298 页第 4 行的"整个革命运动(die ganze revolutionäre Bewegung)"中,"revolutionäre(革命)"一词是后加的。

216. 根据 MEGA1/I/2 第 797 页异文 389.36,第二版第 3 卷第 298 页第 5 行的"既—也—(sowohl—als—)",马克思本来是想用"nicht nur—sondern auch—(不仅—而且—)",不过马克思只写了"nicht nur ihre empirische(不仅有其经验的)",就删掉并重写了现有的文本。

217. 根据 MEGA1/I/2 第 797 页异文 389.39,第二版第 3 卷第 298 页第 6 行的"生命(Lebens)"一词,是由"Wesens(本质)"修改而成的。

218. 根据 MEGA1/I/2 第 797 页异文 389.40,第二版第 3 卷第 298 页第 8 行的"感性(die sinnliche)",是由"der anschauliche(直观的)"修改而成的。

219. 根据 MEGA1/I/2 第 797 页异文 389.41,第二版第 3 卷第 298 页第 8 行的"运动(der Bewegung)",是由"dem Wesen(本质)"修改而成的。

220. 根据 MEGA1/I/2 第 798 页异文 390.1,第二版第 3 卷第 298 页第 9 行的"家庭(Familie)"一词,是后加的。

第9章 《1844年经济学—哲学手稿》的修改情况 175

221. 根据 MEGA1/I/2 第 798 页异文 390.1—2，第二版第 3 卷第 298 页第 9 行的"科学"后面，本来写的是"等等（etc）"，后删除了，接着写"艺术"，再写"等等"。也就是说，"艺术"是马克思临时起意加写的。

222. 根据 MEGA1/I/2 第 798 页异文 390.3，第二版第 3 卷第 298 页第 10 行的"积极的（positive）"一词，是后加的。

223. 根据 MEGA1/I/2 第 798 页异文 390.7—8，第二版第 3 卷第 298 页倒数第 13 行的"人的内心领域（des menschlichen Innern）"是后加的，而且最先附加的是"des idealen Subjekts（理想主体）"，后改为现有的文本。

224. 根据 MEGA1/I/2 第 798 页异文 390.26，第二版第 3 卷第 301 页第 1 行的"历史（geschichtliche）"一词，是后加的。

225. 根据 MEGA1/I/2 第 798 页异文 390.28—29，第二版第 3 卷第 301 页第 2—3 行的"正像社会本身生产作为人的人一样，社会也是由人生产的（wie die Gesellschaft selbst den Menschen als Menschen produziert, so ist sie durch ihn produziert）"，是由"wie durch die Gesellschaft selbst ist der Mensch als Menschen produziert, wie sie durch ihn produziert ist（正像作为人的人是由社会本身生产的、社会是由人生产的一样）"修改而成的。

226. 根据 MEGA1/I/2 第 798 页异文 390.29—30，第二版第 3 卷第 301 页第 3 行的"活动（Tätigkeit）"一词是由"Arbeit（劳动）"修改而成的，而"und der Genuβ（和享受）"是后加的。

227. 根据 MEGA1/I/2 第 798 页异文 390.30—31，第二版第 3 卷第 301 页第 4 行的"社会的活动和社会的享受（gesellschaftliche Tätigkeit und gesellschaftlicher Genuβ）"，是经过两次修改而成的。最先的文本是 gesellschaftlich; gesellschaftliche Tätigkeit und gemeinschaftlicher Genuβ（社会的；社会的活动和公共的享受）"，然后修改为"gesellschaftlich; gesellschaftliche Tätigkeit und gesellschaftlicher Genuβ（社会的；社会的活动和社会的享受）"，最后改为现有的文本。

228. 根据 MEGA1/I/2 第 799 页异文 390.34—35，第二版第 3 卷第 301 页第 7—8 行的"只有在社会中，自然界才是人自己的人的存在的基础，才是人的现实的生活要素（erst hier ist sie da als Grundlage seines

eigen menschlichen Daseins, wie als Lebenselement der menschlichen Wirklichkeit)",是后加的。先附加的是"wie als Lebenselement der menschlichen Wirklichkeit（才是人的现实的生活要素）",然后附加的是"erst hier ist sie da als Grundlage seines menschlichen Daseins（只有在社会中，自然界才是人的存在的基础）",最后附加了"eignen（自己）"。不过异文390.34—35也指出，到底是先附加"wie als Lebenselement der menschlichen Wirklichkeit",还是先附加"erst hier ist sie da als Grundlage seines eignen menschlichen Daseins",在马克思手稿中并不完全明确。《马克思恩格斯全集》中文第一版第42卷（即《马克思恩格斯全集》俄文第二版第42卷）就是按照先附加"wie als Lebenselement der menschlichen Wirklichkeit",后附加"erst hier ist sie da als Grundlage seines eignen menschlichen Daseins"的文本顺序来处理的。

229. 根据 MEGA1/I/2 第 799 页异文 391.9，第二版第 3 卷第 301 页倒数第 7 行的"实际（wirklicher）",是后加的。需要指出的是，"die unmittelbar in wirklicher Gesellschaft mit andren Menschen sichäussert und bestätigt"这句话中，中文版将"Gesellschaft"译为"交往"是不妥的。刘丕坤译本将其译为"聚合"，英文译本将其译为"association（联合）"。这句话可按其字面意思译为"那种直接与他人的现实社会联系中表现和确证自身的活动和享受"。

230. 根据 MEGA1/I/2 第 799 页异文 391.11，第二版第 3 卷第 301 页倒数第 6 行的"直接（unmittelbare）"一词，是后加的。

231. 根据 MEGA1/I/2 第 799 页异文 391.11—12，第二版第 3 卷第 301 页倒数第 6 行的"活动的内容（ihres Inhalts）"是由"der Thätigkeit und des Inhalts（活动和内容）"修改而成的。根据 MEGA1/I/2 第 800 页异文 391.12，第二版第 3 卷第 301 页倒数第 5 行的"其本性（seiner Natur）",是由"ihm（它即内容）"修改而成的。对于"wo jener *unmittelbare* Ausdruck der Gesellschaftlichkeit im Wesen ihres Inhalts begründet und seiner Natur angemessen ist"这个状语从句，《马克思恩格斯全集》中文第一版的译文同于刘丕坤译本，不同于第二版第 3 卷的译文，也不同于英译本。根据马克思此处的修改情况，可以推测马克思想表达的意思是"在社会性的上述直接表现是基于活动和享受内容的本质并符合其内容本性的地方"。

232. 根据 MEGA1/I/2 第 800 页异文 391.13，第二版第 3 卷第 301 页倒数第 4 行的"科学（wissenchaftlich）"一词，是由"geistig schaffen（精神创造）"修改而成的。

233. 根据 MEGA1/I/2 第 800 页异文 391.14，第二版第 3 卷第 301 页倒数第 4 行的"很少（selten）"一词，是由"nicht（没有）"修改而成的。

234. 根据 MEGA1/I/2 第 800 页异文 391.14，第二版第 3 卷第 301 页倒数第 3 行的"直接（unmittelbarer）"一词，是后加的。

235. 根据 MEGA1/I/2 第 800 页异文 391.16，第二版第 3 卷第 301 页倒数第 2 行的"思想家（der Denker）"一词，是由"Ich（我）"修改而成的。

236. 根据 MEGA1/I/2 第 800 页异文 391.21，第二版第 3 卷第 302 页第 3 行的"我的普遍自我意识（Mein *allgemeines* Bewuβtsein）"，是由"Das *allgemeine* Bewuβtsein（普遍的自我意识）"修改而成的。

237. 根据 MEGA1/I/2 第 800 页异文 391.21—23，第二版第 3 卷第 302 页第 3、4 行的"形式（Form）"，是由"Gestalt（形态）"修改而成的。

238. 根据 MEGA1/I/2 第 800 页异文 391.29，第二版第 3 卷第 302 页第 8 行的"个体是社会存在物（Das Individuum *ist* das *gesellschaftliche Wesen*）"后面，马克思先是加写了"und die vielen Individuen sind（并且是许多的个体）"，然后又删除了。

239. 根据 MEGA1/I/2 第 800 页异文 391.34—35，第二版第 3 卷第 302 页第 11 行的"较为特殊的或较为普遍的方式（mehr besondre oder mehr allgemeine Weise）"，马克思先是在 Weise 前面加写了"，mehr individuelle"，合起来意思就是"较为特殊的或较为普遍的、较为个别的形式"，后来马克思又把"，mehr individuelle"删除了。

240. 根据 MEGA1/I/2 第 800 页异文 391.37，第二版第 3 卷第 302 页倒数第 13 行的"类意识（*Gattungsbewuβtsein*）"，是由"*Selbstbewuβtsein*（自我意识）"修改而成的。

241. 根据 MEGA1/I/2 第 800 页异文 390.38—41，第二版第 3 卷第

301页脚注的文本内容，是马克思后来加写的，但马克思没有标明文本分派在什么位置。在原始手稿中，这一附加的文本是从第V页左栏的下页边开始写起的，结束于右栏的下页边。右栏的连贯文本结束于"自然界的实现了的人道主义"，马克思画了一条水平直线将其与附加的文本分割开来。

242. 根据MEGA1/I/2 第801页异文392.1—2，第二版第3卷第302页倒数第9行的"成为一个现实的、单个的社会存在物（und zum wirklichen individuellen Gemeinwesen）"是后加的。在马克思手稿中，附加的这句话写在倒数第8行的"subjektive（主体）"和"Dasein（存在）"之间。

243. 根据MEGA1/I/2 第801页异文392.2、392.3，第二版第3卷第302页倒数第8—9行的"观念的总体（ideale Totalität）"一词，是由"menschliche Totalität（人的总体）"修改而成的，而且在修改之后，马克思先是写了"als Individuum（作为个人）"，即"作为个体的观念总体"。不过马克思又删除了"als Individuum"。

244. 根据MEGA1/I/2 第801页异文392.5，第二版第3卷第302页倒数第7行的"现实（wirklicher）"一词，是后加的。

245. 根据MEGA1/I/2 第801页异文392.9，第二版第3卷第302页倒数第4行的"特定的（bestimmte）"一词，是后加的。

246. 根据MEGA1/I/2 第801页异文392.12，第二版第3卷第302页倒数第1行的"（4）"，是后加的。这意味着，本部分文本原先属于"（3）"，后来马克思决定将其作为"4"单列出来。而根据狄茨出版社1968年出版的德文版《马克思恩格斯全集》补卷1收录的《1844年经济学—哲学手稿》的文本，马克思手稿中此处写的是"5"。这样就出现了对手稿文本辨识的差别。笔者认为MEGA1/I/2的出版更晚，因而更可信。需要指出的是，依据《马克思恩格斯全集》俄文第二版编译的《马克思恩格斯全集》中文第一版第42卷，并没有指出马克思手稿中此处写的是"5"。

247. 根据MEGA1/I/2 第801页异文392.16，第二版第3卷第303页第3行的"积极的（positive）"一词，是后加的。

248. 根据MEGA1/I/2 第801页异文392.17，第二版第3卷第303页第4行的"人的本质（des menschlichen Wesens）"，是由"des Menschen

(人)"修改而成的。

249. 根据 MEGA1/I/2 第 801 页异文 392.20，第二版第 3 卷第 303 页第 5—6 行的"不应当仅仅被理解为占有、拥有（nicht nur im Sinne des *Besitzens*, im Sinne des *Habens*）"，是经过两次修改而成的。最先的文本是"nicht nur im Sinne des *Besitzens*. Wie der Mensch das/auch（不应当仅仅被理解为占有。正如人也）"，然后修改为"nicht nur im Sinne des *Besitzens*, des *Habens*（不应当仅仅被理解为占有、拥有）"，最后修改为现有的文本。现有的文本可译为"不应当仅仅被理解为占有，理解为拥有"。

250. 根据 MEGA1/I/2 第 802 页异文 392.22，第二版第 3 卷第 303 页第 7 行的"关系（Verhältnisse）"一词，是由"Äusserungen（表达）"修改而成的。

251. 根据 MEGA1/I/2 第 802 页异文 392.24，第二版第 3 卷第 303 页第 8 行的"爱（lieben）"，是后加的。

252. 根据 MEGA1/I/2 第 802 页异文 392.25，第二版第 3 卷第 303 页第 9 行的"在形式上直接是社会的器官的那些器官（welche unmittelbar in ihrer Form als gemeinschaftliche Organe sind）"是经过多次修改而成的。最先的文本是"welcheals gemeinschaftliche（作为共同的器官的那些器官）"，然后删除了"als gemeinschaftliche"，修改成"welche unmittelbar in ihrer Form gemeinschaftliche sind（在形式上直接是共同的那些器官）"，然后修改为"welche unmittelbar in ihrer Form gemeinschaftliche Organe sind（在形式上直接是共同器官的那些器官"，最后改为现有的文本。现有的文本应该译为"在形式上是直接作为共同的器官的那些器官"，其中"gemeinschaftliche Organe"译为"共同的器官"比"社会的器官"更妥。

253. 根据 MEGA1/I/2 第 802 页异文 392.29—30，第二版第 3 卷第 303 页第 12—13 行括号中的文本内容，是后来附加的。在马克思手稿中，附加的文本写在倒数第 12 行的"人的一种自我享受"与倒数第 11 行的"私有制"之间。

254. 根据 MEGA1/I/2 第 802 页异文 392.36，第二版第 3 卷第 303 页倒数第 8—9 行的"简言之，在它被我们使用的时候（kurz, *gebraucht*）"，是后加的。

255. 根据 MEGA1/I/2 第 802 页异文 392.37，第二版第 3 卷第 303 页

倒数第 7 行的"直接（unmittelbaren）"一词，是后加的。

256. 根据 MEGA1/I/2 第 802 页异文 392.38，第二版第 3 卷第 303 页倒数第 7 行的"生活中介（Lebensmittel）"一词，是由"中介（Mittel）"修改而成的。

257. 根据 MEGA1/I/2 第 802 页异文 392.40，第二版第 3 卷第 303 页倒数第 5 行的"一切（aller）"后面，原先写有"Talente der（——的才能）"，后被删除了。应该是马克思用"Sinne（感觉）"一词代替了"Talente（才能）"。

258. 根据 MEGA1/I/2 第 802 页异文 393.1，第二版第 3 卷第 303 页倒数第 4 行的"必须（mußte，muß 的过去时态）"是由"ist（现在完成时的助动词）"修改而成的。需要指出的是，将"mußte"译为"必须"并不准确，应译为"一定会"或"必然"，表达的是客观的"事实"而非"应然"的要求。英译文是"had to"。

259. 根据 MEGA1/I/2 第 803 页异文 393.11，第二版第 3 卷第 304 页第 4—5 行的"感觉为了物而同物发生关系（Sie verhalten sich zu der Sache um der Sache willen）"，是由"Sie verhalten sich zu der Sache ohne d. Sache（感觉同物发生非物的关系）"修改而成的。

260. 根据 MEGA1/I/2 第 803 页异文 393.12，第二版第 3 卷第 304 页第 5 行的"对象性的、人的关系（gegenständliches menschliches Verhalten）"，是由"gegenständliches Verhalten（对象性的关系）"修改而成的。

261. 根据 MEGA1/I/2 第 803 页异文 393.13，第二版第 3 卷第 304 页第 5 行的"和对人（und zum Menschen）"，是后加的。

262. 根据 MEGA1/I/2 第 803 页异文 393.13—15，第二版第 3 卷第 304 页第 6—7 行的"当物按人的方式同人发生关系时，我才能在实践上按人的方式同物发生关系（Ich kann mich praktisch nur menschlich zu der Sache verhalten, wenn die Sache sich zum Menschen menschlich verhält）"这句话，是后加的。根据墨水和羽毛笔的使用（下水）情况，这一附加文本以及前面的"und zum Menschen"，都不是即时修改时的附加，而是马克思晚一些时候附加的。

263. 根据 MEGA1/I/2 第 803 页异文 393.21，第二版第 3 卷第 304 页第 11—12 行的"同他人的直接交往行动等等（die Tätigkeit unmittelbar in

Gesellschaft mit andren etc)"中，"直接（unmittelbarer）"一词，是后加的。需要指出的是，这句话应译为"同他人处于直接社会联系中的活动等等"。

264. 根据 MEGA1/I/2 第 803 页异文 393.33，第二版第 3 卷第 304 页倒数第 4 行的"因而成为人自己的本质力量的现实"中，"现实（Wirklichkeit）"是由"Gegenstand（对象）"修改而成的。

265. 根据 MEGA1/I/2 第 803 页异文 393.36—37，第二版第 3 卷第 304 页倒数第 2 行的"这就是说，对象成为他自身（d. h. Gegenstand wird er selbst）"是后加的，而且在后加的时候，先加写的是"d. h. er selbst wird der Gegenstand（这就是说，他自身成为对象）"，后来又改为现有的文本。

266. 根据 MEGA1/I/2 第 803 页异文 393.38，第二版第 3 卷第 304 页倒数第 1 段至第 305 页第 1 段的"这取决于对象的性质以及与之相适应的本质力量的性质（das hängt von der *Natur* des *Gegenstandes* und der Natur der *ihr* entsprechenden *Wesenskraft* ab）"这句话，马克思原先没有打算写第二个"Natur（性质）"，后来还是写上了。没有第二个"Natur"，意思也没有太大变化，可以译为"这取决于对象以及与之相适应的本质力量的性质"。

267. 根据 MEGA1/I/2 第 803 页异文 393.39，第二版第 3 卷第 305 页第 1 行的"因为正是这种关系的规定性形成一种特殊的、现实的肯定方式（denn eben die *Bestimmtheit* dieses Verhältnisses bildet die besondre, *wirkliche* Weise der Bejahung）"中，"形成（bildet）"是由"ist（是）"修改而成的。

268. 根据 MEGA1/I/2 第 803 页异文 393.41—394.1，第二版第 3 卷第 305 页第 3 行的"每一种本质力量的独特性（Die Eigentümlichkeit jeder Wesenskraft）"，马克思起先只想写"Jede Wesenskraft（每一种本质力量）"，马克思只写了一个"Jede（每一种）"，就将其删除了，重新写了"Die Eigentümlichkeit jeder Wesenskraft"。

269. 根据 MEGA1/I/2 第 803 页异文 394.7，第二版第 3 卷第 305 页第 8 行的"毫无意义（keinen Sinn hat）"，是后加的。

270. 根据 MEGA1/I/2 第 803 页异文 394.10，第二版第 3 卷第 305 页

第 11 行的"它（ihm）"一词，是后加的。

271. 根据 MEGA1/I/2 第 803 页异文 394.13，第二版第 3 卷第 305 页倒数第 13 行的"客观的展开的丰富性（den gegenständlich entfalteten Reichtum）"，是由"die entfaltete reiche Gegenständlichkeit（展开的丰富的对象性）"修改而成的。需要指出的是，"gegenständlich"译为"客观的"是错误的，应译为"对象性的"。

272. 根据 MEGA1/I/2 第 804 页异文 394.18，第二版第 3 卷第 305 页倒数第 9 行的"所谓（sogenannten）"，是后加的。

273. 根据 MEGA1/I/2 第 804 页异文 394.20，第二版第 3 卷第 305 页倒数第 8—9 行的"感觉的人性（die Menschlichkeit der Sinne）"，是后加的。

274. 根据 MEGA1/I/2 第 804 页异文 394.20—21，第二版第 3 卷第 305 页倒数第 8 行的"由于它的对象的存在（durch das Dasein seines Gegenstandes）"后面，本来是句号，但马克思删除了句号，又加写了"由于人化的自然界（durch die vermenschlichte Natur）"。

275. 根据 MEGA1/I/2 第 804 页异文 394.22，第二版第 3 卷第 305 页倒数第 6 行的"五官感觉的形成是迄今为止全部世界历史的产物（Die Bildung der Sinne ist eine Arbeit der ganzen bisherigen Weltgeschichte）"中，"eine Arbeit"是由"ein Resultat（结果）"修改而成的。需要指出的是，此处将"eine Arbeit"译为"产物"是不准确的，应该译为"作品（成果）"。

276. 根据 MEGA1/I/2 第 804 页异文 394.25，第二版第 3 卷第 305 页倒数第 4 行的"食物形式（Form der Speise）"，是由"Zubereitungder Speise（烹饪）"修改而成的。

277. 根据 MEGA1/I/2 第 804 页异文 394.25，第二版第 3 卷第 305 页倒数第 4 行的"而只有作为食物的抽象存在（sondern nur ihr abstraktes Dasein als Speise）"是经过 3 次修改而成的。最先的文本是"sondern nur d. Materi（而只是食材）"，然后修改为"sondern nur das（而只是——）"，再修改为"sondern nur das abstrakte（而只是抽象的——）"，最后修改为现有的文本。

278. 根据 MEGA1/I/2 第 804 页异文 394.27—28，第二版第 3 卷第

305 页倒数第 2—3 行的"这种进食活动与动物的进食活动有什么不同（wodurch sich diese Nahrungstätigkeit von der tierischen Nahrungstätigkeit unterscheide）"，是由"wodurch sich diese Nahrung von der thierischen（其进食何以有别于动物）"修改而成的。

279. 根据 MEGA1/I/2 第 804 页异文 394.28，第二版第 3 卷第 305 页倒数第 2 行"忧心忡忡（sorgenvolle）"的前面，后加写了"bekümmert（忧愁的）"，但又被马克思删除了。

280. 根据 MEGA1/I/2 第 804 页异文 394.36—37，第二版第 3 卷第 306 页第 5—6 行的"私有财产及其富有和贫困——或物质的和精神的富有和贫困（Privateigentums und seines Reichtums wie Elends - oder materiellen und geistigen Reichtums und Elends）"，是由"Privateigentums oder materiellen und geistigen Privateigentums（私有财产或物质的和精神的私有财产）"修改而成的。需要指出的是，刘丕坤译本以及《马克思恩格斯全集》中文第一版第 42 卷所依据的德文文本中，此处的"oder（或）"都被辨识为"des（定冠词）"。

281. 根据 MEGA1/I/2 第 804 页异文 394.40，第二版第 3 卷第 306 页第 8 行的"全面而深刻的感觉（all und tiefsinnigen）"，是由"allsinnigen（全面感觉的）"。

282. 根据 MEGA1/I/2 第 804 页异文 394.40—41，第二版第 3 卷第 306 页第 8—9 行的"这个社会的恒久的现实（ihre stete Wirklichkeit）"，是由"ihr stetes Wirken（这个社会永久发挥作用）"修改而成的。

283. 根据 MEGA1/I/2 第 804 页异文 395.4，第二版第 3 卷第 306 页第 12—13 行的"解决（Lösung）"一词，是由"Erzeugung（产生）"修改而成的。

284. 根据 MEGA1/I/2 第 804 页异文 395.10—11，第二版第 3 卷第 306 页倒数第 8—9 行的"工业的历史和工业的已经生成的对象性的存在，是一本打开了的（die Geschichte der Industrie und das gewordne gegenständliche Dasein der Industrie das aufgeschlagne）"，是经过 2 次修改而成的。最先的文本是"die Industrie（工业是一个）"，然后修改为"die Geschichte der Industrie und das gewordne gegenständliche Dasein der Industrie ein（工业的历史和工业的已经生成的对象性的存在，是一个）"，最后修

改为现有的文本。

285. 根据 MEGA1/I/2 第 805 页异文 395.13，第二版第 3 卷第 306 页倒数第 7 行"至今（bisher）"的后面，原先写有"nur（仅仅）"，但后来被删除了，不过在后面的句子"sondern immer nur in einer äussern Nützlichkeitsbeziehung gefaβt wurde（而总是仅仅从外在的有用性这种关系来理解"中又重新出现。这说明，"bisher"后面的文本"nicht in ihrem Zusammenhang mit dem *Wesen* des Menschen（还没有从它同人的本质的联系"，是马克思临时起意加上的。

286. 根据 MEGA1/I/2 第 805 页异文 395.15，第二版第 3 卷第 306 页倒数第 5 行的"普遍存在（allgemeine Dasein）"中，"普遍（allgemeine）"一词是由"spirituelle（精神的）"修改而成的。

287. 根据 MEGA1/I/2 第 805 页异文 395.16，第二版第 3 卷第 306 页倒数第 5 行的"宗教（die Religion）"，是马克思临时起意后加的。

288. 根据 MEGA1/I/2 第 805 页异文 395.23，第二版第 3 卷第 307 页第 1—2 行的"人的对象化的本质力量以感性的、异己的、有用的对象的形式，以异化的形式呈现在我们面前（haben wir unter der Form *sinnlicher, fremder, nützlicher Gegenstände*, unter der Form der Entfremdung, die *vergegenständlichten Wesenskräfte* des Menschen vor uns）"，本来马克思想写的是"haben wir die sinnliche Vergegenständlichung（我们有感性的对象性）"，但马克思删除了"die sinnliche Vergegenständlichung"，写成了现有的文本。

289. 根据 MEGA1/I/2 第 805 页异文 395.23，第二版第 3 卷第 307 页第 1—2 行的"异己的、有用的（*fremder, nützlicher* ）"，是后加的。

290. 根据 MEGA1/I/2 第 805 页异文 395.39，第二版第 3 卷第 307 页第 13 行的"某些（einzelner）"一词，是后加的。

291. 根据 MEGA1/I/2 第 805 页异文 396.2—3，第二版第 3 卷第 307 页倒数第 10 行的"工业是自然界对人，因而也是自然科学对人的现实的历史关系（Die *Industrie* ist das *wirkliche* geschichtliche Verhältnis der Natur und daher der Naturwissenschaft zum Menschen）"，是由"Die *Industrie* ist das *wirkliche* geschichtliche Verhältnis der Natur zum Menschen und d. Naturwissenschaft wird（工业是自然界对人的现实的历史关系，而自然

科学将——）"修改而成的。需要指出的是，现有文本的中译文可以更简练些："工业是自然界，从而自然科学对人的现实的历史关系。"

292. 根据 MEGA1/I/2 第 805 页异文 396.3—4，第二版第 3 卷第 307 页倒数第 9 行的"展示（Enthüllung）"一词，是由"Gestalt（形态）"修改而成的。

293. 根据 MEGA1/I/2 第 805 页异文 396.6，第二版第 3 卷第 307 页倒数第 8 行的"理解（verstanden）"一词，是由"begriffen（把握）"修改而成的。

294. 根据 MEGA1/I/2 第 805 页异文 396.9，第二版第 3 卷第 307 页倒数第 4—5 行的"真正（wirklich）"一词，是后加的。

295. 根据 MEGA1/I/2 第 806 页异文 396.13，第二版第 3 卷第 307 页倒数第 3 行"通过工业（durch die Industrie）"后面，原先写有" – man darf nie vergessen, daβ（我们决不应忘记——）"，后被删除了。

296. 根据 MEGA1/I/2 第 806 页异文 396.15，第二版第 3 卷第 308 页第 1 行括号中的"见费尔巴哈（siehe Feuerbach）"，是后加的。

297. 根据 MEGA1/I/2 第 806 页异文 396.20，第二版第 3 卷第 308 页第 4 行的"作为人（als Menschen）"，是后加的。

298. 根据 MEGA1/I/2 第 806 页异文 396.23，第二版第 3 卷第 308 页第 5 行的"自然界生成为人这一过程（des Werdens der Natur zum Menschen）"，是由"des Werdens des Menschen zur Natur（人成为自然这一过程）"修改而成的。

299. 根据 MEGA1/I/2 第 806 页异文 396.24—25，第二版第 3 卷第 308 页第 6—7 行的"自然科学往后将包括关于人的科学，正像关于人的科学包括自然科学一样（Die Naturwissenschaft wird später eben sowohl die Wissenschaft von dem Menschen, wie die Wissenschaft von dem Menschen die Naturwissenschaft unter sich subsumieren）"，是经过多次修改而成的。最先的文本是"Die Naturwissenschaft wird später eben sowohl in die Wissenschaft des Menschen und（自然科学往后也属于人的科学，而且）"，然后修改为"Die Naturwissenschaft wird später eben sowohl in die Wissenschaft des Menschen, wie die Wissenschaft（自然科学往后也属于人的科学，正如科学）"，再修改为"Die Naturwissenschaft wird später eben sowohl in die Wis-

senschaft von dem Menschen, wie die Wissenschaftvon dem Menschen（自然科学往后也属于人的科学，正如人的科学）",再改为"Die Naturwissenschaft wird später eben sowohl die Wissenschaft von dem Menschen, wie die Wissenschaft von dem Menschen die Naturwissenschaft in sich（自然科学往后也是关于人的科学，正像关于人的科学也是自然科学一样）",最后修改为现有的文本。

300. 根据 MEGA1/I/2 第 806 页异文 396.25、395.25—26,第二版第 3 卷第 308 页第 6—7 行"自然科学往后将包括关于人的科学，正像人的科学包括自然科学一样"后面，马克思原先用的是句号，后来马克思删除了句号，改为逗号，并继续写了"beide werden eins（两者变成一门科学），然后又将其修改为"这将是一门科学（es wird eine Wissenschaft sein）"。

301. 根据 MEGA1/I/2 第 806 页异文 396.28—29,第二版第 3 卷第 308 页第 8—9 行的"直接是人的感性（这是同一个说法），直接是（unmittelbar die menschliche Sinnlichkeit（ein identischer Ausdruck）, unmittelbar als）",是由"eben nicht nur seine eigne Sinnlichkeit, sondern, ein identischer Ausdruck（就不只是他自己的感性，而是同一个说法）"修改而成的。

302. 根据 MEGA1/I/2 第 807 页异文 396.32,第二版第 3 卷第 308 页第 11 行的"第一个（erste）"一词，是后加的。

303. 根据 MEGA1/I/2 第 807 页异文 396.32,第二版第 3 卷第 308 页第 11 行两个破折号之间的"人（der Mensch）",是马克思作即时修改时加写的。

304. 根据 MEGA1/I/2 第 807 页异文 396.33,第二版第 3 卷第 308 页倒数第 9 行的"人的（menschlich）"是后加的。

305. 根据 MEGA1/I/2 第 807 页异文 396.34—35,第二版第 3 卷第 308 页倒数第 8 行的"客观的（gegenständliche）"是后加的，而且一开始马克思加写的是"unmittelbar gegenständliche"，但又删除了"unmittelbar（直接的）"一词。需要指出的是，"gegenständliche"应该译为"对象性的"。

306. 根据 MEGA1/I/2 第 807 页异文 397.1—2,第二版第 3 卷第 308

第 9 章 《1844 年经济学—哲学手稿》的修改情况

页倒数第 3 行的"富有的人同时就是（Der reiche Mensch ist zugleich）"，是由"Damit der Mensch reich ist（因此人是富有的）"修改而成的。

307. 根据 MEGA1/I/2 第 807 页异文 397.2，第二版第 3 卷第 308 页倒数第 2—3 行的"需要有总体的人的生命表现的人（der einer Totalität der menschlichen Lebensäusserung bedürftige Mensch）"，是由"der nach einer Totalität dermenschlichen Lebensäusserung Mensch（朝向人的生命表现总体性的人）"修改而成的。需要指出的是，现有文本最好译为"需要人的生命表现总体性的人"。

308. 根据 MEGA1/I/2 第 807 页异文 397.5—6，第二版第 3 卷第 308 页倒数第 1 行至第 309 页第 1 行的"在社会主义前提下——同样具有人的因而是社会的（erhält gleichmäig - unter Voraussetzung des Sozialismus - eine *menschliche* und dahergesellschaftliche）"是经过多次修改而成的。最先的文本是"wird gleichmäig - unter Voraussetzung des Sozialismus - zu einem *menschlichen* und（在社会主义前提下——同样成为人的和）"，然后修改为"erhält gleichmäig - unter Voraussetzung des Sozialismus - eine *menschliche* undgesellschaftliche（在社会主义前提下——同样具有人的和社会的）"，最后修改为现有的文本。

309. 根据 MEGA1/I/2 第 807 页异文 397.14，第二版第 3 卷第 309 页第 7—8 行的"靠别人恩典为生的人，把自己看成一个从属的存在物（Ein Mensch, der von der Gnade eines andern lebt, betrachtet sich als ein abhängiges Wesen）"，是由"Ein Mensch, der von der Gnade eines andern lebt, hat sich als ein abhängiges Wesen（别人恩典为生的人，使自己成为一个从属的存在物）"修改而成的。

310. 根据 MEGA1/I/2 第 807 页异文 397.18—19，第二版第 3 卷第 309 页第 10—11 行的"如果我的生活不是我自己的创造，那么我的生活就必定在自身之外有这样一个源泉（und mein Leben hat notwendig einen solchen Grund ausser sich, wenn es nicht meine eigne Schöpfung ist）"，是后加的。

311. 根据 MEGA1/I/2 第 807 页异文 397.34，第二版第 3 卷第 309 页倒数第 1 行"你应该不是仅仅注意一个方面"的后面，马克思原先用的是句号，但即时删除了句号，代之以逗号，并写下了"den unendlichen

Progreβ（即无限的过程）"。

312. 根据 MEGA1/I/2 第 808 页异文 397.39，第二版第 3 卷第 310 页第 5 行的"但是，你会回答说（Allein du wirst antworten）"，是由"Allein du wirst mir antworten（但是，你会这样回答我）"修改而成的。

313. 根据 MEGA1/I/2 第 808 页异文 398.4—5，第二版第 3 卷第 310 页第 10—11 行的"请你问一下自己，那个无限的过程本身对理性的思维来说是否存在（Frage dich, ob jener Progreβ als solcher für ein vernünftiges Denken existiert?）"，是后加的。在马克思手稿中，这一后加的文本写在连贯文本中，具体来说写在第 309 页第 12 行"你也就把人和自然界抽象掉了"这句话的中间。

314. 根据 MEGA1/I/2 第 808 页异文 398.7，第二版第 3 卷第 310 页倒数第 13—14 行的"你设定它们是不存在的（Du setzest sie als *nicht-seiend*）"后面，马克思原先写的是"und fragst mich（并质问我）"，后被删除了，继续写了"und willst doch, daβ ich sie als *seiend* dir beweise（你却希望我向你证明它们是存在的）"。

315. 根据 MEGA1/I/2 第 808 页异文 398.17，第二版第 3 卷第 310 页倒数第 5 行的"解剖学家（Anatom）"一词，是由"Physiker（物理学家）"修改而成的。

316. 根据 MEGA1/I/2 第 808 页异文 398.19—20，第二版第 3 卷第 310 页倒数第 4 行的"整个所谓世界历史（ganze sogenannte Weltgeschichte）"，是由"ganze Geschichte（全部历史）"修改而成的。

317. 根据 MEGA1/I/2 第 808 页异文 398.24—25，第二版第 3 卷第 310 页倒数第 1 行的"人对人来说作为（Mensch für den Menschen als）"，是经过多次修改而成的。最先的文本是"Mensch für den Menschen（人对于人来说）"，然后修改为"Mensch als für den Menschen（作为对人来说的人）"，最后修改为现有的文本。

318. 根据 MEGA1/I/2 第 808 页异文 398.26—29，第二版第 3 卷第 311 页第 2—4 行的"关于某种异己的存在物、关于凌驾于自然界和人之上的存在物的问题，即包含着对自然界的和人的非实在性的承认的问题，实际上已经成为不可能的了（ist die Frage nach einem *fremden* Wesen, nach einem Wesen über der Natur und dem Menschen - eine Frage, welche das

第 9 章 《1844 年经济学—哲学手稿》的修改情况

Geständniβ von der Unwesentlichkeit der Natur und des Menschen einschliept - praktisch unmöglich geworden)", 是由 "hat die Frage nach einem *fremden Wesen*, nach einem Wesen über der Natur und dem Menschen - eine Frage, welche das Geständnis von der Unwesentlichkeit der Natur und des Menschen einschließt - praktisch（某种异己的存在物、关于凌驾于自然界和人之上的存在物的问题，即包含着对自然界的和人的非实在性的承认的问题，实践上具有）"修改而成的。

319. 根据 MEGA1/I/2 第 808 页异文 398.31，第二版第 3 卷第 311 页第 5 行的"神（des Gottes）"，是由"der Religion（宗教）"修改而成的。

320. 根据 MEGA1/I/2 第 808 页异文 398.32，第二版第 3 卷第 311 页第 6 行的"作为社会主义（als Socialismus）"，是后加的。

321. 根据 MEGA1/I/2 第 808 页异文 398.35—36，第二版第 3 卷第 311 页第 8—9 行的"不再以宗教的扬弃为中介的积极的自我意识（positives, nicht mehr durch die Aufhebung der Religion vermitteltes Selbstbewuβtsein）"，是由"positives, nicht mehr im Gegensatz stehende Aufhebung der Religion（积极的、不再与现有的宗教扬弃相对立的）"修改而成的。

322. 根据 MEGA1/I/2 第 809 页异文 398.40，第二版第 3 卷第 311 页第 11 行的"人的（menschlichen）"一词，是马克思临时起意加写上的。

323. 根据 MEGA1/I/2 第 809 页异文 399.1，第二版第 3 卷第 311 页第 12 行的"和有效的原则（und das energische Prinzip）"，是后加上的。需要指出的是，刘丕坤译本将"energische"译为"能动的"。笔者认为应该将其译为"有活力（或生命力）的"。

324. 根据 MEGA1/I/2 第 809 页异文 399.2，第二版第 3 卷第 311 页第 13 行的"本身（als solcher）"，是马克思临时起意加写的。

325. 根据 MEGA1/I/2 第 809 页异文 399.2—3，第二版第 3 卷第 311 页第 13 行的"人的社会的形式（die Gestalt der menschlichen Gesellschaft）"，是后加的。

326. 根据 MEGA1/I/2 第 809 页异文 399.6，第二版第 3 卷第 312 页开头的"6）"，是后加的。

327. 根据 MEGA1/I/2 第 809 页异文 399.6，第二版第 3 卷第 312 页

第一自然段第 1 行的"和论证（und Berechtigung）",是马克思临时起意加写的。

328. 根据 MEGA1/I/2 第 809 页异文 399.8,第二版第 3 卷第 312 页第一自然段第 2 行的"和《逻辑学》",是后加的。

329. 根据 MEGA1/I/2 第 809 页异文 399.11—12,第二版第 3 卷第 312 页倒数第 9 行的"拘泥于所批判的材料（von dem Stoff befangne）",是后加的,而且先写的是"in die Sache verwickelte（纠缠于事物中）",后改为现有的文本。

330. 根据 MEGA1/I/2 第 809 页异文 399.14,第二版第 3 卷第 312 页倒数第 7—8 行的"这一表面上看来是形式的问题,而实际上是本质的问题（die *scheinbar formelle*, aber wirklich *wesentliche* Frage）",是由"die Hauptfrage（这一主要的问题）"修改而成的,而且"*scheinbar*（表面上看来）"一词是后加的。

331. 根据 MEGA1/I/2 第 809 页异文 399.16—17,第二版第 3 卷第 312 页倒数第 6—7 行的"对于现代批判同黑格尔的整个哲学,特别是同辩证法的关系问题是如此缺乏认识（Bewuβtlosigkeit über das Verhältnis der modernen Kritik zur Hegelschen Philosophie überhaupt und zur Dialektik namentlich war so groβ）",是由"Bewuβtlosigkeit inwiefern die modernen Kritik zur Hegelschen Philosophie überhaupt und zur Dialektik namentlich（对于现代批判同黑格尔的整个哲学,特别是同辩证法的关系问题缺乏认识到如此程度）"修改而成的。

332. 根据 MEGA1/I/2 第 809 页异文 399.19—21,第二版第 3 卷第 312 页倒数第 3—4 行括号中的"与施特劳斯相反,他在这里用抽象的人的'自我意识'代替了'抽象的自然界'的实体（wo er dem Strauβ gegenüber das Selbstbewuβtsein des abstrakten Menschen an die Stelle der Substanz der abstrakten Natur stellt）"是后加的。这一附加文本写在连贯文本中,具体来说写在该页倒数第 2 行"还是拘泥于黑格尔的逻辑学"这句话的中间。

333. 根据 MEGA1/I/2 第 809 页异文 399.21、399.22,第二版第 3 卷第 312 页倒数第 2 行的"至少有可能还是（wenigstens der Potenz nach noch）",是马克思即时修改时加写的,而且"Potenz"是由"Sache"修

改而成的。此外，根据 399.22，在"noch（还是）"后面，原先写有"immer（总是）"，后被删除了。

334. 根据 MEGA1/I/2 第 809 页异文 399.23，第二版第 3 卷第 312 页倒数第 1 行"《基督教真相》一书"后面，后来加写了"1843 年"，但又被删除了。

335. 根据 MEGA1/I/2 第 810 页异文 399.31，第二版第 3 卷第 313 页第一段的引文结束之后，马克思本来写的是"= Hegel:"，即马克思准备将鲍威尔的话与黑格尔的话作对照。但马克思放弃了这一想法，删除了"= Hegel:"，而代之以"这些说法甚至在语言上都同黑格尔的观点毫无区别，而毋宁说是在逐字逐句重述黑格尔的观点"这句话。

336. 根据 MEGA1/I/2 第 810 页异文 399.35，第二版第 3 卷第 313 页倒数第 13 行的"关系（das Verhältniβ）"，是由"den Unterschied（区别）"修改而成的。

337. 根据 MEGA1/I/2 第 810 页异文 400.5—8，第二版第 3 卷第 313 页倒数第 8—9 行的"在无法完成这一事业的上述批判反而认为这一事业已经完成，并且宣称自己是对'纯粹的、坚决的、绝对的、洞察一切的批判'之后（nachdem dagegen jene Kritik, welche diese That nicht zu vollbringen wuβte, dagegen die That vollbrachte sich, als reine, entschiedne, absolute, mit sich ins Klare gekommene Kritik auszurufen）"，是经过多次修改而成的。最先的文本是"nachdem jene Kritik sich als reine, entschiedne, absolute Kritik ausgerufen（在上述批判宣布'自己是纯粹的、坚决的、绝对的批判'之后）"，然后修改为"nachdem jene Kritik sich als reine, entschiedne, absolute, mit sich ins Klare gekommene Kritik ausgerufen（在上述批判宣布'自己是纯粹的、坚决的、绝对的、一切的批判'之后）"，再修改为"nachdem dagegenjene Kritik, welche diese That nicht zu vollbringen wuβte, sich als reine, entschiedne, absolute, mit sich ins Klare gekommene Kritik ausgerufen（在无法完成这一事业的上述批判宣布'自己是纯粹的、坚决的、绝对的、一切的批判'之后）"，最后改为现有的文本。

338. 根据 MEGA1/I/2 第 810 页异文 400.10，第二版第 3 卷第 313 页倒数第 5、6 行的"与（同）它自身（zu ihr selbst）"，是后加的。

339. 根据 MEGA1/I/2 第 810 页异文 400.12—13，第二版第 3 卷第

313页倒数第3—5行的"并且把一切独断的对立消融于它本身的聪明和世界的愚蠢之间、批判的基督和作为'群氓'的人类之间的一个独断的对立中之后（und alle dogmatischen Gegensätze in dem einen dogmatischen Gegensatz ihrer eignen Klugheit und der Dummheit der Welt, des kritischen Christus und der Menschheit, als den Haufen, aufgelöst hat）"，是由"und alle dogmatischen Gegensätze in dem einen dogmatischen Gegensatz ihrer eignen Klugheit und der Dummheit der Welt, (des kritischen Christus und der Menschheit, als den Haufen（并且把一切独断的对立（归结为）它本身的聪明和世界的愚蠢之间（批判的基督和作为'群氓'的人类之间）的一个独断的对立"修改而成的。此外，根据MEGA1/I/2第810页异文400.11，该页倒数第3—4行的"独断的（dogmatischen）"一词，是后加的。

340. 根据MEGA1/I/2第810页异文400.13—15，第二版第3卷第313页倒数第2—3行的"在批判每日每时以群众的愚钝无知来证明它本身的超群出众之后（nachdem sie ihre eigne Vortrefflichkeit täglich und stündlich an der Geistlosigkeit der Masse bewiesen hat）"，是经过多次修改而成的。最先的文本是"—ihr eignes Dasein（即批判本身的存在）"，再修改为"—ihr eigne Vortrefflichkeit täglich und stündlich an der Geistlosigkeit der Massebewiesen（即批判每日每时以群众的愚钝无知来证明它本身的超群出众）"，最后修改为现有的文本。

341. 根据MEGA1/I/2第811页异文400.19—22，第二版第3卷第314页第2—4行的"在批判于报刊上宣布它既对人的感觉又对它自己独标一格地雄踞其上的世界具有优越性，而且只是不时从它那好讥讽嘲笑的口中发出奥林帕斯诸神的哄笑声之后（nachdem sie ihre Erhabenheit über menschliche Empfindungen, wie über die Welt, über welche sie in erhabener Einsamkeit thronend, nur von Zeit zu Zeit das Gelächter der olympischen Götter von ihren sarkastischen Lippen schallen läβt, hat drucken lassen）"，是后加的。

342. 根据MEGA1/I/2第811页异文400.22—23，第二版第3卷第314页第4—5行的"在以批判的形式消逝着的唯心主义（青年黑格尔主义）做出这一切滑稽可笑的动作之后（nach allen diesen ergötzlichen Gebarungen des unter der Form der Kritik verscheidenden Idealismus（des Junghe-

geltums）hat）"，是由"nach allen diesen ergötzlichen, unter der Form der Kritik（在以批判的形式（做出）这一切滑稽可笑的）"修改而成的。

343. 根据 MEGA1/I/2 第 811 页异文 400.23—24，第二版第 3 卷第 314 页第 5 行带括号的"青年黑格尔主义（des Junghegeltums）"，是由"oder Junghegeltums（或者青年黑格尔主义）"修改而成的。

344. 根据 MEGA1/I/2 第 811 页异文 400.24，第二版第 3 卷第 314 页第 6 行的"一点（einmal）"一词，是后加的。

345. 根据 MEGA1/I/2 第 811 页异文 400.25，第二版第 3 卷第 314 页第 6 行的"现在（nun）"一词，是后加的。

346. 根据 MEGA1/I/2 第 811 页异文 400.26—27，第二版第 3 卷第 314 页第 7—8 行的"一点也没有表明它对费尔巴哈辩证法的批判态度（selbst über kein kritisches Verhältnis zur Feuerbachischen Dialektik anzugeben）"，是经过多次修改而成的。最先的文本是"selbst sein Verhältnis zur Feuerbachischen Dialektik（它本身对费尔巴哈辩证法的态度）"，然后修改为"selbst übersein Verhältnis zur Feuerbachischen Dialektik（它本身关于对费尔巴哈辩证法的态度）"，最后修改为现有的文本。

347. 根据 MEGA1/I/2 第 812 页异文 400.32，第二版第 3 卷第 314 页第 11—12 行的"成就的巨大以及那种谦虚纯朴（Die Grösse der Leistung und die geräuschlose Einfachheit）"，是由"Die Einfachheit（纯朴）"修改而成的。

348. 根据 MEGA1/I/2 第 812 页异文 400.37—38，第二版第 3 卷第 314 页倒数第 3—4 行的"不过是人的本质的异化的另一种形式和存在方式（eine andre Form und Daseinsweise der des menschlichen Wesens）"，是后加的。由于没有分派符，MEGA1/I/2 对其所附加位置的判定有别于以往的德文版，将其编排在这段话的最后，而以往的版本（包括《马克思恩格斯全集》中文第一版第 42 卷）都是将其放在该段的中间部分。此处第二版第 3 卷没有从 MEGA1/I/2。

349. 根据 MEGA1/I/2 第 812 页异文 401.6—7，第二版第 3 卷第 315 页第 5 行的"从无限的东西、抽象的普遍的东西出发），从实体出发（dem Unendlichen, abstrakt Allgemeinen）, der Substanz"，是经过多次修改而成的。最先的文本是"dem Unendlichen（从无限的东西出发）"，然后修改为"dem Unendlichen, abstrakt Allgemeinen, der Substanz) der Religion（从无限的东西、抽象的普遍的东西、实体出发），从宗教出发"，最后改为现有的文本。

350. 根据 MEGA1/I/2 第 812 页异文 401.10，第二版第 3 卷第 315 页第 9 行"特殊的东西（Besondre）"后面，原先还写有"，das Wesen（本质）"，后被马克思删除了。

351. 根据 MEGA1/I/2 第 812 页异文 401.16，第二版第 3 卷第 315 页倒数第 9 行括号中的"超验性等等（Transzendenz etc.）"，是后加的。

352. 根据 MEGA1/I/2 第 812 页异文 401.21，第二版第 3 卷第 315 页倒数第 5 行的"自身的（selbst）"，是后加的。

353. 根据 MEGA1/I/2 第 812 页异文 401.25—27，第二版第 3 卷第 315 页倒数第 1—2 行那一段话"费尔巴哈还把否定的否定、具体概念看作在思维中超越自身的和作为思维而想直接成为直观、自然界、现实的思维"，是后加的。这一附加的文本，写在原始手稿第 XIII 页左栏的下页边，占了一行。根据 MEGA1/I/2 编者的考证，在写这一附加文本之前，马克思已经完成了左栏文本的写作。

354. 根据 MEGA1/I/2 第 813 页异文 401.36—37，第二版第 3 卷第 316 页第 7—8 行的"也要说明这一运动在黑格尔那里同现代的批判即同费尔巴哈的《基督教的本质》一书所描述的同一过程的区别（als den Unterschied, den diese Bewegung bei Hegel im Gegensatz zur modernen Kritik, zu demselben Proreß in Feuerbachs Wesen des Christentums hat）"，是由"als den Unterschied, den Hegel dieser Bewegung im Gegensatz zur modernen Kritik, zu demselben Proreß in Feuerbachs Wesen des Christentums（也要说明，黑格尔（所描述的）这一与现代的批判相反的运动，同费尔巴哈的《基督教的本质》一书所描述的同一过程的区别）"修改而成的。需要指出的是，修改后的文本应该译为"也要说明，这一在黑格尔那里与现代的批判相反的运动，同费尔巴哈的《基督教的本质》一书所描述的同一过程的区别"。

355. 根据 MEGA1/I/2 第 813 页异文 401.38—39，第二版第 3 卷第 316 页第 9 行的"这一在黑格尔那里还是非批判的运动（dieser bei Hegel noch unkritischen Bewegung）"，是经过多次修改而成的。最先的文本是

"dieses unkritischen（这一非批判的）"，然后修改为 "dieses bei Hegel noch unkritischen（这一在黑格尔那里还是非批判的）"，最后修改为现有的文本。

356. 根据 MEGA1/I/2 第 813 页异文 402.2、402.3，第二版第 3 卷第 316 页倒数第 8、9 行的 "（A）自我意识"、"I."，是后加的。

357. 根据 MEGA1/I/2 第 813 页异文 402.26—27，第二版第 3 卷第 317 页第 9 行的 "或绝对的即超人的（oder absoluten, d. i. übermenschlichen）"，是后加的。

358. 根据 MEGA1/I/2 第 813 页异文 402.29，第二版第 3 卷第 317 页第 11—12 行的 "在它的自我异化内部通过思维理解即抽象地理解自身的（als der innerhalb seiner Selbstentfremdung denkend, d. h. abstrakt sich erfassende）"，是由 "als das sich denkenderfassende（通过所谓理解自身的）" 修改而成的。

359. 根据 MEGA1/I/2 第 813 页异文 402.31，第二版第 3 卷第 317 页第 13 行的 "精神的货币（das Geld des Geistes）"，是由 "das Geld der spekulativen（思辨（思维）的货币）" 修改而成的。

360. 根据 MEGA1/I/2 第 813 页异文 402.32，第二版第 3 卷第 317 页倒数第 12 行的 "一切现实的（alle wirkliche）"，是由 "eine（一种）" 修改而成的。

361. 根据 MEGA1/I/2 第 814 页异文 402.34，第二版第 3 卷第 317 页倒数第 11 行的 "现实的（wirklichen）" 一词，是后加的。

362. 根据 MEGA1/I/2 第 814 页异文 402.40—41、402.41，第二版第 3 卷第 317 页倒数第 3—4 行的 "伦理的（sittlicher）" 一词，是即时修改时加写的，而 "艺术的（kunstlicher）" 一词，是后来加写的。

363. 根据 MEGA1/I/2 第 814 页异文 403.2，第二版第 3 卷第 317 页倒数第 4—5 行的 "在它获得自己的自觉的、与自身相符合的存在之前（sein bewuβtes und ihm entsprechendes Dasein erhält）"，是马克思临时起意加写的。

364. 根据 MEGA1/I/2 第 814 页异文 419.2，第二版第 3 卷第 339 页倒数第 11 行的 "潜在力量（Potenz）" 一词，是由 "Möglichkeit（可能性）" 修改而成的。

365. 根据 MEGA1/I/2 第 814 页异文 419.6，第二版第 3 卷第 339 页倒数第 10 行的"产品数量（die Masse der Produktion）"中，"Masse der（数量）"是后加的。

366. 根据 MEGA1/I/2 第 814 页异文 419.8，第二版第 3 卷第 339 页倒数第 8 行的"国民经济学（der Nationalökonomie）"，是由"dem Privateigenthum（私有财产）"修改而成的。

367. 根据 MEGA1/I/2 第 814 页异文 419.15，第二版第 3 卷第 339 页倒数第 3 行的"总是精打细算地（stetskalkulierenden）"，是马克思在作即时修改时添加的，而"erfinderischen und（机敏地而且）"是后来加写的。

368. 根据 MEGA1/I/2 第 814 页异文 419.19，第二版第 3 卷第 339 页倒数第 1 行的"宦官（Eunuche）"一词，是由"Sklave（奴隶）"修改而成的。

369. 根据 MEGA1/I/2 第 815 页异文 419.25，第二版第 3 卷第 340 页第 5 行的"现实的或可能的（wirkliche oder mögliche）"，是后加的。

370. 根据 MEGA1/I/2 第 815 页异文 419.26，第二版第 3 卷第 340 页第 5 行的"使——飞近（heranführen）"一词，是由"heranlocken（引诱到）"修改而成的。"heranführen"的字面意思是"引——到前面"。

371. 根据 MEGA1/I/2 第 815 页异文 419.29，第二版第 3 卷第 340 页第 7 行的"是使僧侣能够接近人心的途径"后面，原先是括号结束的地方。但马克思临时改变了想法，继续括号中的内容，直到该页第 11 行。

372. 根据 MEGA1/I/2 第 815 页异文 419.32，第二版第 3 卷第 340 页第 10 行的"我（mir）"，是后加的。

373. 根据 MEGA1/I/2 第 815 页异文 419.41，第二版第 3 卷第 340 页倒数第 7 行的"再（wieder）"，是后加的。

374. 根据 MEGA1/I/2 第 815 页异文 419.41，第二版第 3 卷第 340 页倒数第 6 行的"新鲜空气（der freien Luft）"中，"freien"一词是后加的。

375. 根据 MEGA1/I/2 第 815 页异文 420.8，第二版第 3 卷第 340 页倒数第 1 行的"工人（Arbeiter）"一词，是由"Armen（穷人）"修改而成的。

376. 根据 MEGA1/I/2 第 815 页异文 420.15，第二版第 3 卷第 341 页第 6 行的"最粗糙的（Die rohsten）"，是由"Die einfachsten rohsten（最

片面、最粗糙的)"修改而成的;而"方式(工具)〔Weisen(Instrumente)〕"是经过多次修改而成的。最先的文本是"Instrumente(工具)",然后修改为"方式和工具(Weisen und Instrumente)",最后修改为现有的文本。

377. 根据 MEGA1/I/2 第 815 页异文 420.16,第二版第 3 卷第 341 页第 7 行的"生产方式和存在方式(Produktionsweise, Daseinsweise)",是由"Lebensweise(生活方式)"修改而成的。

378. 根据 MEGA1/I/2 第 815 页异文 420.17,第二版第 3 卷第 341 页第 7 行的"许多英国工人的(vieler englischer Arbeiter)",是经过多次修改而成的。最先的文本是"der englischen Arbeit(英国劳动的)",然后修改为"des englischen Arbeiters(英国工人的)",最后改为现有的文本。

379. 根据 MEGA1/I/2 第 816 页异文 420.19,第二版第 3 卷第 341 页第 8 行的"需要(Bedürfnisse)"一词,是由"Sinne(感觉)"修改而成的。

380. 根据 MEGA1/I/2 第 816 页异文 420.27—28,第二版第 3 卷第 341 页倒数第 8—9 行的"机器迁就人的软弱性,以便把软弱的人变成机器(Die Maschine bequemt sich der Schwäche des Menschen, um den schwachen Menschen zur Maschine zu machen)"是后加的。在马克思手稿中写在前面那句话的两行之间,没有标记分派符。

381. 根据 MEGA1/I/2 第 816 页异文 421.9,第二版第 3 卷第 342 页第 9 行的"却又进行重利盘剥的(aber wuchernde)",是马克思在作即时修改时添加的。

382. 根据 MEGA1/I/2 第 816 页异文 421.10,第二版第 3 卷第 342 页第 10 行的"进行生产的(produzierende)"一词,是由"arbeitende(从事劳动的)"修改而成的。

383. 根据 MEGA1/I/2 第 816 页异文 421.10—13,第二版第 3 卷第 342 页第 10—12 行的"它的道德理想就是把自己的一部分工资存入储蓄所的工人,而且它甚至为了它喜欢的这个想法发明了一种奴才的艺术。人们怀着感伤的情绪把这些搬上了舞台(Ihr moralisches Ideal ist der Arbeiter, der in die Sparkasse einen Teil seines salaire bringt, und sie hat für diesen ihren Lieblingseinfall sogar eine knechtische Kunst vorgefunden. Man hat das

sentimental aufs Theater gebracht)",是后加的。

384. 根据 MEGA1/I/2 第 816 页异文 421.14，第二版第 3 卷第 342 页倒数第 11 行的"和纵欲的（und wollüstigen）"，是马克思在作即时修改时添加的。

385. 根据 MEGA1/I/2 第 816 页异文 421.18，第二版第 3 卷第 342 页倒数第 8 行的"少谈理论"后面，本来写的是"等等（etc.）"，但马克思即时删除了"etc."，又继续写了"少唱，少画，少击剑"之后，才又写了"etc."。

386. 根据 MEGA1/I/2 第 816 页异文 421.27，第二版第 3 卷第 342 页倒数第 1—2 行的"它能旅行（es kann reisen）"，是后加的。

387. 根据 MEGA1/I/2 第 817 页异文 421.32，第二版第 3 卷第 343 页第 4—5 行的"工人只能拥有那么一点（Der Arbeiter darf nur soviel haben）"，是由"Der Arbeiter dedarf nur so viel Leben（工人只需要这么一点生活）"修改而成的。

388. 根据 MEGA1/I/2 第 817 页异文 421.35，第二版第 3 卷第 343 页第 7—8 行括号中"马尔萨斯"后面的"等（etc）"，是后加的。

389. 根据 MEGA1/I/2 第 817 页异文 421.35，第二版第 3 卷第 343 页第 8 行的"而咒骂节约（und verwünscht die Sparsamkeit）"，是马克思在作即时修改时添加的。

390. 根据 MEGA1/I/2 第 817 页异文 421.41，第二版第 3 卷第 343 页第 11 行的"富者的消费（die Konsumtion der Reichen）"，是由"den Menschen（人）"修改而成的。

391. 根据 MEGA1/I/2 第 817 页异文 422.4，第二版第 3 卷第 343 页倒数第 12—13 行的"我通过挥霍只会减少而不会增加我的财产（ich durch die Verschwendung meine Habe verringere und nicht vermehre）"，是由"ich durch die Verschwendung zu haben（我因为挥霍而拥有——）"修改而成的。需要指出的是，"meine Habe"应译为"我的拥有"。马克思在前面已提到"拥有（Habe）"这个概念。

392. 根据 MEGA1/I/2 第 817 页异文 422.5，第二版第 3 卷第 343 页倒数第 12 行的"不（nicht）"，是马克思在作即时修改时后加的。

393. 根据 MEGA1/I/2 第 817 页异文 422.12，第二版第 3 卷第 343 页

倒数第 7 行的"就会生产出过多的无用的人口"后面，原先还写有"und d. Elend（和贫困）"，后被马克思删除了。

394. 根据 MEGA1/I/2 第 817 页异文 422.13，第二版第 3 卷第 343 页倒数第 6—7 行的"挥霍和节约，奢侈和困苦（Verschwendung und Ersparung, Luxus und Entblösung）"，是经过多次修改而成的。最先的文本是"Luxus und Ersparung（奢侈和节约）"，然后改为"Verschwendung und Ersparung, Luxus und Rohheit（挥霍和节约，奢侈和粗野）"，最后改为现有的文本。

395. 根据 MEGA1/I/2 第 817 页异文 422.17—18，第二版第 3 卷第 343 页倒数第 5 行的"并且不愿意毁于幻想（wenn du nicht an Illusionen zugrunde gehn willst）"，是后加的。

396. 根据 MEGA1/I/2 第 817 页异文 422.21，第二版第 3 卷第 343 页倒数第 1 行的"出卖（Feilbietung）"一词，是后加的。需要指出的是，"Wenn ich den Nationalökonomen frage: Gehorche ich den ökonomischen Gesetzen, wenn ich aus der Preisgebung, Feilbietung meines Körpers an fremde Wollust Geld ziehe"应译为"当我问经济学家：如果我是靠牺牲、出卖身体满足别人的淫欲来获得金钱，我是不是遵从经济规律"，而后面的"so antwortet mir der Nationalökonom"应译为"国民经济学家是这样回答我的"。

397. 根据 MEGA1/I/2 第 818 页异文 422.23，第二版第 3 卷第 344 页第 2 行的"这是名副其实的（was wörtlich wahr ist）"，是马克思在作即时修改时添加的。

398. 根据 MEGA1/I/2 第 818 页异文 422.23，第二版第 3 卷第 344 页第 3 行的"我是不是在按国民经济学办事呢（oder handle ich nicht nationalökonomisch）"，是由"oder habe ich nicht Recht（我是不是有权）"修改而成的。

399. 根据 MEGA1/I/2 第 818 页异文 422.24，第二版第 3 卷第 344 页第 3 行的"摩洛哥人（Marokkaner）"，是由"Türken（土耳其人）"修改而成的。

400. 根据 MEGA1/I/2 第 818 页异文 422.27、422.28，第二版第 3 卷第 344 页第 5—6 行的"道德姨妈和宗教姨妈（Base Moral und Base Reli-

gion)"是后加的,而且"Base Moral"是由"Frau Moral（道德夫人）"修改而成的。需要指出的是,"Base"应译为"堂兄妹"而非"姨妈"。英译文是"Cousin"。

401. 根据 MEGA1/I/2 第 818 页异文 422.35,第二版第 3 卷第 344 页第 10 行的"如果我什么都不知道（wenn ich nichts weiβ）",是由"wenn ich mich als dem Hungertod（如果我是饿死的人）"修改而成的。

402. 根据 MEGA1/I/2 第 818 页异文 422.38,第二版第 3 卷第 344 页倒数第 10 行的"特定的（bestimmte）"一词,是后加的。

403. 根据 MEGA1/I/2 第 818 页异文 422.40—41,第二版第 3 卷第 344 页倒数第 8—9 行的"每一个领域都同另一种异化保持着异化的关系（jede sich entfremdet zu der andren Entfremdung verhält）",是后加的。

404. 根据 MEGA1/I/2 第 818 页异文 423.7,第二版第 3 卷第 344 页倒数第 1—2 行的"如果这种关系不是装装样子,而是被设想为本质的（wenn sie nicht zum Schein vorgemacht, sondern als wesentlich gemeint wird）",是马克思在作即时修改时添加的,而且"wenn sie nicht zum Schein vorgemacht"是由"wenn sie nicht nur Schein（如果这种关系不只是表面的）"修改而成的。

405. 根据 MEGA1/I/2 第 818 页异文 423.9—10,第二版第 3 卷第 344 页倒数第 1 行至第 345 页第 1 行的"如果实际上并非如此,或者恰恰出现相反的情况（wenn diese nicht, oder vielmehr das Gegenteil stattfindet）",是由"Uebrigens wenn diese nicht, oder vielmehr das Gegenteil（此外,如果实际上并非如此,或者恰恰相反）"修改而成的。"Uebrigens"被删除后,又在后面的句子中出现。

406. 根据 MEGA1/I/2 第 818 页异文 423.12—13,第二版第 3 卷第 345 页第 3 行的"国民经济学不过是以自己的方式表现道德规律（Die Nationalökonomie drückt nur in ihrer Weise die moralischen Gesetze aus）",是后加的。

407. 根据 MEGA1/I/2 第 818 页异文 423.23,第二版第 3 卷第 345 页第 10 行的"明显地（offenbart）",是由"offen（公开地）"修改而成的。

408. 根据 MEGA1/I/2 第 818 页异文 423.27,第二版第 3 卷第 345 页倒数第 10 行的"伦敦的（in London）",是后加的。

409. 根据 MEGA1/I/2 第 818 页异文 423.32，第二版第 3 卷第 345 页倒数第 5—6 行的"对于这种粗陋来说（daher）"，是后加的。

410. MEGA1/I/2 第 819 页异文 423.32，第二版第 3 卷第 345 页倒数第 5 行的"自我麻醉（Selbstbetäubung）"，是由"Betäubung（麻醉）"修改而成的。

411. 根据 MEGA1/I/2 第 819 页异文 423.35，第二版第 3 卷第 345 页倒数第 3—4 行的"英国的酒店是私有制的具有象征意义的表现（Die englischen Schnapsläden sind darum sinnbildliche Darstellungen des Privateigentums）"，是由"Die englischen Schnapsläden sind darum sinnbildliche Darstellungen des Lexus（英国的酒店是奢侈的具有象征意义的表现）"修改而成的。需要指出的是，"Privateigentums"应译为"私有财产"而非"私有制"。

412. 根据 MEGA1/I/2 第 819 页异文 423.36、423.37，第二版第 3 卷第 345 页倒数第 2 行"对人的真正关系"后面，原先是中止符，但马克思删除了中止符，继续写了"因此，酒店理所当然地是人民唯一的、至少得到英国警察宽容的星期日娱乐场所"之后，又标记了中止符。而其中的"英国（englischen）"一词，是后加的。

413. 根据 MEGA1/I/2 第 819 页异文 403.5—404.33，第二版第 3 卷第 317 页从最后一行"黑格尔有双重错误"到第 319 页倒数第 2 行的文本内容，是马克思后来加写的。在原始手稿中，这一加写的文本内容从第 XIII 页右栏留白的地方开始写起，并继续在第 XVII 页右栏留白的地方书写，结束于第 XVIII 页右栏中间的位置。

414. 根据 MEGA1/I/2 第 819 页异文 403.17，第二版第 3 卷第 318 页第 8 行的"生产史（Produktionsgeschichte）"，是由"Entstehungsgesichte（产生史）"修改而成的。

415. 根据 MEGA1/I/2 第 819 页异文 403.23—26，第二版第 3 卷第 318 页第 13—15 行的"其他一切对立及其运动，不过是这些唯一有意义的对立的外观、外壳、公开的形式，这些唯一有意义的对立构成其他世俗对立的含义（Alle andern Gegensätze und Bewegungen dieser Gegensätze sind nun der Schein, die Hülle, die exoterische Gestalt dieser einzig interessanten Gegensätze, welche den Sinn der andren profanen G［egensätze］bilden）"，

是后加的。在马克思手稿中，这一附加的文本写在第 XVII 页右栏的下部，其写作晚于本段后面的句子。此外，根据异文 403.25，这句话中"唯一（einzig）"一词，是由"wahren（真正的）"修改而成的；根据异文 403.26，"世俗（profanen）"一词是由"beliebigen（任何的）"修改而成的。

416. 根据 MEGA1/I/2 第 820 页异文 403.26，第二版第 3 卷第 318 页倒数第 11 行的"以非人的方式（sich unmenschlich）"，是马克思在作即时修改时由"als ein fremdes（作为一种疏离的本质）"修改而成的。

417. 根据 MEGA1/I/2 第 820 页异文 403.31，第二版第 3 卷第 318 页倒数第 8 行开头"［XVIII］"的后面，原先写有"Das Erkennen der Gegenständlichkeit（认识对象性）"，但马克思在作即时修改时将其删除了。

418. 根据 MEGA1/I/2 第 820 页异文 403.37，第二版第 3 卷第 318 页倒数第 4 行的"后来（spätren）"一词，是后加的。

419. 根据 MEGA1/I/2 第 820 页异文 403.40，第二版第 3 卷第 318 页倒数第 2 行的"作为萌芽、潜能和秘密（als Keim, als Potenz, als ein Geheimnis）"，是马克思在作即时修改是加写的，而"以一种潜在的方式（latent liegt）"，是马克思后来加写的。

420. 根据 MEGA1/I/2 第 820 页异文 404.3—4，第二版第 3 卷第 319 页第 2 行的"异化了的现实（die entfremdete Wirklichkeit）"，是经过多次修改而成的。最先的文本是"eine entfremdete Form（一种异化了的形式）"，然后改为"die entfremdete Form（异化了的形式）"，最后改为现有的文本。需要指出的是，紧接着的那句话"客体化了的人的本质力量的异化了的现实（der zum Werk herausgebornen menschlichen Wesenskräfte）"，将"zum Werk herausgebornen"译为"客体化了的"并不妥当，因为马克思前面用过"客体化的（objektive）"一词。可考虑译为"发挥出来的"。其英译文是"put to work"。

421. 根据 MEGA1/I/2 第 820 页异文 404.6，第二版第 3 卷第 319 页第 3 行的"真正（wahren）"一词，是后加的。

422. 根据 MEGA1/I/2 第 820 页异文 404.13，第二版第 3 卷第 319 页第 10 行的"是（ist）"，是由"enthält（包含）"修改而成的。

423. 根据 MEGA1/I/2 第 820 页异文 404.20，第二版第 3 卷第 319 页倒数第 11 行的"这些章节（diese einzelnen Abschnitte）"，是马克思在作即时修改时加写的。

424. 根据 MEGA1/I/2 第 820 页异文 404.26，第二版第 3 卷第 319 页倒数第 7 行的"各种不同（unterschiedenen）"，是由"verschiedne（各种各样的）"修改而成的。一方面，马克思在接着的表语中又用了"verschiedne"一词，为了避免重复而换了一种表述方式；另一方面，马克思可能是想用"unterschiedenen"的另一种含义即"独特的"。英译本将其译为"distinct"。

425. 根据 MEGA1/I/2 第 820 页异文 404.33—34，第二版第 3 卷第 319 页倒数第 2 行的"下接第 XXII 页"，是后加的。

426. 根据 MEGA1/I/2 第 821 页异文 424.3—8，第二版第 3 卷第 346 页第 1 段第 1 行的"各种各样的（vielfache）"，是由"3fache（3 重）"修改而成的。

427. 根据 MEGA1/I/2 第 821 页异文 424.4—5，第二版第 3 卷第 346 页第 1 段第 3、4 行的 3 个"部分地（theils）"，是马克思在作即时修改时添加的（马克思本来只是想写"会带来利润的资本再生产"这一层意思）。

428. 根据 MEGA1/I/2 第 821 页异文 424.5，第二版第 3 卷第 346 页第 1 段第 3—4 行的"原料（劳动材料）"，是由"原料和材料"修改而成的。

429. 根据 MEGA1/I/2 第 821 页异文 424.9—10，第二版第 3 卷第 346 页第 1 段第 6—7 行的编号"（5）"、"（6）"，都是马克思在作即时修改时添加的。本来马克思只想写 3 个方面，结果越写越多。

430. 根据 MEGA1/I/2 第 821 页异文 424.9，第二版第 3 卷第 346 页第 1 段第 6—7 行的"他的生命资本的再生产（die Reproduktion seines Lebenskapitals）"，是由"seine Reproduktion（他的再生产）"修改而成的。

431. 根据 MEGA1/I/2 第 821 页异文 424.23，第二版第 3 卷第 346 页倒数第 1 行的"拜物教徒的感性意识（Das sinnliche Bewuβtsein des Fetischdieners）"，是马克思在作即时修改时由"der Fetischdiener（拜物教徒）"修改而成的。

432. 根据 MEGA1/I/2 第 821 页异文 424.25，第二版第 3 卷第 347 页第 1 行"不同于希腊人的感性存在"后面，已经标记了中止符，但马克思删除了中止符，继续写了该页第 1—4 行的文本内容后，又标上中止符。

433. 根据 MEGA1/I/2 第 821 页异文 424.31，第二版第 3 卷第 347 页第 5 行的"译成（übersetzt）"一词，是由"erhoben（提出）"修改而成的。

434. 根据 MEGA1/I/2 第 821 页异文 424.37，第二版第 3 卷第 347 页第 9 行的"因为这是政治（weil die Politik）"，是后加的。

435. 根据 MEGA1/I/2 第 821 页异文 425.4，第二版第 3 卷第 347 页倒数第 9 行的"而宁可说是从私有财产开始的（sondern vielmehr vom Privateigentum aus）"，是后加的。需要指出的是，在"daher noch nicht als die wahre, von sich selbst, sondern vielmehr vom Privateigentum aus beginnende Position（因而还不是真正的、从自身开始的肯定，而宁可说是从私有财产开始的肯定）"这句话中，将"Position"译为"肯定"是有问题的，应该按其字面意思译为"立场"。

436. 第二版第 3 卷第 347 页倒数第 8 行的脚注 2 指出了此处马克思手稿有残缺。刘丕坤译本部分翻译了这些残缺的内容。MEGA1/I/2 呈现了所能辨读出来的文本内容："bezeichnen, [...] in altdeutscher Weise - nach Weise der Hegelschen Phänomenologie - so aufzu— [...] als ein überwundenes Moment nun abgemacht sei und man [...] könne und sich dabei beruhigen könne, ihn in seinem Bewuβtsein aufge— [...] des menschlichen Wesens nur durch die wirkliche [...] aufhebung seines Gedankens nach wie vor"。马克思所要表达的意思可能是："（人的本质的占有）显现为以古老的德意志方式、按照黑格尔精神现象学的方式（来进行），因此它只能作为一个被征服的环节而结束（扬弃），而且人可能（重新占有自己的本质），而且可能由此而使自己平静下来。在人的意识中，人的本质的扬弃（和重新占有）是像以前那样仅仅通过对其思想的现实扬弃（来完成的）"。其中，根据 MEGA1/I/2 第 821 页异文 425.5，"altdeutscher（古老的德意志）"是由"deutscher（德意志）"修改而成的；根据 MEGA1/I/2 第 821 页异文 425.7—8，"und sich dabei beruhigen könne, ihn in seinem Bewuβtsein aufge（而且可能由此而使自己平静下来。在人的意识中）"，

第 9 章　《1844 年经济学—哲学手稿》的修改情况　　205

是由"nachdem man ihn in seinem Bewuβtsein aufge（人在其意识中扬弃了人的本质之后）"修改而成的；根据 MEGA1/I/2 第 821 页异文 425.8，"wirkliche（现实的）"是由"praktische（实践的）"修改而成的。

437. 根据 MEGA1/I/2 第 822 页异文 425.12，第二版第 3 卷第 347 页倒数第 7 行的"成为（vollbracht werden kann）"，是马克思在作即时修改时添加的。

438. 根据 MEGA1/I/2 第 822 页异文 425.19，第二版第 3 卷第 347 页倒数第 2 行的"过程"后面，原先是中止符，但马克思即时删除了中止符，继续写了"但是，我们必须把我们从一开始就意识到这一历史运动的局限性和目的，把意识到超越历史运动看作是现实的进步"之后，再标记中止符。

439. 根据 MEGA1/I/2 第 822 页异文 425.21，第二版第 3 卷第 347 页倒数第 1、2 行的"意识到（Bewuβtsein erworben haben）"，是由"Bewuβtsein haben（具有关于——的意识）"即时修改而成的。需要指出的是，"Als einen wirklichen Fortschritt müssen wir es aber betrachten, daβ wir von vornherein sowohl von der Beschränktheit als dem Ziel der geschichtlichen Bewegung, und ein sie überbietendes Bewuβtsein erworben haben"这句话，现有的中译文（包括刘丕坤译本）都存在问题。按其字面意思应该译为"但是，我们必须把这一点，即我们一开始就意识到了这一历史运动的局限性及其目标，并且意识到了要超越这一历史运动，看作是一种现实的进步"。

440. 根据 MEGA1/I/2 第 822 页异文 425.23，第二版第 3 卷第 348 页第 1 行的"共产主义的（communistischen）"，是后加的。

441. 根据 MEGA1/I/2 第 822 页异文 425.24，第二版第 3 卷第 348 页第 2 行的"等等（etc）"，是后加的。

442. 根据 MEGA1/I/2 第 822 页异文 425.27—28，第二版第 3 卷第 348 页第 3 行的"社会主义（socialistischen）"一词，是后加的。

443. 根据 MEGA1/I/2 第 822 页异文 425.29，第二版第 3 卷第 348 页第 5—6 行的"不再是联系的手段（und als verbindende Mittel）"，是后加的。

444. 根据 MEGA1/I/2 第 822 页异文 425.32，第二版第 3 卷第 348 页

第 8—9 行的"放射出——之光（leuchtet）"一词，是由"schlägt（喷出）"修改而成的。

445. 根据 MEGA1/I/2 第 822 页异文 425.39，第二版第 3 卷第 348 页第 13 行的"得到最显著的体现（seinen entschiedensten Ausdruck erhält）"，是由"beständig seinen entschiedensten Ausdruck erhält（不断得到最显著的体现"修改而成的。

446. 根据 MEGA1/I/2 第 822 页异文 426.9，第二版第 3 卷第 348 页倒数第 4 行的"返回那里（zu ihr）"，是后加的。

447. 根据 MEGA1/I/2 第 823 页异文 426.10—11，第二版第 3 卷第 348 页倒数第 3—4 行的"这个自由地给他们提供享受和庇护的自然要素（diesem unbefangen sich zum Genuβ und Schutz darbietenden Naturelement）"，是经过多次修改而成的。最先的文本是"dieser unbefangen sichdarbietenden（这个自由地给他们提供）"，然后修改为"dieser unbefangen sich zum Genuβ und Schutz darbietenden（这个自由地给他们提供享受和庇护的）"，最后改为现有的文本。

448. 根据 MEGA1/I/2 第 823 页异文 426.11，第二版第 3 卷第 348 页倒数第 3 行的"感到（Fühlt）"，是由"wohnt（居住）"修改而成的。

449. 根据 MEGA1/I/2 第 823 页异文 426.12，第二版第 3 卷第 348 页倒数第 2 行的"地下室住所（Kellerwohnung）"一词，是由"Wohnung（住房）"修改而成的。

450. 根据 MEGA1/I/2 第 823 页异文 426.13，第二版第 3 卷第 348 页倒数第 1—2 行的"敌对的、具有异己力量的（eine feindliche als fremde Macht an sich haltende）"，是经过多次修改而成的。最先的文本是"ein feindliches fremde Macht an sich（敌对的、异己力量的）"，然后修改为"ein feindliches als fremde Macht an sich（敌对的、作为异己力量的）"，最后改为现有的文本。

451. 根据 MEGA1/I/2 第 823 页异文 426.16—17，第二版第 3 卷第 349 页第 3 行的"陌生人的家里（in einem fremden Hause）"，是后加的。

452. 根据 MEGA1/I/2 第 823 页异文 426.26，第二版第 3 卷第 349 页第 10 行的"仅仅（nur）"一词，是后加的。

453. 根据 MEGA1/I/2 第 823 页异文 426.28—29，第二版第 3 卷第

349 页第 11 行的"行动，并且（bethätigt und）"，是由"weiβ（看作）"修改而成的。这意味着，马克思本来只想写"一方面，仅仅把自己看作短暂的、恣意放纵的个人（einerseits sich als ein nur vergängliches, wesenlos sich austobendes Individuum）"，但马克思作了这一即时修改，并继续写了"把别人的奴隶劳动、把人的血汗看作自己的贪欲的虏获物，所以他把人本身看作可牺牲的存在物（ebenso die fremde Sklavenarbeit, den menschlichen Blutschweiβ als die Beute seiner Begierde und darum den Menschen selbst als ein aufgeopfertes Wesen weiβ）"。

454. 根据 MEGA1/I/2 第 823 页异文 426.30—31，第二版第 3 卷第 349 页倒数第 11 行的"因而也把自己本身（also auch sich selbst）"，是后加的。

455. 根据 MEGA1/I/2 第 823 页异文 426.31，第二版第 3 卷第 349 页倒数第 11 行的"无价值的（nichtiges）"一词，是后加的。

456. 根据 MEGA1/I/2 第 823 页异文 426.33，第二版第 3 卷第 349 页倒数第 9 行的"又（theils）"一词，是后加的。

457. 根据 MEGA1/I/2 第 823 页异文 426.33，第二版第 3 卷第 349 页倒数第 9 行的"卑鄙的（infame）"一词，是后加的。

458. 根据 MEGA1/I/2 第 823 页异文 426.33—35，第二版第 3 卷第 349 页倒数第 9 行的"仿佛（erscheint）"，是马克思在作即时修改时添加的。

459. 根据 MEGA1/I/2 第 823 页异文 426.35—37，第二版第 3 卷第 349 页倒数第 6—7 行的"他把人的本质力量的实现，仅仅看作自己无度的要求、自己突发的怪想和任意的奇想的实现（der die Verwirklichung der menschlichen Wesenskräfte nur als Verwirklichung seines Unwesens, seiner Laune und willkürlich bizarren Einfälle weiβ）"，是后加的。在马克思手稿中，这一附加的文本内容，写在连贯文本中，具体来说，写在该页倒数第 3 行的"好幻想的（eingebildet）"和"文雅的（fein）"之间。需要指出的是，"eingebildet"应译为"自欺的"。

460. 根据 MEGA1/I/2 第 823 页异文 426.37，第二版第 3 卷第 349 页倒数第 6 行的"任意的（willkürlich）"一词，是马克思在作即时修改时添加的。

461. 根据 MEGA1/I/2 第 824 页异文 427.1，第二版第 3 卷第 349 页倒数第 2 行的"凌驾于自己之上的（über sich selbst）"，是马克思在作即时修改时添加的。

462. 根据 MEGA1/I/2 第 824 页异文 427.3，第二版第 3 卷第 350 页第 2 行"为感性外观所眩晕的（der durch den sinnlichen Schein geblendeten）"，是马克思在作即时修改时添加的。

463. 根据 MEGA1/I/2 第 824 页异文 427.4，第二版第 3 卷第 350 页第 2 行的"美妙（glänzenden）"一词，是后加的。

464. 根据 MEGA1/I/2 第 824 页异文 427.7，第二版第 3 卷第 350 页第 4—5 行的"并且用自己的各种产品向挥霍者百般谄媚时——他的一切产品正是对挥霍者欲望的卑劣恭维（ihm schöne Schmeicheleien in seinen Produktionen sagt - seine Produkte sind ebensoviel niedrige Komplimente an die Gelüste des Verschwenders）"，是马克思在作即时修改时添加的。

465. 根据 MEGA1/I/2 第 824 页异文 427.18，第二版第 3 卷第 350 页倒数第 10 行的"吃光——，从而（verzehren, also）"，是经过多次修改而成的。最先的文本是"angreifen und（侵蚀并且）"，然后修改为"verzehren und（吃光并且）"，最后修改为现有的文本。

466. 根据 MEGA1/I/2 第 824 页异文 427.26—27，第二版第 3 卷第 350 页倒数第 4—5 行的"即经营农业的实业家（ackerbauender Industrieller）"，是后加的。

467. 根据 MEGA1/I/2 第 824 页异文 427.28，第二版第 3 卷第 350 页倒数第 3 行的"货币利息（Geldzinses）"一词，是由"Zinses（利息）"修改而成的。

468. 根据 MEGA1/I/2 第 824 页异文 427.31，第二版第 3 卷第 350 页倒数第 2 行的"劳动的（arbeitenden）"一词，是后加的。

469. 根据 MEGA1/I/2 第 825 页异文 427.32，第二版第 3 卷第 350 页倒数第 1 行的"工业（industrielles）"一词，是后加的。

470. 根据 MEGA1/I/2 第 825 页异文 427.34，第二版第 3 卷第 351 页第 2 行的"完全（völlige）"一词，是后加的。

471. 根据 MEGA1/I/2 第 825 页异文 427.38，第二版第 3 卷第 351 页第 4 行的"服从于生产的（untergeordnet der Produktion）"，是马克思在作

即时修改时添加的。

472. 根据 MEGA1/I/2 第 825 页异文 427.39，第二版第 3 卷第 351 页第 6 行的"把自己的享受也算入资本的费用（schlägt seinen Genuβ zu den Kosten des Kapitals）"，是由"genieβt nur so viel, als sein（只享受这么一些，并作为其）"修改而成的。

473. 根据 MEGA1/I/2 第 825 页异文 428.6，第二版第 3 卷第 351 页第 11 行"资本的扬弃的征兆"后面，原先用了中止符，但马克思即时删除了中止符，继续写了"一般说来，这就是存在的东西确证自己的对立面的唯一方式（Dieβ ist überhaupt die einzige Weise, wie das Bestehende sein Gegenteil bestätigt）"之后，再次使用了中止符。

474. 根据 MEGA1/I/2 第 825 页异文 404.35，第二版第 3 卷第 319 页倒数最后一行的页码编号"XXII"，是由"XXX"修改而成的。需要指出的是，《马克思恩格斯全集》德文版将此处的"XXII"辨读为"XXIII"，英文版以及刘丕坤译本、《马克思恩格斯全集》中文第一版第 42 卷也是这样处理的。《马克思恩格斯全集》中文第一版第 42 卷第 163 页的脚注 1 和 2 专门对此作了说明。按照 MEGA1/I/2 的辨读，手稿缺第 XXIII 页，而按照之前各种版本的辨读，手稿缺第 XXII 页。根据 MEGA1/I/2 第 826 页异文 406.12，第二版第 3 卷第 321 页倒数第 6 行的页码编号"XXIV"，是由"XXIII"修改而成的。

475. 根据 MEGA1/I/2 第 825 页异文 404.35—418.25，第二版第 3 卷第 319 页倒数最后一行至第 338 页结束，是马克思后加的文本内容。在马克思手稿中，这一附加的文本内容开始于第 XXII 页，而结束于第 XXXIV 页左栏的下 1/3 处。

476. 根据 MEGA1/I/2 第 825 页异文 404.36，第二版第 3 卷第 319 页倒数最后一行的"最终成果（Endresultate）"一词，是由"Resultate（成果）"修改而成的。

477. 根据 MEGA1/I/2 第 825 页异文 404.40，第二版第 3 卷第 320 页第 3—4 行的"对象性的（gegenständlichen）"一词，是后加的。

478. 根据 MEGA1/I/2 第 825 页异文 405.1，第二版第 3 卷第 320 页第 5 行"能动的（thätige）"一词，是后加的。

479. 根据 MEGA1/I/2 第 825 页异文 405.8，第二版第 3 卷第 320 页

第 10 行的"我们将以《现象学》的最后一章——来详细（werden wir nun ausführlich an dem Schluβkapitel der Phänomenologie）"中，"nun（现在）"是后加的。但中译文（包括刘丕坤译本）没有将其译出来。

480. 根据 MEGA1/I/2 第 826 页异文 405.37，第二版第 3 卷第 321 页第 6 行的"重新占有（Wiederaneignung）"一词，是由"Aneignung（占有）"修改而成的。

481. 根据 MEGA1/I/2 第 826 页异文 405.40—41，第二版第 3 卷第 321 页第 6 行的"被看成（gilt als）"，是由"als（作为）"修改而成的。

482. 根据 MEGA1/I/2 第 826 页异文 406.3，第二版第 3 卷第 321 页第 11—12 行的"在黑格尔看来（nach Hegel）"，是后加的。

483. 根据 MEGA1/I/2 第 826 页异文 406.4，第二版第 3 卷第 321 页倒数第 12 行的"运动（Bewegung）"一词，是由"Ueberwindung（克服）"修改而成的。

484. 根据 MEGA1/I/2 第 826 页异文 406.9，第二版第 3 卷第 321 页倒数第 8 行的"眼睛、耳朵"后面，原先写有"etc（等等）"，后被删除了，继续写了"Wesenskraft（本质力量）"。

485. 根据 MEGA1/I/2 第 826 页异文 406.14，第二版第 3 卷第 321 页倒数第 4 行的"zum Denken（思维的）"，是后加的。

486. 根据 MEGA1/I/2 第 826 页异文 406.28，第二版第 3 卷第 322 页第 7 行的"本质（Wesen）"一词，是由"Welt（世界）"修改而成的。

487. 根据 MEGA1/I/2 第 826 页异文 406.28，第二版第 3 卷第 322 页第 7 行"自我意识"的后面，原先用了中止符，但马克思即时作了删除，继续写了"因此，对象向自我的复归就是对象的重新占有（Die Rückkehr des Gegenstandes in das Selbst ist daher die Wiederaneignung des Gegenstandes）"，然后再标上中止符。

488. 根据 MEGA1/I/2 第 826 页异文 406.33，第二版第 3 卷第 322 页第 10 行的"本身（als solcher）"，是后加的。

489. 根据 MEGA1/I/2 第 826 页异文 406.34，第二版第 3 卷第 322 页第 11 行的"外化（Entäusserung）"一词，是由"Selbstentäusserung（自我外化）"修改而成的。

490. 根据 MEGA1/I/2 第 826 页异文 406.37—41，第二版第 3 卷第

322 页倒数第 11 行的编号"（5）"，是马克思在写完"（5）"的文本内容之后才添加的，而且此后"（6）"、"（7）"、"（8）"的文本内容，也是在添加了编号"（5）"之后才继续写的。从修改情况来看，马克思本来没准备写"（6）"至"（8）"的文本内容。

491. 根据 MEGA1/I/2 第 827 页异文 406.40，第二版第 3 卷第 322 页倒数第 9 行的"外化（Entäusserung）"一词，是由"Entfremdung（异化）"修改而成的。

492. 根据 MEGA1/I/2 第 827 页异文 407.25，第二版第 3 卷第 323 页倒数第 9 行的"自然的（natürliche）"一词，是后加的。

493. 根据 MEGA1/I/2 第 827 页异文 407.25，第二版第 3 卷第 323 页倒数第 9 行的"它的本质的（seines Wesens）"，是马克思在作即时修改时添加的。

494. 根据 MEGA1/I/2 第 827 页异文 407.26—28，第二版第 3 卷第 323 页倒数第 7—8 行的"现实的、却以外在性的形式表现出来因而不属于它的本质的、极其强大的对象世界（wirklichen, aber unter der Form der Äusserlichkeit, also zu seinem Wesen nicht gehörigen, übermächtigen gegenständlichen Welt）"，是经过多次修改而成的。最先的文本是"wirklichen gegenständlichen, aber unter der Form der Äusserlichkeit, also zu seinem Wesen nicht gehörigen und d. über es mächtigen gegenständlichen（现实的、对象性的、却以外在性的形式表现出来因而不属于它的本质的及强于它的对象性的）"，然后修改为"wirklichen gegenständlichen, aber unter der Form der Äusserlichkeit, also zu seinem Wesen nicht gehörigen und übermächtigen Welt（现实的、对象性的、却以外在性的形式表现出来因而不属于它的本质的及非常强大的世界）"，最后改为现有的文本。

495. 根据 MEGA1/I/2 第 827 页异文 407.36，第二版第 3 卷第 324 页第 1 行的"自己的能力作为产物（seine Energie als das Produkt）"，是经过多次修改而成的。最先的文本是"das Produkt seiner Energie（自己能力的产物）"，然后修改为"als das Produkt seine Energie（作为自己能力的产物）"，最后改为现有的文本。

496. 根据 MEGA1/I/2 第 827 页异文 407.39—40，第二版第 3 卷第 324 页第 3—4 行的"当现实的、肉体的、站在坚实的呈圆形的地球上呼出和吸入一切自然力的人（Wenn der wirkliche, leibliche, auf der festen wohlgerundeten Erde stehende, alle Naturkräfte aus und einathmende Mensch）",是由"Der wirkliche, leibliche, auf der festen wohlgerundeten Erde stehende Mensch（现实的、肉体的、站在坚实的呈圆形的地球上的人）"修改而成的。

497. 根据 MEGA1/I/2 第 827 页异文 407.41—408.1，第二版第 3 卷第 324 页第 5 行的"为异己的对象（als fremde Gegenstände）"，是后加的。

498. 根据 MEGA1/I/2 第 827 页异文 408.2—3，第二版第 3 卷第 324 页第 6 行的"必须是对象性的活动（gegenständliche sein muβ）"，是由"gegenständliche setzen（设定一个对象性的）"修改而成的。

499. 根据 MEGA1/I/2 第 828 页异文 408.9—10，第二版第 3 卷第 324 页第 11 行的"证实了它的活动是对象性的自然存在物的活动（seine Thätigkeit als die Thätigkeit eines gegenständlichen natürlichen Wesens）"，是后加的。

500. 根据 MEGA1/I/2 第 828 页异文 408.11，第二版第 3 卷第 324 页第 12 行的"自然主义或（Naturalismus oder）"，是马克思在作即时修改时添加的。

501. 根据 MEGA1/I/2 第 828 页异文 408.11—12，第二版第 3 卷第 324 页第 12—13 行的"既不同于唯心主义，也不同于唯物主义（sich sowohl von dem Idealismus, als dem Materialismus unterscheidet）"，是由"sich von dem Idealismus（不同于唯心主义）"修改而成的。根据 MEGA1/I/2 第 828 页异文 408.12—13，第二版第 3 卷第 324 页第 13 行的"同时又是把二者结合起来的真理（und zugleich ihre beide vereinigende Wahrheit ist）"，是后加的。需要指出的是，在已有的中译本（包括刘丕坤译本）中，"Wir sehn hier, wie der durchgeführte Naturalismus oder Humanismus sich sowohl von dem Idealismus, als dem Materialismus unterscheidet, und zugleich ihre beide vereinigende Wahrheit ist" 这句话少译了"wie（如何）"，应译为"我们在这里看到，彻底的自然主义或人道主义如何既不同于唯心主义，也不同于唯物主义，如何同时又是把二者结合起来的真理"。

502. 根据 MEGA1/I/2 第 828 页异文 408.17、408.18，第二版第 3 卷

第 324 页倒数第 9—10 行的"是能动的自然存在物，这些力量作为天赋和才能、作为欲望存在于人身上（ein thätiges Naturwesen, diese Kräfte existieren in ihm als Anlagen und Fähigkeiten, als Triebe）"，是马克思在作即时修改时分两次添加的，其中"und Fähigkeiten, als Triebe（和才能、作为欲望）"是第二次添加的。

503. 根据 MEGA1/I/2 第 828 页异文 408.21，第二版第 3 卷第 324 页倒数第 6 行的"对象（Gegenstände）"一词，是由"Wesen（本质）"修改而成的。

504. 根据 MEGA1/I/2 第 828 页异文 408.22—23，第二版第 3 卷第 324 页倒数第 5 行的"和确证（und Bestätigung）"，是马克思在作即时修改时添加的。

505. 根据 MEGA1/I/2 第 828 页异文 408.27，第二版第 3 卷第 324 页倒数第 1—2 行的"或者说，人只有凭借现实的、感性的对象才能表现自己的生命（oder daβ er nun an wirklichen, sinnlichen Gegenständen sein Leben äussern kann）"，是马克思在作即时修改时添加的。

506. 根据 MEGA1/I/2 第 828 页异文 408.28，第二版第 3 卷第 324 页倒数第 1 行的"自然的、感性的（natürlich, sinnlich）"，是马克思在作即时修改时添加的。

507. 根据 MEGA1/I/2 第 828 页异文 408.32—34，第二版第 3 卷第 325 页第 4—6 行的"饥饿是我的身体对某一对象的公认的需要，这个对象存在于我的身体之外，是使我的身体得以充实并使本质得以表现所不可缺少的（Der Hunger ist das gestandne Bedürfnis meines Leibes nach einem äusser ihm seienden, zu seinen Integrierung und Wesensäusserung unentbehrlichen Gegenstande）"，是经过多次修改而成的。最先的文本是"Der Hunger als die Äusserungmeines Leibes nach einem äusser ihm seienden, zu seinen Integrierung und Wesensäusserung unentbehrlichen Gegenstande（饥饿作为我的身体对某一对象的表现，这一对象存在于我的身体之外，是使我的身体得以充实并使本质得以表现所不可缺少的）"，然后修改为"Der Hunger ist die Äusserungmeines Leibes nach einem ausser ihm seienden, zu seinen Integrierung und Wesensäusserung unentbehrlichen Gegenstande（饥饿是我的身体对某一对象的表现，这一对象存在于我的身体之外，是使我的身体得以

充实并使本质得以表现所不可缺少的)",最后改为现有的文本。

508. 根据 MEGA1/I/2 第 829 页异文 409.2—3,第二版第 3 卷第 325 页第 13 行的"它的存在就不是对象性的存在(sein Sein ist kein gegenständliches)",是后加的。

509. 根据 MEGA1/I/2 第 829 页异文 409.21—22,第二版第 3 卷第 326 页第 4 行的"激情、热情是人强烈追求自己的对象的本质力量(Die Leidenschaft, die Passion ist die nach seinem Gegenstand energisch strebende Wesenskraft des Menschen)",是由"Die Leidenschaft, die Passion ist die nach ihrem Gegenstand energisch strebende Natur(激情、热情是强烈追求其对象的自然)"修改而成的。

510. 根据 MEGA1/I/2 第 829 页异文 409.29,第二版第 3 卷第 326 页第 9—10 行的"自然界,无论是客观的还是(Weder die Natur - objektiv - noch)",是由"die Natur - objektiv—(自然界——客观的——)"修改而成的。

511. 根据 MEGA1/I/2 第 829 页异文 409.35—36,第二版第 3 卷第 326 页倒数第 12—13 行括号中的"关于这一点以后还要回过来谈(Darauf ist zurückzukommen)",是后加的。在马克思手稿中,这一附注及旁边划的竖线,是用更亮色的墨水书写的,与其余文本相比显得很突出。

512. 根据 MEGA1/I/2 第 829 页异文 409.40,第二版第 3 卷第 326 页倒数第 8 行的"补入(3)、(4)、(5)、(6)。(3)",是由"(3)、(4)、(5)、(6)。补入(3)"修改而成的。

513. 根据 MEGA1/I/2 第 829 页异文 410.2,第二版第 3 卷第 326 页倒数第 5 行的"自我(selbst)"一词,是后加的。

514. 根据 MEGA1/I/2 第 829 页异文 410.4—6,第二版第 3 卷第 326 页倒数第 2—4 行的"由于它把自身外化了,因为意识在这种外化中知道自身是对象,或者说,由于自为存在的不可分割的统一性而知道对象是它自身(daβ es sich selbst entäussert, denn um diese Entäusserung weiβ es als Gegenstand oder den Gegenstand um der untrennbaren Einheit des Fürsichseins willen als sich selbst)",是由"daβ es sich als Gegenstand oder den Gegenstand um der untrennbaren Einheit des Fürsichseins willen als sich selbst(由于它自身是对象,或者说,由于自为存在的不可分割的统一性而知道对象是

第 9 章 《1844 年经济学—哲学手稿》的修改情况 215

它自身)"修改而成的。

515. 根据 MEGA1/I/2 第 829 页异文 410.10，第二版第 3 卷第 327 页第 2 行"异化的（emtfremdeten）"一词，是由"fremden（疏离的）"修改而成的。

516. 根据 MEGA1/I/2 第 829 页异文 410.16—17，第二版第 3 卷第 327 页第 6 行的"障碍和异化（Anstsössige und die Entfremdung）"，是由"Anstsössige und Fremde"修改而成的。需要指出的是，"Anstsössige"一词应译为"令人厌恶"，英译本将其译为"offensive"。

517. 根据 MEGA1/I/2 第 829 页异文 410.18，第二版第 3 卷第 327 页第 7 行的"意识（Bewuβtsein）"一词，是由"Selbstbewuβtsein（自我意识）"修改而成的。

518. 根据 MEGA1/I/2 第 830 页异文 410.28，第二版第 3 卷第 327 页倒数第 10 行的"差别的非存在（Nichtunterschiedensein）"，是由"Nichtunterschied（没有差别）"修改而成的。需要指出的是，"Nichtunterschiedensein"应译为"不存在差别"，刘丕坤译本将其译为"是没有区别的"。

519. 根据 MEGA1/I/2 第 830 页异文 410.33，第二版第 3 卷第 327 页倒数第 7 行的"自身（selbst）"，是后加的。

520. 根据 MEGA1/I/2 第 830 页异文 410.37—38，第二版第 3 卷第 327 页倒数第 3—4 行的"或者说，对它来说表现为对象的那个东西仅仅是它自身（oder daβ das, was ihm als Gegenstand erscheint, nun es selbst ist）"，是后加的。

521. 根据 MEGA1/I/2 第 830 页异文 411.10，第二版第 3 卷第 328 页第 7 行的"冒充为（zu sein vorgibt）"，是经过多次修改而成的。最先的文本是"sein will（想成为）"，然后修改为"sein mag（想要成为）"，最后改为现有的文本。

522. 根据 MEGA1/I/2 第 830 页异文 411.11—13，第二版第 3 卷第 328 页第 8—10 行的"这里所以包含着这一方面，是因为仅仅作为意识的意识所碰到的障碍不是异化了的对象性，而是对象性本身（Diese Seite ist hierin enthalten, insofern das Bewuβtsein als nun Bewuβtsein nicht an der entfremdeten Gegenständlichkeit, sondern an der Gegenständlichkeit als solcher

seinen Anstoβ hat)"，是后加的。添加时又有即时修改，其中，"nicht an der entfremdeten Gegenständlichkeit, sondern（不是异化了的对象性，而是）"经过了两次修改。最先的文本是"nicht mit entfremdeten（不带有异化了的）"，然后修改为"an der entfremdeten Gegenständlichkeit（是异化了的对象性）"，最后改为现有的文本。而根据 MEGA1/I/2 第830页异文411.13，"障碍（sein Anstoβ）"又是由"sein Ansich（自在存在）"修改而成的。需要指出的，将"Anstoβ"译为"障碍"并不合适，应译为"令人厌恶"，英译文是"takes offence"。整句话应译为"这里所以包含着这一方面，是因为现在作为意识的意识，不是厌恶异化了的对象，而是厌恶对象性本身"。可参看英译文"This aspect is contained herein, inasmuch as consciousness as mere consciousness takes offence not at estranged objectivity, but at objectivity as such"。

523. 根据 MEGA1/I/2 第830页异文411.14，第二版第3卷第328页第14行的"有自我意识的人（der selbstbewuβte Mensch）"，是由"das Selbstbewuβtsein（自我意识）"修改而成的。

524. 根据 MEGA1/I/2 第830页异文411.16，第二版第3卷第328页倒数第8行的"通过这个外化的形态确证（in dieser entäusserten Gestalt bestätigt）"，是马克思在作即时修改时添加的。需要指出的是，"in dieser entäusserten Gestalt bestätigt"最好按其字面意思译为"在这个外化的形态中确证了"。

525. 根据 MEGA1/I/2 第830页异文411.17、411.18，第二版第3卷第328页倒数第6—7行的"恢复这个世界，假称在自己的异在本身中就是在自身（sie wiederherstellt, in seinem Anderssein als solchem bei sich zu sein vorgibt）"，是马克思在作即时修改时添加的，而且这一添加的文本是经过修改的，最先的文本是"sie wiederherstellt, in seinem Anderssein als solchem bei sich ist（恢复这个世界，在自己的异在本身中就是在自身）"。

526. 根据 MEGA1/I/2 第831页异文411.19，第二版第3卷第328页倒数第6行的"例如（z.B.）"，是后加的。

527. 根据 MEGA1/I/2 第831页异文411.23，第二版第3卷第328页倒数第3行的"或神学（oder Theologie）"，是后加的。

528. 根据 MEGA1/I/2 第831页异文411.26，第二版第3卷第328页

第 9 章 《1844 年经济学—哲学手稿》的修改情况   217

倒数第 1 行的"认识到（erkannt hat）"，是由"weiβ（知道）"修改而成的。

529. 根据 MEGA1/I/2 第 831 页异文 411.26—27，第二版第 3 卷第 328 页倒数第 1 行至第 329 页第 1 行的"就是在这种外化生活本身中过着自己的真正的人的生活（führt in diesem entäusserten Leben als solchem sein wahres menschliches）"，是由"ist in diesem entäusserten Leben als solchem sein wahres menschliches（在这种外化生活本身中，是自己的真正的人的生活）"修改而成的。

530. 根据 MEGA1/I/2 第 831 页异文 411.28、411.29，第二版第 3 卷第 329 页第 2 行的"既与知识又与对象的本质相矛盾的（sowohl mit dem Wissen als mit dem Wesen des Gegenstandes）"，是马克思在作即时修改时添加的，而"des Gegenstandes"又是在添加时由"der Sache（物）"修改而成的。

531. 根据 MEGA1/I/2 第 831 页异文 411.31，第二版第 3 卷第 329 页第 4 行的"再（mehr）"一词，是后加的。

532. 根据 MEGA1/I/2 第 831 页异文 411.33—34，第二版第 3 卷第 329 页第 7—8 行的"在作为宗教的宗教中得到确证的不是我的自我意识，而是我的外化的自我意识（also in ihr als Religion nicht mein Selbstbewuβtsein, sondern mein entäussertes Selbstbewuβtsein in ihn bestätigt）"，是由"alsonicht mein Selbstbewuβtsein, sondern mein entäussertes Selbstbewuβtsein bestätigt（得到确证的不是我的自我意识，而是我的外化的自我意识）"修改而成的。

533. 根据 MEGA1/I/2 第 831 页异文 411.41—412.2，第二版第 3 卷第 329 页倒数第 12—14 行的"换句话说，否定之否定是否定作为在人之外的、不依赖于人的对象性本质的这种假本质，并使它转化为主体（oder die Verneinung dieses Scheinwesens als eines gegenständlichen, ausser dem Menschen hausenden und von ihm unabhängigen Wesens und seine Verwandlung in das Subjekt）"，是后加的。

534. 根据 MEGA1/I/2 第 831 页异文 412.3，第二版第 3 卷第 329 页倒数第 11 行的"独特的（eigentümliche）"，是经过多次修改而成的。最先的文本是"sonderbare（特殊的）"，然后改为"merkwürdige（引人注目的)",最后改为现有的文本。

535. 根据 MEGA1/I/2 第 831 页异文 412.3,第二版第 3 卷第 329 页倒数第 11 行的"把否定和保存即肯定结合起来的(worin die Verneinung und die Aufbewahrung, die Bejahung verknüpft sind)",是马克思在作即时修改时添加的。

536. 根据 MEGA1/I/2 第 831 页异文 412.13—29,第二版第 3 卷第 329 页倒数第 3 行至第 330 页第 11 行那一大段的文本内容,是后加的。在马克思手稿中,这一添加的文本内容写在第 XXIX 右栏的连贯文本中,其写作发生在第 330 页倒数第 2 行"即自我意识的、抽象的自我确证"之后。

537. 根据 MEGA1/I/2 第 831 页异文 412.18—19,第二版第 3 卷第 330 页第 2 行的"我的真正的人的存在是我的哲学的存在(mein wahres menschliches Dasein mein philosophisches Dasein)",是后加的。

538. 根据 MEGA1/I/2 第 832 页异文 412.23,第二版第 3 卷第 330 页第 6 行的"否定(verläugne)"一词,是由"läugne(否认)"修改而成的。

539. 根据 MEGA1/I/2 第 832 页异文 412.24,第二版第 3 卷第 330 页第 7—8 行的"一方面,是在我自己的存在中或在我使之与它们相对立的那个异己的存在中(teils innerhalb meines eignen Daseins oder innerhalb des fremden Daseins, das ich ihnen entgegensetze)",是马克思在作即时修改时添加的。

540. 根据 MEGA1/I/2 第 832 页异文 412.27,第二版第 3 卷第 330 页第 9 行的"最初(ursprünglichen)"一词,是后加的。

541. 根据 MEGA1/I/2 第 832 页异文 412.27,第二版第 3 卷第 330 页第 9 行的"不过是(nur)"一词,是后加的。

542. 根据 MEGA1/I/2 第 832 页异文 412.29,第二版第 3 卷第 330 页第 10—11 行的"它们自己的真正存在即我的哲学的(ihres eignen wahren, id est meines philosophischen)",是经过多次修改而成的。最先的文本是"dieses philosophischen(这一哲学的)",然后修改为"dieses wahren, id est(这一真正的即——)",最后改为现有的文本。

543. 根据 MEGA1/I/2 第 832 页异文 413.12—13,第二版第 3 卷第

331页第3—4行的"直接的、非哲学的科学或这种本质的非哲学的概念（unmittelbaren unphilosophischen Wissenschaft oder zu den unphilosophischen Begriffen dieses Wesens）"，是经过多次修改而成的。最先的文本是"unmittelbaren Wissenschaft（直接的科学）"，然后修改为"unmittelbaren Wissenschaftoder zu den Begriffen dieses Wesens（直接的科学或这种本质的概念）"，最后改为现有的文本。

544. 根据MEGA1/I/2第832页异文413.19，第二版第3卷第331页第10行的"（a）"，是由"einmal（首先）"修改而成的。这一修改最晚发生在开始写"（b）"（见第332页第8行）之前。

545. 根据MEGA1/I/2第832页异文413.21，第二版第3卷第331页第11—12行的"对象性本质（des gegenständlichen Wesens）"，是由"des entfremdeten gegenständlichen Wesens（异化的对象性本质）"修改而成的。

546. 根据MEGA1/I/2第832页异文413.22，第二版第3卷第331页第12行的"异化的（entfremdete）"一词，是后加的。

547. 根据MEGA1/I/2第832页异文413.27，第二版第3卷第331页倒数第11行的"理论的（theoretischen）"一词，是后加的。

548. 根据MEGA1/I/2第833页异文413.28，第二版第3卷第331页倒数第10行的"menschlichen Lebens（人的生命）"是后加的，而"要求归还真正人的生命（wirklichen menschlichen Lebens）"是由"Wesens即人的财产（die Vindication des wirklichen menschlichen Lebens als seines Eigentums）"是由"die Vindication des Wesens（要求归还本质）"修改而成的。

549. 根据MEGA1/I/2第833页异文413.31，第二版第3卷第331页倒数第9行的"自己的（mit sich）"，是马克思在作即时修改时添加的。

550. 根据MEGA1/I/2第833页异文413.38，第二版第3卷第331页倒数第3行的"返回到非自然的、不发达的简单状态去的贫困（zur unnatürlichen, unentwickelten Einfachheit zurückkehrende Armut）"，是由"zur unnatürlichen, unentwickelten Armutzurückkehrende（返回到非自然的、不发达的贫困中去）"修改而成的。

551. 根据MEGA1/I/2第833页异文413.39，第二版第3卷第331页倒数第1行的"对人来说的真正的实现（wirklich für den Menschen gewordne）"，是后加的。

552. 根据 MEGA1/I/2 第 833 页异文 414.2，第二版第 3 卷第 332 页第 2—3 行的"本质的外化（Wesensentäusserung）"一词，是由"Entäusserung（外化）"修改而成的。

553. 根据 MEGA1/I/2 第 833 页异文 414.9，第二版第 3 卷第 332 页第 9 行的"仅仅（nur）"一词，是后加的。

554. 根据 MEGA1/I/2 第 833 页异文 414.10，第二版第 3 卷第 332 页第 10 行的"人的本质本身（das menschliche Wesen selbst）"，是由"der Mensch selbst（人本身）"修改而成的。

555. 根据 MEGA1/I/2 第 833 页异文 414.12，第二版第 3 卷第 332 页倒数第 14 行的"成为（wird）"一词，是由"gilt（涉及）"即时修改而成的。

556. 根据 MEGA1/I/2 第 833 页异文 414.14—15，第二版第 3 卷第 332 页倒数第 13 行的"自我产生、自我对象化的运动（jene Bewegung des Selbsterzeugens, des Selbstvergegenständlichens）"，是由"jene Bewegung des Selbsterzeugens, des Selbstvergegenständlichens innerhalb d. E（外化中的自我产生、自我对象化的运动）"修改而成的。

557. 根据 MEGA1/I/2 第 833 页异文 414.17，第二版第 3 卷第 332 页倒数第 11 行"人的（menschliche）"一词，是后加的。

558. 根据 MEGA1/I/2 第 833 页异文 414.29，第二版第 3 卷第 332 页倒数第 2 行"相互颠倒了"后面的文本内容（至该段结束），是马克思在作即时修改时添加的。

559. 根据 MEGA1/I/2 第 834 页异文 414.33—34，第二版第 3 卷第 333 页第 2—3 行的"这就是在自身内部的纯粹的、不停息的圆圈（das reine, rastlose Kreisen in sich）"，是后加的，而且是分两次后加的，其中"rastlose（不停息的）"一词是第二次加写的。

560. 根据 MEGA1/I/2 第 834 页异文 414.35，第二版第 3 卷第 333 页第 5 行的"和抽象的（und abstrakte）"，是马克思在作即时修改时添加的。

561. 根据 MEGA1/I/2 第 834 页异文 414.35，第二版第 3 卷第 333 页第 4 行的"自我产生（Selbsterzeugungs）"一词，是由"Zeugungs（产生）"修改而成的。

562. 根据 MEGA1/I/2 第 834 页异文 414.36，第二版第 3 卷第 333 页第 6—7 行的"人的异化了的对象，人的异化了的本质现实性（Der entfremdete Gegenstand, die entfremdete Wesenswirklichkeit des Menschen）"，是由"Die Entfremdung（异化）"即时修改而成的。

563. 根据 MEGA1/I/2 第 834 页异文 414.39，第二版第 3 卷第 333 页第 8 行的"和非现实的（und unwirklicher）"，是后加的。

564. 根据 MEGA1/I/2 第 834 页异文 415.1，第二版第 3 卷第 333 页第 9 行的第一个"无内容的（Inhaltslosen）"一词，是后加的。

565. 根据 MEGA1/I/2 第 834 页异文 415.2，第二版第 3 卷第 333 页第 10 行的"具体的（konkrete）"一词，是后加的。

566. 根据 MEGA1/I/2 第 834 页异文 415.2—3，第二版第 3 卷第 333 页第 10 行的"自我对象化（der Selbstvergegenständlichung）"是后加的，而且是经过修改而成的，最先写的是"der Vergegenständlichung（对象化）"。

567. 根据 MEGA1/I/2 第 834 页异文 415.3，第二版第 3 卷第 333 页第 11 行的"这种活动的（ihrer）"一词，是由"einer（一种）"修改而成的。

568. 根据 MEGA1/I/2 第 834 页异文 415.3，第二版第 3 卷第 333 页第 11 行的"纯粹抽象，绝对的否定性（blosen Abstraktion, den absoluten Negativität）"，是由"blosen Negation（纯粹的否定）"即时修改而成的。

569. 根据 MEGA1/I/2 第 834 页异文 415.5，第二版第 3 卷第 333 页第 12 行的"即干脆被想象为活动（als die Thätigkeit schlechthin）"，是后加的。需要指出的是，应将其译为"彻底的活动"或"被彻底地想象为活动"。

570. 根据 MEGA1/I/2 第 834 页异文 415.6，第二版第 3 卷第 333 页第 13 行的"所谓（sogenannte）"一词，是后加的。

571. 根据 MEGA1/I/2 第 834 页异文 415.8，第二版第 3 卷第 333 页倒数第 12 行的"一切（allem）"，是马克思在作即时修改时添加的。

572. 根据 MEGA1/I/2 第 834 页异文 415.9—10，第二版第 3 卷第 333 页倒数第 10—11 行的"既超脱任何内容同时又（auch sowohl gegen allen Inhalt gleichgültigen, als）"，是由"auch gegen allen Inhalt gleichgültigen

（也超脱任何内容）"修改而成的。

573. 根据 MEGA1/I/2 第 835 页异文 415.10，第二版第 3 卷第 333 页倒数第 10 行的"同时又恰恰（eben darum）"，是后加的。刘丕坤译本将其译为"并且正是因此而"，更符合原意。

574. 根据 MEGA1/I/2 第 835 页异文 415.11，第二版第 3 卷第 333 页倒数第 9 行的"思维形式、逻辑范畴（die Denkformen, die logischen Kategorien）"，是由"die logischen Denkformen（逻辑思维形式）"修改而成的。

575. 根据 MEGA1/I/2 第 835 页异文 415.12，第二版第 3 卷第 333 页倒数第 8 行的"逻辑内容（den logischen Inhalt）"，是由"den Zusammenhang（关系）"即时修改而成的。

576. 根据 MEGA1/I/2 第 835 页异文 415.20—21，第二版第 3 卷第 333 页倒数第 2 行的"绝对（absolute）"一词，是后加的。

577. 根据 MEGA1/I/2 第 835 页异文 415.24，第二版第 3 卷第 334 页第 2 行的"抽象的（als Abstraktion）"，是马克思在作即时修改时添加的。需要指出的是，最好将其译为"作为抽象的"。

578. 根据 MEGA1/I/2 第 835 页异文 415.29，第二版第 3 卷第 334 页第 5 行的"抽象（anstrakte）"一词，是后加的；而"绝对观念（Die absolute Idee）"和"抽象观念（die abstrakte Idee）"之间，原先写有"welche sich zur Natur entschließt"，合起来译就是"决心自己到自然界中去的绝对观念，即抽象观念"。

579. 根据 MEGA1/I/2 第 835 页异文 415.34，第二版第 3 卷第 334 页第 10 行的"举止如此奇妙而怪诞——的整个（diese ganze so sonderbar und barock sich gebarende）"，是马克思在作即时修改时添加的，而其中"ganze so（如此——整个）"是后加的。

580. 根据 MEGA1/I/2 第 835 页异文 415.36，第二版第 3 卷第 334 页第 11 行的"即（i.e.）"和"抽象（abstrakte）"，都是后加的。

581. 根据 MEGA1/I/2 第 835 页异文 415.40—41，第二版第 3 卷第 334 页倒数第 9—11 行的"来代替自己的在自身的存在（非存在），代替自己的普遍性和不确定性（die Stelle ihres Beisichseins/Nichtseins, ihnen Allgemeinheit und ihnen Unbestimmtheit zu setzen）"，是由"der Stelle ihres

Beisichseins, Nichtsseins, ihnen Allgemeinheit und ihnen Unbestimmtheit anzuerkennen und an die Stelle der Abstraktion die Anschauung（承认自己在自身的存在（非存在）、自己的普遍性和不确定性，并以直观（来代替）抽象"修改而成的。

582. 根据 MEGA1/I/2 第 836 页异文 416.1，第二版第 3 卷第 334 页倒数第 9 行的 "在它里面的（in sich）"，是后加的。

583. 根据 MEGA1/I/2 第 836 页异文 416.2，第二版第 3 卷第 334 页倒数第 8 行的 "摆脱了它的（von ihr freie）"，是由 "von ihr befreite（从它那里解放出来的）" 修改而成的。

584. 根据 MEGA1/I/2 第 836 页异文 416.3，第二版第 3 卷第 334 页倒数第 7 行的 "直接成为直观的抽象观念（Die abstrakte Idee, die unmittelbar Anschauen wird）"，是由 "Die unmittelbar Idee, die（直接的观念，——）" 修改而成的。

585. 根据 MEGA1/I/2 第 836 页异文 416.6—7，第二版第 3 卷第 334 页倒数第 5 行的 "因而由他作了如此离奇的描述的（und daher so abenteuerlich von ihm beschriebne）"，是后加的。

586. 根据 MEGA1/I/2 第 836 页异文 416.8—10，第二版第 3 卷第 334 页倒数第 3—4 行的 "有一种神秘的感觉驱使哲学家从抽象思维转向直观，那就是厌烦，就是对内容的渴望（Das mystische Gefühl, was den Philosophen aus dem abstrakten Denken in das Anschauen treibt, ist die Langweile, die Sehnsucht nach einem Inhalt）"，是后加的，而且是分两次加写的：先加写 "Das mystische Gefühl, was den Philosophen aus dem abstrakten Denken in das Anschauen treibt, ist die Langweile（有一种神秘的感觉驱使哲学家从抽象思维转向直观，那就是厌烦）"，后加写 "die Sehnsucht nach einem Inhalt（就是对内容的渴望）"。

587. 根据 MEGA1/I/2 第 836 页异文 416.14，第二版第 3 卷第 335 页第 1 行的 "禁锢（zusammengesperrt）" 一词，是由 "zusammengefaβt（综合）" 修改而成的。

588. 根据 MEGA1/I/2 第 836 页异文 416.15，第二版第 3 卷第 335 页第 2 行的 "每一个（einmal）" 一词，是后加的。

589. 根据 MEGA1/I/2 第 836 页异文 416.16，第二版第 3 卷第 335 页

第3行的"外化（Entäusserung）"，是由"Entgegenständlichung（去对象化）"修改而成的。

590. 根据 MEGA1/I/2 第 836 页异文 416.19，第二版第 3 卷第 335 页第 5 行的"在它们的异化中（in ihrem Entfremdung）"，是马克思在作即时修改时添加的。

591. 根据 MEGA1/I/2 第 837 页异文 416.24，第二版第 3 卷第 335 页第 9 行的"就其起源来说（ihrem ursprünglichen Datum）"，是由"ihrem ursprünglichen Wesen（就其最初的本质来说）"修改而成的。

592. 根据 MEGA1/I/2 第 837 页异文 416.25，第二版第 3 卷第 335 页第 9 行的"指明了（nachgewiesen）"，是马克思在作即时修改时添加的。

593. 根据 MEGA1/I/2 第 837 页异文 416.27，第二版第 3 卷第 335 页第 11 行的"作为对象（als Gegenstand）"，是后加的。可能是对错误的改正。

594. 根据 MEGA1/I/2 第 837 页异文 416.27—28，第二版第 3 卷第 335 页第 12 行的"黑格尔为什么把思维同主体分割开来（warum Hegel das Denken vom Subjekt trennt）"，是由"warum bei Hegel das Denken vom Subjekt（在黑格尔那里思维何以（分割于）主体）"修改而成的。

595. 根据 MEGA1/I/2 第 837 页异文 416.30，第二版第 3 卷第 335 页倒数第 12 行的"本质表现（Wesensäusserung）"一词，是由"Aüsserung（表现）"修改而成的。

596. 根据 MEGA1/I/2 第 837 页异文 416.31，第二版第 3 卷第 335 页倒数第 11—12 行的"在社会、世界和自然界生活的有眼睛、耳朵等等的（mit Augen, Ohren etc. in den Gesellschaft und Welt und Natur lebenden）"，是马克思在作即时修改时添加的。

597. 根据 MEGA1/I/2 第 837 页异文 416.38，第二版第 3 卷第 335 页倒数第 6—7 行的"但是，被抽象理解的，自为的，被确定为与人分隔开来的自然界，对人来说也是无（Aber auch die Natur, abstrakt genommen, für sich, in den Trennung vom Menschen fixiert, ist für den Menschen nichts）"，是由"Aber auch die Natur, abstrakt genommen ist nichts（但是，被抽象理解的自然界也是无）"即时修改而成的。

598. 根据 MEGA1/I/2 第 837 页异文 416.41—417.2，第二版第 3 卷

第 335 页倒数第 3—5 行的"自然界曾经被思维者禁锢于他的这种对他本身来说也是隐秘的和不可思议的形式即绝对观念、思想物中（Natur von dem Denker, in seiner ihm selbst verborgnen und räthselhaften Gestalt, als absolute Idee, als Gedankending eingeschlossen lag）"，是经过多次修改而成的。最先的文本是"Natur, welcheder Denker—in seiner ihm selbst verborgnen und räthselhaften Gestalt, als absolute Idee—einschließt（对他本身来说是隐秘的和不可思议的形式即绝对观念的思想者，将自然界包裹起来）"，然后修改为"Natur, welcheder Denker, in seiner ihm selbst verborgnenund räthselhaften Gestalt, als absolute Idee, als Gedankending einschließt（思想者将自然界包裹在对他本身来说是隐秘的和不可思议的形式，即绝对观念、思想物中）"，最后修改为现有的文本。

599. 根据 MEGA1/I/2 第 837 页异文 417.6，第二版第 3 卷第 335 页倒数第 2—3 行的"从自身（aus sich）"，是后加的。

600. 根据 MEGA1/I/2 第 837 页异文 417.8、417.9，第二版第 3 卷第 336 页第 3—4 行的"在自身中转动的并且在任何地方都不向现实看一看的（in sich selbst webenden und nirgends in die Wirklichkeit hinausschauenden）"，是马克思在作即时修改时添加的，而且先是添加了"in sich selbst webenden（在自身中转动的）"，然后再加了"und nirgends in die Wirklichkeit hinausschauenden（并且在任何地方都不向现实看一看的）"。

601. 根据 MEGA1/I/2 第 838 页异文 417.15—16，第二版第 3 卷第 336 页第 8—9 行的"不过是他有意识地重复的他的抽象概念的产生过程（der von ihm mit Bewußtsein wiederholte Zeugungsgang seinen Abstraktion）"，是后加的。

602. 根据 MEGA1/I/2 第 838 页异文 417.17，第二版第 3 卷第 336 页第 10—11 行的"同扬弃了的生成即定在相符合（Dem aufgehobnen Werden als Dasein - entspricht）"，是由"Das Werden als Dasein（作为定在的生成）"修改而成的。

603. 根据 MEGA1/I/2 第 838 页异文 417.19，第二版第 3 卷第 336 页第 11—12 行的"像月亮和彗星这样的物体（Der Körper als Mond und Komet）"，是由"Das Dunkle（黑暗）"即时修改而成的。

604. 根据 MEGA1/I/2 第 838 页异文 417.22，第二版第 3 卷第 336 页倒数第 6—7 行的"逻辑基础的自然形式（die natürliche Form des logischen Grundes）"，是马克思在作即时修改时添加的，其中"逻辑（logischen）"一词，是更晚时添加的。

605. 根据 MEGA1/I/2 第 838 页异文 417.23，第二版第 3 卷第 336 页倒数第 7 行的"否定性（negative）"一词，是后加的。

606. 根据 MEGA1/I/2 第 838 页异文 417.24，第二版第 3 卷第 336 页倒数第 5 行的"它还在感性上不同于（sie sich sinnlich noch unterscheidet）"，是由"sie in sich sinnlich noch（它自身还在感性上）"修改而成的。

607. 根据 MEGA1/I/2 第 838 页异文 418.7，第二版第 3 卷第 337 页倒数第 6 行的"在它自身之外有一种为它所缺少的东西（hat etwas usser sich, was ihm mangelt）"，是由"hat sein Wesen（有其本质）"修改而成的。

608. 根据 MEGA1/I/2 第 839 页异文 428.21，第二版第 3 卷第 351 页倒数第 4—5 行的"唯一生产的所有者（das einzig produktive Eigenthum）"，是由"der einzig produktive Stand（唯一生产的等级）"修改而成的。

609. 根据 MEGA1/I/2 第 839 页异文 428.22，第二版第 3 卷第 351 页倒数第 4 行的"国税（Staatssteuern）"一词，是由"Steuer（税赋）"修改而成的。

610. 根据 MEGA1/I/2 第 839 页异文 428.24—25，第二版第 3 卷第 351 页倒数第 2—3 行的"地租税是对非生产收入征收的单一税（die Steuer auf Grundrente d. einzige Steuer auf ein improduktives Einkommen sei）"，是经过多次修改而成的。最先的文本是"die Grundrente, als d. einzige（作为单———的地租）"，然后修改为"die Steuer auf Grundrente, als der einzige Steuer auf ein improduktives Einkommen（地租税，作为非生产收入的单一税）"，最后改为现有的文本。

611. 根据 MEGA1/I/2 第 839 页异文 428.36，第二版第 3 卷第 352 页第 6 行的"弄清楚（durchschaut）"一词，是由"angeschaut（考察）"修改而成的。

612. 根据 MEGA1/I/2 第 839 页异文 429.3，第二版第 3 卷第 353 页第一自然段第 1 行的"在国民经济学家看来，社会是（Die Gesellschaft - wie sie für den Nationalökonomen erscheint - ist)"，是后写的句子，用的是更亮的墨水，具有不同的书写特征（可能用了另外一支羽毛笔）。

613. 根据 MEGA1/I/2 第 839 页异文 429.10，第二版第 3 卷第 353 页第二自然段第 1 行的"分工是——国民经济学用语（Die Teilung der Arbeit ist der nationalökonomische Ausdruck von)"，是后写的句子。

614. 根据 MEGA1/I/2 第 839 页异文 429.12，第二版第 3 卷第 353 页第二自然段第 2 行的"人的活动（menschlichen Thätigkeit）"，是由"Selbstbethätigung（自我活动）"即时修改而成的。

615. 根据 MEGA1/I/2 第 839 页异文 429.15，第二版第 3 卷第 353 页第二自然段第 4 行的"人的活动（menschlichen Thätigkeit）"，先是由"Arbeit（劳动）"，再由"Wesensthätigkeit（本质活动）"即时修改而成。

616. 根据 MEGA1/I/2 第 839 页异文 429.18，第二版第 3 卷第 353 页倒数第 6 行的"主要动力（Hauptmoter）"一词，是由"Hauptmotiv（主要动机）"修改而成的。

617. 根据 MEGA1/I/2 第 841 页异文 432.14，第二版第 3 卷第 356 页倒数第 13 行的"但是，全部现代国民经济学一致同意（Die ganze moderne Nationalökonomie aber stimmt darin überein, daβ)"，是后写的句子。

618. 根据 MEGA1/I/2 第 841 页异文 432.16，第二版第 3 卷第 356 页倒数第 12 行的"自由放任的、自行其事的（freigelaβne, sich selbst überlaβne）"，是马克思在作即时修改时添加的。

619. 根据 MEGA1/I/2 第 841 页异文 432.20，第二版第 3 卷第 356 页倒数第 9 行的"它起源于（Sie ist begründet in）"，是由"Ihr Ursprung（它的起源）"即时修改而成的。

620. 根据 MEGA1/I/2 第 841 页异文 432.22—23，第二版第 3 卷第 356 页倒数第 8 行的"通过应用理性和语言来决定的（durch den Gebrauch der Vernunft und der Sprache bedingt ist）"，是由"auf dem Gebrauch der Vernunft und der Sprache beruht（基于理性和语言的应用）"修改而成的。

621. 根据 MEGA1/I/2 第 841 页异文 432.25，第二版第 3 卷第 356 页倒数第 6 行的"结果（die Wirkung）"，是经过多次修改而成的。最先用的是"eine Folge（一个后果）"，然后改为"die Folge（后果）"，最后改为现有的文本。

622. 根据 MEGA1/I/2 第 841 页异文 432.27—28，第二版第 3 卷第 356 页倒数第 5 行的"同类而不同种的动物（verschiedenen Racen einer Tierart）"，是由"Arten einer Thierklasse（一个动物类的种）"修改而成的。

623. 根据 MEGA1/I/2 第 841 页异文 432.28，第二版第 3 卷第 356 页倒数第 4—5 行的"人的禀赋和活动的差异（Verschiedenheit menschlicher Anlage und Thätigkeit）"，是由"menschliche Verschiedenheit（人的差异）"即时修改而成的。

624. 根据 MEGA1/I/2 第 841 页异文 432.35，第二版第 3 卷第 356 页倒数第 1 行的"活动方式（Thätigkeitsweisen）"一词，是由"Eigenschaften（属性）"修改而成的。

625. 根据 MEGA1/I/2 第 841 页异文 432.37—38，第二版第 3 卷第 357 页第 2 行的"交换的倾向（Hang des Austauschs）"，是由"Austauschs（交换）"修改而成的。

626. 根据 MEGA1/I/2 第 841 页异文 433.2，第二版第 3 卷第 357 页第 6—7 行的"但是，没有交换就不可能有生产（Dennoch kann die Produktion ohne ihn nicht stattfinden）"，是马克思在作即时修改时添加的。

627. 根据 MEGA1/I/2 第 842 页异文 433.10，第二版第 3 卷第 357 页第 12 行的"必要前提（die notwendige Voraussetzung）"，是由"der notwendige Grund（必要根据）"修改而成的。

628. 根据 MEGA1/I/2 第 842 页异文 433.11，第二版第 3 卷第 357 页第 12 行的"私有财产（des Privateigentum）"，是由"die Theilung d.（分工）"即时修改而成的。

629. 根据 MEGA1/I/2 第 842 页异文 433.13—14，第二版第 3 卷第 357 页倒数第 11 行的"和适合的（und adaequate）"，是马克思在作即时修改时添加的。

630. 根据 MEGA1/I/2 第 842 页异文 433.30，第二版第 3 卷第 357 页倒数第 1 行的"形式（Gestaltungen）"一词，是由"Folgen（结果）"修改而成的。

631. 根据 MEGA1/I/2 第 842 页异文 433.37—38，第二版第 3 卷第 358 页第 4 行"无意中说出了（in einem Atemzug bewuβtlos ausspricht）"，是由"ausdrückt（表达）"修改而成的。

632. 根据 MEGA1/I/2 第 842 页异文 434.2，第二版第 3 卷第 358 页第 8 行的"分工（die Teilung der Arbeit）"，是由"die Arbeit（劳动）"修改而成的。

633. 根据 MEGA1/I/2 第 842 页异文 434.5，第二版第 3 卷第 358 页第 10 行的"巨大（grossen）"一词，是后加的。

634. 根据 MEGA1/I/2 第 842 页异文 434.6，第二版第 3 卷第 358 页倒数第 8—9 行的"这种差异又由于交换而成为有用的（eine Verschiedenheit, welche durch ersteren auch wieder nützlich wird）"，是马克思在作即时修改时添加的。

635. 根据 MEGA1/I/2 第 842 页异文 434.11，第二版第 3 卷第 358 页倒数第 5 行"分工和交换（die Teilung der Arbeit und den Austausch）"，是由"能力（die Fähigkeit）"即时修改而成的。

636. 根据 MEGA1/I/2 第 842 页异文 434.13，第二版第 3 卷第 358 页倒数第 4 行的"简单的（einfache）"一词，是后加的。

637. 根据 MEGA1/I/2 第 842 页异文 434.17，第二版第 3 卷第 358 页倒数第 1 行的"自由的（freien）"一词，是后加的。

638. 根据 MEGA1/I/2 第 842 页异文 434.18，第 XXXVIII 页的右栏是空白。

639. 根据 MEGA1/I/2 第 843 页异文 325.2，第二版第 3 卷第 219 页"序言（Vorrede）"一词的下面，原先写有"Die vorliegende Schrift bildet nur einen（眼前这部著作仅仅构成一个）"，后被删除了。

640. 根据 MEGA1/I/2 第 843 页异文 325.3—4，第二版第 3 卷第 219 页第 1—2 行的"我在《德法年鉴》上曾预告要以黑格尔法哲学批判的形式对法学和国家学进行批判（Ich habe in den deutsch—französischen Jahrbüchern die Kritik der Rechts und Staatswissenschaft unter der Form einer Kritik der Hegelschen Rechtsphilosophie angekündigt）"这句话中，"以批判的形式对法学和国家学（Rechts und Staatswissenschaft unter der Form einer Kritik der）"，是后加的，原先的文本是"Ich habe in den deutsch—

französischen Jahrbüchern die Kritik der Hegelschen Rechtsphilosophie angekündigt（我在《德法年鉴》上曾预告要对黑格尔法哲学进行批判）"。而"Rechts und Staatswissenschaft unter der Form einer Kritik der"又是经过修改而成的。最先写的是"Rechts und Staatsphilosophie"，整句话合起来就是"我在《德法年鉴》上曾预告要对黑格尔法哲学的法和国家哲学进行批判"。然后修改为"Jurisprudenz und Staatswissenschaft"，整句话合起来就是"我在《德法年鉴》上曾预告要对黑格尔法哲学的法学和国家学进行批判"，最后改为现有的文本。

641. 根据 MEGA1/I/2 第 843 页异文 325.5，第二版第 3 卷第 219 页第 2 行的"加工整理准备付印（der Ausarbeitung zum Druck）"，是由"einer abermaligen Ausarbeitung（再次加工整理）"修改而成的。

642. 根据 MEGA1/I/2 第 843 页异文 325.5，第二版第 3 卷第 219 页第 2 行的"发现（zeigte sich）"，是由"fand ich（我发觉）"修改而成的。

643. 根据 MEGA1/I/2 第 843 页异文 325.6，第二版第 3 卷第 219 页第 3 行的"仅仅针对思辨的批判（der nur gegen die Spekulation gerichteten Kritik）"，是由"der Kritik hegel'schen Philosophie（对黑格尔哲学的批判）"修改而成的。

644. 根据 MEGA1/I/2 第 843 页异文 325.7，第二版第 3 卷第 219 页第 3 行的"十分（durchaus）"一词，是由"höchst（最高程度的）"修改而成的。

645. 根据 MEGA1/I/2 第 843 页异文 325.7—8，第二版第 3 卷第 219 页第 4 行的"不妥，这会妨碍阐述，增加理解的困难（unangemessen, die Entwicklung hemmend, das Verständniβ erschwerend）"，是经过多次修改而成的。最先的文本是"unangemessen und störend（不妥和有干扰）"，然后修改为"unangemessen und das Verständniβ erschwerend（不妥和增加理解的困难）"，再修改为"unangemessen und störend, das Verständniβ erschwerend（不妥和有干扰，这会增加理解的困难）"，最后改为现有的文本。

646. 根据 MEGA1/I/2 第 843 页异文 325.8—10、325.9，第 844 页异文 325.9、325.9—10、325.10，第二版第 3 卷第 219 页第 4—6 行的"由于需要探讨的题目丰富多样，只有采用完全是格言式的叙述，才能把全部材料压缩在一本著作中（hätte der Reichtum und die Verschiedenartigkeit der

zu behandelnden Gegenstände nur auf eine ganz aphoristische Weise die Zusammendrängung in eine Schrift erlaubt)",是经过多次修改而成的。最先的文本是"ließ das（这使）",然后修改为"ließ der Reichtum und die Verschiedenartigkeit der zu behandelnden Gegenstände nur auf eine ganz aphoristische Weise die Zusammendrängung in eine Schrift erlaubt（需要探讨的题目丰富多样,只有采用完全是格言式的叙述,才能使得全部材料压缩在一本著作中）"。最后修改为现有的文本。不过,其中"und die Verschiedenartigkeit（多样）"是后加的。而且"der zu behandelnden Gegenstände（需要探讨的题目）"是经过两次修改而成的。最先的文本是"des Materials（材料）",然后修改为"des zu behandelnden Inhalts（需要探讨的内容）",最后修改为现有的文本。此外,"nur auf eine ganz aphoristische Weise（只有采用完全是格言式叙述）"也是经过两次修改而成的。最先的文本是"nur auf eine sehr aphoristische Weise（只有采取一种非常格言式的方式）",然后修改为"nur eine ganz aphoristische（只有完全是格言）",最后改为现有的文本。而"eine Schrift（一本书）"又是先由"einen Band（一卷本）",再由"ein Werk（一本著作）"修改而成的。

647. 根据 MEGA1/I/2 第 844 页异文 325.10—12、325.11—12,第二版第 3 卷第 219 页第 6 行的"而这种格言式的叙述又会造成任意制造体系的外观（wie ihrerseits eine solche aphoristische Darstellung den Schein eines willkürlichen Systematisierens erzeugt hätte）"是后加的,其中"eines willkürlichen（任意）"是经过多次修改而成的。最先的文本是"der Willkühr und eines absichtlichen（任性和故意）",然后修改为"der Willkühr und eines gemachten（任意和一种制造出来的）",最后修改为现有的文本。

648. 根据 MEGA1/I/2 第 844 页异文 325.12—13,第二版第 3 卷第 219 页第 7 行的"用不同的、独立的（in verschiednen selbständigen）",是经过多次修改而成的。最先的文本是"in Brochuren, die von einander（用一系列小册子）",然后修改为"in von einander unabhängigen（用彼此独立的）",再修改为"in selbständigen von einander unabhängigen（用彼此独立的单独的）",又修改为"in isolirten selbständigen（用孤立的、单独的）",最后改为现有的文本。

649. 根据 MEGA1/I/2 第 844 页异文 325.13，第二版第 3 卷第 219 页第 7 行的 "政治（Politik）" 一词，是马克思在作即时修改时添加的。

650. 根据 MEGA1/I/2 第 844 页异文 325.14，第二版第 3 卷第 219 页第 8 行的 "最后（schließlich）" 一词，是由 "erst（首先）" 修改而成的。

651. 根据 MEGA1/I/2 第 844 页异文 325.15—16，第二版第 3 卷第 219 页第 8—9 行的 "来说明整体的联系、各部分的关系以及对这一切材料的思辨加工进行批判（den Zusammenhang des Ganzen, das Verhältniß der einzelnen Teile, wie endlich die Kritik der spekulativen Bearbeitung jenes Materials zu geben versuchen）"，是经过两次修改而成的。最先的文本是 "den Zusammenhang des Ganzen und das Verhältniß der einzelnen Teile darstellen（来叙述整体的联系、各部分的关系）"，然后修改为 "den Zusammenhang des Ganzen und das Verhältniß der einzelnen Teile zu geben versuchen（以试图说明整体的联系、各部分的关系）"，最后修改为现有的文本。

652. 根据 MEGA1/I/2 第 844 页异文 325.17，第二版第 3 卷第 219 页第 9 行的 "著作（Schrift）" 一词，是由 "Brochure（小册子）" 修改而成的。

653. 根据 MEGA1/I/2 第 844 页异文 325.18，第二版第 3 卷第 219 页第 10 行的 "国家、法、道德、市民生活等等（Staat, Recht, Moral, bürgerlichem Leben etc）"，是经过两次修改而成的。最先的文本是 "Staat und Recht（国家和法）"，然后修改为 "Staat, Recht, Moral etc（国家、法、道德等等）"，最后改为现有的文本。

654. 根据 MEGA1/I/2 第 844 页异文 325.19—20，第二版第 3 卷第 219 页第 10—11 行的 "只限于国民经济学本身专门涉及的这些题目的范围（als die Nationalökonomie selbst ex professo diese Gegenstände berührt）"，是经过多次修改而成的。最先的文本是 "als die Nationalökonomie selbst auf diese Gegenstände zu sprechen kommt（只限于国民经济学本身谈论这些题目的范围）"，然后修改为 "als die Nationalökonomie selbst mit Bewußtsein diese Gegenstände berührt（只限于国民经济学本身有意识涉及的这些题目的范围）"，再修改为 "als die Nationalökonomie mit Bewußtsein diese Gegenstände berührt（只限于国民经济学有意识涉及的这些题目的范围）"，最后修改为现有的文本。

第9章 《1844年经济学—哲学手稿》的修改情况　　　233

655. 根据 MEGA1/I/2 第 845 页异文 325.21—22，第二版第 3 卷第 219 页倒数第 2 行的"我用不着向熟悉国民经济学的读者保证（Dem mit der Nationalökonomie vertrauten Leser habe ich nicht erst zu versichern）"，是经过多次修改而成的。最先的文本是"Der mit der Nationalökonomischen Litteratur vertrauten Leser wird finden（熟悉国民经济学文献的读者会发现）"，然后修改为"Der mit der Nationalökonomie vertrauten Leser wird finden（熟悉国民经济学的读者会发现）"，再修改为"Dem mit der Nationalökonomie vertrauten Leser habe ich nicht zu sagen（我用不着对熟悉国民经济学的读者说）"，又修改为"Dem mit der Nationalökonomie vertrauten Leser habe ich nicht erst zu sagen（我用不着首先对熟悉国民经济学的读者说）"，最后修改为现有的文本。需要指出的是，第二版第 3 卷以及第一版第 42 卷的中译文，都没有将"erst（首先）"翻译出来，而刘丕坤译本将其译为"再来"。

656. 根据 MEGA1/I/2 第 845 页异文 325.22—24，第二版第 3 卷第 219 页倒数第 1—2 行的"是通过完全经验的、以对国民经济学进行认真的批判研究为基础的分析得出的（durch eine ganz empirische, auf ein gewissenhaftes kritisches Studium der Nationalökonomie gegründete Analyse gewonnen worden sind）"，是经过多次修改而成的。最先的文本是"durch Analyse dieser Litteratur, also aus einem kritisches Studium derselben gewonnen sind（是通过对这些文献的分析，以及出自对这些文献的批判研究而得出的）"，然后修改为"durch eine ganz empirischeAnalyse derselben, d. h. aus einem kritischen und umfassenden Studium der Nationalökonomiegewonnen sind（是通过对国民经济学进行完全经验的分析，即出自对国民经济学批判的和广泛的研究而得出的）"，最后修改为现有的文本。

657. 根据 MEGA1/I/2 第 845 页异文 325.24，第二版第 3 卷第 219 页脚注中注明被删除的文本也是经过修改的。首先，有一个不完整的句子"Es wird ebenfalls überflüssig sein, die Arbeit（这一工作——同样是多余的）"，也被马克思删除了，但中译文没有翻译。第二，"Der unwissende Rezensent（不学无术的批评家）"，是由"Der abstrakte Criticer（抽象的评论家）"修改而成的。第三，脚注倒数第 2 行的"自己的极端无知（seine völlige Ignoranz）"，是由"seine völlige Ignoranz in Production（自己在生产方面的极端无知)"修改而成的,即删除了"in Production"。第四,脚注第 2 行的三个"完全(ganz)",都是后加的。第五,脚注倒数第 3 行的"实证的批判者(dem positiven Kritiker)",是经过多次修改而成的。最先的文本是"dem Kritiker(批判者)",然后改为"dem wirklichen positiven Kritiker(现实的、实证的批判者)",再改为"dem wirklichen produktiven Kritiker(现实的、生产的批判者)",最后改为现有的文本。第六,脚注倒数第 1 行的"其神学的家务(seinen theologischen Familienangelegenheiten)",是由"seinem theologischen Handwerk(其神学的手艺)"修改而成。第七,脚注倒数第 1 行的"还(auch)"一词,是后加的。第八,脚注倒数第 1 行的"世俗的事务(weltlichen Angelegenheiten)",是由"den weltlichen Fragen(世俗的问题)"修改而成的。此外,还有以下几个不完整的句子"Es war(它是)"、"Ebenso wenig brach(同样很少中断)"、"Daβ meine Schrift nur eine(我的著作只是一个)"、"Da ich besonders(特别是因为我)",被马克思删除了。

658. 根据 MEGA1/I/2 第 846 页异文 325.24,第二版第 3 卷第 219—220 页的"不消说(Es versteht sich von selbst)",先是由"Es versteht sich endlich von selbst(最后,不消说)",然后是由"Es versteht sich ferner von selbst(再者,不消说)"修改而成的。

659. 根据 MEGA1/I/2 第 846 页异文 325.25,第二版第 3 卷第 220 页的"和英国的(und englischen)",是后加的。

660. 根据 MEGA1/I/2 第 846 页异文 325.25—26,第二版第 3 卷第 220 页第 1—2 行的"也利用了德国社会主义者的著作(auch deutsche sozialistische Arbeiten benutzt habe)",是经过两次修改而成的。最先的文本是"Arbeiten benutzt habe(利用了著作)",然后修改为"auch Arbeiten benutzt habe(也利用了著作)",最后改为现有的文本。

661. 根据 MEGA1/I/2 第 846 页异文 325.26—27,第二版第 3 卷第 220 页第 2—3 行的"德国人在这门科学方面所写的内容丰富而又独创性的著作(Die inhaltsvollen und originalen deutschen Arbeiten für diese Wissenschaft)",是经过两次修改而成的。最先的文本是"Diese(这方面)",然后修改为"Die inhaltsvollen und originalen deutschen Arbeiten dieser Art(德国人所写的内容丰富而又独创性的这类著作)",最后改为现有的

文本。

662. 根据 MEGA1/I/2 第 846 页异文 326.2—3，第二版第 3 卷第 220 页第 4—5 行的"《德法年鉴》上恩格斯的《国民经济学批判大纲》"后面，原先写有以下被反复修改并最终删除的文本："Endlich wird man im Lauf meiner Schrift die Bedeutung Feuerbachs für die wahrhaft groβartigen Fortschritte entwickelt finden（最后，在我的著作中，可以发现费尔巴哈对于我所取得的真正重大的进展所具有的意义）"。在修改稿中，马克思还将"groβartigen Fortschritte（重大的进展）"改为"groβartige kritische Revolution（重大的批判革命）"。

663. 根据 MEGA1/I/2 第 846 页异文 326.3，第二版第 3 卷第 220 页第 6 行的"要点（die ersten Elemente）"经过了多次修改。最先用的就是"die ersten Elemente"，然后改为"die ersten Resultate（主要结论）"，再改为"die Resultate（结论）"，又改为"die ersten Gedanken（主要思想）"，最后改为现有的文本。

664. 根据 MEGA1/I/2 第 846 页异文 326.3—4，第二版第 3 卷第 220 页第 5 行的"十分概括地（in ganz allgemeiner Weise）"，是后加的。

665. 根据 MEGA1/I/2 第 846 页异文 326.4，第二版第 3 卷第 220 页第 6 行"要点"后面，原先写有被反复修改但最后被删除的文本：先是"Endlich ersieht man aus dem lezten Capitel（最后，从最后一章可以看出）"，然后修改为"Endlich ersieht man aus der Entwicklung meiner Schrift（最后，从我的著作的内在发展可以看出）"，最后改为"Endlich ersieht man aus den vorliegenden Entwicklungen selbst（最后，从当下的发展本身可以看出）"。

666. 根据 MEGA1/I/2 第 846 页异文 326.5—6，第二版第 3 卷第 220 页第 7 行的"此外，对国民经济学的批判，以及整个实证的批判，全靠（Ausserdem verdankt die Kritik der Nationalökonomie wie die positive Kritik überhaupt）"，是经过多次修改而成的。最先的文本是"Ausser diesen Schriftstellern, die sich mit der Nationalökonomie kritisch beschäftigt haben, verdankt alle moderne Kritik, also auch die Kritik der Nationalökonomie（除了这些对国民经济学进行了批判研究的著作家，全部当代的批判以及对国民经济学的批判，全靠）"，然后修改为"Ausser diesen Schriftstellern, die

sich mit der Nationalökonomie kritisch beschäftigt haben, verdankt die moderne positive Kritik der Nationaläkonomie（除了这些对国民经济学进行了批判研究的著作家，对国民经济学的当代的实证批判，全靠）"，再修改为"Ausser diesen Schriftstellern, die sich mit der Nationalökonomie kritisch beschäftigt haben, verdankt die deutsche positive Kritik, also auch die deutsche positive Kritik der Nationalökonomie（除了这些对国民经济学进行了批判研究的著作家，德国的实证批判，以及对国民经济学的德国实证批判，全靠）"，又修改为"Ausser den erwähnten Schriftstellern ist noch（除了以上提到的著作家，还有）"，最后修改为现有的文本。

667. 根据 MEGA1/I/2 第 847 页异文 326.6，第二版第 3 卷第 220 页第 7 行"以及整个实证的批判"后面，原先还写有"ihren wahren Erfolg（其真正的结果）"，被删除后修改为"ihre wahre nächste（其真正的最新的）"，但又被删除了。

668. 根据 MEGA1/I/2 第 847 页异文 326.6，第二版第 3 卷第 220 页第 7—8 行的"费尔巴哈的发现给它打下真正的基础（ihre wahre Begründung den Entdeckungen Feuerbachs）"，是经过多次修改而成的。最先的文本是"ihre wahre Begründung den Schriften Feuerbachs（费尔巴哈的著作给它打下真正的基础）"，然后修改为"ihre wahre Begründung den Entdeckungen Feuerbachs（费尔巴哈的发现给它打下真正的基础）"，再改为"ihre wahre Begründung den gewaltigen Entdeckungen Feuerbachs（费尔巴哈的巨大发现给它打下真正的基础）"，又改为"ihre wahre Begründung den grossen Entdeckungen Feuerbachs（费尔巴哈的伟大发现给它打下真正的基础）"，又改为"ihre wahre Begründung erst den grossen Entdeckungen Feuerbachs（首先由费尔巴哈的伟大发现给它打下真正的基础）"，再改为"ihre wahre Begründung erst den wissenschaftlichen Entdeckungen Feuerbachs（首先由费尔巴哈的科学发现给它打下真正的基础）"，最后改为现有的文本。

669. 根据 MEGA1/I/2 第 848 页异文 326.7—8，第二版第 3 卷第 220 页第 8—9 行的"从费尔巴哈起才开始了实证的人道主义的和自然主义的批判（Von Feuerbach datiert erst die positive humanistische und naturalistische Kritik）"是后加的，而且是经过修改而成的。最先的文本是"Von Feuer-

bach datiert der consequente Naturalismus oder Humanismus, d. h. die wirkliche kritische Wissenschaft（从费尔巴哈开始了坚定的自然主义或人道主义，即现实的批判的科学）"。

670. 根据 MEGA1/I/2 第 848 页异文 326.8，第二版第 3 卷第 220 页第 9 行的"费尔巴哈的著作"前面，原先写有"aber（但是）"，后被删除了。

671. 根据 MEGA1/I/2 第 848 页异文 326.8—9，第二版第 3 卷第 220 页第 10 行的"持久（nachhaltiger）"一词，是马克思在作即时修改时添加的。

672. 根据 MEGA1/I/2 第 848 页异文 326.9—11，第二版第 3 卷第 220 页第 10—12 行的"费尔巴哈著作是继黑格尔的《现象学》和《逻辑学》之后包含着真正理论革命的唯一著作（die einzigen Schriften—seit Hegels Phänomenologie und Logik—worin eine wirkliche theoretische Revolution enthalten ist）"，是经过多次修改而成的。最先的文本是"die einzigen, wirklichenFortschritte（唯一的现实的进步）"，然后改为"die einzigen, wirklichen umwälzenden Schriften, die seit Hegel eine wirkliche Revolution in der Philosophie hervorgerufen（费尔巴哈著作是自黑格尔以来引发真正哲学革命的唯一现实的、划时代的著作）"，再改为"die einzigen, wirklichen umwälzenden Schriften, die seit Hegels Tod eine wirkliche Revolution in der Philosophie hervorgerufen（费尔巴哈著作是自黑格尔死后引发真正哲学革命的唯一现实的、划时代的著作）"，再改为"worin allein eine wirkliche（在费尔巴哈著作中唯一现实的）"，再改为"in welchen allein eine wirkliche（在费尔巴哈著作中唯一现实的）"，再改为"die einzigen Schriften—seit Hegels Phänomenologie und Logik—worin eine wirkliche theoretische Revolution in der Philosophieund gegen die Philosophie enthalten ist（费尔巴哈著作是继黑格尔的《现象学》和《逻辑学》之后，在哲学和反哲学方面包含着真正理论革命的唯一著作）"，再改为"die einzigen Schriften—seit Hegels Phänomenologie und Logik—worin eine wirkliche theoretische philosophische und antiphilosophische Revolutionenthalten ist（费尔巴哈著作是继黑格尔的《现象学》和《逻辑学》之后，包含着真正理论的哲学和反哲学革命的唯一著作）"，最后改为现有的文本。

673. 根据 MEGA1/I/2 第 849 页异文 326.12—13，第二版第 3 卷第 220 页倒数第 6—7 行的"我认为，本著作的最后一章，即对黑格尔的辩证法和整个哲学的剖析（Das Schluβkapitel der vorliegenden Schrift, die Auseinandersetzung mit der Hegel'schen Dialektik und Philosophie überhaupt, hielt ich）"，是由"Ich hielt das Schluβkapitel der vorliegenden Schrift, die Auseinandersetzung mit der Hegel'schen Dialektik und Philosophie überhaupt und ihrem Verhältniβ zur modernen Kritik（我认为，本著作的最后一章，即对黑格尔的辩证法和整个哲学及其与现代批判的关系的剖析）"修改而成。

674. 根据 MEGA1/I/2 第 849 页异文 326.14—16，第二版第 3 卷第 220 页倒数第 5—6 行的"必要的，因为当代批判的神学家不仅没有完成这样的工作，甚至没有认识到它的必要性（nothwendig, da von den kritischen Theologen unsrer Zeit eine solche Arbeit nicht nur nicht vollbracht, sondern nicht einmal Nothwendigkeit erkannt worden ist）"，是经过多次修改而成的。最先的文本是"nothwendig, da einerseits von den kritischen Theologen unsrer Zeit eine solche Arbeit, wie zu erwarten stand nichtvollbracht worden ist（必要的，因为一方面当代批判的神学家没有完成这种如被期待的工作）"，再改为"nothwendig, in Gegensatz zu den kritischen Theologen unsrer Zeit（必要的，而当代的批判神学家则相反）"，最后改为现有的文本。

675. 根据 MEGA1/I/2 第 849 页异文 326.16，第二版第 3 卷第 220 页倒数第 4—5 行的"这是一种必然的不彻底性（eine notwendige Ungründlichkeit）"，是由"eine sogar notwendige Ungründlichkeit（这甚至是一种必然的不彻底性）"修改而成的。

676. 根据 MEGA1/I/2 第 849 页异文 326.17，第二版第 3 卷第 220 页倒数第 3 行的"一定前提（bestimmten Voraussetzungen）"，是由"ungerechtfertigten Voraussetzungen（无根据的前提）"修改而成的。

677. 根据 MEGA1/I/2 第 849 页异文 326.18，第二版第 3 卷第 220 页倒数第 3 行的"作为——的哲学的（der Philosophie als）"，是后加的。

678. 根据 MEGA1/I/2 第 849 页异文 326.19，第二版第 3 卷第 220 页倒数第 2 行的"发现（Entdeckungen）"一词，是由"Arbeiten（工作）"修改而成的。

679. 根据 MEGA1/I/2 第 849 页异文 326.19—20，第二版第 3 卷第 220 页倒数第 2 行的"而对这些哲学前提产生怀疑的时候（Zweifel an den philosophischen Voraussetzungen entstanden sind）"，是由"ein Zweifel an seinen Voraussetzungen entstanden sind（而对其前提产生怀疑的时候）"修改而成的。

680. 根据 MEGA1/I/2 第 849 页异文 326.20—21，第二版第 3 卷第 220 页倒数第 1 行的"和不适当地（und ungerechtfertiger）"，是后加的。

681. 根据 MEGA1/I/2 第 850 页异文 326.22，第二版第 3 卷第 221 页第 1—2 行的"和对这种屈从的恼恨（und den Aerger über diese Knechtschaft）"是后加的。

682. 根据 MEGA1/I/2 第 851 页异文 326.23，第二版第 3 卷第 221 页第 2 行的"仔细（Genau）"一词，是先由"In der Wirklichkeit aber（但实际地）"，再由"In der Wirklichkeit（实际地）"修改而成的。

683. 根据 MEGA1/I/2 第 851 页异文 326.24—25，第二版第 3 卷第 221 页第 2—3 行的"是一个真正的进步因素（ein wirkliches Moment des Fortschritts war）"，是由"ein förderndes, wirklich kritisches Moment ist（是一个促进的、真正批判的因素）"修改而成的。

684. 根据 MEGA1/I/2 第 851 页异文 326.26、326.27，第二版第 3 卷第 221 页第 3—4 行的"归根到底不外是旧哲学的、特别是黑格尔的超验性的已被歪曲为神学漫画的顶点和结果（in letzter Instanz nichts anders als die zur theologischen Karikatur verzerrte Spitze und Konsequenz der alten philosophischen und namentlich Hegelschen Transzendenz）"，是由"in letzter Instanz nichts anders als die zur theologischen Karikatur verzerrte Gestalt der verfaulenden philosophischen（归根到底不外是腐烂哲学的——已被歪曲为神学漫画的形态）"修改而成的。其中，"und namentlich Hegelschen（特别是黑格尔的）"是后加的。

685. 根据 MEGA1/I/2 第 851 页异文 326.27，第二版第 3 卷第 222 页第 1 行的"饶有兴趣的（interessante）"一词，是由"merkwürdige（不同寻常的）"修改而成的。

686. 根据 MEGA1/I/2 第 851 页异文 326.28—30，第二版第 3 卷第 221 页倒数第 1—2 行的"历史现在仍然指派神学这个历来的哲学的溃烂区本身来显示哲学的消极解体,即哲学的腐烂过程(welche die Theologie, von jeher der faule Fleck der Philosophie, nun auch dazu bestimmt, die negative Auflösung der Philosophie – d. h. ihren Verfaulungsprozeβ – an sich darzustellen)",是经过多次修改而成的。最先的文本是"den Theologien, welcherso oft die Philosophie verunglimpft und verdächtigt(这个如此经常贬低和怀疑哲学的神学)",然后改为"den Theologien, welcher so oft die Philosophie verunglimpft, verdächtigt und verfälscht hat, die Rolle(这个如此经常贬低、怀疑和歪曲哲学的神学,其作用)",再改为"den Theologien, welcherso oft die Philosophie verunglimpft, verdächtigt und verfälscht hat, die negative Auflösung der Philosophie – d. h. ihren Verfaulungsprozeβ – an sich darstellen zu lassen(这个如此经常贬低、怀疑和歪曲哲学的神学,以其本身来显示哲学的消极解体,即哲学的腐烂过程)",再修改为"die Theologie, welche immer der faule Fleck der Philosophie war, die negative Auflösung der Philosophie – d. h. ihren Verfaulungsprozeβ – an sich darzustellen(这个总是哲学的溃烂区的神学,以其本身来显示哲学的消极解体,即哲学的腐烂过程)",再修改为"welche die Theologie, von jeher der faule Fleck der Philosophie, dazu bestimmt, die negative Auflösung der Philosophie – d. h. ihren Verfaulungsprozeβ – an sich darzustellen(历史指派神学这个历来的哲学的溃烂区本身,来显示哲学的消极解体,即哲学的腐烂过程)",最后改为现有的文本。

687. 根据 MEGA1/I/2 第 852 页异文 326.30—31,第二版第 3 卷第 222 页第 1 行的"这个历史的涅墨西斯(diese historische Nemesis)",是后加的。

688. 根据 MEGA1/I/2 第 852 页异文 434.22,第二版第 3 卷第 359 页第 2 行括号中的"自然(Natur)"一词,是马克思在作即时修改时添加的。

689. 根据 MEGA1/I/2 第 852 页异文 434.26,第二版第 3 卷第 359 页第 5 行的"构成它们的存在的、它们的生命的(ihres Daseins, ihres Lebens bildet)",是经过两次修改而成的。最先的文本是"Wesens bildet(构成本质的)",然后改为"Wesens, ihres Lebens bildet(构成本质的、它们的生命的)",最后改为现有的文本。

690. 根据 MEGA1/I/2 第 852 页异文 434.29，第二版第 3 卷第 359 页第 7 行括号中"对象的加工（Bearbeiten des Gegenstandes）"，是马克思在作即时修改时添加的。

691. 根据 MEGA1/I/2 第 852 页异文 434.33，第二版第 3 卷第 359 页倒数第 11 行的"人的激情的本体论本质（des ontologische Wesen der menschlichen Leidenschaft）"，是由"der Mensch（人）"修改而成的。

692. 根据 MEGA1/I/2 第 852 页异文 434.34，第二版第 3 卷第 359 页倒数第 10—11 行的"才在其总体上、在其人性中（sowohl in seiner Totalität als in seiner Menschlichkeit）"，是由"in seiner Totalität（在其总体上）"修改而成的。需要指出的是，应将"sowohl in seiner Totalität als in seiner Menschlichkeit"按其字面意思翻译为"既在其总体性上又在其人性上）"。

693. 根据 MEGA1/I/2 第 852 页异文 434.37，第二版第 3 卷第 359 页倒数第 7—8 行的"本质的对象——既作为享受的对象，又作为活动的对象——对人的存在（das Dasein der wesentlichen Gegenstände für den Menschen，sowohl als Gegenstand des Genusses wie der Thätigkeit）"，是由"die Gegenständlichkeit（对象性）"修改而成的。

694. 根据 MEGA1/I/2 第 852 页异文 434.37，第二版第 3 卷第 359 页倒数第 7 行的"存在（Dasein）"后面，添加了"und Schaffen（和创造）"，但又被删除了。

695. 根据 MEGA1/I/2 第 852 页异文 435.1，第二版第 3 卷第 359 页倒数第 8 行的"享受的对象（Gegenstand des Genusses）"，是由"sein Genuß（其享受）"修改而成的。

696. 根据 MEGA1/I/2 第 853 页异文 435.4，第二版第 3 卷第 359 页倒数第 5 行"所以"前面，原先写有"besizt also（还具有）"，后被删除了。

697. 根据 MEGA1/I/2 第 853 页异文 435.7—8，第二版第 3 卷第 359 页倒数第 3 行的"生活和（dem Leben und）"，是马克思在作即时修改时添加的。

698. 根据 MEGA1/I/2 第 853 页异文 435.20，第二版第 3 卷第 360 页第 9 行的"歌德"，是后加的。

699. 根据 MEGA1/I/2 第 853 页异文 436.26，第二版第 3 卷第 362 页第 6 行的"也（auch）"，是后加的。

700. 根据 MEGA1/I/2 第 853 页异文 436.27，第二版第 3 卷第 362 页第 6 行的"此外，货币使我不用费力就成为不诚实的人（das Geld überhebt mich überdem der Mühe, unehrlich zu sein）"中，"überdem（此外）"是后加的。需要指出的是，该译文是错误的。英译文是"Money, besides, saves me the trouble of being dishonest"，刘丕坤译本的译文是"此外，货币还使我不必为成为一个不诚实者伤脑筋"。应该按其字面意思译为"此外，货币使我免除了成为不诚实的人的麻烦"。

701. 根据 MEGA1/I/2 第 853 页异文 437.9，第二版第 3 卷第 363 页第 3—4 行的"人的异化的、外化的和外在化的类本质（dem entfremdeten, entäussernden und sich veräussernden Gattungswesen der Menschen）"，是经过两次修改而成的。最先的文本是"dem entfremdeten Gattungswesen（异化的类本质）"，然后改为"dem entfremdeten und entäussernden（异化的和外化的）"，最后改为现有的文本。

702. 根据 MEGA1/I/2 第 853 页异文 437.10—11，第二版第 3 卷第 363 页第 4 行的"它是人类的外化的能力（Es ist das entäusserte Vermögen der Menschheit）"是后加的。

703. 根据 MEGA1/I/2 第 853 页异文 437.12，第二版第 3 卷第 363 页第 5 行的"我作为人所不能（Was ich qua Mensch nicht）"是经过多次修改而成的。最先的文本是"Was ich als Mensch, was（我作为人，——）"，然后修改为"Was ich als Mensch nicht（我作为人所不能）"，再改为"Was ich als individueller und gesellschaftlicher Mensch nicht（我作为个体的和社会的人所不能）"，再改为"Was ich qua individueller und gesellschaftlicher Mensch nicht（我作为个体的和社会的人所不能）"，最后改为现有的文本。

704. 根据 MEGA1/I/2 第 853 页异文 437.12，第二版第 3 卷第 363 页第 5 行的"也就是（also）"，是后加的。

705. 根据 MEGA1/I/2 第 853 页异文 437.14，第二版第 3 卷第 363 页第 6—7 行的"因此，货币把这些本质力量的每一种都变成（Das Geld macht also jede dieser Wesenskräfte zu etwas）"，是经过多次修改而成的。最

先的文本是"Das Geld verwandelt（货币使——变成）"，然后修改为"Das Geld giebt also jede dieser Wesenskräfte ein（因此，货币促使这些本质力量的每一种）"，最后改为现有的文本。

706. 根据 MEGA1/I/2 第 853 页异文 437.16，第二版第 3 卷第 363 页第 8 行的"渴望食物（mich nach einer Speise sehne）"，是由"hungre（饥饿）"修改而成的。

707. 根据 MEGA1/I/2 第 853 页异文 437.16，第二版第 3 卷第 363 页第 8 行的"我因无力步行而想乘邮车（den Postwagen brauchen will, weil ich nicht stark genug bin）"，是由"müde（疲劳）"修改而成的。

708. 根据 MEGA1/I/2 第 854 页异文 437.20，第二版第 3 卷第 363 页第 11 行的"观念（der Vorstellung）"，是由"dem Gedanken（思想）"修改而成的。

709. 根据 MEGA1/I/2 第 854 页异文 438.12，第二版第 3 卷第 364 页第 9—10 行的"把奴隶变成主人，把主人变成奴隶，把愚蠢变成明智，把明智变成愚蠢（den Knecht in den Herrn, den Herrn in den Knecht, den Blödsinn in Verstand, den Verstand in Blödsinn）"，是马克思在作即时修改时添加的。

710. 根据 MEGA1/I/2 第 854 页异文 438.20，第二版第 3 卷第 364 页倒数第 12 行的"谁能买到勇气，谁就是勇敢的，即使他是胆小鬼（Wer die Tapferkeit kaufen kann, der ist tapfer, wenn er auch feig ist）"，是后加的。

711. 根据 MEGA1/I/2 第 854 页异文 438.22—23，第二版第 3 卷第 364 页倒数第 10 行的"对象（Gegenständliche）"一词，是马克思在作即时修改时添加的。

712. 根据 MEGA1/I/2 第 854 页异文 438.28，第二版第 3 卷第 364 页倒数第 6 行的"只能用信任来交换信任，等等（Vertrauen nur gegen Vertrauen etc）"，是马克思在作即时修改时添加的。

713. 根据 MEGA1/I/2 第 854 页异文 438.33，第二版第 3 卷第 364 页倒数第 2—3 行的"你的意志的（deines Willens）"，是马克思在作即时修改时添加的。

714. 根据 MEGA1/I/2 第 854 页异文 438.34，第二版第 3 卷第 364 页

倒数第 2—3 行的"现实的个人生活的——表现（Aüussung deines wirklichen individuellen Lebens）"，是由"Lebensäusserung（生命表现）"即时修改而成的。

715. 根据 MEGA1/I/2 第 854 页异文 438.35，第二版第 3 卷第 364 页倒数第 1 行的"作为爱（als Lieben）"，是马克思在作即时修改时添加的。

第三部分　马克思重要文本的注释问题

在MEGA2资料卷中,"注释"是占篇幅最大的部分。《马克思恩格斯全集》中文第二版大都吸收了MEGA2"注释"的新成果,但也有例外,这主要体现在《资本论》第1、2、3卷中文版的编辑工作中。本部分主要基于MEGA2资料卷的"注释",将MEGA2/Ⅱ/10、MEGA2/Ⅱ/13、MEGA2/Ⅱ/15(分别涉及《资本论》第1、2、3卷)的注释,与《马克思恩格斯全集》中文第二版第44、45、46卷的注释作对比。此外,本部分还对照《马克思恩格斯全集》中文第二版第1、3卷,对《博士论文》和《莱茵报》时期政论文章的注释作了文献学清理。

第 10 章 《博士论文》和《莱茵报》时期政论文章的注释

收录《博士论文》和《莱茵报》时期政论文章的《马克思恩格斯全集》中文第二版第 1 卷已经出版，而且大致吸收了 MEGA2/I/1 的相关注释成果。但也有一些例外。本章基于 MEGA2/I/1 资料卷，对《博士论文》和《莱茵报》时期政论文章在《马克思恩格斯全集》中文第二版第 1 卷中没有得到体现的 "注释" 予以呈现。

第一节 《博士论文》的注释

MEGA2/I/1 关于《博士论文》的许多注释，与《博士论文》对《关于伊壁鸠鲁哲学的笔记本》的利用有关，因此具有重大价值。

1. 根据 MEGA2/I/1 第 932 页注释 14.20—25，第二版（本章第二版指《马克思恩格斯全集》中文第二版）第 1 卷第 11 页引用的休谟著作引文，出自《人性论》1790 年哈雷版第 1 卷第 485 页；马克思 1841 年在《柏林笔记》中对该书作了摘录，此处引用的内容也在摘录笔记中，而且被特别强调（通常是用下划线）。

2. 根据 MEGA2/I/1 第 933 页注释 14.29—30，第二版第 1 卷第 12 页第 1 段中的引文，出自第欧根尼·拉尔修《论哲学家的生平》第 10 卷（1833 年莱比锡版）第 123 页；马克思在《关于伊壁鸠鲁哲学的笔记本》笔记本 1 对该书作了摘录（对此处引文的摘录参见《马克思恩格斯全集》中文第一版第 40 卷第 29 页倒数第 7—8 行）。

3. 根据 MEGA2/I/1 第 933 页注释 14.37—38，第二版第 1 卷第 12 页倒数第 8—9 行提到的 "那些以为哲学在社会中的地位似乎已经恶化因而感到欢欣鼓舞的可怜的懦夫们"，是指老年黑格尔派。老年黑格尔派对于1841年初受到普鲁士政府的镇压持中立态度。

4. 根据 MEGA2/I/1 第935页注释22.13—15，第二版第1卷第16页第13—14行"难道它们不是罗马精神的原型，即希腊迁移到罗马去的那种形态吗？"，所表述的观点是对黑格尔《哲学史讲演录》相关内容的复述。

5. 根据 MEGA2/I/1 第935页注释22.18—21及27—35，第二版第1卷第16页倒数第2段，以及第16页倒数第3行至第17页第4行的文本内容，可参见《关于伊壁鸠鲁哲学的笔记本》的笔记本7（见《马克思恩格斯全集》中文第一版第40卷第167页倒数第2段至第168页第9行）。

6. 根据 MEGA2/I/1 第935页注释22.39—23.3，第二版第1卷第16页倒数第8—11行，可参见《关于伊壁鸠鲁哲学的笔记本》的笔记本2（见《马克思恩格斯全集》中文第一版第40卷第62—71页）。

7. 根据 MEGA2/I/1 第935页注释23.4—10，第二版第1卷第17页第2段的文本内容，可参见《关于伊壁鸠鲁哲学的笔记本》的笔记本5（见《马克思恩格斯全集》中文第一版第40卷第135页倒数第2段至138页倒数第3段）。

8. 第二版第1卷第23页第11—12行提到，"我们已听说过，西塞罗称他为博学之士"。根据 MEGA2/I/1 第936页注释27.8—9，马克思指的是前面（即本卷第22—23页）对西塞罗的引文："太阳在德谟克利特看来是很大的，因为他是一个有学问的人，并且是对几何学有了完备知识的人"。

9. 根据 MEGA2/I/1 第937页注释28.8，第二版第1卷第24页倒数第8行提到的"一个伊壁鸠鲁派①"是指路奇乌斯·曼利乌斯·托尔克瓦图斯（公元前65年的罗马执政官）。

10. 根据 MEGA2/I/1 第937页注释30.26—38，第二版第1卷第27—28页那一段，可参见《关于伊壁鸠鲁哲学的笔记本》的笔记本1（见《马克思恩格斯全集》中文第一版第40卷第41—42页那一段）。

---

① 应译为"一个伊壁鸠鲁派成员"。

11. 根据 MEGA2/I/1 第 937 页注释 35.8—22，第二版第 1 卷第 32 页倒数第 2—13 行的文本内容，可参见《关于伊壁鸠鲁哲学的笔记本》的笔记本 4（见《马克思恩格斯全集》中文第一版第 40 卷第 119—120 页）。

12. 根据 MEGA2/I/1 第 937 页注释 36.31，第二版第 1 卷第 34 页倒数第 13—14 行的引文"既不在确定的地点，也不在确定的时间"，可参见《关于伊壁鸠鲁哲学的笔记本》的笔记本 4（见《马克思恩格斯全集》中文第一版第 40 卷第 122 页第 1 行）。

13. 根据 MEGA2/I/1 第 937 页注释 37.26—31，第二版第 1 卷第 35 页第 4 段的文本内容，可参见《关于伊壁鸠鲁哲学的笔记本》的笔记本 4（见《马克思恩格斯全集》中文第一版第 40 卷第 120 页第 3 段）。

14. 根据 MEGA2/I/1 第 937 页注释 38.21—23，第二版第 1 卷第 36 页倒数第 6—9 行的文本内容，可参见《关于伊壁鸠鲁哲学的笔记本》的笔记本 4（见《马克思恩格斯全集》中文第一版第 40 卷第 120 页倒数第 2 段）。

15. 根据 MEGA2/I/1 第 937 页注释 39.36—41，第二版第 1 卷第 38 页倒数第 2 段的文本内容，可参见《关于伊壁鸠鲁哲学的笔记本》的笔记本 4（见《马克思恩格斯全集》中文第一版第 40 卷第 120 页倒数第 2 段）。

16. 根据 MEGA2/I/1 第 937 页注释 40.1—2，第二版第 1 卷第 38 页最后一段开头"我们还发现伊壁鸠鲁应用了排斥的一些更具体的形式"，可参见《关于伊壁鸠鲁哲学的笔记本》的笔记本 1（见《马克思恩格斯全集》中文第一版第 40 卷第 34 页）。

17. 根据 MEGA2/I/1 第 938 页注释 40.29—34，第二版第 1 卷第 39 页倒数第 2 行至第 40 页第 3 行的文本内容，可参见《关于伊壁鸠鲁哲学的笔记本》的笔记本 1（见《马克思恩格斯全集》中文第一版第 40 卷第 38—39 页）。

18. 根据 MEGA2/I/1 第 938 页注释 43.6—9，第二版第 1 卷第 43 页第 7—9 行的文本内容，可参见《关于伊壁鸠鲁哲学的笔记本》的笔记本 4（见《马克思恩格斯全集》中文第一版第 40 卷第 126 页）。

19. 第二版第 1 卷第 43 页第 9—10 行提到"莱布尼茨关于天地间没有两个相同的东西的说法"。根据 MEGA2/I/1 第 938 页注释 43.9—10，莱布尼茨的这一说法出自《莱布尼茨全集》1768年日内瓦版第2卷第21页，马克思在1841年《柏林笔记》对莱布尼茨著作的摘录中包含此处的内容。

20. 根据 MEGA2/I/1 第938页注释44.26—27，第二版第1卷第45页倒数第3—5行的引文，可参见《关于伊壁鸠鲁哲学的笔记本》的笔记本2（见《马克思恩格斯全集》中文第一版第40卷第47页第3—9行的引文）。

21. 根据 MEGA2/I/1 第938页注释45.2—6，第二版第1卷第46页第7—10行的引文，可参见《关于伊壁鸠鲁哲学的笔记本》的笔记本1（见《马克思恩格斯全集》中文第一版第40卷第36页的引文）。

22. 根据 MEGA2/I/1 第939页注释45.24—25，第二版第1卷第47页第8—9行的引文，可参见《关于伊壁鸠鲁哲学的笔记本》的笔记本6（见《马克思恩格斯全集》中文第一版第40卷第158页倒数第6—9行的引文）。

23. 根据 MEGA2/I/1 第939页注释46.1—4，第二版第1卷第47页倒数第3—4行的论述"他喜欢把一个概念的不同的规定看作不同的独立的存在，正如原子是他的原则一样，他的认识方式本身也是原子论式的"，可参见《关于伊壁鸠鲁哲学的笔记本》的笔记7（见《马克思恩格斯全集》中文第一版第40卷第169页倒数第2段）。

24. 根据 MEGA2/I/1 第939页注释47.7—30，第二版第1卷第49页第3段至第50页第2行的文本内容，可参见《关于伊壁鸠鲁哲学的笔记本》的笔记1（见《马克思恩格斯全集》中文第一版第40卷第38—43页）。

25. 根据 MEGA2/I/1 第939页注释47.15—16，第二版第1卷第49页倒数第3—10行"原子按照它的概念是自然界的绝对的、本质的形式"的说法，可参见《关于伊壁鸠鲁哲学的笔记本》的笔记4（见《马克思恩格斯全集》中文第一版第40卷第114—116页）。

26. 根据 MEGA2/I/1 第939页注释47.38，第二版第1卷第50页第9行的引文，可参见《关于伊壁鸠鲁哲学的笔记本》的笔记4（见《马克思恩格斯全集》中文第一版第40卷第129页第13行）。值得注意的是，第二版第1卷第50页的脚注1标注引文出自"卢克莱修《物性论》第3

卷第 869 行"是不准确的（这一标注从第一版第 40 卷）。根据 MEGA2/I/1 第 939 页注释 47.38，应该是出自"卢克莱修《物性论》第 3 卷第 882 行"。

27. 根据 MEGA2/I/1 第 939 页注释 48.36—37，第二版第 1 卷第 52 页第 1 行"时间被规定为偶性的偶性"，可参见《关于伊壁鸠鲁哲学的笔记本》的笔记 4（见《马克思恩格斯全集》中文第一版第 40 卷第 140 页）。

28. 《博士论文》第二部分第五章是关于"Meteore"的论述。第一版第 40 卷将该词译为"天体天象"，第二版第 1 卷将其译为"天象"。而根据 MEGA2/I/1 第 939 页注释 51.8，"Meteore"是指全部天体和天象，因此最好将其译为"天体天象"。

29. 根据 MEGA2/I/1 第 939 页注释 51.14—17，第二版第 1 卷第 55 页第 2—5 行的论述，可参见《关于伊壁鸠鲁哲学的笔记本》的笔记本 2（见《马克思恩格斯全集》中文第一版第 40 卷第 47—48 页）。

30. 根据 MEGA2/I/1 第 939 页注释 53.4—10，第二版第 1 卷第 55 页第 2—5 行的论述，可参见《关于伊壁鸠鲁哲学的笔记本》的笔记本 2（见《马克思恩格斯全集》中文第一版第 40 卷第 45—46 页）。

31. 根据 MEGA2/I/1 第 939 页注释 53.39—54.3，第二版第 1 卷第 58 页第 10—13 行的论述，可参见《关于伊壁鸠鲁哲学的笔记本》的笔记本 2（见《马克思恩格斯全集》中文第一版第 40 卷第 47—51 页）。

32. 根据 MEGA2/I/1 第 948 页注释 67.7—69.27，第二版第 1 卷第 74 页注释 2 开头至第 77 页第 2 段的文本内容，可参见《关于伊壁鸠鲁哲学的笔记本》的笔记本 5 和笔记本 7（见《马克思恩格斯全集》中文第一版第 40 卷第 135—146 页、第 168—170 页）。

33. 根据 MEGA2/I/1 第 948 页注释 67.7—35，第二版第 1 卷第 74—75 页关于"黑格尔派"的评论，主要针对的是卢格。卢格从 1840 年底（特别是从 1841 年年初）开始，评价黑格尔对康德和费希特推崇"应然"的"德国老唯心主义"的批判是"片面的"，因为黑格尔哲学将"实践的唯心主义"变成了废物。此时马克思更接近鲍威尔，虽然也强调实践，但强调实践本身是理论的，是"批判"，即马克思后来在《〈黑格尔法哲学批判》导言》中所说的"批判的武器"。根据 MEGA2/I/1 第 948 页注释 68.6—8，鲍威尔在 1841 年 3 月 31 日给马克思的信中写道："现在，理论是最强大的实践，我们还根本不能预言，理论会在多大的意义上会变成实践。"

第二节 《莱茵报》时期政论文章的注释

一 《评普鲁士最近的书报检查令》的注释

1. 根据 MEGA1/I/1 第 987 页注释 102.21—22，第二版第 1 卷第 107 页第 1 段提到"新的检查令允许对已经颁布的法律进行讨论，哪怕这种讨论和政府的观点不一致"，可参见本卷第 120 页最上面对书报检查令相关条文的引文。

2. 根据 MEGA1/I/1 第 988 页注释 97.6—8，第二版第 1 卷第 114 页第 2 段提到"检查令接着又援引了这个书报检查法令的总的'精神'"，可参见本卷第 125 页中间对书报检查令相关条文的引文。

3. 根据 MEGA1/I/1 第 989 页注释 112.18—21，第二版第 1 卷第 126 页倒数第 2—4 行提到的"桑乔·潘萨"，是塞万提斯小说《唐吉诃德》中的人物（唐吉诃德的仆人）。

4. 根据 MEGA1/I/1 第 989 页注释 114.23—24，第二版第 1 卷第 129 页第 8—9 行"让你们的光放射出来吧，不要隐藏"，是出自《新约·马太福音》的典故。

5. 根据 MEGA1/I/1 第 989 页注释 116.41—117.4，第二版第 1 卷第 132 页中间对书报检查令的引文，已出现在本卷第 120 页第 3 段更长的引文中。

二 《第六届莱茵省议会的辩论（第一篇论文）。关于新闻出版自由和公布省等级会议辩论情况的辩论》的注释

1. 根据 MEGA1/I/1 第 998 页注释 122.27—29，第二版第 1 卷第 140 页第 6—7 行"计数是摇摆于感性和思维之间的理智的最初的理论活动"的说法，可参见黑格尔《逻辑学》第二部分第 2 章"定量"的"甲、数"。

2. 第二版第 1 卷第 166 页第 7 行提到"所有母牛都是黑的"的说

法。根据 MEGA1/I/1 第 1002 页注释 142.25—26，黑格尔在《精神现象学》序言中有"所有母牛在夜里都是黑的"这样的说法，而且马克思在《关于伊壁鸠鲁哲学的笔记本》的笔记本 5 也提到黑格尔的这一说法（见《马克思恩格斯全集》中文第一版第 40 卷第 143 页最后一行）。

3. 第二版第 1 卷第 169 页倒数第 7—8 行提到"这在后面我们还要谈到"。根据 MEGA1/I/1 第 1002 页注释 145.15—16，这是指本卷第 183 页倒数第 2 行至第 184 页倒数第 6 行的文本内容。

4. 根据 MEGA1/I/1 第 1002 页注释 154.14，第二版第 1 卷第 180 页倒数第 3 行出现的"吃吧，喝吧！"是 18 世纪学生歌曲的副歌。

三 《〈科隆日报〉第 179 号的社论》的注释

1. 根据 MEGA1/I/1 第 1011 页注释 175.2—4，第二版第 1 卷第 209 页倒数第 6—7 行的那段引文，出现在赫尔墨斯在其抗议鲍威尔离开波恩大学的文章中，以及赫尔墨斯 1842 年 6 月 12 日的柏林通信中（该通信最初发表在《科隆日报》，后来其他报纸包括 7 月 24 日的《莱茵报》对其作了摘引）。柏林通信报道了"自由人"团体，阐述了其无神论原则。作为迈出的实践第一步，"自由人"团体公开宣布退出教会，并以签名的形式公布了其全部成员。马克思在 1842 年 7 月 9 日给卢格的信中说，赫尔墨斯会在"自由人"问题上同他纠缠，而且也最先告知了卢格他对"自由人"的担心（见《马克思恩格斯全集》中文第一版第 27 卷第 430 页）。

2. 第二版第 1 卷第 212 页第 5—14 行是两段关于拜物教的论述。根据 MEGA1/I/1 第 1011 页注释 176.36—177.8，马克思在没有流传下来的著作《论基督教艺术》中，探讨了宗教的历史，特别是拜物教和动物宗教问题。马克思在《波恩笔记》中已经对布罗斯的著作《论拜物神仪式》作了摘录。

3. 第二版第 1 卷第 213—214 页提到了莱布尼茨和克拉克。根据 MEGA1/I/1 第 1012 页注释 178.20—21，1715—1716 年克拉克（牛顿的朋友及其拥护者）与莱布尼茨有大量的通信，克拉克为人格上帝的存在及灵魂的不朽辩护。

4. 根据 MEGA1/I/1 第 1011 页注释 175.5—7—4、第 1013 页注释 179.5—8、第 1014 页注释 182.1—3，第二版第 1 卷第 209 页的对赫尔梅

斯的引文"只要书报检查制度还存在，它的最迫切的任务就是要割去因幼稚的狂妄而产生的令人厌恶的赘疣，这些赘疣最近经常损伤我们的眼睛"，是赫尔梅斯讽刺性的评论，其含义可参见本卷第214页倒数5—7行的说法："但同时国家却应该注意使这种'弄清'成为不可能，因为研究不应该面向广大群众的理解力，也就是不应该成为对它自己是通俗易懂的！"以及本卷第218页的说法："说什么政治文章群众容易理解！哲学文章群众无法理解！"

5. 第二版第1卷第216页倒数第9—12行提到，在我们的赫尔梅斯看来当然是这样，因为他提醒青年黑格尔派的信徒们注意："根据国内大部分地区的现行法律，未经教会认可的婚姻就是非法同居，并将受到违警处罚。"根据MEGA1/I/1第1013页注释180.19—22，在赫尔梅斯柏林通信中，"自由人"团体通告说，其成员不会再遵守国家赖以存在的教会仪式，诸如婚姻和洗礼仪式。

四　《历史法学派的哲学宣言》的注释

1. 第二版第1卷第235页中间一大段是对贡斯当著作《论宗教》的引文。根据MEGA1/I/1第1019页注释195.32—196.4，马克思在1842年《波恩笔记》中对该著作作了摘录。

2. 第二版第1卷第238页最后一行提到的"旧版翻新"，其原文是拉丁文"codices rescripti"。根据MEGA1/I/1第1020页注释198.22，是指用莎草纸或羊皮纸缮写的文稿，在清除了最初的文本后，又重新书写新的文本。通过化学方法恢复旧文本，据此发现了不少已失传的手稿。

五　《第六届莱茵省议会的辩论（第三篇论文）。关于森林盗窃法的辩论》的注释

1. 根据MEGA1/I/1第1027页注释211.30—33、第1031页注释236.16—17，第二版第1卷第256页第6—8行、第290页第4行的论述，出自布罗斯的著作《论拜物神仪式》。马克思在《波恩笔记》中已经对布罗斯的著作《论拜物神仪式》作了摘录。

2. 第二版第1卷第269页第4行引文中有"刑法典"的说法，其原文是"Criminal—Codex"。根据MEGA1/I/1第1028页注释221.13—14，

"Criminal—Codex"指的是拿破仑《刑事诉讼法典》(*Code d' Instruction Criminelle*),该法典1808年11月27日在普鲁士莱茵省实施。

3. 根据MEGA1/I/1第1028页注释222.5—8,第二版第1卷第270页第8—10行的论述,可参见本卷第242页倒数第7行至第243页第1行的引文。

4. 根据MEGA1/I/1第1029页注释223.9—12,第二版第1卷第271页倒数第2—4行的说法,可参见本卷第242页倒数第7行至第265页第2—5行的叙述。

5. 根据MEGA1/I/1第1029页注释224.10,第二版第1卷第273页第9行提到的"建议乡镇长先生去做的美好事情",可参见本卷第268页第2—5行报告人所说的话。

6. 根据MEGA1/I/1第1030页注释236.11—15,第二版第1卷第289页最后一行至第290页第3行的论述,可参见本卷第142页倒数第2行至第143页倒数第8行的文本内容。

六 《共产主义和奥格斯堡〈总汇报〉》的注释

1. 该文发表在《莱茵报》时用的标题是"内容概览"。

2. 根据MEGA1/I/1第1036页注释239.29—30,第二版第1卷第294页倒数第10行提到的"亚里士多德说过,惊奇是探索哲理的开始",出自亚里士多德《形而上学》982b12。

七 《区乡制度改革和〈科隆日报〉》的注释

1. 第二版第1卷第309页倒数第9—10行出现的"各种杂七杂八的东西",其原文是拉丁文"de omnibus rebus et de quibusdam aliis"。根据MEGA1/I/1第1048页注释255.5—6,"de omnibus rebus et de quibusdam aliis"是意大利文艺复兴时期哲学家若望·皮科·德拉·米兰多拉著作的书名。由此可见,译成"各种杂七杂八的东西"是错误的。

八 《评奥格斯堡〈总汇报〉第335号和第336号论普鲁士等级委员会的文章》的注释

1. 根据MEGA1/I/1第1064页注释275.15—26,第二版第1卷第332

页倒数第 4 行至第 333 页第 5 行关于自然发展的论述,其观点来自黑格尔的《自然哲学》。马克思在《关于伊壁鸠鲁哲学的笔记本》中对黑格尔的《自然哲学》作了摘录(即"自然哲学提纲",参见《马克思恩格斯全集》中文第一版第 40 卷第 176—182 页)。

2. 根据 MEGA1/I/1 第 1064 页注释 279.4—9,第二版第 1 卷第 337 页第 5—6 行提到的"本报已用一些具体例子详细指出,省等级会议没有资格参与立法工作",是指《第六届莱茵省议会的辩论(第一篇论文)。关于新闻出版自由和公布省等级会议辩论情况的辩论》和《第六届莱茵省议会的辩论(第三篇论文)。关于森林盗窃法的辩论》。

九 《摩泽尔记者的辩护》的注释

1. 根据 MEGA1/I/1 第 1084 页注释 307.24、第 1087 页注释 322.22—23,第二版第 1 卷第 370 页倒数第 6 行提到的"那些悲惨的"状况,以及第 389 页倒数第 2—3 行提到的"葡萄园种植者的悲惨状况长期受上级机关怀疑,他们求助的呼声被看作无理取闹",可参见本卷第 363 页倒数第 11—12 行"葡萄园种植者的悲惨状况长期受上级机关怀疑,他们求助的呼声被看作无理取闹"。

2. 根据 MEGA1/I/1 第 1084 页注释 309.24—25,第二版第 1 卷第 373 页第 8—9 行关于"财政部则断言灾难不是由于'税收'的原因,而是'完全由于其他的'原因造成的",可参见本卷第 371 页第 4—5 行的引文。

3. 根据 MEGA1/I/1 第 1085 页注释 316.13—15,第二版第 1 卷第 381 页倒数第 4—5 行提到的"也许没有任何一个经济问题不同对内对外政策相联系",可参见本卷第 379 页第 11—12 行的引文。

4. 根据 MEGA1/I/1 第 1086 页注释 318.3—4,第二版第 1 卷第 384 页第 7—8 行的引文,是本卷第 380 页最上面一段引文中被省略掉的内容。

5. 根据 MEGA1/I/1 第 1087 页注释 322.29—32,第二版第 1 卷第 390 页第 2—5 行的叙述,可参见本卷第 363 页第 2—3 行的引文。

十 《〈莱比锡总汇报〉的查禁和〈科隆日报〉》的注释

1. 根据 MEGA1/I/1 第 1092 页注释 328.7—8,第二版第 1 卷第 396

页倒数第 11—13 行关于《莱比锡总汇报》被查禁的消息的情况，可参见本卷第 399 页第 3—8 行的叙述。

2. 根据 MEGA1/I/1 第 1092 页注释 328.17—21，第二版第 1 卷第 396 页倒数第 3—6 行的说法，可参见本卷第 405 页倒数第 2—12 行的论述。

3. 根据 MEGA1/I/1 第 1092 页注释 328.22—28，第二版第 1 卷第 396 页倒数第 2 行至第 397 页第 3 行的论述，可参见本卷《〈莱比锡总汇报〉在普鲁士邦境内的查禁》。

十一 《好报刊和坏报刊》的注释

1. 根据 MEGA1/I/1 第 1093 页注释 330.19—21，第二版第 1 卷第 398—399 页"它'几乎是用一种欢呼的语调'报道了《莱比锡总汇报》被查禁的消息，对此我们曾发表评论；而它在对我们这篇评论的答复中却只谈有关日期的问题"，可参见本卷第 396 页正文第 1—3 行的相关内容。

2. 根据 MEGA1/I/1 第 1093 页注释 330.23—25，第二版第 1 卷第 399 页第 3—5 行的引文，见本卷第 396 页正文第 4—6 行的文本内容。

十二 《答一家"中庸"报纸的攻击》的注释

1. 根据 MEGA1/I/1 第 1095 页注释 331.4—5，第二版第 1 卷第 400 页正文第 3—4 行的引文"《莱比锡总汇报》是德国人民报刊的一个必要组成部分"，见本卷第 397 页第 4—5 行的说法"《莱比锡总汇报》并不代表德国所有的人民报刊，但它是这种报刊的一个必要组成部分"。

2. 根据 MEGA1/I/1 第 1095 页注释 331.8—9，第二版第 1 卷第 400 页正文第 6 行提到的"那篇和前一篇文章"，是指《〈莱比锡总汇报〉的查禁和〈科隆日报〉》和《〈莱比锡总汇报〉在普鲁士邦境内的查禁》。

十三 《答"邻"报的告密》的注释

1. 根据 MEGA1/I/1 第 1098 页注释 334.13—20，第二版第 1 卷第 404 页倒数第 4 行至第 405 页第 2 行的说法，见本卷第 396 页正文第一大段。

2. 根据 MEGA1/I/1 第 1098 页注释 334.21—22，第二版第 1 卷第 405 页第 3—4 行"我们在第 6 号上所给予的第二次反驳"，是指《好报刊和坏报刊》一文的最后一段。

3. 根据MEGA1/I/1第1099页注释336.21—23，第二版第1卷第407页倒数第9—10行提到的"现在这种形式的委员会还不够，不仅仅我们这样说，连一位委员会的委员也在《科隆日报》上发表过这样的意见"，见《评奥格斯堡〈总汇报〉第335号和第336号论普鲁士等级委员会的文章》。

4. 根据MEGA1/I/1第1099页注释336.38—337.5，第二版第1卷第408页第3—8行的两段引文，分别见本卷第333页最后一段至第334页第3段，以及第334页倒数第3—5行的文本内容。

十四　《驳奥格斯堡〈总汇报〉编后记》的注释

1. 根据MEGA1/I/1第1103页注释340.17—18，第二版第1卷第412页第一行提到的"对《科隆日报》来说，这个事实，即发表海尔维格的信这件事"，见本卷第405页第5—18行的文本内容。

2. 根据MEGA1/I/1第1104页注释342.33—36，第二版第1卷第415页第2—3行提到的"我们所列举的理由是：'国家的公开性不强'，'日常的'、公开的、不同往常的'政治思想''还不成熟'，正在发生的当代史'的特征"，见本卷第401页最后一段至第403页倒数第2段的文本内容。

十五　《莱茵—摩泽尔日报》的注释

1. 根据MEGA1/I/1第1107页注释347.2—3，第二版第1卷第421页正文第1—2行提到的"前几天，我们曾把1月11日《莱茵—摩泽尔日报》上的第1号作者当作撰写狮子文章的先驱者而对他略加注意"，见本卷第413页倒数第5行至第415页第3行的文本内容。

十六　《评部颁指令的指控》的注释

1. 根据MEGA1/I/1第1114页注释352.37—353.2，第二版第1卷第428页第14—16行那一段马克思的论述，涉及在莱茵省发生的关于普鲁士君主制与政治天主教教义关系的多年争论。

2. 第二版第1卷第429页倒数第4行提到"反对毕洛夫—库梅洛

夫"。根据 MEGA1/I/1 第 1115 页注释 353.26,《莱茵报》发表了许多文字,与毕洛夫—库梅洛夫的著作《普鲁士,其宪法,其行政部门,其与德国的关系》(1842 年柏林版)进行争论,并报道了该书所产生的反响。毕洛夫—库梅洛夫属于根据改革封建等级议会的宪法来应对自由派要求的政客。与此相关,毕洛夫—库梅洛夫批判了普鲁士官僚制度,也批判了省等级机构(他想扩大省等级机构的权利)。

第11章 《资本论》第1卷的注释

《马克思恩格斯全集》中文第二版第44卷（以下简称"第44卷"）是基于MEGA2/II/10而编辑的，出版于2001年。MEGA2/II/10出版于1991年，收录的是《资本论》第1卷1890年德文第4版，该版是《资本论》第1卷中文版通用版本的母版。本章对照第44卷和MEGA2/II/10的注释，并参照《马克思恩格斯全集》中文第一版第23卷，来看看第44卷注释对MEGA2/II/10注释的取舍情况。

1. 相对于MEGA2/II/10第799页注释7.7—8和7.9—13，第44卷尾注2和尾注3都有改进。对于第44卷第7页第2段第1行提到的"本卷第一章"，MEGA2/II/10第799页注释7.7—8标注的是第44卷"第一章 商品"，而第44卷尾注2标注的是"第一篇 商品和货币"；对于第7页第2段第4—5行提到的"关于价值理论和货币理论的历史的部分，现在自然完全删去了"，MEGA2/II/10第799页注释7.9—13标注的是《政治经济学批判》第1分册中"关于商品分析的历史"和"关于流通手段和货币的学说"，而第44卷尾注3还提到了"关于货币计量单位的学说"。需要指出的是，一方面，尾注2和《马克思恩格斯全集》中文第一版第23卷相关注释的说法一致；另一方面，《马克思恩格斯全集》中文第一版第23卷并没有对"删除历史部分"加注，这说明第44卷的编辑者在吸收MEGA2/II/10编辑成果的基础上，并没有盲从MEGA2/II/10，而是基于自己独立判断，力争编辑出更高质量的中文新版本。

2. 第44卷对第9页倒数第8行的"美国南北战争"加了尾注8，而MEGA2/II/10没有加注。MEGA2/II/10既然给"美国独立战争"加了注，那么给"美国南北战争"也加注，就很必要，特别是对中国读者而言。

第44卷此处的编辑方式值得赞许。

3. MEGA2/II/10 第799页注释9.27—32 对第44卷第9页倒数第2—5行加了注释，提示参见本卷第312—350页。第44卷没有加注。马克思在此处提到"我在本卷中还用了很大的篇幅来叙述英国工厂立法的历史、内容和结果"，MEGA2/II/10 对此加注是有价值的，因为该注释为读者提供了很大的便利。

4. 对于资料来源无法查明的地方，如第44卷第10页倒数第3—5行关于威德在公众集会上的讲话，MEGA2/II/10 第799页注释10.21—25 将指出资料来源无法查明，而第44卷没有为此加注。MEGA2/II/10 的做法更可取，因为这可以避免读者再去做无用功。

5. MEGA2/II/10 第800页注释10.26 对第44卷第10页倒数第3行出现的"紫衣黑袍"的说法加了注释，指出这一说法来自奥地利著名诗人莱瑙的一首诗。第46卷没有为此加注。应该说，对此加注更好，不加也不是什么大的瑕疵。

6. 第44卷尾注17遵从第一版第23卷尾注8，指出《资本论》第1卷德文第二版跋的前4段文字，在德文第四版中被删除了。但第44卷没有指出的是，在德文第四版中，删除了前4段文字的"第二版跋"，已经变成了"第二版序言"。

7. 第44卷第19页第2—6行提到基辅大学教授季别尔对《资本论》第1卷的评论。MEGA2/II/10 第803页注释14.11—18 对此加了注释，提示读者，马克思1872年12月12日写给丹尼尔森的信中有这样的话："我很希望看到基辅教授季别尔评论李嘉图等人的价值和资本学说的著作，那里也谈到了我的书"[①]；而且还提示说，马克思1873年1月18日给丹尼尔森的信中确认已收到季别尔的书[②]。第44卷没有加注。就此处而言，有注比没注更可取。

8. 第46卷第22页第9—10行提到，"将近30年以前，当黑格尔辩证法还很流行的时候，我就批判过黑格尔辩证法的神秘方面"。MEGA2/II/10 第807页注释17.18—19 对此加注说，这是指马克思

[①] 参见《马克思恩格斯全集》中文第一版第33卷第549页。

[②] 参见《马克思恩格斯全集》中文第一版第33卷第560页。

1843年写的《黑格尔法哲学批判》，而且提示读者，马克思后来写了一个"手稿索引"，其标题词和页码涉及的都是"黑格尔辩证法的神秘方面"。第44卷没有为此加注。就此处而言，有注比无注更可取。

9. 第44卷第28页第9—11行提到"马克思原想把第一卷原文大部分改写一下"。MEGA2/II/10第808页注释19.11—14提供了进一步的信息：马克思在其保有的《资本论》第1卷德文第二版样书以及法文版样书上直接作了一些修改，而且还作过一个"《资本论》第1卷德文第二版修改意见表"。第44卷没有为此加注。不过，在紧接着"马克思原想把第一卷原文大部分改写一下"的一段话里（即第44卷第28页第4段），恩格斯介绍了马克思在样书上作修改的情况，而且在第四版序言中恩格斯也提到了"马克思亲手写的笔记"，即"《资本论》第1卷德文第二版修改意见表"。因此此处注释可有可无。不过有此注释，毕竟为读者提供了有价值的信息，也方便了读者。

10. MEGA2/II/10第810页注释23.16—27.9是对第44卷倒数第4行至第四版序言结束的文本内容所作的注释，第44卷尾注50基本上是对该条注释的翻译。但是，遵从第一版第23卷尾注22，第44卷尾注50的位置被放到了"马克思逝世后这段引文的事又被重新提起，所以我不能不讲一讲"这句话的后面。实际上，MEGA2/II/10第810页注释23.17—18对这句话另有注释，提示读者参见第44卷第42页第10—13行的文字①。MEGA2/II/10这两个注释无疑更科学。当然，将尾注的位置放到"所以我不能不讲一讲"后面也无不可，但应在"马克思逝世后这段引文的事又被重新提起"后面加一个脚注："见本卷第42页"。

11. 对于第44卷第38页第9—10行提到的"马克思在5月接到了这一期《协和》杂志，他在6月1日的《人民国家报》上回答了这个匿名作者"，MEGA2/II/10给了三个注释："匿名作者"是指布伦塔诺；"回答了这个匿名作者"是指"给《人民国家报》编辑部的信"（发表在《人民国家报》1872年6月1日第二版第一栏）；整个这句话可参见

---

① "1883年11月29日，即马克思逝世后8个月，《泰晤士报》上登载了一封剑桥三一学院的来信，署名是塞德利·泰勒。"

第 11 章 《资本论》第 1 卷的注释

恩格斯 1872 年 4 月 23 日①和 5 月 15—22 日②给李卜克内西的信，以及马克思 1872 年 5 月 23 日③给左尔格的信。第 44 卷只给了脚注 2："指《答布伦塔诺的文章》"。对于"匿名作者"，在前一页的脚注 2 中已予注明。MEGA2/II/10 关于参见恩格斯和马克思书信的提示，无疑很有价值，但第 44 卷从注释简洁明了的编辑原则出发对此有所取舍，也无可厚非。不过需要指出的是，第一版第 23 卷并没有"指《答布伦塔诺的文章》"这个脚注，第 44 卷第 38 页的脚注 2 无疑是参照了 MEGA2/II/10 的注释；另一方面，第 44 卷又没有照搬 MEGA2/II/10 的注释，而是把"给《人民国家报》编辑部的信"换成了"答布伦塔诺的文章"，后者是《马克思恩格斯全集》中文第一版第 18 卷收入该文时所采用的标题。

12. 第 44 卷第 38 页第 11 行提到"两种英文出版物"。MEGA2/II/10 第 810 页注释 23.35 给出的注释是，指比斯利的文章"国际工人协会"（载于 1870 年 11 月 1 日《双周评论》和罗伊的著作《兑换论。1844 年银行法》(1864 年伦敦版)④）。第 44 卷没有对此加注，也无可厚非。

13. 第 44 卷第 42 页最后一行开头一句是"这就是事情的真相"。MEGA2/II/10 第 812 页注释 25.36 对此的注释是，恩格斯的这一说法来自歌德的《浮士德》。第 44 卷没有加注。但对紧接着的句子"这样摆着架势，这样挺着剑"加了尾注 52，标明这是恩格斯套用莎士比亚剧本《亨利四世》前篇第 2 幕第 4 场的一句话。第 44 卷的尾注 52 继承的是第一版第 23 卷尾注 25。类似的例子还有很多：

例 1：第 44 卷第 61 页第 2 段开头的第一句话"商品的价值对象性不同于快嘴桂嫂，你不知道对它怎么办"，第一卷第 23 卷加了尾注 32（"莎士比亚《亨利四世》前篇第三幕第三场"）；MEGA2/II/10 第 816 页注释 49.9 对"快嘴桂嫂"作了注释，提示参见莎士比亚《亨利四世》前篇第

---

① 参见《马克思恩格斯全集》中文第一版第 33 卷第 450 页。
② 参见《马克思恩格斯全集》中文第一版第 33 卷第 469 页。
③ 参见《马克思恩格斯全集》中文第一版第 33 卷第 470 页。
④ 参见《马克思恩格斯全集》中文第一版第 18 卷第 98 页。

三幕第三场，并给出了台词①；第 44 卷没有加尾注，只在人名索引（第 1003 页）中标注说，快嘴桂嫂是莎士比亚剧作《亨利四世》、《亨利五世的一生》和《温莎的风流娘儿们》中的人物，酒店女店主。

例 2：第 66 页第 14 行提到"美丽的价值灵魂"。根据 MEGA2/II/10 第 816 页注释 53.10，这一说法可能来自歌德小说《威廉·迈斯特的学习年代》第 6 卷的标题"美丽心灵的自述"。第 44 卷没有加注。

例 3：第 99 页脚注 32 最后一句话中提到"自己的最美好世界"。根据 MEGA2/II/10 第 822 注释 80.15，这可能是暗指伏尔泰的讽刺小说《老实人》。第 44 卷没有加注。

例 4：第 103 页第 4—5 行提到"如果它不乐意，人可以使用强力，换句话说，把它拿走"。根据 MEGA2/II/10 第 84 页注释 82.11—12，可参见歌德的诗《魔王》。第 44 卷没有加注。

例 5：对第 162 页第 7 行提到的"空虚的幻想"，MEGA2/II/10 第 837 页注释 128.7 提示可能是暗指席勒的诗《保证》。第 44 卷没有加注。

例 6：第 44 卷第 162 页第 9 页提到的"他们的灵魂渴求货币——就像鹿渴求清水一样"。根据 MEGA2/II/10 第 837 页 128.9—10 提示说，《旧约》42.2 有类似的说法。第 44 卷没有加注。

例 7：第 44 卷第 196 页第 9 行提到"未来音乐的创作家"。根据 MEGA2/II/10 第 848 页注释 154.9，这可能是暗指瓦格纳的著作《未来的艺术作品》（1850 年莱比锡版）。第 44 卷没有加注。

例 8：第 44 卷第 196 页第 11 行有"地球舞台"的说法。根据 MEGA2/II/10 第 848 页注释 154.12，这一说法可参见莎士比亚喜剧《皆大欢喜》第二幕第 7 场中"全世界是一个舞台"的台词。第 44 卷没有加

---

① 福斯塔夫："she's neither fish nor flesh; a man knows no where to have her（她既不是鱼，又不是肉，是一件不可捉摸的东西）。"桂嫂："Thou art an unjust man in saying so: thou or any man knows where to have me, thou knave thou!（你这样说我，真太冤枉人啦。你们谁都知道我是个老老实实的女人，从来不会藏头盖脸的，你这恶棍！）"根据台词，将《资本论》第 1 卷的文本"man nicht weiβ, wo sie zu haben ist"（其对应的莎士比亚台词是"where to have her"）译成"你不知道对它怎么办"是令人费解的。如果直译的话，对白是这样的："她既不是鱼，又不是肉，男人不知道在哪儿可以逮到她""你这样说我，就不是一个公正的男人。你们任何一个男人都知道在哪儿可以逮到我。你这恶棍！"因此，对应马克思的这句话，应该改译为"商品的价值对象性不同于快嘴桂嫂，它不可捉摸"。

第 11 章 《资本论》第 1 卷的注释

注,而且似乎也没有注意到这个注释。按照"全世界是一个舞台"的台词,"地球舞台"最好译为"世界舞台"。

例 9:第 44 卷第 236 页最后 2 行提到"每人每天都死掉生命的 24 小时"。根据 MEGA2/II/10 第 856 页注释 184.24—25,它出自 1673 年的匿名喜剧《提图斯,或评〈贝蕾妮丝〉》① 第 5 幕第 1 场。第 44 卷没有采纳这一注释。

例 10:根据 MEGA2/II/10 第 860 页注释 205.3,第 44 卷第 263 页第 6 行中"十足的胡说"的说法,出自英国作家詹姆斯·莫利阿的小说《卡尔斯少女爱伊莎》(1834 年)。

例 11:根据 MEGA2/II/10 第 863 页注释 209.1—2,第 44 卷第 269 页倒数第 6 行提到的"极限(ultima Thule)",出自古罗马诗人维吉尔的《农事诗》,意即世界的尽头;在维吉尔看来,世界的尽头在遥远的岛屿。

例 12:根据 MEGA2/II/10 第 863 页注释 209.16,第 44 卷第 270 页第 5 行出现的"疾风怒涛(Sturm und Drang)"的说法,可能是暗指德国剧作家克林格的剧本《狂飙突进(*Sturm und Drang*)》(1776 年)。剧本的名字"狂飙突进"是由克格林的儿时好友歌德所起(歌德和席勒是"狂飙突进运动"的代表人物)。此处第 44 卷没有加注,加之将其译为"疾风怒涛",马克思的双关语意蕴就丧失了。

例 13:根据 MEGA2/II/10 第 876 页注释 224.9—10,第 89 页第 8 行提到的"必须汗流满面来换取面包",出自圣经《创世纪》的第三章。当亚当被逐出伊甸园时,上帝对他说,你必须终生劳苦才能从地里得到吃的,你必须汗流满面才能糊口。第 44 卷没有对此加注。对于不熟悉《圣经》的中国读者来说,没有这个注释,是很难将这句话与《圣经》联系起来的。

例 14:根据 MEGA2/II/10 第 881 页注释 228.1—3,第 44 卷第 294 页第一句话"一大群不同职业、年龄、性别的各种各样的工人,争先恐后地向我们拥来,简直比被杀者的灵魂向奥德赛拥去还要厉害",可参见荷马的《奥德赛》。

---

① 这是对 1670 年 11 月 21 日首演的让·拉辛戏剧《贝蕾妮丝》和 8 天前首演的皮埃尔·高乃依戏剧《提图斯和贝蕾妮丝》的评论。拉辛的戏剧取得了更大成功,连演了至少 30 场。

例15：根据MEGA2/II/10第912页注释257.19，第44卷第329页第11行提到的"年轻的娼妇和年老的修女"，出自歌德晚年的诗"Krüdener的来信（耶拿，1818年4月4日）"，诗的第一句是"年轻的娼妇，年老的修女"。

例16：根据MEGA2/II/10第944页注释330.1—2，第44卷第423页第2—3行"如果没有限制，在任何地方都做不出重要的事情"的说法，出自歌德的十四行诗《自然和艺术》：像是互相藏躲，可是出乎意外，又遇在一起；我觉得敌对业已消失，二者好像同样吸引着我。/这只在于真诚的努力！只要我们用有限的光阴投身艺术而全意全心，自然就活跃在我心里。/一切的文艺也都是如此。放荡不羁的人将不可能把纯洁的崇高完成。/要创造伟大，必须精神凝集。在限制中才显示出能手，只有规律能给我们自由。

《资本论》大量引用了文学作品中相关的精彩片断。问题是，同样是出自文学作品的名句，为什么有的加注，有的不加注？显然，第44卷在编辑尺度的把握上缺乏令人信服的一致性，甚至说有很大的随意性。

14. 第44卷第73页倒数第8—9行有"造了衣服，从而造了人"的说法。遵从第一版第23卷，第44卷对此加了脚注：原文套用了德国谚语"Kleider machen Leute"，直译是"衣服造人"，转义是"衣靠人装"。而MEGA2/II/10第817页注释59.34则提示说，马克思可能是暗指戈特弗里德·凯勒的中篇小说《人靠衣裳》。第44卷没有采信MEGA2/II/10第817页注释59.34，是值得商榷的。

15. 根据MEGA2/II/10第818页注释63.38—40，第44卷第78—79页脚注23最后提到的发表在《威斯敏斯特评论》上的攻击贝利的匿名文章，实际上是贝利本人写的，马克思误以为是李嘉图学派的人所写。很奇怪第44卷为什么不对此加注。

16. 对于第44卷第94页倒数第5行提到的"麦·维尔特"，MEGA2/II/10第821页注释76.13—16提示说，马克思这里可能是指维尔特的著作《国民经济学基础》第1卷（1861年科隆版）。第44卷在人名索引中列了"维尔特"的词条，但在文献索引中没有其著作的相关信息。其实，完全可以在文献索引中列上维尔特著作的词条。

17. 对于第44卷第99页第4行提到的"资产阶级以前的社会生产有

机体形式"，MEGA2/II/10 第 822 页注释 80.4—5 提示参见《大纲》"关于资本主义生产以前的各种形式"。第 44 卷没有采纳这条很有价值的注释。

18. 对于第 44 卷第 100 页第 2—3 行提到的"关于自然在交换价值的形成中的作用所进行的枯燥无味的争论"，以及第 100 页最后一行至第 101 页第 2 行关于交换价值的相关论述，MEGA2/II/10 第 824 页注释 81.1—3、81.32—35 提示说，可参见罗雪尔的《国民经济学原理》（1858 年增订第 3 版）第 4—5 页、31—47 页；第 5—7 页。第 44 卷没有采纳这两个有价值的注释。

19. 根据 MEGA2/II/10 第 833 页注释 115.32—33，第 44 卷第 146 页脚注 79 第 5—7 行提到的"流通手段量决定价格的看法，巴尔本以及更早期的著作家就曾提出过"，可参见巴尔本的著作《新币轻铸论。答洛克先生关于提高货币价值的意见》（1696 年伦敦版）第 12—34 页。第 44 卷的文献索引列有巴尔本著作的词条，但没有对应第 146 页的页码，说明第 44 卷没有采纳 MEGA2/II/10 第 833 页注释 115.32—33。

20. 根据 MEGA2/II/10 第 834 页注释 118.5—6，第 44 卷第 149 页第 2 段最后一句"困难的只是第一步"是谚语。既然是谚语，就应该按谚语来翻译："万事开头难。"第 44 卷似乎没有注意到 MEGA2/II/10 第 834 页注释 118.5—6。

21. 根据 MEGA2/II/10 第 835 页注释 122.11—13，对于第 44 卷第 155 页第一段的引文，虽然马克思在括号中标注了"哥伦布 1503 年寄自牙买加的信"，但无法查明这一资料出自哪里；马克思在《大纲》校正本上增添的注释中，也有这段引文（包括括号中的出处说明）[①]。第 44 卷没有采纳这一很有价值的注释。

22. 根据 MEGA2/II/10 第 835 页注释 122.25—26，第 44 卷第 155 页脚注 90 的第一句话"法国笃信基督教的国王亨利三世，抢劫了修道院等地的圣物，以便把它们变成银"，依据的是奥日埃著作《论公共信用及其古今史》（1842 年巴黎版）第 106—108 页的相关说明。第 44 卷的文献索引虽然列了奥日埃的这部著作，但对应的页码中并没有第 155 页，说明第

[①] 参见《马克思恩格斯全集》中文第二版第 31 卷第 553 页脚注 1。

44卷没有采纳 MEGA2/II/10 第 835 页注释 122.25—26。

23. 根据 MEGA2/II/10 第 849 页注释 159.13，第 44 卷第 202 页脚注 49 第一句引文"一起劳动都是在它结束以后付给报酬的"，是《论马尔萨斯先生近来提倡的关于需求的性质和消费的必要性的原理》（1821年伦敦版）一书的作者，对萨伊著作《关于政治经济学各方面的问题，特别是商业萧条的普遍原因，给马尔萨斯先生的信》（1820年巴黎版）第 26—27 页、第 58—59 页相关说法的概括性引文。换句话说，"一起劳动都是在它结束以后付给报酬的"实际上是萨伊的观点。第 44 卷没有采纳这一很有价值的注释。

24. 根据 MEGA2/II/10 第 850 页注释 161.1，第 46 卷第 204 页倒数第 2 行提到的"每一个人都只支配自己的东西"，是暗指柏拉图《理想国》中的正义定义。马尔库斯·波尔基乌斯·加图将这一原则运用到"占有"上。第 44 卷没有采纳这一很有价值的注释。

25. 第 44 卷第 223 页第 8—9 行提到"通向地狱的道路是由良好的意图铺成的"。根据 MEGA2/II/10 第 852 页注释 174.12，这是德国谚语，可能出自《圣经后典·便西拉德训》第 21 章第 11 节。第一版第 23 卷此处没有加注，第 44 卷有注释（即尾注 174），依据的是 MEGA2/II/10 第 852 页注释 174.12，但有偏差：说是马克思套用了《圣经后典·便西拉德训》的说法，而没有指出这是谚语；《圣经后典·便西拉德训》的出处也从"第 21 章第 11 节"变成了"第 21 章第 10 节"。根据张久宣译、台湾商务印书馆股份有限公司 1995 年出版（1999 年重印）的《圣经后典》，这句话确实出自"第 21 章第 10 节"。张久宣的译文与第 44 卷尾注 174 有所不同。尾注 174 的译文是"虽然不信神的人走在良好的道路上，但是他的终点是地狱的深渊"。张久宣的译文是"罪人走过的道路是平坦的，但它通向阴间"。

26. 第 44 卷第 229 页脚注 17 中提到，"按照古代人的恰当的说法，劳动者在这里只是作为会说话的工具，同牲畜作为会发声的工具，无生命的劳动工具作为无声的工具相区别"，第一版第 23 卷没有对此加注，第 44 卷有注释（即尾注 179），显然依据的是 MEGA2/II/10 第 853 页 178.28—31，不过有所改变：尾注 179 提示说，马克思的这一说法引自杜罗·德拉马尔《罗马人的政治经济学》1840 年巴黎版，而且提示说马克思在《大纲》中引用了德拉马尔《罗马人的政治经济学》第253—254页的一句话："按照瓦罗的观点，奴隶是会说话的工具，牲畜是半发声的工具，犁是无声的工具。"① 而按照 MEGA2/II/10 第 853 页 178.28—31，马克思依据的是埃德蒙·伯克的《短缺的思索和研究》1800年伦敦版第10页的说法。伯克《短缺的思索和研究》第10页的那段话，在第44卷第240页脚注 22a 做了引用，只不过不完整。根据 MEGA2/II/10 第 853 页 178.28—31，伯克的这段话是这样说的："在农场主用经营的一切工具中，人类劳动（古代作家称之为会说话的工具）是农场主用来补偿自己资本的最可靠的东西。其他两类东西（按照古代的分类，是作为会发声的工具的役畜和无声的工具诸如车、犁、铲等），——没有一定量的人类劳动，就毫无用处。"② 通过文本对比可以发现，马克思此处的说法更接近伯克而非德拉马尔。此外，根据 MEGA2/II/10 第 1185 页的文献索引，马克思在补充札记本 B 中对伯克的《短缺的思索和研究》作了摘录。不过第44卷提到《大纲》中对德拉马尔著作的引用，也是很有价值的线索。如果将两者结合起来，尾注 179 就会更为科学。

27. 第44卷第230页第3—5行提到，"我们在前面指出过，对于价值的增殖过程来说，资本家占有的劳动是简单的、社会的平均劳动，还是较复杂的、比重较高的劳动，是毫无关系的。"根据 MEGA2/II/10 第 854 页 179.9—12，"前面指出过"是指本卷第228页倒数第10行至第229页第1行的文本内容。第44卷没有加注释，可能是因为两者相距不远，读者自己会找到"前面"的内容。但实际上，如果没有注释的话，读者要找到"前面"的内容，还是会费一番周折的。因此，此处加注释为上。

28. 对于第44卷第238页脚注21第5—7行的那段引文，MEGA2/II/10 第 856 页注释 185.32—34 给出的引文出处是刊登在1862年11月26日《泰晤士报》第12版第1栏的文章"给《泰晤士报》编辑部的信：一个厂主的案例"。第44卷没有采纳这个注释，这很容易使读者将这段引文的出处，与脚注21接着的那段引文的出处看作是一样的。另一方面，马

---

① 参见《马克思恩格斯全集》中文第二版第31卷第247页倒数第9—10行。
② 顺便提一下，第44卷对伯克著作书名的翻译是不准确的，书名中用的是 scarcity（短缺）而非 poverty（贫困）。

克思在第 44 卷第 240—241 页的脚注 23 又引用了这个厂主的文章。如果第 44 卷采纳了 MEGA2/II/10 第 856 页注释 185.32—34，脚注 21 和脚注 23 就可以相互参照。

29. 根据 MEGA2/II/10 第 858 页注释 195.23—24，第 44 卷第 251 页第 4 行提到的"从无生有"，暗指《圣经·旧约》中的创世说。第 44 卷没有为此加注，读者很容易与 2 页前脚注 27 中卢克莱修的"无中不能生有"联系起来，造成不必要的误解。

30. 根据 MEGA2/II/10 第 863 页注释 208.40—41，第 42 卷第 269 页脚注 36 提到的"这个问题比罗伯特·比尔爵士提到向伯明翰商会提出的有名问题'什么是一镑'不知要重要多少"，出自 John Harlow 和 Thomas Barber Wright 合写的《通货问题：二人通信》（1844 年伦敦版）第 266 页，而且马克思 1850 年在《伦敦笔记》的第 III 札记本中对该书作了摘录。应该说这一注释具有较大价值，但第 44 卷没有采纳。

31. 根据 MEGA2/II/10 第 864 页注释 211.32—33，第 44 卷第 272 页脚注 42 最后一句话"西斯蒙第说得深刻得多：'布鲁塞尔的花边'是以雇主和雇工的存在为前提的"，出自西斯蒙第著作《政治经济学新原理，或论财富同人口的关系》1827 年巴黎版第 1 卷。第 44 卷的文献索引中列有该书，但没有对应于第 272 页的页码。

32. MEGA2/II/10 第 865 页注释 212.41 出现错误，应该是注释 213.22，是对第 44 卷第 275 页第 12 行"组织规程"的注释。第 44 卷编辑者没有盲从 MEGA2/II/10 的错误注释，而坚持了第一版第 23 卷尾注 104 的正确注释。

33. 根据 MEGA2/II/10 第 874 页注释 222.29，第 44 卷第 287 页第 10 行中的"巴勒区"是指伦敦南华克区。"巴勒区"的原文是"Borough"，意即"有议员选举权的市镇"，并非专有地名。第 44 卷没有采纳这个注释，读者很难知道作为音译的"巴勒区"是指伦敦哪个地区。

34. 第 44 卷第 288 页对脚注 74 所做的注释（即尾注 204）是一个原创性的注释，该尾注参照了 MEGA2/II/10 第 875 页注释 223.30 及 224.1—7，但第 44 卷的处理方式更为合理。

35. 第 44 卷第 291 页脚注 82 的最后括号中有引文出处"《我们英国羊毛业的诉讼案》1685 年伦敦版"，但关于该书（呈文）的信息，第 44

卷并没有在文献索引中提供。MEGA2/II/10 第 878 页注释 225.43—44 提供了作者信息（George Clarke），并在第 1187 页的文献索引中提示说，马克思在《补充札记本 E》中对该书作了摘录。

36. MEGA2/II/10 第 880 页注释 227.31—38，对第 44 卷第 292—293 页脚注 86 中提到的"英国农业无产阶级的运动"作了注释。第一版第 23 卷此处没有加注，第 44 卷加了注释（即尾注 209），显然依据的是 MEGA2/II/10 第 880 页注释 227.31—38。不过尾注 209 包含了一个错误信息：按照 MEGA2/II/10 第 880 页注释 227.31—38，"斯温运动"发生于"1830 年年底至 1831 年年初"，而非"1830—1833 年年初"。

37. 根据 MEGA2/II/10 第 891 页注释 237.20—23，第 44 卷第 304 页脚注 103 第 4—6 行关于西尼耳、罗雪尔的论述，可参见本卷第 264 页脚注 33。第 44 卷没有采纳这一注释。

38. 根据 MEGA2/II/10 第 896 页注释 242.29—30，第 44 卷第 310 页脚注 110 最后提到的"1851 年工业博览会"，是指 1851 年在伦敦召开的第 1 届世博会（2010 年的上海世博会是其第 41 届）。第 44 卷没有对此加注。

39. 根据 MEGA2/II/10 第 900 页注释 246.41—42，第 44 卷第 315 页脚注 120 最后引用的麦考莱的话"我们现在听到的只是退步，但看到的只是进步"，实际上出自乌尔卡尔特的《家常话》（1855 年伦敦版）第 120 页："相反，麦考莱先生除了进步什么也看不到，除了衰退什么也听不到。"马克思在《资本论》第 1 卷多次引用乌尔卡尔特的《家常话》①。第 44 卷没有向读者指明这一点。

40. 根据 MEGA2/II/10 第 902 页注释 248.41—43，第 44 卷第 318 页脚注 126 对范德林特的转述，出自其著作《货币万能，或试论怎样才能使各阶层人民都有足够的货币》（1734 年伦敦版）。第 44 卷文献索引中列有该著作，但对应的页码没有第 318 页。

41. 根据 MEGA2/II/10 第 903 页注释 249.16—17，第 44 卷第 319 页第 2—3 行关于波拿巴修改法定工作日的叙述，涉及的历史事件是 1852 年 1 月 14 日法国宪法颁布。第 44 卷没有对此加注。

---

① 参见第 44 卷第 120、420、579、857、858 页。

42. 第44卷第329页第1段引文中有"零工"一词。原文用的是英文piecers，根据MEGA2/II/10第911页注释257.7，piecers意即"Anknüpfer（接断头者）"。第44卷及第一版第23卷都将"bloβe piecers"译为"短工"，是很奇怪的。此处，"有很多纺纱工人被迫去做零工"应译为"有许多纺纱工人被迫只做接断头的工作"。其实，恩格斯在《英国工人阶级状况》一书中也用过该词："以前一个纺工和几个接断头的童工（piecers）管600个锭子。"①

43. 根据MEGA2/II/10第914页注释259.28，第44卷第332页倒数第2行提到的"使用（Nieβbrauch）"，意思是"Nutzungsrecht（使用权）"。因此，倒数第2—3行那句话应译为"1844年法令的条款，即禁止在十五小时工厂日内任意分小段时间对少年和妇女的任意使用"。

44. 根据MEGA2/II/10第916页注释261.3，第44卷第334页第8行提到的"巴勒区治安法官（Borough Justices）"是指市镇初级法院的名誉法官，此处指斯托克波特市初级法院的名誉法官。译为"巴勒区治安法官"会让读者不知所云。

45. 第44卷第341页最后一行提到"伪善者"。根据MEGA2/II/10第919页注释266.19，"伪善者"原文是Pharisäer，即法利塞人。法利塞人是古犹太人的一个宗教政治宗派，产生于大约公元前2世纪中期。法利塞人要求严格遵守犹太法典，远离一切宗教仪式方面的不洁行为。Pharisäer后转义为伪善者和伪君子。本卷第538页第10行又将Pharisäer译为"伪君子"。第44卷没有采纳此注释，失色不少。

46. 和第一版第23卷一样，第44卷将第340页脚注178以及第410页第7行引文中的Helot直接译为"奴隶"，而没有任何注释。根据MEGA2/II/10第920页注释266.29，Helot对应的希腊文是Heilotes，中文通常将其译为"黑劳士"。恩格斯在《家庭、私有制和国家的起源》中将黑劳士看作是斯巴达的农奴②。

47. 根据MEGA2/II/10第922页注释268.4，第44卷将第344页第1—2行提到的"根据上述委员会以后的各次提议"直接译成了"根据童

---

① 参见《马克思恩格斯全集》中文第一版第2卷第421页。
② 参见《马克思恩格斯文集》第4卷第76页。

工调查委员会以后的各次提议"。第一版第 23 卷也是这样做的。恰当的做法是原文照译，但附之以注释。

48. 第 44 卷第 347 页第 6 行提到"并且极容易制造一起又一起的司法纠纷"。根据 MEGA2/II/10 第 923 页注释 270.15，"司法纠纷"的原文是 Rattenkönig，意思是"（一胎生的挤在窝里的）尾巴纠缠在一起的小老鼠"，转义为"纠缠不清的一堆事物"或"令人绝望的困难"。此处译为"纠纷"不妥，最好译为"混乱"，并附之以注释。整个句子"ein neuen juristischen Rattenkönigauszubrüten"应译为"这导致了新的司法难题"。

49. 根据 MEGA2/II/10 第 929 页注释 282.34—35，第 44 卷第 364 页脚注 1 中配第著作《爱尔兰的政治解剖》的版本，马克思实际使用的是 1891 年版，而非马克思自己标注的 1672 年版。本卷第 199 页脚注 45 的注释（即尾注 165），标注的配第著作的版本信息就是《爱尔兰的政治解剖》1891 年伦敦版，并指出"见本卷第 364 页脚注（1）"。按照第 44 卷的惯例，第 364 页应该直接将版本更正为 1891 年版；或者仍然按照马克思标注的 1672 年版，但附之以注释，否则就会引起读者的混乱。

50. MEGA2 注释的一个重要特点，就是对文本内容出处的仔细考证。对于原文语言与文本语言不一致的直接引文，MEGA2 通常会列出原文以供读者对照。MEGA2 还会仔细核对原文是否有出入（有时加引号的内容实际上是马克思自己所作的概括，并非原文），核对版本信息是否正确。有时马克思提供的资料来源太笼统（比如只列了一本书中的文章标题），MEGA2 会查明其详细信息（也就是说，一定要找到一个样本），否则，就在注释中标明资料来源无法查明。还有些没有引号的文本内容，看起来好像是马克思自己的论述，实际上却是马克思对别人成果的概括性叙述。对此情况，MEGA2 都会尽可能考证出其出处（特别是根据马克思的相关摘录笔记来作推断）。对于 MEGA2 的上述几类注释，《马克思恩格斯全集》中文第二版基于自身的编辑理念而没有采纳，本无可厚非。但对于马克思概述性文字出处的注释，中文版有注释总比没有要好。第 44 卷有时加了注释（如尾注 269、270、271、275、293、296、297、298、301、302、303、304、305、306、307、309、310、311、313、314、315、316、320、334、342），但多数情况下没有注释。举例如下。

例 1：根据 MEGA2/II/10 第 935 页注释 303.8—13、第 940 页注释

318.42—43、MEGA2/II/10 第 949 页注释 334.28—29、根据 MEGA2/II/10 第 953 页注释 342.35—37 及第 1201 页的文献索引，第 44 卷第 390 页倒数第 4—7 行、第 409 页脚注 54、第 428 页脚注 89 前 2 行、第 438 页倒数 10—12 行的文本内容，出自波珀的《工艺学历史》（1807—1811 年 3 卷本哥丁根版）第 2 卷第 330 页、第 1 卷第 280 页、第 1 卷第 274 页、第 2 卷第 218—222 页，而且马克思 1851 年在伦敦笔记本 XV 对该书作了摘录。

例 2：根据 MEGA2/II/10 第 936 页注释 307.34—37，第 44 卷第 396 页第 5—7 行的文本内容、第 403 页脚注 42 和脚注 43 的后半部分内容，分别出自《各国的工业》1855 年伦敦版第 388 页、第 381—382 页、第 273—274 页。

例 3：根据 MEGA2/II/10 第 937 页注释 312.41—42，第 44 卷第 402 页脚注 40 的文本内容，出自《童工调查委员会（1862 年）。第 4 号报告》。

例 4：根据 MEGA2/II/10 第 949 页注释 334.7—12，第 44 卷第 428 页最后 4 行的论述，出自 John Debell Tuckett 的著作《劳动人口的历史与现状》第 1 卷（1846 年伦敦版）第 208 页，而且马克思在 1851 年伦敦笔记本 IX 中对该书作了摘录。

例 5：根据 MEGA2/II/10 第 953 页注释 344.36—37，第 44 卷第 440 页脚注 103 第 4—5 行的文本内容，出自尤尔的《技术词典》1843 年布拉格版第 1 卷 568 页，而且马克思 1851 年在《伦敦笔记本》的笔记本 XV 对该书作了摘录。

例 6：根据 MEGA2/II/10 第 979 页注释 385.8—10，第 44 卷第 492 页倒数第 2—3 行的叙述，出自约翰·贝克曼《发明史文集》第 1 卷（1786 年莱比锡版）第 122—123 页，而且马克思 1851 年在《伦敦笔记本》的笔记本 XV 和补充笔记本 C 对该书作了摘录。第 44 卷尾注 341 提到了贝克曼的这本书，但语焉不详，而且人名索引和文献索引中都没有列贝克曼的条目。实际上，第 44 卷尾注 341 只不过继承了第一版第 23 卷尾注 170，甚至第一版第 23 卷还列有贝克曼的人名和文献索引。因此，第 44 卷非但没有采纳 MEGA2/II/10 第 979 页注释 385.8—10，甚至比第一版第 23 卷还倒退了。

51. 根据 MEGA2/II/10 第 938 页注释 314.39—40，第 44 卷第 404 页脚注 44 提到的"这种说法在大工业初期遭到罗德戴尔的反驳，在往后的发展时期又遭到尤尔的反驳"，可参见罗德戴尔的《国民财富的性质和起源的研究》（拉让蒂·德·拉瓦伊斯译，1808 年巴黎版）和尤尔的《工厂哲学，或加工棉、毛、麻、丝的工业经济》（1836 年巴黎版）第 1 卷。第 44 卷的文献索引中都没有与第 404 页对应的页码。此外，根据 MEGA2/II/10 第 938 页注释 314.43，脚注 44 最后提到的布林德利，可参见 John Debell Tuckett 的著作《劳动人口的历史与现状》第 1 卷（1846 年伦敦版）第 270—273 页的相关说明。第 44 卷在文献索引中没有列该书。

52. 根据 MEGA2/II/10 第 938 页注释 315.25—30，马克思在第 44 卷第 404 页脚注 45 中对拜比吉著作《论机器和工厂的节约》的引文，并非依据的是该书 1832 年英文版，而是出自 1845 年布鲁塞尔笔记中对该书 1833 年巴黎版本的摘录。第 44 卷部分采纳了该条注释，但其文献索引（见本卷第 1011 页）却标错了页码（将第 404 页错标为第 403 页）。

53. 根据 MEGA2/II/10 第 940 页注释 320.26—28，第 44 卷第 411 页脚注 57 最后括号中马克思对曼德维尔著作《蜜蜂的寓言，或个人恶行，公共利益》标注的版本信息是不准确的。该书第一版出版于 1714 年，1705 年出版的是作为其基础的小册子《嗡嗡的蜂巢——浪子回头》。马克思可能利用的是《蜜蜂的寓言，或个人恶行，公共利益》一书的第 3 版（1724 年）。第 44 卷没有采纳这个注释，读者可能会因马克思的标注而形成对该书的错误版本信息。

54. 第 44 卷第 411 页脚注 58a 第 7 行有"联合体"的说法，其原文是拉丁语"Mixtum Compositum"。根据 MEGA2/II/10 第 940 页注释 320.40—41，其含义是"混合物"或"组合体"，译为"联合体"并不合适（"联合体"多指人而非物之间的联合）。

55. 第 44 卷第 421 页脚注 75 中有"分工是从资本家的丘必特式的脑袋中现成地跳出来的"的说法。"丘必特式的脑袋"的原文是"Jupiter-haupt"，意即"朱庇特的脑袋"。MEGA2/II/10 第 944 页注释 328.42 则对此作了注释：丘必特是罗马神话中的主神，他对应于希腊神话中的宙斯。按照希腊神话，在宙斯的第一个妻子墨提斯（聪慧女神）怀孕的时候，大地女神盖亚曾预言说：墨提斯所生的儿女会推翻宙斯的统治。为了逃避诅咒，宙斯将墨提斯整个吞入腹中。但是，此后宙斯就得了很严重的头痛症，很多神想尽一切办法帮他治疗，都无济于事。最后，宙斯只好要求火神帮他打开头颅。火神照吩咐做了，于是智慧女神雅典娜就从宙斯的头颅里跳了出来。"从宙斯头颅蹦出的雅典娜"是西方文化的背景知识。许多中国读者可能并不清楚，为什么会从丘必特的脑袋中跳出一个东西来。遗憾的是第 44 卷没有对此加注，只在人名索引（第 1004 页）中标注说，丘必特①是罗马神话中最高的神，相当于希腊神话诸神中的宙斯。

56. 第 44 卷第 425 页第 13 行提到"英国的学习时间定为 7 年的学徒法"。根据 MEGA2/II/10 第 946 页注释 331.23—24，"学徒法"是 1562 年由伊丽莎白一世颁布的，该法确定了 7 年学徒制；本卷第 314 页第 7—11 行也涉及"学徒法"。对于历史知识性的"学徒法"的注释是很必要的，而且相关文本内容的前后参照也是很必要的。但第 44 卷没有采纳该注释。

57. 根据 MEGA2/II/10 第 949 页注释 334.11，第 44 卷第 428 页倒数第 2 行引号中的"不用手指纺纱"，出自尤尔的《工厂哲学》1835 年伦敦第 2 版第 16 页。第 44 卷没有采纳该注释。

58. 根据 MEGA2/II/10 第 949 页注释 334.35—37，第 429 页脚注 89 倒数第 8—9 行提到的"如维科所说的那样，人类史同自然史的区别在于，人类史是我们自己创造的，而自然史不是我们自己创造的"，出自维科的《新科学》1844 年巴黎版第 79 页。第 44 卷没有采纳该注释。

59. 第 44 卷第 433 页第 5—6 页提到的"推动两套上磨，也就是两套磨"，让人费解。"上磨"的原文是"Läufer"。根据 MEGA2/II/10 第 951 页注释 338.7，"Läufer"意指"转动的石磨"。"两套磨"的"磨"，原文是"Mahlgang"，意即"双盘石磨"。因此，"推动两套上磨，也就是两套磨"应译为"推动两个转磨，亦即推动双盘石磨"。

60. 根据 MEGA2/II/10 第 952 页注释 338.44，第 44 卷第 433 页脚注 97 中马克思标注的引文出处"德库②，1688 年"，应为 Heron Alexandrinus 的《室外园艺及喷水池工艺》（1688 年法兰克福版）。第 44 卷没有采纳该注释。

---

① 非爱神"Cupid（丘比特）"。
② Salomon de Caus (1576—1626)，通用译名为萨洛蒙·得·高斯。

61. 第 44 卷第 435 页第 7 行提到"第三个工人折边，预备印上图样，第四个工人把图样印好"，其原文是"ein dritter schlug die Klappe um, auf welche die Devise aufgedrükt wird, ein vierter bossirte die Devise"。MEGA2/II/10 第 952 页注释 340.3 对"bossirte"作了注释：其英文用法是"to emboss"，意即"压出凸花纹"。根据这一解释，"第四个工人把图样印好"的译文显然是不正确的。根据马克思描述的信封制作流程，第一个工人用折纸刀折纸，也就是裁出信封的形状；第二个工人涂胶水，这样一个完整的信封成形了；第三个工人把信封的封面（Klappe）翻到朝上（umschlagen）①，以备印图样；第四个工人压出凸花纹图样。根据 MEGA2/II/10 第 952 页注释 339.31 及 340.1—6，以及基于此注释的第 44 卷尾注 309，马克思所描述的信封制作流程依据的资料，出自《各国的工业》1855 年伦敦版第 198、200 页，而且马克思在《政治经济学批判（1861—1863 年手稿）》第 XIX 笔记本第 1183 页对这些资料作了摘引："在一般的生产方法下，折叠、胶合与压出花纹〈即在信封封口纸的上端压上凸花纹、图案〉[是单独的过程]，在每个信封上这些操作的每一项都是分别完成的。在这里，由于采用机器，就得到很大的节约。在使用手工劳动时，生产过程各阶段分割开来，大大地增加了生产费用，而造成损失的原因主要是由于从一个过程到另一个过程的单纯转移。在用手工压花纹时，一个少年一天大概可以压 8000 或 9000 个，不过，这时他必须有一个助手，在信封的上角压出需要的花纹后，把信封的上角折回，并把信封一叠一叠地摆好。"②

62. 根据 MEGA2/II/10 第 953 页注释 342.10—41 及 343.1—21，第 44 卷第 437 最后一行至第 439 页第 7 行关于机器的论述，可参见 1863 年 1 月 28 日马克思给恩格斯的信③。第 44 卷没有采纳该注释。

63. 根据 MEGA2/II/10 第 954 页注释 347.36—38 和第 955 页注释 347.38—39，第 44 卷第 444 页脚注 108 最后提到的尤尔和李比希的看法，分别出自尤尔著作《工厂哲学》第 1 卷 1836 年巴黎版第 67—68 页和李比

---

① 涂胶水时，信封的封面一定是朝下的。
② 参见《马克思恩格斯全集》中文第一版第 47 卷第 446 页。
③ 参见《马克思恩格斯全集》中文第一版第 30 卷第 317—320 页。

希著作《农业自然法则概论》1862年不伦瑞克版第83—84页。第44卷没有加注,在文献索引中没有尤尔著作与第444页对应的页面,甚至没有李比希这本书的条目。

64. 第44卷第446—447页对贝恩斯的引文,马克思并没有标注引文的出处。第44卷尾注319沿袭第一版第23卷尾注160,说明引文出自贝恩斯《棉花贸易》1857年布莱克本—伦敦版第48页。MEGA2/II/10第955页注释349.14—18不但提供了贝恩斯著作的版本信息,而且指出马克思此处的引文并非直接引自贝恩斯的著作,而是从《工厂视察员报告。截至1858年10月31日为止的半年》1858年伦敦版第58页转引的。第44卷没有采纳这一新的注释说明。类似地,根据MEGA2/II/10第956页注释351.13—16,第44卷第449页第6—9行出自贝恩斯的资料,也是转引自《工厂视察员报告。截至1858年10月31日为止的半年》1858年伦敦版第59—60页。

65. 第44卷第448页脚注111最后一句话提到"后来洛克成了英国、法国、意大利的政治经济学的主要'哲学家'"。其中"主要"一词在原文中是希腊文,根据 MEGA2/II/10 第957页注释351.39,其含义是"schlechthin(全然、不折不扣)"。因此,这句话应该译为"后来洛克全然成了英国、法国、意大利的政治经济学的'哲学家'"。

66. 根据 MEGA2/II/10 第958页注释355.28—30,第44卷第454页脚注120第1—2行的叙述,马克思1864年在《国际工人协会成立宣言和临时章程》中也有类似内容①。第44卷没有采纳该注释。

67. 第44卷第459页第8—13行的那段引文中,多次出现"帮伙"一词。根据 MEGA2/II/10 第960页注释358.32,"帮伙"的原文是"Banden",其对应的英文用法是"band",意即"一组(伙)人",并没有"帮伙"这样的贬义。引文中出现的"帮头(gangmeister)"是带引号的,因此而把"Banden"译为带有贬义的"帮伙"是不合适的。

68. 第44卷第461页第2段引文中的对话中,有"唉,认识一点点"的回答。"认识一点点"的原文是"Ebbes(summat)"。根据MEGA2/II/10 第961页注释360.18,Ebbes意即Etwas,summat意即in groβen und

---

① 参见《马克思恩格斯全集》中文第一版第16卷第6页。

ganzen。因此，Ebbes（summat）应译为"大体认识"。

69. 第 44 卷第 462 页第 3 行"沉闷难闻的空气对贫苦的儿童产生有害的影响"的原文是"die niederschlagende Wirkung einer benauten und ekelhaften Luft auf die armen Kinder selbst"。根据 MEGA2/II/10 第 962 页注释 361.6，benauten 意即 schädlichen（有害的）。这句话应译为"令人讨厌的有害空气使贫苦的儿童意志消沉"。

70. 第 44 卷第 463 页最后 2 行提到，"另一方面，它创造出新动机，使资本增强了对他人劳动的贪欲"。"增强"的原文是"Wetzung"。根据 MEGA2/II/10 第 963 页注释 362.22，其含义是 Anreizung（刺激）。因此，这句话更好的译文是："另一方面，它创造出激发资本对别人劳动贪欲的新动机"。实际上，第 44 卷第 468 页第 5 行的"激起"一词的原文就是"wetz"。

71. 第 44 卷第 470 页第 3 行有"异教徒！噢，这些异教徒！"的说法。根据 MEGA2/II/10 第 965 页注释 367.27—368.1，马克思作这样的表达，是为了赞扬像亚里士多德、安提帕特这样的古希腊思想家值得重视的经济学见解。第 44 卷没有采纳该注释，读者读到"异教徒！噢，这些异教徒！"的说法，会很费解。

72. 第 44 卷第 470 页第 3—4 行提到了巴师夏和麦克库洛赫。根据 MEGA2/II/10 第 966 页注释 367.27 及 368.1—9，这里涉及的巴师夏和麦克库洛赫的观点，分别见其著作《经济和谐论》（1851 年巴黎版）第 500—501 页和《政治经济学原理》（1825 年爱丁堡—伦敦版）第 10、17、18 页。第 44 卷没有加注释，在文献索引中也没有巴师夏的著作，麦克库洛赫著作的版本不吻合且没有与第 470 页对应的页码。

73. 根据 MEGA2/II/10 第 967 页注释 367.28—29，第 44 卷第 469 页脚注 154"李嘉图的伟大功绩之一，是把机器不仅看作生产商品的手段，而且看作生产'人口过剩'的手段"，出自李嘉图著作《政治经济学和赋税原理》1821 年伦敦第 3 版第 469 页。第 44 卷文献索引中该著作条目中没有与第 469 页对应的页码。

74. 根据 MEGA2/II/10 第 967 页注释 368.33，第 44 卷第 471 页倒数第 9 行提到的工人阶级的"反抗"，在本卷第 874 页第 10 行也有提到。这是很有价值的参考提示，但第 44 卷没有采纳该注释。

75. 第 44 卷第 472 页脚注 157 涉及斯密的相关观点。根据 MEGA2/II/10 第 967 页注释 369.37—39，可参见斯密著作《国富论》1776 年伦敦版第 1 卷第 1 册第 1 章和第 10 章。第 44 卷文献索引中该版本条目中没有与第 472 页对应的页码。

76. 第 44 卷第 475 页第 7 行提到，"英国在 1832 年开始把工作日缩短到 12 小时"。根据 MEGA2/II/10 第 969 页注释 371.28—29，英国是从 1833 年开始对 13—18 岁工人的工作日缩短到 12 小时的，而且本卷第 318—319 页也提到了这一情况。第 44 卷没有采纳这一注释。没有这一提示，读者很难意识到马克思说法上的前后不一。

77. 第 44 卷第 489—490 页有一个很长的脚注 190，其中的资料来源，有些马克思自己作了标注，有些没有标注。根据 MEGA2/II/10 第 976 页的相关注释，有些马克思没有标注资料来源的内容，MEGA2 编辑者也无法查明出处。但有一处查明了出处：脚注 190 中提到的第二件事，出自发表在 1863 年 11 月 29 日《雷诺新闻》① 第 5 版第 3 栏的文章"劳动与工资。韦斯特伯里织布工的罢工"。第 44 卷没有采纳该注释。查不到出处的，不作注释完全可以理解。但已查明出处的注释，却不采纳，就有些不珍惜 MEGA 2 编者的劳动成果了。

78. 根据 MEGA2/II/10 第 984 页注释 387.32—33，第 44 卷第 494 页脚注 196 第 4 行配第关于"机器代替了'一夫多妻制'"的说法，出自其著作《爱尔兰的政治解剖。附〈献给英明人士〉》（1691 年伦敦版）第 22 页。第 44 卷没有作注，在文献索引中有该著作的条目，但没有与第 494 页对应的页码。

79. 根据 MEGA2/II/10 第 984 页注释 388.12—14，第 44 卷第 497 页第 1—2 行的引文，出自《棉荒》（载于《泰晤士报》1863 年 4 月 28 日第 9 版第 1 栏）。不过引文是马克思直接引自威廉·布什菲尔德·费伦德 1863 年 4 月 27 日在英国下院的演说。第 44 卷没有加注。

80. 根据 MEGA2/II/10 第 990 页注释 395.30—31，第 44 卷第 506 页第 9—10 行"正像这个世界上的财富一样，也是暂时的"的说法，可能是马克思暗指约瑟夫·维克多·冯·谢弗尔（1826—1886）的诗"最后

---

① 关于《雷诺新闻》，可参见第 44 卷第 1080 页的报刊索引。

的裤子"(收于诗集《尽情狂欢!》),该诗有一句"所有的尘世都是短暂的——"。第44卷没有作注。

81. 根据MEGA2/II/10第990页注释395.30—31,第44卷第508页倒数第8—10行,以及根据MEGA2/II/10第1035页注释481.13—16,第44卷第616页第2—5行对庸俗经济学家的批评,可参见本卷第356页第4—5行及尾注第253。第44卷没有作注。

82. 根据MEGA2/II/10第992页注释402.34—36,第993页注释404.36—41,第44卷第514页脚注225的第2版补注以及第516页脚注228的第2版补注,出自《国家的进步》,载于《艺术和手工业协会杂志》1872年1月5日第135、134页。第44卷没有作注。

83. 根据MEGA2/II/10第994页注释406.31—38、407.24—26,第44卷第519—520页脚注232、233、234中的统计数据,出自《联合王国最近十五年历年简要统计一览》第8卷(1861年伦敦版)第28—29页、第13卷(1866年伦敦版)第46—47页、第12卷(1865年伦敦版)第18—19页。

84. 根据MEGA2/II/10第994页注释407.40—44及408.27—31,第44卷第522页脚注235第1—8行的资料,出自发表在《共和国》报1866年7月7日第8版第4栏的文章。第44卷没有作注。

85. 根据MEGA2/II/10第999页注释413.12—21,第44卷第527页倒数第4行至第528页第3行的资料,出自《棉荒》(载于《泰晤士报》1863年4月28日第8版第5—6栏)。马克思在《1861—1863年经济学手稿》中也利用了这些资料。第44卷没有作注。

86. 根据MEGA2/II/10第1000页注释414.25—30,第44卷第530页第1—4行的说明,马克思取自《童工调查委员会。第5号报告》(1866年伦敦版)第114页。第44卷没有作注。

87. 根据MEGA2/II/10第1001页注释417.4—6,第44卷第532页倒数第3—4行的说明,出自《童工调查委员会。第3号报告》(1864年伦敦版)第X页。第44卷没有作注。

88. 根据MEGA2/II/10第1004页注释420.16,第44卷第536页倒数第9行的"贫民诊所(General Dispensary)"是为穷人免费提供医疗帮助和药品的诊所。"General Dispensary"的本义是"综合诊所"。相当于今天英国社区的"全科门诊"。直接译为"贫民诊所"并不合适,应该译为"综合诊所",并加注释。

89. 根据 MEGA2/II/10 第 1005 页注释 422.28,第 44 卷第 539 页第 9—10 行的引文"在这个行业中,竟雇用 2 岁到 2 岁半的儿童干活",并没有出现在马克思在脚注 261 所标注的第 XXIX、XXX 页,而是出现在《童工调查委员会。第 2 号报告》(1864 年伦敦版)第 XIX 页第 143 号。第 44 卷没有作注。

90. 根据 MEGA2/II/10 第 1006 页注释 422.36—39 及 423.1—10,第 44 卷第 539 页倒数第 8 行至第 540 页第 2 行的说明,出自《童工调查委员会。第 2 号报告》(1864 年伦敦版)第 XL—XLI 页第 305、306 号。第 44 卷前面加了尾注 369,此处却没有加注,显得注释具有随意性。

91. 根据 MEGA2/II/10 第 1006 页注释 424.35,第 44 卷第 542 页倒数第 7—8 行"任人摆布的(taillable à merci et miséricorde)"这一说法的来源无法查明。"taillable à merci et miséricorde"的字面意思是"仁慈地缴纳人头税"。《马克思恩格斯全集》中文第一版第 7 卷第 95 页将"genstaillable à merci et miséricorde"译为"无权的下等阶层",第二版第 10 卷第 210—211 页将其译为"必须无条件纳税的人民"。

92. 根据 MEGA2/II/10 第 1006 页注释 425.41—42,第 44 卷第 543 页脚注 267 中提到的事实,并非出现在《泰晤士报》1864 年 2 月 26 日,而是出现在 2 月 20 日第 11 版第 4 栏的文章中。第 44 卷没有作注。

93. 根据 MEGA2/II/10 第 1007 页注释 428.33,第 44 卷第 546 页脚注 275 第 4 行的"1840 年",是马克思的笔误(应该是 1842 年)。第 44 卷没有作注。

94. 根据 MEGA2/II/10 第 1010 页注释 432.41,第 44 卷第 552 页脚注 291 最后括号中标注的出处"第 35 号"是马克思的笔误。《童工调查委员会。第 5 号报告》第 171 页第 35 号与脚注 291 的引文无关,而与正文(本卷第 552 页第 2—4 行)有关。第 44 卷没有作注。

95. 根据 MEGA2/II/10 第 1011 页注释 434.39—42 及 435.22—25,第 44 卷第 555 页脚注 296 出自赫胥黎《初等生理学讲义》(1966 年伦敦版)。马克思 1867—1868 年的笔记中有对该著作的摘录。第 44 卷只在文献索引中列了赫胥黎的这部著作,没有关于马克思对该书作过摘录笔记的注释。

96. 根据 MEGA2/II/10 第 1012 页注释 435.21 及 436.1—6，第 44 卷第 556 页倒数第 2 行至第 557 页第 3 行关于欧文教育思想的说明，可参见欧文的《在曼彻斯特的六篇演讲》和《新道德世界书》。第 44 卷没有作注，文献索引中没有列欧文的这两本书。

97. 根据 MEGA2/II/10 第 1013 页注释 437.35，第 44 卷第 558 页脚注 303 中标注的引文出处第 59 号，并非与引文有关，而是与引文前面那句话"他们当中大部分人不识字，他们通常都是非常粗野的、反常的人"有关。第 44 卷没有作注。

98. 根据 MEGA2/II/10 第 1013 页注释 438.3，第 44 卷第 559 页第 10—11 行"撕碎了这次帷幕（zerriβ den Schleier）"的说法，出自席勒的《钟之歌》。马克思青年时代的诗歌创作《讽刺短诗集》第八首短诗中，有"他的《钟》倒是一首好诗"的句子。第 44 卷没有作注。

99. 根据 MEGA2/II/10 第 1024 页注释 449.31—33，第 44 卷第 572 页倒数第 2—4 行括号中标注为第 1751 号的引文中，倒数第 2—3 行的"有时白天黑夜接着干，汗流浃背，使她们的体质变弱，健康受到损害"并非出自第 1751 号，而是马克思对第 1783、1784、1786、1790 号的大意概括。第 44 卷没有作注。

100. 根据 MEGA2/II/10 第 1031 页注释 462.30—31，第 44 卷第 588 页脚注 6 第一句话"供水的管理是国家权力对印度的互不联系的小生产有机体进行统治的物质基础之一"，可参见本卷第 55 页倒数第 6 行"古代印度公社"的注释（即尾注 61）。第 44 卷没有作注。

101. 根据 MEGA2/II/10 第 1037 页注释 489.4—6，第 44 卷第 627 页第 9—11 页提到的 1860 年暴动，以及根据 MEGA2/II/10 第 1038 页注释 489.37，第 44 卷第 629 页脚注 38，可参见本卷第 271 页脚注 40。第 44 卷没有作注。

102. 根据 MEGA2/II/10 第 1037 页注释 489.37，第 44 卷第 628 页脚注 36 中提到的"壁纸印刷业"，是在 1850 年工厂法背景下建立的，可参见本卷第 342 页倒数第 3 行至第 343 页第 1 行的相关内容。第 44 卷没有作注。

103. 根据 MEGA2/II/10 第 1040 页注释 493.24—29 及 496.20—23，

第44卷第633页脚注45和第637页脚注51都提到瓦茨的著作《工会和罢工。机器和合作社》（1865年曼彻斯特版），马克思1866年2月10日给恩格斯的信中涉及瓦茨的这部著作（参见《马克思恩格斯全集》中文第一版第31卷第178页）。第44卷没有作注。

104. 根据MEGA2/II/10第1040页注释493.30—31，第44卷第633页脚注45中提到的瓦茨的另一本欧文主义的小册子，可能不是1842年的《政治经济学家的事实和臆想》，而是1843年的《罗伯特·欧文，"空想家"》。第44卷没有作注。

105. 根据MEGA2/II/10第1040页注释496.24，第44卷第637页脚注51最后标注的文献来源，第XI页只有第59号，第13号是在第V—VI页，第53号在第X页。第44卷没有作注。

106. 根据MEGA2/II/10第1043页注释500.25—33，第44卷第642—643页脚注62中所说的事实，并没有像脚注开头所说的那样，出现在1861年10月26日的伦敦《旗帜报》上。第44卷没有作注。

107. 根据MEGA2/II/10第1053页注释529.1，第44卷第681页倒数第8行"推来推去"用的是"von Pontius zu Pilatus"。可译为"呼来唤去"。

108. 根据MEGA2/II/10第1054页注释529.28—30，第44卷第681页脚注31中最后的引文，既不能在穆勒的《政治经济学原理及其对社会哲学的某些应用》中找到，也不能在《略论政治经济学对某些有待解决的问题》中找到。比较接近的内容在《略论政治经济学对某些有待解决的问题》第94页。第44卷没有作注。

109. 根据MEGA2/II/10第1065页注释547.33—35，第44卷第704页脚注63最后提到的"蠢才中的一个天才"，出自海涅的诗"Kobes I"。第44卷没有作注。

110. 根据MEGA2/II/10第1065页注释547.46及548.23—27，第44卷第705页脚注65中的引文虽然用了引号，但并非直接引用，而是马克思对相关内容作的总概括。第44卷没有作注。

111. 根据MEGA2/II/10第1065页注释548.34—35，第44卷第706页脚注66和脚注67与马克思原文中的脚注顺序正好是颠倒的。第一版第23卷也是这样处理的。这是编者对马克思笔误悄悄作的改正。奇怪的是，由恩格斯编辑的《资本论》第1卷1890年第4版竟然也没有对这一笔误作出改正。

112. 根据MEGA2/II/10第1068页注释551.33—34，第44卷第709页脚注70中提到贝魁尔"资本先生"的说法，出自其著作 *Théories nouvelles d'économie sociale et politique*（1842年伦敦版）第880页。第44卷没有作注。

113. 根据MEGA2/II/10第1084页注释586.23—30，第44卷第751页的脚注102、103，在《资本论》第1卷1890年第4版中各有一段引文，但第44卷及第一版第23卷都没有翻译引文。

114. 根据MEGA2/II/10第1086页注释587.24，第44卷第753页第8—9行的数字1079382、1014978，在《联合王国最近十五年历年简要统计一览。第13卷》（1866年伦敦版）中是1142624、1009289。第44卷没有加以改正，也没有作注。

115. 第44卷第793页第11行有"驱逐风气"的说法，其原文是"Evictionsgeist"。根据MEGA2/II/10第1118页注释620.29，"Evictionsgeist"的意思是农民从地里驱赶的妖怪。第44卷没有作注，"驱逐风气"的译文让人费解。

116. 第44卷第800页第4—6行提到傅立叶。根据MEGA2/II/10第1119页注释625.20—22，马克思此处指的是傅立叶的著作《虚伪的工业》（1835年巴黎版）第588页的说法。第44卷没有作注。

117. 第44卷第806页表格中有"毕尔麦"的说法，其原文是"Bere"，是一个英文词，意思是"小麦的一种"。根据MEGA2/II/10第1123页注释631.12，这是指苏格兰的一种小麦。"毕尔麦"显然是音译，但由于没有标注原文，也没有作注，读者很难明白"毕尔麦"是什么东西。

118. 根据MEGA2/II/10第1130页注释645.13—17，第44卷第825页第1—3行的论述，出自伊登著作《穷人的状况》（3卷本，伦敦1797年版）第54页。根据MEGA2/II/10第1130页注释645.14，第2行的"九百个"在艾登原著中是"793个"。1845年夏，恩格斯陪马克思到曼彻斯特，恩格斯作了关于艾登著作的摘录，马克思的《曼彻斯特笔记》直接利用了恩格斯对艾登著作的摘录。恩格斯摘录时就弄错了数字。第44卷没有作注。

119. 第 44 卷第 826 页倒数第 7 行的"1489 年",在《资本论》第 1 卷 1890 年第 4 版中都是"1488 年",而倒数第 13 行的"1488 年",在原文中是"1489 年"。两处年份正好与原文颠倒。第一版第 23 卷这两处用的都是"1489 年"。第 44 卷对这一改动(既不同于第一版也不同于 MEGA2/II/10 的文本)未作说明。

120. 第 44 卷第 861 页脚注 241 最后一句话中有"按照自己的形象"的说法。根据 MEGA2/II/10 第 1162 页注释 674.40,这一典故出自《旧约·创世纪》。第 44 卷没有作注。

121. 根据 MEGA2/II/10 第 1164 页注释 677.12,第 44 卷第 865 页第 2—3 行"亵渎圣灵的罪恶",典故出自《新约》。第 44 卷没有作注。

122. 根据 MEGA2/II/10 第 1169 页注释 682.25—26,第 44 卷第 871 页脚注 248 第 5—6 行提到的伯克将"劳动贫民"解释为"可憎的政治伪善言辞",在伯克的著作《短缺的思索和研究》(第 44 卷将书名译为《关于贫困的意见和详情》并不准确)中查不到。伯克将"劳动贫民"解释为"可憎的政治伪善言辞"的说法,出自马克思 1863 年 5 月作的"补充笔记本 B"。马克思在该笔记本的第 17、18 页作了伯克这部著作的摘录。第 44 卷没有作注。

123. 根据 MEGA2/II/10 第 1169 页注释 684.32—37,第 44 卷第 874 页第 7—11 页关于"工人阶级的反抗"的叙述,可参见本卷第 471 页倒数第 8—10 行的相关内容。第 44 卷没有作注。

124. 根据 MEGA2/II/10 第 1171 页注释 690.2,第 44 卷第 881 页倒数第 7 行"这个美丽的幻想破灭了",出自席勒的《钟之歌》。第 44 卷没有作注。

125. 第 44 卷第 887 页第 2 行的"草市"尾注 503 是一个原创性的注释(第一版第 23 卷没有这个尾注),MEGA2/II/10 也没有注释(作为伦敦的街道名,不需要注释,但译成中文"草市",因为它不太著名,没有注释就令人费解)。

第 12 章 《资本论》第 2 卷的注释

第二版本章第二版指《马克思恩格斯全集》中文第二版及《马克思恩格斯文集》10 卷本所收录的《资本论》第 2 卷并没有依据 MEGA2，而仅仅依据了《资本论》第 2 卷的德文版①。第 45 卷出版于 2003 年，而当时 MEGA2/Ⅱ/13（1885 年由恩格斯编辑的《资本论》第 2 卷第 1 版）尚未出版。MEGA2/Ⅱ/13 出版于 2008 年。相对于 MEGA2 来说，《马克思恩格斯全集》1963 年德文版存在不少问题。本章是依据 MEGA2/II/13 关于《资本论》第 2 卷的注释。

1. 收录《资本论》第 2 卷第二版的《马克思恩格斯全集》中文第一版第 24 卷，在翻译恩格斯的"序言"时，在涉及《资本论》的地方，把恩格斯原文中的"Buch（册）"全都译成了"Band（卷）"，这造成了很大混乱。第 45 卷在尾注 1 中首先介绍了《资本论》"卷"、"册"的区别及其演变史，应当说是具有原创性的编辑成果。但第 45 卷在翻译"Buch（册）"时并不统一，有时仍将其译成"卷"。比如在第 9 页"摘自第一卷的引文，都注明了第二版即马克思生前付印的最后一版的页码"这句话中，"卷"的原文是"Buch（册）"而非"Band（卷）"。正文文本中经常有参见"1 册第几章"的夹注提示。根据 MEGA2/Ⅱ/13 第 638 页注释 28.4，如果没有特别强调，马克思在 1876—1881 年间写的第 2 册草稿中提示的第 1 册，总是指《资本论》第 1 卷第二版（1872 年汉堡版），因此 MEGA2/Ⅱ/13 就是按 1872 年第二版（收在 MEGA2/Ⅱ/6）的页码来对夹

---

① 即民主德国马克思列宁主义研究院编辑的《马克思恩格斯全集》1963 年德文版第 24 卷。

注中的提示作注释的。第 45 卷在尾注中通常将其转换成第 44 卷①的相关页码，本无可厚非，问题是缺乏统一性和严谨性。有时有尾注注释，有时却不作注释，这会造成读者的困扰。比如读者会以为夹注中提示的"第 1 册"指的就是 1890 年第四版，特别是"序言"中"第 1 册"译成"第一卷"，更会造成这种混乱。

2. 第 45 卷第 41 页第 1 行有"时候一到，玫瑰花自然可以摘到"的说法。根据 MEGA2/Ⅱ/13 第 639 页注释 35.31，这句话是谚语。第 45 卷对此没有注释。根据 James P. Leary 编的《民间文学》一书②，"Mit der Zeit pflückt man Rosen"是 19 世纪美国威斯康星州密尔沃基地区的德语谚语，其对应的英文是"In the course of time one picks roses"，意即"总有一天可以摘到玫瑰花"。《资本论》第 2 卷的英译本将其译为"Everything comes to those who wait"，意即"功夫不负有心人"。

3. 第 45 卷第 41 页第 2 行有"别人的货币"的说法。马克思在文中用的是法文 l'argent des autres。根据 MEGA2/Ⅱ/13 第 639 页注释 35.33，这是法国谚语③。第 45 卷没有对此加注。

4. 根据 MEGA2/Ⅱ/13 第 640 页注释 35.36—39，第 45 卷第 41 行第 2 段第 2—4 行的内容，马克思可能指的是亚·柯舍列夫。马克思拥有柯舍列夫的著作《论俄国的公社土地占有制》，而且自该书 1875 年出版后不久，马克思就对其作了详尽的摘录④。第 45 卷没有提供这方面的信息。

5. 根据 MEGA2/Ⅱ/13 第 641 页注释 46.24，第 45 卷第 54 页第 1 段中"概念的形式"，应为"无概念的（begriffslosen）形式"。在马克思的第 V 稿中用的就是 begriffslosen。第 45 卷没有此加注。

6. 第 45 卷第 65 页有两段对楚普罗夫著作《铁路业务》（1875 年莫斯科版）第 69—70 页的引文。根据 MEGA2/Ⅱ/13 第 641 页注释 52.12—22），马克思 1876 年 5 月在 1876—1881 年伦敦摘录笔记本 XI 的第 2—5 页，作了楚普罗夫著作的摘录（具体来说是对楚普罗夫著作第 1—16 页、

---

① 依据的是《资本论》第 1 卷 1890 年第四版。
② *Folkfore*, compiled and annotated by James P. Leary, The University of Wisconis, 1998.
③ 意即"别人的钱"。1978 年一个法国电影的名字就是 L'argent des autres。
④ 摘录笔记的原始手稿现保存在阿姆斯特丹国际社会史研究所（《马克思恩格斯遗稿》编号 B122）。

第79—86页的摘录)。第69—70页的这两段引文,是马克思1877年3月之后在写作第Ⅴ稿时直接从手边的楚普罗夫著作中摘引的。第45卷没有为读者提供这一信息。

7. 根据MEGA2/Ⅱ/13第642页注释70.24—25,第45卷第87页最后一句话"可是,经济学家们竟以此证明生产过剩是没有可能的",大概指的是李嘉图和萨伊。第45卷没有对此加注。

8. 第45卷第115页最后1段提到魁奈。根据MEGA2/Ⅱ/13第643页注释92.40,马克思对魁奈《经济表》的首次评价是在《哲学的贫困》中①;在1845或1846年的一个布鲁塞尔笔记本②、1859—1863年笔记的笔记本Ⅶ③以及1863年的补充笔记本C中马克思又一再对《经济表分析》作摘录;马克思在"用于第2册的按主题选取的资料来源摘录"中也有对魁奈的提示。第45卷没有为读者提供这方面的信息。

9. 按照MEGA2/Ⅱ/13,第45卷第121页第1段和第2段之间缺少一段话(MEGA2/Ⅱ/13的97.22—39)。这段话是1885年《资本论》第二卷第1版第81页的第一大段(该页共3段)。第45卷不是依据MEGA2/Ⅱ/13翻译的,否则就不会出现这样的缺漏。即使《资本论》第二卷第2版(1893年)删除了该段④,编者也应该加以注明。

10. 第45卷第126页第2段中间提到"印度佃农(indische Ryots)"。实际上,Ryot并非德文词,特指印度农民,与印度公社有关,并非一般意义上的佃农⑤。根据MEGA2/Ⅱ/13第643页注释102.29,马克思是从理查德·琼斯那里吸取Ryot这个术语的。马克思1851年在《伦敦笔记

---

① 参见《马克思恩格斯全集》中文第一版第4卷第138—139页。

② 笔记本的原始手稿现保存在阿姆斯特丹国际社会史研究所(《马克思恩格斯遗稿》编号B36)。

③ 笔记本的原始手稿现保存在阿姆斯特丹国际社会史研究所(《马克思恩格斯遗稿》编号A49)。

④ 值得一提的是,MEGE2第Ⅱ部分并没有出版《资本论》第二卷第2版,因为恩格斯在第二版序言中说,"第二版,基本上是按第一版原样翻印的。印刷错误改正了,若干文体上不讲究的地方纠正了,若干短的、内容重复的段落删掉了。"(第45卷第26页)。显然,此处就是被删掉的若干短的、内容重复的段落之一。

⑤ 他们不是地主可以解约的佃农,也不是凭租约租种的佃农。他们虽然并未取得确定的土地占有权,但是按照古往有之的固有习俗或惯例,他们在某种意义上成为事实上的土地共有者。参见公丕祥"英国古典经济学家心目中的东方法律样式"(载《江海学刊》2002年第1期)。

本》的笔记本 XI 中对琼斯的著作《论财富的分配和赋税的来源》(1831年伦敦版)作了摘录。第 45 卷没有提供这方面的信息。

11. 根据 MEGA2/Ⅱ/13 第 644 页注释 107.38—40,马克思在第 45 卷第 132 页第 3 段所指的,是德国历史学派的早期代表人物布鲁诺·希尔德布兰德；马克思可能吸取了希尔德布兰德 1864 年的文章"自然经济、货币经济和信用经济"中关于历史发展三阶段的说法。第 45 卷没有提供相关信息。

12. 第 45 卷第 133 页第 2 行提到"印加国",编者加了尾注(即尾注 31)。相对于《马克思恩格斯全集》中文第一版第 24 卷①的相关尾注(即尾注 30),第 45 卷的尾注有改进,具有独立的版本价值。不过相对于 MEGA2/Ⅱ/13 资料卷的注释来说,注释的质量还有待提高。特别是 MEGA2/Ⅱ/13 第 645 页注释 108.18—19,提到马克思在《资本论》第 1 卷②中将印加国作为自然生长的、经济上封闭的原始共同体的典型,而且提到马克思 1850 年代初就开始研究中、南美洲早期社会及其历史,并指出可参见马克思对普雷斯克特(William H. Prescott)著作《秘鲁征服史》的摘录(MEGA2/Ⅳ/9 第 416—434 页)。这是很有价值的注释,值得《资本论》中文版加以吸取。

13. MEGA2/Ⅱ/13 资料卷对《马克思恩格斯全集》中文第二版第 45 卷第 154 页的脚注 13(引自《经济学家》的一段引文)加了一个注释,不但指出这段引文出自 1847 年 5 月 8 日出版的《经济学家》周刊(第 193 号)上的文章"当前的危机,其特征及解决办法",而且指出马克思在 1851 年《伦敦笔记本》的笔记本 V 对《经济学家》周刊 1847 年年集作了摘录。应该说这是一条很有价值的注释,但在第 45 卷并没有得到体现。与此形成对照的是,第 45 卷第 156 页对脚注 14 所引用的柯贝特著作《个人致富的原因和方法的研究》加了个尾注:"马克思曾对托·柯贝特著作《个人致富的原因和方法的研究》作过摘录。见《伦敦笔记本》(1850—1853 年)第 Ⅶ 笔记本"(参见第 45 卷第 599 页的尾注 35)。

---

① 版本依据的是《马克思恩格斯全集》1963 年德文版第 24 卷。
② 收入《资本论》第 1 卷的《马克思恩格斯全集》中文第二版第 44 卷对"印加国"作了尾注,而且第 45 卷对"印加国"的尾注内容与其完全一样。

《马克思恩格斯全集》中文第一版第 24 卷对此处脚注中柯贝特著作并没有加尾注,这说明第 45 卷的编者在此处展现了基于自身研究①、具有独立版本价值的原创性编辑成果。但如果编辑者能够吸取 MEGA2/Ⅱ/13 资料卷的成果,上述原创性编辑成果就不再是灵光一现的个案,《马克思恩格斯全集》中文第二版的编辑水准高于第一版就会得到可靠保证。

14. 第 45 卷第 157 页提到斯密、莱勒、西斯蒙第,编者加了三个尾注(即尾注 36、37、38)。这三个尾注与《马克思恩格斯全集》中文第一版第 24 卷相关尾注的内容基本一致(见《马克思恩格斯全集》中文第一版第 24 卷第 599 页的尾注 34、35),只不过关于西斯蒙第的尾注增加了"马克思 1845 年写的《布鲁塞尔笔记》中有对该书作的摘录。见《马克思恩格斯全集》1998 年历史考证版第 4 部分第 3 卷"的内容。正如上文所述,这是具有独立版本价值的原创性编辑成果②。但第 45 卷尾注 36、37、38 中与《马克思恩格斯全集》中文第一版第 24 卷尾注 34、35 内容相同的部分,其核心信息是不准确的。比如,根据 MEGA2/Ⅱ/13 第 647 页注释 129.40,马克思提到的斯密"认为储备只是资本主义生产所特有的现象"这句话③,是出自其著作《国民财富的性质和原因的研究》伦敦 1848 年版第 183、184 页,而第二版第 45 卷和第一版第 24 卷的尾注则是"新四卷集,1843 年伦敦版第 2 卷第 249—252 页";根据 MEGA2/Ⅱ/13 第 647 页注释 129.20—21,马克思提到的莱勒"断言储备将随着资本主义生产的发展而减少"这句话,是出自其著作《货币和道德》伦敦 1852 年版第 44、45 页,而第二版第 45 卷和第一版第 24 卷的尾注则是该书同一版本的"第 43、44 页";根据 MEGA2/Ⅱ/13 第 647 页注释 129.21—22,马克思提到的西斯蒙第"认为这是资本主义生产的缺陷"这句话,是出自其著作《政治经济学概论》布鲁塞尔 1837 年版第 1 卷第 49、50 页,而第二版第 45 卷和第一版第 24 卷的尾注则是该书同一版本的"第 49 页及以下几页"。

---

① 包括对《资本论》和《伦敦笔记本》的研究。
② 类似的原创性编辑成果还包括尾注 57、58、67、68、69、70、71、76、77、78、87、91、92、94、95、98、100,以及第 500 页的脚注 1。
③ 马克思自己作了一个脚注 15。

15. 第 45 卷第 167 页有一个马克思作的脚注①："施托尔希把这种流通称为虚假的流通"。MEGA2/Ⅱ/13 资料卷对此有一个注释②，不但指出施托尔希的观点出自其著作《政治经济学教程，或论决定人民幸福的原理》第 1 卷（巴黎 1823 年版）第 410 页，而且指出马克思在《布鲁塞尔笔记本（1845 年）》笔记本 3 在对施托尔希著作第 1 卷的摘录中摘录了这个地方。这是很有价值的信息，但第 45 卷对此没有任何注释。MEGA2/Ⅱ/13 第 648 页注释 138.40 还指出，马克思在《大纲》中引用了施托尔希的著作。这正好是一个很好的例子，说明利用 MEGA2 资料卷对于编辑《马克思恩格斯全集》中文第二版的价值。在收入《大纲》后半部分的中文第二版第 31 卷第 25 页，可以看到马克思对施托尔希著作的引用。马克思还标注了引文出处："（第 404—405 页）（施托尔希《政治经济学教程》1823 年巴黎版第 1 卷第 405 页，笔记本第 34 页"③。MEGA2/Ⅱ/1 资料卷对"笔记本第 34 页"作了注释④，指出"笔记本"指的是《布鲁塞尔笔记 1845》中的一个笔记本。第 31 卷的编辑者利用了这条注释，在第 31 卷第 25 页的正文中，直接将"（第 404—405 页）（施托尔希《政治经济学教程》1823 年巴黎版第 1 卷第 405 页，笔记本第 34 页"换成了"施托尔希《政治经济学教程 1823 年巴黎版第 1 卷第［404—］405 页，［B.］34"。在第 31 卷的凡例中，编辑者已说明［B.］指《布鲁塞尔笔记》。再对照《马克思恩格斯全集》中文第一版第 46 卷（下）第 141 页，相关内容是"施托尔希《政治经济学教程》1823 年巴黎版第 1 卷第 404—405 页"。由此就可以看出，只要真正依据 MEGA2 来编辑《马克思恩格斯全集》中文第二版的相关卷次，编辑质量就会有相应提升；否则，就会处于第一版的原有水平，即使偶有进步，也仅仅是个别编者的个性化体现。

16. 第 45 卷第 168 页有这样一句话："以前讲过，商品生产的一般规律是"。那么"以前"是指什么地方呢？MEGA2/Ⅱ/13 资料卷对此有一个注释：参见《资本论》第 1 卷第二版（1872 年汉堡版），具体可见 MEGA2/Ⅱ/6 第 74 页。这一有价值的信息在第 45 卷没有得到体现。第 45

---

① 即脚注 17。
② 参见 MEGA2/Ⅱ/13 第 648 页注释 138.40。
③ 参见 MEGA2/Ⅱ/1 第 521 页第 7—8 行。
④ 参见 MEGA2/Ⅱ/1 第 1035 页注释 512.8。

卷第 185 页、194 页、266 页又出现了"我们以前讲过"、"我们讲过"、"我们说过"的说法,第 45 卷依据第一版第 24 卷加了尾注 50、54、75,标注了其在《资本论》第 1 卷中的具体位置。显然,由于没有依据 MEGA2,第 45 卷的尾注就显得具有随意性。

17. 第 45 卷第 168 页的脚注 18 前半部分的内容是:李嘉图引用萨伊的话,萨伊认为商业由于运输费用而使产品变贵或提高价值,是商业的一种天惠。萨伊说:"商业使我们能够在商品的产地取得商品,并把它运往另一个消费地点;因此它使我们能够按照前一个地方和后一个地方的价格之间的全部差额增加商品的价值。"此处的内容与第一版第 24 卷在译文方面完全一样,唯一的区别是第二版第 45 卷的尾注 41 注明此处引文出自萨伊《论政治经济学》1817 年巴黎第 3 版第 2 卷第 433 页,而第一版第 24 卷尾注 37 注明的页码是第 443 页。对照 MEGA2/Ⅱ/13 第 139 页的脚注 18 可以发现,"商业使我们能够在商品的产地取得商品,并把它运往另一个消费地点;因此它使我们能够按照前一个地方和后一个地方的价格之间的全部差额增加商品的价值。"根据 MEGA2/Ⅱ/13 第 649 页注释 139.32—35,这段引文出自李嘉图的《政治经济学及赋税原理》(1821 年伦敦版)第 309—310 页。但第二版第 45 卷和第一版第 24 卷都标注这段引文出自萨伊著作。那么问题出在什么地方?原来 MEGA2/Ⅱ/13 此处的文本与第二版第 45 卷和第一版第 24 卷所依据版本(《资本论》第 2 卷 1893 年第二版①)的文本有所不同。按照 MEGA2/Ⅱ/13(依据的是《资本论》第 2 卷 1885 年第一版),"萨伊说"是在引文中②,于是这段引文就成了李嘉图的了;依据《资本论》第 2 卷 1893 年第二版,"萨伊说"是在引文外面③,于是这段引文就成了萨伊的了。从 MEGA2/Ⅱ/13 资料卷所提供的《资本论》第 2 卷第一、二版差异对照表来看④,恩格斯在出版第二版时对此处的文本并未作改动。此处的文本应该是《马克思恩格斯全集》1963 年德文版第 24 卷的编辑者作了改动,尽管这一改动并非不

---

① 根据第 45 卷关于《资本论》第 2 卷的题注说明(见该卷第 594 页),译文依据的版本仍然是《马克思恩格斯全集》1963 年德文版第 24 卷。
② 即 "Der Handel, sagt Say, befähigt uns, ——"。
③ 即 "Der Handel", sagt Say, "befähigt uns, ——"。
④ 参见 MEGA2/Ⅱ/13 第 621—623 页。

合理①，但还是应该坚持从遵循原文的原则出发进行编辑工作，毕竟它不属于勘误的范畴②。退一步说，即使编者觉得有充足的理由改动文本，也应该给予注释说明，否则其编辑质量就令人怀疑（有伪书的嫌疑）③。

18. 第 45 卷第 169 页中间的一段引文有马克思作的脚注 19，标注了该段引文出自"《皇家铁道委员会》第 31 页第 630 号"。MEGA2/Ⅱ/13 资料卷对此有一个注释（MEGA2/Ⅱ/13 649 页注释 140.2—10，31），不但注明了《皇家铁道委员会》第 630 号的出版日期是 1867 年，而且注明了引文出自 John S. Wright 的证词（1865 年 4 月 5 日）。第 45 卷缺乏这方面的信息。

19. 第 45 卷第 173 页有一段引文出自查默斯著作《论政治经济学》（1832 年格拉斯哥第二版）。第 45 卷在此加了个尾注（即尾注 44），指出"马克思曾对查默斯《论政治经济学》作过摘录，见《伦敦笔记本》（1850—1853 年）第 XV 笔记本（《马克思恩格斯全集》1986 年历史考证版第 4 部分第 8 卷第 572—589 页）。"这个尾注是具有独立价值的编辑成果。有一点遗憾的是，根据 MEGA2/Ⅱ/13 第 143 页的文本，马克思注明引文出自"第 84 页及其后"，出版地是"伦敦"，但第 45 卷及其依据的《马克思恩格斯全集》1963 年德文版第 24 卷不动声色④地将页码改为"第 85 页"，将出版地改为"格拉斯哥"。MEGA2/Ⅱ/13 是在其资料卷的注释（MEGA2/Ⅱ/13 第 650 页注释 143.29、143.28—29）中指出，按照查默斯的著作，页码是第 85 页，出版地是格拉斯哥。此外，MEGA2/Ⅱ/13 在其资料卷的注释（MEGA2/Ⅱ/13 第 649 页注释 143.15—28）中原文

---

① 在李嘉图的《政治经济学及赋税原理》中并没有"萨伊说"（参见《政治经济学及赋税原理》商务印书馆 1962 年版第 168 页），"萨伊说"是马克思的插入。

② 比如 MEGA2/Ⅱ/13 资料卷提供的勘误表（MEGA2/Ⅱ/13 第 581—585 页）并没有将其列入。

③ 《马克思恩格斯全集》1963 年德文版第 24 卷在文本分段处理上也存在很大问题，特别是常将段落中间的引文另起一段，而引文后面的内容又不得不另起一段，这样一来，本来是一个完整的段落，就被分成了三个相对独立的段落。此外，《资本论》第 2 卷第一版常将"第几章"与第几章的"标题"分行排列，而第二版常将它们排在一行。但《马克思恩格斯全集》1963 年德文版第 24 卷并没有依照第二版，而是依照第一版来加以处理。这说明《马克思恩格斯全集》1963 年德文版第 24 卷结合了两个版本，而非严格按照第二版进行编辑的。

④ 类似的不动声色的改动还有许多，这里就不再一一列举了。

（英文）呈现了查默斯《论政治经济学》第85页的这段话，读者可以发现查默斯在原文中用的是"贸易的世界（the world of trade）"，马克思将其改成了"生产交往的世界（"Die Welt des Produktionsverkehrs"）"。应该说两者在意思上是有出入的。第45卷的注释没有为读者提供这样的文本信息。

20. 第45卷第181页有一个马克思作的脚注20，提到施泰因（《现代法国的社会主义和共产主义》一书的作者）。MEGA2/Ⅱ/13资料卷加了个注释（MEGA2/Ⅱ/13第650页注释149.39—40），不但注明了脚注内容出自施泰因著作《政治学体系》第1卷《统计学、人口学和国民经济学的体系》（1852年斯图加特—图宾根版）第162页，而且指出马克思在1859年《政治经济学批判》中批评过施泰因的观点（参见《马克思恩格斯全集》中文第二版第31卷第420、427页）。第45卷没有提供这样的信息。

21. 对于第45卷第189页关于铁路的两段内容，MEGA2/Ⅱ/13资料卷作了注释（MEGA2/Ⅱ/13第650页注释156.10—35），注明这两段内容是恩格斯从《资本论》第2卷第Ⅱ稿中马克思对亚当斯和拉德纳关于铁路的著作①及古奇在"皇家铁道委员会"所作证词的摘录概括而成的。第45卷对此没有加注。

22. 根据MEGA2/Ⅱ/13第650页注释156.36—38，第45卷第189页第三段前面那两句话出自Charles Hutton Gregory在"皇家铁道委员会"的证词（1866年5月31日）。此外，根据MEGA2/Ⅱ/13第651页注释156.39，157.37—39，第45卷第189页的脚注22并非马克思手稿中原有的，而是恩格斯添加的。第45卷没有提供这些信息。

23. 第45卷第190页有一段出自威廉斯的报告《铁路的保养》的引文。第45卷作了尾注51（依据的是第一版第24卷的尾注45），指出该报告发表在1867年12月2日的《货币市场评论》。但根据MEGA2/Ⅱ/13第651页注释157.6—10，该报告发表在1867年12月21日（而非2日）的《货币市场评论》。而且该注释还提供了第45卷注释中所没有的信息：

---

① 亚当斯的著作是《公路和铁路》（1862年伦敦版），拉德纳的著作是《铁路经济》（1850年伦敦版）。

这段话并非马克思直接引自《货币市场评论》，而是引自他 1868 年一个摘录笔记①的第 76 页。

24. 第 45 卷第 197 页提到，"在 60 年代，英国政府每年按 16% 补偿半岛东方公司这笔费用，与此相当的再生产时间是 $6\frac{1}{4}$ 年。" 根据 MEGA2/Ⅱ/13 第 163 页，恩格斯编辑的《资本论》第 2 卷的文本（包括第二版）是 "$6\frac{1}{3}$ 年"。但根据 MEGA2/Ⅱ/13 第 652 页注释 163.26，在马克思的原稿（第Ⅱ稿）中此处应为 "$6\frac{1}{4}$ 年"。显然，是恩格斯弄错了（在恩格斯的编辑稿中就错了）。第 45 卷和第一版第 24 卷都是没有作任何说明就把文本改为 "$6\frac{1}{4}$ 年"。

25. 第 45 卷第 202 页有 "我们已经讲过" 的说法，该卷并没有对马克思在哪里讲过作注释。根据 MEGA2/Ⅱ/13 第 655 页注释 168.13，"已经讲过" 的地方就在 MEGA2/Ⅱ/13 第 158—159 页（即第 45 卷第 192 页的第二大段）。

26. 第 45 卷对第 207 页的脚注 22 [a] 作了尾注 57，这是一个高度原创性的编辑成果。尾注指出，马克思在 1859—1862 年摘录笔记②的笔记本 VII 中有对弥勒《治国艺术原理》作的摘录笔记本。而 MEGA2/Ⅱ/13 第 656 页注释 172.35—37 并没有提供这一信息，只是提示参见马克思《1861—1863 年经济学手稿》及《1863—1868 年经济学手稿》的手稿Ⅰ。不过 MEGA2/Ⅱ/13 第 656 页注释 172.37 提供了一个这样信息，即脚注 22 [a] 最后一句 "这就是浪漫主义者关于工业和农业的天真的观念" 是恩格斯在编辑稿中添加的，内容出自马克思的手稿（即第Ⅱ稿）。但第 45 卷没有告诉读者这一重要信息。

27. 第 45 卷对第 212 页的脚注 23 作的尾注 61 是一个原创性的编辑成果。不过相对于 MEGA2/Ⅱ/13 资料卷的注释（MEGA2/Ⅱ/13 第 657 页

---

① 笔记本的原始手稿现保存在阿姆斯特丹国际社会史研究所（《马克思恩格斯遗稿》编号 B108）。收录该笔记本的 MEGA2/Ⅳ/18 尚未出版。

② 马克思此一时期的摘录笔记计划收在 MEGA2/Ⅳ/15、16，但尚未出版。

注释 175.33—35、175.37—38、175.38, 186.36—39), 尾注提供的信息中有一个不准确的地方。根据 MEGA2/Ⅱ/13 第 657 页注释 175.32—38, 176.36—41, 马克思对勒特罗纳著作《就价值、流通、工业、国内外贸易论社会利益》的摘录，并非像第 45 卷尾注 61 所标注的那样出自"补充笔记本 D 和 E①"，而是出自"补充笔记本 E"。此外，根据 MEGA2/Ⅱ/13 第 657 页注释 175.32—38, 176.36—41, 第 45 卷第 212 页的脚注 23 是恩格斯在编辑稿中添加的，其内容出自马克思的手稿（第Ⅱ稿）。但第 45 卷并没有告诉读者这一重要信息。

28. 根据 MEGA2/Ⅱ/13 资料卷的注释（MEGA2/Ⅱ/13 第 661 页注释 198.35—36, 199.39—40, 第 661 页注释 206.32—36、206.37—38, 第 662 页注释 206.39—40), 第 45 卷第 240 页的两个脚注 25、26, 第 248 页的脚注 27, 第 249 页的脚注 28、29 都是恩格斯在编辑稿中添加的，其内容出自马克思的手稿（第Ⅱ稿）。第 45 卷并没有告诉读者这一重要信息。

29. 第 45 卷第 254 页提到苏格兰经济学家麦克劳德、帕特森，该卷分别为他们加了尾注 72、73。这两个尾注本来属于原创性的编辑成果，不过可惜的是提供了错误的信息。马克思并没有像尾注 72、73 所说的那样，在《曼彻斯特笔记本》中对麦克劳德的《政治经济学原理》和帕特森的《财政学》作摘录。实际上，按照尾注 72、73 所提供的麦克劳德、帕特森著作的信息，这两本书分别出版于 1858 年和 1868 年，马克思不可能在 1845 年读到这两本尚未出版的著作。根据 MEGA2/Ⅱ/13 第 663 页注释 211.3, 马克思在 1868 年 3 月的一个笔记本②中对麦克劳德《政治经济学原理》（1868 年第二版）作了摘录。MEGA2/Ⅱ/13 第 663 页注释 211.3 还指出，恩格斯在作此处的编辑时，没有重视马克思此前一处将麦克劳德作为关于资本职能观点的例子的提示。

30. 第 45 卷第 255 页提到"制造一艘装甲舰则需要一年或数年"。根据 MEGA2/Ⅱ/13 第 663 页注释 211.35, 恩格斯在编辑稿中最初是遵从马

---

① 补充笔记本 C 的原始手稿现保存在俄罗斯国家社会政治史档案馆，编号是全宗第 1 号，目录第 1 号，卷宗第 1696 号；补充笔记本 E 的原始手稿现保存在阿姆斯特丹国际社会史研究所（《马克思恩格斯遗稿》编号 B100）。

② 收录该笔记本的 MEGA2/IV/18 尚未出版，其原始手稿现保存在阿姆斯特丹国际社会史研究所（《马克思恩格斯遗稿》编号 B118）。

克思关于制造装甲舰的周期是"6个月或一年"的说法，但后来在印刷稿上改成了现在的说法。注释还指出，恩格斯一直密切关注装甲舰的发展，在1860年为《美国新百科全书》撰写的关于海军舰队的文章"海军"①一文中，报道了这方面的内容；在"装甲舰及撞击舰和美国内战"②一文中，报道了1862年3月9日美国内战中装甲舰的首次使用。第45卷没有为读者提供这方面的信息。

31. 根据 MEGA2/II/13 第663页注释216.25—217.15，第45卷第260—261页那一大段文本，是恩格斯从马克思第II稿中抽取的 Edward Capps 在银行委员会的证词。恩格斯将证词文本从英文翻译成德文，并进行了压缩。第45卷没有提供这方面的信息。

32. 马克思在引用别人的著作时，有时会因疏忽而出现日期、页码、出版地乃至文本方面的笔误，恩格斯在编辑过程中没有核对原著，因而这些笔误在《资本论》第一、二版中仍然存在。《马克思恩格斯全集》1963年德文版第24卷的编者，认真核对了马克思所引用著作的引文及版本信息，大都不动声色地作了改正（MEGA2的做法是笔误照登，但以注释的形式指出马克思所引用著作的引文及版本的正确信息）。但在第45卷第268页关于基尔霍夫的引文中，马克思将"春季期间从3月中或4月初到5月底"笔误为"春季期间从3月中或4月初到5月中"，此处《马克思恩格斯全集》1963年德文版第24卷没有加以改正，中文第一版第24卷和第二版第45卷也没有改正。MEGA2/II/13 第667页注释223.4提供了这方面的信息。

33. 根据 MEGA2/II/13 第669页注释234.6—18，第45卷第280页的三段引文，是马克思从其1868年的一个摘录笔记本③的第72页、第76—77页、第80页摘引过来的。第45卷没有提供相关信息。

34. 第45卷第280页倒数第2段括号中的话"从那时起，苏伊士运河已经使这一切改观了"是恩格斯加上的。第45卷没有提供这一信息。

---

① 参见《马克思恩格斯全集》中文第一版第14卷第382—396页。
② 该文发表在1862年7月3日"新闻报"第181号（参见《马克思恩格斯全集》中文第一版第15卷第542—544页）。
③ 笔记本的原始手稿现保存在阿姆斯特丹国际社会史研究所（《马克思恩格斯遗稿》编号B109）。收录该笔记本的 MEGA2/IV/18 尚未出版。

35. 根据 MEGA2/Ⅱ/13 第 671 页注释 236.4、236.9，第 45 卷第 282 页第 2 段提到的"我们说过"，是指第五章"流通时间"；第 3 段提到的"我们说过"，是指第六章"流通费用"。第 45 卷没有对此加注。

36. 根据 MEGA2/Ⅱ/13 第 671 页注释 236.20，第 45 卷第 282 页第 4 段中的"棉花市场"应该是"棉花储存"。第 45 卷没有相关说明。

37. 第 45 卷第 315 页第 1 段提到马克思留下了"一大包练习本①"。根据 MEGA2/Ⅱ/13 第 672 页注释 262.20，恩格斯这里指的可能是马克思 1878 年、1881 年、1882 年的三个摘录笔记本②，其中有对诸如 Friedrich Ernst Feller 和 Carl Gustav Odermann 关于"商业算术大全"的著作（1859 年莱比锡版）以及关于货币问题的文章的摘录。恩格斯从其中一个笔记本中摘取了部分文本，补充到第四章的末尾（即第 45 卷第 133 页最后一行至第 137 页结束）③。第 45 卷没有提供这方面的信息。

38. 根据 MEGA2/Ⅱ/13 第 672 页注释 293.31，第 45 卷第 350 页的脚注 32 是恩格斯添加的。但第 45 卷将"手稿上，这里插入了下面这个准备以后加以阐述的笔记（Notiz）"这句话中的笔记（Notiz）译成"注"，使读者误以为引号中的内容是马克思作的脚注。

39. MEGA2/Ⅱ/13 编者根据大谷祯之介④一篇论文⑤的考证，在 MEGA2/Ⅱ/13 第 672 页注释 293.37—38 中指出，依据马克思的手稿笔迹，脚注 32 中"因为生产能力从来没有能使用到这个程度，以致（weil die Produktionspotenzen nie soweit angewandt werden können，daβ）"在马克思那里应该是"weil die Produktionspotenzen nur so weit anzuwenden，als"，意思是"因为生产潜力只是运用到这个程度，因此"。MEGA2/Ⅱ/11 就是这样来呈现马克思手稿原文的（参见 MEGA2/Ⅱ/11，S.308.15—16）。第 45 卷没有吸取 MEGA2/Ⅱ/11 和 MEGA2/Ⅱ/13 新的编辑成果。令人遗

---

① 更准确的翻译是"一厚捆笔记本"。
② 这三个笔记本的原始手稿现保存在阿姆斯特丹国际社会史研究所（《马克思恩格斯遗稿》编号 B141、B142、A101）。
③ 并参见第 45 卷第 133 页的脚注 7。
④ 大谷祯之介是 MEGA2/Ⅱ/11 的编者之一。
⑤ "是'Never（nie）'或是'Only（nur）'：对马克思著作中笔迹的分析和段落的考察"，载《法政大学经济评论》（东京，总第 71 卷）2004 年第 4 期第 1—46 页。

憾的是，2009年出版的《马克思恩格斯文集》10卷本仍然没有注意到这一重要文本变动。

40. 第45卷第364页提到"一个反对图克，坚持G—W—G'形式的人"。MEGA2/Ⅱ/13第675页注释305.34指出，马克思所说的这个人是罗伯特·托伦斯，是通货学派的主要代表人物。托伦斯是在1840年的一篇文章中提出对图克的不同意见的。第45卷没有对此作注。

41. 根据MEGA2/Ⅱ/13第676页注释309.39，在第45卷第369页倒数第2段第一句话"这里撇开下面一点不说，即在周转10次的情况下，也许有400镑的货币额，就足以使价值4000镑的生产资料和价值1000镑的劳动流通"中，400镑理应是500镑。第45卷没有这方面的说明。

42. 根据MEGA2/Ⅱ/13第676页注释314.27—31，第45卷第375页第1段最后的两句话"商品的成本价格对单个资本家来说提高了，但是商品的社会市场价格依然不变。把不变价值部分撇开不说，改变的只是商品市场价格分为工资和利润的比例"，在马克思第Ⅱ稿中是放在括号中的，因为成本价格和市场价格的范畴不应在这个地方加以说明，而属于第三册的研究对象。第45卷没有提供这方面的信息。

43. 根据MEGA2/Ⅱ/13第676页注释317.27—40、317.30—36、317.36—40，第45卷第378页的脚注33是恩格斯加上的，内容取自马克思"用于第2册的按主题选取的资料来源摘录"（即笔记本Ⅲ，收录在MEGA2/Ⅱ/4.3）；对魁奈著作第208、209页的引文出自笔记本Ⅲ的第1页以及补充笔记本C的第30—31页；对杜尔哥著作第45页的引文出自笔记本Ⅲ的第2页。第45卷没有这方面的信息。

44. 第45卷第383页第2段最后一句话是"对这个问题的进一步说明，不属于这里的范围"。根据MEGA2/Ⅱ/13第677页注释321.31—32，马克思在《1863—1865年经济学手稿》的第3册（收录在MEGA2/Ⅱ/4.2第469—646页）作了说明。第45卷没有相关注释。

45. 第45卷第394页倒数第1段提到凯里，说"凯里推算出，土地所有者从来没有得到足够的报酬，因为支付给他的，并不是自古以来为使土地具有现在这样的生产能力而投下的全部资本或劳动"。根据MEGA2/Ⅱ/13第677页注释330.10—13，这段内容指向凯里的著作《社会科学原理》第3卷（1869年版）第72—73页，而且恩格斯1869年11月19日给马克思的信①以及11月26日马克思给恩格斯的信②中都提到了凯里的这本书。第45卷没有为读者提供这样的信息。

46. 第45卷第396页有"我们还知道"的说法。根据MEGA2/Ⅱ/13第677页注释331.30，它所指是第12章"生产期间"。第45卷没有作相关注释。

47. 第45卷第399页第3段提到了"自由小土地所有制的辩护者们"。根据MEGA2/Ⅱ/13第678页注释334.12—13，在18、19世纪有许多经济学家（如阿瑟·杨格、理查德·琼斯、西斯蒙第、亨利·乔治）为自由小土地所有制辩护。第45卷没有提供相关信息。

48. 第45卷第402页第2段提到，亚·斯密关于"商品价格的"或"一切交换价值的组成部分"这一学说，"我们以后还要进一步研究"。根据MEGA2/Ⅱ/13第680页注释336.12—14，马克思在《1863—1865年经济学手稿》的第3册对此作了进一步研究。第45卷没有提供这方面的信息。

49. 第45卷第412页第3段提到"见后面"。MEGA2/Ⅱ/13第683页注释345.30—31提示读者，参见马克思《1863—1865年经济学手稿》第3册（具体来说见MEGA2/Ⅱ/4.2第834—894页）；而且马克思在第XVIII稿中也提示说，"我们在第3册再回到这个问题"。第45卷没有提供这方面的信息。

50. 第45卷第413页第2段最后的括号中提示说"见我们的罗雪尔③"。第45卷的尾注90遵循第一版第24卷的尾注76，提示参见罗雪尔及其著作。但MEGA2/Ⅱ/13的编者依据MEGA2/Ⅱ/11关于第XVIII稿"产生与流传"的考证，指出④此处"见我们的罗雪尔"并非提示参见罗雪尔及其著作，反而是在暗示杜林。

51. 第45卷第433页提到"他们把这件事留给萨伊和麦克库洛赫之流去做"。MEGA2/Ⅱ/13第685页注释363.6提示读者，参见《1861—1863年经济学手稿》笔记本XIV的"4）麦克库洛赫"。第45卷没有这

---

① 参见《马克思恩格斯全集》中文第一版第32卷第377—382页。
② 参见《马克思恩格斯全集》中文第一版第32卷第384—382页387页。
③ 第45卷的译文是"见我们的罗雪尔的著作"。但在原文中，并没有"著作"一词。
④ 参见MEGA2/Ⅱ/13第683页注释346.19—20。

方面的信息。

52. 第45卷第433页提到"萨伊的这个发现也为蒲鲁东据为己有"。根据 MEGA2/Ⅱ/13 第685页注释363.19，蒲鲁东"据为己有"的地方是其《经济矛盾的体系，或贫困的哲学》，并提示读者参见《大纲》和《1861—1863年经济学手稿》笔记本 XXIII。第45卷没有这方面的信息。

53. 第45卷第434页提到西斯蒙第的《新原理》。MEGA2/Ⅱ/13 第686页注释363.48—42提示读者，参见《1861—1863年经济学手稿》笔记本 XIII。第45卷没有这方面的信息。

54. 第45卷第434页倒数第3段提到巴顿、拉姆塞和舍尔比利埃。根据 MEGA2/Ⅱ/13 第686页注释364.1，马克思这里指的可能是巴顿的《论影响社会上劳动阶级状况的环境》（1817年伦敦版）、拉姆塞的《论财富的分配》（1836年爱丁堡—伦敦版）、舍尔比利埃的《富或贫》（1841年巴黎版）。第45卷只是在尾注92中提示了舍尔比利埃的著作。拉姆塞的著作是在"文献索引"中列举的。"文献索引"也列举了巴顿的著作，但对应的页码是该卷第252页，而非第434页。

55. 第45卷第434页倒数第2段提到约翰·斯图亚特·穆勒。根据 MEGA2/Ⅱ/13 第686页注释364.6，马克思这里指的是穆勒的《略论政治经济学的某些有待解决的问题》（1844年伦敦版）。第45卷只是在"文献索引"中列举了穆勒的这本书，但对应的页码是该卷第254页，而非第434页。

56. 第45卷第440页第1段的最后一句话提示说"在本章的后面有一节，我们将专门论述这一点"。根据 MEGA2/Ⅱ/13 第686页注释369.7—8，这里指的是第 XI 节的开头部分，即第45卷第501—505页。第45卷没有为此加注。

57. 第45卷第447页有这样一句话："这个问题……，另一方面通过我们以后对第 I 部类年商品产品中 Ic 的再生产的研究来解决。"根据 MEGA2/Ⅱ/13 第686页注释374.18，这里指的是第 VI 节，即第45卷第470—473页。第45卷没有为此加注。

58. 第45卷第447页最后有这样一句话："关于这种回流，我们以后还要更详细地研究。"根据 MEGA2/Ⅱ/13 第686页注释374.38，这里指的是第 X 节，即第45卷第487—501页。第45卷没有为此加注。

59. 第45卷第451页最下面有一个计算。根据 MEGA2/Ⅱ/13 第687页注释377.37—38，在马克思手稿中是把总和（即1000）写在横线上面，横线下面是两个加数（即800和200）。奥斯卡·艾森加尔滕①在誊写时写成了印刷稿所呈现的形式。第45卷没有为此加注。

60. 第45卷第454页第2段开头写到，"如果有人按斯密的说法，说什么——，那么"。MEGA2/Ⅱ/13 第687页注释379.37—41提示读者参见19章第Ⅱ节"亚当·斯密"的2—4项。第45卷没有为此加注。

61. 在第45卷第456—457页那一段中，马克思两次提到"同义反复"。根据 MEGA2/Ⅱ/13 第687页注释382.1—3，8—12，马克思这里是暗指杜林《国民经济学和社会经济学教程》中的危机研究。第45卷没有提供这方面的信息。

62. 第45卷第457页的脚注46是恩格斯附加的，其中提到"洛贝尔图斯危机学说的信徒们"。根据 MEGA2/Ⅱ/13 第687页注释382.39，恩格斯可能考虑的是 Rudolph Meyer。恩格斯在1879年的一个笔记本②中摘录了 Meyer 的书《德国的政治基础和腐败》（1877年莱比锡版）。第45卷没有提供相关信息。

63. 第45卷第465页第2段中间的括号中提到"我们以后还要考察的作为 Ic 的再生产中介的各种交换"。根据 MEGA2/Ⅱ/13 第688页注释388.15，这里指的是第Ⅵ节（即第470—473页）。第45卷没有提供这方面的信息。

64. 第45卷第477页第12行提到"每年消费的消费资料"。根据 MEGA2/Ⅱ/13 第688页注释398.6，马克思手稿中用的是"每年生产的消费资料"，是恩格斯在编辑稿中改成了"每年消费的消费资料"。第45卷没有对此加注。

65. 第45卷第489页提到"例如，像泰勒所说的，他往往用整整一个月的时间来造一支箭"。MEGA2/Ⅱ/13 第689页注释408.12，40—41不但呈现了泰勒著作《人类原始历史》（莱比锡1866年版）第240页的

---

① 排字工人，在恩格斯编辑《资本论》第2卷时为恩格斯提供过帮助。
② 笔记本的原始手稿现保存在阿姆斯特丹国际社会史研究所（《马克思恩格斯遗稿》编号J34）。

原文，而且指出，马克思手头样书上的这段话先是用普通铅笔，后又用蓝色铅笔划了线（蓝色铅笔的划线可能来自恩格斯）。第45卷没有提供这方面的信息。

66. 第45卷的尾注与第二版第24卷的尾注一样，都只列了萨伊的著作《关于政治经济学各方面的问题，特别是商业普遍萧条的原因，给马尔萨斯先生的信》（1820年巴黎版）。MEGA2/Ⅱ/13第689页注释409.29—39还列了西斯蒙第的著作《政治经济学新原理》（1827年巴黎版），而且呈现了萨伊著作第37页和西斯蒙第著作第90、91页的原文。

67. 第45卷第503页第1行提到"收入资本"。根据MEGA2/Ⅱ/13第690页注释418.19，此处应该是"储备资本"，而且马克思手稿中用的就是"储备资本"（参见MEGA2/Ⅱ/11. S. 753.9）。与此形成对比的是，第500页第3段提到"商品购买者"，第45卷这里有一个原创性的脚注①："在1893年的德文版中是'出售者'，根据马克思的手稿改正。"同样的道理，应该在第503页的正文中用"储备资本"，然后加一个脚注。

68. 根据MEGA2/Ⅱ/13第690页注释436.12—13，第45卷第527页第2段开头一句"根据较早的统计资料，每年金的总产量约110000万到125000万马克"，所依据的可能是Franz Xaver Neumann的"生产、世界贸易和交通工具概况"（载于《地理学年鉴》1872年哥达版，第4卷第493—497页）。第45卷没有为此加注。

69. 根据MEGA2/Ⅱ/13第692页注释440.22—23，第45卷第532页倒数第9—10行的"我们在上面已经说过"，是指第十七章。第45卷没有为此加注。

70. 根据MEGA2/Ⅱ/13第692页注释441.24—25，第45卷第533页第2段开头的"我们已经讲过"，是指第十九章第Ⅱ节的第2项"斯密把交换价值分解为v+m"。第45卷没有为此加注。

71. 第45卷第537页第2段提到"图克及其学派以及他们的反对派"。根据MEGA2/Ⅱ/13第693页注释444.23—24，马克思在1850—1853年的《伦敦笔记本》、1859年的《政治经济学批判》、《1863—1865年经济学手稿》第3册中对这一争论作过探讨。第45卷没有提供这方面

---

① 需要指出的是，MEGA2/Ⅱ/13第690页注释416.19—20也有同样内容的注释。

72. 根据 MEGA2/Ⅱ/13 第 694 页注释 445.9—16，第 45 卷第 537 页最后 1 段前面 5 行文字，依据的是当时关于雅典经济史最标准的著作即奥古斯特·博克的《雅典国家经济》第 1 卷第 78—79 页。1850 年马克思在《伦敦笔记本》的笔记本 Ⅳ 中摘录了此处的文本内容。第 45 卷没有提供这方面的信息。

73. 根据 MEGA2/Ⅱ/13 第 697 页注释 450.19，第 45 卷第 544 页第 10 行的"25%"应为"20%"。第 45 卷没有提供这方面的信息。

74. 根据 MEGA2/Ⅱ/13 第 697 页注释 453.8，第 45 卷第 547 页倒数第 2 段最后一行的"120 镑"应为"125 镑"。第 45 卷没有提供这方面的信息。

75. 第 45 卷第 552 页第 2 段最后的括号中提示说，"以后我们会知道，除了由于使用价值的逐渐货币化外，新的货币资本还可以由其他方法产生"。根据 MEGA2/Ⅱ/13 第 698 页注释 456.17—18，"以后我们会知道"指的是第二十一章第 Ⅰ 节的第 1 项。第 45 卷没有提供相关信息。

76. 第 45 卷第 560 页最后 1 段提到"富拉顿"。根据 MEGA2/Ⅱ/13 第 699 页注释 462.40—463.3，马克思在《1861—1863 年经济学手稿》中提到了富拉顿①，在《资本论》第 3 册第 Ⅰ 稿中也暗示了与富拉顿的关联，在《大纲》中引用了富拉顿著作《论通货的调整》（1844 年伦敦版）第 165 页的一段话②。第 45 卷没有提供相关信息。

77. 第 45 卷第 570 页的脚注 58 提到赛·贝利。根据 MEGA2/Ⅱ/13 第 700 页注释 470.33，马克思 1851 年在《伦敦笔记本》的笔记本 Ⅴ 对贝利的著作《货币及其价值的变动》（1837 年伦敦版）作了详尽摘录。马克思后来在《资本论》第 1 卷中引用了贝利著作的第 58、70 页③。第 45 卷的文献索引列出的是贝利的另一本著作《对价值的本质、尺度和原因的批判研究，主要是论李嘉图先生及其信徒的著作》（1825 年伦敦版），对应的正文页码是第 123 页，而非第 570 页。

---

① 参见《马克思恩格斯全集》中文第 2 版第 32 卷第 451、460 页，第 34 卷第 565 页。
② 参见《马克思恩格斯全集》中文第 2 版第 31 卷第 263 页。马克思在《大纲》中还多处引用富拉顿的著作，参见第 31 卷的人名索引。
③ 参见《马克思恩格斯全集》中文第二版第 44 卷第 704 页的脚注 64。

78. 第 45 卷第 571 页第 2 段提到"所以在这里应该有 188 转化为资本,其中有 $\frac{1}{4}$ =47 要转化为可变资本"。根据 MEGA2/Ⅱ/13 第 700 页注释 471.33,此处 "$\frac{1}{4}$ =47" 应为 "$\frac{1}{5}$ =37.6"。第 45 卷没有对此加注。

79. 第 45 卷第 581 页第 2 段提到"1879 年 10 月"。根据 MEGA2/Ⅱ/13 第 704 页注释 479.4,此处应为"1878 年 10 月"。

第13章 《资本论》第3卷的注释

根据《马克思恩格斯全集》中文第二版第46卷的题注,该卷"在《马克思恩格斯全集》中文第一版第25卷的基础上根据《资本论》1894年德文版第3卷对译文重新作了校订。"而《马克思恩格斯文集》第7卷的题注则标明,该卷的中译文"和《马克思恩格斯全集》中文第二版第46卷一致,是在《马克思恩格斯全集》中文第一版第25卷译文的基础上,根据民主德国统一社会主义党中央马列主义研究院编辑出版的《马克思恩格斯全集》德文版第25卷并参考《马克思恩格斯全集》历史考证版第2部分第15卷重新校订的。"显然,《马克思恩格斯全集》中文第二版和《马克思恩格斯文集》强调的都是译文问题,版本的编辑问题本身尚未引起足够的重视。本文根据《马克思恩格斯全集》历史考证版第2部分第15卷(以下简称MEGA2/II/15)的注释,以实例说明《马克思恩格斯全集》中文第二版第46卷(以下简称第46卷)注释存在的问题。

首先需要指出的是,相对于《马克思恩格斯全集》中文第一版第25卷,第46卷也体现了编者依据自己的研究而作出的原创性编辑成果,如尾注8、9、12、13、14、15、16、17、18、19、20、22、23、33、42、51、61、64、85、107、108、109、119、122、126、131、132、133、134、142、169、144、147、148、150、155、158、161、164、165、168、169、179、180、185、186、194、198、200、201、203、205、207、209、216、220、222、229、231、239、241、244、260、277、279、282、283、284、290、295、296、302、305、312、315、321、322、323、326、327、328、329、330、331、332、334、337、342、346、351、358、359、361、362、363、366、370、374、380、390、393、394、396、399、400、402、403、405、406、第702页的脚注、第765、768页的脚注、第877页的脚

注，以及文献索引中关于拜比吉著作法文版、福塞特著作、普林尼著作的词条。不过这些注释 MEGA2/II/15 基本上都有，而 MEGA2/II/15 的许多注释第 46 卷却没有，这就是第 46 卷与 MEGA2/II/15 编辑质量的差距所在。

其次需要说明的是，恩格斯在《资本论》第 3 卷的编辑中对马克思的原稿作了大量的改动。MEGA2/II/15 资料卷作了"恩格斯在编辑稿中从马克思《资本论》第 3 册手稿抽取段落情况一览表"和"恩格斯重大增补情况一览表"。《资本论》的中文新版本，应该通过尾注的形式对此加以说明，这一方面是高质量的版本所必需的（正如恩格斯在《资本论》第 2 卷中对哪部分内容采自哪个手稿所作的说明一样）；另一方面也可以为读者自行判断所谓"《资本论》编辑中的马克思—恩格斯问题"提供基础性的版本信息。

最后需要指出的是，马克思《资本论》第 3 卷多次指出，涉及到的"竞争"、"信用"、"土地所有权"、"国际贸易"等问题，不属于该书的研究范围①。这与马克思"六册计划"② 有关。根据"六册计划"，第一册是"资本"册，分为四篇，即"资本一般"、"竞争"、"信用"、"股份资本"。《资本论》4 册相当于"资本一般"，其他三篇没有写。《马克思恩格斯全集》中文第二版第 44 卷的题注大致介绍了"六册计划"的情况，但第 46 卷却没有提供相关信息，在类似"以后再研究"的地方也没有加注③。而 MEGA2/II/15 总是给予注释的。

---

① 如第 46 卷第 126 页"这样的说明不在本书计划之内，而属于本书一个可能的续篇的内容"；第 134 页"这里我们还是完全撇开信用制度不说"、"竞争和信用制度还不属于我们这里考察的范围"；第 262 页"这种情况——属于不是本书所要考察的竞争的研究范围"；第 264 页"另一个问题——本来不属于我们研究的范围"；第 280 页"以后还要详细地研究"；第 401 页"不能在这里详细研究"；第 425 页"在这里完全与我们无关"；第 693 页"对土地所有权的各种历史形式的分析，不属于本书的范围"；第 694 页"凡是同用来生产小麦的土地无关的土地所有权，我们就不专门谈论，而只是为了举例子有时才提到"；第 699 页"系统地论述土地所有权——这不在我们的计划之内"；第 864 页"对垄断价格的考察属于竞争学说的范围，在那里，将研究市场价格的现实运动"；第 941 页"竞争的实际运动在我们的计划范围之外"。

② 即《资本》、《地产》、《雇佣劳动》、《国家》、《对外贸易》、《世界市场》。

③ 唯一加注的是对第 46 卷第 346 页"各资本的竞争"所作的尾注 160，但仅仅以 1857—1858 年《大纲》中的最初计划来说明，并没有提及"六册计划"。

第 13 章 《资本论》第 3 卷的注释

以下依据 MEGA2/II/15 资料卷的注释，按文本页码的先后顺序对第 46 卷所存在的编辑问题逐条给予实例说明。

1. 第 46 卷第 14 页第 1 段提到萧伯纳和费边社。MEGA2/II/15 第 1005 页注释 13.11—14 作了注释。第 46 卷没有为此加注。在人名索引中，对萧伯纳的介绍"1844 年起为费边社成员"有笔误，应为"1884 年起为费边社成员"。

2. 根据 MEGA2/II/15 第 1008 页注释 18.22—25，第 46 卷第 20 页第 3 段关于"他现在又同样大胆地乘机散布一种所谓教授中间的流言，说什么康拉德·施米特的上述著作，是'在恩格斯的直接怂恿下'写的"这一情况，是施米特 1891 年 10 月 25 日在写给恩格斯的信中告诉恩格斯的。第 46 卷没有为此加注。

3. 恩格斯在第 46 卷第 20—21 页的一大段里批评了洛里亚对马克思的剽窃。根据 MEGA2/II/15 第 1009 页注释 18.37—19.12，洛里亚在 1895 年 2 月 25 日的《社会改革》上反驳了恩格斯的批评，而恩格斯在"《资本论》第三卷增补"之"价值规律和利润率"一文中，确证了他对洛里亚剽窃的指责①。第 46 卷没有为此加注。

4. 恩格斯在第 46 卷第 24 页的第 2 段把洛里亚看作是斯加纳列尔和杜尔卡马腊这两个意大利遭受屈辱和异族统治时期的人物形象的统一。根据 MEGA2/II/15 第 1011—1012 页注释 21.39、21.39，洛里亚在反驳恩格斯的批评时，否认斯加纳列尔和杜尔卡马腊是意大利人物形象，认为他们是出自莫里哀的喜剧或工业化的产物。1895 年春，恩格斯还为此向拉法格和拉布里奥拉征询过关于斯加纳列尔形象的信息，并在"价值规律和利润率"一文中再次把洛里亚比作是斯加纳列尔和杜尔马腊②。第 46 卷在第 1102 页的文学作品和神话中的人物索引中对这两个人物作了说明。相对于第一版第 25 卷，第 46 卷的索引中关于斯加纳列尔的说明增添了"莫里哀的喜剧《不得已的医生》"中的人物的内容，应该说是原创性的编辑成果。但第 46 卷并没有关于洛里亚与恩格斯围绕这两个人物形象你来我往争论的相关信息。

---

① 参见第 46 卷第 1011—1012 页。
② 参见第 46 卷第 1007、1012 页。

5. 恩格斯在"序言"的最后谈到了斯蒂贝林（第46卷第24—26页）。根据 MEGA2/II/15 第1012页注释22.1—23.21，恩格斯在1884年3月7日①、1885年6月3日②、1894年12月4日③给左尔格的信以及1893年3月20日④给考茨基的信中谈到了斯蒂贝林。第46卷没有提供相关信息。

6. 根据 MEGA2/II/15 第1012页注释22.3—8，恩格斯在第46卷第24页最后1段提到的斯蒂贝林的事情，是指1889—1990年发生在斯蒂贝林与考茨基之间的争论⑤。该注释还详细列举了斯蒂贝林和考茨基分别发表在《社会主义者》和《新时代》的文章（或读者来信）的详情。第46卷没有提供这方面的信息。

7. 根据 MEGA2/II/15 第1013页注释23.9—10，第25页最后1行提到的"美国的国情调查材料"，可能是指1872年的《第9次人口普查概览》和1883年的《第10次人口普查概览》。第46卷没有为此加注。

8. 第46卷第45页第2段提到"我们下面将会看到——"。根据MEGA2/II/15 第1015页注释41.18—22，马克思指的是第二篇。第46卷没有对此加注。

9. 按照1894年《资本论》第3卷的版本，第46卷第46页的脚注6标注的托伦斯著作《论财富的生产》的引文，出自第51—53、70、71页。根据 MEGA2/II/15 第1016页注释42.40，这段引文实际出自第53、349页。第一版第25卷和第二版第46卷只将第70、71改为第349页。根据 MEGA2/II/15 第1016页注释42.40，恩格斯查明了出处，但没有改正过来。

10. 根据 MEGA2/II/15 第1017页注释47.11—12，第46卷第52页第2段提到的"固有价值（valeur intrinsèque）"，可能是指尼古拉·巴尔本

---

① 参见《马克思恩格斯全集》中文第一版第36卷第125页。根据该卷的尾注138，左尔格在1884年2月10日写信给恩格斯说，乔·斯蒂贝林准备发表一部反对马克思主义历史观的著作，于是恩格斯在给左尔格的回信中谈了斯蒂贝林。
② 参见《马克思恩格斯全集》中文第一版第36卷第321页。
③ 参见《马克思恩格斯全集》中文第一版第39卷第317页。
④ 参见《马克思恩格斯全集》中文第一版第39卷第56页。
⑤ 争论是围绕斯蒂贝林寄给《新时代》但没有发表的应征"有奖征答"的文章。

第 13 章 《资本论》第 3 卷的注释

在其著作《新币轻铸论》（1696 年伦敦版）中所代表的观点；马克思在《资本论》第 1 卷中对此作了评论："交换价值首先表现为一种使用价值同另一种使用价值相交换的量的关系或比例，这个比例随着时间和地点的不同而不断改变。因此，交换价值好象是一种偶然的、纯粹相对的东西，也就是说，商品固有的、内在的交换价值（valeur intrinsèque）似乎是一个形容语的矛盾。"① 应该说这是很有价值的信息，但第 46 卷没有为此加注。

11. 根据 MEGA2/II/15 第 1021 页注释 68.17，第 46 卷第 78 页倒数第 2 行的 "3." 应为 "III."。这一结论有可商榷之处，不过编者加一个注释，可以提醒读者考虑这种可能性。

12. 根据 MEGA2/II/15 第 1024 页注释 83.38—40，第 46 卷第 98 页第 2 段提到的 "德国老原则"，恩格斯在 1887 年《"论住宅问题"一书第二版序言》② 和《"英国工人阶级状况" 1892 年德文第二版序言》③ 中也提到过。第 46 卷没有提供这方面的信息。

13. 第 46 卷第 99 页最后 1 段括号中提到 "正如兰盖所说，罗马人的身体，代表债权人的货币一样"。第 46 卷的尾注 55 和第一版第 25 卷的尾注 35 一样，都说明兰盖的这句话出自其著作《民法论，或社会的基本原理》（1767 年伦敦版）第 2 卷第 5 册 20 章。MEGA2/II/15 第 1024 页注释 85.11—12 不但具体指明了这句话出自该书第 2 卷第 379—380 页，而且点明马克思在《资本论》第 1 卷的脚注 152 中也利用了这一比喻④，不过涉及的是由资本家购买的劳动力。第 46 卷没有提供这一有价值的线索。

14. 第 46 卷第 778—779 页的一大段话，按照段末括号中马克思的说法，是属于第一篇。根据 MEGA2/II/15 第 1025 页注释 87.31，马克思可能是想把这一大段话放在第一篇第 5 章第 II 节最后 2 段之间的位置⑤。第 46 卷没有提供相关信息。

15. 根据 MEGA2/II/15 第 1026 页注释 88.18 及文献索引（见

---

① 参见《马克思恩格斯全集》中文第二版第 44 卷第 49 页。
② 参见《马克思恩格斯全集》中文第一版第 21 卷第 379 页。
③ 参见《马克思恩格斯全集》中文第一版第 22 卷第 368 页。
④ 参见《马克思恩格斯全集》中文第二版第 44 卷第 332 页。
⑤ 即第 46 卷第 102 页第 2、3 段之间。

MEGA2/II/15 第 1299 页），第 46 卷第 103 页的一大段引文，出自对《矿山童工调查委员会的第 1 号报告》① 的评论文章"关于矿山、煤矿等使用童工情况的第 1 号报告"（载于 1842 年 7—10 月《威斯敏斯特评论》第 38 卷第 86—139 页），而非报告本身；马克思 1851 年在《伦敦笔记本》的笔记本 XI 中对该评论文章作了摘录。第 46 卷没有为此加注。尽管该卷的文献索引提供了相关信息，相对于第一版第 25 卷的文献索引有很大进步，但这两个版本都将评论文章与报告本身搞混了（从题目的翻译可以看出这一点）。需要指出的是，MEGA2/II/15 第 1026 页注释 88.18 也没有说明"1829"到底是怎么回事，是不是"1842"或"1841"② 的笔误。笔者倾向于"1829"是"1842"的笔误。

16. 根据 MEGA2/II/15 第 1026 页注释 89.19—24，第 104 页第 4 段关于《工厂视察员报告。1855 年 10 月 31 日》中霍纳所说的话，马克思在《资本论》第 1 卷脚注 191 中对霍纳的话还作了逐字逐句的摘引③。第 46 卷没有为读者提供这一有价值的线索。

17. 第 46 卷第 105 页第 1 大段最后提到霍纳"受到了工厂主各式各样的迫害和诽谤"。根据 MEGA2/II/15 第 1027 页注释 90.23—24，马克思在《资本论》第 1 卷脚注 32 中也谈到了霍纳的人生经历④。第 46 卷没有为读者提供这一重要线索。

18. 根据 MEGA2/II/15 第 1027 页注释 90.26，第 46 卷第 105 页第 2 段提到的"1844 年的法律"，指的是 1844 年 6 月 6 日的"工厂劳动法修正案"（即著名的"工厂法"）。第 46 卷没有为此加注。

19. 根据 MEGA2/II/15 第 1027 页注释 90.28—38，第 46 卷第 105 页第 2 段提到的 1856 年议会新法令，是 1856 年 6 月 30 日的"工厂劳动法进一步修正案"；马克思在他发表于 1857 年 4 月 22 日《纽约每日论坛

---

① 报告是 1841 年作的，1842 年刊印。
② 第一版第 25 卷的文献索引标的是"1841"。
③ 参见《马克思恩格斯全集》中文第二版第 44 卷第 491 页。该卷的尾注 259 只注明了脚注 191 开头所说的"在第三册第一篇"是指《资本论（1863—1865 年经济学手稿）》第三册（收在 MEGA2/II/4.2）第 1 章"使用价值转化为利润"，而没有具体指出是指《资本论》第 5 章的这个位置。
④ 参见《马克思恩格斯全集》中文第二版第 44 卷第 259—260 页。

报》的文章"工厂工人状况"中，也提到了这一新工厂法。第 46 卷没有为此加注。

20. 第 46 卷第 111 页第 2 段的引文提到"传染病协会"。MEGA2/II/15 第 1031 页注释 96.6—7 对此作了说明：传染病协会是作为对 1848 年霍乱大流行的反应，于 1850 年 7 月在伦敦成立，以与传染病作斗争。1907 年与其他 14 个医学协会联合成立"皇家医学会"。该注释可有可无，但有总比没有好。

21. 根据 MEGA2/II/15 第 1031 页注释 96.17，第 46 卷第 111 页提到的"英国卫生局的这个主管人员"是指约翰·西蒙。MEGA2/II/15 人名索引中关于西蒙的说明是"英国外科医生和卫生学家；枢密院医疗主管①。第 46 卷的人名索引对约翰·西蒙的说明是"英国医生，枢密院医官，曾对英国的保健事业进行改革"②。根据这一人名索引的说明，读者可能不会把西蒙与英国卫生局主管联系起来。

22. MEGA2/II/15 第 1032 页注释 96.26—27 对第 46 卷第 111 页最后 1 段提到的"卫生警察法"作了注释：它涉及一系列劳动保护的法规，包括 1846 年 8 月 28 日的"公害消除与疾病预防法"、1848 年 9 月 4 日的"公害消除与疾病预防法"以及 1849 年 8 月 1 日对它的补充；在英格兰（1855 年 8 月 14 日）和苏格兰（1856 年 7 月 29 日），上述法规有相应法规作了补充，1860 年代又实施了进一步的措施。第 46 卷没有为此加注。

23. 第 46 卷第 113 页第 10 行提到"伍尔夫双缸蒸汽机"。根据 MEGA2/II/15 第 1036 页注释 98.20—21，马克思 1851 年 9—10 月在《伦敦笔记本》的笔记本 XV 中对蒸汽机的工作原理及伍尔夫双缸蒸汽机作了深入研究，并对尤尔的著作作了广泛摘录。第 46 卷没有提供这方面的信息。

24. 根据 MEGA2/II/15 第 1037 页注释 102.6，第 46 卷第 116 页中间的引文实际出现在第 139—140、142 页，而非"第 140 页"。第 46 卷既没有更正，也没有加以说明（这种情况下文也有涉及）。通常类似的情况第 46 卷都不动声色地改了。

---

① 参见 MEGA2/II/15 第 1280 页。
② 第一版第 25 卷对关于西蒙的人名索引说明是"英国医生，枢密院医官，编过《公共卫生报告》"。第二版第 44 卷的人名索引也是如此说明的。

25. 第 46 卷第 117 页提到"把以前几乎毫无用处的煤焦油转化为苯胺染料，茜红染料（茜素）"。根据 MEGA2/II/15 第 1038 页注释 102.39—40，马克思 1864—1865 年的原稿中用的并非这个例子，恩格斯作了替换；恩格斯在《费尔巴哈论》第二章也用过煤焦油的例子①。第 46 卷没有提供这方面的信息，读者还以为马克思与恩格斯不约而同地用了煤焦油的例子。

26. 第 46 卷第 118 页最后 1 段第 1 句话提到"固定资本使用上的这种节约，如上所述"。根据 MEGA2/II/15 第 1040 页注释 104.2—4，"如上所述"指的是第 46 卷第 40 页最后 2 段的内容。第 46 卷没有为此加注。

27. 第 46 卷第 119 页论述"一台新机器初次制造的费用和再生产的费用之间有很大的差别"时提到拜比吉的著作。根据 MEGA2/II/15 第 1040 页注释 104.26—27 和 MEGA2/II/15 第 1287 页的文献索引，马克思在 1845 年《布鲁塞尔笔记本》的笔记本 6 和 1859—1863 年的笔记本 VII 中对拜比吉著作《论机器和工厂的节约》（1833 年巴黎版）的相关论述作过摘录，并在《资本论》第 1 卷的脚注 148 利用了这一摘录。第 46 卷的尾注 65 只提供了著作信息，而且著作信息中列举的是 1832 年伦敦版②。

28. 第 46 卷第 137 页第 1 段提到"1861—1865 年的棉荒"。第 46 卷的尾注 75 和第一版第 25 卷的尾注 51 一样，比较详细地介绍了这次棉荒。不过根据 MEGA2/II/15 第 1044 页注释 124.17—18，马克思在《资本论》第 1 卷中也提到过这次棉荒③。应该说这是一条有价值的线索，第 46 卷没有给予说明。

29. 第 46 卷第 137 页最后 1 段的引文中提到"1857 年恐慌"。MEGA2/II/15 第 1045 页注释 125.7 对 1857 年开始的第一次世界性经济危机以及马克思对这一危机的研究作了介绍，并特别指出马克思 1857—1858 年作了三册《危机笔记》④ 这一情况。相对于第一版第 25 卷，第 46

---

① 参见《马克思恩格斯全集》中文第一版第 21 卷第 317 页。

② 在文献索引中，第 46 卷并列了英文版和法文版，相对于第一版第 25 卷这是原创性的编辑成果，但最终还是没有将法文版作为尾注 65 的版本信息。

③ 参见《马克思恩格斯全集》中文第二版第 44 卷第 524 页。

④ 原始手稿现保存在阿姆斯特丹国际社会史研究所（《马克思恩格斯遗稿》编号 B88、B84、B91）。《危机笔记》收在 MEGA2/IV/14，正在编辑中（中国学者陈长安博士参与了该卷的编辑工作）。

卷对第 477、497、629、640 页提到 1857 年危机的地方加了尾注 220，这是原创性的编辑成果。但第 46 卷没有对第 137 页的 "1857 年恐慌" 加注，显出注释的随意性。

30. 根据 MEGA2/II/15 第 1046 页注释 125.5，在《工厂视察员报告。1850 年 10 月 31 日》中，第 46 卷第 138 页倒数第 3 行 "1843 年为 37000 人" 应为 "1843 年 37060 人"；倒数第 2 行 "1838 年" 应为 "1836 年"。第 46 卷既没有更正，也没有加以说明。

31. 根据 MEGA2/II/15 第 1048 页注释 127.21，第 46 卷第 140 页第 3 行的引文页码应为第 60、61 页，而非《资本论》第 3 卷 1894 年印刷版上显示的第 59、60 页。第 46 卷和第一版第 25 卷意识到页码错误，已作改正，但却改为 "第 59、60、61 页"。

32. 根据 MEGA2/II/15 第 1049 页注释 128.28，第 46 卷第 141 页第 3 段提到的 "1847 年 10 月发生了货币危机"；根据 MEGA2/II/15 第 1093 页注释 351.26，第 46 卷第 404 页第 1 段最后提到 "后来在 1847 年的危机期间，它提高到 8% 和 8% 以上"；根据 MEGA2/II/15 第 1176 页注释 531.3—13，第 46 卷第 608—609 页那一段话；根据 MEGA2/II/15 第 1177 页注释 352.13，第 46 卷第 610 页第 12 行提到的 "像 1847 年那样的紧迫时期"；根据 MEGA2/II/15 第 1186 页注释 546.30—547.8，第 46 卷第 627 页下半部分的文本内容，都可参见第 46 卷第 459 页最后至 460 页那一大段。第 46 卷对第 465、471、549、629、670 页出现的 "1847 年危机" 加了尾注 216，相对于第一版第 25 卷，这是一个原创性的编辑成果。但上述几处与 1847 年危机相关的文本内容，却没有相关提示，注释显得具有随意性。

33. 根据 MEGA2/II/15 第 1052 页注释 130.41，第 46 卷第 143 页倒数第 6 行正确的页码是第 13 页，而非第 15 页。类似地，根据 MEGA2/II/15 第 1056 页注释 133.32，第 46 卷第 146 页倒数第 7 行的正确页码是第 12—13 页，而非第 13 页。第 46 卷没有加以改正，也没有给予说明。

34. 第 46 卷第 149 页倒数第 2 段提到 "公共工程法令"。MEGA2/II/15 第 1060 页注释 137.2 对此作了注释。《马克思恩格斯全集》中文第一版第 31 卷尾注 23 在解释 "救济委员会" 时，对 "公共工程法令" 的来龙去脉有一个大致介绍，而且特别提到 "马克思在《资本论》第三卷第一篇第六章里研究了公共工程法令在英国所起的作用"。第一版第 25 卷没有吸收第 31 卷的这一注释成果,这大概与第 25 卷的出版早于第 31 卷有关。但第二版第 46 卷也没有加以吸收,就有些说不过去了。

35. 第 46 卷第 149 页最后 1 段的引文中两次提到"试工"。根据 MEGA2/II/15 第 1060 页注释 137.4—8,马克思在其发表于 1862 年 10 月 4 日《新闻报》的文章"加里波第派的大会。——棉纺织工人的贫困"中,对"劳动试验"专门作了说明:"英国 1834 年的济贫法试图通过把赤贫作为可耻的犯罪行为加以惩罚的办法来根除赤贫现象,它要求申请补助的人在获准补助以前先要证明自己确有'劳动愿望'。为此他必须去砸石子或者《picksoakum》(搓开旧船缆等),——这些无聊的工作乃是用来惩罚英国监狱里那些被判处苦役的囚犯的。经过这种'劳动试验'以后,贫困者全家每人每周才能得 1 先令,而且半先令是付现钱,半先令以面包支付。"① 第 46 卷没有提供这一很有价值的线索。

36. 根据 MEGA2/II/15 第 1063 页注释 138.38,第 46 卷第 151 页倒数第 7 行的"有时只有原来的 15%"应为"有时收入已减少 15%",否则讲不通(即使《工厂视察员报告。1863 年 10 月 31 日》的原文如此)。第 46 卷没有为此加注。

37. 根据 MEGA2/II/15 第 1064 页注释 138.2,第 46 卷第 151 页倒数第 3 行"6 先令 $8\frac{1}{2}$ 便士"在《工厂视察员报告。1863 年 10 月 31 日》中是 3 口之家收入 3 先令 4 便士,马克思的手稿中将其改为 6 口之家收入 6 先令 8 便士,恩格斯在编辑稿以及印刷稿中又改为 6 先令 $8\frac{1}{2}$ 便士。第 46 卷没有提供这一信息。

38. 根据 MEGA2/II/15 第 1065 页注释 139.36,在《工厂视察员报告。1863 年 10 月 31 日》中,第 46 卷第 152 页倒数第 5 行引文页码应为第 43—44 页,而非第 43、44、45—50 页。第 46 卷没有作更正。

---

① 参见《马克思恩格斯全集》中文第一版第 15 卷第 582 页。需要指出的,根据《资本论》第 3 卷 1894 年版,第 46 卷第 149 页的"试工"的原文是"Aebeitsprobe(labour test)"。显然,Aebeitsprobe 是对《工厂视察员报告》中"labour test"的德文翻译。第一版第 15 卷就将 Aebeitsprobe 译为"劳动试验",而第一版第 25 卷则译为"试工",译法没有统一。第二版理应统一译法,以克服第一版的不足。

39. 根据 MEGA2/II/15 第 1067 页注释 145.7，第 46 卷第 160 页第 2 段开头提到的"各国劳动的剥削程度"，马克思在《资本论》第 1 卷第 22 章作过探讨。第 46 卷没有作相关说明。

40. 第 46 卷第 186 页有一个脚注 23。根据 MEGA2/II/15 第 1067 页注释 167.39，在手稿中马克思对柯贝特关于利润率与分工关系的论述作了一个评论。恩格斯忽略了马克思的评论，而是在柯贝特论述平均利润率含义的地方加上页码数字 174；马克思 1851 年对柯贝特的著作《个人致富的原因和方法的研究，或贸易和投机原理的解释》（1841 年伦敦版）作了详尽的摘录，并在《1861—1863 年经济学手稿》中对柯贝特关于平均利润率形成的观点作了研究。相对于第一版第 25 卷仅仅在尾注 60 中列举柯贝特著作的信息，第 46 卷的尾注 85 增加了马克思在《1861—1863 年经济学手稿》中研究过柯贝特的观点这一信息。但仅此而已。

41. 根据 MEGA2/II/15 第 1068 页注释 170.2，第 46 卷第 189 页"理论家的这种混乱"可参见《资本论》第 1 卷。第 46 卷没有对此加注。

42. 第 46 卷第 198 页第 2 段提到"这也符合我们以前所说的见解"。根据 MEGA2/II/15 第 1068 页注释 177.31—32，马克思在 1859 年《政治经济学批判》中提出了这一见解①，并在《资本论》第 1 卷借用了这段话②。第 46 卷的尾注 91 只是追随第一版第 25 卷的尾注 65，指出了《资本论》第 1 卷的相应位置，而没有提及 1859 年《政治经济学批判》这一最初的出处③。

43. 第 46 卷第 198 页的脚注 27 提到毛勒和摩尔根。第 46 卷的尾注 90 追随④第一版第 25 卷的尾注 64，列举了毛勒的 5 本著作和摩尔根的《古代社会》。MEGA2/II/15 第 1069 页注释 177.38—40 则进一步指明，马克思对毛勒和摩尔根的著作作了摘录。马克思对摩尔根著作的摘录笔记⑤激发了恩格斯 1884 年写作《家庭、私有制和国家的起源》。

44. 第 46 卷第 198 页第 2 段最后提到"共产主义共同体（kommunis-

---

① 参见《马克思恩格斯全集》中文第二版第 31 卷第 443 页。
② 参见《马克思恩格斯全集》中文第二版第 44 卷第 107 页。
③ 显然是受到恩格斯在脚注 27 中"1865 年"这一说法的误导。
④ 第 46 卷尾注 90 增加的唯一信息是"并见《家庭、私有制和国家的起源》"。
⑤ 原始手稿现保存在阿姆斯特丹国际社会史研究所（《马克思恩格斯遗稿》编号 B162）。

tische Gemeinwesen)"。根据 MEGA2/II/15 第 1069 页注释 178.4，马克思手稿中用的是英文词 communities。一方面，共同体不等于共产主义共同体，这涉及恩格斯编辑过程中对马克思原意的改变；另一方面，如何翻译 Gemeinwesen 是有歧义的（中文第二版的翻译并不统一），而 community 含义相对单一，就是共同体的意思。因此，很有必要作一个注释。但第 46 卷没有为此加注。

45. 根据 MEGA2/II/15 第 1071 页注释 194.35，第 46 卷第 216 页脚注 32 的引文第 2 行的"他"应为"他们"。此外，根据 MEGA2/II/15 第 1292 页的文献索引，《关于需求的性质和消费的必要性的原理》（1821 年伦敦版）是匿名著作，书的全名是《论马尔萨斯先生近来提倡的关于需求的性质和消费的必要性的原理，从这一原理所得的结论是：税收和供养非生产的消费者可以导致财富的增长》；马克思 1851 年在伦敦笔记本 XII 和 1859—1863 年在伦敦笔记本 VII 中对该书作了摘录。第 46 卷追随第一版第 25 卷，在文献索引中列了《论马尔萨斯先生近来提倡的关于需求的性质和消费的必要性的原理，从这一原理所得的结论是：税收和供养非生产的消费者可以导致财富的增长》的书目。如果不是细心的读者，从《关于需求的性质和消费的必要性的原理》的书名很难查到该索引。倒是第一版第 26 卷尾注 91 有这样的注释："萨伊的这些论断在匿名著作《论马尔萨斯先生近来提倡的关于需求的性质和消费的必要性的原理》（1821 年伦敦版第 15 页）中引证过，在马克思的第 XII 本札记本第 12 页对这部著作所作的摘录中也有这些论断。"第 46 卷至少应该吸收这一注释。

46. 根据 MEGA2/II/15 第 1071 页注释 196.21—23，第 46 卷第 218—219 页关于"第二个条件的前提是：废除了一切妨碍工人从一个生产部门转移到另一个生产部门，或者从一个生产地点转移到另一个生产地点的法律"的说法，可参见《资本论》第 1 卷。第 46 卷没有提供这一线索。

47. 第 46 卷第 220 页倒数第 4 行提到"重农学派所说的'必要价格'"。根据 MEGA2/II/15 第 1071 页注释 198.8，马克思在 1863 年补充笔记本 E 的第 142 页引用了欧仁·戴尔的一篇文章[①]，其中提到原材料、工

[①] 即《重农主义者：魁奈，杜邦·德·内穆尔，梅西耶·德·拉·里维埃，拉贝·博多，勒·特罗纳》（1846 年巴黎版）的导论。

人工资和企业主利润这三个要素构成了斯密所说的"自然价格"、萨伊所说的"原本价格"、李嘉图所说的"生产价格"、魁奈学派所说的"必要价格"。在同一个笔记本中，马克思还摘录了梅西耶·德·拉·里维埃的文章①，其中谈到"必要价格"。在摘录中，马克思对"必要价格"的概念作了强调标记。第46卷没有提供相关信息。

48. 根据MEGA2/II/15第1072页注释209.4—263.3，恩格斯对第三篇（第46卷第235—296页，出自马克思手稿的第3章）作了重大干预，具体情况可见MEGA2/II/15的"恩格斯重大增补情况一览表"。第46卷没有对此作相关提示。

49. 第46卷第235页倒数第4—6行提到"我们已经知道"。根据MEGA2/II/15第1072页注释209.16—19，这里指的是第三章（即第46卷第58—82页）。第46卷没有提供相关信息。

50. 第46卷第236页倒数第1—13行提到"我们已经看到"。根据MEGA2/II/15第1073页注释210.10—30，这里指的是第八章的主要内容，具体来说是第46卷第161—172页。第46卷没有提供相关信息。

51. 第46卷第239页第2段中间的括号中提到"莱特"，对此第46卷加了个尾注107。相对于第一版第25卷来说，这是原创性的编辑成果。不过MEGA2/II/15第1073页注释213.8提供了更丰富的信息：莱特（Ryot）这个术语是马克思从理查德·琼斯那里吸取的。MEGA2/II/15第1292页的文献索引进一步表明，马克思1851年在《伦敦笔记本》的笔记本IX中对琼斯的著作《论财富的分配和赋税的来源》（1831年伦敦版）作了摘录。马克思在《资本论》第2卷中提到了Ryot，中文第二版第45卷将其翻译为"印度佃农"②。需要指出的是，对于Ryot，第45卷采取的是意译（追随第一版第24卷），第46卷采取的是音译（追随第一版第25卷）。第45卷和第46卷是同年（2003年）出版的，而且这两卷的译校和审定者之间有交叉，因此不应该出现译名不统一的现象。2009年年底出版的《马克思恩格斯文集》第6、7卷，仍然没有将译名统一。

---

① 梅西耶·德·拉·里维埃的文章也收在《重农主义者：魁奈，杜邦·德·内穆尔，梅西耶·德·拉·里维埃，拉贝·博多，勒·特罗纳》一书中。

② 参见《马克思恩格斯全集》中文第二版第45卷第126页。

52. 根据 MEGA2/II/15 第 1073 页注释 216.3—7，第 46 卷第 242 页倒数第 2 行提到"我们已经指出"，指的是《资本论》第 1 卷。第 46 卷没有提供这一线索。

53. 根据 MEGA2/II/15 第 1073 页注释 216.17—37，第 46 卷第 243 页第 8—20 行的文本内容，可参见《资本论》第 1 卷。第 46 卷没有提供这一线索。

54. 根据 MEGA2/II/15 第 1073 页注释 219.4，第 46 卷第 246 页第 1 段最后提到的"这种减少产生于资本主义生产过程发展的性质，这一点在前面我们已经证明了"，可参见《资本论》第 1 卷。第 46 卷没有提供这一线索。

55. 第 46 卷第 250 页第 2 段中间提到，"特别是以后要详细说到的商人资本，会显示出一些现象，似乎利润的下降是营业扩大和资本扩大的结果。对于这种错误见解，我们将在以后作出真正科学的说明。"根据 MEGA2/II/15 第 1074 页注释 222.26—30，"以后"指的是第十六章（即第 46 卷第 297—312 页）。第 46 卷没有提供这一线索。

56. 根据 MEGA2/II/15 第 1074 页注释 222.40，第 46 卷第 349 页脚注 35 中的引文出自李嘉图《政治经济学和赋税原理》第 6 章而非第 7 章，载于麦克库洛赫编《李嘉图全集》1852 年版第 68—69 页而非第 68 页。第 46 卷追随第一版第 25 卷，不动声色地把第 68 页更正为第 68—69 页，而第 7 章的错误没有改正。

57. 根据 MEGA2/II/15 第 1075 页注释 229.21—22，第 46 卷第 258 页倒数第 3—4 行提到的"这两点在第一册论述绝对剩余价值和相对剩余价值的生产时已经详细说明过了"，是指《资本论》第 1 卷。第 46 卷没有提供这一线索。

58. 根据 MEGA2/II/15 第 1075 页注释 229.27，第 46 卷第 259 页第 1 行提到的"也像生产相对剩余价值时使用的大多数方法一样"，是指《资本论》第 1 卷。第 46 卷没有提供这一线索。

59. 根据 MEGA2/II/15 第 1075 页注释 230.6—14，第 46 卷第 259 页第 9—14 行提到的"我们已经指出，——"，可参见《1861—1863 年经济学手稿》。第 46 卷没有作相关提示。

60. 根据 MEGA2/II/15 第 1075 页注释 230.18—22，第 46 卷第 259 页

第 13 章 《资本论》第 3 卷的注释

第 16—18 行提到的"这里也要提到大规模使用妇女劳动和儿童劳动，因为即使付给他们全家的工资总额增加了（这决不是普遍的情况），他们全家为资本提供的剩余劳动数量必然比以前更大了"，可参见《资本论》第 1 卷。第 46 卷没有作相关提示。

61. 根据 MEGA2/II/15 第 1075 页注释 231.1—3，第 46 卷第 260 页第 3 段开头提到的"一定量资本所生产的剩余价值量，是两个因数的乘积，即剩余价值率乘以在该剩余价值率下使用的工人人数"，可参见《资本论》第 1 卷。第 46 卷没有作相关提示。

62. 根据 MEGA2/II/15 第 1075 页注释 231.7—10，第 46 卷第 260 页第 11—13 行提到的"我们已经指出，平均地说，使相对剩余价值率提高的同一些原因，都会使所使用的劳动力的量减少"，可参见《资本论》第 1 卷。第 46 卷没有作相关提示。

63. 根据 MEGA2/II/15 第 1075 页注释 231.36—37，第 46 卷第 261 页第 7—8 行括号中的话"甚至延长劳动时间也是大工业的一个结果"，可参见《1861—1863 年经济学手稿》。第 46 卷没有作相关提示。

64. 根据 MEGA2/II/15 第 1075 页注释 233.2—12，第 46 卷第 262 页倒数第 1—7 行从"机器和其他固定资产的情况也是这样"开始的文本内容，可参见《1861—1863 年经济学手稿》。第 46 卷没有作相关提示。

65. 根据 MEGA2/II/15 第 1076 页注释 233.23—24，第 46 卷第 263 页第 7 行提到的"表现为利润率下降的劳动生产力的发展"，可参见《资本论》第 1 卷。第 46 卷没有作相关提示。

66. 根据 MEGA2/II/15 第 1076 页注释 235.29—30，第 46 卷第 266 页第 2—3 行提到的"不是像李嘉图认为的那样，平均化到原来的水平"，指的是李嘉图著作《政治经济学和赋税原理》（1821 年伦敦版）第 132—133 页；马克思在《1861—1863 年经济学手稿》中也谈到相关内容。第 46 卷没有作相关提示。

67. 第 46 卷第 265 页的脚注 36 中提到"就这一点说，亚·斯密是对的"。根据 MEGA2/II/15 第 1076 页注释 235.38，斯密的观点是：国外贸易偶尔获得的高利润会提高一般利润率。第 46 卷没有为此加注。

68. 第 46 卷第 267 页第 8 页提到"最荒谬的莫过于用工资率的提高来说明利润率的降低"。根据 MEGA2/II/15 第 1076 页注释 236.39—40，李嘉图是这一观点的代表人物。第46卷没有提供相关信息。

69. 第46卷第274页倒数第9行提到"国教会"。相对于第一版第25卷来说，第46卷增加的尾注126是原创性的编辑成果。不过MEGA2/II/15第1077页注释242.34—36除了对国教会的一般性介绍，还提供了更多的信息：马克思在1853年写的文章"议会辩论。——僧侣反对社会主义。——饿死人"中，估算国教会的岁入达1300万英镑①。

70. 根据MEGA2/II/15第1077页注释243.13—15，第46卷第275页第1段最后那句话"如果没有相反的趋势总是在向心力之旁又起离心作用，这个过程很快就会使资本主义生产崩溃"，是恩格斯对马克思手稿改动而成的。第46卷没有提供相关信息。

71. 根据MEGA2/II/15第1080页注释263.4—329.39，《资本论》第3卷第四篇是恩格斯依据马克思1864—1865年手稿的第4章并在结构上作了调整而成的。马克思手稿的第4章共有4节，但恩格斯把它们变成了5章，其中前4章（即第16、17、18、19章）对应于手稿的4节，第20章"关于商人资本的历史考察"是恩格斯将不同地方的马克思文本段落组合而成。恩格斯可能是仿照马克思在手稿第5章中的做法，最后一点是对"资本主义以前的状态"作了历史的考察。总之恩格斯对第四篇作了较大干预，但第46卷没有对此加以说明。

72. 相对于第一版第25卷，第46卷的尾注142和169都是原创性的编辑成果，这两个尾注都提示参见《1861—1863年经济学手稿》第XV笔记本第972—973页。MEGA2/II/15第1080页注释263.13—16提示参见MEGA2/II/15第1087页注释317.10—21，而后者提示参见《1861—1863年经济学手稿》，这样相对于第46卷，MEGA2/II/15提供了多一层的信息，即第46页第297页倒数第4—6页的内容与第361—362页的那段话是直接相关的。

73. 第46卷第300页第1—2行提到"那是我们以后才要研究的问题"。根据MEGA2/II/15第1080页注释265.19，"以后"指的就是"第十七章"。第46卷没有提供之一线索。

74. 根据MEGA2/II/15第1080页注释273.34，第46卷第309页倒数

---

① 参见《马克思恩格斯全集》中文第二版第11卷第656页。

第 9 行的"1000 镑"应为"3000 镑"。第 46 卷和第一版第 25 卷一样，没有加以改正或给予提示说明。

75. 根据 MEGA2/II/15 第 1081 页注释 274.40—41，第 46 卷第 311 页脚注 38 中萨伊著作的出处是第 14 页，而非第 14、15 页。第 46 卷和第一版第 25 卷一样，没有予以更正。

76. 根据 MEGA2/II/15 第 1081 页注释 276.35—36，第 46 卷第 314 页第 1 段最后提到的"这个问题——以后还要进一步说明"，指的是第 46 卷第 325 页至该章（第十七章）结束。第 46 卷没有提供相关线索。

77. 第 46 卷第 317 页第 1 段最后一句话提到"现在必须对以前的说明进行补充"。根据 MEGA2/II/15 第 1081 页注释 279.32—33，"以前的说明"指的是第 314 页第 2—3 行"商人资本在怎样的程度上能够起间接生产的作用"的说法。第 46 卷没有提供相关线索。

78. 根据 MEGA2/II/15 第 1081 页注释 279.40，第 46 卷第 317 页第 2 段第 5 行提到的"按照前面的阐述"，指的是第九、十章。第 46 卷没有提供相关线索。

79. 第 46 卷第 320 页第 5—7 行提到，"在科学分析的进程中，一般利润率的形成，是从产业资本和它们之间的竞争出发的，后来由于商人资本参加进来才得到校正、补充和修正"。根据 MEGA2/II/15 第 1082 页注释 282.7—11，对一般利润率的"科学分析"（或"逻辑分析"）可参见第九、十章及第十六章。第 46 卷没有作相关提示。

80. 根据 MEGA2/II/15 第 1082 页注释 282.32—34，第 46 卷第 320 页倒数第 4—5 行提到"他出售的价格，如上所说，= G + ΔG。ΔG 表示由一般利润率决定的商品价格增加额"，"如上所说"指的是第九章。第 46 卷没有作相关提示。

81. 根据 MEGA2/II/15 第 1082 页注释 283.11—19，284.25，第 46 卷第 321 页第 2 段第 1—6 行以及第 322 页第 7—9 行"以前已经指出"的文本内容，都可参见《资本论》第 2 卷第六章"流通费用"①。第 46 卷没有作相关提示。

82. 第 46 卷第 323 页提到资本家"事实上只是人格化的具有自己的

---

① 《马克思恩格斯全集》中文版第 45 卷第 146—170 页。

意识和意志的资本"。根据 MEGA2/Ⅱ/15 第 1082 页注释 284.33—34，马克思在《资本论》第 1 卷描述了资本家的这种形象。第 46 卷没有相关提示。

83. 第 46 卷第 342 页的脚注 40 中引用了柯贝特著作《个人致富的原因和方法的研究》中的两段话。在引文和页码方面，多次出现与柯贝特原著不符的情况。比如在 1894 年《资本论》第 3 卷印刷版上，标注的第一段引文出自 1845 年伦敦版第 15 页，实际上这一版并没有该段引文，反而是 1841 年伦敦版第 20 页有该段引文。第 46 卷追随第一版第 25 卷，不动声色地将其改为"1841 年伦敦版第 20 页"。类似不动声色地加以改正的例子，还包括第一段引文中"涨落的贸易（the swelling or sinking trade）"被改正为"涨落的浪潮（the swelling or sinking tide）"，第二段引文的出处由"第 12 页"被改正为"第 128 页"。但根据 MEGA2/Ⅱ/15 第 1082 页注释 301.33 以及第 1083 页注释 301.35、38、39、40，第二段引文中"商业利润"在柯贝特的原著中是"第一，所谓的利润（The first, which is called profit）"，"后者〈投机利润〉（the second〈speculation〉"在柯贝特原著中是"第二（the second）"。尖括号中的"投机利润"是恩格斯加的补充说明。另外，在 1894 年《资本论》第 3 卷印刷版上，两段引文都没有用引号，只不过用的是英文原文，而第 46 卷脚注 40 的引号外的文本内容，用的是德文，因此加上引号也无可厚非①。不过此处依据柯贝特原著加一个注释说明，则是有必要的。

84. 根据 MEGA2/Ⅱ/15 第 1083 页注释 302.37，第 46 卷第 344 页第 3 段开头提到的"我们已经知道，商人资本的周转不同于产业资本的周转"，是指从第 46 卷第 305 页倒数第 2 段最后一句话到第 309 页第 1 段结束的文本内容。第 46 卷没有提供这一线索。

85. 根据 MEGA2/Ⅱ/15 第 1083 页注释 309.7—33 和注释 309.11—12，第 46 卷第 351 页最后 1 行至第 352 页倒数第 8 行的文本内容可参见《1861—1863 年经济学手稿》，其中第 352 页第 2—3 页提到的"那正像我们在考察简单商品流通时已经指出的那样"可参见《资本论（1863—

---

① 德文版第 25 卷就将这两段引文译成了德文并放在了引号中。

1865年手稿)》第2册第I稿①。第46卷没有提供相关线索。

86. 第46卷第355页第3—4行提到"在英国17世纪的大部分时间内，金匠还执行银行家的智能"。根据 MEGA2/II/15 第1084页注释311.15—16及第1291页的文献索引，这句话的出处是弗兰西斯著作《英格兰银行史：其时代与传统》第1卷（1848年伦敦版）第169页；马克思1851年在《伦敦笔记本》的笔记本VI作过该书的摘录。第46卷没有提供这一重要信息。

87. 第46卷第355页第2段开头提到"世界货币"。MEGA2/II/15 第1085页注释312.1提示参见《资本论》第1卷②。这一提示是有价值的，而第46卷没有相关提示。

88. 根据 MEGA2/II/15 第1086页注释314.3—4，第46卷第357页倒数第6行提到的"储藏货币"，可参见《资本论》第1卷第三章第3节的"（a）货币储藏"。第46卷没有提示相关线索。

89. 第46卷第366页脚注47标注的斯密《国富论》的版本信息是1848年伦敦版第3卷第3章。根据 MEGA2/II/15 第1087页注释321.33—41及第1300页的文献索引，马克思在手稿中用的是《国富论》1802年5卷本法文版的摘录③；《国富论》的英文版有两个，一个是1776年的两卷本④，另一个是1848年的一卷本。恩格斯摘错了马克思引文的版本信息，应该将其更正为"1802年巴黎版第3卷第454—455页"。第46卷没有相关说明。

90. 根据 MEGA2/II/15 第1088页注释323.1—7，第46卷第368页第2段的文本内容，可参见《资本论》第1卷。第46卷没有提供相关信息。

91. 根据 MEGA2/II/15 第1088页注释324.44及第1294页的文献索引，第46卷第369页脚注48的引文出自路德著作"《论商业与高利贷》（1524年）"，而非"《论商业与高利贷》（1527年）"；马克思在1856—1857年的一个伦敦笔记本中对路德的这部著作作了摘录。第46卷没有把

---

① 恩格斯在编辑《资本论》第2卷时基本没有采用第I稿。
② 参见《马克思恩格斯全集》中文第二版第44卷第166—170页。
③ 马克思在1844年《巴黎笔记本》的两个笔记本及1859—1863年在伦敦的笔记本VII中对《国富论》法文版作过摘录。此外，马克思手头有法文版第3—5卷的样书。
④ 马克思手头可能有该版本的样书。

"1827年"改为"1824年",而且也没有提供马克思对该书作过摘录的相关信息。

92. 第46卷第372页倒数第2行提到"非生产费用"。在《资本论》第3卷1894年印刷版的文本中,马克思用的是法文"fauxfiais"。根据MEGA2/II/15第1089页注释327.1,马克思在《资本论》第1卷中用过"falscher Kosten",并把"fauxfiais"放在它后面的括号中。① 马克思在1852年《宪章派》一文中也用过fauxfiais,括号中有"即生产的一切多余的、非必需的费用"的释义。在《资本论》第2卷第6章②,马克思用了"fauxfiais"这一法文原文。第46卷没有提供相关线索,而且将"falscher Kosten"译为"非生产费用"也是值得商榷的。

93. 根据MEGA2/II/15第1089页注释327.5—9,第46卷第373页前3行(到"这是真正革命化的道路"),可参见《资本论》第1卷。第46卷没有提供相关线索。

94. 第46卷第四篇的最后谈到,"诚然,生息资本也是资本的古老形式。但为什么重商主义不从生息资本出发,反而对生息资本采取攻击的态度,这一点,我们以后就会知道"。根据MEGA2/II/15第1089页注释329.37—39,"以后"指的是第四十七章"资本主义地租的起源"第1节导论中的一大段话,具体来说就是第46卷第886页倒数第1段从"在重农学派那里"开始的那一长段的文本内容。第46卷没有提供这一很有价值的线索。

95. 根据MEGA2/II/15第1089页注释330.1—388.32,马克思后来对第五篇第二十一至二十四章(即马克思1864—1865年手稿的第一部分)作了进一步修改。恩格斯在编辑时遵从的是底稿,但依据马克思的修改稿选择了部分章的新标题,调整了若干段落,修正了基本理论。恩格斯在《资本论》第3卷序言中介绍了他在编辑第五篇时遇到的困难③,但没有提供具体细节。第46卷没有提供这一重要信息。

---

① 意即"虚假费用"。中文版译为"非生产费用"(参见《马克思恩格斯全集》中文第二版第44卷第381页最后1行)。

② 参见《马克思恩格斯全集》中文第二版第45卷149页第6—7行。此处"den fauxfiais der Produktion"被译为"生产上的非生产费用"。

③ 参见《马克思恩格斯全集》中文第二版第46卷第8—9页。

96. 第 46 卷第 379 页第 4 段提到 "这种经济交易作为当事人的意志行为，作为他们的共同意志的表示，作为可以由国家强加给立约双方的契约，表现在法律形式上，这些法律形式作为单纯的形式，是不能决定这个内容本身的。这些形式只是表示这个内容。这个内容，只要与生产方式相适应，相一致，就是正义的"。根据 MEGA2/II/15 第 1090 页注释 331.30—35，相关内容可参见《资本论》第 1 卷。鉴于国内外学者在探讨马克思正义思想时围绕这段话的理解（特别是关于 "这个内容" 的理解）存在分歧，MEGA2/II/15 的这个注释很有价值。第 46 卷没有提供相关线索。

97. 第 46 卷第 394 页脚注 57 是出自匿名著作的一段引文："收取利息的合理性，不是取决于借债人是否赚到利润，而是取决于它（所借的东西）如果使用得当，能够生产利润。"在 1894 年《资本论》第 3 卷印刷版中，该脚注的引文内容没有用引号，而是以英文原文的形式出现：The equitableness of taking interest depends on a man's making profit, but upon its (des Geborgten) being capable of producing profit, if rightly employed。其中 its 后面加了括号，括号中马克思以 des Geborgten 这一德文词对 its 作了解释。德文版第 25 卷将这段英文译成了德文，为了与后面德文的说明性文字 "这部匿名著作的作者是约·马西" 相区别，德文译文被放入引号中。第 46 卷遵从第一版第 25 卷，依照德文版第 25 卷的德译文进行转译，与英文原文有所出入。比如英文原文中并无 "借债人" 一词，用的是 "a man"。其实德译文中也没有出现 "借债人" 一词，用的是 "jemand"。第一版第 25 卷的译文之所以出现 "借债人"，大概与参照俄文版有关。而第二版第 46 卷以及声称参照 MEGA2/II/15 的《马克思恩格斯文集》第 7 卷①的译文完全照搬了第一版第 25 卷。根据 MEGA2/II/15 第 1091 页注释 344.35，《资本论》第 3 卷 1894 年版的英文与匿名著作中的英文原文仍有出入，最主要是在原文中 "a man's making profit" 后面还有一个修饰性状语 "by what he borrows"，意即 "一个人是否因借什么东西而赚到利润"。正是因为省了这个修饰语，恩格斯才在 its 后面加一个德文解释。按照匿名著作的原文，这段话应该译成 "收取利息的合理性，不

---

① 参见《马克思恩格斯文集》第 7 卷第 1034 页。

是取决于一个人是否因借什么东西而赚到利润，而是取决于这个东西有产生利润（只要使用得当）的潜能"。显然，根据原文，所借的东西可能是金钱（这是最大的可能性），也可能是实物形态的生产资料，而"借债人"只意味着"借钱"这一种可能性。

98. 根据 MEGA2/II/15 第 1091 页注释 344.39，第 46 卷第 394 页脚注 58 并非对匿名著作的直接引用，而是马克思用英文对相关内容作的转述。德文版第 25 卷将其译成德文并放到引号中，导致后来的版本（包括第 46 卷和《马克思恩格斯文集》第 7 卷）以讹传讹。

99. 根据 MEGA2/II/15 第 1092 页注释 346.23—29，第 46 卷第 397 页第 2 段第 5—9 行关于蒲鲁东的文本内容，可参见第 46 卷第 387 页第 2 段至第 388 页第 1 段。第 46 卷没有提供相关线索。

100. 第 46 卷第 398 页第 4、7、14、15 行出现了 4 个"在可能性上（potentiell）"和 1 个"潜在地（latent）"。根据 MEGA2/II/15 第 1092 页注释 347.4、5、8、18，可参见《资本论》第 2 卷恩格斯所作脚注 6（a）[①] 的相关说明。第 46 卷没有提供这一有价值的线索。

101. 第 46 卷第 401 页倒数第 4 行括号中提到"这部分我们以后加以说明"。根据 MEGA2/II/15 第 1092 页注释 349.23—24，"以后"是指第 431 页第 2 段开始到第二十三章结束的文本内容。第 46 卷没有提供这一重要线索。

102. 第 46 卷第 403 页第 3 段开头提到"我们现在就来较详细地考察一下利息和平均利润率有关这个情况"。根据 MEGA2/II/15 第 1093 页注释 351.3—4，马克思是从第 405 页最后 1 段开始考察的。第 46 卷没有提供这一线索。

103. 第 46 卷第 404 页第 2—3 行提到"对这种周期作进一步的分析，则不属于我们的考察范围"。根据 MEGA2/II/15 第 1093 页注释 351.16—19，可参见第 941 页第 2 段，在那里马克思谈到了对此问题不作考察的理由，即"竞争的实际运动在我们的计划范围之外"。第 46 卷没有提供这一很有价值的线索。

104. 相对于第一版第 25 卷，第 46 卷的尾注 185 是一个原创性的编辑

[①] 参见《马克思恩格斯全集》中文第二版第 45 卷第 91 页。

成果。根据尾注185，第46卷第406页中间对马西著作的引文"采自马克思《政治经济学批判（1861—1863年手稿）》第XXI笔记本第1300页"。实际上，第46卷多处引文都是采自《政治经济学批判（1861—1863年手稿）》。比如，根据MEGA2/II/15第1093页注释352.12—30，第405页第2段对拉姆赛的一大段引文，就是采自《政治经济学批判（1861—1863年手稿）》①。显然，由于没有依据MEGA2，第46卷类似尾注185的注释就有很强的随意性。从科学编辑的角度，类似的尾注要么不加，要么全加，而应避免随意性。

105. 第46卷第406页脚注66提到"1844年夏季的铁路欺诈"。根据MEGA2/II/15第1095页注释353.39—40，"铁路欺诈（Eisenbahnschwindel）"可参见MEGA2/II/15第1049页注释128.29。在MEGA2/II/15文本卷中，128.29页（即第46卷第141页）也出现了Eisenbahnschwindel这个词，第46卷以及第一版第25卷将其译为"铁路投机"。显然，"铁路投机"是更为贴切的翻译。马克思在1850年11月发表的"国际述评（三）"中也提到了铁路投机："铁路投机的繁荣时期是1845年夏秋两季。当时股票价格不断上涨，投机者的利润很快地把各个阶级都卷入了这个旋涡。"② 第46卷没有提供相关信息，而且在同一卷中出现了译文不统一的现象。

106. 第46卷第408页倒数第6行提到"我们以后会知道，在剩余价值分割为地租和利润时，会出现同样的情况"。根据MEGA2/II/15第1096页注释355.19—20，"以后"是指第46卷第三十七章的开头部分（即第693页至第700页第1段）及第三十八章。第46卷没有提供相关线索。

107. 第46卷第411页第2段开头提到，"我们已经知道，生息资本虽然是和商品绝对不同的范畴，但却变成特种商品，因而利息就变成了它的价格"。根据MEGA2/II/15第1096页注释357.21—23，"已经知道"是指第二十一章。第46卷没有相关提示。

108. 根据MEGA2/II/15第1096页注释360.17—388.27，第二十三、

---

① 具体位置在MEGA2/II/3.5第1797页的24—41行。
② 《马克思恩格斯全集》中文第一版第7卷第493页。

二十四这两章已在1893年7月的《新时代》发表。第46卷没有提供相关信息。

109. 根据MEGA2/II/15第1097页注释363.29—34，恩格斯在编辑《资本论》第3卷时将马克思的"企业收入"的概念替换成了"企业主收入"（参见第46卷第419页第5行）。第45卷没有相关说明。

110. 第46卷第432页有关于蒙森著作《罗马史》的引文。根据MEGA2/II/15第1098页注释375.6—7，马克思在《资本论》第1卷中也逐字逐句地引用了蒙森①。第46卷没有相关提示。

111. 第46卷第432页有对亚里士多德著作《政治学》（贝克尔编，第1册第7章）的引文。根据MEGA2/II/15第1099页注释375.9—23，马克思的引文既有希腊原文，也有（在括号中）相应的译文。译文出自阿道夫·斯塔尔编的的亚里士多德《政治学》8册本（希腊文和德文双语，莱比锡1839年版）。马克思还在括号中补充了关于资本家与工人关系的转译。根据MEGA2/II/15的注释，马克思在1858年就对亚里士多德的《政治学》作了摘录，在1859—1863年伦敦笔记本VII的摘录部分（即该笔记本的第238—241页），马克思又重新对《政治学》第1册作了摘录。第46卷没有提供相关信息。

112. 第46卷第435—436页4次提到"合作工厂"。根据MEGA2/II/15第1100页注释377.11—12，378.3、6、24，"合作工厂（Kooperativ—Fabriken）"可参见第46卷第100页第11行的"罗奇代尔的工厂"。第46卷尾注57对"罗奇代尔的工厂"有一个说明，但说明中并没有提到"合作工厂"，读者很难将二者联系起来。MEGA2注释的价值由此可见一斑。

113. 根据MEGA2/II/15第1100页注释379.11—16，第46卷第437页第2段第1—4行的文本内容，可能是暗指洛贝尔图斯的《致基尔希曼的社会书信》（柏林1851年版）。第46卷没有相关提示。

114. 第46卷第438页有对匿名著作《西蒂区②，或伦敦营业生理学；附交易所和咖啡馆概述》（1845年伦敦版）的引文。第一版第25卷的文

---

① 参见《马克思恩格斯全集》中文第二版第44卷第199页脚注43。
② "西蒂区"是the city of London的音译，即"伦敦城"。

献索引列了该书的英文书名①,但没有作者信息。可能是觉得没有作者信息的文献索引价值不大,第 46 卷的编者干脆删掉了该条文献索引。MEGA2/II/15 第 1101 页注释 380.11—18、第 1269 页的人名索引和第 1290 页的文献索引提供了相关信息:该书作者是 David Morier Evans(1819—1874),马克思 1851 年在《伦敦笔记本》的笔记本 VI 中对该书作了摘录。应该说这些信息是很有价值的。

115. 根据 MEGA2/II/15 的文本 385.29 及第 1104 页注释 385.29,第 46 卷第 446 页 12—13 行括号中的引文出处是"乔治三世第 26 号法令第 31 章"。德文版第 25 卷相应的文本是"Act 26 Georg III., Kap. 31."。中文第一版第 25 卷的尾注 113 提供的引文出处是"Anno 26 Georgii III., Regis, cap. 31."②,遵从的是俄文版的错误信息。以讹传讹的结果是,中文第一版第 25 卷和中文第二版第 46 卷关于引文出处的译文都成了"乔治三世第二十六年第 31 号法令"。《马克思恩格斯文集》第 7 卷第 446 页的引文出处与中文第一版第 25 卷和中文第二版第 46 卷完全一样。虽然《马克思恩格斯文集》第 7 卷题注中说中译文是"根据民主德国统一社会主义党中央马列主义研究院编辑出版的《马克思恩格斯全集》德文版第 25 卷并参考《马克思恩格斯全集》历史考证版第 2 部分第 15 卷重新校订的",至少从此处来看并没有说到做到。

116. 根据 MEGA2/II/15 第 1104 页注释 385.32—37,第 46 卷第 446 页的倒数第 3 段关于皮特的引文,是转引自罗德戴尔的著作《论公共财富的性质和起源》(1808 年巴黎版)第 178—179 页。第 46 卷没有相关说明。

117. 第 46 卷第 446 页最后 1 行有"柴尔德这个现代银行业之父"的说法,第 681 页又把柴尔德称为"现代英国私人银行之父"。关于谁是"现代银行之父",其实有不同的说法。根据 MEGA2/II/15 第 1105 页注释 386.6—7,马克思的说法取自 David Morier Evans。Evans 在其著作《西蒂区,或伦敦营业生理学;附交易所和咖啡馆概述》(1845 年伦敦版)中,把乔赛亚·柴尔德爵士和托马斯·格雷沙姆爵士看作是第一批私人银行

---

① 参见第一版第 25 卷第 1095 页。

② 参见第一版第 25 卷第 1047 页。

家。马克思 1851 年在《伦敦笔记本》的笔记本 Ⅵ 中对 Evans 著作作摘录时，记下了 Evans 的这一说法。第 46 卷没有提供相关信息。

118. 第 46 卷第 448 页第 4—7 行提到弥勒方法的浪漫主义。根据 MEGA2/Ⅱ/15 第 1106 页注释 387.12—17，马克思在《资本论》第 1 卷中提及过弥勒的浪漫主义①。第 46 卷没有相关提示。

119. 第 46 卷第 449 页第 1—2 行提到"利润率不会降低的观念，是普赖斯所说的级数的基础"。根据 MEGA2/Ⅱ/15 第 1107 页注释 388.2—3，这一论断可参见第 46 卷第 231 页第 6—11 行的文本内容。第 46 卷没有相关提示。

120. 根据 MEGA2/Ⅱ/15 第 1108 页注释 389.3—4，在第 46 卷第 450 页第 1 句话"详细分析信用制度和它为自己所创造的工具（信用货币等），在我们的计划之外"中，形容词"详细的"②是恩格斯加的，而这与马克思的"六册计划"有关。第 46 卷没有对此加以说明。

121. 根据 MEGA2/Ⅱ/15 第 1111 页注释 393.28—32，第 46 卷第 453 页第 1 段提到的"我们在前一篇（第十九章）已经看到，实业家的准备金的保管，货币出纳、国际支付和金银贸易的技术性业务，怎样集中在货币经营者的手中"，可具体参见第 46 卷第 353—354 页那一大段的文本内容。第 46 卷没有提供相关线索。

122. 根据 MEGA2/Ⅱ/15 第 1113 页注释 396.31，第 46 卷第 456 页第 18 行括号中标注的引文页码应为第 119—120 页，而非 120 页；倒数第 8 行括号中标注的引文页码应为第 123—124 页，而非 123 页。类似的情况第 46 卷都不动声色地改正了过来，如第 455 页第 10 行括号中"第 4645 号"就是由"第 4656 号"改正过来的。类似的例子还有很多，就不再一一列举。但这两处没有改正，也没有加以说明，因为中文版编者没有再次去核对原文。MEGA2 编辑者重作了费时费力的核对原文工作，体现了科学严谨的编辑态度，中文版编者理应以崇敬的心态予以吸收。

123. 第 46 卷包括第 457 页的多处有对《通货论》一书的引文。根据

---

① 参见《马克思恩格斯全集》中文第二版第 44 卷第 147 页脚注 81。

② 中译文对句式作了必要的调整，将动词"分析"译成了名词，相应地，"详细"就成了副词。

MEGA2/II/15 第 1115 页注释 397.37，对于《通货论》的书名，《资本论》第 3 卷 1894 年印刷版用的是"The Currency Question Reviewed"（意即"评通货问题"），而原书的书名是"The Currency Theory Reviewed"，第 46 卷和第一版第 25 卷的文献索引都不动声色地改正过来。但书名应译为"评通货论"。而 MEGA2/II/15 第 1289 页的文献索引，马克思 1851 年在《伦敦笔记本》的笔记本 VII 作过该书的摘录。第 46 卷没有提供相关信息。

124. 根据 MEGA2/II/15 第 1116 页注释 399.1—2，第 46 卷第 459 页第 2 行提到的"按照《商业危机》① 1848—1857 年第 1059 号提问的记载"，即来自《上院秘密委员会报告》（1848 年 7 月 28 日）。第 46 卷第 1134 页关于《上院秘密委员会报告》的文献索引中有第 459 页的提示，但读者在阅读正文文本时，是很难将两者联系起来的。其实，第 46 卷只需要加一个尾注即可。

125. 根据 MEGA2/II/15 第 1118 页注释 400.21—28、400.26、400.28，第 46 卷第 460—461 页那一段的资料出自《上院秘密委员会第 1 号报告》（1848 年 6 月 8 日），而依据该报告，第 46 卷第 460 页倒数第 1 行的数字"1358288"应为"1348188"，因而合计应为"114752255"。

126. 第 46 卷 461 页有一大段引文，是出自 1847 年② 11 月 24 日的《曼彻斯特卫报》。根据 MEGA2/II/15 第 1118 页注释 400.37—401.21，这段引文出自该报 1847 年 11 月 24 日第 4 页第 5 栏的文章"与印度的贸易"，引文是转引自图克著作《价格和流通状况的历史。1839—1847 年》（1848 年伦敦版）第 327 页。第 46 卷没有提供相关信息。

127. 第 46 卷第 474 页第 12 行提到"我们以前已经指出"。根据 MEGA2/II/15 第 1132 页注释 411.17—20，"以前"指的是第二十四章。第 46 卷没有相关提示。

128. 从 MEGA2/II/15 第 1142 页注释 429.35—430.5 可知，MEGA2/II/15 编者赞同吕贝尔在其编辑的《资本论》第 3 卷版本中的评注，即第

---

① 原文是 CD（commerce distress），即商业萧条灾难。
② 《资本论》第 3 卷 1894 年印刷版的文本显示的是"1848 年"，第 46 卷和第一版第 25 卷都不动声色地将其更正为"1847 年"。

46卷第497页中间那段话中，三个"er"是恩格斯对马克思手稿的辨识错误，应为三个"es"。好在第46卷以及第一版第25卷都将其译为"它"而非"他"，这可能是受了俄文版的影响。

129. 根据 MEGA2/II/15 第 1142 页注释 430.28—29、431.1—10，第46卷第498页倒数第7—13行关于"剥夺剥夺者"的论述，可参见第44卷第874—875页。对这一有价值的线索，第46卷没有相关提示。

130. 第46卷第500页倒数第2行提到"约翰·罗"。根据 MEGA2/II/15 第 1143 页注释 432.39，马克思在《1850—1853年伦敦笔记本》中，特别是在对詹姆斯·斯图亚特《政治经济学原理研究》的摘录笔记（续）中包含了马克思对"罗的银行和伎俩"这部分内容的大量摘录。第46卷没有提供相关信息。

131. 根据 MEGA2/II/15 第 1144 页注释 433.9，注释 434.3，注释 434.3、4—5、8，第46卷第502页提到的"铸币"、"流通手段"、"支付手段"，可参见《资本论》第1卷①。第46卷没有提供这一有价值的线索。

132. 第46卷第513页倒数第2段提到"货币主义（Monetarsystem）"。相对于第一版第25卷，第46卷加了个尾注229，这是一个原创性的编辑成果。不过 MEGA2/II/15 第 1146 页注释 433.1—2 提供了更进一步的信息，即马克思是在《巴黎笔记本》对斯密《国富论》作摘录时接受"货币主义"概念的。

133. 第46卷第522页第二十八章的最后写道："紧迫无论如何不是由商品资本的缺少引起的。以后我们还要回头来讨论这个问题。"首先，将"Klemme"译为"紧迫"令人莫名其妙，应译为"紧缩"②；"紧迫无论如何不是由商品资本的缺少引起的"应译为"无论如何，商品资本的短缺不会导致（货币信贷的）紧缩"。其次，根据 MEGA2/II/15 第 1147 页注释 450.18—20，"以后"是指第46卷第547页中间那1段、第582页第3段以及第662—666页的文本内容。第46卷没有提供相关线索。

134. 第46卷第549页第4—6行提到图克的《价格史》。根据

---

① 参见《马克思恩格斯全集》中文第二版第44卷第147—152、124—152、158—166页。
② 第46卷第550页将 Klemme 译成"货币紧迫"，已接近通货紧缩的意思。

第 13 章 《资本论》第 3 卷的注释

MEGA2/II/15 第 1152 页注释 481.29—31 以及第 1301 页的文献索引,马克思 1857—1858 年在伦敦的一个摘录笔记本中,对图克的《价格史(1793—1837 年)》(1838 年伦敦版)作了摘录。第 46 卷只在第 1126 页的文献索引中列举了该书及对应的正文页码(包括第 549 页),但没有提供进一步的信息。

135. 第 46 卷第 549 页倒数第 1—2 行提到"正如以后将要看到的,在这样的情况下,借贷货币资本的供给也会实际增加"。根据 MEGA2/II/15 第 1152 页注释 482.17—19,"以后"是指第 586—587 页那两大段的文本内容。第 46 卷没有提供这一线索。

136. 第 46 卷第 557 页第 1 行括号中提到"下面还要谈到这一点"。根据 MEGA2/II/15 第 1155 页注释 488.16,"下面"是指第 585—586 页那一大段。第 46 卷没有提供相关线索。

137. 第 46 卷第 557 页倒数第 2 行提到"算总账"。"算总账"的德文原文是"Rechnung mit dem Himmel"。根据 MEGA2/II/15 第 1156 页注释 489.5—6,马克思"算总账"的说法是有典故的,它出自席勒一首关于命运的诗歌。第 46 卷没有提供相关线索。

138. 第 46 卷第 565 页第 2 行提到"我们已经看到"。根据 MEGA2/II/15 第 1159 页注释 495.3—6,可参见第 550—551 页那一大段的文本内容。第 46 卷没有提供相关线索。

139. 第 46 卷第 569 页第 2 行提到"我们已经看到"。根据 MEGA2/II/15 第 1160 页注释 498.24—27,可参见第 401—405 页的文本内容。第 46 卷没有提供相关线索。

140. 第 46 卷第 574 页第 3—4 行提到"像已经证明的那样"。根据 MEGA2/II/15 第 1160 页注释 502.35—36,可参见第 539—542 页及第 568—569 页的文本内容。第 46 卷没有提供相关线索。

141. 第 46 卷第 575 页第 4—5 行提到"像上面已经说明的那样"。根据 MEGA2/II/15 第 1160 页注释 503.39—31,"上面"是指第 533—535 页的文本内容。第 46 卷没有提供相关线索。

142. 第 46 卷第 578 页第 1—2 行提到"前面已经说过"。根据 MEGA2/II/15 第 1161 页注释 505.15—17,"前面"是指第 541—542 页的文本内容。第 46 卷没有提供相关线索。

143. 第 46 卷第 579 页倒数第 10 行提到"我们在前面也曾指出"。根据 MEGA2/II/15 第 1162 页注释 507.13—17，"前面"是指第 401—405 页的文本内容。第 46 卷没有提供相关线索。

144. 第 46 卷第 581 页倒数第 5 行提到"对资本的需求（Nachfrage nach Kapital"（该处"对资本的需求"是加了引号的）。根据 MEGA2/II/15 第 1163 页注释 509.4—5，在马克思前面（即第 478 页）的引文中提到过"对资本的需求"。第 46 卷没有提供相关线索。

145. 第 46 卷第 583 页第 5 行提到"以前已经说明"。根据 MEGA2/II/15 第 1163 页注释 510.10—12，"以前"是指第 385—386 页那一大段的文本内容。第 46 卷没有提供相关线索。

146. 第 46 卷第 586 页第 2—3 行提到"对亚洲来说，一切资本主义国家大都同时直接或间接地是它的债务国"。根据 MEGA2/II/15 第 1163 页注释 512.29—31，可参见《资本论》第 1 卷的相关内容。第 46 卷没有提供相关线索。

147. 第 46 卷第 586 页第 8—9 行提到"每一个人都是一手接受信用，另一手给予信用"。根据 MEGA2/II/15 第 1163 页注释 512.38—39，第 542 页倒数第 5—6 行有同样的说法。这是一条有价值的线索，但第 46 卷没有提供相关信息。

148. 第 46 卷第 593 页第 11 行提到"一便士邮政制"。MEGA2/II/15 第 1165 页注释 518.3 对此作了说明。第 46 卷没有对此加注。其实如果将"Penny—Briefporto"译成"一便士邮资制"，不需要注释，读者即可明白其含义是"平信邮资只要一便士英镑"。但没有注释读者就很难明白"一便士邮政制"是什么。

149. 第 46 卷第 598 页第 9 行提到"全面追逐（vollständiges Kirchthurmrenn）"。根据 MEGA2/II/15 第 1169 页注释 522.10，"追逐"是指英国的"steeple chase"（即"障碍赛马"）。第 598 页关于危机的这段话是恩格斯补充的，而恩格斯在《反杜林论》中也有类似的说法："运动逐渐加快，慢步转成快步，工业快步转成跑步，跑步又转成工业、商业、信用和投机事业的真正障碍赛马中的狂奔，最后，经过几次拚命的跳跃重新陷入崩溃的深渊。"① 不过恩格斯用的是"vollständigen Steeplechase",中译文是"真正障碍赛马"。为了译名的统一,也为了便于读者理解,此处应译为"将会发生追逐市场上现有支付手段即银行券的真正障碍赛马"。

150. 第 46 卷第 607 页第 9 行提到"《金融大骗案》"。根据 MEGA2/II/15 第 1174 页注释 529.36 以及 1293 页的文献索引,它指 Seton Laing 的 *The Great City Frauds of Cole, Davidson, [And] Gordon, Fully Exposed*(1856年伦敦版)。第 46 卷没有提供相关信息。

151. 第 46 卷第 611 页第 10—11 行提到"我们在上面已经看到,银行券的发行并不是在一切场合都意味着资本的贷方"。根据 MEGA2/II/15 第 1178 页注释 353.9—10,"上面"是指第 599 页最后 1 段至第 603 页第 1 段。第 46 卷没有提供相关线索。

152. 根据 MEGA2/II/15 第 1183 页注释 543.30,第 623 页表 I 中 1839 年 9 月 1 日"价格(不变的)"一栏应为"—"而非"2"。在第 46 卷的该表中,有好几处都根据《银行法特别委员会的报告》作了不动声色的改正,但此处没有改正。

153. 根据 MEGA2/II/15 第 1184 页注释 545.7—22,第 46 卷第 625 页最后 1 段关于银从英国大量流向印度和中国以及通货理论的代表人物对此所作的说明,可参见马克思 1851 年 2 月 3 日写给恩格斯的信。第 46 卷没有相关线索的提示。

154. 根据 MEGA2/II/15 第 1185 页注释 546.2,第 46 卷第 626 页中间引文中第 7 行的"627042 包"应为"629042 包",是资料来源出现的加总错误;根据 MEGA2/II/15 第 1185 页注释 546.3、11,第 626 页倒数第 4、10 行的"1848 年 3 月 7 日"都应为"1848 年 3 月 3 日"。第 46 卷没有加以改正,也没有相关说明。

155. 根据 MEGA2/II/15 第 1192 页注释 544.35—36,第 46 卷第 636 页第 14 行提到的"我们已经看到"是指第三十三章。第 46 卷没有相关提示。

156. 第 46 卷第 637 页第 1 段提到,"上面已经谈到,苏格兰各银行

---

① 参见《马克思恩格斯全集》中文第一版第 22 卷第 301 页。

由于1845年的银行法而被迫采用一种和英格兰的制度近似的制度"。根据MEGA2/II/15 第1193页注释555.11—13,"上面"是指第594—595页的文本内容。第46卷没有提示相关线索。

157. 根据《资本论》第3卷1894年印刷版,第46卷第637页第1段第4行括号中的资料来源是"《银行委员会》1857年"。第一版第25卷就是这样翻译的①。第46卷将其更正为"《商业危机》1848—1857年"。根据MEGA2/II/15 第1193页注释555.16,第46卷的这一更正是准确的。当然,在没有依据MEGA2/II/15的情况下,这一更正也是原创性的编辑成果。不过需要说明的一点是,第46卷从恩格斯的序言开始,都把"《商业危机》1848年、1857年"译成"《商业危机》1848—1857年",是具有误导性的。前者意味着《商业危机》的报告是1848年刊印、1857年重印(就好比是著作的第二版),后者读者会认为是关于1848—1857年的报告②。

158. 第46卷第637页倒数第2段和倒数第1段都是对《经济学家》文章的引用,不过这两处引文并非出自同一篇文章。根据MEGA2/II/15第1194页注释555.33—38、注释555.39—556.1、注释556.1—8以及第1297、1300页的文献索引,第一处引文出自《经济学家》1847年5月8日的文章"当前的危机,其特征及救治",第二处引文出自《经济学家》1847年10月23日的文章"苏格兰银行票据:1845年",马克思1851年在《伦敦笔记本》的笔记本V中对这两篇文章都作了摘录。第46卷没有提供相关信息,这会使读者很容易误会两处引文出自同一篇文章。

159. 根据MEGA2/II/15 第1197页注释562.32,第46卷第646页脚注15的第3条中"1853年和1854年"应为"1854年和1855年"。第46卷没有加以更正。

160. 第46卷第653页倒数第4—5页提到"至少在以前所说的情况下"。根据MEGA2/II/15 第1200页注释568.28—30,"以前"指的是第

---

① 参见《马克思恩格斯全集》中文第一版第25卷第637页。
② 按照恩格斯序言中的说法(第46卷第11页),《资本论》第3卷引用的4个会议报告中前2个都是《商业危机》,只不过第一个是"第1号报告",刊印于1848年6月8日,是关于1847—1847年商业危机的报告;第二个报告刊印于1848年7月28日,重印于1857年,而非关于1848—1857年商业危机的报告。

646—647 页"另一方面"那一段话。第 46 卷没有提供相关线索。

161. 第 46 卷第 654 页倒数第 10 行提到"40 年代在英国出现铁路热"。根据 MEGA2/II/15 第 1200 页注释 569.17,可参见随后几页即第 656 页中间引文中的一段话:"在接连 3 年、4 年或 5 年内,你们把 3000 万镑投在铁路上,并且几乎全部用在工资上。你们在 3 年期间,在铁路建筑、机车制造、车辆制造、车站建筑上维持的人数,比所有工厂区合起来还要多。"这一参照提示是有价值的,第 46 卷没有加注。

162. 根据 MEGA2/II/15 第 1205 页注释 580.24—29,第 46 卷第 667 页倒数第 2 段关于重金属出口的说明,是马克思取自《英国上个 15 年每年统计摘要(1847—1861 年)》(1862 年伦敦版)第 46 页。第 46 卷没有提供相关信息。

163. 第 46 卷第 668 页倒数第 11—12 行提到,印度因为"德政(gute Regierung)"①等而向英国支付约 500 万镑的贡赋。根据 MEGA2/II/15 第 1206 页注释 581.16,前面第 659—660 页那一大段详细谈过这一点。第 46 卷没有提供这一线索。

164. 根据 MEGA2/II/15 第 1207 页注释 583.22—602.20,第三十六章在马克思手稿基础上由恩格斯作了较大修改,不过标题得到了保留。第 46 卷没有提供相关信息。

165. 第 46 卷第 671 页第 2 段开头提到"高利贷资本的存在所需要的只是,至少已经有一部分产品转化为商品"。根据 MEGA2/II/15 第 1207 页注释 583.30—31,该论断《资本论》第 1 卷已有论述。第 46 卷没有相关提示,而对前一段内容则加了尾注 260,提示参见《资本论》第 1 卷的相关论述。这显然体现了注释的随意性。

166. 第 46 卷第 673 页第 12—14 行提到"一旦罗马贵族的高利贷把罗马的平民,小农彻底毁灭,这种剥削形式也就到了末日,纯粹的奴隶经济就取代了小农经济"。根据 MEGA2/II/15 第 1207 页注释 585.21—24,这一论述可参见特奥多尔·蒙森的《罗马史》(第 2 版第 1 卷,1856 年柏林版)第 832 页。第 46 卷没有提供相关信息。

167. 根据 MEGA2/II/15 第 1208 页注释 588.13—15,第 46 卷第 676

---

① 更好的译文选择是"善治"。

页倒数第6—8行关于货币储藏的说法，可参见《资本论》第1卷。第46卷没有提供相关信息。

168. 根据MEGA2/II/15第1208页注释589.2—11，第46卷第677页倒数第5—12行关于罗马贵族使平民变成债务奴隶的叙述，无法查明资料来源（并非出自蒙森的《罗马史》）。第46卷根本没有想到要对这段叙述加注。

169. 第46卷第677页倒数第4—5行提到"在查理大帝统治下，法兰克的农民也是因战争而破产的，他们除了由债务人变为农奴外，再没有别的出路"。根据MEGA2/II/15第1208页注释589.11—13以及第1292页的文献索引，这一论述可参见休耳曼的著作《德国阶层起源史》（1830年柏林版）第201页，而且马克思在1851—1852年的摘录笔记本XVII第17页对该处作了摘录。第46卷没有提供相关信息。

170. 第46卷第680页第9行提到"12世纪和14世纪在威尼斯和热那亚设立的信用组合（Kreditassociation）①"。根据MEGA2/II/15第1209页注释591.20—21，这一说法可参见奥日埃《论公共信用及其古今史》（1842年巴黎版）第200—202页，也可参见第46卷第691页中间对奥日埃著作的引文。第46卷没有提供相关线索。

171. 第46卷第681页第3—4行引用了托利党人的话。根据MEGA2/II/15第1209页注释592.5—8，引文出自英国历史学家托马斯·麦考莱的著作《詹姆斯二世登基以来的英国史》第4卷（1855年伦敦版）第499页。第46卷没有提供相关信息。

172. 根据MEGA2/II/15第1210页注释592.9—11，第46卷第5—6行关于"阿姆斯特丹银行（1609年），和汉堡银行（1619年）一样，并不标志着现代信用制度发展中的一个时代"的说法，出自Johann Büsch的《银行和铸币业全书》（1801年汉堡版）第160—163、215—217页。第46卷没有相关提示。

173. 第46卷追随第一版第25卷，在尾注269中注明，不能肯定第682页第4行括号中《对银行利息的错误看法》这一匿名著作的作者就是托马斯·曼利。MEGA2/II/15第1210页注释593.2—3则提供了进一步的

---

① 应译为"信用协会"。

信息，把曼利看作是该书的作者，出自柴尔德《论商业》一书的序言。

174. 第46卷第682页倒数第2—3行提到"英格兰银行和苏格兰银行的创始人，苏格兰人威廉·帕特森"。根据MEGA2/II/15第1211页注释593.33—35，马克思在《1850—1853年伦敦笔记本》摘录约翰·弗兰西斯著作《英格兰银行史：其时代和传统》的笔记本中，对帕特森作了笔记，诸如帕特森不仅是英格兰银行和苏格兰银行的奠基人，而且也是在巴拿马达连省从事殖民活动的"达连公司"的推动力量。第46卷没有提供相关信息。

175. 根据MEGA2/II/15第1213页注释596.18—23，第46卷第686页第6—8页提到的"我们已经知道——"，是指第194页下面两段的文本内容。第46卷没有提供相关线索。

176. 根据MEGA2/II/15第1213页注释597.19，第46卷第687页第9行提到的"无息贷款"，可参照第386—388页关于蒲鲁东著作《无息贷款。弗·巴师夏先生和蒲鲁东先生的辩论》（1850年巴黎版）的相关论述。第46卷对"无息贷款"加了尾注，但没有提供参照前文文本的提示。

177. 第46卷第689页第11行提到"前面已经指出"。第46卷的编辑者遵从第一版第25卷，在此处加了一个脚注，提示参见本卷第388—392页。但根据MEGA2/II/15第1215页注释599.11—14，参见的内容应该是第408—414页、第542—548页、第552—556页、第560—561页、第586—587页。

178. 根据MEGA2/II/15第1217页注释602.6，第46卷692页第1段引文的出处是第233页，而非第232、233页。第46卷没有加以改正。

179. 第46卷编辑者对从第693页开始的第六篇加了尾注279，提示"关于本篇的写作和编辑工作情况，见马克思1866年2月13日给恩格斯的信，1870年1月24日给塞·德巴普的信，恩格斯1886年11月9日给丹·弗·丹尼尔逊的信"。相对于第一版第25卷，这是一个原创性的编辑成果。不过MEGA2/II/15第1217页注释602.21—22进一步提示，关于本篇的结构划分，可参见第46卷第821页中间的相关说明。根据MEGA2/II/15第1217页注释602.21—757.27，恩格斯对第三十七章至四十六章的文本内容（特别是第四十三章）作了较大的干预。第46卷没有作相关说明。

180. 根据 MEGA2/II/15 第 1218 页注释 602.28—31，第 46 卷第 693 页倒数第 9—10 行关于"我们假定，农业和制造业完全一样受资本主义生产方式的统治，也就是说，农业是由资本家经营"的说法，可参见《资本论》第 1 卷第二十四章第 4 节"资本主义租地农场主的产生"①。第 46 卷没有提供相关信息。

181. 根据 MEGA2/II/15 第 1218 页注释 603.19—21，第 46 卷第 694 页第 4—5 行关于"在农业中，它（资本主义生产方式）是以农业劳动者被剥夺土地并从属于一个为利润而经营农业的资本家为前提"的说法，可参见《资本论》第 1 卷第二十四章第 2 节"对农村居民土地的剥夺"②。第 46 卷没有提供相关信息。

182. 第 46 卷编辑者对第 696 页第 3—5 行那句话加了尾注 282，相对于第一版第 25 卷，这是一个原创性的编辑成果。MEGA2/II/15 没有对此加注，不过 MEGA2/II/15 第 1219 页注释 605.9—10 对第 4 行的"有机的社会秩序解体"作了注释，指出马克思在《评阿·瓦格纳的"政治经济学教科书"》中也有类似的表述③。如果把这两个注结合起来，无疑为读者提供了更多有用的信息。

183. 第 46 卷第 696 页倒数第 5 行提到"克兰的所有权"。第一版第 25 卷只对"克兰"加了脚注"即氏族"。第 46 卷有所改进，对"克兰"作了较为详细的尾注 283。而 MEGA2/II/15 是对"克兰的所有权"加注。根据 MEGA2/II/15 第 1219 页注释 605.25，马克思在 1853 年"选举。——财政困难。——萨特伦德公爵夫人和奴隶制"一文中探讨过苏格兰的克兰所有权的发展④，而且在《资本论》第 1 卷中摘用了该文的段落⑤。

---

① 参见《马克思恩格斯全集》中文第二版第 44 卷第 851—854 页。
② 参见《马克思恩格斯全集》中文第二版第 44 卷第 823—842 页。
③ "他不了解原始公社这个相互联系的劳动力的共同机体中［劳动过程］的"共同"性，因而也不了解这些劳动力的劳动即劳动力的消耗的"共同"性。"（参见《马克思恩格斯全集》中文第一版第 19 卷第 421 页）
④ 参见《马克思恩格斯全集》中文第一版第 8 卷第 571—572 页。
⑤ 参见《马克思恩格斯全集》中文第二版第 44 卷第 837 页。

第 13 章 《资本论》第 3 卷的注释

184. 根据 MEGA2/II/15 第 1220 页注释 608.17—18，第 46 卷第 699 页倒数第 4—5 行提到的"我们马上会看到，土地价格是怎样决定的"，可参见本卷第 702—704 页。第 46 卷没有提供相关信息。

185. 第 46 卷第 700 页第 6 行提到了詹姆斯·安德森。相对于第一版第 25 卷，第 46 卷的注释（即尾注 290）要更充实详尽。但相对于第 46 卷，MEGA2/II/15 的注释更全面，具有更大的信息量。根据 MEGA2/II/15 第 1220 页注释 608.26—34，马克思早在 1845 年的《曼彻斯特笔记本》中就说，安德森在其 1777 年的《谷物法性质探讨》一书中对地租的真正性质作了首次说明，并在其后来的著作《漫谈农学、博物学、技艺和各类文献》（1799—1802 年）和《关于导致不列颠目前粮荒的情况的冷静考察》（1801 年）中得到了证实；马克思在《大纲》和《1861—1863 年经济学手稿》中，多次评论安德森评是地租理论的创始人。

186. 根据 MEGA2/II/15 第 1223 页注释 612.5—9，第 46 卷第 703 页倒数第 7 行提到的"我们已经知道"，是指本卷第三篇。第 46 卷没有作相关提示。

187. 第 46 卷第 704 页第 7—9 行提到梯也尔的著作。第一版第 25 卷的尾注 172 提示可参见马克思的《论蒲鲁东》① 一文，第 46 卷的尾注 297 提示参见马克思 1848 年的《蒲鲁东反对梯也尔的演说》一文。MEGA2/II/15 第 1223 页注释 612.26—29 首先提示参见马克思的《论蒲鲁东》，然后又提示参见《蒲鲁东反对梯也尔的演说》，显得更为全面。

188. 根据 MEGA2/II/15 第 1223 页注释 613.18—20，第 46 卷第 705 页第 4—5 行提到的"如上所述"，是指本卷第 702—703 页的那两段文本。第 46 卷没有相关提示。

189. 根据 MEGA2/II/15 第 1223 页注释 613.21—23，第 46 卷第 705 页第 6 行提到的"我们已经知道"，是指本卷第 698 页第 2 段从开头到脚注 29 的文本内容。第 46 卷没有相关提示。

190. 根据 MEGA2/II/15 第 1224 页注释 614.19—20，第 46 卷第 706 页第 9 行引用的帕麦斯顿的格言"下院就是土地所有者的议院"无法得到证实，更有可能是马克思作的概括性评论。马克思在写于 1864 年 10 月

---

① 发表于 1865 年。

的《国际工人协会成立宣言》中,以不加引号的方式引用了这句话。第一版第 16 卷对此加了尾注 11,说这是帕麦斯顿 1863 年 6 月 23 日在议会的一次定期会议上讨论爱尔兰租佃者权利问题时的讲话。第 46 卷没有相关说明。

191. 根据 MEGA2/II/15 第 1224 页注释 614.21—26,第 46 卷第 706 页第 2 段的资料来源《工厂视察员报告》指的是《公共卫生。枢密院卫生视察员第 7 号报告》(1865 年伦敦版)。第 46 卷的文献索引只列了《公共卫生。枢密院卫生视察员第 6 号报告》(1864 年伦敦版),对应的正文是本卷第 106—111 页,而非第 706 页。

192. 第 46 卷第 70 页倒数第 6 行提到"议会工资水平调查委员会的报告",第 46 卷遵照第一版第 25 卷对此加了尾注。MEGA2/II/15 第 1224 页注释 615.23—24 则提供了进一步的信息:马克思在《资本论》第 1 卷指出了该报告作为资料来源对于考察工资发展的重要意义①。

193. 根据 MEGA2/II/15 第 1225 页注释 616.9—10,第 46 卷第 708 页第 8 行提到的"争取十小时工作日运动",可参见马克思《资本论》第 1 卷,而第 46 卷没有作相关提示。需要指出的是,Zehnstunden—Agitation 在第一版第 23 卷中被译成"争取十小时工作日运动",而第二版第 44 卷将其改译为"争取十小时工作日的鼓动"。第 44 卷的改译更准确,但第 46 卷却没有与第 44 卷保持一致,仍然沿用第一版第 25 卷的译法。

194. 根据 MEGA2/II/15 第 1226 页注释 616.10—16,在马克思手稿中并没有第 46 卷第 708 页第 10—12 行的附注,附注是恩格斯编辑时添加的。第 46 卷没有作相关说明。

195. 第 46 卷第 708 页倒数第 5—7 行提到,1849—1859 年英格兰农业工人的工资提高了。根据 MEGA2/II/15 第 1226 页注释 616.26—27,马克思在 1865 年 6 月所作的《价值、价格和利润》中提到了工资提高的具体幅度,即大约 40%②,所依据的是发表在《经济学家》1860 年 1 月 21 日的约翰·查默斯·摩尔顿的文章"论农业中使用的动力";马克思在 1864 年 12 月份的一个摘录笔记本中记了这个数字。第 46 卷没有提供相

---

① 参见《马克思恩格斯全集》中文第二版第 44 卷第 640 页。
② 参见《马克思恩格斯全集》中文第二版第 21 卷第 169 页。

关信息。

196. 第46卷第708页倒数第5行提到"爱尔兰的人口外流",其原文是"Exodus aus Irland"。根据 MEGA2/II/15 第 1226 页注释 616.28,Exodus 是旧约中的故事,即"出埃及记";马克思这里指的是 1840 年代爱尔兰人大规模移居美国。第 46 卷没有对此加注,而且将其译成"爱尔兰的人口外流",也无法体现马克思运用"出埃及记"这一典故的用心。最好的处理方式是直译为"爱尔兰人的出埃及记",并加上注释。

197. 第46卷第708页倒数第3—4行提到"异常大量的人口移居"。MEGA2/II/15 第1226页注释616.31 指出,根据《工厂视察员报告。截止到1863年4月30日的半年》,在过去25年间有6百万人移居海外。第46卷没有提供这一更具体的数据信息。

198. 第46卷第708页最后2行指出,"除了1854—1856年歉收时期以外,这个期间的谷物平均价格下降了16%以上"。根据 MEGA2/II/15 页 1226 页注释 616.33—35,马克思在 1864 年 12 月份的那个摘录笔记本中记载,1838—1848 年和 1849—1859 年的小麦平均价格下降了大约15%。第46卷没有相关说明。

199. 第46卷第709页第2—3行提到"他们只好求助于降低生产费用,如大量采用蒸汽发动机和新机器,这些机器,一方面代替了马,把马从经营上排挤出去"。根据 MEGA2/II/15 第 1226 页注释 616.37—40,《经济学家》1860 年 1 月 21 日发表的文章"农业进步和工资"① 有类似的概括;马克思在《1861—1863 年经济学手稿》中也提到了摩尔顿"论农业中使用的动力"的报告②。第 46 卷没有提供相关说明。

200. 根据 MEGA2/II/15 文本卷 617.37 及第 1227 页注释 617.37,第46卷第710页第7行马克思标注的引文作者是约翰·查·摩尔顿,而实际上是约翰·洛·摩尔顿。第46卷遵从第一版第25卷,不动声色地将其更正为约翰·洛·摩尔顿。但由于没有对更正处加注释,读者对于该页第3行"前面引述的"这一说法就会感到费解(即使加了尾注308)。

---

① 该文是对摩尔顿1859年在伦敦技艺学会上的报告"论农业中使用的动力"的摘要。换句话说,"论农业中使用的动力"的报告是以"农业进步和工资"的题目在《经济学家》发表的。

② 参见《马克思恩格斯全集》中文第一版第26卷(下)第490页。

201. 第 46 卷第 716 页倒数第 5—6 行括号中说"我们在论述资本在不同的生产领域的分配时，必须考虑到这一点"。根据 MEGA2/II/15 第 1230 页注释 623.39—40，它是指本卷第 859—862 页的文本内容。第 46 卷没有作相关提示。

202. 第 46 卷第 719 页倒数第 8—9 页指出，"其实，这种说法也适用于任何其他商品，因为产品只有随着构成它的等价物的其他商品系列的数量和种类的增加，才作为商品发展起来"。根据 MEGA2/II/15 第 1230 页注释 626.22—24，这段论述可参见 1859 年《政治经济学批判》①。第 46 卷没有作相关提示。

203. 根据 MEGA2/II/15 第 1230 页注释 627.17—635.26，第三十八章相当于本卷第 821 页关于地租考察计划中"A. 级差地租。1. 级差地租的概念。以水利作为例解。过渡到真正的农业地租"。第 46 卷没有作相关提示。

204. 第 46 卷第 721 页最后 1 行提到"前面已经指出"。第 46 卷遵从第一版第 25 卷，对此加了脚注"见本卷第 193—221 页"。根据 MEGA2/II/15 第 1230 页注释 628.4—5，除了可参见本卷第 193—221 页外，还可参见本卷第 228 页和第 316—318 页。

205. 根据 MEGA2/II/15 第 1231 页注释 633.11、12、17，第 46 卷第 727 页倒数第 2 行的"10 镑"、"15 镑"，倒数第 1 行的"100 镑"，第 728 页第 3 行的"10 镑"，分别应该是"11.5 镑"、"13.5 镑"、"90 镑"、"11.5 镑"。第 46 卷没有加以改正，也没有作相关说明。

206. 根据 MEGA2/II/15 第 1231 页注释 635.27—658.12，第 46 卷第三十九章对应于本卷第 821 页关于地租考察计划中"2. 由各级土地的不同肥力产生的级差地租 I"。第 46 卷没有作相关提示。

207. 根据 MEGA2/II/15 第 1231 页注释 637.5—11、16—17，从马克思的手稿可以看出，第 46 卷第 732 页最后 2 行括号中的内容，显然是马克思关于土地肥力三点思想的第 1 点。第 46 卷没有作相关提示。

208. 根据 MEGA2/II/15 第 1231 页注释 638.18，第 46 卷第 734 页第 7 行括号中提到的"饲草的种植"，可参见本卷第 709—711 页（其中提到

---

① 参见《马克思恩格斯全集》中文第二版第 31 卷第 431—432 页。

了"饲料①植物")。第46卷没有相关提示。

209. 根据MEGA2/II/15第1231页注释638.30—645.16，马克思在第46卷第734—743页所利用的资料，可能来自《经济学家》1850年12月14日发表的读者来信"地主与佃农的关系。一个地主（农场主）写给《经济学家》编辑的信"；马克思在1850—1853年的《伦敦笔记本》的笔记本V中对这封信作了摘录和详尽的评论。第46卷没有提供相关信息。

210. 根据MEGA2/II/15第1231页注释639.24—26，第46卷第735—736页括号中提到的"我们已经说明"，是指本卷第三十八章。第46卷没有相关说明。

211. 根据MEGA2/II/15第1231页注释640.10—12、30—31、34—35，第46卷第736页倒数第5行括号中提到的"关于利润率问题，还应该特别地和更详细地加以研究"，第737页第11行提到的"关于这点，我们以后还要详细谈到"，第13行"关于这点，以后再说"，可参见本卷第943—946页。第46卷没有相关提示。

212. 根据MEGA2/II/15第1232页注释645.20—21，第46卷第743页倒数第9行提到"我们已经看到"是指本卷第732—734页的文本内容。第46卷没有相关提示。

213. 第46卷第744页第11—12行括号中提到"关于这三点，以后应作进一步的引证；关于一国已耕土地的各个部分的肥力差别，也是一样"。根据MEGA2/II/15第1233页注释646.7—9，马克思在1864—1865年的手稿中并没有就此作进一步的引证；不过在1867—1868年"属于第3册"的文稿②中，包含一个带有若干引证和提示的"级差地租"手稿。第46卷没有作相关提示。

214. 根据MEGA2/II/15第1233页注释646.32—34，第46卷第745页提到的"如果我们设想资本主义的社会形式已被推翻，社会已被组成一个自觉的、有计划的联合体，10夸特就会只代表一定量的独立的劳动时间，而和240先令内所包含的劳动时间相等"，可参见《资本论》第1卷。第46卷没有作相关提示。

---

① 即Futter，第734页译成了"饲草"。
② 收在MEGA2/II/4.3。

215. 根据 MEGA2/II/15 第 1233 页注释 647.15—16，第 46 卷第 745 页倒数第 6 行提到的"下一章对级差地租 II 的说明"，可参见本卷第 762—763 页。第 46 卷没有相关说明。

216. 根据 MEGA2/II/15 第 1233 页注释 647.28—719.11，第 46 卷从第 746 页开始到第 840 页的图表中，马克思大都将图表表头的"生产价格"误写成"生产费用（所用资本＋平均利润）"，恩格斯在编辑时未作更正，而且恩格斯在他自己作的图表中也多次使用"生产费用"概念。对此重要信息，第 46 卷没有作任何说明。

217. 根据 MEGA2/II/15 第 1233 页注释 653.31—34，第 46 卷第 753 页第 8 行提到的"我们已经看到"，是指本卷第 724—727 页的文本内容。第 46 卷没有相关提示。

218. 第 46 卷第 756 页倒数第 5 行提到"分成制"。根据 MEGA2/II/15 第 1234 页注释 656.30，这一重要概念是马克思取自约翰斯顿《北美农业、经济和社会问题札记》第 1 卷的说法。第 46 卷没有相关提示。

219. 根据 MEGA2/II/15 第 1235 页注释 658.13—668.36，第四十章对应于本卷第 821 页关于地租考察计划中"3. 由同一土地上的连续投资产生的级差地租 II"。第 46 卷没有相关说明。

220. 根据 MEGA2/II/15 第 1235 页注释 662.38—39，第 46 卷第 764 页倒数第 9—10 行提到的"它的产品的价格是按照生产价格的一般规律决定的"，可参见本卷第 176—177 页的文本内容。第 46 卷没有相关提示。

221. 根据 MEGA2/II/15 第 1235 页注释 669.11—686.9，第四十一章对应于本卷第 821 页关于地租考察计划中的"3. 由同一土地上的连续投资产生的级差地租 II。关于级差地租 II，要研究以下各种情况：（a）生产价格不变"。第 46 卷没有相关提示。

222. 第 46 卷第 779 页第 1—2 行括号中提到"这属于第一篇"。根据 MEGA2/II/15 第 1235 页注释 673.22—23，具体可能是指本卷第 101—102 页的文本内容。第 46 卷没有相关提示。

223. 第 46 卷第 781 页提到"正如前面指出的，总耕地面积的平均地租也会增加，但每英亩的地租量不会增加"。根据 MEGA2/II/15 第 1235 页注释 675.22—24，是指本卷第 749—753 页的文本内容。第 46 卷没有相关提示。

224. 根据 MEGA2/II/15 第 1235 页注释 676.8—9，第 46 卷第 782 页第 3 行提到的"正如以前表明的"，是指本卷第 698—717 页的文本内容。第 46 卷没有作相关提示。

225. 根据 MEGA2/II/15 第 1235 页注释 676.10—690.18，第四十二章对应于本卷第 821 页关于地租考察计划中的"（b）生产价格下降"。第 46 卷没有作相关提示。

226. 根据 MEGA2/II/15 第 1236 页注释 685.37，第 46 卷第 796 页表 VI 中 A—D 的平均利润率应为 180%，而非 240%。第 46 卷没有加以改正（其他类似的错误，都不动声色地改正了）。

227. 第 46 卷第 798 页倒数第 1—2 行提到"这种平均投资，例如英国 1848 年以前每英亩 8 镑，1848 年以后每英亩 12 镑"。根据 MEGA2/II/15 第 1236 页注释 688.4—5，关于 1848 年以后平均投资的说明，既可以在约翰·洛·摩尔顿的著作《地产的资源》（1858 年伦敦版）第 125 页发现，也可以在休·斯密斯的著作《以自由耕作迎接自由贸易》（1850 年伦敦版）第 15 页发现，而且马克思在 1865 年的摘录本中对这两处都作了笔记；关于 1848 年以前每英亩平均投资的说明，无法查清其资料来源。第 46 卷缺乏相关说明。

228. 根据 MEGA2/II/15 第 1237 页注释 705.6—11，第 46 卷第 820 页第 5—6 行提到的"从那以后，租地农场主必须按照契约每年对每英亩投资 12 镑，而不是 8 镑"，可参见本卷第 798 页倒数第 1—2 行。第 46 卷没有相关提示。

229. 根据 MEGA2/II/15 第 1238 页注释 708.29，第 46 卷第 825 页倒数第 2 行的"增加了三倍"，应为"增加了 $3\frac{1}{3}$ 倍"。第 46 卷没有加以改正。

230. 根据 MEGA2/II/15 第 1238 页注释 718.11—12，第 46 卷第 839 页第 6 行提到的"以前说明过的规律"可参见本卷第 721—724 页。第 46 卷没有相关说明。

231. 根据 MEGA2/II/15 第 1238 页注释 719.40—720.2，第 46 卷第 841 页第 8—9 行提到"和我们以前在较好的土地上，在追加资本的生产力降低时所看到的情形一样"，可参见本卷第 809—810 页、第 813—814

页、第833页中间那一大段。第46卷没有作相关提示。

232. 第46卷第842页提到"参看李比希的著作"。第46卷的尾注329给出的李比希著作信息是《霍亨海姆的艾米尔·沃尔夫博士先生和化学》（1855年版），而文献索引给出的著作信息是《化学在农业和生理学中的应用》（1862年版）。第一版第25卷的尾注195给出的李比希著作信息是《化学在农业和生理学中的应用》。而根据 MEGA2/II/15 第1238页注释721.14—15，马克思此处所指的李比希著作，是《农作自然规律导论》（1862年版）。可见，相对于第一版第25卷，第46卷的尾注329属于原创，但却提供了错误信息（至少是误导性的信息）。

233. 根据 MEGA2/II/15 第1238页注释721.15—18，第46卷第842页最后1行提到的"我们已经看到"，是指本卷第775—777页、第793—794页。第46卷没有作相关提示。

234. 第46卷第855页第7行提到"我们早已指出，这种情形在实践中经常发生"。根据 MEGA2/II/15 第1239页注释733.11—12，这是指本卷第705页第8—17行的文本内容。第46卷没有相关提示。

235. 第46卷第856页第2行提到"老米拉波"。根据 MEGA2/II/15 第1239页注释734.1，关于老米拉波"这一点——很早就发现了"，无从查明其出处；马克思在《资本论》第1卷中多次提到老米拉波[①]；马克思在1863年对韦克菲尔德著作《英国和美国》的摘录笔记（附加笔记本H）中提到了米拉波。第46卷在尾注332中只是提到韦克菲尔德的著作[②]，没有涉及老米拉波。

236. 根据 MEGA2/II/15 第1240页注释735.26—27，第46卷第858页第1行提到的"我们已经知道"，是指本卷第177—187页。第46卷没有提供相关信息。

237. 根据 MEGA2/II/15 第1240页注释738.30—34，第46卷第860页中间那一小段，可参见本卷第217—218页、第715—717页的文本内容。第46卷没有相关提示。

238. 根据 MEGA2/II/15 第1240页注释742.33—35，第46卷第866

---

① 参见《马克思恩格斯全集》中文第二版第44卷第712、877页。
② 相对于第一版第25卷，尾注332是一个原创性的编辑成果。

页第 1 行提到的"我们在考察利润率的形成时已经看到",是指本卷第八、九章。第 46 卷没有相关提示。

239. 根据 MEGA2/II/15 第 1241 页注释 745.9,在马克思 1854—1865 年的手稿中,在第 46 卷第 868 页中间对斯密著作引文的"租地农场主能够得到利润"之后,马克思中断了引文,并为以后的工作作了如下标注:"2. 对一个更早的著作家的引文(关于肉类与谷物的关系)"。根据 MEGA2/II/15 第 1241 页注释 745.9,马克思所谓的更早的著作家,可能是指理查德·普莱斯,他在其著作《论期末付款》(1803 年伦敦版)中讨论了相关问题;马克思在 1863 年的附加笔记本 B 中对相关段落作了摘录。除了普莱斯,另一个著作家约翰·阿布斯诺特在其著作《关于当前食物价格与耕作规模之间关系的探讨》中,对普莱斯的观点作了论战。马克思在附加笔记本 B 中对阿布斯诺特的著作作了详尽摘录,并作了如下笔记:"17 世纪肉类的价格是现在(18 世纪)的一半,谷物比现在(18 世纪)更贵"。第 46 卷没有相关说明。

240. 根据 MEGA2/II/15 第 1242 页注释 746.4—5,第 46 卷第 869 页倒数第 10 行提到的"这个问题已经研究过了",是指本卷第四十四章。第 46 卷没有相关说明。

241. 相对于第一版第 25 卷,第 46 卷对第 875 页第 10—11 行的尾注 346 是一个原创性的编辑成果,不过似乎是对 MEGA2/II/15 第 1243 页注释 750.21 的"翻译"。需要指出的是,第一版第 25 卷将"guten Willen"译为"善良愿望",基本上是准确的(更好的翻译是"善良意志",暗指康法),第二版第 46 卷却将其改译为"强烈愿望",不知何故。

242. 根据 MEGA2/II/15 第 1245 页注释 754.3—6,第 46 卷第 879 页第 12 行提到的"有人断言,同一地段上连续投入的各个资本,只有当他们的收益不等,从而产生级差地租的时候,才会生出地租",可参见 MEGA2/II/3.3 第 687—689 页。第 46 卷没有相关提示。

243. 根据 MEGA2/II/15 第 1245 页注释 755.24,在马克思 1864—1865 年手稿中,第 46 卷第 881 页第 1 段结束的位置(即第 11 行)有一段对第七篇(手稿中是第七章)的离题说明;恩格斯在编辑时将其置于第四十八章的"III"。第 46 卷没有相关说明。

244. 第 46 卷第 881 页倒数第 2—4 行提到"至于在产品不高于它的

生产价格或价值出售的场合,怎么可能产生这种情况,我们在分析级差地租时已经说明了"。根据 MEGA2/II/15 第 1245 页注释 756.10—12,这是指本卷第 722—724 页(即第三十八章开头的"第一点")。第 46 卷没有相关说明。相对于第一版第 25 卷,第 46 卷的尾注 353 是一个原创性的编辑成果。但根据 MEGA2/II/15 第 1245 页注释 756.39,马克思脚注 42 所说的"关于在地租增加的情况下土地价格下降的事实,见帕西的著作",可参见帕西《地租》,具体来说是在《政治经济学词典》1854 年巴黎版第 2 卷第 516 页,而非第 46 卷尾注 353 所标注的第 511 页。

245. 第 46 卷第 884 页最后 2 行提到"在论述地租史的一章"。根据 MEGA2/II/15 第 1246 页注释 758.15—20,指的可能是《资本论》第 4 册(即关于政治经济学说史的那一册①),也可能指的是"六册计划"中的第二册(即《地产》册)。第 46 卷没有相关说明。

246. 第 46 卷第 885 页倒数第 9 行提到"正如我们已看到的"。根据 MEGA2/II/15 第 1246 页注释 759.3—4,这是指本卷第二篇。第 46 卷没有相关说明。

247. 根据 MEGA2/II/15 第 1247 页注释 760.17—20,第 46 卷第 887 页第 5 行提到的"以前已经指出",可参见 1859 年《政治经济学批判》第二章的"C"②。第 46 卷没有相关说明。

248. 根据 MEGA2/II/15 第 1247 页注释 760.32—40,第 46 卷第 887 页倒数第 7—11 行的论述,可参见《资本论》第 1 卷。第 46 卷没有提供相关信息。

249. 第 46 卷第 888 页第 12 行提到"德尔"。第 46 卷尾注 359 遵照第一版第 25 卷文献索引,标注的德尔著作是载于《重农学派》的"绪论"。但根据 MEGA2/II/15 第 1247 页注释 761.27—28,马克思此处提到的德尔的观点,还可参见德尔的"忆重农学派",载于《经济学家杂志》(巴黎)1847 年 7 月第 17 卷第 349—375 页和 1847 年 9 月第 18 卷第 113—140 页。

---

① 通常所谓的《剩余价值理论》(参见《马克思恩格斯全集》中文第一版第 26 卷(上、中、下))。

② 具体来说,可参见《马克思恩格斯全集》中文第二版第 31 卷第 552—554 页。

250. 第46卷第889页第3—4行提到"见万萨德《法国劳动和劳动者的历史》"。第46卷没有为此加注，但文献索引有该书的版本信息。相对于第46卷，MEGA2/II/15第1247页注释762.9—11提供了进一步的信息：马克思本人收藏了该书，而且在该书第一卷（主题是中世纪劳动和劳动者的历史）有多处马克思作的页边标记。

251. 第46卷第889页提到"赫伦施万德"。根据MEGA2/II/15第1248页注释762.21，马克思可能是从约瑟夫·加尔涅论赫伦施万德的文章知道赫伦施万德的；加尔涅论赫伦施万德的文章载于《政治经济学词典》1853年布鲁塞尔版第1卷；马克思本人收藏了《政治经济学词典》第1卷。第46卷没有相关提示。

252. 相对于第46卷的尾注365而言，MEGA2/II/15第1249页注释763.29—30提供了新的信息：马克思本人藏有阿恩德的著作《与垄断精神及共产主义相对立的合乎自然的国民经济学，附与本书有关的资料的评述》，而且作了多处勾划标记及若干页边评注。

253. 根据MEGA2/II/15第1249页注释765.7—14，第46卷第四十七章"II. 劳动地租"的开头部分（即第892页倒数第3—8行），可参见《资本论》第1卷。第46卷没有相关提示。

254. 根据MEGA2/II/15第1249页注释767.6—8，第46卷第894页倒数第3—4行的说法，可参见《资本论》第1卷。第46卷没有相关提示。

255. 根据MEGA2/II/15第1249页注释768.24，第46卷第896页第13行提到的"某些历史学家"，可参见MEGA2/II/3.5第1818页和MEGA2/II/3.6第2118—2120页。第46卷没有相关提示。

256. 根据MEGA2/II/15第1249页注释768.36—769.6，第46卷第896页倒数第5行至第897页第4行的论述，可参见1859年《政治经济学批判》①和《资本论》第1卷脚注33。第46卷没有相关提示。

257. 根据MEGA2/II/15第1250页注释776.39—777.3，第46卷第905页倒数第1—2行至第906页第1—3行的内容，可能是马克思援引自威廉·雅科布著作《对贵金属生产和消费的历史探讨》第2卷（1831年

---

① 参见《马克思恩格斯全集》中文第二版第31卷第412—413页。

伦敦版）第 106—107 页和第 110—112 页。马克思在《伦敦笔记本》的一个笔记本中对相应的内容作了摘录，并以勾划标记或下划线加以强调。第 46 卷没有相关提示。

258. 根据 MEGA2/II/15 第 1250 页注释 777.9—13，第 46 卷第 906 页第 8—10 行的内容，可能是来自斯密的《国富论》第 1 卷（1802 年巴黎版）第 266 页。马克思在《1861—1863 年经济学手稿》中对该处作了摘录笔记。第 46 卷没有相关提示。

259. 根据 MEGA2/II/15 第 1251 页注释 777.23—24，第 46 卷第 906 页倒数第 8 行提到的"前面已经阐述过"，是指本卷第 714—715、719—720、869—873、884—885、900—903 页。第 46 卷没有相关提示。

260. 相对于第 46 卷尾注 371 仅仅提供比雷、托克维尔、西斯蒙第著作的版本信息，MEGA2/II/15 第 1251 页注释 778.39 提供了进一步的信息：马克思 1844—1847 年曾经对西斯蒙第的著作《政治经济学新原理》（1827 年巴黎第 2 版第 1 卷）作了摘录，但摘录笔记本没有流传下来；马克思 1840 年代对比雷著作《论英法工人阶级的贫困》的 1840 年版和 1843 年版都作了摘录。需要指出的是，第 46 卷尾注 371 遵从第一版第 25 卷尾注 222，都把马克思此处提到的比雷著作认定为《政治经济学教程》（1842 年布鲁塞尔版），而非 MEGA2/II/15 第 1251 页注释 778.39 认定的《论英法工人阶级的贫困》。

261. 根据 MEGA2/II/15 第 1251 页注释 779.11—26，第 46 卷第 908 页倒数第 2—12 行的论述，可参见《资本论》第 1 卷。第 46 卷没有相关提示。

262. 根据 MEGA2/II/15 第 1251 页注释 782.6—7，第 46 卷第 911 页倒数第 6 行提到的"瑞典的农民等级"，可参见《克罗茨纳赫笔记本》的笔记本 4 对盖耶尔著作《瑞典史》第 1 卷和第 3 卷的摘录。第 46 卷没有提供相关信息。

263. 根据 MEGA2/II/15 第 1251 页注释 7825.13—15，第 46 卷第 915 页第 11 行提到的"我们已经看到"，是指本卷第 909—911 页。第 46 卷没有相关说明。

264. 根据 MEGA2/II/15 第 1251 页注释 786.1—2，第 46 卷第 916 页第 2 段开头提到的"我们已经知道"，是指本卷第 698 页倒数第 6 行至第

699页第2行的文本内容。第46卷没有相关提示。

265. 根据MEGA2/II/15第1252页注释786.13—14,第46卷第916页倒数第6行提到的"前面已经说明过",是指本卷第384—385页那一段、第393—394页那一段、第412—418页。第46卷没有相关说明。

266. 根据MEGA2/II/15第1252页注释787.26—29,第46卷第918页第6—10行关于"在这两个形式上,对地力的榨取和滥用代替了对土地这个人类世世代代共同的永久的财产,即他们不能出让的生存条件和再生产条件所进行的自觉的合理的经营"的论述,暗指1776年美国独立宣言及其所阐发的"不可转让的人权"。第46卷没有相关提示。

267. 根据MEGA2/II/15第1253页注释788.16—17,第46卷第919页第1—2行所提到的"在社会的以及由生活的自然规律所决定的物质变换的联系中",可参见《资本论》第1卷。第46卷没有提供相关信息。

268. 遵从第一版第25卷尾注230,第46卷尾注381只提供了李比希著作版本的相关信息。而根据MEGA2/II/15第1253页注释788.19,马克思1851年在《伦敦笔记本》中对李比希著作的1842年版作过摘录,后来又对1865年版作了详尽摘录。此外,马克思此处(第46卷第919页第3行)指的很可能是李比希著作《化学在农业和生理学中的应用》的1865年版,而非第46卷尾注381所标注的1862年版。

269. 根据MEGA2/II/15第1253页注释789.5—793.30,第46卷第四十八章的三个片段分散在第六篇(在马克思手稿中是第六章)的不同地方①,而且马克思是打算以片段III作为开头的;片段II并没有像恩格斯所说的那样,"2. 手稿至此中断"②,马克思是接着片段II的话题往下写的,形成第46卷第931页最后1行至第942页最后1行的文本内容;恩格斯在编辑时放错了两页(即片段I、II)的位置,因此并不存在恩格斯所说的"这里,手稿缺了对开纸一页"③。因此,第四十八章符合马克思意图的编排方案应该是:首先是片段III;然后是第46卷第926页倒数第1行至第931页倒数第3行;然后是片段I;然后是片段II;最后是接着

---

① 恩格斯所作的脚注48也指出了这一点。
② 参见第46卷第925页第5行。
③ 参见第46卷第931页倒数第2行。

片段 II 的第 46 卷第 931 页最后 1 行至第 942 页最后 1 行。相对于第一版第 25 卷，第 46 卷尾注 383 是一个原创性的编辑成果，但其说明与 MEGA2/II/15 第 1253 页注释 789.5—793.30 仍有重大偏差，而且在页码数字方面存在重大失误（可能是编者在清样校对阶段因疏忽而出现的失误）：尾注 383（见第 46 卷第 1078 页）中关于"原稿开头部分是以恩格斯作脚注（49）的地方为开端（见本卷第 951 页）"，应为"见本卷第 926 页"；关于恩格斯注明"手稿缺了对开纸一页"的地方标注的是"见本卷第 956 页"，实际应为"见本卷第 931 页"；同样的情况，尾注 386 中"见本卷第 956 页"，实际应为"见本卷第 931 页"；"第 II 节文字最后中断处（见本卷第 915 页）"应为"见本卷第 942 页"。

270. 遵从第一版第 25 卷，第 46 卷第 922 页的编辑脚注，将倒数第 8—9 行字迹不清的"这种劳动的社会力量及未来的形式"，判读为"这种劳动的社会力量及其有关的形式"。而根据 MEGA2/II/15 第 1254 页注释 790.4，在马克思 1864—1865 年的手稿中，在"形式（Form）"的上方可能写着"联系（Zusammenhung）"一词，而且还有一个微弱可辨的插入标记。

271. 根据 MEGA2/II/15 第 1254 页注释 790.10，第 46 卷第 922 页倒数第 4 行提到的"原始状态（Waldursprünglichkeit）"，暗指阿恩德的著作《与垄断精神及共产主义相对立的合乎自然的国民经济学》（1845 年哈瑙版）第 124—125 页关于利息率决定的例子。第 46 卷没有作相关提示。实际上，第 46 卷第二十二章的脚注 67 就有马克思对该处的引文，而且马克思将其称为"原始的森林利息率"。需要注意的是，此处原文是"waldursprüngliche Zinsfuβ"。为了保持译文的一致，可将第 922 页的"in ihrer ganzen Waldursprünglichkeit"译为"完全处在原始森林状态的"。

272. 根据 MEGA2/II/15 第 1255 页注释 793.14—16，第 46 卷第 926—927 页关于"我们已经看到，资本主义生产过程是社会生产过程一般的一个历史地规定的形式"的说法，可参见《资本论》第 1 卷好几处的相关论述。第 46 卷没有相关提示。

273. 根据 MEGA2/II/15 第 1255 页注释 793.16—29，第 46 卷第 927 页第 1—10 行的论述，可参见 1859 年《〈政治经济学批判〉序言》关于唯物史观的经典表述。第 46 卷没有相关提示。

274. 根据 MEGA2/II/15 第 1255 页注释 793.32—34，第 46 卷第 927 页第 13—14 行关于"我们还看到——资本家只是人格化的资本，他在生产过程中只是作为资本的承担者执行职能"，可参见本卷第 316—317 页、第 322—323 页、第 418—419 页，以及《资本论》第 1 卷关于资本"人格化"的相关论述。第 46 卷没有作相关提示。

275. 根据 MEGA2/II/15 第 1255 页注释 795.1—10，第 46 卷第 928 页倒数第 6 行至第 929 页第 1 行关于"必然性的王国"的论述，可参照恩格斯《反杜林论》的相关说法。第 46 卷没有作相关提示。

276. 根据 MEGA2/II/15 第 1255 页注释 795.29—30，第 46 卷第 929 页第 14 行提到的"以前已经说明的规律"，可参见本卷第三十七章至四十六章。第 46 卷没有作相关提示。

277. 第 46 卷第 930 页倒数第 1—3 行提到，"像以前所说的那样，在资本主义生产方式的基础上，劳动力的价格必然会对他表现为劳动的价格"；第 932 页第 10 行提到，"我们以前已经指出，工资或劳动的价格只是劳动力的价值或价格的不合理的说法"。根据 MEGA2/II/15 第 1255 页注释 796.36—39、798.4，马克思所谓"以前所说的"，指的是 1863—1865 年手稿中没有包含在《资本论》第 1 册中的关于劳动力的价值（或价格）转变为工资的那部分阐述，这部分阐述可能包含在 1867 年《资本论》第 1 卷的印刷版中，与其对应的文本内容可参见《马克思恩格斯全集》中文第二版第 44 卷。第 46 卷没有作相关说明。

278. 第 46 卷第 931 页倒数第 9—10 行提到，"为什么会这样呢，在研究的进程中，我们将进一步说明"。根据 MEGA2/II/15 第 1256 页注释 797.20—21，这是指本卷第 940 页第 2 段至第四十八章结束的文本内容。第 46 卷没有作相关提示。

279. 第 46 卷第 933 页第 3 段以"第三"开头。那么"第一"、"第二"在哪里呢？根据 MEGA2/II/15 第 1256 页注释 798.37，"第一"在第 922 页第 4 行，"第二"在第 924 页第 8 行。这是一条重要线索，涉及对该章的重新编排（符合马克思意图的编排）。但第 46 卷没有作任何提示。

280. 第 46 卷第 936 页倒数第 8 行提到"我们已经指出了一种神秘性质"。根据 MEGA2/II/15 第 1256 页注释 801.20—28，可参见 1859 年《政治经济学批判》》① 以及《资本论》第 1 卷②的相关论述。第 46 卷没有作相关提示。

281. 第 46 卷第 937 页第 9 行至第 938 页第 2 行有一大段关于流通过程的论述。根据 MEGA2/II/15 第 1256 页注释 802.10—35，这段论述可参见《资本论》第 2 卷。第 46 卷没有相关提示。

282. 第 46 卷第 938 页第 14—15 行提到，"利润率受它本身的各种规律调节；这些规律，在剩余价值率不变时，允许利润率发生变化，甚至决定着利润率的变化"。根据 MEGA2/II/15 第 1256 页注释 803.10—12，这一论述可参见本卷第三至七章和第 251—257 页。第 46 卷没有相关提示。

283. 根据 MEGA2/II/15 第 1256 页注释 803.14—16，第 46 卷第 938 页倒数第 8—9 行提到的"由于利润转化为平均利润，价值转化为市场价格，转化为起调节作用的平均市场价格，情况就更是这样了"，可参见本卷第九章。第 46 卷没有作相关提示。

284. 根据 MEGA2/II/15 第 1256 页注释 803.38—39，第 46 卷第 939 页第 7—8 行提到的"利润分割为企业主收入和利息"，可参见本卷第二十三章。第 46 卷没有相关提示。

285. 根据 MEGA2/II/15 第 1256 页注释 804.14—18，第 46 卷第 939 页第 1 段最后 5 行的论述，可参见本卷第 921 页第 2 段。第 46 卷没有相关提示。

286. 第 46 卷第 940 页第 13 行提到"资本先生"。根据 MEGA2/II/15 第 1256 页注释 804.39，这一说法来自康·贝魁尔著作《社会经济和政治经济的新理论，或关于社会组织的探讨》（1842 年巴黎版）第 880 页，而且马克思在《资本论》第 1 卷中也利用过贝魁尔的这一说法③。第 46 卷没有相关提示。

287. 第 46 卷第 940 页提到"古典经济学（der klassischen Oekonomie）。根据 MEGA2/II/15 第 1257 页注释 804.41—805.1，马克思在《资本论》第 1 卷中也多次使用过这个概念，"古典经济学"是马克思最先创

---

① 参见《马克思恩格斯全集》中文第二版第 31 卷第 426—427 页那一大段。
② 参见《马克思恩格斯全集》中文第二版第 44 卷第 89—90 页那一大段。
③ 参见《马克思恩格斯全集》中文第二版第 44 卷第 709 页脚注 70。

造的概念。第 46 卷没有作相关说明。

288. 根据 MEGA2/II/15 第 1257 页注释 805.19—27，第 46 卷第 941 页第 2—8 行关于"庸俗经济学"的论述，可参见本卷第 925 页第 7—9 行。第 46 卷没有作相关提示。

289. 根据 MEGA2/II/15 第 1257 页注释 806.15—16，第 46 卷从第 931 页最后 1 行到第 942 页结束的文本内容，是接着本卷第 924 页倒数第 4 行至第 925 页第 5 行关于第"1."点的阐述；在 1864—1865 年手稿中，在本卷第 942 页结束了对第"1."点的阐述后，马克思以"2."开始了新的一页。第 46 卷没有提供相关信息。

290. 根据 MEGA2/II/15 第 1257 页注释 806.19—20，第 46 卷第 943 页第 1 段开头提到的"我们在以下的研究中可以把市场价格和价值的区别撇开不说"，可参见本卷第 175—184 页、第 186—195 页。第 46 卷没有相关提示。

291. 根据 MEGA2/II/15 第 1257 页注释 807.6，第 46 卷第 943 页最后 1 行提到的"垄断地租"，可参见本卷第 876—878 页那一大段的论述。第 46 卷没有作相关提示。

292. 第 46 卷第 947—948 页提到"在工资、利润和地租形式的分析上，包含着一个从亚当·斯密以来贯穿整个政治经济学的令人难以置信的错误"。相对于第一版第 25 卷，第 46 卷对此作了一个原创性的脚注 390："关于经济学家们的这一错误的评述，参见《马克思恩格斯全集》中文第 2 版第 44 卷第 597—598 页。"但核对第 44 卷第 597—598 页，并没有发现马克思对经济学家们错误的评述。而根据 MEGA2/II/15 第 1257 页注释 810.27—30，马克思是在《1861—1863 年经济学手稿》中对斯密的错误观点进行分析的。

293. 根据 MEGA2/II/15 第 1257 页注释 815.8—13，第 46 卷第 953 页第 6—9 行的论述，可参见《资本论》第 1 卷。第 46 卷没有相关提示。

294. 根据 MEGA2/II/15 第 1258 页注释 816.21—23，第 46 卷第 955 页第 4 行在括号中标注"图克"，是恩格斯编辑时附加的。第 46 卷没有相关提示。

295. 根据 MEGA2/II/15 第 1258 页注释 816.39，第 46 卷第 954 页脚注 52 倒数第 3 行用到的"推来推去（von Pontius zu Pilatus）"，是德语固

定短语,意思是"呼来唤去"或"指指点点",是来自《新约》的典故。第 46 卷没有为此加注。马克思在《资本论》第 1 卷中也用过这一典故。

296. 根据 MEGA2/II/15 第 1259 页注释 817.1—3、第 1260 页注释 818.2—4,第 46 卷第 955 页"1. 不理解不变资本和可变资本的基本关系,所以也不理解剩余价值的性质,从而不理解资本主义生产方式的整个基础"和第 956 页"2. 不理解劳动在追加新价值时,以何种方式在新形式上把旧价值保存下来,而不是把这个旧价值重新生产出来",可参见《资本论》第 1 卷的相关论述。第 46 卷没有相关提示。

297. 根据 MEGA2/II/15 第 1259 页注释 817.45,第 46 卷第 956 页脚注 53 倒数第 2 行提到的"可能有的最美好世界",暗指莱布尼茨的相关说法。第 46 卷没有相关提示。

298. 根据 MEGA2/II/15 第 1260 页注释 818.26—29,第 46 卷第 957 页第 9—11 行提到的"例如,生产不变资本的第 I 部类的工人和资本家的收入,在价值和物质两方面补偿生产消费资料的第 II 部类的资本家的不变资本",可参见本卷第 947—950 页。第 46 卷没有相关提示。

299. 根据 MEGA2/II/15 第 1260 页注释 818.30—31、824.12—13,第 46 卷第 957 页第 12 行提到的"对一个人来说是收入的东西,对另一个人来说则是资本"的观念,可参见本卷第 954 页第 6—7 行、第 963 页倒数第 6—8 行的类似说法。第 46 卷没有相关提示。

300. 根据 MEGA2/II/15 第 1260 页注释 818.38、819.1—2,第 46 卷第 957 页倒数第 7—9 行关于斯密的说法,可参见本卷第 947 页最后一行至第 948 页第一行,以及本卷第 954 页脚注 52 对斯密著作的引文。第 46 卷没有相关提示。

301. 根据 MEGA2/II/15 第 1260 页注释 819.26—27,第 46 卷第 958 页第 9—10 行提到的"土地所有权部分地(在绝对地租的场合)对这个平均化过程造成的障碍",可参见本卷第 860—862 页。第 46 卷没有相关提示。

302. 根据 MEGA2/II/15 第 1260 页注释 824.17—18,第 46 卷第 963 页倒数第 2 行提到的"在前面就收入和资本的关系已经作过的说明",是指 1863—1865 年手稿中《资本论》第 2 册中对收入和资本的关系所作的相应说明(这些没有被恩格斯编入《资本论》第 2 卷印刷稿)。第 46 卷没有作相关提示。

303. 根据MEGA2/II/15第1261页注释825.13—18，第46卷第965页对于后资本主义生产方式的论述，可参见《资本论》第1卷。第46卷没有作相关提示。

304. 根据MEGA2/II/15第1261页注释825.21—826.2，第46卷第966页倒数第4—17行的论述，可参见《资本论》第1卷。第46卷没有作相关提示。

305. 根据MEGA2/II/15第1261页注释826.14—19，第46卷第967页第4—8行的论述，可参见本卷第569—570页那一大段、第四十八章片段Ⅰ和Ⅱ以及第958—959页那一段中所举的例子。第46卷没有相关提示。

306. 根据MEGA2/II/15第1261页注释827.31，第46卷第968页倒数第5—6行提到的"有机构成相同——的资本"，可参见《资本论》第1卷。第46卷没有作相关提示。

307. 第46卷第972页9—11页提到，"在考察剩余价值到利润的转化时，我们曾假定工资不是降低，而是保持不变，因为在那里，我们要撇开剩余价值率的变动来研究利润率的变动"。根据MEGA2/II/15第1261页注释831.6—9，这是指本卷第一章。第46卷没有作相关提示。

308. 根据MEGA2/II/15第1261页注释832.33—36，第46卷第974页第3—5行提到的"我已经做过的那样——"，是指本卷第43页最后一行至第44页第12行那2段文本内容。第46卷没有作相关提示。

309. 第46卷第975页第2—3行提到"在这里，我们也将发现凯特勒在社会现象上论证过的那种起调节作用的平均数的统治作用"。遵从第一版第25卷，第46卷对此加了尾注404，标明马克思是指凯特勒的著作《论人和人的能力之发展，或试论社会物理学》（1835年巴黎版）第1—2卷，第46卷的文献索引提供的版本信息是该书的英文版（1842年爱丁堡版）。而根据MEGA2/II/15第1261页注释833.29—31，马克思可能指的是凯特勒的著作《论人和人的能力之发展》1842年英文版以及《社会制度及其支配规律》1848年巴黎版，特别是《社会制度及其支配规律》一书第14、303页所举例子及该书的第3章。

310. 根据MEGA2/II/15第1261页注释835.30—33，第46卷第977

页第9行提到的"正如已经指出的",是指本卷第955—957页及第962—963页的文本内容。第46卷没有作相关提示。

311. 根据 MEGA2/II/15 第1261页注释835.37—38,第46卷第977页第13—14行提到的"货币是什么呢?货币不是物,而是价值的一定的形式,因而又以价值为前提",可参见《资本论》第1卷。第46卷没有作相关提示。

312. 根据 MEGA2/II/15 第1261页注释835.41—836.3,第46卷第977页倒数第8—10行提到的"金银和其他商品一样,本身也是商品(启蒙经济学家以有这种认识而感到骄傲)。因此,金银的价格,也是由工资、利润和地租来决定",可参见《资本论》第1卷。第46卷没有作相关提示。

313. 根据 MEGA2/II/15 第1261页注释838.22—23,第46卷第980页第10—11行提到的"我们在说一般利润率和利润的'必要价格'之前,就已经知道这一点了",可参见本卷第580—588页。第46卷没有作相关提示。

314. 第46卷第983页第1—4行提到"我们已经说过——"。遵从第一版第25卷,第46卷在此加了脚注"见本卷第222—226页"。而根据 MEGA2/II/15 第1262页注释840.31—36,这里是指本卷第977—979页。如果本卷第222—226页和第977—979页都与此处的说法相吻合,那么靠近此处的一处就更符合马克思的意指。

315. 第46卷第985页第13—15行提到,"我们已经说过,对每个资本家来说,商品的成本价格表现为一个已定的量,并且在现实的生产价格上总是表现为这样一个已定的量"。根据 MEGA2/II/15 第1262页注释842.38—41,这是指本卷第30页和第176—177页。第46卷没有作相关提示。

316. 根据 MEGA2/II/15 第1262页注释847.30—32,第46卷第990页最后一行提到的"我们论述地租时作为例证所举的各个过去的历史时期",是指本卷第四十七章的相关论述。第46卷没有作相关提示。

317. 对于第46卷第992页最后3行的内容,第46卷加了尾注405,标注其资料来源是尼特的著作《关于地产的历史和现状的两篇讲演》(1860年版)第22页。相对于第一版第25卷没有加注来说,这是一个原创性的编辑成果。而 MEGA2/II/15 第 1262 页注释 849.1—3 提供了进一步的信息：马克思在 1864—1865 年的手稿中给出了上述资料来源，只不过恩格斯在编辑时去掉了。

318. 根据 MEGA2/II/15 第 1262 页注释 849.28—29，马克思在第 46 卷第 993 页倒数第 2—3 行提到的"秘鲁人的多半是人为发展起来的共产主义的社会生产"，是基于威廉·普雷斯科特著作《秘鲁征服史——附印加文化概述》第 1 卷（1850 年伦敦第 4 版）第 44—58 页的说明。第 46 卷没有作相关提示。

319. 第 46 卷对第 1000 页第 6—8 行关于分配关系的论述加了尾注 406，提示参见《政治经济学批判（1861—1863 年手稿）》及《资本论》第 1 卷的相关论述。相对于第一版第 25 卷，这是一个原创性的编辑成果。不过，根据 MEGA2/II/15 第 1262 页注释 855.29—32，可参见本卷第 994 页第 2 段（即第 6—8 行）。如果将两个注释结合起来，就更为完美。

320. 根据 MEGA2/II/15 第 1262 页注释 856.21—26，第 46 卷第 1001 页第 1—13 行提到的"我们已经看到——"，可参见《资本论》第 1 卷。第 46 卷没有作相关提示。

321. 遵从第一版第 25 卷，第 46 卷尾注 407 对第 1000 页的脚注 57 "见论竞争和合作的著作（1832 年版？）"提供了具体的版本信息：《一篇比较竞争和合作的利弊的得奖论文》1834 年伦敦版。不过 MEGA2/II/15 第 1262 页注释 856.31 提供了更进一步的信息：马克思 1863 年在附加笔记本 A 中对该书作了摘录，也可参见《政治经济学批判（1861—1863 年手稿）》。第 46 卷没有相关提示。

第四部分　马克思文献学的原创性研究

MEGA2 自 1975 年开始正式出版（1972 年出版了《德意志意识形态》第一卷第 1 章的试编版），迄今已经 40 年。在这漫长的过程中，MEGA2 编者内部对一些文本的文献学研究也在不断深化，于是出现了后出版 MEGA2 卷次的文献学考证修正已出版卷次相关说法的情况。另一方面，《马克思恩格斯全集》中文第二版的出版尚未过半，国内学者对于马克思一些重要文本文献学信息的了解，主要来自《马克思恩格斯全集》中文第一版。而《马克思恩格斯全集》中文第一版提供的一些文献学信息，已经被 MEGA2 纠正，但这些纠正散见于 MEGA2 庞大的资料卷中，甚至《马克思恩格斯全集》中文第二版已出版的相关卷次，也没有注意到这些纠正，仍然沿用《马克思恩格斯全集》中文第一版的相关说明。不仅如此，即使《马克思恩格斯全集》中文第二版依据 MEGA2 提供了最新的文献学信息（如《马克思恩格斯全集》中文第二版第 3 卷《1844 年经济学—哲学手稿》题注中关于《穆勒摘要》的写作晚于《1844 年经济学—哲学手稿》的说明），并没有引起许多国内学者的注意，这些学者在其研究论文或论著中仍然以过时的文献学信息为基础。正是因为这种情况，本书第四部分重点对 MEGA2 在文献学考证方面的内在不一致、《马克思恩格斯全集》中文第二版与第一版之间文献学信息的不一致进行文献学清理，以使国内学者了解国际马克思文献学研究的最新考证结论，避免文本解读研究建立在过时的文献学基础之上。这是笔者近年来所做的一些力所能及的原创性文献学研究，已在相关刊物发表过。

第 14 章 马克思早期文本中的几个文献学问题*

本章基于 MEGA2 资料卷,对马克思早期文本中的几个文献学问题进行探讨。

第一节 《黑格尔法哲学批判》的写作时间及其与《克罗茨纳赫笔记本》的关系

关于《黑格尔法哲学批判》的写作日期,国外一直存在着争论。西方马克思学者兰胡特和迈尔于 20 世纪 30 年代,古尔维奇、舒尔茨分别于 50 年代都认为《黑格尔法哲学批判》写于 1841 年 4 月—1842 年 4 月,依据是马克思在 1842 年的几封信里曾三次提到他在写批判黑格尔法哲学的文章。

在苏联,1927 年出版的 MEGA1 第一卷根据梁赞诺夫的考证,明确注明《黑格尔法哲学批判》写于 1843 年 3 月至 8 月,理由是《黑格尔法哲学批判》中采用了费尔巴哈《关于哲学改造的临时纲要》(1843 年 2 月出版)中提出的"颠倒方法",而马克思最早读到《关于哲学改造的临时纲要》是 1843 年 3 月。很奇怪的是,1955 年出版的《马克思恩格斯全集》俄文第二版第一卷在没有作进一步说明的情况下,径直标注这部手稿写于 1843 年夏天①。在 2002 年《马克思恩格斯全集》中文第二版第 3 卷出版之前,中国的马克思研究者所知道的权威文献学信息就是《黑格

---

* 本章原载《杭州师范大学学报》(社会科学版)2013 年第 6 期。
① 参见《马克思恩格斯全集》中文第一版第 1 卷,第 245 页。

尔法哲学批判》写于1843年夏天。因此，孙伯鍨①以及其他中国学者的相关著作，都把《克罗茨纳赫笔记本》②看作是马克思为《黑格尔法哲学批判》的写作而做的准备，并据此对马克思当时的思想发展进行考察。这里特别值得一提的是，科尔纽在其著名的《马克思恩格斯传》中一方面遵照梁赞诺夫关于《黑格尔法哲学批判》写于1843年3月至8月的考证结论③；另一方面又强调马克思为了对黑格尔法哲学进行批判而写了《克罗兹纳赫笔记本》④。

1960年，拉宾在《关于马克思写作〈黑格尔法哲学批判〉手稿的时间问题》⑤一文中，认为这部手稿是马克思在退出《莱茵报》以后，而且基本是在1843年夏天写成的⑥，最后一节应该写于1843年夏末秋初。1976年，拉宾在《青年马克思》⑦一书第二版⑧进一步指出，对手稿的照相复制品进行研究的结果证明，手稿的后面所有各对开张都写得更晚。因此，他认为全部手稿都写于马克思退出《莱茵报》以后，但这并不排除马克思在写作1843年手稿时利用了1842年那篇文章的可能性。1979年拉宾又改变了自己的看法。1979年出版的由苏联科学院哲学研究所和社会科学院集体编写的《十九世纪的马克思主义哲学》一书的第二章《马克思和恩格斯由唯心主义和革命民主主义向唯物主义和共产主义的转变》，是由拉宾执笔的。在这里，拉宾认为《黑格尔法哲学批判》这部未完成的手稿是写于1842年，有一部分是写于1843年。

1962年，奥伊则尔曼在他的专著《马克思主义哲学的形成》第一版⑨中认为，马克思开始写《黑格尔法哲学批判》的时间，只能在他退出《莱茵报》以后，亦即不早于1843年3月。但他在1974年问世的同一著作修订第二版中改变了自己的看法，认为马克思这部手稿一部分写于

---

① 参见《探索者道路的探索》，南京大学出版社2002年版，第122页。
② 马克思自己标注的写作日期是1843年7—8月。
③ 参见科尔纽《马克思恩格斯传》第一卷（三联书店1963年版），第510页注155页。
④ 参见科尔纽《马克思恩格斯传》第一卷，第506页注149。
⑤ 参见《马列著作编译资料》第6辑，第71—78页。
⑥ 这一说法倒是与《马克思恩格斯全集》俄文第二版第一卷相一致。
⑦ 中文译名是《马克思的青年时代》，三联书店1982年版。
⑧ 该书第一版出版于1968年。
⑨ 中文版1964年三联书店出版。

1842年，一部分写于1843年①。

麦克莱伦在《青年黑格尔派与马克思》一书中，认为《黑格尔法哲学批判》写于1843年3—5月②。

在1982年出版的MEGA2/Ⅰ/2中，编者陶伯特基本肯定了梁赞诺夫的考证结论，标注《黑格尔法哲学批判》的写作日期是1843年3月中—9月底③。陶伯特还提出了一个新的证据即手稿用纸张是荷兰产品（有水印）来支持这一结论，而且马克思当时去过荷兰④。

笔者认为，通过梁赞诺夫、拉宾、陶伯特等国际著名马克思学文献学家半个多世纪的考证⑤，《黑格尔法哲学批判》最早写于1843年3月的结论，可以作为可靠的文献学事实予以确认。但手稿写作的结束日期仍然存在争议。

尽管拉宾在《青年马克思》中承认《黑格尔法哲学批判》是马克思退出《莱茵报》之后写作的，但他特别强调的是手稿基本写于1843年夏天⑥，而且最后一节应该写于1843年夏末秋初。尽管陶伯特在"《黑格尔法哲学批判》的产生与流传"⑦中没有提到拉宾，但她显然是以拉宾为论战对象的。陶伯特一方面认为《黑格尔法哲学批判》最晚写于1843年9月，即马克思10月初出发到巴黎之前，但又明确提出《黑格尔法哲学批判》的写作完成于《克罗茨纳赫笔记》之前。由于马克思亲自为《克罗茨纳赫笔记》标记的写作时间是1845年7、8月，因此可以由此推断，陶伯特实际上认为《黑格尔法哲学批判》的写作时间是1845年3—7月。

关于《黑格尔法哲学批判》，拉宾在《青年马克思》中还提出了一个

---

① 参见刘晫星"苏联学术界对《黑格尔法哲学批判》写作日期问题的探讨"，载《马列著作编译资料》1980—1981年第11期。

② 参见麦克莱伦《青年黑格尔派与马克思》，商务印书馆1982年版，第101页。

③ 《马克思恩格斯全集》中文第二版第3卷采用此说，见第3卷第6页。

④ 在注明"1843年3月在开往D的驳船上"的一封信中，马克思通知卢格"目前我正在荷兰旅行"（参见《马克思恩格斯全集》中文第二版第47卷第54页）。

⑤ 奥伊则尔曼是马哲史专家而非文献学家，他以及西方学者兰胡特、迈尔、古尔维奇、舒尔茨等仅仅从马克思思想发展的角度，特别是奥伊则尔曼主要从马克思经历"从唯心主义到唯物主义转变"的角度进行考证，说服力大打折扣。

⑥ 即6、7、8三个月。

⑦ MEGA2/I/2，S571—582。中译文见《马列主义研究参考资料》1984年第15期（总第213期）。

著名的文献学考证。拉宾最早注意到,《黑格尔法哲学批判》的写作在对黑格尔《法哲学原理》第 302 节至 303 节的评论之间有一个中断①,拉宾认为马克思正是在《黑格尔法哲学批判》写作的这一中断期完成了《克罗茨纳赫笔记本》。拉宾的重要证据②是,马克思在摘录兰克编辑的《历史政治杂志》所写的评论③在《黑格尔法哲学批判》得到重述④。显然,这是一个颇为新颖的文献学考证结论。

但是,陶伯特在"《黑格尔法哲学批判》的产生与流传"中明确否认了拉宾的这一说法:"手稿没有可资证明的直接的摘引和成段的抄录这一事实就可以看作是证据,证明马克思是在撰写这部手稿以后才写克罗茨纳赫笔记的。"陶伯特还以很多文本和文献学证据表明,《克罗茨纳赫笔记本》中有不少摘录内容在随后的《论犹太人问题》和《〈黑格尔法哲学批判〉导言》中得到利用。而陶伯特对拉宾所强调的《黑格尔法哲学批判》写作中断的解释是,马克思 5、6 月份有多次外出旅行,特别是 6 月 19 日结婚后有一次蜜月旅行。在"《〈黑格尔法哲学批判〉导言》的产生与流传"中,陶伯特再次明确指出:"在写作未完全保留下来的手稿《黑格尔法哲学批判》之后,马克思在克罗茨纳赫开始认真从事历史的研究。"⑤

笔者依据 MEGA2,再补充一些文献学证据以支持陶伯特的考证结论。首先,《黑格尔法哲学批判》中提到的"民主制"会使人联想到卢梭⑥,而且马克思在《克罗茨纳赫笔记本》中确实摘录了卢梭的社会契约论。但马克思在《黑格尔法哲学批判》中并没有提到卢梭的名字,反而是在《论犹太人问题》中利用了他在《克罗茨纳赫笔记本》中对卢梭《社会契约论》一段摘录笔记的内容⑦。其次,《论犹太人问题》《〈黑格尔法哲学批判〉导言》《1844 年经济学—哲学手稿》中大量利用了《克罗茨纳赫

---

① 参见《马克思恩格斯全集》中文第二版第 3 卷,第 88 页。
② 参见拉宾《马克思的青年时代》,三联书店 1982 年版,第 175—176 页。
③ 参见《马克思恩格斯全集》中文第一版第 40 卷,第 368—369 页。
④ 参见《马克思恩格斯全集》中文第二版第 3 卷,第 104 页。
⑤ 参见《马列主义研究参考资料》1984 年第 15 期(总第 213 期),第 55 页。
⑥ 如沃尔佩在《卢梭和马克思》一书中就认为,《黑格尔法哲学批判》是"一部自始至终渗透着典型的卢梭人民主权思想的著作"。
⑦ MEGA2/IV/2, S. 96.

笔记本》的摘录笔记，如关于汉密尔顿①、兰克②的引文。

近年来，一些国内学者开始把拉宾1976年的考证结论③当作最新文献学研究成果④，并以此为根据来对《黑格尔法哲学批判》进行文本解读。这再次表明，跟踪国际学界关于马克思文献学的最新研究成果，对于中国的马克思文本研究是多么重要。

第二节 《论犹太人问题》的文献学问题

关于国外学者围绕马克思《论犹太人问题》与赫斯《金钱的本质》关系所展开的文献学争论，侯才在《青年黑格尔派与马克思早期思想的发展》⑤一书中已做了详细介绍，这里就不再赘述。笔者在此提出一个进一步的猜想：《论犹太人问题》第一、二部分不是连续写作的，很可能是马克思在到达巴黎之初先写了评鲍威尔《犹太人问题》⑥的第一部分，然后写了《〈黑格尔法哲学批判〉导言》，最后写了《论犹太人问题》第二部分。

实际上，《论犹太人问题》的第一部分与《〈黑格尔法哲学批判〉导言》关系更为密切，它们有共同的主题，即哲学共产主义的宣言书，只不过《〈黑格尔法哲学批判〉导言》进一步提出了无产阶级历史使命的问题。拉宾在1960年的《关于马克思手稿的时间问题》中也指出，《论犹太人问题》研究了人的解放同政治解放的关系问题，"好像是手稿的直接继续"⑦。只是在马克思开始接触国民经济学⑧之后，受赫斯经济异化思想的启发，马克思写下了评鲍威尔《现代犹太人和基督徒获得自由的能力》

---

① MEGA2/IV/2, S. 267、268.
② MEGA2/IV/2, S. 175.
③ 即《黑格尔法哲学批判》的写作有一个中断，而《克罗茨纳赫笔记》就是在这一中断期完成的。
④ 相对于"《黑格尔法哲学批判》写于1843年夏天"这一过时的文献学结论而言。
⑤ 参见侯才《青年黑格尔派与马克思早期思想的发展》，中国社会科学出版社1994年版，第三章第二节。
⑥ 出版于1843年3月。
⑦ 参见《马列著作编译资料》第6辑，第77页。
⑧ 最先接触的德国经济学家如李斯特、罗等。

（出版于1843年6月）的文章，并在《德法年鉴》（最后只出版了第1、2期合刊）编辑过程中将评鲍威尔的两篇文章合为一体。另一方面，从内容来看，《犹太人问题》第二部分显然与《1844年经济学—哲学手稿》关系更为密切，已经涉及市民社会的经济异化问题，甚至产生了劳动异化思想的萌芽①。还有一个文本证据：《犹太人问题》第二部分的副标题是关于鲍威尔的《现代犹太人和基督徒获得自由的能力》，但该部分仍然是主要对鲍威尔《犹太人问题》的评论，只是在开头涉及《现代犹太人和基督徒获得自由的能力》。而在评鲍威尔《犹太人问题》的第一部分，也有一段来自《现代犹太人和基督徒获得自由的能力》的引文。显然，《犹太人问题》两个部分并非如副标题所显示的那样依照评论对象来划分的，而是依照主题来划分的。对此情况的合理解释似乎是：马克思起初并没有分两部分写《论犹太人问题》的计划，只是在完成《〈黑格尔法哲学批判〉导言》之后，随着思想认识的深化（主要是经济异化思想的获得），马克思又写了《论犹太人问题》第二部分。可能正是因为这个缘故，《〈黑格尔法哲学批判〉导言》预计在《德法年鉴》第一期发表，而《论犹太人问题》预计与连载的《黑格尔法哲学批判》一起在《德法年鉴》第二期发表。

现在再来看马克思《论犹太人问题》与赫斯《金钱的本质》的关系，长期困扰马克思研究者的一桩学案可以得到合理解释。

马克思、赫斯、巴枯宁是《德法年鉴》的撰稿人集团②，他们每人至少会为每期杂志撰写一篇文章。赫斯是1844年3月离开巴黎返回科伦的，发表在《德法年鉴》第一、二期合刊③上的《法国来信》是1月底即合刊付印期间写成的。赫斯作为《德法年鉴》的创办人之一，积极为《德法年鉴》写稿是其义不容辞的责任。就连远在英国的恩格斯，也为《德法年鉴》写了两篇很有分量的稿子④。因此赫斯自8月9日与卢格一起到达

---

① "人只有使自己的产品和自己的活动处于异己本质的支配之下，使其具有异己本质——金钱——的作用，才能实际进行活动，才能实际生产出物品。"（参见《马克思恩格斯全集》中文第二版第3卷，第197页）
② 海尔维格、海涅在《德法年鉴》上发表的是他们的诗作。
③ 于1844年2月中旬出版。
④ 即《国民经济学批判大纲》和《英国状况》。

巴黎后，在社会活动之余有足够的时间和动力为《德法年鉴》写一篇与共产主义相关的理论文章①。实际上，赫斯确实为《德法年鉴》写了文章，但被马克思拒绝了。马克思1843年11月21日致福禄培尔的信中说："本地一些人（赫斯、魏尔等）迄今为止给我寄来的文章，意见分歧太大，我不得不拒绝了。"② 马克思信中所指的赫斯的文章，应该就是《金钱的本质》。只是因为编辑部③其他成员的反对，马克思才拒绝了赫斯的《金钱的本质》，并非如一些西方学者所推测的那样，马克思是为了剽窃赫斯的《金钱的本质》而故意不发表该文的。

如果情况真是如此，那么我们可以得出一个更为合理的结论：一方面，马克思写作《论犹太人问题》并没有剽窃赫斯《金钱的本质》的故意，因此马克思这里不存在所谓的人品问题；另一方面，《论犹太人问题》第二部分的写作确实受到了赫斯《金钱的本质》一文的影响，马克思在文章中没有提及赫斯的《金钱的本质》，从今天的学术规范来看也确实不够严谨，不过我们也不能苛求当时的马克思。

第三节 马克思《政治学与国民经济学批判》的手稿问题

1845年年初，马克思在被驱逐出巴黎、动身前往布鲁塞尔之前，与

---

① 而非仅仅像《法国来信》这样介绍在巴黎的民主主义、社会主义、共产主义报刊情况的文章。

② 参见《马克思恩格斯全集》中文第二版第47卷，第71页。注意马克思书信的原文是"Die mir bisher von Hiesigen（Heβ, Weill etc.）zugesandten Aufsä the habe Ich, mit grossem Embarras des Débats, ablehnen müseen."（MEGA2/III/1, S.62）对于"mit grossem des Débats"这个状语，《马克思恩格斯全集》中文第一版译为"经过长期争吵之后"（参见《马克思恩格斯全集》中文第一版第27卷，第447页），而中文第二版译为"意见分歧太大"。按照第一种译法，马克思拒绝赫斯、魏尔等人稿件的原因是《德法年鉴》编辑之间对是否采用稿件存有争议；按照第二种译法，马克思拒绝的原因是赫斯、魏尔等本地人的稿件观点分歧太大。根据MEGA2/III/1的人名索引，魏尔是德国新闻记者，资产阶级民主主义者，40年代侨居法国（参见MEGA2/III/1, S.960，并参见《马克思恩格斯全集》中文第二版第47卷第733页）。魏尔并非正义者同盟成员，与赫斯之间并无交集，不会有观点的激烈争论。因此，笔者认为第一种译法更可取。

③ 《德法年鉴》的实际编辑工作自10月1日即马克思到达巴黎之前即已开始。卢格因为患病10月5日—12月8日（或9日）不在巴黎，因此马克思抵达巴黎之后主导了《德法年鉴》的编辑工作。

出版商列斯凯签订了《政治学与国民经济学批判》一书的出版合同。马克思后来因忙于《德意志意识形态》的写作，最终没有完成《政治学与国民经济学批判》。《马克思恩格斯文集》第 10 卷对此的注释①是："马克思从 1843 年年底以来一直在从事政治经济学研究，1844 年春，他决定从唯物主义和共产主义的立场来公开批判资产阶级的政治经济学。他当时所写的手稿只保存下来一部分，即《1844 年经济学—哲学手稿》。为撰写《神圣家族》，马克思曾暂时中断政治经济学研究，直到 1844 年 12 月才又恢复。马克思在 1845—1846 年研究了英国、法国和其他国家的经济学家的著作，并写了提纲，作了大量的摘录和札记。但当时马克思未能实现他的计划，1845 年 2 月 1 日与出版商卡·列斯凯签订的《政治和国民经济学批判》两卷本的出版合同于 1847 年 2 月被后者取消。"②按照这一注释，似乎并不存在《政治学与国民经济学批判》的手稿。

我们不禁要问：当马克思在与列斯凯签订《政治学与国民经济学批判》的出版合同时，他手头是否已有现成的手稿可资利用？具体来说，第一，是否可以把《1844 年经济学—哲学手稿》看作是《政治学与国民经济学批判》的基础手稿？第二，如果把《1844 年经济学—哲学手稿》看作是《政治学与国民经济学批判》的基础手稿，那么是否存在"政治（学）批判"手稿？

首先，马克思之所以有底气在 1845 年 2 月 1 日与列斯凯签订两卷本、共计 40 印张的著作，手里应该是有手稿的。我们有理由把《1844 年经济学—哲学手稿》看作是《政治学与国民经济学批判》的基础手稿。恩格斯 1844 年 8 月与马克思在巴黎会面后，在 10 月初给马克思的信中说"你要设法赶快把你所收集的材料发表出来"③。《马克思恩格斯全集》中文第一版第 27 卷对此的注释是"恩格斯在这里指的是卡·马克思曾经打算要

---

① 与《马克思恩格斯全集》中文第一版第 27 卷以及中文第二版第 47 卷的相关注释一致。

② 参见《马克思恩格斯文集》第 10 卷（人民出版社 2009 年版）的注 22（该卷第 710 页）。

③ 参见《马克思恩格斯全集》中文第一版第 27 卷，第 8 页。

第 14 章 马克思早期文本中的几个文献学问题

写的一本著作《政治和政治经济学批判》"①。在 1845 年 1 月 20 日②给马克思的信中，恩格斯又提到："你的政治经济学著作，还是尽快把它写完吧，即使你自己还感到有许多不满意的地方，这也没有什么关系，人们的情绪已经成熟了，就要趁热打铁。"在 1845 年 3 月 17 日给马克思的信中，恩格斯又问马克思"你的书写得怎样了？"尽管马克思一度中断了政治经济学的研究，全力以赴进行《神圣家族》一书的写作，但 1844 年 12 月马克思又恢复了政治经济学研究③。在《政治学与国民经济学批判》出版合同签订之后，马克思一到达布鲁塞尔就抓紧进行政治经济学研究，作了《布鲁塞尔笔记本》《曼彻斯特笔记本》④。因此，签订出版合同之后马克思所作的《布鲁塞尔笔记本》和《曼彻斯特笔记本》，都是为写作《政治学与国民经济学批判》中的"国民经济学批判"而做的工作。

问题是，在签订出版合同后，马克思似乎从来没有把"政治（学）批判"列入他的研究计划，这是很令人惊奇的。对此的唯一解释是，马克思手边已经有了"政治（学）批判"的手稿。实际上，MEGA2/Ⅰ/2 的编辑者陶伯特就持这种看法。在"《黑格尔法哲学批判》的产生与流传"中，陶伯特指出："马克思同卡尔·弗里德里希·尤利乌斯·列斯凯于 1845 年 2 月 1 日签订的合同表明，马克思没有放弃他的公开发表法哲学批判的计划。这两卷本著作的书名是《政治和国民经济学批判》。"⑤ 显然，陶伯特把《黑格尔法哲学批判》看作是《政治学与国民经济学批判》的"政治学批判"基础手稿。根据陶伯特的考证⑥，《黑格尔法哲学批判》（连载）已被列入《德法年鉴》第二卷的目录。《德法年鉴》第一、二卷最终以合刊形式出版，但其中没有包含《黑格尔法哲学批判》。在 1844 年 8 月 11 日给费尔巴哈的信中，马克思提到了对《黑格尔法哲学批判》手稿的修改："趁此机会冒昧地给您寄上一篇我的文章⑦，在文章中

---

① 参见《马克思恩格斯全集》中文第一版第 27 卷，第 642 页。
② 即马克思出版合同签订前不久。
③ 这从《巴黎笔记本》最后几册笔记的情况可以看出来。
④ 马克思 1845 年夏与恩格斯一起到英国旅行时在曼彻斯特作的摘录笔记。
⑤ 参见《马列主义研究参考资料》1984 年第 15 期（总第 213 期），第 47 页。
⑥ 参见《马列主义研究参考资料》1984 年第 15 期（总 213 期），第 56 页。
⑦ 指《〈黑格尔法哲学批判〉导言》。

可以看到我的法哲学批判的某些成分。这一批判我已经写完,但后来又重新作了加工,以便使它通俗易懂。"由此可以看出,马克思在计划从《德法年鉴》第二卷开始连载《黑格尔法哲学批判》时,已经对《黑格尔法哲学批判》作了通俗化的"加工"处理。但这一付印稿并没有流传下来,因此我们无法判断马克思到底作了多大程度的修改。《德法年鉴》的停刊使出版《黑格尔法哲学批判》的计划受挫,但马克思出版修改稿的想法并没有改变。马克思在《1844年经济学—哲学手稿》"序言"[1]中说:"我在《德法年鉴》上曾预告要以黑格尔法哲学批判的形式对法学和国家学进行批判。在加工整理准备付印的时候发现,把仅仅针对思辨的批判同针对不同材料本身的批判混在一起,十分不妥,这样会妨碍阐述,增加理解的困难。"[2] 可以想象,马克思在签订《政治学与国民经济学批判》出版合同时,是把《黑格尔法哲学批判》作为其"政治学批判"的基础手稿的。

吕贝尔也探讨过《政治学与国民经济学批判》的手稿问题。在1974年出版的论文集《马克思批判马克思主义》中,吕贝尔一方面把《黑格尔法哲学批判》看作是《政治学与国民经济学批判》的基础手稿:"在准备这部著作的题目(《政治学与国民经济学批判》)时,我们相信马克思已经囊括了1843年反思,尤其是来自克罗茨纳赫的反黑格尔的手稿,这个手稿是对政治学的批判,换句话说是对国家的批判,这也就是他在1846年中期如何构建他的经济学的基础"[3];另一方面吕贝尔强调马克思的巴黎—布鲁塞尔记事本[4]中关于国家的研究计划是马克思"政治学批判"的内容之一[5]。

在笔者看来,《政治学与国民经济学批判》存在两个基础手稿,一个是《黑格尔法哲学批判》;另一个是《1844年经济学—哲学手稿》。

---

[1] "序言"是紧接着给费尔巴哈的信而写的。
[2] 参见《马克思恩格斯全集》中文第二版第3卷,第219页。
[3] 参见《吕贝尔马克思学文集(上)》,曾枝盛、郑吉伟等译,北京师范大学出版社2009年版,第154页。
[4] 即《1844—1847年记事本》。
[5] 参见《吕贝尔马克思学文集(上)》第155页。马克思的研究计划参见《马克思恩格斯全集》中文第一版第42卷,第238页。

《1844年经济学—哲学手稿》是第一卷即《国民经济学批判》①的基础手稿，但马克思仍在不断研究经济学，也在不断修改和充实《1844年经济学—哲学手稿》的内容。按照马克思1846年8月1日给列斯凯信中的说法，1846年11月底之前可以"改好付印"②。1846年9月19日列斯凯在给马克思的回信中说不能出版《政治学与国民经济学批判》，并于1847年2月正式取消了出版合同。其实，即使列斯凯同意出版该书，马克思当时也不可能将第一册《国民经济学批判》修改到令自己满意的程度。实际上，直到1859年马克思才出版了《政治经济学批判》第一分册。

《黑格尔法哲学批判》是《政治学与国民经济学批判》第二卷的基础手稿。不过马克思也一直在试图对其进行修改和补充。这里有必要谈一下"政治学与国民经济学批判"的译名问题。中文版一直将此处的"Politik"译为"政治"而非"政治学"，加重了中国学者对《政治学与国民经济学批判》内容的误解。马克思早期思想经历了从政治（宗教、国家）批判到经济（市民社会）批判的转变。《莱茵报》时期和克罗茨纳赫时期马克思致力于政治批判，巴黎和布鲁塞尔时期马克思致力于经济批判。但除了《莱茵报》时期马克思针对的是原本（政治）的批判，其他时期马克思针对的实际上是对副本（政治学和政治经济学）的批判③。当马克思在《1844年经济学—哲学手稿》"序言"中说"把仅仅针对思辨的批判同针对不同材料本身的批判混在一起，十分不妥"时，他已经意识到了这个问题。于是马克思进一步说，他"打算用不同的、独立的小册子来相继批判法、道德、政治等等，最后再以一本专门的著作来说明整体的联系、各部分的关系，并对这一切材料的思辨加工进行批判。"④"对这一切材料的思辨加工进行批判"显然是指《黑格尔法哲学批判》。因此，在已经意识到不能"仅仅针对思辨的批判同针对不同材料本身的批判混在一起"的时候，马克思的《政治学与国民经

---

① 当1846年列斯凯不想出版《政治学与国民经济学批判》时，马克思曾试考虑由另外一家出版社单独出版此册。参见马克思《马克思恩格斯全集》中文第二版第47卷第382—383页。

② 参见马克思《马克思恩格斯全集》中文第二版第47卷，第384页。

③ 关于"原本"与"副本"的说法，参见《〈黑格尔法哲学批判〉导言》（《马克思恩格斯全集》中文第二版第3卷第200页）。

④ 参见《马克思恩格斯全集》中文第二版第3卷，第219页。

济学批判》只可能是对副本的批判①。

从马克思给列斯凯的信中可以看出，《政治学与国民经济学批判》第二卷"大多是一些历史性的东西"②。根据考证，马克思"关于现代国家的著作的计划草稿"大约写于 1844 年 11 月，是当时马克思致力于写作《国民公会史》的内容之一。从这一点来看，吕贝尔关于《政治学与国民经济学批判》手稿的相关说法就是有道理的。

但是，除了《黑格尔法哲学批判》和"关于现代国家的著作的计划草稿"，马克思《政治学与国民经济学批判》第二卷的"政治学批判"似乎还包含第三项内容，即对社会主义者的批判。马克思的《黑格尔法哲学批判》主要针对的是黑格尔的国家学说，从现在的眼光看属于政治哲学的范畴，但在马克思那个时代，将其看作政治科学是没有问题的③。另一方面，把"社会主义文献"看作是政治学，更没有问题。这里有一个细节值得注意。马克思在 1843 年 10 月底到达巴黎后，就开始对空想的社会主义和共产主义的文献进行探讨。1845 年年初马克思到达布鲁塞尔之后，与恩格斯还有一个出版《外国杰出的社会主义者文丛》的计划。先是恩格斯在 1845 年 3 月 7 日给马克思的信中有此提议④，然后马克思在《1844—1847 年记事本》中列了一个草案，其中涉及了圣西门、傅立叶、欧文以及摩莱里、马布利、巴贝夫、孔西得朗、卡贝、勒鲁、德萨米、蒲鲁东等⑤，并在给恩格斯的回信中谈了自己对《文丛》的设想⑥。从恩格斯 1845 年 3 月 17 日给马克思的回信可以看出，马克思的设想是"编纂一套社会主义史的原始资料汇编"或"用史料编成的社会主义史"⑦。此外，在马克思给列斯凯的信中有这样一段话："我在以前的一封信里已经告诉您；一方面是由于增添了在英国收集到的新资料；另一方面是由于修改时发

---

① 马克思直到写作《资本论》时，才直接针对经济（资本）进行批判，"政治经济学批判"成为其副标题，这一副标题更适合《资本论》第 4 卷即《剩余价值学说史》。
② 参见马克思《马克思恩格斯全集》中文第二版第 47 卷，第 384 页。
③ "政治学"是自古希腊特别是亚里士多德以来就存在的学科概念。
④ 参见《马克思恩格斯全集》中文第二版第 47 卷，第 347 页。
⑤ 参见马克思《马克思恩格斯全集》中文第一版第 42 卷，第 272 页。
⑥ 这封信没有保存下来。
⑦ 参见《马克思恩格斯全集》中文第二版第 47 卷，第 349 页。

现需要作一些补充,所以手稿将比原来商定的篇幅增加二十多个印张。"① 马克思所指"在英国收集到的新资料",主要是经济学资料,但也包括一些社会主义者欧文、布雷、伊登、汤普逊、艾德门兹的资料,如欧文的《新道德世界书》《新社会观》《在曼彻斯特的六次演讲》《教士婚礼仪式的演讲词》,布雷的《劳动的错误和劳动的补救办法》,艾登的《贫穷的国家:或英国劳动阶级的历史》等。马克思在信中还特意指出,"我为写这部著作专门去了一趟英国,在那里住了一段时间,而且还买了大量昂贵的参考书"②。显然,对"社会主义者"的研究和评论,是马克思《政治学与国民经济学批判》的内容之一。

1847年2月,马克思《政治学与国民经济学批判》的出版合同被取消了。一年之后,爆发了欧洲革命。欧洲革命失败后,1849年马克思流亡伦敦,重新开始经济学研究。1851年10月,马克思对认识的出版商有一个"出版经济学的提议"③。马克思的设想是三卷本的著作:第一卷《政治经济学批判》,第二卷《社会主义者》,第三卷《政治经济学史》。从马克思1851年11月24日给恩格斯的信以及11月27日恩格斯给马克思的回信可以看出,出版商希望把《政治经济学史》作为第一卷出版,或只出一卷试一试。恩格斯劝说马克思先出版《政治经济学史》和《社会主义者》,最后出版《政治经济学批判》。《政治经济学批判》将是马克思自己经济学观点的正面阐发,是1859年《政治经济学批判》的雏形;《政治经济学史》是后来《剩余价值学说史》的雏形;而《社会主义者》则似乎是神龙见尾不见首,而且与第一、第三卷在内容上也不协调。笔者推测,之所以这时突然冒出一卷《社会主义者》,很可能与1845年的《政治学与国民经济学批判》有关。不过此时马克思已经对黑格尔不感兴趣,因此"政治学批判"只包含对"社会主义者"进行批判的内容;"国民经济学批判"将从理论和历史两个方面进行,而在《1844年经济学—哲学手稿》中,理论和历史还是混在一起的。马克思1851年的出版计划

---

① 参见《马克思恩格斯全集》中文第二版第47卷,第384页。
② 参见《马克思恩格斯全集》中文第二版第47卷,第384页。
③ 参见《马克思恩格斯全集》中文第二版第48卷,第412页。

没有实现,但从中我们可以窥见马克思自 1845 年之后一直有出版社会主义者批判的想法,而它应该是《政治学与国民经济学批判》的"政治学批判"的内容之一。

第15章　关于《巴黎手稿》的文献学讨论*

自1932年MEGA1/Ⅰ/3发表《巴黎手稿》之后，《1844年经济学—哲学手稿》（以下简称《44年手稿》）引起了国际范围内持久而热烈的讨论，而《巴黎笔记》却没有引起研究者的足够关注，这与《44年手稿》长期以来被认为是马克思的著作手稿有关。《44年手稿》于1932年发表时就是被作为马克思"著作"手稿来处理的，朗兹胡特和迈尔编的版本是如此，MEGA版也是如此。朗兹胡特和迈尔编的版本在正式发表之前，他们就宣传说发现了一部"马克思迄今未为人知的著作"。朗兹胡特和迈尔是按笔记本Ⅲ、Ⅱ、Ⅳ的顺序（缺笔记本Ⅰ）来编排《44年手稿》。MEGA1/Ⅰ/3第一部分发表的是马克思已付印的著作或没有付印的手稿，《44年手稿》发表在该部分；第二部分发表的是摘录笔记，《巴黎笔记本》发表在该部分。MEGA1不同于《马克思恩格斯全集》俄文第一版，它是供研究者使用的马克思恩格斯著作原文版，而非像《马克思恩格斯全集》俄文第一版（以及后来的《马克思恩格斯全集》俄文第二版）那样属于理论学习版。但由阿多拉茨基负责编辑的MEGA1/Ⅰ/3对《44年手稿》的编排却给人一个印象，即《44年手稿》是一部特别的"著作"①。后来的大多数研究者也都认为《44年手稿》从形式上看是片段、未完成的，而从内容上看则是一个整体。不过这里需要澄清一个误解：MEGA1/Ⅰ/3并没有把马克思对黑格尔《精神现象学》最后一章《绝对知识》的摘录即所谓"笔记本Ⅳ"与《44年手稿》②排在一起，而是把

---

* 原载《国外马克思主义研究报告2008》。

① 阿多拉茨基负责编辑的《德意志意识形态》（载于MEGA1/Ⅰ/5）也存在同样的问题，后来受到学者们的严厉批评。国内学者对该问题已经比较熟悉，这里就不再赘述。

② MEGA1/Ⅰ/3第29—172页。

它作为 MEGA1/Ⅰ/3 的附录"Ⅲ)"① 排在该卷的最后，也就是《巴黎笔记本》② 之后。

《巴黎笔记本》不被关注的情况自 20 世纪 60 年代以后发生了变化。1962 年，爱·鲍提若里在他编的《44 年手稿》法文版本导言中不但强调《44 年手稿》是一部"未完成"、很少具有"同质性"的手稿，而且特别使人回想起《序言》位于第三手稿的最后部分。鲍提若里首次注意到《44 年手稿》表征了马克思的思想处于发展过程中。③ 在苏联，尽管《44 年手稿》早已发表在 MEGA1/Ⅰ/3，但在俄文版 1956 年出版之前，许多苏联学者完全无视它的存在。拉宾在 1962 年的一篇文献报告（《文献观照下的青年马克思》）中就强调要利用一切涉及马克思早期思想发展的文献资料。他在 1968 年出版的《青年马克思》一书中明确提出，马克思《44 年手稿》的写作分为两个阶段，并且是与《巴黎笔记》的写作交叉进行的。拉宾指出，马克思的经济学研究在形式上可分为两类：经济学家著作摘录和马克思的手稿。表面看来，上述研究经济学的两种形式似乎也就是这一研究的两个阶段：首先马克思从一些经济学家的著作中作摘录，并附加批注，然后他在手稿中转而确立自己的观点。在有关书籍中对马克思的研究过程通常正是这样描述的。但本书作者在仔细分析摘录和手稿后确信，事实上情况要复杂得多。例如，在第一手稿中完全没有在第四和第五本札记中作过摘要的那些著作的引文，而仅有的一段引自李嘉图著作的引文也不是直接引自原著，尽管这段引文在第四本札记中是摘自李嘉图的原著。马克思在摘录穆勒著作时所写的货币异化智能的纲要在第一个手稿，其中包括有关异化劳动一章里都没有得到反映。但在第二和第三个手稿中却留有痕迹。如果人们注意到这一切，考虑到第二个和第三个手稿广泛运用了第四本和第五本札记中的摘要，并考虑到马克思在这两个手稿中所具备的经济学知识水平总的说来大大高于第一个手稿，那么，就可以把马克思从 1983 年 10 月—1844 年 8 月这一时期的经济学研究分为两个主要阶段：1) 初读恩格斯的《大纲》，摘录萨伊、斯卡尔贝克及斯密的著作

---

① MEGA1/Ⅰ/3 第 592—596 页。
② MEGA1/Ⅰ/3 第 411—583 页。
③ 参见罗扬的论文"所谓《1844 年经济学—哲学手稿》的来龙去脉"，载 International Review of Social History, VOL. ⅩⅩⅧ—1983— PART1 第 2—49 页。

（第一、二、三本札记）并完成第一个手稿；2）摘录李嘉图、穆勒以及其他经济学家的著作（第四和第五本札记）、写恩格斯的《大纲》的提要，完成第二和第三个手稿。①

从此以后，国际马克思学界关于《巴黎手稿》的文献学讨论就连绵不断：1976年苏联学者巴加图利亚发表了"马克思主义政治经济学的辩证唯物主义方法论的开始形成。《经济学哲学手稿》的方法论特点"；1978年负责MEGA2/I/2编辑工作的东德学者陶伯特发表了"《经济学哲学手稿》写作日期质疑"（该文是1982年出版的MEGA2/I/2有关《44年手稿》文献学说明的基础）；1980年负责MEGA2/Ⅳ/2编辑工作的苏联学者鲁缅采娃发表"关于MEGA2/Ⅳ/2发表的马克思的巴黎笔记"（该文是1981年出版的MEGA2/Ⅳ/2有关《巴黎笔记》文献学说明的基础）；1983年阿姆斯特丹国际社会史研究所的罗扬发表了"所谓《1844年经济学—哲学手稿》的来龙去脉"②；1989年克里斯蒂娜·伊科尔发表的《关于马克思批判李斯特著作的手稿的写作日期》一文③涉及《巴黎笔记》的文献学考证；1998年出版的MEGA2/Ⅳ/3（由巴加图利亚负责编辑）也包含关于《巴黎笔记》的文献学新考证。迄今为止，涉及《巴黎手稿》文本及相关的文献学研究成果已有以下中译文：巴加图利亚的"马克思主义政治经济学的辩证唯物主义方法论的开始形成。《经济学哲学手稿》的方法论特点"④、《"巴黎笔记"选译》⑤《关于巴黎笔记》⑥

---

① 参见拉宾《马克思的青年时代》（三联书店1982年版，该译本是依据苏联政治书籍出版社1976年版译出）第230—232页。

② 参见吴达琼："罗扬论《1844年经济学—哲学手稿》的来龙去脉"，载《马列主义研究资料》1984年第2期。

③ 载《马克思恩格斯年鉴》第11卷（1989年）第213—229页。

④ 参见张钟朴译"马克思主义政治经济学的辩证唯物主义方法论的开始形成。《经济学哲学手稿》的方法论特点"，载巴加图利亚、维戈茨基著《马克思的经济学遗产》（贵州人民出版社1980年版）第13章。

⑤ 《"巴黎笔记本"选译》是王福民根据MEGA1/I/3选译的，原载《马克思主义研究参考资料》1980年第34期，后收于《马恩列斯研究资料汇编（1980年）》（书目文献出版社1982年版）。

⑥ 卢晓萍、章丽莉译（沈渊校）"关于巴黎笔记本"，是MEGA2/Ⅳ/2《导言》中关于《巴黎笔记本》的部分（MEGA2/Ⅳ/2第26*—43*页），载《马列主义研究资料》1983年第4期。

《关于〈1844年经济学—哲学手稿〉》①《〈经济学哲学手稿〉的产生及保存情况》②《历史—经济学笔记(巴黎笔记第1—7册)》③。总体来看,近30年来国际马克思学界关于《巴黎手稿》的文献学研究有以下几个方面的热点问题。

第一节 《巴黎笔记》到底有几册?

1932年出版的 MEGA1/Ⅰ/3 收录的巴黎笔记共9册,分别是:①B19,包含对萨伊著作《论政治经济学》的摘录(B19a)、对斯卡尔贝克著作《社会财富的理论》的摘录(B19b)和对萨伊著作《实用政治经济学教程》的摘录(B19c);②B20,对斯密著作《国富论》的摘录;③MH,包含对勒瓦瑟尔著作《前国民议会议员"回忆录"》的摘录(MHa)和对斯密著作《国富论》的摘录续(MHb);④B23,包含对色诺芬著作《雅典的色诺芬著作集》的摘录(B23a)、对李嘉图著作《政治经济学和赋税原理》的摘录(B23b)和对穆勒著作《政治经济学原理》的摘录(B23c);⑤B21,包含对麦克库洛赫著作《论政治经济学的起源、发展、特殊对象和重要性》的摘录(B21a)、对普雷沃论穆勒的摘录(B21b)、对恩格斯《国民经济学批判大纲》的摘录(B21c)、对特拉西著作《意识形态原理》的摘录(B21d)和对穆勒著作《政治经济学原理》的摘录续(B21d);⑥B22,包含对罗德戴尔著作《论公共财富的性质和起源》的摘录;⑦B24,包含对许茨著作《政治经济学原理》的摘录(B24a)、对李斯特《政治经济学的国民体系》的摘录(B24b)、对奥先戴尔著作《公众对商业、工业和农业利益的失望,或对李斯特博士工业

---

① 张念东译(刘卓星校)《关于〈1844年经济学—哲学手稿〉》是 MEGA2/Ⅰ/2《导言》中关于《1844年经济学—哲学手稿》的部分(MEGA2/Ⅰ/2 第 35*—53* 页),载《马列主义研究资料》1984年第2期。

② 赖升禄、洪佩郁译(刘卓星校)《〈经济学哲学手稿〉的产生及保存情况》是 MEGA2/Ⅰ/2 关于《1844年经济学—哲学手稿》"产生与流传过程"的说明(MEGA2/Ⅰ/2 第 685—702 页),载《马列主义研究资料》1984年第2期。

③ 《历史—经济学笔记(巴黎笔记本第1—7册)》是 MEGA2/Ⅳ2 资料卷关于《巴黎笔记本》的说明(MEGA2/Ⅳ2 第 710—724 页)及7册笔记的"产生与流传过程",参见《马克思主义研究参考资料》1985年第1期。

力哲学的阐释。附一个来自乌托邦的祈祷》的摘录（B24c）、对奥先戴尔著作《论民族的商业交往》（B24d）和对李嘉图著作《政治经济学和赋税原理》的摘录续（B24e）；⑧B26，包含对布阿吉尔贝尔著作《法国详情，它的财富减少的原因以及救济的难易程度》的摘录（B26a）、对布阿吉尔贝尔著作《论财富、货币和赋税的性质》的摘录（B26b）、对布阿吉尔贝尔著作《论谷物的性质、耕作、贸易和利益》的摘录（B26c）和对罗的著作《论货币和贸易》的摘录（B26d），以及一个关于罗马史的简要编年摘录；⑨B25，对比雷著作《论英国和法国工人阶级的贫困》的摘录。①

1981年出版的MEGA2/Ⅳ/2发表的巴黎笔记是7册，不包括B22和B26，但没有说明将这两册从《巴黎笔记》排除出去的理由。1998年出版的MEGA2/Ⅳ/3又重新将B22和B26判为巴黎时期的笔记，并给出了理由。

关于B26，MEGA2/Ⅳ/3编者指出②：马克思巴黎时期笔记的特点是摘录与马克思自己长篇的阐述相结合，而布鲁塞尔时期的笔记没有这种阐述。就B26所探讨的问题来看，马克思对布阿吉尔贝尔著作《十八世纪的财政经济学家》所做的评论与《44年手稿》及马克思对李嘉图著作《政治经济学和赋税原理》、穆勒著作《政治经济学原理》的评论，甚至与马克思对麦克库洛赫《论政治经济学的起源、发展、特殊对象和重要性》一书附录中普雷沃《评李嘉图体系》的评论有密切联系。

关于B22，MEGA2/Ⅳ/3的编者指出③：马克思在写于1844年8月的

---

① B19、B20、B21、B22、B23、B24、B25、B26是阿姆斯特丹国际社会史研究所对马克思《巴黎笔记本》中8册笔记所做的编号，其中B21、B22、B23、B24、B25、B26的编号发生过变化，本文采用的是新编号，它们对应的旧编号分别是B23、B24、B22、B25、B26、B21（旧编号可参看《马克思手稿和读书笔记目录》，载《马克思主义研究参考资料》1981年第30期）。MH的原始手稿保存在俄罗斯国家社会政治史档案馆，编号是全宗第1号，目录第1号，卷宗第124号。可参看罗扬论文对MH手稿的描述（*International Review of Social History*，VOL. XXⅧ—1983—PART1 19页），也可参看MEGA2/Ⅳ/2第727—728页的文献学描述。MH是罗扬对该笔记本的简称。

② 参见MEGA2/Ⅳ/3第613页。

③ 参见MEGA2/Ⅳ/3第633页。

《44年手稿》笔记本Ⅲ中提到了罗德戴尔①，而且在1844年夏/秋所做的对李嘉图著作《政治经济学和赋税原理》的摘录（以下简称《李嘉图摘要》）中也提到了被李嘉图引用的罗德戴尔观点。从外观来看，B22与巴黎时期的绝大多数笔记一样。在马克思《1844—1847年记事本》记载的1844年夏至1845年春的书籍目录中没有发现罗德戴尔的《论公共财富的性质和起源》一书，但在《布鲁塞尔笔记》第三个笔记的结尾马克思写下了该书的英文原名，这说明马克思此时已经熟悉该书的法文译本。在马克思《1844—1847年记事本》记载的曼彻斯特公共图书馆目录中，有罗德戴尔的另一本著作的书名。所有这些都表明B22产生于巴黎时期。MEGA2/Ⅳ/3编者还推测，罗德戴尔的《论公共财富的性质和起源》可能包含在《1844—1847年记事本》没有流传下来（被撕去）的开头几页所载的书籍目录中，而这几页书目所载的正是马克思1844年8月所摘录的著作，这说明马克思当时自己拥有罗德戴尔的这本书。另一方面，并不能从马克思在《44年手稿》笔记本Ⅲ中提到了罗德戴尔而得出结论说马克思当时已经读了该书，因为该处与罗德戴尔同时被提到的还有马尔萨斯，而马克思是从另外一位作家的书中知道马尔萨斯观点的。

MEGA2/Ⅳ/3的编者提到了B22与巴黎时期的绝大多数笔记在外观上一样，但没有作进一步的解释。根据笔者的理解，"外观上一样"可能指的是纸张的类型、两栏书写的方式等方面。

值得一提的是，罗扬在他1983年发表的论文中认为《巴黎笔记》是8册，不包括B22。为什么不包括B22，罗扬没有说明理由，但却对B26的归属持独特的观点。罗扬指出②：《巴黎笔记》的用纸通常较大（400×310mm），因而马克思习惯采取分栏（分两栏或三栏）纵写的书写方式。《神圣家族》的手稿（写于1844年9—11月）没有流传下来，但据认为《神圣家族》的手稿是正常书写的（横写而非分栏纵写）。马克思在B26的开头也是采取横写的正常书写方式，但似乎马克思觉得这种较长的行书写起来不方便，于是从B26d（对罗的著作《论货币和贸易》的摘录）开

---

① 参见《马克思恩格斯全集》中文第二版第3卷第343页。

② 参见 International Review of Social History, VOL. XXⅧ—1983— PART1 第31页。关于B26的文献学描述可参见MEGA2/Ⅳ/3第618页。

始马克思又重新回到之前在 MH、B19、B24 采取过的书写方式,即先将每页纸折叠成两栏,再横写(这不同于写作《44 年手稿》时采取的将每页用笔划分为三栏或两栏,然后纵写的方式)。然后马克思以同样的方式写完了 B26c(B26c 是马克思对布阿吉尔贝尔著作《论谷物的性质、耕作、贸易和利益》的摘录)。罗扬认为,马克思在摘录到该书第一部分第 1 章结尾处即写到 B26 第 17 页下半页时中断了对该书的摘录,转而摘录 B26d。罗扬推测 B26 的第二部分(共 9 页,包含 B26d、B26c 的续写部分以及罗马史的简要编年摘录)写于布鲁塞尔时期,因为《布鲁塞尔笔记》通常采取这种书写方式。这就是说,在罗扬看来,26 页的 B26[①] 中有 17 页写于巴黎时期,9 页写于布鲁塞尔时期。

罗扬发表他的论文时(1983 年)阿姆斯特丹国际社会史研究所还没有参与 MEGA2 的编辑工作,因此罗扬的观点只是一家之言。MEGA2 国际化之后,罗扬担任国际马克思恩格斯基金会的秘书长(1990—2000 年),并成为 MEGA2 编委会成员。罗扬还协助了 MEGA2/Ⅳ/3 的编辑工作。任何 MEGA2 卷次在出版之前都要经过严格的专家审订和深入讨论,因此 MEGA2 各卷次所代表的并不仅仅是各卷次编者的个人观点,而是代表 MEGA2 编委会的意见。既然罗扬协助了 MEGA2/Ⅳ/3 的编辑工作,那么这就表明,要么他已放弃了自己 15 年前的观点,要么他是服从了 MEGA2 编委会的集体决定。[②] 总之,笔者认为应该采信 MEGA2/Ⅳ/3 编者关于《巴黎笔记》共有 9 册的判定。

第二节 《穆勒摘要》与《44 年手稿》笔记本Ⅲ的写作顺序

《穆勒摘要》的主体部分(17 页)写在 B23(具体来说是 B23c),其续写部分(6 页)写在 B21(具体来说是 B21e)。由于续写部分可能是后来添加到 B21 空白页上的,因而 B21 的写作时间不影响对《穆勒摘要》写作时间的判定,而只需考虑 B23 的写作时间。

---

① B26 共有 9 个对开张(即 36 个页面),其中 26 页面写有马克思的摘录,10 个页面是空白。

② 罗扬的新观点,可见赵玉兰译,罗扬"理论的诞生:以 1844 年笔记为例",载《马克思主义与现实》2012 年第 2 期。

关于《穆勒摘要》与《44年手稿》的写作顺序，是一个长期激烈争论的问题。《马克思恩格斯全集》俄文第二版第42卷（出版于1974年，是《马克思恩格斯全集》中文第一版第42卷的母版）关于《穆勒摘要》的题注这样写道："在这个文献中，马克思个人的议论占了相当大部分，这些议论按其内容来说与《1844年经济学—哲学手稿》相衔接，而且先于这个手稿。"① 由于《马克思恩格斯全集》俄文第二版第42卷像MEGA1/Ⅰ/3那样试图给读者一个印象，即《44年手稿》是马克思一气呵成的著作手稿，因而读者（特别是不了解拉宾考证结论的中国读者）自然会认为《穆勒摘要》写于《44年手稿》全部三个笔记本之前。《马克思恩格斯全集》俄文第二版第42卷对排在第一篇的马克思对恩格斯《国民经济学批判大纲》的摘要和排在第二篇的《穆勒摘要》写作时间的说明都是1844年上半年，而对《44年手稿》写作时间则注明是1844年4—8月。因而如果读者知道并相信拉宾的考证结论，那么从上述题注中也可以得出另外的结论，即《穆勒摘要》（以及对恩格斯《国民经济学批判大纲》的摘要）写于《44年手稿》笔记本Ⅱ、Ⅲ之前，而非全部三个笔记本之前。这就是说，《马克思恩格斯全集》俄文第二版42卷关于《穆勒摘要》的题注并不说明苏联学者在《44年手稿》文献学研究方面退回到拉宾的考证结论之前，而只能从《马克思恩格斯全集》俄文第二版属"理论学习版"这一编辑原则来解释。因为既然是"理论学习版"，就没有必要给读者介绍过多的文献学信息，也没有必要因为给读者造成《44年手稿》是分阶段写成的印象而影响读者对马克思理论的"学习"。但在中国，通常《马克思恩格斯选集》被当作"理论学习版"，而《马克思恩格斯全集》则被研究者当作进行学术研究的大部头的"理论研究版"，因此就出现了对这一题注的集体误读。而在苏联的马克思学专家那里，拉宾的考证结论应该已经成为他们研究的出发点和背景知识。

1981年出版的MEGA2/Ⅳ/2是由苏联学者编辑的（负责人是鲁缅采娃）。总体来看，MEGA2/Ⅳ/2的编者继承了拉宾的考证结论。日本学者涩谷正有一个重要"发现"：MEGA2/Ⅳ/2不但与MEGA2/Ⅰ/2"相互矛

---

① 《马克思恩格斯全集》中文第一版第42卷，第485页。

盾"，而且 MEGA2/Ⅳ/2 也"自相矛盾"①。所谓"相互矛盾"，是因为 MEGA2/Ⅰ/2 判定马克思《李嘉图摘要》和《穆勒摘要》写于《44年手稿》笔记本Ⅲ之后，而 MEGA2/Ⅳ/2 判定它们写于《44年手稿》笔记本Ⅲ之前。所谓"自相矛盾"，是因为：MEGA2/Ⅰ/2 一方面认为 B23"写于1844年夏或《44年手稿》结束之后不久"②，而且注明 B23 的写作日期是"1844年夏/秋"③；另一方面又先是判定马克思对李嘉图著作的摘录写于 B21 之前，而 B21 写于《44年手稿》笔记本Ⅲ之前④，从而《李嘉图摘要》写于《44年手稿》笔记本Ⅲ之前，然后又明确指出《穆勒摘要》的写作"紧接在对麦克库洛赫和德斯杜特·德·特拉西著作的摘录之后"⑤，从而实际上承认《穆勒摘要》写于《44年手稿》笔记本Ⅲ之前。MEGA2/Ⅳ/2 之所以有"或写于1844年秋"的说法，大概是与 MEGA2/Ⅰ/2 妥协的结果（MEGA2/Ⅰ/2 是紧接着 MEGA2/Ⅳ/2 出版的，MEGA2 编委会内部对两卷说法之间的矛盾想必有过争论）。

MEGA2/Ⅰ/2 的编者陶伯特判定《穆勒摘要》写于《44年手稿》笔记本Ⅱ、Ⅲ之后，并在 MEGA2/Ⅰ/2 资料卷关于《1844年经济学—哲学手稿》产生与流传情况的说明中有5处论证⑥：

1. 如果说马克思在写第二笔记本以前已经对李嘉图和穆勒的著作作了摘录，但是在保留下来的几页上却看不到同这些摘录的任何直接或间接的联系。还剩下一个假设，就是对这些摘录的具体的利用主要是在没有保留下来的各页上。但是，与此相矛盾的是，对李嘉图著作《政治经济学和赋税原理》的摘录和穆勒著作《政治经济学原理》的摘录，在完整地

---

① 参见韩立新："《巴黎手稿》的文献学研究及其意义"，载《马克思主义与现实》2007年第1期。
② 见 MEGA2/Ⅳ/2 第715页。
③ MEGA2/Ⅳ/2 第758页。
④ MEGA2/Ⅳ/2 第715页明确指出 B21 的写作"不会晚于1844年7月"，因为"马克思在1844年7月31日的《评'普鲁士人'……》的文章里把麦克库洛赫称作杰出的英国经济学家和李嘉图的学生。他重述了一段带有弗兰西斯·培根的引文的话，而这段话几乎是无多大更改地从摘自麦克库洛赫等人著作的摘录笔记中取过来的。"（参见《马克思恩格斯全集》中文第二版第3卷第380页，以及 MEGA2/Ⅳ/2 第476—477页）
⑤ 见 MEGA2/Ⅳ/2 第717页。
⑥ 参见《马列主义研究资料》1984年第2期。

保存下来的第三个笔记本中也没有直接或间接地加以利用。

2. 第三个笔记本的第Ⅶ部分一开始是关于地租和关于蒲鲁东的两段简短的附录，但是主要内容是一篇关于分工的完整论述，而且把分工看作是在异化范围内的劳动社会性的国民经济学用语，或者说，看作是作为类存在物的人的活动的异化形式。马克思在研究和摘录穆勒《政治经济学原理》时对分工和交换所作的论述，是第三个笔记本中开始的探讨的继续，而这些探讨总的说来对于进一步制定唯物主义历史观具有极端重要的意义。

3. 第三个笔记本的第Ⅸ部分由两篇不同的概述组成。马克思首先记下了关于人的感觉是本体论的本质肯定的评论，人的感觉只是因为它们的对象是感性的，所以才能肯定自己。接着是一个关于货币的片段，一篇关于这个题目的比较完整的文章。从而马克思就结束了第三个笔记本的写作。还有现成的二十三页仍然是空白。马克思在摘录穆勒《政治经济学原理》时写的关于货币的论述可以看作是在第三个笔记本中中断了的关于这个题目的阐述的继续。

4. 只是在写完《神圣家族》之后，马克思才开始摘录李嘉图著作《政治经济学和赋税原理》和穆勒著作《政治经济学原理》。李嘉图和穆勒著作摘录和以前的读书笔记相比首先有这样的特点，就是马克思立即对李嘉图和穆勒的言论作了更多得多的评论。他评价、解释并批判了这些言论，而且把这些言论纳入他自己的长篇阐述。

5. 有李嘉图和穆勒著作摘录的笔记本是《经济学哲学手稿》的补充，同时也是它的进一步的发展。这首先表现在内容分析和运用这些观点的成熟程度上，表现在摘录常常被关于在第一、二、三个笔记本中只是部分地谈到或者根本没有谈到的一些问题的相对完整的独立的长篇论述所打断。这个笔记本从明确的态度来看，可能更接近于《44年手稿》的第三个笔记本。马克思用罗马数字来给这个笔记本编页码，这可以算作是证实这种假设的形式上的证据。因此，可以把这个笔记本称作第三个笔记本的研究的直接继续，这种继续由于大力利用李嘉图和穆勒的观点而达到了更高的质。

在陶伯特的以上5点说明中，第1点是文献学方面的证明，其他4点是从思想内容上进行论证的。文献学证明的要害是马克思"没有直接或间接地加以利用"《李嘉图摘要》和《穆勒摘要》。通过分析可以知道，马克思在《44 年手稿》中对作家的引文有三种情况：一是直接从某作家的著作中引用，如在笔记本Ⅰ中对比雷著作《论英法工人阶级的贫困》的引用；二是从其他作家的著作中转引，如笔记本Ⅰ中对李嘉图①的引用就是转引自比雷的著作；三是马克思先做了某一作家的摘录笔记，后来根据摘录笔记（而不是著作本身）来引文，如马克思笔记本Ⅰ中对萨伊、斯密的引文来自对萨伊、斯密的摘录笔记（即 B19、B20），笔记本Ⅲ对特拉西的引文来自对特拉西著作《意识形态原理》的摘录笔记（B21，即第五本札记）②。拉宾做出《44 年手稿》分两个阶段写成的结论，文献学上的主要依据就是马克思在《44 年手稿》笔记本Ⅰ中没有从 B23、B21（即 MEGA1/Ⅰ/3 所谓的第四、第五本札记）引文，而却在笔记本Ⅱ、Ⅲ中却"广泛运用了第四本和第五本札记中的摘要"。问题是如何判断马克思的引文是来自被引者的著作本身或是马克思对该著作的摘录笔记呢？现在看来，拉宾对这个问题的考证做得并不够细致。比如，拉宾显然是认为马克思在笔记本Ⅲ中对穆勒的引用来自 B23（即"第四本札记"），但陶伯特却指出该处引文不是来自《穆勒摘要》。马克思在引用穆勒的话之前，还引了斯密、萨伊、斯卡尔贝克的话③。陶伯特指出，对斯密、萨伊、斯卡尔贝克话的引用都可以在相应的摘录笔记（即 B20、B19）中找到④，但对穆勒话的引用"显然不是来自《穆勒摘要》"，而是直接引自穆勒的《政治经济学原理》第 7、11—12 页。⑤

具体来说，马克思在笔记本Ⅲ中引用的穆勒原话是："人的活动可以归结为极简单的要素。实际上，人能做的不过是引起运动；他能移动物品，使它们相互离开或相互接近；其余的事情则由物质的特性来完成。人们在使用劳力和机器时常常发现，把彼此妨碍的操作分开并把一切能以某种方式相辅相成的操作结合起来，通过这样巧妙的分配，就可以加强效

---

① 《马克思恩格斯全集》中文第二版第 3 卷第 248—249 页。
② 可对照《马克思恩格斯全集》中文第二版第 3 卷第 355 页对特拉西的引文与 MEGA2/Ⅳ/2 第 489 页马克思对特拉西相应段落的摘录。
③ 《马克思恩格斯全集》中文第二版第 3 卷第 353—355 页。
④ 参见 MEGA2/Ⅰ/2 第 913—914 页。
⑤ 参见 MEGA2/Ⅰ/2 第 914 页。

果。鉴于人们一般地不能以习惯使他们练就的从事少数几项操作的能力即以相同的速度和技巧来从事多项不同的操作，因此，尽可能地限制每个人的操作项目，总是有利的。——为了最有利地进行分工以及分配人力和机器力，在多数情况下，必须进行大规模操作，换句话说，必须大批地生产财富。这种好处是促使大制造业产生的原因。少数在有利条件下建立起来的这种的制造业，有时不仅向一个国家，而且向几个国家，按照那里要求的数量，供应它们所生产的产品。"① 我们对照一下马克思在《穆勒摘要》中相应内容的摘录："鉴于人们一般地不能以习惯使他们练就的从事少数几项操作的能力即以相同的速度和技巧来从事多项不同的操作，因此，尽可能地限制每个人的操作项目，总是有利的。"② 显然，马克思在写作《44年手稿》笔记本Ⅲ时如果手边没有穆勒的《政治经济学原理》，他是无法摘引这段并不算短的文字的。

陶伯特的证明"方法"实际上对拉宾所采用方法的更彻底的应用。我们知道，马克思在《44年手稿》笔记本Ⅰ中就已经引用了李嘉图著作中的话（只有一次），但拉宾却指出马克思这"仅有的一段引自李嘉图著作的引文也不是直接引自原著"，而是转引自比雷的著作《论英法工人阶级的贫困》第82页。实际上，马克思自己做了注明"（［比雷，］同上，第82页）"③。因此，笔记本Ⅰ引用李嘉图的话并不意味着马克思已经作了《李嘉图摘要》，类似的例子还有笔记本Ⅰ中对比雷的引用。总之，不管是从作家著作中直接引用，或是通过其他作家的著作转引，只要没有可靠证明引文来自马克思所做的摘录笔记，都不能贸然从马克思对某一作家的引用推断说该摘录笔记（如对比雷著作的摘录即B25、《穆勒摘要》即B23c）写于某一手稿（如《44年手稿》笔记本Ⅲ）之前。

需要指出的是，包括罗扬和MEGA2/Ⅳ/2编者之内的文献学家都承认马克思在写作《44年手稿》时曾经从某些作家的著作中直接引文。比雷的例子是一个公认的事实，此外MEGA2/Ⅳ/2编者也明确承认《44年

---

① 《马克思恩格斯全集》中文第二版第3卷第355—356页。
② 《马克思恩格斯全集》中文第一版第42卷第5页（译文有改动，按《马克思恩格斯全集》中文第二版第3卷第356页重译）。
③ 《马克思恩格斯全集》中文第二版第3卷第249页。

手稿》笔记本Ⅲ对穆勒的引用"显然是来自穆勒的著作本身"①。罗扬在自己的论文中甚至提出一个观点：《44年手稿》笔记本Ⅰ对斯密的引用绝大部分是来自他对斯密著作的摘录笔记即 B20，但在笔记本Ⅰ第ⅩⅥ上也有三段引文②并不是来自对斯密著作的摘录笔记，而是马克思从斯密著作中直接引用的③。甚至他也不否认笔记本Ⅲ对穆勒的引用是来自穆勒著作本身，只是他提出了其他证据（见下文）以证明马克思在写作《44年手稿》笔记本Ⅲ之前已经写了《穆勒摘要》，也就是说马克思在写笔记本Ⅲ时，《穆勒摘要》和穆勒的著作都在手边可资利用，笔记本Ⅲ所利用的是马克思在《穆勒摘要》中的"评论"而非摘录穆勒的话。

罗扬提出的证据有以下几点：第一，马克思在《44年手稿》笔记本Ⅲ中8次提到斯密，7次提到李嘉图，6次提到穆勒，6次提到萨伊，还提到其他经济学家一两次，这说明马克思对斯密、李嘉图、穆勒和萨伊的著作已经很了解，因而不可能是从其他作家（如麦克库洛赫/普雷沃）那里获得关于他们的知识，这就是说马克思手边有这四位经济学家的著作。第二，虽然马克思在《44年手稿》笔记本Ⅲ中没有一次对李嘉图逐字的摘引，对穆勒逐字的摘引只有一次，但马克思在《44年手稿》笔记本Ⅲ中多处对穆勒明确或隐含的参照提示，都可以在《穆勒摘要》中找到。罗扬提出了一个很有说服力的例子：马克思在《44年手稿》笔记本Ⅲ中对李嘉图和穆勒"犬儒主义"的评论④，可在《李嘉图摘要》⑤和《穆勒摘要》⑥中找到。第三，马克思在《44年手稿》笔记本Ⅲ中对穆勒唯一一次逐字的摘引尽管是直接摘引自穆勒著作本身，但这并不能说明什么问题，因为马克思也曾经既从对斯密著作的摘录笔记中摘引，也曾经直接从

---

① 见 MEGA2/Ⅳ/2 第714—715页。
② 参见《马克思恩格斯全集》中文第二版第3卷第259—260页。
③ 参见 International Review of Social History, VOL. ⅩⅩⅧ—1983—PART1 第25、30页。
④ 参见《马克思恩格斯全集》中文第二版第3卷第291页。需要注意的是，在《马克思恩格斯全集》中文第一版第42卷第113页译为"犬儒主义"，而新版则译为"昔尼克主义"。
⑤ 对李嘉图著作的摘录中有两处，可参见《马恩列斯著作编译资料汇编》（1980年）第40页第3行（此处"犬儒的"被译为"讽刺性的"）和第40页倒数最后一行（此处"犬儒主义"被译为"昔尼克主义"）。
⑥ 参见《马克思恩格斯全集》中文第一版第42卷第33页。需要注意的是，此处"犬儒的"被译为"嘲讽的"。

斯密著作本身摘引（见上文），因此这并不能否定马克思在写《44年手稿》笔记本Ⅲ时手边既有《穆勒摘要》，也有穆勒的著作。

必须承认，在《穆勒摘要》与《44年手稿》写作顺序问题上罗扬所做的考证水平是非常高的，提出了一些陶伯特没有考虑到的问题，需要我们进一步作出回答。但是，1998年出版的 MEGA2/Ⅳ/3 编者明确提出该卷对 B22 和 B26 归属《巴黎笔记本》的考证是基于"马克思对李嘉图著作（《政治经济学和赋税原理》1835年巴黎第1—2卷）和穆勒著作《政治经济学原理》（1823年巴黎版）的摘录紧接着《44年手稿》"① 这一前提，而且编者还提到了 MEGA2/Ⅳ/2 和罗扬对此有不同意见。因此，对中国马克思文本解读研究者来说，只能姑且采信 MEGA2 编委会最终支持的考证结论。当然，有兴趣的中国学者也可以在陶伯特、鲁缅采娃和罗扬考证研究的基础上做进一步的文献学研究。

第三节 《巴黎笔记本》各册的写作顺序及产生时间

对于《巴黎笔记本》各册的写作顺序及产生时间，也是众说纷纭，莫衷一是。先看 MEGA2/Ⅳ/2 的说法。MEGA2/Ⅳ/2 没有严格按笔记本产生的时间编排，如 B24 即包含对许茨、李斯特、奥先戴尔和李嘉图（续）著作摘录的笔记本被 MEGA2/Ⅳ/2 编者判定为写于1843年年底至1844年年初，但却被编排在《巴黎笔记本》倒数第二册；也没有严格按笔记本内容编排（由于同一作者如斯密、李嘉图、穆勒的摘录被马克思记在两个笔记本上，MEGA2/Ⅳ/2 是按作者而非笔记本编排摘录内容的），因此不能仅从 MEGA2/Ⅳ/2 对7册笔记本的排序而草率地断言 MEGA2/Ⅳ/2 编者关于这7册笔记本写作顺序及产生时间的看法，而必须仔细阅读 MEGA2/Ⅳ/2 资料卷关于《巴黎笔记本》的说明及对这7册笔记本"产生与流传情况"的说明。现根据 MEGA2/Ⅳ/2 的说明②将它关于7册笔记本写作顺序及产生时间的说明整理如下：

首先产生的是 MH 即包含对勒瓦瑟尔和斯密著作（续）的摘录。由

---

① MEGA2/Ⅳ/3 第450页。
② 参见《马克思主义研究参考资料》1985年第1期。

于斯密著作（续）是后来在空白页上补写的，因而对 MH 写作时间的判定指的是对马克思写作勒瓦瑟尔著作摘录时间的考证。MEGA2/Ⅳ/2 编者明确指出：《巴黎笔记本》是从摘录雅各宾党人和国民公会议员勒奈·勒瓦瑟尔的《回忆录》开始的，这些摘要可以说是连接《克罗茨纳赫笔记本》和《巴黎笔记本》的中间环节。① 认为对勒瓦瑟尔著作的摘录是马克思到达巴黎不久，在开始紧张的经济学研究之前，为准备写作国民公会史而准备的资料，写作时间大约在 1843 年年底至 1844 年年初。

随后产生的是 B24 即包含对许茨、李斯特、奥先戴尔和李嘉图（续）著作的摘录笔记。MEGA2/Ⅳ/2 编者指出，虽然 B24 包含有对李斯特著作《政治经济学的国民体系》的摘录，而从恩格斯 1845 年 3 月 17 日致马克思的信中得知他们在 1844 年年底至 1845 年年初有过在报刊上批判李斯特的计划，但它的结果是所谓《评李斯特》②，而非 B24 中对李斯特著作的摘录。B24 包含的第一个摘录是关于德国经济学家许茨的。许茨的《政治经济学原理》是面向初学者的政治经济学教科书，提供了一个有关文献的广博的图书目录，这样的书马克思只有在研究经济学之初才会感兴趣，而且几乎没有马克思本人的评注，属于无批判地占有资料性质的摘录。如果马克思在写作这本笔记本时已经阅读并摘录过英国和法国伟大经济学家的著作，那么他在这本笔记本中大概会表示出来。1885 年恩格斯在《资本论》第二卷序言中说，马克思"1843 年在巴黎开始研究经济学时，是从伟大的英国人和法国人开始的；在德国人当中，他只知道罗和李斯特，而有这两个人，对他说来也就够了"。由此可以合理地设想：马克思首先研究了德国经济科学个别代表人物的著作，当马克思开始认真地进行经济学研究时，英国和法国的经济学家的基本著作自然就占据了中心位置。因此 B24 是马克思巴黎时期经济学摘录笔记的第一本（勒瓦瑟尔著作的摘录不属于经济学内容）。

排在第三本的笔记是 B19 即包含对萨伊和斯卡尔贝克著作的摘录笔记，排在第四本的笔记是 B20 即对斯密著作的摘录笔记。MEGA2/Ⅳ/2 编者还详细说明了判定 B19 产生于 B20 之前的理由：马克思对萨伊和斯卡

---

① 见 MEGA2/Ⅳ/2 第 27* 页。
② 中译文发表在《马克思恩格斯全集》中文第一版第 42 卷第 239—271 页。

尔贝克著作的摘录通常采用法文的逐字逐句的引文，这种逐字逐句的摘录方式表示出马克思经济学研究的最初阶段，在那时他刚刚开始钻研政治经济学的问题和范畴，刚刚掌握相应的术语；而对斯密著作的摘录虽然也存在法文的逐字逐句的摘录（马克思用的是斯密著作的法文译本），但占主导的或者是对法文原书词句的准确的德语翻译，或者是马克思用德文写的概要性的、同原书文句相接近的内容复述。此外还有马克思自己的评论（尽管还相当简短）。这说明马克思此时的政治经济学研究已达到第二阶段。

排序第五本和第六本的笔记分别是 B23 即包含对色诺芬、李嘉图和穆勒著作的摘录笔记和 B21 即包含对麦克库洛赫、普雷沃、恩格斯、特拉西和穆勒（续）著作的摘录。MEGA2/Ⅳ/2 编者认为这两册笔记的写作是交叉进行的：先是摘录李嘉图，接着摘录麦克库洛赫和普雷沃，然后摘录恩格斯和特拉西，之后是对穆勒著作的摘录（B23c）以及在 B21 空白页上对穆勒著作的摘录（续）。这里特别需要指出的是，MEGA2/Ⅳ/2 编者并非像通常的看法那样认为《穆勒摘要》是紧接着《李嘉图摘要》之后写作的，而是认为紧接着《李嘉图摘要》之后写作的是 B21，而《穆勒摘要》紧接在"摘录麦克库洛赫和德斯杜特·德·特拉西的著作之后"[①]。MEGA2/Ⅳ/2 编者指出，对李嘉图和穆勒著作的评注不限于对他所阅读和摘录的原书文句的注解，而是马克思独立的、内容丰富的论述，这些论述不再是直接地同摘录相联系，而是远远超出这种范围，并形成向自己著作的直接过渡。

排在第七本的笔记是 B25 即对比雷著作的摘录，写于 1844 年夏至 1845 年 1 月。

前面已经说过，MEGA2/Ⅳ/3 编者又将 B26 和 B22 重新判为《巴黎笔记》。关于 B26 的产生时间，MEGA2/Ⅳ/3 编者作如下考证：从马克思在摘录布阿吉尔贝尔《十八世纪的财政经济学家》的笔记中对斯密和萨伊的"参照"，可以得出该摘录笔记产生于 B19 和 B20（这两册笔记产生于 1844 年春/夏）之后的结论。有一种假定认为马克思在该摘录笔记中对"穆勒及李嘉图"的参照则并不意味着马克思已经摘录了他们的著作（也

---

① 见 MEGA2/Ⅳ/2 第 717 页。

第 15 章 关于《巴黎手稿》的文献学讨论

就是说，马克思对布阿吉尔贝尔著作的摘录可能早于对李嘉图和穆勒著作的摘录），而可能是指"参照"1844 年夏马克思摘录的麦克库洛赫著作《论政治经济学的起源、发展、特殊对象和重要性》和普雷沃的《评李嘉图体系》，但 MEGA2/Ⅳ/3 编者认为通过对布阿吉尔贝尔著作的摘录笔记与对穆勒著作的摘录笔记所进行的精确对照可以判定这种假定不能成立。由于马克思在《44 年手稿》中既没有提到布阿吉尔贝尔，也没有提到罗，而 MEGA2/Ⅳ/3 编者又以马克思对李嘉图和穆勒著作的摘录紧跟在《44 年手稿》（1844 年 5 月底至 8 月底）写作结束之后作为出发点，于是判定 B26 可能产生于对李嘉图和穆勒著作的摘录之后，即 1844 年秋。而 MEGA2/Ⅳ/3 编者判定 B22 产生于 1844 年夏至 1845 年年初之间，写作 B26（1844 年秋）之后。

MEGA2/Ⅰ/2 对各册笔记写作顺序的说法与 MEGA2/Ⅳ/2 有所不同。第一，MEGA2/Ⅰ/2 编者明确指出，马克思系统地研究经济学是从作萨伊的《论政治经济学》摘录开始的，而 MEGA2/Ⅳ/2 是将马克思对德国经济学家著作的摘录作为马克思经济学摘录笔记的第一本（见上文）。第二，马克思作完对萨伊、斯卡尔贝克和斯密著作的摘录之后，开始写作《44 年手稿》笔记本Ⅰ，这一点 MEGA2/Ⅰ/2 与 MEGA2/Ⅳ/2 是一致的，但 MEGA2/Ⅰ/2 编者认为接着《44 年手稿》笔记本Ⅰ写的是 B21 即包含对麦克库洛赫、普雷沃、恩格斯、特拉西和穆勒（续）著作的摘录笔记，而 MEGA2/Ⅳ/2 编者认为接着写的是对李嘉图著作的摘录，然后 B23 和 B21 的写作交叉进行（见上文）。第三，MEGA2/Ⅰ/2 编者认为李嘉图和穆勒著作的摘录写于《神圣家族》之后（当然也在《44 年手稿》笔记本Ⅲ）之后，而 MEGA2/Ⅳ/2 编者认为它们在《44 年手稿》笔记本Ⅱ之前。

在《巴黎笔记本》各册的写作顺序及产生时间问题上，罗扬与 MEGA2/Ⅰ/2 编者和 MEGA2/Ⅳ/2 编者的看法都有很大差异。MEGA2/Ⅰ/2 编者认为马克思 1844 年 5 月底或 6 月初才"投身于资产阶级政治经济学的紧张研究"，此前马克思是（1843 年年底至 1844 年 5 月）先"忙于出版《德法年鉴》和修改他的手稿《黑格尔法哲学批判》"，随后（1844 年春）"马克思并没有直接去研究资产阶级政治经济学，而是重新埋头于他 1843 年 7 月和 8 月在克罗茨纳赫开始并于 10 月在巴黎继续从事的对法国革命的分析",计划写作《国民公会史》①,"1844年6月4日至6日爆发的西里西亚织工起义和突然发生的关于这次无产阶级起义的原因和结果的讨论,可能促使马克思中断了对国民公会的研究并开始专心致力于资产阶级经济学的研究"②。MEGA2/Ⅳ/2编者关于马克思开始"系统研究政治经济学"的时间与MEGA2/Ⅳ/2编者比较接近,认为开始于"1844年春"。③而罗扬则把马克思巴黎时期的经济学研究分为两个阶段:第一阶段,修改《黑格尔法哲学批判》和计划写作《国民公会史》而研究政治经济学。具体来说,先是对色诺芬著作进行摘录(即B23a,它与《克罗茨纳赫笔记本》形式上很像),然后是对勒瓦瑟尔著作的摘录(即MHa),接着是对萨伊著作《论政治经济学》的摘录(即B19a),再然后是对许茨、李斯特、奥先戴尔著作的摘录(即B24a、B24b、B24c—d)。第二阶段:从5月份开始重新系统研究经济学,先接着B19a对斯卡尔贝克著作《社会财富的理论》和萨伊的著作《实用政治经济学教程》进行摘录(即B19b、B19c,对斯卡尔贝克著作的摘录写在B19a的右栏),然后对斯密著作进行摘录(即B20),这时开始写《44年手稿》笔记本Ⅰ,在写作过程中作了对斯密著作的摘录(续)即MHb,写完《44年手稿》笔记本Ⅰ之后作麦克库洛赫、普雷沃、恩格斯、特拉西著作的摘录(即B21a、B21b、B21c、B21cd),然后在B23a之后的空白页上作李嘉图和穆勒著作的摘录(即B23b、B23c),对穆勒著作的摘录(续)作于《44年手稿》笔记本Ⅲ之前,被记在了B21d之后的空白页上(即B21e),B25即对比雷著作的摘录产生于《44年手稿》笔记本Ⅲ写作过程中,而B26a即对布阿吉尔贝尔著作《十八世纪的财政经济学家》的摘录写于《44年手稿》笔记本Ⅲ之后,具体来说是在马克思离开巴黎前的几个星期里(见上文)。

由此可见,罗扬在各册的具体写作顺序上有自己独特的看法。首先,通常的作法是以笔记本为单元对《巴黎笔记本》的写作顺序和写作时间进行考证,而罗扬则以各册笔记本中各单篇著作的摘录为单元对其写作顺

---

① MEGA2/Ⅰ/2第686页。
② MEGA2/Ⅰ/2第688页。
③ 参见MEGA2/Ⅳ/2第28*页。

序进行彻底重组。第二，罗扬既不同意 MEGA2/Ⅰ/2 编者关于李嘉图和穆勒著作摘录笔记写于《44 年手稿》笔记本 Ⅲ 之后的说法，也不赞同 MEGA2/Ⅳ/2 编者关于马克思写了《44 年手稿》笔记本 Ⅰ 之后紧接着作李嘉图著作的摘录，然后是对麦克库洛赫、普雷沃、恩格斯、特拉西和穆勒著作的摘录，也就是说 B21 和 B23 是交叉写作的这样一种奇特说法（见上文）。

需要指出的是，罗扬的考证做得非常细，有些考证非常有说服力，但限于篇幅这里就不再详细介绍他的考证过程，有兴趣的读者可以直接参看罗扬的论文。

1989 年克里斯蒂娜·伊科尔发表的《关于马克思批判李斯特著作的手稿的写作日期》一文也涉及对 B24 在《巴黎笔记本》中排序的考证。伊科尔不同意 MEGA2/Ⅳ/2 编者关于 B24 是马克思巴黎时期经济学研究的第一本笔记的观点，而同意 MEGA2/Ⅰ/2 编者和罗扬关于 B19 是第一本的观点。① 伊科尔首先指出，MEGA2/Ⅳ/2 编者关于 B24 "产生与流传过程" 说明中的说法，即 "流传下来的马克思藏书目录表明，在其中没有许茨和奥先戴尔的著作"② 是错误的。马克思摘录奥先戴尔著作《论民族的商业交往》所用的并非 1840 年版（MEGA1/Ⅰ/3 编者也判定是 1840 年版），而是 1842 年版。该版本以及许茨的著作《政治经济学原理》都出现在丹尼尔斯 1850 年抄的马克思藏书目录中，可参见 1999 年出版的马克思恩格斯藏书目录（预编本）③。马克思在许茨的著作中留下了三处阅读标记：一个折角、一个下划线和一个边划线。伊科尔通过对比马克思对许茨著作的摘录笔记（即 B24a）和许茨著作中有马克思折角的那一页发现，与马克思写于 1845 年秋的《评李斯特》所探讨的同样的问题在这两处受到了重视。从马克思对许茨著作的摘录笔记可以看出，马克思当时对政治经济学的实质问题已经有一定程度的了解，而且该册笔记上还记录有马克思对李嘉图著作摘录的后续部分，因此伊科尔认为对许茨著作的摘录与对李嘉图著作的摘录写于同一时期，马克思在巴黎不可能是从许茨开始

---

① 《马克思恩格斯年鉴》第 11 卷（1989 年）第 221—222 页。
② MEGA2/Ⅳ/2 第 795 页。
③ MEGA2/Ⅳ/32 第 495、594 页。

他的经济学研究的。

通过分析以上各家的说法，笔者作出如下推断：第一，罗扬关于马克思巴黎时期经济学研究分为两个阶段的说法更为可信。正如上文所引恩格斯在1885年《资本论》第二卷序言中所明确表示的那样，马克思1843年年底就开始了经济学研究，MEGA2/Ⅰ/2编者不顾这一点而提出马克思是1844年5月底甚至6月初才开始经济学研究，同时又推断马克思《44年手稿》笔记本Ⅰ也是从1844年5月底开始写作的，那么留给马克思作经济学摘录的时间就极其短暂了，这显然难以令人信服。第二，恩格斯明明说马克思的经济学研究是从英法经济学家开始的，MEGA2/Ⅳ/2编者不顾这一点非说马克思是先从研究德国经济学家开始的，也难以自圆其说。比较合乎实际的推断应该是马克思从萨伊的《论政治经济学》开始了他在巴黎的经济学研究。但伊科尔把马克思对许茨等德国经济学家著作的摘录推后到《44年手稿》笔记本Ⅰ之后，也是难以成立的。第三，罗扬的考证尽管翔实，有些考证做得无懈可击，但不乏猜测和想象的成分，尤其是他把各册笔记彻底打乱，完全以单个著作的摘录笔记为单元对马克思《巴黎笔记本》进行排序，其结论的可靠性很值得怀疑。总体来看，还是应该以各"本"笔记为单元来对《巴黎笔记本》的写作先后进行排序。第四，MEGA2/Ⅳ/2编者关于B21和B23交叉写作的考证难以成立，MEGA2/Ⅰ/2编者陶伯特关于《李嘉图摘要》和《穆勒摘要》写于《44年手稿》笔记本Ⅲ之后的推断比较可信，不但MEGA2/Ⅳ/3编者巴加图利亚明确赞同这一结论（巴加图利亚与陶伯特在马克思早期著作的诸多文献学考证方面有激烈争论，但在这个问题上意见却高度一致，很能说明问题），而且伊科尔也承认《李嘉图摘要》和《穆勒摘要》写于《44年手稿》笔记本Ⅰ"之后"或《44年手稿》笔记本Ⅲ"之后"都有可能[①]。

总之，按下面的顺序对《巴黎笔记》进行排序大概比较可靠。第一阶段（1843年年底至1844年年初）：B23a、MHa、B19、B24（不包括B24e即《李嘉图摘要》续）；第二阶段（1844年5月至1845年年初）：B20、(《44年手稿》笔记本Ⅰ)、B21、(《44年手稿》笔记本Ⅱ)、B25、

---

① 《马克思恩格斯年鉴》第11卷（1989年）第223页。

（《44年手稿》笔记本Ⅲ）、B23b+B24e、B23c+B21e、B26、B22。

第四节　《44年手稿》笔记本Ⅱ到底缺多少页

1976年巴加图利亚在"马克思主义政治经济学的辩证唯物主义方法论的开始形成。《经济学哲学手稿》的方法论特点"一文中曾经提出《44年手稿》笔记本Ⅱ和笔记本Ⅰ仅仅是同一手稿的开头和结尾，因而所谓的笔记本Ⅱ实际上只缺少第ⅩⅩⅧ至ⅩⅩⅩⅨ页。巴加图利亚指出：人们应该注意到的重要事实是，在笔记本Ⅰ的结尾（第ⅩⅩⅥ—ⅩⅩⅦ页），马克思拟订了进一步阐述的计划，这个计划正是在笔记本Ⅱ和构成笔记本Ⅲ基本内容的对笔记本Ⅱ的补充中实现的。按其内容来讲，笔记本Ⅱ的几页（第ⅩⅩⅩⅥ—ⅩⅩⅩⅩⅢ页）是笔记本Ⅰ的最后的页码（第ⅩⅩⅥ—ⅩⅩⅦ页）的直接继续。因此自然认为，同一个手稿在第ⅩⅩⅥ—ⅩⅩⅦ页和第ⅩⅩⅩⅥ—ⅩⅩⅩⅩⅢ页之间还有8页（第ⅩⅩⅧ—ⅩⅩⅩⅤ页），而不是新手稿的35页（第Ⅰ—ⅩⅩⅩⅤ页）。①

MEGA2/Ⅰ/2编者陶伯特不同意巴加图利亚的说法，明确指出：对笔记本Ⅱ缺多少页的问题作出回答和再现所缺各页的内容一样只能是假设性的。只能很有保留地认为笔记本Ⅱ是笔记本Ⅰ的直接继续，更可能的是笔记本Ⅱ也是从第Ⅰ页开始，因此就缺少第Ⅰ至第ⅩⅩⅩⅨ页。从马克思用来继续进行对资产阶级政治经济学的批判（这种批判部分地间接修正了他在笔记本Ⅰ中所做的评价）的广阔的资料来源来看，这种看法可能更符合实际。笔记本Ⅰ中有空白页，首先是这个笔记本的第ⅩⅩⅦ页只写了四行字的事实，也支持这种假设。②

罗扬认为巴加图利亚的说法只是基于内容上的考察，缺乏文献学根据，因而不足为凭。他在论文中提出了一个更为大胆的假说，即《44年手稿》笔记本Ⅱ是B23的组成部分，是接着B23b—c（即《李嘉图摘要》和《穆勒摘要》）写的，因而只缺6页。罗扬首先指出，任何关于《44

---

① 参见巴加图利亚、维戈茨基著《马克思的经济学遗产》（贵州人民出版社1980年版）第190—191页。

② 参见MEGA2/Ⅰ/2第697页。

年手稿》笔记本Ⅱ是独立笔记本的观点（也就是说Ⅰ—ⅩⅩⅩⅨ页佚失的说法）都面临下面5个需要回答的难题：

首先，难以想象所佚失的39页会包含什么根本内容。从《44年手稿》笔记本Ⅲ至少可以看出这39页不会包含的内容：对共产主义的讨论和对黑格尔的批判。然后，再进一步根据流传下来的这4页内容，最后根据笔记本Ⅲ对前面内容的间接提示来判断，马克思在这部分内容中只是探讨了国民经济学问题。如果这样的话，马克思恰恰在这最后4页发展了他在《44年手稿》笔记本Ⅰ中以很大篇幅阐发的思想，是很令人惊异的。

第二，马克思非常细心地保存几乎所有写过的东西，而如果马克思把这一"核心文本"（笔记本Ⅰ相对它来说只是预备文本，而笔记本Ⅲ只是它的附加文本）弄丢的话，是很令人惊异的。

第三，从有关通信可知马克思当时怀有再次批判鲍威尔的计划、写作国民公会史的计划、对所有社会主义者进行批判的计划以及对国民经济学进行批判的计划。与写作国民公会史有关的计划，体现在马克思许多可以得到证实的阅读材料上；对所有社会主义者进行批判的计划在笔记本Ⅲ中得到了体现。在马克思当时怀有的各种计划中，如果说马克思进一步对国民经济学进行批判的计划没有得到体现，倒是很令人惊异的。

第四，恩格斯本人在与马克思巴黎会见（马克思当时似乎给恩格斯看了他的笔记本）后写给马克思的信（1844年10月初）中只提到"你所收集的材料"①。

第五，如果前面39页与流传下来的这4页风格上相同的话（没有理由不做这样的假定），马克思在重新通读这43页时只在两处发现需要添加的地方（即笔记本Ⅲ"补入第ⅩⅩⅩⅥ页"②和"补入第ⅩⅩⅩⅨ页"③两处说明），就非常令人惊异了。

罗扬认为，陶伯特关于B23b—c写于笔记本Ⅲ之后的假定使上述5点变得更为困难。针对以上5点难题，可以考虑相反的假定，即对B23b—c的充分利用出现在笔记本Ⅱ所佚失的39页中，布鲁斯林斯基就持这种观

---

① 参见《马克思恩格斯全集》中文第二版第47卷322页。
② 参见《马克思恩格斯全集》中文第二版第3卷289页。
③ 参见《马克思恩格斯全集》中文第二版第3卷294页。

点。但通过对比相关页的内容，还可以作出第三种假定：这4页阐述的是B23c的结尾部分。这一假定不但可以解决上述5点困难，而且还有可能解释为何在笔记本Ⅱ和Ⅲ中只发现很少的B23b—c内容。

罗扬根据这一假定试图重建B23c的结尾部分：马克思在B23c第×××页[1]重新回到对"私有财产前提下"的劳动的阐述，然后在第××××页（即笔记本Ⅲ所说的"补入第××××页"）探讨了私有制的客观方面，在第××××页探讨了作为财产之排除的劳动与财产的对立，并进而探讨了自我异化的道路，在第××××页（即笔记本Ⅲ的第Ⅰ页）探讨了"劳动和资本一样都是丧失自身的人，最终增长的只是价值"这一点[2]。许多例子已经表明，马克思通常不会因为笔记本已经写满就中断自己的阐述。可以想象，马克思加进来一个对开张的纸，在这张纸右单页的两面分别写了ⅢⅣ和ⅢⅤ，左单页则充当笔记本的标题页。然后又附加了两张纸，在其中一张纸的四面依次写了××××，在另一张纸的四面依次写了××××（即笔记本Ⅱ保留下来的那4页）。因此，最后佚失的只是外面两张纸，即作为B23封面的那张纸（其右单页写着××××和××××）和紧挨着它的那张纸（其四面依次写着××××），也就是说××××佚失了。

罗扬进而指出，这就与笔记本Ⅱ保留下来的那4页是××××相吻合。按通常的页码标注方式，一个单页的两面上的页码应该分别是一个小单数和相邻的大双数，而不应该是像笔记本Ⅱ这样的××××和××××、××××和××××即一个小双数和相邻的大单数。但因为马克思在给B23b标页码（用的是罗马数字）时不小心标了两次ⅡⅤ，因此B23c的最后一页本来应该是××××，马克思实际标注的却是××××。因为笔记本Ⅱ保留下来的那4页是接着B23c写的10页中的最后4页，因此就出现了一个单页的两面是一个小双数和相邻的大单数的情况。罗扬指出，这种情况也可以适用于巴加图利亚的假定，即《44年手稿》笔记本Ⅱ是笔记本Ⅰ的直接继续，因为笔记本Ⅰ也是以单数页（ⅡⅦ）结束的。罗扬还进一步指出，巴加图利亚正是为了解决笔记本Ⅱ作为独立的笔记本所面临

---

[1] 参见《马克思恩格斯全集》中文第一版第42卷第38页。
[2] 参见《马克思恩格斯全集》中文第二版第3卷281页。

的上述第一个困难而提出这一假定的,但巴加图利亚的假定会引起更大的困难。

但是,罗扬自己的假定也面临难题。首先,尽管罗扬自己也承认现在已经无法辨认××××—××××这4页是属于一个对开张的4个页面①,但他在这里却是把这4页属于一个对开张的4个页面当作了考证的前提。但这一前提却是有问题的。陶伯特在 MEGA2/Ⅰ/2 资料卷关于这4页的文献学描述中明确指出它们原来不属于一个对开张的4个页面,而是来自不同的两个对开张的两个单页的4个页面②。罗扬也没有解释马克思为什么要将一个对开张的两个单页撕开,而且这两张单页的保存情况何以如此糟糕。第二,如果按照罗扬的推测,马克思在写到 B23 的第ⅩⅩⅩⅢ页时笔记本(笔记本是马克思自制的,即马克思先把一些叠放的纸对折,然后在中线处用线缝起来)已经写满了,于是又拿3个对开张继续写(《44年手稿》笔记本Ⅰ就存在类似的情况),那么马克思在写完这10页内容之后应该会将这3个对开张与原来的内容即 B23 缝在一起(马克思就是将对黑格尔《精神现象学》最后一章《绝对知识》的摘要与《44年手稿》笔记本Ⅲ缝在了一起)。如果这样,就无法解释为什么这4页内容却没有和 B23 放在一起。唯一的解释只能是马克思后来出于某种目的又将这3个对开张重新合成的笔记本上撕下来,而且又将其中两个对开张撕成4个单页。但按照这种思路,我们也完全可以想象出另外一种可能性,即马克思将我们通常所理解的《44年手稿》笔记本Ⅱ佚失了,而只剩下我们现在所看到的4页内容。显然,罗扬的上述考证有很大的猜测成分。第三,许多文献学家都注意到一个奇怪的现象,即马克思的《穆勒摘要》不像他的其他笔记本,其摘录内容从来没有在马克思后来的著作中被利用。布鲁斯林斯基就提出,恰恰是《44年手稿》笔记本Ⅱ佚失部分利用了《穆勒摘要》的摘录内容。罗扬则进一步推测说,包含《穆勒摘要》的这个笔记本本身就是《44年手稿》笔记本Ⅱ,于是上述奇怪的现象就不奇怪了。但罗扬的推测又引发了新的问题:如果按照罗扬的说法,《李嘉图摘要》和《穆勒摘要》的情况完全一样,都是《44年手稿》

---

① 参见 *International Review of Social History*, VOL. ⅩⅩⅧ—1983— PART1 第15页。
② 参见 MEGA2/Ⅰ/2 第704页。

笔记本Ⅱ前面的内容，那么为什么《李嘉图摘要》在马克思后来的著作中如《哲学的贫困》《大纲》中被多次利用呢？看来，摘录内容是否被后来的著作利用并不能成为判断它是否《44年手稿》笔记本Ⅱ前面内容的出发点。第四，把《李嘉图摘要》和《穆勒摘要》看作是《44年手稿》笔记本Ⅱ前面的内容，换句话说，认为流传下来的4页内容是B23的组成部分，是罗扬论文最核心的观点。罗扬为了使自己的说法更有说服力，首先从纸张类型、书写方式、页码编号等三个方面力图证明，《44年手稿》与《巴黎笔记本》没有本质区别。但罗扬恰恰忽略了最重要的一点：尽管从纸张类型、书写方式、页码编号等方面看《44年手稿》与《巴黎笔记本》没有本质区别，但《巴黎笔记本》毕竟是读书摘录笔记，它最大的特点是基本上按照书的先后顺序对感兴趣的内容进行摘录，在摘录过程中尽管也会出现马克思离题的个人评论，但评论毕竟是"离题"而非"本题"。而《44年手稿》则明显是马克思对自己思想的直接论述，其中的引文是为了说明自己的观点。《44年手稿》与《巴黎笔记本》的区别，正如《评李斯特》与《巴黎笔记本》中对李斯特所作摘录笔记即B24b的区别一样，是非常明显的。

总之，罗扬关于流传下来的4页内容是B23组成部分的说法和巴加图利亚关于《44年手稿》笔记本Ⅱ是笔记本Ⅰ的直接继续的假定一样，尽管很奇特，但毕竟带有许多猜测成分，只不过是一家之言，难以作为我们进行文本解读研究的出发点。

结论

第一，尽管长期以来马克思文献学家围绕《巴黎手稿》存在激烈争论，但《巴黎手稿》的研究也取得了实质性进展，这突出表现在一些问题的考证上马克思文献学家已经达成共识，这就为进一步的考证和文本解读研究奠定了坚实的基础。这些共识包括：

1. 《44年手稿》是分阶段写成的，也就是说马克思先作了萨伊、斯密等人著作的摘录，写《44年手稿》笔记本Ⅰ；然后作麦克库洛赫等人著作的摘录，写笔记本Ⅱ和笔记本Ⅲ。自1968年拉宾的考证结果发表后，《44年手稿》并非马克思一气呵成的著作这一结论已经成为国际马克思文

2. 《44年手稿》笔记本Ⅱ流传下来的4页写于笔记本Ⅲ之前。朗兹胡特和迈尔的《44年手稿》版本把笔记本Ⅱ流传下来的4页编在笔记本Ⅲ后面，现今的文献学家都否认这一点。罗扬指出，马克思给笔记本Ⅱ流传下来的4页编的页码是ⅩⅩⅩⅩ—ⅩⅩⅩⅩⅢ，而笔记本Ⅲ也包含ⅩⅩⅩⅩ—ⅩⅩⅩⅩⅢ的页码编号（尽管马克思编页码时多编了2页），这说明笔记本Ⅱ不可能是直接接着笔记本Ⅲ写的；而笔记本Ⅲ第ⅩⅩⅩⅩⅢ页之后还有23页空白页，这说明笔记本Ⅱ流传下来的4页不可能写于笔记本Ⅲ之后，因为如果写于笔记本Ⅲ之后，就应该写在它的空白页上。①

3. 尽管马克思在1843年11月就已经读到恩格斯的《国民经济学批判大纲》，但马克思实际上是在写了《44年手稿》笔记本Ⅰ之后才作了该著作的摘录。拉宾指出："马克思远非一下子理解恩格斯著作全部内容的特殊意义。因此，在《德法年鉴》出版以后，在马克思研究的第二阶段，他再次研究恩格斯的文章，并写了提纲。"② 对此观点，后来的马克思文献学家没有异议。

4. 尽管马克思在《44年手稿》笔记本Ⅰ中已经引用了李嘉图的著作，但这段引文不是直接引自李嘉图的原著而是转引的。这一观点自拉宾1968年提出后，也没有引起后来文献学家的争议。MEGA2/Ⅰ/2编者指出：比雷为他的著作《论英法工人阶级的贫困》所写的长篇导言，也可以算是马克思在笔记本Ⅰ中已经引用的李嘉图著作的引文和关于李嘉图的论述的可能来源。③ 罗扬还作了进一步的考证④：比雷对"地租"这一技术性术语解释性的（但却以误导的形式）提示被马克思想当然地当成了李嘉图著作⑤的书名⑥，而如果马克思已经写了《李嘉图摘要》，他当然就会知道"地租"并非李嘉图著作的书名。而这也同时说明，当时马克思还没有作麦克库洛赫著作的摘录，因为麦克库洛赫在其著作《论政治

---

① 参见 International Review of Social History，VOL. ⅩⅩⅧ—1983— PART1 第20页。
② 拉宾《马克思的青年时代》（三联书店1982年版）第248页。
③ MEGA2/Ⅰ/2 第696页。
④ 参见 International Review of Social History，VOL. ⅩⅩⅧ—1983— PART1 第24—25页。
⑤ 即马克思在B23b所摘录的李嘉图的著作《政治经济学和赋税原理》。
⑥ 参见《马克思恩格斯全集》中文第二版第3卷294页。

经济学的起源、发展、特殊对象和重要性》中不但提到了李嘉图著作的书名，而且明确地指出了它的巨大意义。

5. 尽管人们对马克思是先作对萨伊著作的摘录或是先作对斯密著作的摘录仍然有分歧，但对萨伊和斯密著作的摘录笔记都是写于《44 年手稿》笔记本 I 之前这一点已经达成共识。MEGA2/IV/2 编者提出的证据是：马克思在斯密著作摘录笔记中"一系列对斯密论述的概要性复述，同样被移用到《44 年手稿》的正文中。"① 陶伯特所提出的证据是：马克思在对斯密著作摘录笔记中的一个摘引错误同样出现在《44 年手稿》笔记本 I 中，而且马上在摘录笔记中对斯密著作一长段摘引的页码说明同样出现在《44 年手稿》笔记本 I 中（尽管摘引的内容短一些）。罗扬赞同陶伯特所作的这一考证②。

6. 马克思对麦克库洛赫等人著作的摘录笔记即 B21 写于《44 年手稿》笔记本 I 之后、笔记本 II 和笔记本 III 之前。这也是拉宾已经提出的考证结论，对此后来的文献学家没有异议。

7. 马克思对比雷著作的摘录笔记即 B25 写于笔记本 III 之前。MEGA2/I/2 编者指出③，笔记本 III （至少从第 III 页起）最早是 8 月初开始写的，最早完成于 1844 年 8 月下旬。之所以说最早 8 月初开始写，是因为马克思在第 XI 和 XII 页上间接地引用了《文学总汇报》第 5 期和第 6 期的文章，但马克思 1844 年 8 月初才收到由荣克寄来的这几期《文学总汇报》。之所以说最早完成于 1844 年 8 月下旬，是因为在笔记本 III 的第 XXXIX 和 XXXX 页上写着《序言》，而《序言》最早写于 1844 年 8 月 12 日，依据是马克思在《序言》中驳斥了鲍威尔发表在《文学总汇报》第 8 期上发表的言论，而马克思 1844 年 8 月 11 日给费尔巴哈的信证实，马克思当时还没有看到这一期《文学总汇报》。MEGA2/I/2 编者还将韦伯的四篇文章作为附录收入。④ 韦伯在 1844 年 6 月或 7 月成为《前进报》的撰稿人之一，与马克思建立了密切的联系。1844 年 7 月中至 10 月初，他为该报写了许多诗作和五篇文章，其中有四篇涉及经济学问题。韦伯的这几篇

---

① MEGA2/IV/2 第 716 页。
② 参见 International Review of Social History, VOL. XXVIII—1983— PART1 第 25 页。
③ 参见 MEGA2/I/2 第 697—698 页。
④ 参见《马克思恩格斯全集》中文第二版第 3 卷 727 页。

文章同马克思1844年5月至8月从事的经济学研究有直接联系。文章不仅吸纳了马克思在《前进报》编辑部讨论会上阐发的观点，并且采用了马克思在1844年五六月间为进行经济学研究而对萨伊、斯密、比雷、许茨等人的主要经济学著作所作的摘要笔记。比如在韦伯《普鲁士官方的慈善活动》一文中有这样一句话："1830年伦敦城内有五十个家庭为交纳济贫税而不得不卖掉所有财产，包括被褥。"这句话就是从马克思摘录比雷的笔记中引用来的①。韦伯的这篇文章写于1844年7月13日—8月2日之间。MEGA2/Ⅳ/2编者也指出，马克思对比雷著作摘录笔记的一些说明（马克思的说明与比雷的原书有一些偏离）以同样的方式重现在巴黎《前进报》（1844年8月3日第62号）上的一篇论述贫困的文章中，而这篇文章出自马克思的朋友韦伯之手。由此可以作出这本摘录笔记1844年夏已经存在的结论。② 罗扬也赞同这一考证。

第二，《巴黎笔记本》中除对普雷沃、李嘉图、穆勒和布阿吉尔贝尔著作的摘录中包含了较多马克思自己的评论外，其他笔记基本上是对相关著作的直接摘录，很少有马克思自己的评论。对于这些很少有马克思自己评论的摘录笔记，考证其写作的先后顺序似乎没有太大学术价值。但是，对于那些包含马克思较多评论的摘录（最明显的是《穆勒摘要》），考证其写作顺序特别是相对于《44年手稿》三个笔记本的先后顺序，对于文本解读研究就非常重要，甚至直接关系到文本解读结论。另一方面，尽管罗扬坐拥《巴黎手稿》的绝大部分原始手稿，但从他的考证过程来看，所依据的文献学信息，如纸张类型、马克思的书写方式和页码编号形式等都可以在MEGA2/Ⅳ/2找到，这就说明，在收入马克思相关手稿的MEGA2卷次已出版的情况下，中国学者即使没有可能到阿姆斯特丹亲自查阅马克思的原始手稿，仍有可能做类似罗扬的文献学研究。

第三，长期以来国际马克思学界关于《44年手稿》的激烈争论（特别是冷战时期东西方学者之间的斗争）表面上看针锋相对，实际上都是建立在一个共同的预设前提之上，即《44年手稿》是一部著作（尽管是没有发表的草稿）。自拉宾的考证之后，这种信念开始受到动摇，但并没

---

① 参见 MEGA2/Ⅳ/2 第555页。
② MEGA2/Ⅳ/2 第722页。

有彻底被放弃。MEGA2/Ⅰ/2 以两种方式对《44 年手稿》进行编排，就反映了这种不彻底性。罗扬论文的观点尽管极端，特别是把《44 年手稿》笔记本Ⅱ看作是 B23 组成部分的说法以及《44 年手稿》与《巴黎笔记》没有本质区别的说法很难成立，但罗扬的论文却是对那种把《44 年手稿》看作是一部著作的最后一击，促使我们彻底反思这一预设前提。循此思路，国内已有学者进一步指出：巴黎时期马克思不仅做了 9 册笔记，还阅读了许多社会主义者的著作，应该把它们与《44 年手稿》放在一起进行研究。① 我赞同这一思路，这里还想进一步提出以下几点看法：

1. 《44 年手稿》与《巴黎笔记本》毕竟有质的不同，前者是论著的形式，后者是摘录笔记的形式。混淆《44 年手稿》与《巴黎笔记本》，是不可取的。

2. 不能将《巴黎笔记本》中有马克思大量评论的摘录笔记（如对普雷沃、李嘉图、穆勒和布阿吉尔贝尔著作的摘录笔记）与基本上没有马克思自己评论的摘录笔记等量齐观。有一个史实很能说明问题。1991 年吕贝尔成为重新组织的 MEGA2 咨询委员会②，但他最终还是辞去了这一职位，其中一个理由就是反对 MEGA2 出版马克思的摘录笔记，因为绝大多数读书笔记只是马克思对所阅读内容的摘录，没有马克思自己的评论。笔者不赞同吕贝尔反对出马克思摘录笔记的做法，但吕贝尔反对的理由却值得我们深思。

3. 《44 年手稿》与《李嘉图摘要》《穆勒》、马克思对黑格尔《精神现象学》最后一章"绝对知识"的摘录以及佚失的巴黎时期对西斯蒙第著作《政治经济学新原理》的摘录③有密切关系，应该把它们看作是《序

---

① 参见聂锦芳在第二届"马克思学论坛"的发言（载《马克思主义与现实》2008 年第 1 期）。王东也持类似的看法，并提出了"文本群"的概念，参见王东在第二届"马克思学论坛"的发言。

② MEGA2 除咨询委员会外，还有一个编辑委员会成员

③ MEGA2/Ⅰ/2 编者指出，马克思在《44 年手稿》笔记本Ⅰ的第 3 页（这是 MEGA2/Ⅰ/2 编者所编的页码，并非马克思用罗马数字对笔记本Ⅰ所作的页编号）上记载了自己在巴黎、布鲁塞尔以及曼彻斯特时期所作的笔记摘录的目录（共 29 本著作），其中第（25）至（27）分别是对西斯蒙第著作、舍尔比埃著作和德罗茨著作的摘录，包含这三本著作摘录的笔记本没有流传下来，可能写于巴黎时期，具体来说是在写了《44 年手稿》之后。该笔记本同 B23 一样，马克思用罗马数字编了页码。马克思在《大纲》中多次引用这个笔记本中的摘录并标明 Sism.（西斯蒙第的缩写）或西斯蒙第Ⅳ、Ⅵ、Ⅷ以及舍尔比埃ⅩⅩⅧ。这说明了该笔记本的存在。参见 MEGA2/Ⅰ/2 第 695 页。

言》中所说的马克思计划的《国民经济学批判》这一著作的准备材料。对黑格尔《精神现象学》最后一章"绝对知识"的摘录和《44年手稿》笔记本Ⅲ被马克思自己缝在了一起,说明马克思准备对相关内容(即对黑格尔辩证法的批判)进行进一步的加工;《李嘉图摘要》《穆勒摘要》以及佚失的对西斯蒙第著作的摘录笔记(应该包含大量马克思自己的评论)被马克思以罗马数字进行页码编号,说明马克思把他们都看作是为计划的《国民经济学批判》准备的材料。

4. 如果《44年手稿》与《李嘉图摘要》《穆勒摘要》、马克思对黑格尔《精神现象学》最后一章《绝对知识》的摘录以及佚失的对西斯蒙第著作的摘录是马克思当时计划的《国民经济学批判》的准备材料这一说法能够成立,那么其性质就与马克思《德意志意识形态》第一章《费尔巴哈》的情况类似,也就是说马克思本来是打算在已有材料的基础上彻底重写(《费尔巴哈》章)① 或进一步加工《44年手稿》。因此,如果再出《44年手稿》单行本的话,把马克思对黑格尔《精神现象学》最后一章《绝对知识》的摘录以及《李嘉图摘要》、《穆勒摘要》作为附录收入是合适的。

---

① 参见鲁克俭"关于《德意志意识形态》'费尔巴哈'章的排序问题",载《哲学动态》2006年第2期。

第16章 《关于费尔巴哈的提纲》写作时间的文献学考证*

第一节 巴加图利亚与陶伯特围绕《关于费尔巴哈的提纲》写作时间的争论

众所周知，1888年恩格斯首次将《提纲》作为《费尔巴哈论》单行本的附录公开发表，并注明《提纲》"1845年春写于布鲁塞尔"。长期以来，这一日期没有受到质疑。1965年，巴加图利亚在《〈关于费尔巴哈的提纲〉和〈德意志意识形态〉》的长篇论文中通过对马克思《1844—1847年记事本》的考证，首次从文献学上突出了《提纲》的写作语境，并将《提纲》的写作日期具体判定为1845年4月。巴加图利亚的主要依据是②：除个别例外，《记事本》基本上是按时间顺序记载的，因而《提纲》的写作时间就是由《提纲》在《记事本》中的位置决定的。《提纲》被记在《记事本》的第51—55页，而在此之前的第42页记有恩格斯亲手写的英国书目。巴加图利亚推测说这可能是恩格斯刚到布鲁塞尔之后即1845年4月5日之后编制的。《提纲》之后接着就是一个带有布鲁塞尔书号的长书目，共16页，其中1页空白。显然，这一书目完成于马克思和恩格斯赴英国旅行之前，即7月12日之前。于是，可以肯定地说《提纲》写于1845年4月5日和7月12日之间。《提纲》与恩格斯亲手写的英国书目之间虽然相隔9页，但其中有5页是空白的，因此《提纲》的

---

* 原载《马克思主义与现实》2008年第5期，原标题是"《关于费尔巴哈的提纲》的写作原因及其再评价"。

② 参见巴加图利亚《〈关于费尔巴哈的提纲〉和〈德意志意识形态〉》，单志澄译，载《马列主义研究资料》1984年第1期第19—36页。

写作应该是紧接着恩格斯写英国书目的日期。巴加图利亚明确指出，《提纲》写于6月和7月的可能性显然应该排除，因为恩格斯自己注明的日期是1845年春（即3—5月），而写于5月份的可能性则较小，最可能写于4月份，即紧接着恩格斯到达布鲁塞尔的日期。

巴加图利亚还考证了马克思写作《提纲》的直接原因，从而进一步深化了人们对《提纲》写作语境的认识。巴加图利亚指出，属于这一时期并与费尔巴哈有关的事情有四件：一是1845年初克利盖在费尔巴哈处，1月7—8日从纽伦堡经莱比锡赴布鲁塞尔，到达布鲁塞尔的时间在2月20日左右。马克思与克利盖会面后得知费尔巴哈"宣布自己是共产主义者"；二是1845年2月22日恩格斯写信告诉马克思（马克思收到恩格斯的信在3月10日之前），说他收到费尔巴哈关于答应撰稿（马克思1844年8月曾试图吸收费尔巴哈参加反对鲍威尔的斗争）的来信；三是恩格斯4月5日之后到达布鲁塞尔；四是1845年6月底《维干德季刊》第2卷上发表了费尔巴哈的文章"因《唯一者及其所有物》而论《基督教的本质》"。巴加图利亚认为只有第三件事才是马克思写作《提纲》的直接原因：当1845年春恩格斯来到布鲁塞尔时，马克思向他叙述了大体形成的唯物主义历史观的概念，而《提纲》就是包含着马克思新世界观天才萌芽的第一个文件。于是马克思和恩格斯决定共同全面地制定这个新世界观，这一意愿在《德意志意识形态》中得到实现。

陶伯特在编辑MEGA2/I/5（收录《德意志意识形态》）过程中，在巴加图利亚考证的基础上缩小了马克思写作《提纲》的时间范围，并修正了巴加图利亚对《提纲》具体写作时间的推测①。陶伯特采信了米·克尼里姆的考证②，指出恩格斯并非如通常所认为的那样是4月5日到布鲁塞尔的，而是4月中旬到达布鲁塞尔，因为恩格斯4月中旬前往比利时，打算在那里定居，17日恩格斯申请在布鲁塞尔居住；马克思和恩格斯动身前往英

---

① 参见卢晓萍译，刘卓星校：陶伯特《马克思和恩格斯的〈德意志意识形态〉第1卷的产生史》，载《马克思恩格斯研究》1994年总第17期。

② 米·克尼里姆：《弗·恩格斯。私生活、社会活动以及职业。同时代人的叙述和证明》，载《恩格斯故居简报》1979年乌培河谷版第2册。

国的时间也并非如巴加图利亚所说的那样是7月12日，而是7月8日①。这样，陶伯特就把马克思写作《提纲》的时间范围缩小到1845年4月中旬至7月8日之间。至于《提纲》的具体写作日期，巴加图利亚倾向于4月即恩格斯到达布鲁塞尔之后不久，而陶伯特倾向于7月初即马克思读过《维干德季刊》第2卷（出版于6月25日至28日）之后。

与巴加图利亚一样，陶伯特对《提纲》具体写作日期的判定是基于对《提纲》写作直接原因的考证。陶伯特首先更正了巴加图利亚的一个考证错误，即把《记事本》第51页紧挨着《提纲》第一条的四行笔记说成是马克思为写作《神圣家族》而准备的，而明确指出这四行笔记"是在《神圣家族》发表之后写的"，马克思写这些笔记的目的不在于撰写《神圣家族》，而与当时这部著作发表后的反响有关。具体来说，1845年3月到6月围绕《神圣家族》中的"现实的人道主义"出现了激烈的争论，发表了许多批判文章把马克思"和人道主义相吻合的唯物主义"与费尔巴哈的唯物主义等量齐观，这促使马克思进一步研究法国和英国的唯物主义，而马克思的这一打算又正好与他当时（1845年3月10—15日）"编纂一套社会主义史的资料汇编，或者毋宁说是一部用史料编成的社会主义史"的计划相吻合。该计划的草稿在《记事本》中写于《提纲》之前（两者相隔20页），其中涉及边沁、霍尔巴赫和爱尔维修②。因此，这四行笔记，从而《提纲》就与《神圣家族》发表后的反响有关。陶伯特指出，1845年3月到6月期间同时代人对《神圣家族》的批判、费尔巴哈发表在《维干德季刊》第2卷上的文章以及1845年5月和6月发表的赫斯批判费尔巴哈的文章，都可能同引发马克思考虑起草《提纲》有着具体的、历史的因果关系，但当时围绕《神圣家族》中的"现实的人道主义"展开的争论最有可能是《提纲》产生的直接原因，其中《维干德季刊》第2卷发表的古·尤利乌斯对《神圣家族》的批判文章《看得见的教派与看不见的教派之争或批判对批判的批判所作的批判》最值得注意。

---

① 关于7月8日的赴英日期，陶伯特采信的是安德烈亚斯的考证。参见伯·安德烈亚斯：《卡·马克思和弗·恩格斯．〈德国古典哲学的终结〉．书目》，载《卡尔·马克思故居文集》第28期第126页。

② 见《马克思恩格斯全集》中文第1版第42卷第272页。

马克思的《提纲》（而非恩格斯修改过的《提纲》）首次发表在1932年出版的 MEGA1/Ⅰ/5①，但是作为附录收入，不像后来的《马克思恩格斯全集》俄文第二版第3卷（1955年出版）以及以它为基础的德文和英文版《马克思恩格斯全集》那样把《提纲》放在《德意志意识形态》的前面。这体现了当时（1932年）对《提纲》与《德意志意识形态》关系的认识，也就是说当时还没有把《提纲》看作是《德意志意识形态》的准备性著作。新的认识与20世纪50年代苏联学者就两者密切关系的深入研究有关②。巴加图利亚在论文中也赞同《提纲》是《德意志意识形态》准备性著作这一观点，尽管他一方面将《德意志意识形态》的写作时间从1945年9月后推到11月，另一方面又强调两者"成熟程度不同"，即"只有《德意志意识形态》才第一次表述了马克思主义的最重要发现之一，即生产力和生产关系的辩证法"。把《提纲》看作是《德意志意识形态》准备性著作，也是巴加图利亚对《提纲》具体写作时间和直接写作原因所做考证的出发点。但恰恰是在这一点上，陶伯特提出了新的观点，其关键是把《提纲》看作是处于《神圣家族》与《德意志意识形态》之间的著作，甚至与《神圣家族》的关系更为密切，彻底否定《提纲》是《德意志意识形态》准备性著作，并决定在她负责编辑的 MEGA2/Ⅰ/5 中不再收录《提纲》（见陶伯特发表在《MEGA研究》1997年第2期上的论文）。由于《提纲》被马克思记在《记事本》本上，因而它应该被收录在 MEGA2 第四部分。实际上，《记事本》确实被收录在 MEGA2/Ⅳ/3，该卷正是由巴加图利亚负责编辑并于1998年出版的。

　　陶伯特关于《提纲》与《神圣家族》《德意志意识形态》关系的考证既是开创性的、富有启发性的，也是令人信服的，同时也是对苏联马克思主义发展史正统观点的极大冲击，应该成为中国学者进行马克思早期文本解读和思想研究的文献学基础。但客观地说，陶伯特关于《提纲》写作原因的考证也存在一个问题。巴加图利亚在其长篇论文明确提出，马克思7月12日赴英之前不可能读到《维干德季刊》第二卷，因为《维干德季刊》第二卷是6月25日至28日出版的，但它不可能马上出现于书市并

---

① 见 MEGA1/Ⅰ/5 第533—535页。
② 参见《马克思主义形成和发展史》论文集（1959年莫斯科版）第53页。

到达马克思手中。以《维干德季刊》第三卷为例，该卷出版于 1845 年 10 月 16 日至 18 日，巴加图利亚认为 11 月初才能到达马克思手中。但陶伯特并不特别在意这一点，断言马克思 7 月初就读到了《维干德季刊》第二卷并写下了《提纲》。显然，陶伯特并不认同巴加图利亚关于《维干德季刊》从出版到出现于书市有很长间隔的说法，因为陶伯特尽管也承认《维干德季刊》第三卷出版于 10 月 16 日至 18 日，但却认为马克思 10 月下旬就读到了该卷。

尽管受到陶伯特新考证结论的挑战，巴加图利亚并没有放弃《提纲》是《德意志意识形态》预备性著作的观点。根据罗扬的报道①，巴加图利亚在 1996 年 10 月召开的"关于《德意志意识形态》结构的特别会议"上仍然要求将《提纲》收入 MEGA2/Ⅰ/5，因为他坚持认为《提纲》是《德意志意识形态》的预备性著作。但根据 1995 年新修订的 MEGA2 编辑准则②"同一原文今后不再在不同的部分中多次印行"，而巴加图利亚 1998 年最终将《提纲》收入 MEGA2/Ⅳ/3，因此 MEGA2/Ⅰ/5 肯定不会再收入《提纲》。这也说明 MEGA 编委会最终否定了《提纲》是《德意志意识形态》预备性著作的传统观点。

在 1998 年出版的 MEGA2/Ⅳ/3 资料卷中，巴加图利亚对《提纲》的写作时间和写作原因又作了新的考证，既包含对自己一些原有考证结论的坚持，也包含对一些原有考证结论的修正。具体来说包括以下几个方面：

第一，维列尔在 MEGA1/Ⅰ/5 第 547—550 页对《记事本》作了描述，巴加图利亚在《〈关于费尔巴哈的提纲〉和〈德意志意识形态〉》一文中纠正了维列尔的一些错误，特别是在编码法方面。马克思本人并没有为《记事本》编页码，在维列尔之前已有四种为《记事本》编页码的方法，维列尔的编码法是既把保留下来的有原文的各页计算在内，也把撕去的和空白的各页计算在内，根据这一编码法《记事本》共 102 页。巴加图利亚一方面肯定维列尔的编码法在已有的编码法中最为合理（特别是前 88 页都是正确的）；另一方面又认为还存在许多需要更正的方面。按

---

① 参见 Juergen Rojahn, Bericht: Spezialkonferenz "Die Konstituierung der Deutschen Ideologie" 24.—26. Oktober 1996. Trier, 载 *MEGA—Studien* 1997/1，第 149—150 页。

② 参见周亮勋《〈马克思恩格斯全集〉历史考证版修改后的计划》，载《马克思恩格斯列宁斯大林研究》1998 年第 1 期。

照巴加图利亚新的编码,《记事本》共 100 页。但在 MEGA2/Ⅳ/3 资料卷中,巴加图利亚又重新更正了自己在《〈关于费尔巴哈的提纲〉和〈德意志意识形态〉》一文中的编码。

第二,巴加图利亚在《〈关于费尔巴哈的提纲〉和〈德意志意识形态〉》一文中认为恩格斯达到布鲁塞尔的时间是 4 月 5 日,但在 MEGA2/Ⅳ/3 中采信了克尼里姆的考证,将日期更正为 4 月中旬。①

第三,巴加图利亚在《〈关于费尔巴哈的提纲〉和〈德意志意识形态〉》一文中认为马克思和恩格斯动身到英国的时间是 7 月 12 日,但在 MEGA2/Ⅳ/3 将日期更正为 7 月 10 日②,所依据的是 1988 年出版的 MEGA2/Ⅳ/4 的新考证③,而没有采信安德烈亚斯和陶伯特关于 7 月 8 日的说法。

第四,在 MEGA2/Ⅳ/3 中巴加图利亚仍坚持《提纲》写于 1845 年春,但具体写作时间从 4 月放宽到 4—5 月。④

第五,巴加图利亚在 MEGA2/Ⅳ/3 中接受了陶伯特关于《记事本》中的四行笔记写于《神圣家族》之后的说法,但不接受陶伯特关于马克思写这四行笔记是由《神圣家族》出版后产生的反响所致的观点,而提出了一个新看法,即与批判施蒂纳的《唯一者及其所有物》的计划有关。

第六,巴加图利亚在 MEGA2/Ⅳ/3 中的一点重要修正,是他重新认定《记事本》第 44 页⑤所记载的书籍目录是马克思和恩格斯于 1845 年夏在曼彻斯特写下的。⑥ 在《〈关于费尔巴哈的提纲〉和〈德意志意识形态〉》一文中巴加图利亚指出:"书籍只有英国的。马克思的记载与恩格斯的笔迹两次交替出现。这就使我们可以把记载时间确定为恩格斯到达布鲁塞尔之后,即在 1845 年 4 月 5 日之后。"⑦ 陶伯特赞同巴加图利亚的这

---

① 参见 MEGA2/Ⅳ/3 第 477 页的脚注 102。
② 参见 MEGA2/Ⅳ/3 第 491 页。
③ 参见 MEGA2/Ⅳ/4 第 557 页。
④ 参见 MEGA2/Ⅳ/3 第 478 页。
⑤ 这是巴加图利亚在 MEGA2/Ⅳ/3 中的新编码,它对应的《〈关于费尔巴哈的提纲〉和〈德意志意识形态〉》一文中的编码为第 42 页。
⑥ 参见 MEGA2/Ⅳ/3 第 488—489 页。
⑦ 参见巴加图利亚《〈关于费尔巴哈的提纲〉和〈德意志意识形态〉》,单志澄译,载《马列主义研究资料》1984 年第 1 期第 27 页。

一说法，在《马克思和恩格斯的〈德意志意识形态〉第1卷的产生史》一文中也明确指出："《提纲》前4页上恩格斯手迹的两段笔记是最令人信服的证据，它说明，《提纲》的起草很有可能晚于恩格斯在布鲁塞尔的拜访。"① 但在 MEGA2/Ⅳ/3 中巴加图利亚认为，第44—52页和第87—91页是马克思为以后预留的空白，我们现在看到的《记事本》第87—91页仍然是空白，但在第44—52页中第44页、第46—47页以及第52页后来添加了记载，其中第44页的书目是马克思和恩格斯1845年夏在曼彻斯特时记下的，马克思的笔迹和恩格斯的笔迹交替出现。其中有些著作马克思在《曼彻斯特笔记》中作了摘录。尽管巴加图利亚作了这一重要修正，但他并没有因此改变马克思是在恩格斯到达布鲁塞尔后不久写作《提纲》的结论。而在笔者看来，这一新的修正直接影响到对《提纲》写作时间的判定（参见下文）。

第七，巴加图利亚在 MEGA2/Ⅳ/3 中另一重要修正在于对《提纲》写作直接原因看法上的改变。在《〈关于费尔巴哈的提纲〉和〈德意志意识形态〉》一文中，在他所列举的与费尔巴哈有关的四件事中，巴加图利亚排除了"克利盖1845年年初在费尔巴哈处，并于2月份到达布鲁塞尔与马克思会面"这件事与马克思写作《提纲》的直接关联。但在 MEGA2/Ⅳ/3 中，巴加图利亚却把马克思恩格斯与克利盖的争论作为马克思写作《提纲》的直接原因②。巴加图利亚指出③，1845年年初克利盖在费尔巴哈那里，之后到巴门拜访了恩格斯，并于2月20日左右到达布鲁塞尔马克思处。克利盖离开巴门的第二天，恩格斯收到了费尔巴哈的信。恩格斯在1845年2月22日—3月7日给马克思的信中报告了费尔巴哈信的内容。以往研究者比较强调恩格斯信中关于费尔巴哈承认自己"是共产主义者，因此对他来说，问题只在于如何实行共产主义而已"④ 的说法，而巴加图利亚则强调恩格斯信中还向马克思报告说，"费尔巴哈说，他首先要彻底清除宗教垃圾，然后才能好好研究共产主义，以写文章来捍

---

① 参见陶伯特《马克思和恩格斯的〈德意志意识形态〉第1卷的产生史》，卢晓萍译，刘卓星校，载《马克思恩格斯研究》1994年总第17期第22页。

② 参见 MEGA2/Ⅳ/3 第491页。

③ 参见 MEGA2/Ⅳ/3 第474—476页。

④ 参见《马克思恩格斯全集》中文第二版第47卷第343页。

卫共产主义；他还说，他在巴伐利亚与全部生活完全隔绝，以致无法做到这一点。"巴加图利亚指出，费尔巴哈信中关于共产主义的似乎含糊其辞的回答既减弱了恩格斯对费尔巴哈曾经抱有的希望，也使曾经"迷信"①费尔巴哈的马克思清醒了许多。克利盖在恩格斯到达布鲁塞尔之后不久离开了布鲁塞尔（根据克利盖4月18/19日给费尔巴哈的信可知，他是大约4月16日离开布鲁塞尔的）。从克利盖在4月18/19日给费尔巴哈的信（这封信是克利盖对费尔巴哈来信的回信）可以得知，费尔巴哈反对社会主义者贯彻他的思想的方式，而且克利盖还向费尔巴哈报告了他与马克思在布鲁塞尔的争论（克利盖没有特别提到恩格斯）。克利盖这样向费尔巴哈描述他与马克思的对立："马克思要在现实的关系中消灭全部宗教关系……他的口号是：阐明人们肉体上的贫困和原因，并消除他身上的宗教污秽。我把这句话颠倒过来：让人们拥有宗教，并以明亮的眼睛看世界。"巴加图利亚推测，在布鲁塞尔时克利盖已经表现出一年后马克思恩格斯在《反克利盖的通告》中所批判的他"把共产主义变成关于爱的呓语"的思想，而克利盖也向费尔巴哈诉说"朋友们"似乎是在无情地折磨他。巴加图利亚指出，很难想象马克思和恩格斯在与克利盖争论时不涉及费尔巴哈写给恩格斯的那封信，而马克思和恩格斯就像认识到与克利盖的对立一样，会认识到与费尔巴哈的对立。于是，与费尔巴哈划清界限的想法很快就凝结为对全部后黑格尔德国哲学进行批判的著名计划。马克思后来在1859年《〈政治经济学批判〉序言》中这样谈论这一计划："当1845年春他（即恩格斯）也住在布鲁塞尔时，我们决定共同阐明我们的见解与德国哲学的意识形态的见解的对立，实际上是把我们从前的哲学信仰清算一下。"巴加图利亚认为，马克思的著名《提纲》可能与这一计划有关（该计划后来产生了《德意志意识形态》这部著作）。巴加图利亚还特别提到，这一假设与马克思《记事本》中的一个文献学事实相吻合，即马克思不仅为《提纲》每一条编了号，而且还为整个"关于费尔巴哈的提纲"编了号码"1)"，这说明马克思还打算为其他作家写类似的"提纲"。

---

① 马克思1867年4月24日给恩格斯的信中曾这样回顾《神圣家族》："我愉快而惊异地发现，对于这本书我们是问心无愧的，虽然对费尔巴哈的迷信现在给人造成一种非常滑稽的印象。"（《马克思恩格斯全集》中文第一版第31卷第293页）

第八，巴加图利亚排除了《提纲》写于1845年6月的可能性，更不用说陶伯特所推断的7月初了。可以肯定的是，《提纲》之后的第58—73页上记载的书目是马克思在1845年夏天赴英国旅行之前在布鲁塞尔记下的，因为这里记载的书目是带有布鲁塞尔图书馆书号的书籍。其中有些书马克思在《布鲁塞尔笔记本》第3册和第4册作了摘录，这说明《记事本》对这些书目的记载与马克思作其中一些书的摘录是同时进行的。在巴加图利亚看来，陶伯特关于马克思7月初写了《提纲》后只用几天时间就完成两大册（分别是15个对开张＝60个页面和14个对开张＝56个页面）摘录笔记写作的假定是不能成立的，马克思至少需要一个月时间才能完成这两册摘录笔记的写作，因此巴加图利亚断定《提纲》的写作不会晚于6月初。①

第二节 对《提纲》写作时间的进一步考察

应当说，陶伯特和巴加图利亚关于《提纲》写作时间和原因的考证都有合理的方面，但也都有难以自圆其说的地方。巴加图利亚在MEGA2/Ⅳ/3中修正了自己33年前的一些考证结论，显然是受了陶伯特的影响，这从一个侧面反映了陶伯特考证工作具有合理成分。但巴加图利亚并没有完全接受陶伯特的考证结论，而且提出了一些新的有说服力的论据，这些论据应该引起我们的足够重视。笔者的看法是：一方面，巴加图利亚关于《布鲁塞尔笔记本》第3、4册写于《提纲》之后、赴英旅行之前的说法足以否证陶伯特关于《提纲》写于7月初的推断，而陶伯特关于《维干德季刊》第二卷的出版是导致马克思写作《提纲》直接原因的说法也难以成立，因为陶伯特实际上回避了巴加图利亚1965年《〈关于费尔巴哈的提纲〉和〈德意志意识形态〉》一文中关于马克思赴英旅行之前不可能读到《维干德季刊》第二卷的考证结论；另一方面，巴加图利亚关于《提纲》写作的直接原因是马克思与克利盖的争论（从而认识到自己与费尔巴哈的对立）的说法也显得牵强，给人的印象是巴加图利亚有一个先入之见，即《提纲》的写作与马克思和恩格斯当时对后黑格尔德国哲学

---

① 参见 MEGA2/Ⅳ/3 第490页。

进行清算的计划（从而与《德意志意识形态》的写作）有密切关系。为了论证这一先入之见，巴加图利亚似乎在挖空心思找各种文献学论据以支持自己的结论。实际上，"先有结论，后做论证"是苏联马克思学研究的通病，巴加图利亚也不能逃脱这一局限。在这方面，陶伯特通过扎实的考证破除了《提纲》与《德意志意识形态》密切相关的传统说法，可以说是马克思早期思想研究方面的一大突破。如果说陶伯特关于《提纲》写作时间的考证存在很大缺陷，但她关于赫斯《论德国的社会主义运动》一文所做的文献学考证却为我们进一步考察这一问题提供了新的思路和出发点。

赫斯的《论德国的社会主义运动》一文1845年5月发表在《新佚文集》上，尽管赫斯在文末注明的写作日期是"1844年5月，科隆"。根据陶伯特的考证，1845年5月14日马克思从列斯凯那里得到了这篇文章①。不久之后，1845年6月赫斯出版了小册子《晚近的哲学家》。赫斯于1845年6月初将该小册子寄给了恩格斯②，而恩格斯当时正在布鲁塞尔和马克思在一起，因此有理由相信马克思于1845年6月初读到了该小册子。实际上，早在1845年1月17日在给马克思的信中赫斯就预告了他正在写《晚近的哲学家》③，因此想必马克思会怀着极大的兴趣来阅读该小册子。在《论德国的社会主义运动》和《晚近的哲学家》中，赫斯对费尔巴哈第一次进行了全面的批判，这势必对马克思产生重大影响，因为就在不久前出版的《神圣家族》中，马克思还高度评价费尔巴哈，用马克思后来自己的话说当时还存在着"对费尔巴哈的迷信"④。可以合理地推测，马克思在1845年5月中旬和6月初读了赫斯的《论德国的社会主义运动》和《晚近的哲学家》，对费尔巴哈学说的缺点有了新的认识，并在《记事本》上把自己对费尔巴哈的批判和新认识随手记了下来。通过将马克思《提纲》所蕴涵的思想与赫斯的《论德国的社会主义运动》和《晚近的哲学家》进行比较和分析，可以明显看出这一点。

正如青年马克思对黑格尔哲学的理解和把握并不仅仅来自他自己对黑

---

① 参见1845年5月14日列斯凯给马克思的信，载MEGA2/Ⅲ/1第465页。
② 参见1845年5月底或6月初赫斯给恩格斯的信，载MEGA2/Ⅲ/1第466页。
③ 参见1845年1月17日赫斯给马克思的信，载MEGA2/Ⅲ/1第450页。
④ 《马克思恩格斯全集》中文第一版第31卷第293页。

格尔著作的直接阅读,而是受到他的老师和亲密的朋友鲍威尔的重大影响(如马克思在《博士论文》中对"自我意识"的强调)一样①,青年马克思对费尔巴哈思想的理解和把握也并不仅仅来自他自己对费尔巴哈著作的直接阅读,而是受到他的朋友和共产主义同志赫斯的深刻影响。众所周知,赫斯在青年黑格尔派中最先利用费尔巴哈的"类"概念来对共产主义进行哲学论证,这就是所谓的"哲学共产主义"。先是恩格斯,然后是马克思受到赫斯的影响,接受了"哲学共产主义"②。在写于1843年10—11月的《大陆上社会改革运动的进展》一文中恩格斯说:"德国人是一个哲学民族;共产主义既是建立在健全的哲学原则的基础上,尤其因为它已是从德国自己的哲学中得出的必然结论,德国人决不愿意也不可能摒弃共产主义。我们现在应该完成的任务是这样的:我们这个党派必须证明,德意志民族在哲学上所做的一切努力,从康德到黑格尔所做的一切努力,要么毫无裨益——其实比毫无裨益更坏,要么一切努力的结果应该是共产主义;德国人要么抛弃他们曾把其名字奉为本民族的光荣的那些伟大的哲学家,要么就得接受共产主义。"③ 恩格斯还指出,赫斯是德国哲学共产主义的创始人,而卢格④、马克思、恩格斯、海尔维格等人是其中的成员。关于马克思恩格斯早期思想发展曾经有过哲学共产主义阶段,这一点已经越来越得到国内外马克思研究者的承认。

曾经有一种误解,认为马克思很早就接纳了费尔巴哈,其重要证据是写于1842年而发表于1843年初《轶文集》上的《路德是施特劳斯和费尔巴哈的仲裁人》一文,曾被认为是马克思的作品。但这一观点受到新的文献学事实的证伪,因为经过扎斯的考证,该文被认为是费尔巴哈的作品,MEGA2的编者也接受了这一考证结论。尽管马克思早在《博士论

---

① 参见王谨等译:罗森《布鲁诺·鲍威尔与卡尔·马克思:鲍威尔对马克思思想的影响》(中国人民大学出版社1984年版)。

② 对共产主义的接受,可以恩格斯1842年11月拜访《莱茵报》时与赫斯会见为标志,而马克思对共产主义的接受,可以1843年9月马克思给卢格的信为标志。

③ 参见《马克思恩格斯全集》中文第二版第3卷,第492—493页。

④ 但1844年6月西里西亚织工起义后,卢格从先前的共产主义立场退却,并开始咒骂共产主义,这是导致马克思与卢格决裂的最重要原因。

文》中就借用过到费尔巴哈的"颠倒方法"①和"类"概念,但这一时期马克思占主导因素的方面是受鲍威尔的影响,并参与了鲍威尔"自我意识哲学"的制定。在这一过程中,马克思多次表示了对费尔巴哈的不满,如1841年马克思不同意费尔巴哈作为他和鲍威尔打算一道创办的宗教杂志的撰稿人②;1842年3月20日在致卢格的信中马克思写道,在关于"宗教的一般本质"问题上他"同费尔巴哈有些争论,这个争论不涉及原则,而是涉及对它的理解。"③ 费尔巴哈是青年黑格尔派中唯一对政治不感兴趣的人,对此马克思也多次表达了不满。

尽管存在争议④,但笔者认同MEGA2/Ⅰ/2编者的考证结论,即马克思的《黑格尔法哲学批判》写于1843年,其"颠倒"方法来自费尔巴哈1843年2月发表在《轶文集》上的《关于哲学改革的临时纲要》。《黑格尔法哲学批判》标志着马克思开始从鲍威尔"自我意识哲学"的唯心主义转向费尔巴哈的自然唯物主义。此时马克思已经离开《莱茵报》,而就在不久前任《莱茵报》主编时,马克思因为柏林"自由人"问题与鲍威尔的关系变得疏远了。马克思最终与鲍威尔分道扬镳的根本原因是马克思从1843年秋季开始走向了共产主义道路,而鲍威尔不但没有继续前进,反而从激进民主主义退回到小资产阶级精英主义,变得越来越敌视群众特别是工人阶级。马克思同鲍威尔的疏远是与同费尔巴哈的接近同时发生的。如果说马克思1843年接近费尔巴哈是因为赞赏费尔巴哈的自然唯物主义及其"颠倒"方法,那么1844年马克思对费尔巴哈的全面接纳(主要体现在《1844年经济学—哲学手稿》和《神圣家族》中)则主要受了赫斯的影响。一个很重要的根据是:马克思对费尔巴哈"类本质"的理解并不符合费尔巴哈的原意,而是深深地打上了赫斯思想的烙印。

现在回过头来看赫斯1843—1844年的论著,如发表在《二十一印

---

① 马克思在《关于伊壁鸠鲁哲学的笔记本》的笔记三中有这样的说法:"在通常的思维中,总是存在现成的、被思维从主体分离出来的谓语。所有哲学家都用谓语做主体。"(《马克思恩格斯全集》中文第一版第40卷第93页)
② 参见1841年4月12日鲍威尔给马克思的信(MEGA2/Ⅲ/1第358页)。
③ 《马克思恩格斯全集》中文第二版第47卷第27页。
④ 争议有两个方面,一方面是关于《黑格尔法哲学批判》的写作时间开始于1842年或1843年存在争议;另一方面关于《黑格尔法哲学批判》所采用的"颠倒"方法是否来自费尔巴哈存在争议。

张》上的《行动的哲学》和写于1843年年底（或1844年年初）但发表于1845年的《论货币的本质》，从中不难看出，赫斯的"类本质"概念尽管来自费尔巴哈，但却被赋予了新的含义，也就是说赫斯发展了费尔巴哈的"类本质"概念。在费尔巴哈那里，"类"本质上并不是"社会"的代名词，而是对个体属性（"精神"和"自然"两个方面）的一种"抽象"。但马克思因为受了赫斯的影响而误读了费尔巴哈，换句话说，马克思既"误读"了费尔巴哈，又"误读"了赫斯，所以在1844年8月11日给费尔巴哈的信中马克思明确地说："建立在人们的现实差别基础上的人与人的统一，从抽象的天上降到现实的地上的人类这一概念。如果不是社会①这一概念，那是什么呢？"②

在写于1844年5月的《论德国的社会主义运动》一文中，赫斯第一次对费尔巴哈进行了系统批判，而马克思此时正沉浸在对费尔巴哈的"迷信"中。我们知道，1843年10月马克思到达巴黎的时候，赫斯已经和卢格一起待在那里。此后马克思在巴黎与赫斯有了密切的交往。因此国外马克思学家通常把马克思的《论犹太人问题》及《1844年经济学—哲学手稿》与赫斯的《论货币的本质》联系起来③，我国学者侯才更是提出马克思与赫斯在巴黎的直接交往对马克思《论犹太人问题》和《1844年经济学—哲学手稿》的写作具有重要影响④，都是非常有见地的。但1844年3月赫斯离开巴黎回到德国，因此赫斯思想发展的新动向并不为马克思所及时了解。

但恰恰是赫斯离开巴黎后写作的几篇著作体现了他思想发展的新动向。这种新动向一方面表现为赫斯首次对包括费尔巴哈在内的后黑格尔哲学进行了全面批判（《论德国的社会主义运动》和《晚近的哲学家》）；另一方面表现在对共产主义的全面论述（《共产主义信条问答》）。尽管马克思1844年年底读到施蒂纳的《唯一者及其所有物》后就决定对施蒂纳

---

① 社会是马克思自己强调的。
② 参见《马克思恩格斯全集》中文第二版第47卷第73—74页。
③ 参见鲁克俭《国外马克思学研究的热点问题》第一章第3节。
④ 也就是说，即使赫斯的《论货币的本质》确实写于马克思《论犹太人问题》之后，但赫斯完全有可能在和马克思的密切交往中已把《论货币的本质》一文的基本思想向马克思表述过。

进行批判，而且在《论犹太人问题》特别是在《神圣家族》中马克思已经对鲍威尔进行了批判，但批判后黑格尔哲学还缺费尔巴哈这一环。而恰恰是在这一点上，马克思受到赫斯的强烈影响。另一方面，赫斯1844年12月发表于《前进报》第2号、1846年稍作修改后发表在《莱因社会改革年鉴》第2卷上的《共产主义信条问答》，不论从形式到主题都影响到恩格斯1847年写作的《共产主义信条草案》（即后来《共产党宣言》的第一稿）。

如前所述，赫斯的《论德国的社会主义运动》写于1844年5月，但1845年3月之后马克思并没有和赫斯待在一起（此时恩格斯与赫斯一起在莱因省搞共产主义鼓动），因此从1845年1月17日赫斯的来信中马克思虽然已经知道赫斯正在写《晚近的哲学家》，对包括费尔巴哈在内的后黑格尔哲学进行批判，但他直到1845年5月14日读到该文后才真正了解赫斯对费尔巴哈的批判。此时马克思对费尔巴哈的认识可以概括如下：首先，马克思把费尔巴哈的"类"概念等同于"社会"概念；第二，马克思认为费尔巴哈"给社会主义提供了哲学基础"；第三，马克思坚持哲学上的唯物主义路线①，并把费尔巴哈看作是伟大的唯物主义者。

但在《提纲》中，马克思对费尔巴哈的认识和评价发生了180度大转变。

第一，在《提纲》第六条，马克思批判了费尔巴哈假定有"一种抽象的——孤立的——人的个体"，而把"类"理解为"一种内在的、无声的、把许多个人自然地联系起来"的普遍性；在第七条，马克思进一步强调指出费尔巴哈"所分析的抽象的个人"是属于一定的社会形式的。实际上，马克思的这一说法与他1844年8月11日致费尔巴哈信之间的不一致是非常明显的，但由于人们长期以来习惯于脱离写作语境来谈《提纲》，因此难免形成认识上的盲点，对这一矛盾之处视而不见②。

第二，马克思在《〈黑格尔法哲学批判〉序言》中把黑格尔的法哲学

---

① 把唯物主义与唯心主义看作是哲学路线上的"两军对垒"，马克思很可能是受了海涅的影响。参见张念东：《理想主义还是唯心主义》，载《马克思恩格斯研究》1990年第3期。

② 有一个例外，就是侯才在《青年黑格尔派与马克思早期思想的发展》（中国社会科学出版社1994年版）第145页提到了赫斯与马克思在批判费尔巴哈把类归于个体这一缺陷方面的"吻合"，但没有做进一步的结论。

看作是"德国历史观念上的延续",是"在哲学中经历了自己的未来的历史",也就是说黑格尔法哲学不过是已经在法国、英国、美国实现而在德国仍然是"未来"的资产阶级社会的国家哲学。沿此逻辑,马克思自然把"颠倒"了黑格尔思辨唯心主义的费尔巴哈哲学看作是未来社会主义社会的哲学,用马克思1844年8月11日致费尔巴哈信中的话说就是:"在这两部著作中,您(我不知道是否有意地)给社会主义提供了哲学基础,而共产主义者也就立刻这样理解了您的著作。"但马克思在《提纲》第十条却批判费尔巴哈:"旧唯物主义的立脚点是市民社会,新唯物主义的立脚点则是人类社会或社会的人类。"这一条与马克思1844年8月11日致费尔巴哈的信的矛盾也是很明显的,但也没有引起国内学者的足够重视。倒是罗森注意到这一点。他在《布鲁诺·鲍威尔与卡尔·马克思:鲍威尔对马克思思想的影响》一书中指出,费尔巴哈是认真看待马克思的这一评价的,在收到马克思信后不久写的文章中,费尔巴哈说自己是"共产主义者"。但费尔巴哈轻信了马克思,因为马克思在《德意志意识形态》中就批评费尔巴哈错误地使用了"共产主义者"一词。① 实际上,并非马克思在哄骗费尔巴哈,因为上述说法出自恩格斯的手笔②,但显然得到了马克思的默认。尽管罗森1983年出版的德文专著《莫泽斯·赫斯与卡尔·马克思:论马克思理论的形成》就是专门探讨赫斯思想对马克思的影响,但很可惜他没有意识到马克思对费尔巴哈评价在1844年和1846年已经有很大不同,而这种变化的起点就发生在受赫斯直接影响的《提纲》中。

第三,自马克思1843年年初开始接近费尔巴哈之后,他就把费尔巴哈看作是唯物主义者。从《1844年经济学—哲学手稿》中对费尔巴哈"自然唯物主义"高度评价,到《神圣家族》中对法国唯物主义的论述,再到同一时期对英国经验主义的关注(与马克思自己对英国古典政治经济学研究以及恩格斯的影响有关),马克思自觉地沿着费尔巴哈开辟的德国唯物主义道路前行。在这方面,马克思有别于赫斯,因为赫斯一直把德

---

① 参见罗森《布鲁诺·鲍威尔与卡尔·马克思:鲍威尔对马克思思想的影响》王谨等译,第262—263页。

② 参见《文献学语境中的〈德意志意识形态〉》彭曦译,(南京大学出版社2005年版)第59页。

国哲学看作属于唯心主义（或译理想主义）传统，认为自康德以后的德国哲学将"精神自由"发展到极端，以别于法国人对"社会自由"的强调。赫斯从来就不把费尔巴哈看作是唯物主义者，并认为费尔巴哈和其他黑格尔分子一样没有离开黑格尔的地基。这里有一个历史细节值得我们关注。1844 年 11 月 19 日恩格斯在致马克思的信中说，施蒂纳"是转向唯物主义和经验主义的唯心主义者，而边沁是一个单纯的经验主义者"①。实际上，马克思和恩格斯也曾经这样看待费尔巴哈，把费尔巴哈看作是第一个从黑格尔思辨唯心主义转向唯物主义的德国哲学家。但马克思却不同意恩格斯对施蒂纳的这种评价，认为不能把施蒂纳与费尔巴哈相提并论。在给马克思的下一封信（1845 年 1 月 20 日）中，恩格斯做了自我批评："说到施蒂纳的书，我完全同意你的看法。我以前给你写信的时候，还太多拘泥于该书给我的直接印象，而在我把它放在一边，能更深入地思考之后，我也发现了你所发现的问题。"恩格斯接着向马克思报告说，"赫斯（他还在这里，两星期前我在波恩同他交谈过）动摇一阵之后，也同你的看法一致了。他给我念了一篇他即将发表的评论该书的文章，他在这篇文章中表明了同样的意见，而那时他还没有看到你的信。"② 恩格斯所提到的马克思的这封信没有流传下来，因此今天的学者（包括陶伯特）对马克思信中所表达的不同于恩格斯的"看法"到底是什么，有不同的解读。笔者认为合理的解读应该是这样：起初赫斯和恩格斯都认为施蒂纳是经验主义者，但他们二人对这一点的态度是不同的。恩格斯承认施蒂纳具有"片面性"③，但认为施蒂纳的唯物主义和经验主义路线是"原则上正确的东西"④。赫斯则对施蒂纳的经验主义持完全否定的态度。正如恩格斯 11 月 19 日那封信中向马克思所报告的那样，"赫斯——我觉得，他是出于原先对唯心主义的忠心——这样痛骂经验主义，特别是痛骂费尔巴哈和现在痛骂施蒂纳"⑤。但赫斯"动摇一阵之后"，认清了施蒂纳的本质仍然是没有离开黑格尔哲学地基的德国唯心主义，并在《晚近的哲学家》一文

---

① 《马克思恩格斯全集》中文第二版第 47 卷第 329 页。
② 《马克思恩格斯全集》中文第二版第 47 卷第 334 页。
③ 《马克思恩格斯全集》中文第二版第 47 卷第 329 页。
④ 《马克思恩格斯全集》中文第二版第 47 卷第 329 页。
⑤ 《马克思恩格斯全集》中文第二版第 47 卷第 330 页。

中以此为基础批判施蒂纳、鲍威尔和费尔巴哈都是试图在"思想"领域而非"实践"中解决"个体"与"类"的矛盾。马克思则直接认识到施蒂纳的唯心主义实质,并向恩格斯指出了这一点。恩格斯后来意识到这一点,并谦虚地接受了马克思的意见。这时,马克思和恩格斯是一致的,即唯物主义和经验主义是"好东西",而唯心主义是"坏东西"。但在《提纲》第一条,马克思突然把炮口对准了唯物主义,批评唯物主义忽视了"能动的方面"。

马克思为什么会在以上三个方面的立场上突然发生180度的大转变呢?已有的文本和文献学事实只能支持如下判断:马克思立场的突然转变是受了赫斯的影响。赫斯在《论德国的社会主义运动》和《晚近的哲学家》中对费尔巴哈作了新的评价:首先,赫斯在《论德国的社会主义运动》批判了费尔巴哈"把只是作为类本质才属于人的东西……归于作为单个个体的人"①;第二,赫斯在《晚近的哲学家》中认为费尔巴哈的哲学不过是市民社会的哲学。早在1845年1月17日给马克思的信中赫斯就明确指出:"我在我的文章里还顺便谈到了费尔巴哈的《未来哲学》。我把它视作现在的哲学(这个现在在德国却仍然是未来)"②。第三,赫斯批判了唯物主义和经验主义,把经验说成是"唯物主义的宗教",是"对无精神的事实的崇拜"。由此可以看出,马克思在《提纲》之前对费尔巴哈的认识与赫斯在《论德国的社会主义运动》和《晚近的哲学家》中对费尔巴哈思想的评价形成了鲜明的对照,而《提纲》中的思想则与后者非常接近。

关于唯物主义问题,还需引起我们注意的是,直到写作《提纲》时,马克思对费尔巴哈的唯物主义仍然存在着"误读"。首先,费尔巴哈不太情愿承认自己是唯物主义者,恩格斯在《路德维希·费尔巴哈和德国古典哲学的终结》中也提到了这一点。第二,按照费尔巴哈自己的说法,他的人本主义新哲学恰恰是要避免唯物主义和唯心主义的缺点,这和马克思在《提纲》第一条对唯物主义的批评是一致的。在这一点上,对照一

---

① Moses Hess, *Philosophische und sozialistische Schriften*: 1837—1850: *eine Auswahl*, Akademie—Verlag Berlin 1980, S. 287.
② 转引自陶伯特《马克思和恩格斯的〈德意志意识形态〉第1卷的产生史》,卢晓萍译,刘卓星校,载《马克思恩格斯研究》1994年总第17期第16页,并参见 MEGA2/Ⅲ/1 第450页。

下马克思和赫斯对费尔巴哈的评价很有意思。应当说赫斯对费尔巴哈的评价更接近费尔巴哈本人的说法。赫斯并不是批评费尔巴哈具有"唯物主义"的缺点，而是批评费尔巴哈的哲学仍然囿于"思想"领域而没有走向实践。马克思接受了赫斯对费尔巴哈的这一评价，在《提纲》第一条既批判了包括费尔巴哈在内的"从前的一切唯物主义"忽视了人的"能动的方面"，又批判了费尔巴哈"没有把人的活动本身理解为对象性的活动"。由此看来，马克思在《提纲》中并没有完全放弃自己关于费尔巴哈是唯物主义者这一认识，但部分地接受了赫斯在《论德国的社会主义运动》中对唯物主义和经验主义的批评，于是马克思来了个折中：他区分了两种唯物主义，一种是旧唯物主义即直观唯物主义；一种是新唯物主义即实践唯物主义。马克思没有放弃唯物主义的哲学路线，但倡导一种新唯物主义即"把感性理解为实践活动的唯物主义"，从而对自己在《1844年经济学—哲学手稿》中所信奉和大力倡导费尔巴哈自然唯物主义即直观唯物主义做了自我清算。马克思在《提纲》之前并没有在任何地方批评过唯物主义（包括法国唯物主义），而且《神圣家族》1845年2月刚刚出版，马克思却突然在《提纲》中批判起旧唯物主义来，究其原因，唯一合理的解释是马克思受到了赫斯的影响。

人们很容易对"马克思批判费尔巴哈是受赫斯影响"这一说法提出如下反驳意见：马克思从来没有全盘接受费尔巴哈的哲学，并早就认识到并批评了费尔巴哈哲学的缺陷。比如马克思早在1843年3月13日致卢格的信中，就批评费尔巴哈"强调自然过多而强调政治太少"[①]。但是，从马克思给卢格信的上下文来看，马克思要表达的意思是：费尔巴哈的《关于哲学改革的临时提纲》"只有一点"不能使他满意。这与其说是批评，不如说是赞扬。实际上，马克思此时正与鲍威尔疏远，与费尔巴哈接近，真正全面接纳费尔巴哈是在1844年，因此我们不能用马克思在全面接纳费尔巴哈之前对费尔巴哈的不满来解释马克思为何突然从《神圣家族》对费尔巴哈的"迷信"转到对费尔巴哈的"批判"，否则就是非历史的态度，也是"神化"马克思的体现。另一方面，1843年年初马克思之

---

① 《马克思恩格斯全集》中文第二版第47卷第53页。最近笔者与诺曼·莱文就赫斯对马克思思想的影响问题通过E—MAIL交换意见，莱文就提到这一论据。

所以曾经说费尔巴哈"强调政治太少",是因为马克思当时还没有认识到费尔巴哈的哲学为社会主义提供了哲学基础,而当马克思1844年8月11日给费尔巴哈写信时,他一定不会再认为费尔巴哈"强调政治太少"了。

认为马克思对费尔巴哈的批判不是受到赫斯的影响,而是受到施蒂纳的影响,也是不能成立的。施蒂纳是从相反的方向来批判费尔巴哈,即费尔巴哈的"类"概念是像"上帝"一样压制"个体"的"抽象物"。而费尔巴哈发表在《维干德季刊》第二卷(1845年6月出版)上的论文《就〈唯一者及其所有物〉谈〈基督教的本质〉》反驳了施蒂纳的批评,认为施蒂纳误解了他的"类"概念,因为他的"类"不是抽象物,而正是"我身外存在着的人类的各单个人"。看来赫斯对费尔巴哈思想的把握比马克思、施蒂纳都更为精准,毕竟他的《论德国的社会主义运动》写于1844年5月,远早于费尔巴哈的自我申辩。马克思在《提纲》中对费尔巴哈的批判是承接了赫斯而非施蒂纳。

如果我们承认马克思写作《提纲》的直接原因是受到赫斯《论德国的社会主义运动》和《晚近的哲学家》的影响为出发点,那么关于《关于费尔巴哈提纲》写作时间的结论就应该是1845年春夏之交。

第17章　关于马克思《评李斯特》写作时间的文献学考证*

《评李斯特》总共有 11 个对开张流传下来，这 11 个对开张可分为三类。第一类是第 2—9 对开张，其中第 6 对开张的第 3 页面没有写满，第 4 页面全是空着的；第 2 对开张的开头②和第 9 对开张的结尾③都是不完整的句子；第 2—6 对开张的内容属于《评李斯特》的第一节；从第 7 对开张开始的是《评李斯特》第二节"Ⅱ．生产力理论和交换价值理论"④。第二类是第 22 对开张的第 1 个单页⑤和第 24 对开张（其开头和结尾都是不完整的句子)⑥。第三类是 1 个对开张马克思没有进行编号的手稿，以标题"Ⅳ．李斯特先生和费里埃"开头，显然属于《评李斯特》结尾部分的第四节。所有这 11 个对开张（严格来说是 10 个半对开张）的纸张类型都是一样的，它们可能都是由更大的纸张不规则地剪裁而成，纸张规格一般为 230 × 180mm，但第 22 对开张的第 1 单页大约是 118 × 180mm。第 2—9 对开张和第 22、24 对开张曾用针线缝订在一起，但没有编号的那张没有和其他 10 个对开张缝订在一起，因为它上面没有针孔的痕迹。与其他 10 个对开张的一次对折不同，没有编号的这个对开张是两次对折。作为第三章内容的第 24 对开张最后一句话是不完整的，显然《评李斯特》至少还应该有一张即第 25 对开张（应该也是有编号的）。因

---

* 原载《哲学动态》2012 年第 7 期。
② 参见《马克思恩格斯全集》中文第一版第 42 卷第 239 页。
③ 参见《马克思恩格斯全集》中文第一版第 42 卷第 263 页。
④ 参见《马克思恩格斯全集》中文第一版第 42 卷第 252 页。
⑤ 参见《马克思恩格斯全集》中文第一版第 42 卷第 263—265 页。
⑥ 参见《马克思恩格斯全集》中文第一版第 42 卷第 265—267 页。

此,《评李斯特》至少有 26 个对开张①（包括 25 个有编号的对开张和 1 个没有编号的对开张），其中第 1 对开张、第 10—21 对开张、第 22 对开张的第 2 单页、第 23 对开张和第 25 对开张没有流传下来。《评李斯特》的著作标题以及第一节的标题应该是写在第 1 对开张上，而第三节的标题应该出现在第 10—21 对开张上。

《评李斯特》的原始手稿保存在俄罗斯国家社会政治史档案馆，编号是全宗第 1 号，目录第 1 号，卷宗第 1 号。这是马克思长女燕妮·龙格②的孙子马塞尔—沙尔·龙格（Marcel—Charles Longuet）于 1970 年 8 月转交的。此前，苏共中央马列主义研究院中央党务档案馆已于 1948 年从燕妮·龙格的三儿子埃德加·龙格（Edgar Longuet）那里得到了《评李斯特》第四章即"Ⅳ. 李斯特先生和费里埃"的那张手稿。1971 年《评李斯特》首次在马列主义研究院的机关刊物《苏共党史问题》第 12 期上以俄文发表。随后，1972 年《评李斯特》首次以德文原文在《德国工人运动史论丛》第 3 期以编辑加的标题"评弗里德里希·李斯特的著作《政治经济学的国民体系》"发表。随后出版的《评李斯特》西德版（1974 年）、法国版（1973、1975 年）、意大利版（1972 年）以及《马克思恩格斯全集》俄文第二版第 42 卷（1974 年）、《马克思恩格斯全集》英文版（1975 年）③ 所依据的都是首次出版的德文原文版。中国学者所熟悉的《马克思恩格斯全集》中文第一版第 42 卷（1979 年）是直接从《马克思恩格斯全集》俄文第二版第 42 卷翻译过来的，标注的写作时间是"1845 年 3 月"④。MEGA2/Ⅲ/1（1975 年）在对恩格斯 1845 年 3 月 17 日给马克思信的注释中说，马克思此时正在写评李斯特著作的文章。⑤ 后来的

---

① 这是伊科尔的考证结论。参见克里斯蒂娜·伊科尔《关于马克思批判李斯特著作的手稿的写作日期》，载《马克思恩格斯年鉴》第 11 卷第 230—241 页。
② 燕妮·龙格的丈夫是沙尔·龙格，其大儿子是让·龙格。关于燕妮·龙格的后代向苏共中央马列主义研究院转交马克思相关文献材料的情况，可参见伊科尔《关于马克思批判李斯特著作的手稿的写作日期》注释 1，以及罗尔夫·黑克尔《马克思恩格斯生平遗著流传史》（载《国外理论动态》2010 年第 10 期）。
③ 参见 http://www.marxists.org/archive/marx/works/1845/03/list.htm。编者所加的标题是"评弗里德里希·李斯特的著作《政治经济学的国民体系》的文章草稿"。
④ 《马克思恩格斯全集》中文第一版第 42 卷第 271 页。
⑤ MEGA2/Ⅲ/1 第 708 页。

《评李斯特》版本要么回避写作时间问题，要么是赞同1972年原文版的说法。

随着时间的推移，特别是随着MEGA2编辑工作的深入展开，关于《评李斯特》的写作时间出现了新的说法。1981年出版的MEGA2/Ⅳ/2的编者认为马克思的《评李斯特》"最晚是于1845年秋在布鲁塞尔写作"的①。1982年民主德国学院出版社出版的李斯特《政治经济学的国民体系》新版本（1982年）收录了马克思的《评李斯特》，其编者金特·法比翁克（Günter Fabiunke）在出版后记中将《评李斯特》的写作时间判定为最早"1845年8、9月份"。法比翁克的证据是马克思在《评李斯特》提到了约翰·弗兰西斯·布雷（John Francis Bray）②，而最早注意到这一点的是海因茨·阿本特（Heinz Abend）1972年的答辩论文。MEGA2第二部分和第四部分的编辑成员卡尔—埃利希·福尔格拉夫（Carl—Erich Vollgraf）在1977年发表的论文"马克思论弗里德里希·李斯特的经济理论"③中赞同这一论据。1981年汉堡社会主义学习小组在对《德意志意识形态》和《评李斯特》的评论中，提出了最为大胆的假设：他们把《评李斯特》的写作时间大大推后，认为其写作不早于《德意志意识形态》，最早也是与马克思加工《费尔巴哈》章④同步进行的。

1988年出版的MEGA2/Ⅳ/4前言中明确提出《评李斯特》写于1845年夏马克思和恩格斯的英国之行⑤以后："马克思通过直接观察不列颠王国的两个最大的中心曼彻斯特和伦敦的资本主义现实，充实了自己对英国资产阶级政治经济学的研究，更加坚信：经济学理论的发展'是同社会的现实运动联系在一起的，或者仅仅是这种运动在理论上的表现'⑥。他从英国返回后立即在有关李斯特的《政治经济学的国民体系》的一份手稿中写下了上述这段话。""马克思尝试弄清英国资产阶级政治经济学

---

① MEGA2/Ⅳ/2第794页，并参见《马克思主义研究参考资料》1985年第1期（总223期）第50页。
② 参见《马克思恩格斯全集》中文第一版第42卷505页第265页。
③ 见柏林《经济学》杂志1977年第7期第994页。
④ 马克思加工《费尔巴哈》章时《德意志意识形态》的第一卷第二、三章和第二卷已经脱稿。
⑤ 1845年7月10日左右—8月24日左右。
⑥ 参见《马克思恩格斯全集》中文第1版第42卷第242页。

中以亚当·斯密为突出代表的学派，这是马克思在曼彻斯特的紧张的学术活动的最重要的理论成果之一。在有关李斯特的手稿中，他就资产阶级政治经济学的这些'最初的科学代言人'的功绩表述如下：他们没有料到'无耻地泄露了财富的秘密并使一切关于财富的性质、倾向和运动的幻想成为泡影'①"②。特别值得一提的是，福尔格拉夫是MEGA2/Ⅳ/4的鉴定人。

但是，MEGA2/Ⅳ/4编者并没有对关于《评李斯特》写作时间的新说法给出具体说明和论证。可喜的是，1989年伊科尔在《马克思恩格斯年鉴》第11卷发表《关于马克思批判李斯特著作的手稿的写作日期》一文，对《评李斯特》的写作时间进行了深入细致的文献学考证。

伊科尔主要从两个方面来考察《评李斯特》的写作时间。

首先，伊科尔认为《评李斯特》是马克思计划交由出版商康培出版的著作，而非给皮特曼《莱茵社会改革年鉴》写的文章。

《评李斯特》德文原文版的编者把该手稿的写作时间确定为1845年3月的主要依据，就是恩格斯在1844年11月19日给马克思的信中提到他打算写一本小册子批判李斯特的著作③，而在1845年3月17日给马克思的信中恩格斯则赞同马克思准备批判李斯特的理论观点的计划。④ 恩格斯是想"从实际方面抓住李斯特，阐明其体系的实际结论"，而他将把在埃尔伯费尔德的其中一篇演说加以扩充，因为在这篇演说中他顺便对李斯特的观点进行了深入的分析和论述。恩格斯还估计，马克思"会重点批判他的体系的前提，而不是批判他的体系的结论"⑤。按照恩格斯1845年2月22日—3月7日给马克思的信⑥和1845年3月17日给马克思信的说法，他们二人批判李斯特著作的文章都是给海·皮特曼的《莱茵社会改革年鉴》准备的稿子。

---

① 参见《马克思恩格斯全集》中文第1版第42卷第241页。
② 参见佐海娴译、王锡君校"马克思的恩格斯的《曼彻斯特笔记》的科学价值——《马克思恩格斯全集》历史考证版第四部分第四卷前言"，载《马克思恩格斯研究》1993年第12期。原文参见MEGA2/Ⅳ/4"前言"第47页。
③ 《马克思恩格斯全集》中文第二版第47卷第328页。
④ 参见《马克思恩格斯全集》中文第一版第42卷第505页。
⑤ 《马克思恩格斯全集》中文第二版第47卷第351页。
⑥ 《马克思恩格斯全集》中文第二版第47卷第345页。

实际上,《评李斯特》德文原文版的编者把该手稿的写作时间确定为1845年3月也不是完全没有道理。早在1965年,巴加图利亚在《〈关于费尔巴哈的提纲〉和〈德意志意识形态〉》的长篇论文中就通过对马克思《1844—1847年记事本》的文献学考察指出①:记事本的第14—20面是书籍目录,上面标着"购买或尽量用其他办法获得",还有关于获得这些书籍的笔记。其中有一条是这样记的:" +8)李斯特(恩格斯)。"② 显然这是指,马克思打算从恩格斯那里弄到李斯特的书。名称前的十字表明,马克思后来确实弄到李斯特的书(在巴黎用八法郎买到)③。恩格斯这个姓不是事后写上去的,而是与编制书目同时写的。就是说,这个书目的编制可能不早于1844年8月底恩格斯去巴黎时。巴加图利亚在其负责编辑的MEGA2/Ⅳ/3(1998年)中重复了这一说法④。在1981年出版MEGA2/Ⅳ/2中,编者关于马克思《巴黎笔记》"笔记本之六"⑤ 产生和流传过程的说明中也指出了类似的文献学事实,并进一步指出,《1844—1847年记事本》中" +8)李斯特(恩格斯)"的记载"可能是在马克思收到恩格斯1844年11月19日的书信之后,从信中他获悉恩格斯打算在报刊上批判李斯特,所以他想要由恩格斯或通过恩格斯设法获得这本他本人尚未拥有的书。""由于有关获得这本书的记载存在于上述记事本中这样的一面,即在这一面上马克思结束了他在巴黎的记载……因而人们可以推定,马克思是在1844年年底或1845年年初获得这本书。"⑥而在马克思获得李斯特的书之前,他已经做过关于李斯特著作的摘录笔记⑦,因此马克思决定购买李斯特的书使之成为自己的藏书这件事本身,就说明马克思确实打算对李斯特的观点进行深入的分析和批判。这一事实

---

① 参见单志澄译,"巴加图利亚《〈关于费尔巴哈的提纲〉和〈德意志意识形态〉》",载《马列主义研究资料》1984年第1期第24页。
② MEGA2/Ⅳ/3. S. 8. 25.
③ MEGA2/Ⅳ/3. S. 12. 29,32.
④ 参见 MEGA2/Ⅳ/3第485页。
⑤ 即马克思对三位德国经济学家(许茨、李斯特、奥先戴尔)的著作进行摘录的那个笔记本。至于这个笔记本是否可以看作是《巴黎笔记本》的第六个笔记本,MEGA2编委会成员内部是有争议的。
⑥ 参见《马克思主义研究参考资料》1985年第1期(总223期)第50页。
⑦ 关于马克思作李斯特著作摘录笔记的时间也是有争议的。

似乎与《评李斯特》写于1845年3月的说法非常吻合。

但是,《莱茵社会改革年鉴》第1卷(1845年8月出版)只有24印张,而且包括不同作者的文章。而如前所述,《评李斯特》的篇幅不少于26对开张(相当于一个半印张)。因此伊科尔认为,《评李斯特》的篇幅说明它肯定不是马克思为《莱茵社会改革年鉴》而写的。

伊科尔断定,一条对于确定《评李斯特》写作时间极其重要的证据包含在一封迄今没有发表的书信中。这是埃德加·冯·威斯特法伦(Edgar von Westphalen)① 1845年7月10写给韦纳尔·冯·韦尔特海姆(Werner von Veltheim)② 的信,保存在俄罗斯国家社会政治史档案馆,编号是全宗第6号,目录第2号,卷宗第2号。威斯特法伦在这封信中写到,马克思从英国返回后将从事关于李斯特的写作。

1845年10月14日恩格斯写给德国出版商尤利乌斯·康培写了一封信。在信中恩格斯说:"从您尊贵的来信中可以看出,您对我们建议由您出版的那部著作的倾向有所误解。无论是保护关税,还是贸易自由,我们都根本无意为之进行辩护,而是想用我们的观点去批判这两种制度。我们的观点是共产主义的观点。"③ MEGA2/Ⅲ/1 的编者在对"我们建议由您出版的那部著作"的注释中说,那部著作"可能指恩格斯计划撰写的关于李斯特的著作"④。恩格斯明明说是"我们"而非"我",但 MEGA2/Ⅲ/1 的编者却只认为"那部著作"是恩格斯批判李斯特的著作,而没有将它与马克思的《评李斯特》联系起来。伊科尔推测,马克思和恩格斯在他们从英国返回之后,可能在1845年8月或9月给康培写过信(可惜信没有流传下来),并向康培提交了他们批判李斯特的著作,而流传下来的《评李斯特》可能就是马克思提交给康培的誊清稿⑤的部分底稿。

第二,《评李斯特》引证了许多经济学家的著作,其中一些出现在马克思去英国之前不久的《布鲁塞尔笔记本》和在英国期间的《曼彻斯特笔记本》中。举例如下:

---

① 马克思夫人燕妮的弟弟,也是马克思的同学。
② 曾经是马克思柏林的同学,燕妮的远亲,埃德加·冯·威斯特法伦的朋友。
③ 《马克思恩格斯全集》中文第二版第47卷第358—359页。
④ 参见 MEGA2/Ⅲ/1 第712页。
⑤ 由于马克思的字迹很难辨认,马克思提交给出版商的誊清稿通常都是别人帮忙誊抄的。

1. 马克思关于法国经济学家费里埃著作《论政府和贸易的相互关系》的摘录。《评李斯特》中所有关于费里埃著作的引证①都出现在《布鲁塞尔笔记》关于费里埃著作的摘录笔记中②。而根据巴加图利亚的考证，马克思在《布鲁塞尔笔记》中对费里埃著作的摘录时间介于1845年2月初至7月初③，不会早于1845年4月中④。

2. 马克思关于自由贸易的最狂热信徒尤尔著作《工厂哲学，或工业经济学》的摘录。《评李斯特》关于尤尔著作的引证⑤可以在《布鲁塞尔笔记》关于尤尔著作的摘录⑥中发现。据巴加图利亚的考证，马克思在《布鲁塞尔笔记》中对尤尔著作的摘录时间介于1845年4月中至7月初⑦。

3. 马克思关于布雷著作的摘录。《评李斯特》中提到了英国经济学家、欧文的信徒布雷："产生了整整一代的'生产的持续性和不间断性'……这种'生产的持续性和不间断性'不是留给工业家先生们的而是留给一代人的遗产（例如见布雷）。"⑧马克思这里指的是布雷的著作《劳动方面的不公正现象及其消除办法，或强权时代和公理时代》。他在《曼彻斯特笔记本》中摘录了布雷的著作。伊科尔指出，马克思之所以会在《评李斯特》中提到布雷，可以用马克思在写作《评李斯特》时利用了《曼彻斯特笔记本》这一点来解释。在《曼彻斯特笔记本》的布雷摘录中，可以发现马克思有一段关系到"当代人积累和收益"问题的摘录。根据荷兰阿姆斯特丹国际社会史研究所收藏的《马克思手稿和读书笔记目录》，《曼彻斯特笔记本》共九册，其中第八册（24页）是对布雷的

---

① 《马克思恩格斯全集》中文第一版第42卷第243、268—271页。
② MEGA2/ Ⅳ/ 3. S. 210. 7、S. 210. 21—211. 2、S. 212. 16—24、S. 213. 7—11、S. 213. 18—22、S. 215. 1—7、S. 215. 5—7、S. 215. 14—24、S. 215. 28—36、S. 215. 38、S. 215. 40—216. 4、S. 216. 9—12、S. 216. 4—8、S. 216. 17—21、22—23、S. 217. 11—16、S. 217. 20—23、24—38、S. 218. 3—5。
③ 参见 MEGA2/ Ⅳ/ 3 第671页。
④ 参见 MEGA2/ Ⅳ/ 3 第453页。
⑤ 《马克思恩格斯全集》中文第一版第42卷第262页。
⑥ MEGA2/ Ⅳ/ 3. S. 349. 18—21.
⑦ 参见 MEGA2/ Ⅳ/ 3 第713页。
⑧ 《马克思恩格斯全集》中文第一版第42卷第265页。

《劳动方面的不公正现象及其消除办法》（1839年伦敦版）的摘录。无论如何，马克思只是在英国之行的过程中才关注到布雷和艾德门兹的，因为马克思在《1844—1847年记事本》中初抵布鲁塞尔时期的书籍目录中已经记载了霍吉斯金、汤普逊，但没有艾德门兹、布雷的名字（在之前的笔记中马克思也从来没有提到过艾德门兹和布雷的名字）。这是马克思《评李斯特》写于英国之行之后最有力的证据。

4. 在《评李斯特》中，紧接着"例如见布雷"的关于谷物法的那段话①，是以《曼彻斯特笔记本》中对英国大厂主、政论家、自由贸易论者格莱格著作的摘录为根据的。和布雷摘录的情况一样，对格莱格著作的摘录是在《曼彻斯特笔记本》的最后一册即第9册笔记本中，并没有收录到 MEGA2/Ⅳ/4。马克思在《1844—1847年记事本》中曼彻斯特时期的公共图书馆目录（有图书馆的书号）中记载了格莱格②。

5. 马克思关于佩基奥著作《意大利政治经济学史》的摘录。《评李斯特》关于佩基奥著作的引证③可以在《布鲁塞尔笔记本》关于佩基奥著作的摘录④中发现。据巴加图利亚的考证，马克思在《布鲁塞尔笔记本》中对佩基奥著作的摘录时间介于1845年2月初至12月⑤。

结论

从《评李斯特》手稿被发现到德文原文版出版（它是后来各版本的基础）相隔只有2年时间，应该说关于《评李斯特》写作时间的考证是非常仓促的。但国内学者所能接触到的关于《评李斯特》写作时间的文献学信息主要来自《马克思恩格斯全集》中文第一版第42卷。《评李斯特》将收录于 MEGA2/Ⅰ/4，但 MEGA2/Ⅰ/4迄今仍在编辑之中⑥。相应地，与 MEGA2/Ⅰ/4相对应的《马克思恩格斯》中文第二版第4卷也没

---

① 《马克思恩格斯全集》中文第一版第42卷第265页。
② MEGA2/Ⅳ/3. S. 25. 26.
③ 《马克思恩格斯全集》中文第一版第42卷第244页。
④ MEGA2/Ⅳ/3. S. 738.
⑤ 参见 MEGA2/Ⅳ/3 第737页。
⑥ 参见 http：//www.iisg.nl/imes/mega1.php。

有出版，因此国内学者大都不知晓 MEGA2 编辑者关于《评李斯特》写作时间的新结论。另一方面，依据 MEGA2/Ⅲ/1 编译的《马克思恩格斯全集》中文第二版第 47 卷在对恩格斯 1845 年 3 月 17 日给马克思信的注释中说，"马克思也打算对李斯特的观点进行评判、分析，并于 1845 年 3 月写出了《评弗里德里希·李斯特的著作〈政治经济学的国民体系〉》"①，从而强化了国内学者关于《评李斯特》写作时间的错误印象。

《MEGA 研究》1997 年第 2 期发表的迪·戴希塞尔文章《对卡尔·格律恩的批判——关于〈德意志意识形态〉第二卷第四章的产生和流传过程》肯定了伊科尔的考证，明确指出《评李斯特》"这篇著作很可能是马克思从英国返回之后立即撰写的"②。巴加图利亚在其负责编辑的 MEGA2/Ⅳ/3（1998 年）附属资料卷中，两次明确指出《评李斯特》写于"1845 年 8 月底至 10 月之间"③、"1845 年秋"④。这充分说明，《评李斯特》写于 1845 年秋的文献学结论已成为国际马克思学界的定论。笔者曾在以前发表的文章中多次提到国际马克思学界关于《评李斯特》写于 1845 年秋季的新观点，但迄今尚未引起国内学界的足够重视，以致最近新出版的马克思主义哲学史教科书仍然沿用《评李斯特》写于 1845 年 3 月的过时说法，这是非常令人遗憾的。

---

① 《马克思恩格斯全集》中文第二版第 47 卷注 129（第 647 页）。
② 参见柴方国译，戴希塞尔《对卡尔·格律恩的批判——关于〈德意志意识形态〉第二卷第四章的产生和流传过程》，载《马克思恩格斯列宁斯大林研究》2001 年第 4 期。
③ 参见 MEGA2/Ⅳ/3 第 528 页。
④ 参见 MEGA2/Ⅳ/3 第 738 页。

第18章 从"注释"看《资本论》中文版的编辑工作*

《马克思恩格斯全集》中文第二版是中国人首次独立编辑的马克思恩格斯著作的全集版。此前的第一版基本上是对《马克思恩格斯全集》俄文第二版的翻译（特别是前言②和注释）。第二版编辑的独立性和自主性，体现在"卷次结构"（四部分中每部分的卷次划分）、"篇目选定"（文本的取舍，特别是对摘录笔记文本的取舍）、"注释"等方面。总体来说，《马克思恩格斯全集》中文第二版是参照MEGA2进行编辑的。第一，在"卷次结构"方面，是按照"著作（第1—29卷）"、"《资本论》及其手稿（第30—46卷）"、"书信（第47—60卷）"、"摘录笔记（第61—70卷）"四个部分来设计整体结构的。第二，除了"摘录笔记"部分，其他三部分基本上是依照MEGA2来选取篇目。第三，除了《资本论》第2、3卷，其他卷次都是MEGA2先出，中文第二版后出，亦步亦趋。第四，注释主要是依据MEGA2，但并非照搬，而是有所取舍。

依据MEGA2来进行编辑，是中文第二版编辑质量的可靠保证。偏离MEGA2所体现出来的一些独立性和自主性，有可能使中文版"青出于蓝而胜于蓝"，但也有可能使其低于MEGA2的编辑水准。在中文第二版启动30年之际，以独立于编译者的学界视角，通过对中文第二版与MEGA2的比较研究，检讨中文第二版编辑实践中的得失，将有利于推动中文第二

---

* 原载《北京行政学院学报》2015年第1期。

② 第16—22卷的前言没有翻译，后以《〈马克思恩格斯全集〉俄文第二版说明（第16—23卷）》出版（三联书店1965年版）。

版编辑事业的发展。

第一节 "注释"在《资本论》版本中的重要性

与 MEGA1 相比，MEGA2 的一大特点是附属材料内容庞大且独立成册（不过，附属材料卷的页码是接续正文卷的）。MEGA2 的附属材料卷主要包括"形成和流传"、"异文表"、"勘误表"、"注释"、"索引"等几部分内容，其中"注释"所占篇幅最大，是附属资料卷的主体内容。为此，笔者对 MEGA2 与《马克思恩格斯全集》中文第二版所作的比较，首先从"注释"着手，并选取《资本论》作为典型案例。

如果看一下郭大力、王亚南的《资本论》版本（比如 1953 年版），就会发现，郭大力、王亚南版的《资本论》没有编译者的注释。《马克思恩格斯全集》中文第一版的《资本论》版本（第 23、24 卷出版于 1972 年，第 3 卷出版于 1974 年），尽管在译文方面参照了德文版，但在"注释"方面，完全照译《马克思恩格斯全集》俄文第二版第 23、24、25 卷。《马克思恩格斯全集》中文第一版第 23、24、25 卷与郭大力、王亚南版《资本论》的区别，除了体现在译文方面，更体现在注释和文献索引方面①。

介于二者之间的是中国人民大学政治经济学教研室孟氧所作的注释工作。孟氧是第一个注释《资本论》的中国人，依据的是郭大力、王亚南 1953 年版《资本论》第 1 卷。他从 1952 年开始注释工作，1954 年完成《〈资本论〉历史典据注释》初稿，1955—1957 年在《教学与研究》连载②。从《〈资本论〉历史典据注释》1960 年代被多次翻印可以看出，在 1972 年带有注释的《马克思恩格斯全集》中文第一版第 23 卷出版之前，《资本论》的中国读者和研究者非常需要《资本论》的注释作为参考资料。这从一个侧面说明，《资本论》的版本质量不仅仅体现在译文方面

---

① 相对于郭大力、王亚南版《资本论》，《马克思恩格斯全集》中文第一版第 23、24、25 卷的译文有好有坏。不过就注释这一点，《马克思恩格斯全集》版是郭大力、王亚南版所无法替代的。

② 参见孟氧著、孟小灯编《〈资本论〉历史典据注释》（中国人民大学出版社 2005 年版）"前言"。

(译文质量当然是最重要的方面),还体现在注释方面。《资本论》译文经过两代人近 70 年的锤炼,已经较为完善(当然仍然存在一些问题),但在注释方面,尚有很大提升空间。在这方面,MEGA2 就显示出其独特优势。如果对照 MEGA2/Ⅱ/10,《〈资本论〉历史典据注释》的有些条目就显得不够准确或值得改进。不过也有些条目是《〈资本论〉历史典据注释》独有的①,如对第 44 卷第 288 页"罗马帝国时代的诗人"的注释②,对第 44 卷第 693 页脚注 53 中"中国的工资"的注释③,对第 44 卷第 856 页"革命狮子米拉波的时代"的注释④,对第 44 卷第 343 页脚注 185 中"鲁本斯的风格"的注释⑤,对第 44 卷第 489 页"莱喀古士的立法"的注释⑥等,因而《〈资本论〉历史典据注释》仍然具有独特的价值。

1962 年 12 月出版、由中国人民大学经济学说史编的《"资本论"典故注释(初稿)》,是对郭大力、王亚南 1953 年版《资本论》全部 3 卷的注释。根据其编者说明,该书是中国人民大学经济系本科 1956 级第一班全体同学和研究班 1958 级部分同学,在经济学说史教研室教员的指导和协助下共同编写的。后来,由指导同学和负责编写的沈志求重新作了全面改写,并以沈志求等编的名义出版了《〈资本论〉典故注释》(中国人民大学出版社 1980 年版),所依据的版本是《马克思恩格斯全集》中文第二版第 23、24、25 卷。

张小金的专著《资本论与科学研究方法》⑦ 第三章"资本论与形象思维",考察了马克思《资本论》通过使用文学典故来增强"叙述方法"的艺术感染力,在利用"注释"进行《资本论》研究方面具有典型意义。

---

① 这些注释 MEGA2/Ⅱ/10 即使有,也很简略,而《马克思恩格斯全集》中文第二版第 44 卷和第一版第 23 卷要么没有作注,要么只在人名索引中简略地出现。对于第 44 卷第 883 页脚注 268 中的"十戒,摩西和先知们",MEGA2/Ⅱ/10 与第 44 卷和第一版第 23 卷的注释基本一致,即"这是主要的东西!这是第一戒!",而《〈资本论〉历史典据注释》则批评这一注释(见该书第 447—448 页),认为其含义应该是指"不以人的意志为转移的资本主义经济规律"、"自动发生作用的供求规律",貌似更有道理。
② 见《〈资本论〉历史典据注释》第 242 页。
③ 见《〈资本论〉历史典据注释》第 385—386 页。
④ 见《〈资本论〉历史典据注释》第 404—405 页。
⑤ 见《〈资本论〉历史典据注释》第 428—429 页。
⑥ 见《〈资本论〉历史典据注释》第 433—434 页。
⑦ 张小金:《资本论与科学研究方法》,社会科学文献出版社 2005 年版。

张小金所使用的例子，有些出自《马克思恩格斯全集》中文第一版第 23 卷的注释，有些则来自柏拉威尔著《马克思和世界文学》(三联书店 1982 年版)。特别值得一提的是，该书第三章第三节举了第 44 卷第 190 页第 7 行提到的"安女王时代"的例子。第一版第 23 卷和第二版第 44 卷没有作注，但在"人名索引"中有"安"的条目。类似的情况还有"赫斐斯塔司"、"美杜莎"、"马立托耐斯"、"萨巴拉"等。不过 MEGA2 的"人名索引"条目更为丰富、完备，是 MEGA2 附属材料卷的特色之一。"注释"① 对于《资本论》研究者的价值由此可见一斑。

MEGA2 的附属材料卷（特别是其注释）凝聚了 MEGA 编辑团队的研究成果和心血。尽管《马克思恩格斯全集》中文第二版是独立的版本，对 MEGA2 附属材料卷庞大的内容会有所取舍，但作为 MEGA2 精华的注释理应得到《马克思恩格斯全集》中文第二版编译者的高度重视。如果仅仅是译文的校订，《马克思恩格斯全集》中文第二版的价值就会大打折扣。

第二节 《马克思恩格斯全集》中文第二版第 44 卷与 MEGA2/II/10 "注释"之比较

《马克思恩格斯全集》中文第二版第 44 卷出版于 2001 年，收录的是《资本论》第 1 卷，是基于 MEGA2/II/10 编译的。MEGA2/II/10 出版于 1991 年，收录的是《资本论》第 1 卷 1890 年德文第 4 版，该版是《资本论》第 1 卷中文版通用版本的母版。本节通过对照第 44 卷和 MEGA2/II/10 的注释，并参照《马克思恩格斯全集》中文第一版第 23 卷，考察第 44 卷注释对 MEGA2/II/10 注释的取舍，并评价其得失。

第一，通过对比《马克思恩格斯全集》中文第一版第 23 卷可以发现，第 44 卷大量吸收了 MEGA2/II/10 的注释成果。因此相对于第一版第 23 卷，第 44 卷的编辑质量无疑有很大的改进。

第二，第 44 卷有一些原创性的注释成果，值得肯定。

例 1. 相对于 MEGA2/II/10 第 799 页注释 7.7—8 和 7.9—13，第 44

---

① "文献索引"和"人名索引"属于广义的"注释"。

第 18 章 从"注释"看《资本论》中文版的编辑工作

卷尾注 2 和尾注 3 都有改进。对于第 44 卷第 7 页第 2 段第 1 行提到的"本卷第一章",MEGA2/II/10 第 799 页注释 7.7—8 标注的是第 44 卷"第一章 商品",而第 44 卷尾注 2 标注的是"第一篇 商品和货币"。对于第 7 页第 2 段第 4—5 行提到的"关于价值理论和货币理论的历史的部分,现在自然完全删去了",MEGA2/II/10 第 799 页注释 7.9—13 标注的是《政治经济学批判》第 1 分册中"关于商品分析的历史"和"关于流通手段和货币的学说",而第 44 卷尾注 3 还提到了"关于货币计量单位的学说"。需要指出的是,一方面,尾注 2 和《马克思恩格斯全集》中文第一版第 23 卷相关注释的说法一致;另一方面,《马克思恩格斯全集》中文第一版第 23 卷并没有对"删除历史部分"加注,这说明第 44 卷的编辑者在吸收 MEGA2/II/10 编辑成果的基础上,并没有盲从 MEGA2/II/10,而是基于自己独立判断,力争编辑出更高质量的中文新版本。

例 2. 第 44 卷对第 9 页倒数第 8 行的"美国南北战争"加了尾注 8,而 MEGA2/II/10 没有加注。MEGA2/II/10 既然给"美国独立战争"加了注,那么给"美国南北战争"也加注,就很必要,特别是对中国读者而言。第 44 卷此处的编辑值得赞许。

例 3. 对于第 44 卷第 38 页第 9—10 行提到的"马克思在 5 月接到了这一期《协和》杂志,他在 6 月 1 日的《人民国家报》上回答了这个匿名作者",MEGA2/II/10 给了三个注释:"匿名作者"是指布伦塔诺;"回答了这个匿名作者"是指"给《人民国家报》编辑部的信"(发表在《人民国家报》1872 年 6 月 1 日第二版第一栏);整个这句话可参见恩格斯 1872 年 4 月 23 日和 5 月 15—22 日给李卜克内西的信,以及马克思 1872 年 5 月 23 日给左尔格的信。第 44 卷只给了个脚注 2:"指《答布伦塔诺的文章》"。对于"匿名作者",在前一页的脚注 2 中已予注明。MEGA2/II/10 关于参见恩格斯和马克思书信的提示,无疑很有价值,但第 44 卷从注释简洁明了的编辑原则出发对此有所取舍,也无可厚非。不过需要指出的是,第一版第 23 卷并没有"指《答布伦塔诺的文章》"这个脚注,第 44 卷第 38 页的脚注 2 无疑是参照了 MEGA2/II/10 的注释;另一方面,第 44 卷又没有照搬 MEGA2/II/10 的注释,而是把"给《人民国家报》编辑部的信"换成了"答布伦塔诺的文章",后者是《马克思恩格斯全集》中文第一版第 18 卷收入该文时所采用的标题。

例 4. 第 44 卷第 223 页第 8—9 行提到 "通向地狱的道路是由良好的意图铺成的"。根据 MEGA2/II/10 第 852 页注释 174.12，这是德国谚语，可能出自《圣经后典·便西拉德训》第 21 章第 11 节。第一版第 23 卷此处没有加注，第 44 卷有注释（即尾注 174），依据的是 MEGA2/II/10 第 852 页注释 174.12，但有偏离：指出马克思套用了《圣经后典·便西拉德训》的说法，但没有指出这是谚语；《圣经后典·便西拉德训》的出处也从 "第 21 章第 11 节" 变成了 "第 21 章第 10 节"。根据张久宣译、台湾商务印书馆股份有限公司 1995 年出版（1999 年重印）的《圣经后典》，这句话确实出自 "第 21 章第 10 节"。张久宣的译文与第 44 卷尾注 174 有所不同。尾注 174 的译文是 "虽然不信神的人走在良好的道路上，但是他的终点是地狱的深渊。"张久宣的译文是 "罪人走过的道路是平坦的，但它通向阴间。"

例 5. 第 44 卷第 288 页对脚注 74 所作的注释（即尾注 204）是一个原创性的注释，该尾注参照了 MEGA2/II/10 第 875 页注释 223.30 及 224.1—7，但第 44 卷的处理方式更为合理。

例 6. MEGA2/II/10 第 865 页注释 212.41 出现错误，应该是注释 213.22，是对第 44 卷第 275 页第 12 行 "组织规程" 的注释。第 44 卷编辑者没有盲从 MEGA2/II/10 的错误注释，而坚持了第一版第 23 卷尾注 104 的正确注释。此处虽非原创，但没有盲从 MEGA2/II/10 的错误（可能是排版过程中因疏忽造成的错误），值得肯定。

例 7. 第 44 卷第 887 页第 2 行的 "草市" 尾注 503 是一个原创性的注释。第一版第 23 卷没有这个尾注，MEGA2/II/10 也没有这个注释。作为伦敦的街道名，对于欧洲人来说可能不需要注释就能理解（至少不会造成误解）。但译成中文 "草市"，因为它不太著名，没有注释就令人费解，因此加注是很有必要的。

第三，对于 MEGA2/II/10 一些很有价值的注释，第 44 卷没有加以吸收，令人惋惜。第 44 卷对于 MEGA2/II/10 的注释不是照单全收，而是有所取舍，这种做法本无可指摘。但通过具体考察第 44 卷的取舍，可以发现取舍本身有不少值得商榷之处。

总体来看，MEGA2 的注释有以下几种类型：1. 对知识性内容（包括地名）的注释；2. 对外文（希腊文、拉丁文、英文、法文、俄文等）单词或句子所作的翻译注释；3. 对出自文学作品（包括希腊神话和圣经故事）的名句或典故的注释；4. 对谚语（惯用语）的注释；5. 对特定文本内容（包括直接引文、间接引文及概括性话语）出处的注释；6. 对马克思文本中提到的人名、著作版本等信息的注释；7. 对同一卷次或不同卷次相关文本内容的相互参照提示。下面以实例来说明第 44 卷是如何处理 MEGA2 这六类注释的。

1. 对于 MEGA2/II/10 中知识性内容的注释，第 44 卷有所取舍，这很正常。但对有些注释的忽视，会造成误解。比如根据 MEGA2/II/10 第 874 页注释 222.29，第 44 卷第 287 页第 10 行中的"巴勒区"是指伦敦南华克区。"巴勒区"的原文是"Borough"，意即"有议员选举权的市镇"，并非专有地名。第 44 卷没有采纳这个注释，读者很难知道作为音译的"巴勒区"是指伦敦哪个地区。根据 MEGA2/II/10 第 916 页注释 261.3，第 44 卷第 334 页第 8 行提到的"巴勒区治安法官（Borough Justices）"是指市镇初级法院的名誉法官，此处指斯托克波特市初级法院的名誉法官。译为"巴勒区治安法官"会让读者不知所云。

2. 对于 MEGA2/II/10 关于外文（希腊文、拉丁文、英文、法文、俄文等）单词或句子所作的翻译注释，只要中译文准确，确实没有必要作注。但也有例外。

例 1. 第 44 卷第 329 页第 1 段引文中有"零工"一词。原文用的是英文 piecers，根据 MEGA2/II/10 第 911 页注释 257.7，piecers 意即"Anknüpfer（接断头者）"。第 44 卷及第一版第 23 卷都将"bloβe piecers"译为"短工"，是很奇怪的。此处，"有很多纺纱工人被迫去做零工"应译为"有许多纺纱工人被迫只做接断头的工作"。其实，恩格斯在《英国工人阶级状况》一书中也用过该词："以前一个纺工和几个接断头的童工（piecers）管 600 个锭子"。

例 2. 第 44 卷第 435 页第 7 行提到"第三个工人折边，预备印上图样，第四个工人把图样印好"，其原文是"ein dritter schlug die Klappe um, auf welche die Devise aufgedrükt wird, ein vierter bossirte die Devise"。MEGA2/II/10 第 952 页注释 340.3 对"bossirte"作了注释：其英文用法是"to emboss"，意即"压出凸花纹"。根据这一解释，"第四个工人把图样印好"的译文显然是不正确的。根据马克思描述的信封制作流程，第一个工人用折纸刀折纸,也就是裁出信封的形状;第二个工人涂胶水,这样一个完整的信封成形了;第三个工人把信封的封面(Klappe)翻到朝上(umschlagen),以备印图样;第四个工人压出凸花纹图样。根据 MEGA2/II/10 第 952 页注释 339.31 及 340.1—6,以及基于此注释的第 44 卷尾注 309,马克思所描述的信封制作流程依据的资料,出自《各国的工业》1855 年伦敦版第 198、200 页,而且马克思在《政治经济学批判(1861—1863 年手稿)》第 XIX 笔记本第 1183 页对这些资料作了摘引:"在一般的生产方法下,折叠、胶合与压出花纹〈即在信封封口纸的上端压上凸花纹、图案〉[是单独的过程],在每个信封上这些操作的每一项都是分别完成的。在这里,由于采用机器,就得到很大的节约。在使用手工劳动时,生产过程各阶段分割开来,大大地增加了生产费用,而造成损失的原因主要是由于从一个过程到另一个过程的单纯转移。在用手工压花纹时,一个少年一天大概可以压 8000 或 9000 个,不过,这时他必须有一个助手,在信封的上角压出需要的花纹后,把信封的上角折回,并把信封一叠一叠地摆好。"

例 3. 第 44 卷第 448 页脚注 111 最后一句话提到"后来洛克成了英国、法国、意大利的政治经济学的主要'哲学家'"。其中"主要"一词在原文中是希腊文,根据 MEGA2/II/10 第 957 页注释 351.39,其含义是"schlechthin(全然、不折不扣)"。因此,这句话应该译为"后来洛克全然成了英国、法国、意大利的政治经济学的'哲学家'"[①]。

例 4. 根据 MEGA2/II/10 第 1004 页注释 420.16,第 44 卷第 536 页倒数第 9 行的"贫民诊所(General Dispensary)"是为穷人免费提供医疗帮助和药品的诊所。"General Dispensary"的本义是"综合诊所"。相当于今天英国社区的"全科门诊"。直接译为"贫民诊所"并不合适,应该译为"综合诊所",并加注释。

例 5. 第 44 卷第 806 页表格中有"毕尔麦"的说法,其原文是"Bere",是一个英文词,意思是"小麦的一种"。根据 MEGA2/II/10 第 1123 页注释 631.12,这是指苏格兰的一种小麦。"毕尔麦"显然是音译,但由于没有标注原文,也没有作注,读者很难明白"毕尔麦"是什么东西。

---

① 意即洛克不再被看作是经济学家。

3. 对于 MEGA2/II/10 中关于谚语（惯用语）的注释，第 44 卷有时加注（追随第一版第 23 卷），但多数情况下没有吸收 MEGA2/II/10 的谚语注释。而 MEGA2/II/10 的谚语（惯用语）注释可以帮助提高译文质量。举例如下。

例 1. 根据 MEGA2/II/10 第 834 页注释 118.5—6，第 44 卷第 149 页第 2 段最后一句"困难的只是第一步"是谚语。既然是谚语，就应该按谚语来翻译："万事开头难"。

例 2. 第 44 卷第 73 页倒数第 8—9 行有"造了衣服，从而造了人"的说法。遵从第一版第 23 卷，第 44 卷对此加了脚注：原文套用了德国谚语"Kleider machen Leute"，直译是"衣服造人"，转义是"衣靠人装"。而 MEGA2/II/10 第 817 页注释 59.34 则进一步提示说，马克思可能是暗指戈特弗里德·凯勒的中篇小说《人靠衣裳》。

例 3. 第 44 卷第 341 页最后一行提到"伪善者"。根据 MEGA2/II/10 第 919 页注释 266.19，"伪善者"原文是 Pharisäer，即法利塞人。法利塞人是古犹太人的一个宗教政治宗派，产生于大约公元前 2 世纪中期。法利塞人要求严格遵守犹太法典，远离一切宗教仪式方面的不洁行为。Pharisäer 后转义为伪善者和伪君子。本卷第 538 页第 10 行又将 Pharisäer 译为"伪君子"。

例 4. 第 44 卷第 347 页第 6 行提到"并且极容易制造一起又一起的司法纠纷"。根据 MEGA2/II/10 第 923 页注释 270.15，"司法纠纷"的原文是 Rattenkönig，意思是"（一胎生的挤在窝里的）尾巴纠缠在一起的小老鼠"，转义为"纠缠不清的一堆事物"或"令人绝望的困难"。此处译为"纠纷"不妥，最好译为"混乱"，并附之以注释。整个句子"ein neuen juristischen Rattenkönig auszubrüten"应译为"这导致了新的司法难题"①。

例 5. 根据 MEGA2/II/10 第 1006 页注释 424.35，第 44 卷第 542 页倒数第 7—8 行"任人摆布的（taillable à merci et miséricorde）"这一说法的来源无法查明。"taillable à merci et miséricorde"的字面意思是"仁慈地缴纳人头税"，此处意译为"恭良的"更佳（可将法文原文放在括号中）。《马克思恩格斯全集》中文第一版第 7 卷第 95 页将"gens taillable à merci

---

① 郭大力、王亚南版的译文是"至多不过孵化出一个新的法律上的合尾鼠"，属于直译。

et miséricorde"译为"无权的下等阶层",第二版第 10 卷第 210—211 页将其译为"必须无条件纳税的人民"。

例 6. 根据 MEGA2/II/10 第 1053 页注释 529.1,第 44 卷第 681 页倒数第 8 行"把我们推来推去"中,"推来推去"原文是"von Pontius zu Pilatus",它是一个惯用语,本意是徒劳地做事、做无用功(Pontius 和 Pilatus 是同一个人),此处可译为"对我们指东指西、呼来唤去"①。

例 7. 第 44 卷第 793 页第 11 行有"这个小郡受'驱逐风气'之苦比英格兰任何其他郡都更厉害"的说法,其中"驱逐风气"的原文是"Evictionsgeist"。根据 MEGA2/II/10 第 1118 页注释 620.29,"Evictionsgeist"的意思是农民从地里驱赶出来的鬼魅。第 44 卷没有作注,"驱逐风气"的译文让人费解。

4. 对于 MEGA2/II/10 关于出自文学作品(包括希腊神话和圣经故事)中的名句或典故的注释,第 44 卷有时加注,有时不加注,其取舍标准缺乏统一的尺度,有很强的随意性。没有作注的情况举例如下。

例 1. MEGA2/II/10 第 800 页注释 10.26 对第 44 卷第 10 页倒数第 3 行出现的"紫衣黑袍"的说法作了注释,指出这一说法来自奥地利著名诗人莱瑙的一首诗②。

例 2. 第 44 卷第 42 页最后一行开头一句是"这就是事情的真相"。MEGA2/II/10 第 812 页注释 25.36 对此的注释是,恩格斯的这一说法来自歌德的《浮士德》。

例 3. 第 44 卷第 61 页第 2 段开头的第一句话"商品的价值对象性不同于快嘴桂嫂,你不知道对它怎么办",第一版第 23 卷加了尾注 32("莎士比亚《亨利四世》前篇第三幕第三场");MEGA2/II/10 第 816 页注释 49.9 对"快嘴桂嫂"作了注释,提示参见莎士比亚《亨利四世》前篇第三幕第三场,并给出了台词。福斯塔夫:"she's neither fish nor flesh; a man knows no where to have her(她既不是鱼,又不是肉,是一件不可捉摸

---

① 郭大力、王亚南版的译文是"把我们由此处导往彼处"。
② 《〈资本论〉历史典据注释》有"紫衣黑袍"的条目(见《〈资本论〉历史典据注释》第 18—21 页),该条目写于 1980 年代,也就是《马克思恩格斯全集》中文第一版第 23 卷出版之后,但第 23 卷没有对"紫衣黑袍"作注。不过《〈资本论〉历史典据注释》的"紫衣黑袍"条目并没有考证出典故出自莱瑙的一首诗。

第18章 从"注释"看《资本论》中文版的编辑工作

的东西)"桂嫂:"Thou art an unjust man in saying so: thou or any man knows where to have me, thou knave thou!(你这样说我,真太冤枉人啦。你们谁都知道我是个老老实实的女人,从来不会藏头盖脸的,你这恶棍!)"根据台词,将《资本论》第1卷的文本"man nicht weiβ, wo sie zu haben ist"(其对应的莎士比亚台词是"a man knows no where to have her")译成"你不知道对它怎么办"是令人费解的。全句应该译为"商品的价值对象性不同于快嘴桂嫂,它不可捉摸"①。第44卷没有加尾注,只在人名索引(第1003页)中标注说,快嘴桂嫂是莎士比亚剧作《亨利四世》《亨利五世的一生》和《温莎的风流娘儿们》中的人物,酒店女店主。

例4. 第66页第14行提到"美丽的价值灵魂"。根据MEGA2/II/10第816页注释53.10,这一说法可能来自歌德小说《威廉·迈斯特的学习年代》第6卷的标题"美丽心灵的自述"。

例5. 第99页脚注32最后一句话中提到"自己的最美好世界"。根据MEGA2/II/10第822注释80.15,这可能是暗指伏尔泰的讽刺小说《老实人》。

例6. 第103页第4—5行提到"如果它不乐意,人可以使用强力,换句话说,把它拿走"。根据MEGA2/II/10第84页注释82.11—12,可参见歌德的诗《魔王》。

例7. 对第162页第7行提到的"空虚的幻想",MEGA2/II/10第837页注释128.7提示可能是暗指席勒的诗《保证》。

例8. 第44卷第162页第9页提到的"他们的灵魂渴求货币——就像鹿渴求清水一样"。根据MEGA2/II/10第837页128.9—10提示说,《旧约》42.2有类似的说法。

例9. 第44卷第196页第9行提到"未来音乐的创作家"。根据MEGA2/II/10第848页注释154.9,这可能是暗指瓦格纳的著作《未来的艺术作品》(1850年莱比锡版)。

例10. 第44卷第196页第11行有"地球舞台"的说法。根据

---

① 郭大力、王亚南版的译文是"商品的价值对象性,和瞿克莱夫人不同的,就在于我们不知道在哪里方才有它",属于直译,更接近原文。

MEGA2/II/10 第 848 页注释 154.12，这一说法可参见莎士比亚喜剧《皆大欢喜》第二幕第 7 场中"全世界是一个舞台"的台词。第 44 卷没有加注，而且似乎也没有注意到这个注释。按照"全世界是一个舞台"的台词，"地球舞台"最好译为"世界舞台"。

例 11. 第 44 卷第 236 页最后 2 行提到"每人每天都死掉生命的 24 小时"。根据 MEGA2/II/10 第 856 页注释 184.24—25，它出自 1673 年的匿名喜剧《提图斯，或评〈贝蕾妮丝〉》第 5 幕第 1 场。《提图斯，或评〈贝蕾妮丝〉》是对 1670 年 11 月 21 日首演的让·拉辛戏剧《贝蕾妮丝》和 8 天前首演的皮埃尔·高乃依戏剧《提图斯和贝蕾妮丝》的评论。拉辛的戏剧取得了更大成功，连演了至少 30 场。

例 12. 根据 MEGA2/II/10 第 860 页注释 205.3，第 44 卷第 263 页第 6 行中"十足的胡说"的说法，出自英国作家詹姆斯·莫利阿的小说《卡尔斯少女爱伊莎》（1834 年）。

例 13. 根据 MEGA2/II/10 第 863 页注释 209.1—2，第 44 卷第 269 页倒数第 6 行提到的"极限（ultima Thule）"，出自古罗马诗人维吉尔的《农事诗》，意即世界的尽头；在维吉尔看来，世界的尽头在遥远的岛屿。

例 14. 根据 MEGA2/II/10 第 863 页注释 209.16，第 44 卷第 270 页第 5 行出现的"疾风怒涛（Sturm und Drang）"的说法，可能是暗指德国剧作家克林格的剧本《狂飙突进》（1776 年）。剧本的名字"狂飙突进"是由克格林的儿时好友歌德所起（歌德和席勒是"狂飙突进运动"的代表人物）。此处第 44 卷没有加注，并将其译为"疾风怒涛"，马克思的双关语意蕴就丧失了。

例 15. 根据 MEGA2/II/10 第 876 页注释 224.9—10，第 289 页第 8 行提到的"必须汗流满面来换取面包"，出自圣经《创世纪》的第三章。当亚当被逐出伊甸园时，上帝对他说，你必须终生劳苦才能从地里得到吃的，你必须汗流满面才能糊口。第 44 卷没有对此加注。对于不熟悉《圣经》的中国读者来说，没有这个注释，是很难将这句话与《圣经》联系起来的。

例 16. 根据 MEGA2/II/10 第 881 页注释 228.1—3，第 44 卷第 294 页第一句话"一大群不同职业、年龄、性别的各种各样的工人，争先恐后地向我们拥来，简直比被杀者的灵魂向奥德赛拥去还要厉害"，可参见荷马的《奥德赛》第 XI 章第 34—43 节。第 44 卷和第一版第 23 卷一样，只是在人名索引中列了"奥德赛"的条目，提到奥德赛"去过阴曹地府，同一些亡灵谈过话"。孟氧的《〈资本论〉历史典据注释》对"魂魄向奥德赛拥去"有很好的注释（写于 1980 年代）①，可作参考和借鉴。

例 17. 根据 MEGA2/II/10 第 912 页注释 257.19，第 44 卷第 329 页第 11 行提到的"年轻的娼妇和年老的修女"，出自歌德晚年的诗"Krüdener 的来信（耶拿，1818 年 4 月 4 日）"，诗的第一句是"年轻的娼妇，年老的修女"。

例 18. 根据 MEGA2/II/10 第 944 页注释 330.1—2，第 44 卷第 423 页第 2—3 行"如果没有限制，在任何地方都做不出重要的事情"的说法，出自歌德的十四行诗《自然和艺术》：像是互相藏躲，可是出乎意外，又遇在一起；我觉得敌对业已消失，二者好像同样吸引着我。/这只在于真诚的努力！只要我们用有限的光阴投身艺术而全意全心，自然就活跃在我心里。/一切的文艺也都是如此。放荡不羁的人将不可能把纯洁的崇高完成。/要创造伟大，必须精神凝集。在限制中才显示出能手，只有规律能给我们自由。

例 19. 根据 MEGA2/II/10 第 858 页注释 195.23—24，第 44 卷第 251 页第 4 行提到的"从无生有"，出自《圣经·旧约》中的创世说。第 44 卷没有为此加注，读者很容易与 2 页前脚注 27 中卢克莱修的"无中不能生有"联系起来，造成不必要的误解。

例 20. 第 44 卷第 421 页脚注 75 中有"分工是从资本家的丘必特式的脑袋中现成地跳出来的"的说法。"丘必特式的脑袋"的原文是"Jupiterhaupt"，意即"丘必特的脑袋"。MEGA2/II/10 第 944 页注释 328.42 则对此作了注释：丘必特是罗马神话中的主神，他对应于希腊神话中的宙斯。按照希腊神话，在宙斯的第一个妻子墨提斯（聪慧女神）怀孕的时候，大地女神盖亚曾预言说：墨提斯所生的儿女会推翻宙斯的统治。为了逃避诅咒，宙斯将墨提斯整个吞入了腹中。但是，此后宙斯就得了很严重的头痛症，很多神想尽一切办法帮他治疗，都无济于事。最后，宙斯只好要求火神帮他打开头颅。火神照吩咐做了，于是智慧女神雅典娜就从宙斯的头

---

① 见《〈资本论〉历史典据注释》第 422—424 页。

颅里跳了出来。"从宙斯头颅蹦出的雅典娜"是西方文化的背景知识。许多中国读者可能并不清楚,为什么会从丘必特(非爱神 Cupid 即丘比特)的脑袋中跳出一个东西来。遗憾的是第 44 卷没有对此加注,只在人名索引(第 1004 页)中标注说,丘必特是罗马神话中最高的神,相当于希腊神话诸神中的宙斯。

例 21. 根据 MEGA2/II/10 第 1013 页注释 438.33,第 44 卷第 559 页第 10—11 行"撕碎了这次帷幕(zerriβ den Schleier)"的说法,出自席勒的《钟之歌》。类似地,根据 MEGA2/II/10 第 1171 页注释 690.2,第 44 卷第 881 页倒数第 7 行"这个美丽的幻想破灭了",也是出自席勒的《钟之歌》。马克思青年时代的诗歌创作《讽刺短诗集》第八首短诗中,有"他的《钟》倒是一首好诗"的句子。

例 22. 根据 MEGA2/II/10 第 990 页注释 395.30—31,第 44 卷第 506 页第 9—10 行"正像这个世界上的财富一样,也是暂时的"的说法,可能是马克思暗指约瑟夫·维克多·冯·谢弗尔(1826—1886)的诗"最后的裤子"(收于诗集《尽情狂欢!》),该诗有一句"所有的尘世都是短暂的——"。

例 23. 根据 MEGA2/II/10 第 1065 页注释 547.33—35,第 44 卷第 704 页脚注 63 最后提到的"蠢才中的一个天才",出自海涅的诗"Kobes I"。

例 24. 第 44 卷第 861 页脚注 241 最后一句话中有"资本家在其能够按照自己的形象来塑造世界"的说法。根据 MEGA2/II/10 第 1162 页注释 674.40,"按照自己的形象"这一典故出自《旧约·创世纪》。

例 25. 根据 MEGA2/II/10 第 1164 页注释 677.12,第 44 卷第 865 页第 2—3 行的"随着国债的产生,不可饶恕的罪恶,已不再是亵渎圣灵,而是破坏国债的信用了","亵渎圣灵的罪恶"这个典故出自《新约》。

5. MEGA2 注释的一个重要特点,就是对文本内容出处的仔细考证。比如根据 MEGA2/II/10 第 1012 页注释 435.21 及 436.1—6,第 44 卷第 556 页倒数第 2 行至第 557 页第 3 行关于欧文教育思想的说明,可参见欧文的《在曼彻斯特的六篇演讲》和《新道德世界书》。这是一条对相关问题研究者非常有价值的注释。第 44 卷没有作注,文献索引中没有列欧文的这两本书。再如,根据 MEGA2/II/10 第 1068 页注释 551.33—34,第 44 卷第 709 页脚注 70 中提到贝魁尔"资本先生"的说法,出自其著作

第 18 章 从"注释"看《资本论》中文版的编辑工作

Théories nouvelles d'économie sociale et politique（1842 年伦敦版）第 880 页。第 44 卷没有作注。

对于原文语言与文本语言不一致的直接引文，MEGA2 通常会列出原文以供读者对照。MEGA2 还会仔细核对原文是否有出入（有时加引号的内容实际上是马克思自己所作的概括，并非原文），核对版本信息是否正确。有时马克思提供的资料来源太笼统（比如只列了一本书中的文章标题），MEGA2 会查明其详细信息（也就是说，一定要找到一个样本），否则，就在注释中标明资料来源无法查明。比如根据 MEGA2/II/10 第 835 页注释 122.11—13，对于第 44 卷第 155 页第一段的引文，虽然马克思在括号中标注了"哥伦布 1503 年寄自牙买加的信"，但无法查明这一资料来源出自哪里；马克思在《大纲》校正本上增添的注中，也有这段引文（包括括号中的出处说明）。再如，根据 MEGA2/II/10 第 1169 页注释 682.25—26，第 44 卷第 871 页脚注 248 第 5—6 行提到的伯克将"劳动贫民"解释为"可憎的政治伪善言辞"，在伯克的著作《短缺的思索和研究》①中查不到。伯克将"劳动贫民"解释为"可憎的政治伪善言辞"的说法，出自马克思 1863 年 5 月作的"补充笔记本 B"。马克思在该笔记本的第 17、18 页作了伯克这部著作的摘录。

有些没有引号的文本内容，看起来好像是马克思自己的论述，实际上却是马克思对别人成果的概括性叙述。对此情况，MEGA2 都会尽可能考证出其出处（特别是根据马克思的相关摘录笔记来作推断）。对于 MEGA2 的上述几类注释，《马克思恩格斯全集》中文第二版基于自身的编辑理念而没有采纳，无可厚非。不过对于马克思概述性文字出处的注释，中文版有注释总比没有要好。第 44 卷有时加了注释（如尾注 269、270、271、275、293、296、297、298、301、302、303、304、305、306、307、309、310、311、313、314、315、316、320、334、342），但许多情况下没有注释。举例如下。

例 1. 根据 MEGA2/II/10 第 935 页注释 303.8—13、第 940 页注释 318.42—43、MEGA2/II/10 第 949 页注释 334.28—29、根据 MEGA2/II/10 第 953 页注释 342.35—37 及第 1201 页的文献索引，第 44 卷第 390 页

---

① 第 44 卷将书名译为《关于贫困的意见和详情》，并不准确。

倒数第 4—7 行、第 409 页脚注 54、第 428 页脚注 89 前 2 行、第 438 页倒数 10—12 行的文本内容，出自波珀的《工艺学历史》（1807—1811 年 3 卷本哥丁根版）第 2 卷第 330 页、第 1 卷第 280 页、第 1 卷第 274 页、第 2 卷第 218—222 页，而且马克思 1851 年在伦敦笔记本 XV 对该书作了摘录。

例 2. 根据 MEGA2/II/10 第 936 页注释 307.34—37，第 44 卷第 396 页第 5—7 行的文本内容、第 403 页脚注 42 和脚注 43 的后半部分内容，分别出自《各国的工业》1855 年伦敦版第 388 页、第 381—382 页、第 273—274 页。

例 3. 根据 MEGA2/II/10 第 937 页注释 312.41—42，第 44 卷第 402 页脚注 40 的文本内容，出自《童工调查委员会（1862 年）。第 4 号报告》。

例 4. 根据 MEGA2/II/10 第 949 页注释 334.7—12，第 44 卷第 428 页最后 4 行的论述，出自 John Debell Tuckett 的著作《劳动人口的历史与现状》第 1 卷（1846 年伦敦版）第 208 页，而且马克思在 1851 年伦敦笔记本 IX 中对该书作了摘录。

例 5. 根据 MEGA2/II/10 第 952 页注释 338.44，第 44 卷第 433 页脚注 97 中马克思标注的引文出处"德库[①]，1688 年"，应为 Heron Alexandrinus 的《室外园艺及喷水池工艺》1688 年法兰克福版。

例 6. 根据 MEGA2/II/10 第 953 页注释 344.36—37，第 44 卷第 440 页脚注 103 第 4—5 行的文本内容，出自尤尔的《技术词典》1843 年布拉格版第 1 卷第 568 页，而且马克思 1851 年在《伦敦笔记本》的笔记本 XV 对该书作了摘录。

例 7. 根据 MEGA2/II/10 第 979 页注释 385.8—10，第 44 卷第 492 页倒数第 2—3 行的叙述，出自约翰·贝克曼《发明史文集》第 1 卷（1786 年莱比锡版）第 122—123 页，而且马克思 1851 年在《伦敦笔记本》的笔记本 XV 和补充笔记本 C 对该书作了摘录。第 44 卷尾注 341 提到了贝克曼的这本书，但语焉不详，而且人名索引和文献索引中都没有列贝克曼的条目。实际上，第 44 卷尾注 341 只不过继承了第一版第 23 卷尾注 170，

[①] Salomon de Caus (1576—1626)，通用译名为萨洛蒙·得·高斯。

甚至第一版第23卷还列有贝克曼的人名和文献索引。因此，第44卷非但没有采纳 MEGA2/II/10 第979页注释385.8—10，甚至比第一版第23卷还倒退了。

MEGA2 会对马克思标注的引文出处作认真核对，指出可能存在的页码错误。第44卷常常不动声色地更正原文中存在的一些明显错误（对这些错误，MEGA2/II/10 都有注释），而对另外一些 MEGA2/II/10 注释中指出的错误却不予理睬。比如，根据 MEGA2/II/10 第1065页注释548.34—35，第44卷第706页脚注66和脚注67与马克思原文中的脚注顺序正好是颠倒的。第一版第23卷也是这样处理的。这是编辑者对马克思笔误悄悄作的改正。奇怪的是，由恩格斯编辑的《资本论》第1卷1890年第4版竟然也没有对这一笔误作出改正。再如，第44卷第826页倒数第7行的"1489年"，在《资本论》第1卷1890年第4版中都是"1488年"，而倒数第13行的"1488年"，在原文中是"1489年"。两处年份正好与原文颠倒。第一版第23卷这两处用的都是"1489年"。第44卷对这一改动（既不同于第一版也不同于 MEGA2/II/10 的文本）未作说明。显然，对这方面的错误，不管是更正或是不更正，第44卷大都追随第一版第23卷，没有太重视 MEGA2/II/10 的相关注释。

6. 《资本论》是大部头的著作，对于每卷各篇各章各节之间、三卷之间、《资本论》与其他著作之间的内容关联的注释，极大地方便了读者和研究者。对于马克思明确作了参照提示的地方，第44卷大都会参照第一版第23卷或 MEGA2/II/10 的相关注释作注。但也有例外。如 MEGA2/II/10 第799页注释9.27—32对第44卷第9页倒数第2—5行加了注释，提示参见本卷第312—350页。马克思在此处提到"我在本卷中还用了很大的篇幅来叙述英国工厂立法的历史、内容和结果"，MEGA2/II/10 对此加注是有价值的，因为该注释为读者提供了很大的便利。但第44卷没有加注。对于马克思（或恩格斯）没有明确作参照提示但内容有关联的地方，MEGA2/II/10 也都给予了尽可能完备的参照注释。对于这类注释，第44卷也是有所取舍，但也是显得很随意，缺乏统一的尺度。比如第44卷第22页第9—10行提到，"将近30年以前，当黑格尔辩证法还很流行的时候，我就批判过黑格尔辩证法的神秘方面"。MEGA2/II/10 第807页注释17.18—19对此加注说，这是指马克思1843年写的《黑格尔法哲学批判》,而且提示读者,马克思后来写了一个"手稿索引",其标题词和页码涉及的都是"黑格尔辩证法的神秘方面"。第 44 卷没有为此加注。就此处而言,有注显然比无注更可取。

此外,还有一些不能归入上述几类的 MEGA2/II/10 注释,也没有引起第 44 卷编辑者的重视。

例 1. 第 44 卷尾注 17 遵从第一版第 23 卷尾注 8,指出《资本论》第 1 卷德文第二版跋的前 4 段文字,在德文第四版中被删除了。但第 44 卷没有指出的是,在德文第四版中,删除了前 4 段文字的"第二版跋",已经变成了"第二版序言"。

例 2. 第 44 卷第 28 页第 9—11 行提到"马克思原想把第一卷原文大部分改写一下——"。MEGA2/II/10 第 808 页注释 19.11—14 提供了进一步的信息:马克思在其保有的《资本论》第 1 卷德文第二版样书以及法文版样书上直接作了一些修改,而且还作过一个"《资本论》第 1 卷德文第二版修改意见表"。第 44 卷没有为此加注。不过,在紧接着"马克思原想把第一卷原文大部分改写一下——"的一段话里(即第 44 卷第 28 页第 4 段),恩格斯介绍了马克思在样书上作修改的情况,而且在第四版序言中恩格斯也提到了"马克思亲手写的笔记",即"《资本论》第 1 卷德文第二版修改意见表"。

例 3. 根据 MEGA2/II/10 第 818 页注释 63.38—40,第 44 卷第 78—79 页脚注 23 最后提到的发表在《威斯敏斯特评论》上的攻击贝利的匿名文章,实际上是贝利本人写的,马克思误以为是李嘉图学派的人所写。

例 4. 根据 MEGA2/II/10 第 850 页注释 161.1,第 46 卷第 204 页倒数第 2 行提到的"每一个人都只支配自己的东西",是暗指柏拉图《理想国》中的正义定义。马尔库斯·波尔基乌斯·加图将这一原则运用到"占有"上。

例 5. 第 44 卷第 470 页第 3 行有"异教徒!噢,这些异教徒!"的说法。根据 MEGA2/II/10 第 965 页注释 367.27—368.1,马克思作这样的表达,是为了赞扬像亚里士多德、安提帕特这样的古希腊思想家值得重视的经济学见解。第 44 卷没有采纳该注释,读者读到"异教徒!噢,这些异教徒!"的说法,实在是费解。

第四,对于 MEGA2/II/10 一些很有价值的注释,第 44 卷编译者或者

第18章 从"注释"看《资本论》中文版的编辑工作

因为无视或者因为对注释的理解出现偏差,从而出现注释或翻译错误。

例1. 第44卷第229页脚注17中提到,"按照古代人的恰当的说法,劳动者在这里只是作为会说话的工具,同牲畜作为会发声的工具,无生命的劳动工具作为无声的工具相区别"。第一版第23卷没有对此加注,第44卷有注释(即尾注179),显然依据的是MEGA2/II/10第853页注释178.28—31,不过有所改变:尾注179提示说,马克思的这一说法引自杜罗·德拉马尔《罗马人的政治经济学》1840年巴黎版,而且提示说马克思在《大纲》中引用了德拉马尔《罗马人的政治经济学》第253—254页的一句话:"按照瓦罗的观点,奴隶是会说话的工具,牲畜是半发声的工具,犁是无声的工具。"而按照MEGA2/II/10第853页178.28—31,马克思依据的是埃德蒙·伯克的《短缺的思索和研究》1800年伦敦版第10页的说法。伯克《短缺的思索和研究》第10页的那段话,在第44卷第240页脚注22a作了引用,只不过不完整。根据MEGA2/II/10第853页178.28—31,伯克的这段话是这样说的:"在农场主用于经营的一切工具中,人类劳动(古代作家称之为会说话的工具)是农场主用来补偿自己资本的最可靠的东西。其他两类东西(按照古代的分类,是作为会发声的工具的役畜和无声的工具诸如车、犁、铲等),——没有一定量的人类劳动,就毫无用处。"通过文本对比可以发现,马克思此处的说法更接近伯克而非德拉马尔。此外,根据MEGA2/II/10第1185页的文献索引,马克思在补充笔记本B中对伯克的《短缺的思索和研究》作了摘录。不过第44卷提到《大纲》中对德拉马尔著作的引用,也是很有价值的线索。如果将两者结合起来,尾注179就会更为科学。

例2. 根据MEGA2/II/10第873页注释221.31,在《资本论》1890年第4版中,第44卷第286页有两个脚注71,第5行"多半是在充满磷毒的工作室里吃饭"后面还有一个脚注71,第44卷追随第一版第23卷,在没有作注的情况下删除了这个脚注。

例3. 和第一版第23卷一样,第44卷将第340页脚注178以及第410页第7行引文中的Helot直接译为"奴隶",而没有任何注释。根据MEGA2/II/10第920页注释266.29,Helot对应的希腊文是Heilotes,中文通常将其译为"黑劳士"。恩格斯在《家庭、私有制和国家的起源》中将黑劳士看作是斯巴达的农奴。

例4. 第44卷第446—447页对贝恩斯的引文，马克思并没有标注引文的出处。第44卷尾注319沿袭第一版第23卷尾注160，说明引文出自贝恩斯《棉花贸易》1857年布莱克本—伦敦版第48页。MEGA2/II/10第955页注释349.14—18不但提到贝恩斯著作的版本信息，而且指出马克思此处的引文并非直接引自贝恩斯的著作，而是从《工厂视察员报告。截至1858年10月31日为止的半年》1858年伦敦版第58页转引的。类似地，根据MEGA2/II/10第956页注释351.13—16，第44卷第449页第6—9行出自贝恩斯的资料，也是转引自《工厂视察员报告。截至1858年10月31日为止的半年》1858年伦敦版第59—60页。

第五，第44卷与《资本论》1890年第4版文本有背离的情况。如根据MEGA2/II/10第1084页注释586.23—30，第44卷第751页的脚注102、103，在《资本论》第1卷1890年第4版中各有一段引文，但第44卷以及第一版第23卷都没有翻译这两段引文，也未作任何说明。

三 结论

从本章第二节可以看出，尽管《马克思恩格斯全集》中文第二版第44卷是在MEGA2/II/10基础上编辑而成的，仍然出现了诸多值得商榷的编辑问题。《马克思恩格斯全集》中文第二版第45卷（收录《资本论》第2卷）、第46卷（收录《资本论》第3卷）出版于2003年，对应的MEGA2/II/13（1885年由恩格斯编辑的《资本论》第2卷第1版）和MEGA2/II/15（1894年由恩格斯编辑的《资本论》第3卷）分别出版于2008年和2004年。可以说，《马克思恩格斯全集》中文第二版第45、46卷完全是中国编译者独立的编辑成果。在没有利用MEGA2/II/13和MEGA2/II/15的情况下，取得目前的编辑成果已经难能可贵。但通过与MEGA2/II/13和MEGA2/II/15的注释相对照，可以发现其存在的问题比第44卷更为严重。限于篇幅，本文就不再一一列举实例。

《马克思恩格斯全集》中文第二版第45、46卷编译者在MEGA2相应卷次尚未出版的情况下，以《马克思恩格斯全集》中文第一版第24、25卷为基础独立编辑《资本论》第2、3卷并争取早日出版，可能有客观和主观的原因。但无视（或轻视）MEGA2的编辑成果，很难说是科学严谨的态度。如果说孟氧1952年开始对《资本论》作注时没有现成的资料可作参考①，是不得已而为之，那么在MEGA2的《资本论》相关卷次已经出版的情况下，编译者仍然无视MEGA2的注释成果②，就陷入了闭门造车③。与此形成对照的是，由于收录《神圣家族》《德意志意识形态》《哲学的贫困》《共产党宣言》的MEGA2卷次尚未出版，《马克思恩格斯全集》中文第二版的相关卷次就一直没有出版，一直在等MEGA2相关卷次的出版，这就体现了相关卷次编译者的严谨态度。

另一方面，把马克思恩格斯著作版本的编辑质量仅仅与译文质量画等号，是一种认识误区。实际上，除了"译文"和"文本编排"④，"注释"（包括依据MEGA2附属材料卷"形成与流传"而作的"题注"）是体现版本质量的重要方面。《马克思恩格斯全集》中文第二版1986年启动时，可能主要是基于译文校订的考虑。但随着人们对MEGA2重要性认识的深化，《马克思恩格斯全集》中文第二版的编译者也应及早改变重"译文"轻"注释"、重"翻译"轻"研究"的观念，吸取《资本论》编译工作的经验教训，不能再满足于仅仅对第一版作修修补补⑤，而要加强对MEGA 2附属材料卷的清理研究，充分利用MEGA2的编辑成果，进一步提升《马克思恩格斯全集》中文第二版的编辑质量，为没有条件直接利用MEGA2的中国马克思文本研究者提供真正可靠、有科学价值的中文版本。

---

① 《马克思恩格斯全集》俄文第二版前39卷是1955—1966年出版的。
② 《马克思恩格斯文集》10卷本出版于MEGA2《资本论》相关卷次之后，但仍然与《马克思恩格斯全集》中文第二版的《资本论》版本完全一致，就是最好的证明。
③ 也基本没有吸收国内学者如孟氧、沈志求等人的注释成果。
④ 《1844年经济学—哲学手稿》和《德意志意识形态（第一章）》涉及文本编排（即手稿文本片段的排序）问题。
⑤ 可举一个第二版满足于对第一版作修修补补的例子：第一版第23卷人名索引中"柏修斯"（见第23卷第908页）条目所列的对应页码是第11页，第二版第44卷人名索引中"柏修斯"（见第44卷第1001页）条目所列的对应页码仍然是第11页，其实是在第9页，第11页是插图。类似的例子还有很多，限于篇幅就不再一一列举。

主要参考文献

1. MEGA2 已出版卷次
2. 《马克思恩格斯全集》中文第 1 版
3. 《马克思恩格斯全集》中文第 2 版
4. 《马克思恩格斯文集》10 卷本,人民出版社 2009 年版
5. 《1844 年经济学—哲学手稿》,刘丕坤译,人民出版社 1979 年版
6. 《资本论》,郭大力、王亚南译,人民出版社 1953 年版
7. 拉宾著:《马克思的青年时代》,三联书店 1982 年版
8. 巴加图利亚、维戈茨基著:《马克思的经济学遗产》,贵州人民出版社 1980 年版
9. 罗扬:"所谓《1844 年经济学—哲学手稿》的来龙去脉",载 International Review of Social History,VOL. XXVIII—1983— PART1 第 2—49 页
10. 吴达琼:"罗扬论《1844 年经济学—哲学手稿》的来龙去脉",载《马列主义研究资料》1984 年第 2 期
11. 克里斯蒂娜·伊科尔:"关于马克思批判李斯特著作的手稿的写作日期",载《马克思恩格斯年鉴》第 11 卷第 230—241 页
12. "戴希塞尔《对卡尔·格律恩的批判——关于〈德意志意识形态〉第二卷第四章的产生和流传过程》",柴方国译,载《马克思恩格斯列宁斯大林研究》2001 年第 4 期
13. "巴加图利亚《〈关于费尔巴哈的提纲〉和〈德意志意识形态〉》",单志澄译,载《马列主义研究资料》1984 年第 1 期第 19—36 页
14. "马克思的恩格斯的《曼彻斯特笔记》的科学价值——《马克思恩格斯全集》历史考证版第四部分第四卷前言",佐海娴译、王锡君校,

载《马克思恩格斯研究》1993年第12期

15. "陶伯特《马克思和恩格斯的〈德意志意识形态〉第1卷的产生史》",卢晓萍译,刘卓星校,载《马克思恩格斯研究》1994年总第17期

16. "马克思主义政治经济学的辩证唯物主义方法论的开始形成。《经济学哲学手稿》的方法论特点",张钟朴译,载巴加图利亚、维戈茨基著《马克思的经济学遗产》(贵州人民出版社1980年版)第13章。

17. 《"巴黎笔记"选译》,王福民译,载《马克思主义研究参考资料》1980年第34期

18. "关于巴黎笔记",卢晓萍、章丽莉译(沈渊校),载《马列主义研究资料》1983年第4期

19. "关于《1844年经济学—哲学手稿》",张念东译(刘卓星校),载《马列主义研究资料》1984年第2期

20. "《经济学哲学手稿》的产生及保存情况",赖升禄、洪佩郁译(刘卓星校),载《马列主义研究资料》1984年第2期

21. 《马克思手稿和读书笔记目录》,载《马克思主义研究参考资料》1981年第30期

22. 《吕贝尔马克思学文集(上)》,曾枝盛、郑吉伟等译,北京师范大学出版社2009年版

23. 刘晖星:"苏联学术界对《黑格尔法哲学批判》写作日期问题的探讨",载《马列著作编译资料》1980—81年第11期

24. 科尔纽著:《马克思恩格斯传》第一卷,三联书店1963年版

25. 麦克莱伦著:《青年黑格尔派与马克思》,商务印书馆1982年版

26. 侯才著:《青年黑格尔派与马克思早期思想的发展》,中国社会科学出版社1994年版

27. 孟氧著、孟小灯编:《〈资本论〉历史典据注释》,中国人大学出版社2005年出版

28. 沈志求等编:《〈资本论〉典故注释》,中国人民大学出版社1980年版

29. 柏拉威尔著:《马克思和世界文学》,三联书店1982年版

30. 张小金著：《资本论与科学研究方法》，社会科学文献出版社2005年版

31. 罗尔夫·黑克尔："马克思恩格斯生平遗著流传史"，载《国外理论动态》2010年第10期

后　　记

关于马克思文本研究的进路，我曾在《光明日报》2007年4月10日理论学术版的《方法论自觉与学派建构》一文中提出："要进一步深化马克思文本解读研究，研究者至少应有以下四个方面的方法论自觉：第一，马克思文本解读研究要基于MEGA2（《马克思恩格斯全集》历史考证版）。第二，马克思文本解读研究要建立在充分了解国外马克思学相关研究成果的基础上。第三，马克思文本解读研究要以马克思文献学研究的新成果为基础。第四，马克思文本解读研究要善于参照主要语种的马克思著作版本。"正是遵循这一马克思文本研究路线图，我2011年申报了国家社科基金一般项目"《马克思恩格斯全集》历史考证版第2版资料卷中的马克思文献学清理研究"（批准号11BZX001），2013年我申报了国家社科基金重点项目"西方马克思学的形成和发展研究"（批准号13AZD027），2015年我申报了国家社科基金重大项目"基于《马克思恩格斯全集》历史考证版第二版（MEGA2）的马克思早期文本研究"（批准号15ZDB001）。因此，本书既是我2011年一般项目的最终成果（已结项，鉴定结果为良），又是我2015年重大项目的阶段性成果。

2010年7月，我从中央编译局调到北京师范大学哲学与社会学学院工作（正式入职时间是2011年1月）。工作调动既使我开始了学术生涯的新阶段，又成为我人生经历中的一段磨难。在最困难的时期，我的夫人和女儿是我的强大精神支柱。

2015年12月25日
于新风寓所